KB010600

미국의 봉쇄전략

# 미국의 봉쇄전략

## 냉전시대 미국 국가안보 정책의 비판적 평가

2019년 9월 25일 초판 1쇄 발행
2021년 4월 20일 초판 2쇄 발행

존 루이스 개디스 지음
홍지수 · 강규형 옮김

펴낸이 | 박 기 봉
펴낸곳 | 비봉출판사
출판등록 | 2007-43 (1980년 5월 23일)

주 소 | 서울 금천구 가산디지털2로 98. 2동 808호(가산동, IT캐슬)
전 화 | (02) 2082-7444
팩 스 | (02) 2082-7449
E-mail | bbongbooks@hanmail.net

ISBN | 978-89-376-0480-5 03340

값 27,000원

UNITED STATES
TAIWAN  PHILIPPINES  IRAN
TURKEY  SPAIN
SOUTH AFRICA  WEST GERMANY
GREECE  DENMARK
AUSTRALIA  OMAN
LUXEMBOURG  UNITED KINGDOM
NETHERLANDS  ICELAND
FRANCE  PORTUGAL
CANADA  BELGIUM
NORWAY  BURMA
ITALY  ISRAEL  JAPAN
SOUTH KOREA

Союз Советских
Социалистических
Республик

# 미국의 봉쇄전략
## STRATEGIES OF CONTAINMENT

존 루이스 개디스 지음 / 홍지수·강규형 옮김

비봉출판사

"냉전 시대에 미국의 대소련 정책을 일컫는 "봉쇄"는 2차 대전 중 나치라는 악마에 맞서기 위해 소련이라는 악마와 한 거래가 초래한 결과를 수습하려는 일련의 시도다.

소련주재 미국 외교관 조지 F. 케넌은 소련의 팽창 지향적 경향을 장기간 끈질기게 그러나 확고하고 물샐 틈 없이 봉쇄해야 한다고 공개적으로 주장했다.

케넌이 본국에 보낸 8,000 단어 길이의 "긴 전문 (long telegram)"처럼 한 개인이 단 한 건의 문서를 통해 한 나라의 외교정책을 전격적으로 바꾸어놓은 사례는 드물다.

케넌이 열어젖힌 것은 탈출구였다. 제2차 세계대전으로 이어진 회유책과 고립주의를 거부하는 한편, 핵 시대에 일어난다면 상상을 초월하는 참사를 낳을 제3차 세계대전이라는 대안도 거부한 대전략이었다.

배경에 군대가 잠자코 버티고 있으면 대체로 예절 바르고 호의적으로 외교가 진행되도록 하는 데 얼마나 기여하는지 모른다.

지도자들은 경륜이 쌓일수록 생각이 깊어진다는 믿음은 망상이다. 대통령 집무실에 입성하기 전에 형성된 확신은 임기 내내 지속되며 임기 중에 소비할 지적 자본이다.

미국은 자국의 패권을 다른 나라에 먼저 강요했다기보다 요청을 받고 행사한 적이 훨씬 많았다. 소련이 미국의 대안으로 남아있는 한 대부분의 나라들이 보기에 미국이 지배하는 세상에 비하면 최악인 상황이 상존했다.

냉전 후에도 미국의 동맹은 대체로 그대로 유지되었지만, 소련 곁에 남은 동맹은 거의 없었다."

옮긴이 홍지수

## 개정판 서문

〈미국의 봉쇄전략〉 초판이 출간된 1982년 당시는 로널드 레이건이 막 백악관에 입성한 직후였고, 레오니드 브레즈네프가 아직 크렘린 궁을 차지하고 – 건강이 좋지는 않았지만 – 살아 있었으며, 냉전이 언제 어떻게 끝날지, 혹은 끝나기는 할는지 전혀 분명치 않았다. 바로 이 때문에 책 자체도 결말이 없이 마무리되었다. 봉쇄전략이 얼마나 잘 작동했는지, 앞으로의 전망은 어떤지에 대해 확실한 결론을 제시하지 않았다. 봉쇄전략의 역사 서술에서 얻는 효용이 무엇이든, 내가 제시한 봉쇄전략의 대칭형과 비대칭형의 구분은 미래를 위한 아무런 지침도 제공하지 않았다. 내가 한 유일한 제안은 프랭클린 D. 루즈벨트가 높은 관세와 낮은 관세에 대해 했던 말과 비슷했다. 그는 두 접근방식의 단점은 철저히 배제하고 장점은 십분 활용하기 위해 "둘을 엮을" 방법을 모색해야 한다고 했다.[1] 이를 구체적으로 실행할 방법이 없는 상황에서 딱히 도움이 되는 제언은 아니었다. 레이건 행정부에서 이에 일말의 관심을 보인 이가 있었는지 보여주는 증거는 없다.

그럴 필요도 없었다. 대통령과 그의 보좌관들은 그 무렵 이미 내가 그의 전임 정권들에서 나타났다고 지적한 모순들을 대부분 해결할 새로운 봉쇄전략을 구축하고 있었기 때문이다. 레이건 전략 – 레이건 자신이 주로 만든 전략이므로 그렇게 부르자 — 은 미하일 고르바초프가 정권을 잡은 1985년 무렵 이미 실행되고 있었다. 레이건의 전략이 고르바초프가 정권을 잡을 발판을 마련했는지 여부에 대해서는 여전히 역사학자들이 갑론을박한다. 그러나 소비에트연방(소련)의 속성을 바꿈으로써 소련이 미국과 협력할 기반을 미국은 오래전부터 다져왔다는 점은 분명하다. 따라서 제2차 세계대전 종전 직후에 조지 F. 케넌이 최초로 제시한 봉쇄전략을 마무리하는 일은 레이건의 몫이었다. 그리고 레이건은 케넌 본인이 예상했던 방식으로 마무리했다. 바로 소련 지도자로 하여금 체제 변경에 가담하게 함으로써 말이다.

　(초판에서 훨씬 증보된) 제11장은 바로 이 이야기를 담고 있다. 나는 또한 이 기회에 참고문헌을 비롯해 그 앞의 장들을 수정하고 최신 정보로 보완했으며 맺음말도 새로 썼다. 원 그리기를 완성하는 게 내 목적이다. 케넌이 처음에 구상했던 모습에 놀라울 정도로 근접한 결말까지 거슬러 올라감으로써 봉쇄 역사의 자취를 되짚어 보는 일이다.

　이 개정증보판은 두 번째 원을 완성하기도 한다. 첫 번째 원보다는 덜 버겁지만. 초판 머리말에서도 밝혔듯이, 〈봉쇄전략〉은 1970년대 중반에 해군 국방대학교에서 이제는 전설이 된 전략과 정책 과목을 가르쳤던 경험에서 탄생했다. 그 이후로 나는 동료학자 폴 케네디와 찰스 힐과 더불어 이 과정을 예일 대학에 소개하는 영광을 누렸고, 이 과정은 이제 "대전략 연구" 세미나로 대단한 인기를 모으고 있다. "국방대학교는 이 강좌에 대한 아이디어를 어디서 얻었어요?" 최근 나는 이 강좌를 처음으로 개설한 스탠스필드 터너 장군에게 물었다. "아, 그거요, 당신이 그런 류의 과목을 가르쳤던 예일에서 얻었죠."라고 그가 대답했다. 예일에서 다시 그런 류의 과목을 가르치고 있으니 참 감개무량하다.

　　새로 개정판을 내자고 제안하고 준비를 원활하게 해준, 옥스포드 대학교 출판부의 수전 퍼버와 편집을 맡아준 캐서린 험프리스, 교정을 본 페터슨 램에게 그저 감사할 따름이다. 그리고 내 책의 편집과 교정을 해주고 내게는 사랑과 삶을 준 토니 도프먼에게 감사하다.

코네티컷, 뉴 헤이븐
2005년 2월
J. L. G.

## 초판 서문

　　역사학자들은 "병합(倂合, lumpers) 파와 세분(細分, splitters) 파" 두 부류로 나뉜다는 말이 있다.[1] "병합파"는 과거에 질서를 부여하려 한다. 그들은 일괄적인 일반화를 통해 한 시대 전체를 이해하려고 한다. 복잡함을 체계화하려고 한다. 역사에서 나타나는 혼돈, 무질서, 난잡함을 정갈한 유형으로 단순화해서 여러 장에 골고루 나눈 다음 이를 묶어 책으로 만든다. 보통 아무것도 모르는 순진한 대학생들에게 주입하려고 만든 책이다. "세분파"는 대체로 자기들끼리 보려고 책을 쓴다. 그리고 지적으로 무방비상태인 대학원생들 보라고도 쓴다. 세분파는 이례적 사례를 지적하고, 단서조항을 달고, 부적합한 사례와 모순을 지적하기 좋아한다. 즉, 사소한 트집을 고차원의 역사편찬 기법으로 격상시킨다. 역사를 서술할 때는 두 접근 방식 다 필요하다. 아니 없어서는 안 된다. 그러나 두 접근 방식이 동일한 주제에 대해 서술할 때 동시에 늘 똑같은 비율로 나타나지는 않는다. "병합파"와 "세분파" 사이에 균형을 유지하기란 쉽지 않다.◎

　　이는 특히 – 냉전에서 미국의 역할에 대한 기록처럼 – 일부 사람들이 아직 역사라고 간주할 준비가 되어 있지 않은 분야에서 두드러지

---

◎ "병합"과 "세분"을 각각 "합치기"와 "쪼개기"로 번역하기도 한다 – 옮긴이.

게 나타난다. 1950년대와 1960년대 초, 냉전 초창기 나온 책은 특이사항에 치우친 경향이 있다 – 장황하고 사건에 대한 분석력이 약하며 보통 회고록이나 공개된 문서에 의존하고, 때로는 내부자 정보에도 의존한다. 이러한 초창기 저서에 빠지면 처음에는 흥미진진해 매료되지만 곧 너무 세세한 내용에 질리고 만다. "이게 다 무슨 뜻이지?"라는 의문은 여전히 남는다. 이 의문에 대한 답이라고 할 만한 책은 1960년대 말과 1970년대 초에 수정주의라고 알려진 "병합" 서술이 폭증하면서 나왔다. 결론이 일반적, 분석적이고 때로는 아슬아슬한 스릴까지 느껴졌다. 아무런 안전장치 없이 묘기를 하는 공중곡예사처럼 이 결론에서 저 결론으로 건너뛰었기 때문이다. 이에 대한 반작용은 필연적이었다. "세분파"가 등장해 수정주의의 토대를 야금야금 갉아냈고 마침내 합병파가 구축한 가장 웅장한 구조물은 – 다는 아니지만 – 대부분 붕괴되었다. 이를 대체할 비교적 포괄적인 통합이론은 등장하지 않았다. 최근 몇 년 동안 이루어진 냉전 연구는 새로 공개된 풍부한 사료를 바탕으로 집대성한 결과물이지만 전체를 아우르는 유형은 나타나지 않았다. 유감스러운 일이다. 특이사항들을 이해하는 일 못지않게 이따금 한 발 물러서서 큰 그림을 바라보는 일도 중요하고 가치 있기 때문이다. 틀 속의 그림에서 두드러지게 눈에 띄는 어설픈 부분들이 있다고 해도 말이다.

　　이 책은 이러한 불균형을 바로잡기 위해 "병합"하려는 노력이다. 이 책은 제2차 세계대전 이후로 미국의 국가안보정책 전반을 새로 나타난 증거와 최근의 연구에 비추어 재해석하려는 시도다. 전통적인 외교적, 경제적, 이념적, 혹은 군사적 시각이 아니라 이 모두를 아우른 각도에서 주제에 접근한다. 즉 전략의 각도에서 접근한다. 여기서 "전략"이라 함은 단순히 목표가 수단과 연관되는 과정, 의도가 능력과 연관되는 과정, 목적이 가용재원과 연관되는 과정이다. 정책 입안자는 하나같이 의식적이든 무의식적이든 이러한 과정을 거치지만, 정책을 학문적으로 공부하는 학생들은 지역, 주제, 관료주의적 접근방식에 매료돼 이러한 과정에 거의 관심을 보이지 않았다. 나는 이 "전략적" 관점을 내가 생각하기에 전후(戰後) 국가안보정책의 중추적인 관심사 — 봉쇄*라는 개념 — 에 적용해 오랜 세월을 거치면서 이 개념이 어떻게 변형되고 구현되고 변신했는지 설명하겠다.

　　이 주제에 대한 내 접근방식은 알렉산더 조지(Alexander George)의 연구로부터 영향을 받았다. 그는 현대사와 정치학 분야 사이에 놓인 인위적인 방법론적 장벽을 허무는 데 큰 공헌을 했다. 조지는 정치 지도자들에게는 "행동 규약(operational code)"이 있다고 주장했다. 이는 정치 입문 후 초기에 형성되는, 세계를 보는 한 묶음의 가정(假定)인데, 일단 이 가정들이 형성되면 거의 바뀌지 않으며, 그 이후부터 위기에 대응하는 방식은 이 규약이 관장하는 경향이 있다.[2] 이러한 논지를 바탕으로 나는 행정부에는 특정한 "전략적" 혹은 "지정학적" 규약, 세계 속에서 미국 국익에 대한 가정, 국익의 잠재적 위협 요소, 그에 대한 타당한 대응이 존재하며, 이는 행정부가 들어서기 전 또는 들어선 직후에 형성되는 경향이 있으며, 그 이후로 아주 이례적인 상황이 발생하지 않는 한 바뀌지 않는 경향이 있다고 주장한다. 헨리 키신저는 다음과 같이 말했다. "지도자들은 경륜이 쌓일수록 생각이 깊어진다는

---

* "봉쇄"라는 용어에는 여러 가지 문제가 있다. 미국 정책이 방어 지향적이라는 의미를 내포하고 있기 때문이다. 1945년 이후로 미국이 세계에 접근하는 방식이 주로 방어적이었다고 주장할 수 있지만 — 나는 그렇게 생각한다 — 이 주장은 이 책이 추구하는 목적에는 부합하지 않는다. 여기서 중요한 점은 미국 지도자들은 자신들이 기존의 국제질서가 직면한 난관들을 야기하기보다는 발생하는 난관에 대응한다고 인식했다는 사실이다. 이 때문에 봉쇄 개념을 전후 국가안보정책의 중심적 화두로 취급하는 게 타당해 보인다.

믿음은 망상이다. … 대통령 집무실에 입성하기 전에 형성된 확신은 임기 내내 지속되며 임기 중에 소비할 지적 자본이다."[3]

전후 시대에는 다섯 가지 명확한 지정학적 규약이 존재해 왔다는 게 내 주장이다. 조지 케넌(George Kennan)◎이 1947년부터 1949년 사이에 최초로 제시한 봉쇄전략은 그 시기에 트루먼 행정부가 실행했다고 생각한다. 국가안전보장회의 제68호 문서(NSC-68)를 둘러싼 가정들은 한국전쟁이 일어나자 1950년부터 1953년 사이에 실행되었다. 아이젠하워-덜레스의 "뉴 룩(New Look, 새로운 관점)"전략은 1953년부터 1961년까지 지속되었다. 케네디-존슨의 "유연한 대응(flexible response)"전략은 존슨이 1969년 퇴임할 때까지 미국이 세계에 접근하는 방식을 결정했다. 그리고 이제 우리가 아련한 향수에 젖어 "데탕트(détente)"라는 용어와 연관시키는 여러 개념들의 복합체는 닉슨과 키신저가 1970년대 초에 실행했고, 이는 사실상 포드와 카터가 계승해 1979년 말 소련의 아프가니스탄 침공 때까지 이어졌다. 여기서 다시 알렉산더 조지의 주장을 빌려와 이러한 지정학적 규약들을 적당히 "틀을 잡고 구분해 비교"하고[4] 각각 어떤 유형을 보이는지 살펴보겠다. 이러한 시도를 통해 폭넓은, 그러나 바라건대 소화하지 못할 정도로 너무 크지는 않은 "병합"을 제시하고, 최근 들어 매우 빈약해진 "세분파"에게 적어도 곱씹을 거리를 마련해주려 한다.

이 책이 어떻게 구성되어있는지에 대해 한 마디 할 차례다. 제1장과 11장은 제2차 세계대전 이전의 사건들과 현재 봉쇄정책의 상황을 일반적으로 다룬다. 제2장부터 10장까지는 위에서 대략 언급한 봉쇄의 접근방식을 보다 깊이 있게 다룬다. 보통 내가 주장을 제시하는 절

---

◎ "조지 케난"으로도 표기된다 – 옮긴이.

차는 다음과 같다. 전략 하나를 설명하는 데 한 장을 할애하고* 뒤이은 장에서 실행 결과를 평가한다. 그러나 이 유형에 들어맞지 않는 두 가지 예외가 있다. NSC-68이 국가전략의 기초를 형성한 기간은 비교적 짧기 때문에, 이를 다룬 제4장은 전략과 실행을 모두 다룬다. "유연한 대응" 전략의 실행을 다룬 제8장은 베트남 전쟁의 자세한 사례 연구의 형태를 띤다.

이 책은 내가 미국 해군 국방대학교에서 2년 동안 학생들을 가르친 끝에 나온 결과물이다. 이 학교는 역사와 정책의 관계에 깊은 관심을 지닌 독특한 교육기관이다. 이 학교에서 가르치는 소중한 경험을 할 기회를 준 스탠스필드 터너 장군과 줄리엔 J. 르부주아 장군, 그리고 필립 A. 크롤에게 감사드린다. 그리고 이 책에 담은 생각들을 두고 함께 토론한 예전 동료들, 특히 제임스 E. 킹, 토머스 H. 에촐드, 데이비드 숀바움, 네드 르보우에게 감사한다. 수많은 학생들이 건전한 회의론을 정중하게 표명해 내 생각을 바로잡아주는 소중한 기여도 했다. 연구실을 함께 쓰면서 인내심과 자제력을 발휘해 준 붙임성 있는 두 동료교수의 존함은 헌사(獻詞)에서 언급했다.

오하이오 대학교의 학생과 내 동료학자들도 내게서 이 책 내용에 대해 귀가 따갑도록 들었고, 특히 내게 고견을 준 찰스 C. 알렉산더, 알론조 L. 햄비, 그리고 데이비드 L. 윌리엄스 교수들에게 감사드린다. 캐런 윌리엄스는 주석 참고문헌을 추적하느라 열과 성을 다했고, 도리스 도어는 애신스(Athens) 시(오하이오 대학교 소재지 − 옮긴이)

---

* 조지가 주장한 체계적인 비교의 연장선상에서 나는 각 전략에 대해 − 너무 따지고 든다는 느낌을 주지 않기를 바라면서 − 다음 질문을 던졌다. (1) 해당 행정부는 세계 속에서 미국의 이익에 대해 어떤 인식을 지니고 있었나? (2) 미국의 이익에 대한 위협을 어떻게 인식했나? (3) 국익과 위협에 비추어 볼 어떤 대응을 했나? (4) 그러한 대응을 어떤 식으로 정당화 했나?

의 역사학 교수들이 혀를 내두를 정도의 속도로 원고를 문서화해 주었다.

조지 F. 케넌과 W. W. 로스토우는 시간을 내서 원고를 세심하게 읽고 당신들이 워싱턴 행정부에 적을 두었을 시기를 다룬 부분에 대한 내 질문에 친절히 답해 주었다. 고맙게도 두 분은 아마도 내 주장에 딱히 동의하지 않았을 경우에도 참을성 있게 내 주장에 귀 기울여 주었다. 로버트 A. 디바인은 자신이 하고 있던 아이젠하워에 관한 연구도 제쳐놓고 제5장과 6장에 대해 훌륭한 조언을 해주었다. 이 책의 출간을 준비하면서 셸던 마이어, 빅토리아 비주, 그리고 옥스퍼드 대학교 출판부와 일하는 기쁨도 누렸다.

운 좋게도 뜻밖에 여러 장소에서 내 의견을 제시할 기회를 얻었고, 이 책에 소개된 아이디어 일부는 바로 그런 포럼에서 탄생했다. 사다오 아사다 교수와 노부나오 마츠야마 교수는 1978년 교토 미국학 여름 세미나에 나를 초청해 주었고, 그 세미나에서 이 책의 윤곽이 잡혔다. 새뮤얼 F. 웰스 주니어는 우드로 윌슨 국제연구소에서 역사와 정책의 관계 그리고 NSC—68에 대해 유익한 회의를 열어주었다. 제럴드 J. 버나스 박사와 그 부인은 미국 외교관계를 연구하는 역사학자 협회에서 열린 1980년 스튜어트 L. 버나스 기념강연에 나를 초청해 주었다. 아서 펑크 교수는 런던에서 열린, 2차대전 역사에 관한 영미위원회 1980년 합동회의를 주관했다. 마지막으로 헬싱키 대학교 역사연구소와 자료연구소의 크고 작은 협회 소속 동료들에게도 감사드린다.

이 책은 문서보관소의 자료들을 바탕으로 쓰였는데, 대부분 최근 공개된 자료들이다. 해리 S. 트루먼, 드와이트 D. 아이젠하워, 존 F. 케네디, 린든 B. 존슨 대통령도서관들, 국립문서보관소의 외교와 현대군사 부서의 직원들의 지원에 큰 감사를 드린다. 자신의 비공개

자료들을 인용하고 사용하도록 허락해 준 조지 F. 케넌과 이 자료들을 보관하고 있는 프린스턴 대학교 실리 머드 도서관의 직원들에게도 감사드린다.

해군 국방대학교 첨단연구소와 국립인문학재단에서 받은 연구기금은 이 책을 집필하는 데 소중히 쓰였기에 여기서 감사를 표한다. 이 책의 일부가 약간 다른 형태로 〈포린 어페어스〉, 〈인터내셔널 시큐리티〉 그리고 〈미국 외교관계사 역사학자 협회〉 회보에 실렸는데, 그들의 허락을 받고 이 책에 인용했다.

책을 쓰다보면 우선순위에서 맨 마지막으로 밀려나지만 절대로 하찮게 여겨서는 안 되는 게 가족으로서의 의무다. 마이클과 데이비드는 애비가 산더미처럼 쌓아 꿍쳐둔 문서, 쪽지, 종이뭉치개, 테이프를 (적어도 그리 자주) 뒤적거리지는 않는, 평소와는 다른 자제력을 발휘해주었다. (신파조의 칭찬을 질색하는) 아내 바바라는 내가 책을 쓰다 난관에 부딪히면, 간혹 내 넋두리에 맞장구쳐주고 날카로운 비판도 했지만, 주로 빙하와 토탄(土炭) 늪을 연구하거나 윌리 넬슨의 노래를 듣는 편을 택했다.

핀란드, 헬싱키에서
1981년 1월
J. L. G.

# 차례

# 약어 풀이

ABM(ani-ballistic missile) 탄도탄 요격 미사일

CIA(Central Intelligence Agency) 중앙정보국

CPP(Carter Public Papers) 카터 행정부 공식문서

DSB(Department of State Bulletin) 국무성 공보

EPP(Eisenhower Public Papers) 아이젠하워 행정부 공식문서

FACC(Foreign Assistance Correlation Committee) 해외원조 상호관계 위원회

FRUS(Foreign Relations of the United States) 미국 외교

HASC(House Armed Services Committee) 하원 국방 위원회

HFAC(House Foreign Affairs Committee) 하원 외교 위원회

ICBM(Inter-continental ballistic missile) 대륙 간 탄도 미사일

IRBM(Intermediate range ballistic missile) 중거리 탄도 미사일

JCS(Joint Chiefs of Staff) 합동 참모 본부

JIC(Joint Intelligence Committee) 합동 정보 위원회

JPP(Johnson Public Papers) 존슨 행정부 공식문서

KPP(Kennedy Public Papers) 케네디 행정부 공식문서

MAD(Mutual assured destruction) 상호 확증 파괴

MIRV(Multiple independently targeted re-entry vehicle) 다탄두 각개유도 미사일

MLF(Multilateral nuclear force) 다각적 핵전력

NATO(North Atlantic Treaty Organization) NATO

NPP(Nixon Public Papers) 닉슨 행정부 공식문서

NSC(National Security Council) 국가 안전보장 회의

NSDD(National Security Decision Directive) 국가 안보 결의 지침

NWC(National War College) 국방 대학교

OSS(Office of Strategic Services) 전략 사무국

PPS(Policy Planning Staff) 정책기획부

RPP(Reagan Public Papers) 레이건 행정부 공식문서

SALT(Strategic Arms Limitation Talks) 전략 무기 제한 협상

SDI(Strategic Defense Initiative) 전략 방위 구상

SFRC(Senate Foreign Relations Committee) 상원 외교 위원회

SLBM(Submarine-launched ballistic missile) 잠수함 발사 탄도미사일

SNIE(Special National Intelligence Estimate) 특별 국가정보 판단

START(Strategic Arms Reduction Talks) 전략 무기 감축 협상

SWNCC(State-War-Navy Coordinating Committee) 국무성-육군-해군
  조정 위원회

TPP(Truman Public Papers) 트루먼 행정부 공식문서

# 01

# 서언(序言): 케넌 이전의 봉쇄

　"애들아, 매우 위험한 시기에는 다리를 건널 때까지 악마와 동행해도 된단다." 발칸 반도 지역에서 전해 내려오는 (게다가 동방정교 교회가 승인하기까지 한) 옛 속담을 프랭클린 D. 루즈벨트 대통령이 해석한 말이다. 제2차 세계대전 당시 그는 의문의 여지가 없는 목적을 달성하기 위해 미심쩍은 동맹국들을 이용해야 하는 상황을 이 속담을 인용해 설명하곤 했다.[1] 전면전에서 궁극적인 목표 – 승전 – 를 달성하려면 폭넓은 수단의 이용이 정당화된다고 그는 믿었다. 이런 그의 믿음은 독일과 일본을 패배시키기 위해 스탈린이 통치하는 소비에트연방(Soviet Union, 소련)◎에 의지하는 상황을 더할 나위 없이 정당화했다. 1941년 여름 미국과 영국은 연합국에 합류하는 나라라면 그 어떤 나라라도 환영했다. 그렇다고 해도 소비에트사회주의공화국연방(U.S.S.R)이 갑자기 연합국으로 등장하면서 미국과 영국 두 나라의 수도에서는 악마에게 영혼을 파는 게 아니냐는 우려가 나오는 게 불가피했다. 윈스턴 처칠이 영국 의회에서 히틀러가 지옥을 침략하면 악마를 응원해야 한다고 한 계산된 발언은 유명하다.* 루즈벨트가 자신의 오랜 친구인

---

◎　저자는 소련을 소비에트, 소비에트 연방, 소비에트사회주의공화국연방 등으로 다양하게 일컫는데, 모두 "소련"으로 통일해 번역했다 – 옮긴이.

*　"히틀러가 지옥을 침략한다면 나는 하원에서 악마에 대해 적어도 우호적인 발언을

조지프 데이비스(Joseph Davies)에게 위의 속담을 다음과 같이 재해석해 들려주었다는 사실은 그만큼 잘 알려져 있지는 않다. "나는 공산주의를 받아들일 수 없고 자네도 마찬가지야. 하지만 이 다리를 건너기 위해서라면 나는 악마와도 손을 잡을 걸세."2)

　　뒤이어 일어난 사건들에 비추어 보면 그림이 그려진다. 미국과 영국은 소련이라는 악마와 협력해 전쟁의 규모에 비해 놀라울 정도로 단기간 내에 놀라울 정도로 극히 적은 사상자를 내고 공동의 적을 물리쳤다. 그러나 물리친 적보다 훨씬 막강하고 훨씬 그 속내를 헤아리기 어려운 전체주의 국가의 부상을 지켜보는 대가를 치러야 했고, 세계대전을 승리로 이끈 짧고도 불편한 동맹관계보다 열 배는 더 긴 기간 동안 냉전이 지속되는 결과를 낳았다.

　　전후 시대에 미국이 실시한 대 소련 정책을 일컬을 때 쓰는 용어 "봉쇄"는 전쟁 중 악마와의 거래가 초래한 결과를 수습하려는 일련의 시도를 말한다. 이는 소련이 제2차 세계대전이라는 갈등을 통해 획득한 힘과 지위를 이용해 전후 세계질서를 재정립하려는 시도를 막는다는 취지로서, 소련이 품은 이러한 야심은 서방 진영이 보기에 독일이나 일본이 승전했다면 구상했을 세계 못지않게 위험한 미래상이었다. 봉쇄는 조지 F. 케넌(George F. Kennan)이 1947년 7월에 처음 언급한 용어다. 그는 "러시아◎의 팽창 지향적 경향을 장기간 끈질기게 그러나 확고하고 물샐 틈 없이 봉쇄해야 한다."고 공개적으로 주장했다.3)* 전

---

하겠소."(*Winston S. Churchill, The Grand Alliance* [Boston: 1950], pp.370–371)

◎ 원래는 소련을 구성하는 공화국 중 가장 크고 중요한 지역이지만 이 단어는 소련과 동의어로 자주 사용됐다 – 옮긴이.

* 케넌은 이보다 앞서 적어도 한 번은 이 용어를 사용했었다. 그는 1946년 9월 국무성 관리들이 모인 자리에서 자신의 제안을 바탕으로 "우리가 상대방을 자극하지 않는 현명한 정책을 펼치면, 앞으로 오랫동안 그들(러시아인들)을 군사적으로도 정치적으

쟁 당시 정책결정자들이 이 문제를 까맣게 모르고 있었다는 주장이 종
종 제기되는데 이는 그들에게는 억울한 주장이다. 사실 "봉쇄"라는 개
념은 1941년부터 계속 미국 관리들의 머릿속에 자리 잡고 있었다. 장
기적인 우려를 해소하는 동시에 추축국(樞軸國, Axis)◎의 패망이라는
당장 눈앞에 닥친 책무를 달성해야 하는 어려움에 직면해 있었다. 루
즈벨트, 해리 S 트루먼 그리고 그들에게 자문을 하는 관료들은 애초에
참전한 목적을 훼손하지 않고 전쟁에서 이길 방법을 강구했다. 그러나
불가능을 가능케 하려는 시도가 연달아 실패하면서 결국 케넌의 "봉
쇄"라는 개념이 등장했다.

## I

이러한 진퇴유곡(進退維谷)에서 헤어 나오기 위해서는 러시아인
들의 도움을 받아 독일을 제압하는 동시에 그들을 봉쇄할 군사작전을
세우는 방법도 있었을 법하다. 1941년 6월 히틀러가 소련을 공격한 직
후 트루먼은 표현이 거칠기는 하나 이러한 방법을 직접 제안했었다.
"독일이 전쟁에서 승기를 잡으면 우리는 러시아를 도와야 하고, 러시
아가 승기를 잡으면 독일을 도와야 한다. 그렇게 해서 서로 가능한 많
은 전사자를 내게 해야 한다."4)* 그러나 당시 트루먼은 존재감 없는

---

로도 봉쇄할 수 있다."라고 장담했다. (George F. Kennan, *Memoirs*(회고록):
*1925-1950* [Boston: 1967], p.304.)

◎ 제2차 세계대전 당시 나치독일을 중심으로 연합국과 싸웠던 국가들의 동맹체. 독
　일, 이탈리아, 일본 세 국가가 중심이었다 – 옮긴이.

* 그러나 트루먼은 무슨 일이 있어도 히틀러가 승리하는 꼴은 보고 싶지 않다고 덧붙
　였다.

미주리 주 상원의원이었다. 지정학적 냉소주의가 번뜩인 그의 이 말은 당시에는 관심을 모으지 못했다. 그러다가 4년 후 뜻밖에 그가 백악관에 입성했는데 그 무렵 미국이 러시아인들에게 지나치게 의존해 독일을 너무 철저하게 패망시키지는 않았는지 의문이 제기되면서 세간의 입에 점점 자주 오르내렸다. 소련주재 미국 대사를 지내고 나서 당시에 미국에서 소련을 가장 맹렬하게 비판하고 있었던 인물로 손꼽히는 윌리엄 불릿(William C. Bullitt)은 1948년 〈라이프(Life)〉 잡지에 실린 "우리는 어떻게 전쟁에 이기고도 평화를 잃었는가."라는 제목의 기사에서 이 의문을 적확하게 표현했다.5)

불릿 본인도 5년 앞서 루즈벨트에게 보고된 일련의 극비 보고서에서 전략적 대안을 주장했었다. 스탈린이 전쟁을 통해 달성하려는 목표는 서방진영이 추구하는 목표와 같지 않다고 그는 주장했다. 소련 독재자가 파시즘에 대항하는 연합군에 가담하면 폭압적이고 팽창주의적인 성향이 말끔히 해소된다고 지레짐작하는 이들이 있는데 이를 뒷받침할 아무 근거도 없고 소련 독재자가 이렇게 개과천선한다면 "사울이 예수 추종자들을 잡으러 다메섹으로 가는 도중 회심하는 사건 못지않게 놀랄 일"이었다. 모스크바가 장악한 유럽은 독일이 통치하는 유럽 못지않게 위험하지만, "(1914년 전쟁에서 프랑스가 승리한 사례와 마찬가지로) 미국과 영국의 인명 손실이 크지 않아서 겉보기에는 독일이 이긴 듯해도 내용상으로는 독일이 패전하는 결과를 낳으려면 소련의 붉은 군대가 독일과의 전쟁에 반드시 계속 참전해야 한다." 그렇다면 "나치 독재에 맞서는 전쟁에서 붉은 군대가 발을 빼지 못하도록 하는 동시에 모스크바 독재자가 유럽을 지배하지 못하도록 하는 게 관건이었다." 윈스턴 처칠이 이와 유사하지만 훨씬 널리 알려지게 된 해법을 제시하기* 훨씬 전에 불릿이 내놓은 해답은 영미군을 동유럽과 발칸반도에 투입해 우선 독일을 패퇴시키고 그 다음 붉은 군대가 나머지 유럽 지역에 발을 들여놓지 못하게 하는 방법이었다. "전쟁은 투쟁을 통해 정치적 목적을 달성하려는 시도이고, 작전계획을 세울 때는 정치적 목적을 염두에 두어야 한다."[6]라고 불릿은 1943년 루즈벨트에게 상기시켜주었다.

불릿이 염두에 둔 것과 유사한 정치적 목적을 달성하기 위해 루즈벨트가 군사력을 동원하는 방법을 고려했다는 정황이 포착된다. 루즈벨트 대통령은 발칸반도에서 영미 군사작전을 전개하자는 처칠의 제안에 의례적인 정도 이상의 관심을 보였다. 이에 대해 헨리 스팀슨(Henry Stimson) 육군성 장관과 합동참모본부는 결사반대하고 나섰지만 말이다.[7] 1943년 루즈벨트는 독일이 갑자기 몰락할 경우 러시아인들이 베를린에 도달하자마자 미군도 베를린에 도달할 필요가 있다고 적어도 두 차례나 강조했다.[8] 그리고 1945년 4월 그는 세상을 떠나기까지 채 일주일도 남겨놓지 않은 시점에 처칠로부터 볼멘소리를 들었다. 처칠은 "전쟁이 우리에게 유리하게 진행된 지금까지와는 달리 앞으로 며칠 만에 우리 군은 곤경에 처하게 된다."라고 지적하며 소련의 행동에 대해 불만을 토로했다.[9]

그러나 루즈벨트는 독일을 패배시키는 동시에 러시아인들을 봉쇄하는 이중 목적을 달성하기 위해 군대를 배치하는 시도는 대체로 하지 않으려 했다. 지정학적인 요인을 염두에 두었기 때문이다. 그는 오직 전쟁에서 승리하겠다는 일념으로 악마와 손을 잡고 다리를 건너려

---

* 포레스트 C. 포그(Forrest C. Pogue)에 따르면, 러시아인들을 봉쇄하기 위해 영미군을 배치하는 안을 처칠이 미국 측에 분명히 제안한 때는 1945년 얄타 회담 이후였다. (*George C. Marshall: Organizer of Victory* [New York: 1973], p.517.)

는 게 아니라 다른 중요한 이유들도 염두에 두고 있었다.

　　루즈벨트가 생각하는 힘의 균형과 관련 있었다. 미국이 안전하려면 잠재적인 적성 국가들이 단결하지 못하도록 해야 한다고 그는 생각했다. 그가 1933년 소련을 외교적으로 인정한 이유는 독일과 일본의 점증하는 군사력을 상쇄하고 두 나라로부터 계속 떼어놓기 위해서였다.10) 1939년 스탈린이 나치와 불가침협정을 체결해 미국이 바라는 역할을 하지 않기로 했을 때에도 루즈벨트는 러시아인들의 그런 행동에 대해 사적으로는 강한 반감을 품었지만 모스크바와 결국 화해할 길을 열어놓는 신중한 태도를 보였다.11) 1941년 6월 독일이 소련을 침공하자 루즈벨트는 자신의 전략을 실행하기 위해 신속히 움직였다. 이미 참전한 영국보다 표면적으로는 여전히 중립을 고수하던 미국에서 소련과의 협력에 대한 국민의 지지를 얻기가 훨씬 어려웠지만 말이다.12) 진주만 공격 이후 루즈벨트에게는 히틀러와 스탈린 사이에 새로운 "거래"가 성사되지 않도록 하는 동시에 일본과의 전쟁에서 스탈린의 협력을 확보하는 게 초미의 관심사였다.13) 따라서 적들을 계속 갈라놓아야 한다는 지정학적인 명분은 독일뿐만 아니라 러시아에 맞설 군대도 파병해야 한다는 주장을 무마하기에 가장 설득력이 있었다.

　　이와 더불어 그는 미국의 힘이 지닌 속성을 십분 이해하고 있었다. 루즈벨트는 "민주주의의 병기창(arsenal of democracy)"이라는 개념을 처음부터 굳게 믿었다. 미국은 군사력이 아니라 기술을 이용해 세계질서를 유지하는 데 가장 효과적으로 기여할 수 있다는 주장이다. 진주만이 습격당하기 훨씬 전에 그는 파시즘에 맞서기 위해 미국 산업의 생산적인 에너지를 동원할 길을 모색했다. 그는 지리적으로 고립돼 있고 전시 물자를 생산할 시설들이 전쟁에 취약한 상태에 노출되어 있지 않다는 미국의 유리한 점을 십분 활용해 피난처 역할을 하는 특권

을 누리는 한편, 전쟁에 군사력을 투입하는 역할은 다른 나라들이 하
도록·할 생각이었다.14) 참전이 불가피해진 후에도 루즈벨트와 그의 최
고 군사전략가 조지 C. 마셜(George C. Marshall) 장군은 이 접근방식이
지닌 요소들을 포기하지 않았고, 전쟁에 투입한 육군을 90개 사단으로
제한했다. 독일과 일본 모두를 패배시키는 데는 육군 215개 사단이 필
요했는데도 말이다. 그러나 마셜 장군도 인정한 바와 같이 이는 소련
의 군사력이 아니었다면 불가능했을 결정이다.15) 이런 의미에서 러시
아인들이 미국의 군수물자대여(Lend-Lease) 정책◎에 의존한 만큼이나
미국도 붉은 군대에 의존했다. 아니 어쩌면 미국이 러시아인들에게 더
의존했는지도 모른다. 바로 이러한 사실 때문에 미국은 독일을 패배시
키는 동시에 러시아인들을 봉쇄하는 이중의 목적을 달성할 군사작전
을 배제했다.

　　세 번째로 고려할 사항도 있었다. 처칠의 생각이라고 널리 알려
져 있지만 루즈벨트도 염두에 두었던 사항이다. 바로 사상자를 최소화
할 필요가 있었다.* 이 점에 관한 대통령의 생각을 애버럴 해리먼
(Averell Harriman)이 다음과 같이 일목요연하게 요약했다.

　　루즈벨트는 제1차 세계대전의 영향을 많이 받았다. 그가 가까이서
　　지켜본 전쟁이다. 그는 미군이 유럽 대륙에 또 다시 상륙해 자신이 과
　　거에 목격한 그런 종류의 전투에 참여한다는 게 끔찍했다 – 참혹할 정
　　도로 인명이 손실된 참호전 말이다. 러시아의 대규모 군대가 독일에

---

◎ 무기대여법이라고도 한다. 미국이 2차 세계대전 시에 소련에게 군수물자를 대규모
　로 제공한 법안이자 정책 – 옮긴이.

* "나는 조심스럽게 며칠에 한 번씩 사상자 명단을 루즈벨트에게 보냈다. 나는 늘 사
　상자 명단을 그의 앞에 들이댔다. 이런 일에 무뎌지기 때문이다. 따라서 늘 사상자
　에 대한 생각이 머릿속을 떠나지 않도록 해야 한다."라고 마셜 장군은 훗날 회상했
　다. (Pogue, *Marshall: Organizer of Victory*, p.316.)

맞서면 미국의 참전은 해군과 공군력으로 제한할 수 있다고 생각했던 듯하다.16)

루즈벨트는 미국이 세계적 강대국 역할에 익숙하지 않다고 생각했던 게 틀림없다. 희생이 너무 크면, 더군다나 자국의 영토가 직접적으로 위협받지도 않는 전쟁에서 큰 희생을 치르면, "요새 미국(fortress America)" 정책으로 회귀하라는 압력, 심지어 고립주의로 돌아가라는 압력이 팽배해질지도 몰랐다. 동맹국들이 사상자를 내는 희생을 떠안도록 하는 게 미래에 국제주의를 보장하는 길이라고 생각했다.

마지막으로 미국은 태평양에서 또 다른 전쟁을 치러야 했다. 미국이 유럽에서보다 훨씬 더 큰 몫을 담당해야 하는 전쟁이었다. 진주만 공격 이전부터 미국의 전략은 우선 독일을 패배시키는 일이었다. 그러나 루즈벨트는 히틀러에 대한 군사작전을 지원하려면 일본과의 전쟁에서 진전이 있어야 한다는 점을 알고 있었다. 미국인들은 한 대양에서 계속 패배하는데 또 다른 대양을 건너 전쟁하러 가는 상황을 용인하지 않을 것이기 때문이었다. 따라서 루즈벨트는 독일과 일본에 동시에 맞서는 전략으로 눈에 띄지 않게 단계적으로 서서히 바꿨다. 태평양 전쟁은 단순히 본래 계획했던 전투를 실행하는 일을 넘어섰다.17) 한 가지 면에서 효과가 있었다. 사상자를 거의 내지 않고도 독일과 일본을 거의 동시에 무릎을 꿇게 되리라고 기대한 사람은 거의 없었을 텐데 그 일을 해냈다.18) 그러나 그 대가로 미국은 유럽에서 진행 중인 전쟁에서는 소련이 큰 몫을 하도록 그 군사력에 크게 의존해야 했다. 원자폭탄이 아니었다면 미국은 독일이 항복한 후 러시아인들에게 태평양에서도 비슷한 역할을 해달라고 요청했을지도 모른다.

그렇다면 루즈벨트의 전략을 정치적 고려사항과 완전히 분리시

켜서 볼 수는 없다. 미국의 가용자원을 잘 활용해 세계의 힘의 균형을
유지하되 동시에 미국사회의 결속력을 파괴하지 않겠다는 목적으로
수립한 전쟁 계획은 취지에 어긋나게 된다. 루즈벨트가 전시에 취한
전략은 다가오는 냉전을 염두에 둔 게 아니었다. 그는 그럴 가능성을
내다보기는 했지만 실제로 냉전이 발생하지 않기를 바랐고 실제로도
발생하지 않으리라 믿었다. 대신 그는 당시에 미국이 관여하고 있던
전쟁에서 가능한 한 신속하게 그리고 최소한의 대가를 치르고 승리하
는 데 집중했다. 이러한 목적에 미루어볼 때 루즈벨트의 전략은 더할
나위 없는 최선의 전략이었다.

정치적 고려사항을 무시했다며 루즈벨트를 비판해 온 이들의 생
각을 바로잡기 위해서는 러시아인들 – 특히 스탈린 – 이 전쟁에서 자국
의 역할을 어떻게 생각했는지 보면 된다. 여기서는 미국의 전략이 전
적으로 정치적 고려를 한 전략임이 강조되어 있다. 1941년 러시아인들
과 독일인들이 서로 죽이게 내버려 두자고 한 트루먼의 주장을 루즈벨
트가 그대로 채택했다고 주장한 역사적 문건도 있다.[19] 물론 통계수치
로만 보면 실제로 그랬던 것처럼 보인다. 미국인 전사자 한 명 당 독일
인 전사자는 13명, 러시아인 전사자는 90명이다.* 처음부터 이게 루즈
벨트가 의도한 바였을지도 모른다는 의문이 제기될 만하다. 실제로 루
즈벨트의 전략은 러시아로 하여금 전쟁에 깊숙이 가담하게 하는 동시

---

\* 제라드 와인버그(Gerhard Weinberg)는 제2차 세계대전에서 미국인 사망자를 30만 명,
독일인 사망자를 400만 명 이상, 소련 사망자는 대략 2,500만 명으로 본다. 최근에
나온 연구 자료는 소련 사망자를 2,700만 명으로 추산한다. (Gerhard L. Weinberg,
A World at Arms: *A Global History of World War Ⅱ* [New York: 1994], p.894;
Vladimir O. Pechatnov and C. Carl Edmondson, "The Russian Perspective," in
Ralph B. Levering, Vladimir O. Pechatnov, Verena Botzenhart–Viehe, and C. Carl
Edmondson, *Debating the Origins of the Cold War: American and Russian
Perspective* [New York: 2002], p.86.)

에 전후에 소련을 봉쇄하도록 만전을 기한 교묘한 전략이었을까? 러시아에게 영토나 물자를 허락하지 않는 방법이 아니라 기진맥진하게 만듦으로써 말이다.

　　루즈벨트의 속내를 알 길이 없으니 장담은 못한다. 겉으로는 떠들썩하지만 자신의 속내를 철저히 숨기는 정치가로 치자면 루즈벨트만한 인물이 없다. 이게 그의 실제 전략이었다고 해도 그가 누구에게 속내를 털어놓았을 가능성은 거의 없다. 그보다 훨씬 개연성이 있고 루즈벨트의 의도를 훨씬 덜 음흉하게 해석한 설명이 있다. 러시아인들이 원하는 대로 – 전쟁 초기에 제2의 전선을 구축 – 하거나, 미국 내에서 그를 비판한 이들이 원하는 대로 – 러시아인들과 독일인들에게 동시에 맞설 군사력을 투입 – 했다면, 세상사를 해결하자고 미국의 군사력을 동원하기를 질색했던 루즈벨트의 근본적인 성정에 반하는 결정이었으리라. 루즈벨트 대통령은 분명히 의도적으로 영향을 미치기 위해 이 전략을 택했지만 미국의 사기를 저하시키거나 쇠약하게 만들지 않을 방법을 모색했다. 루즈벨트를 비방하는 미국인들이나 아전인수식으로 해석하는 러시아인들처럼 이러한 접근방식을 순진한 발상이라고 폄하하기 쉽다. 그러나 루즈벨트의 전략은 현명한 정치가라면 누구든, 할 수만 있다면 달성하고자 했을, 달성해야 할 여러 가지 목적과 동원해야 할 다양한 물자들 사이에서 합리적인 균형점을 모색하려는 노력이 반영된 전략이다. 1939년부터 1941년 사이에 전략적인 실수를 거듭한 결과 그 기회를 스스로 차버린 스탈린은 운이 없었다.*

---

* 영국이나 미국이 무자비한 공격을 받고 있었다면 스탈린이 이들을 구하는 자살 행위를 감행했을지 여부를 두고 갑론을박 해볼 만하다. 1939~1941년의 전례에 비추어볼 때 그러지 않았으리라 본다.

II

　　루즈벨트가 러시아인들을 지치게 만들어 봉쇄할 의도였다는 주장을 의심케 하는 또 다른 이유는 전후 그가 추진한 계획이 전혀 다른 방향으로 향하고 있기 때문이다. 바로 통합을 통한 봉쇄 계획이다. 루즈벨트는 모스크바에게 상당한 입지를 제시함으로써 전후 안정적인 세계질서를 확보하려고 했다. 말하자면 동아리의 구성원으로 만들려고 했다. 루즈벨트는 소련의 적개심은 열등감에서 비롯된다고 ─ 루즈벨트의 정책을 이해하려면 중요한 가정이다 ─ 가정했지만, 그 열등감의 원인은 외부에 있다고 보았다. 루즈벨트 대통령은 위협적인 독일과 일본, 오랜 세월 동안 볼셰비즘에 대해 거부감을 보여 온 서구진영, 그리고 이에 따라 세상사와 관련해 러시아인들에게 정당한 지위를 부여하지 않은 세계가 열등감의 원인이라고 보았다. "러시아인들은 우리를 잘 몰랐다. 그게 진정으로 근본적인 차이였다."라고 그는 1944년에 말했다. "그들은 우호적인 사람들이다. 그들은 정복하겠다느니 그런 정신 나간 생각은 하지 않는다. 그리고 이제 우리가 어떤 사람들인지 알게 된 이상 훨씬 더 기꺼이 우리를 받아들일 자세가 되어있다."[20] 추축국이 전쟁에서 패했고,* 서구진영이 앞으로 평화를 구축하는 과정에서 소련을 명실상부한 동반자로 기꺼이 받아들인다면 스탈린이 의구심을 품게 된 이유들은 서서히 해소되리라고 루즈벨트는 생각했다.

　　루즈벨트 대통령은 소비에트 국가의 이념적 지향성에서 국가 간

---

* 전쟁 후 독일을 혹독하게 대해야 한다고 루즈벨트가 주장한 한 가지 이유는 소련을 안심시키고 싶었기 때문이다. (이와 관련해 다음 자료를 참조하라. Robert Murphy, *Diplomat Among Warriors* [Garden City, N.Y.: 1964], p.227.)

차원에서 협력적인 관계를 맺지 않을 이유를 전혀 보지 못했다. 리버럴(Liberal)◎인 그는 국가 권위를 이용해 사회 변화를 꾀하는 사상에 대해 미국 보수주의자들이 지닌 본능적인 공포심이 결여되어 있었다. 자신만만한 명망가인 그는 공산주의가 미국에서 호소력을 발휘할 가능성을 과소평가했다.21) 세계적인 힘의 균형의 수호자로서 그는 목적 달성을 위해 힘에 의존하는 파시즘과 공산주의를 구분하고 공산주의가 이용하는 심리적 전복과 선전선동은 훨씬 덜 위험하다고 보았다.22) 그러나 무엇보다도 세계정세를 조망하는 지적인 관찰자로서 그는 소련에게서 어떤 변화의 추세를 감지했다. 당시에는 대부분의 전문가들이 막 파악하기 시작한 추세로서, 적어도 당분간 스탈린의 행동을 결정하는 요인은 이념보다 국익이 우선일 것이라는 사실이었다.

바로 이러한 맥락에서 루즈벨트는 소련을 전후 공동의 안보 구조에 편입시킨다는 생각을 해냈다. 루즈벨트는 오래전부터 강대국이 공동 관리하는 형태의 세계질서 유지 방안을 주창해 왔다. 그는 윌슨이 추구한 목표를 윌슨답지 않은 수단으로 달성하려는 "변절한 윌슨주의자"라는 주장이 제기돼 왔다.23) 그 가운데 으뜸은 평화를 사랑하는 국가들은 단결해서 우선 침략자들을 고립시킴으로써, 그리고 나서 필요하다면 그들을 상대로 무력을 행사함으로써 공격을 억제해야 한다는 확신이었다. 일찍이 1935년 루즈벨트는 이러한 신념의 연장선상에서 나치 독일을 봉쇄해야 한다고 언급한 적이 있다. 그로부터 2년 후 그는 일본에 집단적으로 맞서자며 이와 비슷하지만 막연한 계획을 제안했다.24) 어느 구상도 실현되지 않았지만, 루즈벨트는 이 두 가지 구상에서 공히 소련의 협력을 기대했다는 점을 주목할 필요가 있다. 그

---

◎ "리버럴"이라는 용어는 본래의 의미를 상실하고 현재 미국을 비롯한 서구사회에서는 좌익이라는 의미로 쓰인다 - 옮긴이.

렇다면 1941년 6월 이후 모스크바가 다시 서구 진영과 협력할 입장에 놓였을 때 루즈벨트가 자신의 계획을 되살렸어야 했음은 그리 놀랍지 않다. 이번에는, 루즈벨트 대통령이 설명한 바와 같이, "4대 경찰"－미국, 영국, 소련, 중국－의 형태로서 4개국이 전후 세계에 질서를 부여하고 이 질서에 순응하지 않는 나라는 가차 없이 폭격하는 형태의 질서였다.[25]

"4대 경찰" 개념은 얼핏 보기에 루즈벨트가 품었던 비현실적인 가정, 강대국들은 늘 합의에 도달하리라는, 세계체제가 지닌 명백히 적대적인 특성과 정면으로 배치되는 기대를 반영한 듯했다. 여기서 또 다시 겉으로 드러난 면만 보면 속기 쉽다. "네 사람이 포커게임을 하는데 세 명이 작당해 나머지 한 명에 맞서면 네 번째 사람에게는 좀 가혹하다." 1942년 말 루즈벨트가 헨리 월리스(Henry Wallace)에게 한 말이다. 월리스는 이를 미국, 러시아, 중국이 영국을 압박할 가능성으로 받아들였고, 실제로 루즈벨트 대통령은 결국 스탈린과 장개석 양측 모두에게 자신이 지닌 반제국주의적 열망을 각인시켰다.[26] 그러나 이와 거의 동시에 루즈벨트는 다른 이들에게는 러시아의 힘을 상쇄하기 위해 4대 경찰의 일원으로서 중국이 필요하다고 말하고 있었다.[27] 필요하다면 처칠에게도 그러한 구상에 동참하라고 하면 동참했으리라고 생각했을 가능성이 있다. 따라서 화합을 기대하고 내놓은 구상이라고 하기 어렵다. 오히려 경쟁관계인 국가들이 서로 동맹을 맺지 못하도록 훼방 놓음으로써 지속적으로 잠재적인 경쟁국들의 허를 찌르는 비스마르크의 비정한 전술이 엿보인다.[28]

루즈벨트는 전후 미국이 추구하는 목표에 동조하도록 하기 위해 훗날 "연계(linkage)"라고 일컫게 된 방식도 이용했다. 그가 경제적 정치적 압박을 가해 대영제국의 와해를 가속화한 방식은 자세하게 문서로 기록되었다.[29] 이와 필적할만한 노골적인 요구 조건을 소련에게는 부과하지 않았다. 아마도 루즈벨트는 런던과의 관계와는 달리 모스크바와의 관계는 너무 깨지기 쉬워서 그러한 압박을 견뎌내지 못하리라고 우려했을지도 모른다.[30] 그래도 그는 전후 모스크바를 다루는 데 쓸 비장의 무기 몇 가지를 지니고 있었다. 군수물자 대여나 연합군이 점령한 독일에서 흘러나올 넉넉한 전쟁배상금과 더불어 전후 융자를 통해 전후복구사업을 지원한다는 구상이 눈에 띄는데, 이 모두가 소련이 하는 행동에 비추어 미국이 조절 가능한 구상들이었다.[31] 러시아인들이 원자폭탄에 대해 눈치 챈 후에도 루즈벨트가 이에 대해 그들에게 귀띔을 하지 않으려 했다는 흥미로운 사실도 있는데, 아마도 이를 전후 협상에서 이용하려 했던 듯하다.[32] 이러한 상쇄와 연계 작전을 복합적으로 이용하는 행태는 전후 환경이 더할 나위 없이 평화로우리라고 기대하는 정치가에게서 기대하기 어렵다. 루즈벨트는 분명히 결과적으로 세계가 평화로워지기를 희망했지만, 그렇게 되리라고 확신하기에는 너무 뛰어난 포커 플레이어였다.

그러나 루즈벨트는 연합국 지도자들 사이에 상호신뢰 관계를 구축함으로써 히틀러를 패배시킨 후에도 대(大)연맹을 지속시키는 데 주안점을 두었다. 그의 관심의 초점은 – 그리고 사실상 유일하게 미국에 의존하지 않는 입장인 연합국 지도자는 – 스탈린이었다. 루즈벨트는 자신의 매력을 이용해 소련 독재자의 마음에 파고들려 한다고 비판을 받아왔지만, 루즈벨트의 그러한 유혹에 스탈린이 꿈쩍도 하지 않았다는 사실은 잘 알려져 있다.[33] 그러나 루즈벨트의 외교술이 대체로 그러하듯이 얼핏 피상적이고 얄팍해 보인 술수가 돌이켜보면 훨씬 깊이 있어 보이게 된다. 루즈벨트 대통령은 소련에서 과거의 적대적인 태도를 완화할 권한을 지닌 유일한 지도자는 스탈린이라는 사실을 깨달았

다. 마음을 파고들 가능성이 아무리 희박하다고 해도 그보다 서열이
낮은 사람을 상대해 봤자 소용이 없었다.[34] 그리고 냉전 시기에 미소
관계가 개선됐다면 이는 최고통수권자 간에 상호존중이, 더 나아가 상
호신뢰가 바탕이 되었을 때 가능했다. 1955년 제네바 정상회담 후의
아이젠하워와 흐루쇼프◎의 관계, 쿠바 미사일 위기 이후의 케네디와
흐루쇼프의 관계, 1970년대 초의 닉슨과 브레즈네프의 관계, 1980년
대 말 레이건과 고르바초프의 관계가 바로 그런 사례들이다. 스탈린의
신뢰를 얻기란 불가능했을지 모른다. 1939년부터 1941년까지의 기간
동안 스탈린의 신뢰를 얻은 인물은 히틀러가 유일하다. 그러나 전후에
정치적 외교적으로 불확실한 상황에서 스탈린의 신뢰를 얻으려 했다
고 이를 터무니없다거나 천진난만하다고 볼 수는 없다.

　　여느 정치가와 마찬가지로 루즈벨트도 여러 가지 목적을 추구하
고 있었다. 평화로운 시대에 소련과 우호적인 관계를 구축하는 일은
그 가운데 하나일 뿐이었고, 으레 그러하듯이 우선순위가 더 높은 다
른 목적들이 끼어들었다. 예컨대, 러시아를 약화시키기보다는 미국이
약화되는 사태를 방지하기 위해 설계된 제2의 전선 전략은 미국이 사
실상 러시아를 지치게 해서 봉쇄하려 한다는 의구심을 모스크바 측에
불러일으킬 수밖에 없었다.[35] 이러한 부정적인 의구심은 D-데이 상
륙작전 후에도 가시지 않았다. 1945년 4월까지도 스탈린은 부하들에
게 미국과 영국이 여전히 독일과 공동의 명분을 추구하고 있을지 모른
다고 경고했다. 같은 달 붉은 군대는 중부 유럽에 방어시설을 구축하
기 시작했다.[36]

　　루즈벨트가 우선적으로 추구한 또 하나의 목적은 자신이 세운

---

◎ 스탈린 사후 소련의 최고지도자가 된 인물, 흐루시초프라고도 표기된다. ─옮긴이.

전후 계획에 대한 국내 지지를 이끌어내 제1차 세계대전 후 1919~20
년에 윌슨이 구축한 세계평화를 자국민이 거부하게 되는 사태◎를 모
면하는 일이었다. 그러기 위해 루즈벨트는 평화유지 과업에 대한 거친
접근 방식을 완화했다. 미국은 봉쇄와 폭격을 통해 전후처리를 할 준
비가 되어있지 않다고 1942년 말 하원의장 샘 레이번(Sam Rayburn)은
루즈벨트에게 말했다.37) 따라서 루즈벨트는 자신의 전략적인 직관에
따라 세계질서를 유지하기 위해 필요하다고 생각한 강대국 공동관리
체제를 만드는 한편, 이 체제를 자신의 정치적 직관에 따라 "부당한"
평화에 대한 국내의 반대여론을 극복하기 위해 필요하다고 생각한 이
상주의와 통합하기로 했다.38) 루즈벨트는 이상주의가 현실적인 목표
를 달성하는 데 크게 기여하리라고 생각했다.

　　그렇다면 동유럽의 자결권에 대한 루즈벨트의 우려는 겉치레일
뿐이라고 폄하하는 것은 실수다. 루즈벨트는 동유럽이 모스크바의 영
향권 내에 들어가는 상황에 대해 마음의 준비는 했지만, 독일에 대한
공포가 잦아들면 러시아인들이 동유럽에서 자국의 입지를 유지하기
위해 취해야 할 가혹한 조치들을 완화하리라고 기대했다. 그렇지 않고
는 전후처리 조치를 미국인들에게 납득시키기가 불가능하다고 그는
믿었다.＊ 그러나, 그로부터 30년 후 상황은 약간 다르기는 했지만 헨

---

◎ 윌슨이 주창해 설립된 국제연맹을 미국인들 스스로 거부했던 일– 옮긴이.

＊ 랄프 B. 레버링(Ralph B. Levering)은 대통령들은 자신이 원하는 방향으로 여론을
　조성할 상당한 재량을 지니고 있다고 지적했다. 루즈벨트가 전형적인 영향권을 바
　탕으로 한 전후처리 조치를 받아들이도록 대중을 "교육시킬 수도 있었다."라는 뜻
　이다. (레버링의 다음 저서를 참조하라. *American Opinion and the Russian
　Alliance, 1939~1945* [Chapel Hill: 1976], pp.204–7.) 그러나 여기서 중요한 점은
　이론상으로 대통령이 여론을 조작할 힘이 있다는 게 아니라 그러한 힘에 대해 루즈
　벨트가 어떻게 인식했는가 하는 점이다. 게다가 외교문제에 관한 한 루즈벨트는
　자신이 지닌, 여론을 조작할 힘을 과소평가하곤 했다.

리 키신저(Henry Kissinger)가 그랬듯이, 루즈벨트도 자신이 협상한 내용에 대한 국내 지지를 얻으려면 크렘린 측이 신중하게 처신하고 자제력을 발휘하도록 해야 하는 입장에 놓이게 되었다. 그러한 분위기는 당시에도 훗날 못지않게 팽배했다. 그 결과 대중이 납득하리라고 생각한 조치와 러시아인들이 받아들일 만한 조치 사이에 간극이 생겼고, 그 간극은 얄타회담에서 깨지기 쉬운 타협안으로 무마되었다.

루즈벨트는 우선순위를 두고 서로 다투는 목적들을 추구하느라 스탈린의 신뢰를 얻으려는 그의 노력은 제힘을 발휘하지 못했다. 그런 면에서 보면 그의 전략은 실패했다. 다른 목적들이 존재하지 않았다고 해도, 의심 많은 소련 독재자의 품성을 생각해 볼 때 루즈벨트의 접근방식이 먹혀들어갔을지 회의적으로 바라볼 이유가 있다. 그러나 때로는 불길한 목표물을 대상으로 결함 있는 전략을 펼쳐야 할 때가 있는데, 제2차 세계대전이 바로 그런 상황이었다. 실제로 추진한 정책의 대안에도 실행하기 어려운 요소들이 포함되어 있었다. 그리고 일단 전쟁이 끝나고 나면 루즈벨트가 개방적인 접근방식을 지속하지 않았을지도 모른다는 근거도 있다. 상쇄와 연계를 은밀히 전략에 통합시킨 점이 바로 그러한 가능성을 시사한다.＊ 그렇다면 다시 원점으로 돌아가게 된다. 격식 차리지 않고 심지어 경박스럽고 얄팍하기까지 한 인상을 주는 그의 겉모습을 조금만 파고 들어가면 훨씬 어둡고 냉소적이고 명민한 직관이 깔려있다는 사실을 깨닫게 된다.

---

＊ "애버릴(해리먼) 말이 맞다."라고 1945년 3월 23일 루즈벨트가 투덜거리면서 다음과 같이 덧붙였다. "스탈린과는 거래를 할 수가 없어. 그는 얄타에서 한 약속을 모조리 깨버렸어." (W. Averell Harriman and Elie Abel, *Envoy to Churchill and Stalin, 1941-1946* [New York: 1975], p.444.)

Ⅲ

　　종전 후 루즈벨트가 의도한 바가 무엇이었든 1944년 말 무렵, 전쟁 중에 그가 추구한 전략에 대한 불만이 정부 내에 팽배했다. 미국군 고위층과 무기대여 정책을 책임진 행정관료들은 러시아인들에게 분개했다. 미국도 물자가 한정되어 있는데 공급이나 유통에 대한 이해가 전혀 없는 러시아인들의 요구사항은 점점 늘어났고 가뭄에 콩 나듯 고마움을 표했기 때문이다.[39] 직업 외교관들은 소련에 대해 항상 일정한 거리를 유지해 왔다. 이제 루즈벨트는 소련과의 고위급 협상에서 국무성을 완전히 배제했고, 상대적으로 소외된 국무성은 종전 후 스탈린이 추구하는 목적과 대서양 헌장(the Atlantic Charter)◎의 원칙 사이에 점점 벌어지는 간극을 지켜보며 속앓이를 했다.[40] 그런데 루즈벨트의 개방적 정책에 가장 강력하게 반기를 든 이들은 소련에서 근무하면서 그 나라를 몸소 겪은 관료들이었다. 관용과 선의로 스탈린의 신뢰를 얻으려 해봤자 먹혀들지 않는다고 그들은 주장했다. 소련 독재자는 관용과 선의를 보이면 이를 나약한 징후로 쉽게 착각한다고 주장했다. 소련은 전쟁에서 발을 빼지도, 패전하지도 않으리라는 사실을 인식해야 하며, 서구 동맹국들이 그러한 사실을 이용 가능할 때 지렛대로 사용하지 않으면 크렘린은 서구 동맹국들이 바라는 바나 이해는 아랑곳하지 않고 자기 나름의 전후평화 조치를 내놓으리라고 주장했다.

　　이러한 주장을 가장 강력하게 피력한 인물은 1943년부터 모스크

---

◎ 1941년 루즈벨트 대통령과 처칠 수상이 발표한 공동선언으로, 영토확장 중지, 민족자결, 통상과 자원확보 기회 균등, 사회보장, 안전보장 등 2차 대전 전후처리의 원칙을 명시한 헌장 ─ 옮긴이.

바주재 미국대사를 지내던 W. 애버럴 해리먼(W. Averell Harriman)과 모스크바주재 미군 사절단을 이끌던 존 R. 딘(John R. Deane) 장군이었다. 두 사람은 루즈벨트의 무조건적인 지원이 현명한 전략이라는 확신을 품고 소련에 파견되었다. 두 사람은 그 전략이 제대로 먹혀들어 가게 하려고 부단히 애를 썼다. 그러나 1년 만에 두 사람은 그 전략에 대한 유보적인 입장을 갖게 되었다. 소련에 대한 신뢰가 아무런 호혜적인 성과를 내지 못했기 때문이다. 딘 장군은 러시아인들과 군사행동을 조율하려는 자신의 노력이 정보나 시설을 공유하지 않으려는 러시아인들의 태도 때문에 허사가 되는 일을 겪었다. 한편 해리먼은 소련군이 동유럽에 진입하면서 그 지역에서 일방적으로 정치적인 조치를 강제하는 행태에 점점 분노하게 되었다. 1944년 무렵 두 사람 모두 강한 어조로 답답한 심정을 표출했다. 그해 9월 해리먼은 다음과 같이 말했다. "우리가 선의를 베푸는 대가로 원하는 바가 뭔지 분명히 밝혀야 한다. 지금 추진 중인 정책에 이의를 제기하지 않으면 소련은 자국의 이해가 걸려있기만 하면 어디서든 세계적인 악당으로 돌변하게 된다." 그로부터 석 달 후 딘은 다음과 같이 말했다. "소련은 호의에 보답할 줄 모른다. 모든 거래는 단발성으로 끝난다. 과거에 우리가 베푼 호의는 안중에도 없다. 소련은 자국과 거래하는 상대방을 교활한 거래의 달인으로 우러러보든가 잘 속는 풋내기라고 경멸하든가 둘 중 하나다." 그가 한 이 말은 루즈벨트의 정책을 수정하려고 한 이들의 슬로건처럼 되었다.[41]

　　해리먼과 딘은 종전 후 소련의 협력을 이끌어내려는 시도를 포기하자고 주장하지는 않았다. 이 점에서 두 사람의 입장은 모스크바에서 영향력이 있었던 제3의 미국인의 입장과는 달랐다. 그 인물은 당시에 모스크바주재 미국 대사관에서 참사관으로 근무하던 조지 F. 케넌

(George F. Kennan)이다. 국무성에서 러시아 전문가로 잔뼈가 굵은 1세대 외교관인 그는 소련과의 이견을 해소하려면 솔직하게 상대방의 영향권을 인정하는 방법 말고는 달리 대안이 없다고 생각했다. 소련은 자국의 주변지역을 지배하려 한다고 그는 주장했다. 그 목표를 달성하기 위해 거쳐야 하는 끔찍한 과정을 미국이나 미국의 동맹인 민주주의 국가들이 용인할 이유도 용인하는 듯이 보일 이유도 없다고 주장했다.42) 해리먼과 딘, 그리고 당시 워싱턴 국무성에서 근무하던 또 다른 러시아 전문가 찰스 E. 볼런(Charles E. Bohlen)은 그렇게까지 생각하지는 않았다. 미국 국민은 영향권에 대한 상호 인정을 바탕으로 한 전후 조치는 절대로 수용하지 않으리라고 그들은 주장했다. 스탈린의 협조를 확보하려는 노력은 계속해야 한다고 주장했다. 그가 협조하리라는 전망이 아무리 어둡다고 해도 말이다. 그러나 스탈린의 협력을 이끌어내기 위해서 과거보다 훨씬 거칠고 강경한 노선을 취하는 선택지를 배제하지는 않는다고 했다. 해리먼은 다음과 같이 강조했다. "스탈린 주변 인물들 가운데 우리가 취하는 노선을 따르고 싶어하고, 우리 쪽에서 강경한 정책 노선을 주문하는 이들이 스탈린을 곤경에 몰아넣을 것이라고 스탈린에게 경고할 이들의 입지를 강화해 줘야 한다." 그러려면 "확고하되 우호적인 태도로 그들에게 반대급부를 요구하는 태도"가 필요했다.43)

　　루즈벨트도 이 생각에 반대하지 않았다. 그는 무기대여, 보상, 전후 융자, 원자탄 문제를 다루면서 반대급부 전략이 제대로 작동하도록 하는 데 필요한 "채찍"과 "당근"을 적절히 혼용하는 데 신중을 기했다. 그러나 그는 아직 전쟁이 진행 중인 상황에서는 그런 조치들을 쓰지 않으려고 했다. 바로 이 점이 그가 해리먼, 딘과 크게 이견을 보이는 점이었고, 그의 보좌진 가운데도 그와 이견을 보이는 이들이 점점 늘어났다. 그들은 전쟁이 진행 중일 때 조치를 취해야 한다고 생각했다. 무기대여 조치의 형태로 미국이 쥐고 있는 지렛대는 전쟁에서 이긴 후보다 전쟁 중일 때 훨씬 큰 효력을 발휘하기 때문이고, 미국이 종전 후까지 기다렸다가 조치를 취해 봤자 때는 이미 늦어서 미국의 관심사는 모스크바의 입맛에 맞게 이미 해결된 후일 것이기 때문이었다. 루즈벨트는 목적 달성을 위해서 우선 전쟁에 이기는 게 급선무였다. 반대급부를 요구하는 협상은 그 목표를 달성한 후에 해야지 그보다 앞서서는 안 된다고 생각했다.

　1945년 4월 루즈벨트가 사망하면서 전략의 수정을 가로막고 있던 장애물이 제거되었다. 루즈벨트가 살아있었다면 아마도 직접 전략을 수정했겠지만 실제로 행해진 방식처럼 갑작스럽고 혼란스럽게 수정하지는 않았을 것이다. 루즈벨트가 펼쳐왔던 정책에 대해 전혀 아는 바가 없었던 트루먼은 작고한 대통령의 보좌관들에게 자문을 구했다. 그런데 소련 문제에 직접 관여했던 이들, 특히 해리먼은 루즈벨트가 취한 입장을 훨씬 강경하게 바꾸려고 애써왔다. 이제 저간의 사정을 전혀 모르는 새 대통령이 백악관에 입성하자 그들은 대통령을 "교육" 시키는 데 박차를 가했다. 단호한 최고통수권자로 보이고 싶었던 트루먼은 그들이 제시한 지침을 너무나도 주저 없이 받아들이는 바람에 그 지침을 제시한 이들조차 불안해했다. 트루먼은 소련 외무상 비아체슬라프 몰로토프(Vyacheslav Molotov)에게는 직접 만난 자리에서, 멀리 떨어져있는 몰로토프의 주군에게는 전신(電信)을 보내 일장훈시를 했다. 격조 있게 에둘러 말하는 루즈벨트와는 전혀 딴판이었다.[44] 결과는 공교로웠다. 트루먼은 자신이 루즈벨트가 추진한 정책을 실행한다고 굳게 믿고 반대급부를 요구하는 방식을 취했다. 그러나 실제로 그는 러시아인들로 하여금 그가 루즈벨트의 정책을 바꿨다고 믿게끔 만들었다. 루즈벨트의 헤아리기 어려운 속내는 그가 무덤에 묻힌 후에도 미소 관계를 골치 아프게 만들었다.

사실 (그리고 독일인들과 러시아인들이 서로 죽이게 내버려 두자고 1941년에 한 발언에도 불구하고) 트루먼은 해리먼과 딘 못지않게 모스크바가 원하는 바를 수용할 가능성을 포기할 준비가 되어있지 않았다. 트루먼은 가능한 한 러시아인들이 독일에 진입하지 못하도록 하는 방편으로 영미군을 배치해야 한다는 처칠의 조언을 일언지하에 거절했다. 그는 1945년 5월 해리 홉킨스(Harry Hopkins)를 모스크바에 파견해 자신의 통명스러운 태도로 훼손된 미소 관계를 회복하려고 애썼다. 스탈린과의 관계가 틀어지고 한참 후에도 그는 소련에 동조하는 인물들, 특히 헨리 A. 월리스(Henry A. Wallace)와 조지프 E. 데이비스(Joseph E. Davies)로부터 자문을 구했다. 새 대통령 트루먼은 모든 전체주의 국가에 대해 건전한 의구심을 품었다. 공산주의든 파시즘이든 이념은 독재 통치를 하려는 구실일 뿐이라고 그는 생각했다. 그러나 루즈벨트와 마찬가지로 그도 전체주의라는 이유만으로 정상적인 관계 수립 가능성을 배제할 필요는 없다고 생각했다. 트루먼의 성장배경에 비춰볼 때 놀랍지 않은 태도다. 미국 대도시의 정치적 보스(우두머리)들에 대한 비유가 떠오른다. 그들이 취하는 방법은 섬세하거나 정제되지 않았지만 그들이 약속을 지키는 한 거래가 가능하다는 비유 말이다.[45]

트루먼은 취임 직후 국무장관에 임명한 제임스 F. 번즈(James F. Byrnes)와 죽이 잘 맞았다. 국내 문제에서는 폭넓은 경험을 쌓았지만 외교에는 거의 문외한인 번즈는 미국 내에서 잘 먹혀든 방식을 그대로 실행했다. 개인이나 이익집단과 마찬가지로 국가도 양측이 협상하고 타협하겠다는 의지만 충분하다면 언제든 난제에 관한 합의에 도달할 수 있다고 그는 생각했다. 반대급부 전략도 트루먼에게 그렇듯이 번즈

에게도 익숙한 방식이었다. 신임 국무장관은 러시아인들을 다루는 방
식은 미국 상원을 다루는 방식과 마찬가지라고 생각했다. "내가 어떤
상원의원의 가려운 곳을 긁어주면 그도 내 가려운 곳을 긁어준다."[46]

　미국의 신임 행정부는 여러 가지 면에서 미국이 협상에서 러시
아인들보다 우위를 점하고 있다고 생각했다. 해리먼 본인도 전후 재건
사업 지원의 중요성을 강조했다. 무기대여든, 재건에 필요한 융자지원
이든, 독일 점령지역으로부터 보상금을 운송하는 일이든 이러한 다양
한 방법을 통해서 미국이 재건사업 지원을 조절할 수 있다고 생각했
다. 루즈벨트도 죽음이 임박했을 당시에 이러한 지렛대를 활용하는 쪽
으로 기울고 있었다. 트루먼은 무조건적인 원조는 종전 후까지 연장되
지 않는다고 재빨리 못 박았다. 무기대여 정책도 단계적으로 폐지되고
전후 융자와 보상물자 운송은 앞으로 소련이 정치적으로 협력해야 한
다는 조건과 적어도 암묵적으로는 연계시켰다.[47]* 홍보도 또 다른 형
태의 협상 지렛대였다. 미국 행정부는 크렘린이 여전히 "세계의 여론"
에 민감하다고 생각했고, 소련이 일방적으로 행동한 사례들에 대해 공
개적으로 이목을 집중시켜 러시아인들이 물러서게 만들었다.[48] 그리
고 궁극적으로 원자폭탄이라는 선택지가 있었다. 트루먼 행정부의 각
료들이 모두 번즈와 생각이 같지는 않았지만, 번즈는 미국이 이 막강
한 무기를 보유하고 있다는 단순한 사실만으로도 과거보다 훨씬 러시
아인들을 관리하기 쉽다고 믿었다. 적어도 그는 이를 미래 협상에서
거래를 유리하게 이끌 수단으로 사용하기 위해서 원자력을 국제적으

---

* 미국의 요구에 따라 포츠담 선언문(Potsdam Protocol)에는 전후 독일 경제가 기능하
는 데 "불필요한" 산업장비의 10퍼센트를 소련이 받는다고 명시했지만, 무엇이 필요
하고 불필요한지는 서구 동맹국들이 결정하기로 했다. *(Foreign Relations of the
United States* (이하 *FRUS*): *The Conference of Berlin (The Potsdam Conference)*,
1945 [Washington: 1960], Ⅱ, 1485-86.)

로 통제하는 조치는 유보하고 싶어했다.[49)]

　　이와 같이 미국이 지렛대로 쓴 그 어떤 시도도 계획한 대로 먹혀들지 않았다. 러시아인들은 미국에 상당한 양보를 하고 경제원조를 받아야 할 만큼 미국의 경제원조가 절실하지 않았다. 오래전부터 정보보고서는 원조를 한다고 해도 재건사업을 몇 달 정도 앞당기는 효과가 있을 뿐이라고 누누이 적시해 왔다. 또 다른 난관은 융자제공안이 의회에서 통과되려면 핵심적인 하원의원들의 지지를 받아야 하는데 이들은 융자를 제공하는 대가로 소련 내에서 자유로운 선거와 표현의 자유가 허용돼야 하고, 동유럽을 소련의 영향권 내에 두는 정책은 포기해야 하며, 이에 못 미치는 대가는 절대로 받아들이지 않겠다고 분명히 못 박았다.[50)] 소련이 동유럽과 관련된 얄타협정 조항을 위반했다는 사실을 널리 알렸지만 크게 효과를 보지 못했다. 미국 출판인 마크 에스릿지(Mark Ethridge)가 작성한, 루마니아와 불가리아 상황에 대한 보고서를 공개할지도 모른다고 번즈가 자신 있게 스탈린에게 경고하자, 스탈린도 자기 나름대로 "불편부당한" 목격자인 소련 언론인 일리아 에렌부르그(Ilya Ehrenburg)를 내세워 해당 국가들에 대한 보고서를 발표하겠다고 역공을 펼쳤다.[51)] 소련은 원자폭탄은 그냥 무시해버리는 전략을 썼고 이는 효과적이었다. 칵테일 파티에서 알딸딸해진 몰로토프가 이에 대해 어설픈 농담을 몇 차례 하긴 했지만 말이다. 한편 국내에서는 번즈가 모스크바로부터 반대급부를 얻어내려고 시도하기도 전에 압력을 견디지 못한 트루먼이 원자력을 국제적으로 통제한다는 원칙을 지키기로 해버렸다.[52)]

　　1945년 12월 모스크바에서 외무장관 회의가 열릴 무렵, 번즈는 1년 앞서 루즈벨트가 내린 결론과 거의 똑같은 결론에 도달했다. 미국이 추구하는 자결권을 소련의 안보 이익과 양립시키려면 민주주의적인 절차라는 겉치레 뒤에서 실제로는 모든 걸 통제하는 모스크바의 현실을 어설프게 가려줄 위장 합의에 도달하는 방법밖에 없다는 결론 말이다.* 그러나 불가리아와 루마니아에 관해 러시아인들로부터 명목상의 양보를 받아낸 그러한 접근방식은 미국 내에서 유화정책으로 받아들여졌다. 그 결과 번즈는 회의를 마치고 귀국하자마자 대통령과 의회로부터 너무 많은 양보를 했다고 공격을 받았다.[53] 1946년 초 무렵 반대급부 전략은 소기의 성과를 달성하는 데 실패했을 뿐만 아니라 국내에서 정치적 걸림돌이 되었다.

반대급부가 성공하지 못한 이유는 여러 가지다. 상대방으로부터 얻어낼 양보에 상응하는 "채찍"과 "당근"을 마련하기가 어렵다는 점도 그 하나다. 미국이 보유하고 있던 "채찍"은 홍보전과 마찬가지로 별 효험이 없었고 원자폭탄처럼 무용지물이었다. 가장 위력 있는 "당근"인 경제 원조는 러시아인들에게 중요하긴 했지만 이를 얻기 위해서 러시아인들이 해야 할 양보를 정당화할 정도로 중요하지는 않았다. 또 다른 난관은 조율 문제였다. 협상은 압박과 회유책을 적절히 섞어가며 구사하는 능력을 말하는데, 이는 민주주의 국가에서는 최적의 상황에서도 쉽지 않으며, 경험이 일천하고 어설프게 꾸려진 행정부가 취임첫 해에 추진하기에는 두말할 필요도 없이 더더욱 쉽지 않다. 외부의 영향 – 의회, 언론, 여론, 관료, 관련 인물들의 서로 다른 성품 – 이 협상 과정에 끼어들어서 충족되어야 하는 조건들과 상대방에게 제시하는 유인책의 조율을 어설프게 만들어 버린다.

그러나 소련이 외부의 영향에 아랑곳하지 않는다는 점이 가장 큰 난관이었다. 루즈벨트가 구상한 반대급부 전략이 그랬듯이, 트루먼

---

* 소련은 그 반대급부로 미국으로부터 형식적인 양보를 얻어냈다. 미국은 일본 점령에서 소련이 하는 역할을 확대하는 척했지만 실제로는 그렇지 않았다.

행정부의 반대급부 전략은 소련의 행동이 외부의 영향을 받는다는 전제를 깔고 있었다. 유일한 차이점은 실행 시기와 방법이었다. 사실 서구진영이 스탈린이 내리는 결정에 영향을 미치기 위해 단기적으로 할 수 있는 일은 별로 없었다. 소련 독재자는 대체로 자급자족이 가능한 나라를 강력히 틀어쥐고 있었고 바깥세상에서 벌어지는 일에 취약하기는 고사하고 그런 일에 대한 지식이나 이해도 없었다. 소련을 파고들기란 불가능하다는 사실 – 신뢰 구축도 압박도 소용이 없다는 사실 – 을 깨닫게 되면서 1946년 2월 조지 케넌이 보낸 "긴 전문(long telegram)"이 촉발한 전략수정의 토대가 마련되었다.


Ⅳ


외교 정책을 시행하는 과정에서 한 개인이 단 한 건의 문서를 통해 그토록 강력하고 설득력 있게 자기 의사를 개진해 한 나라의 외교정책을 전격적으로 바꾸어놓는 경우는 드물다. 1946년 2월 22일 모스크바에 주재하던 케넌이 보낸, 8천 단어가 담긴 전신(電信) 통지문이 바로 그런 효과를 낳았다. 소련 지도자들의 연설에서 서구진영에 대한 반감이 담긴 발언이 점점 더 자주 나오는데 그 이유를 알아보라고 국무성이 채근하고 소련이 국제통화기금(International Monetary Fund)과 세계은행(World Bank)에 합류하지 않으려는 이유를 알아보라고 재무부가 다그치자, 그동안 무시당해 온 데 대한 분노와 그런 요청을 받은 데 대한 희열이 교차하는 상태에서 케넌은 단 한 순간도 낭비하지 않고 곧바로 직접적인 경험과 강렬한 확신을 바탕으로 소련 외교정책에 관한 입문서를 작성했다. 케넌과는 다른 시기에 다른 나라에서 근무한

또 다른 직업 외교관으로서 자신이 지닌 신념으로써 케넌에 상응하는
정도로 영향을 미쳤던 인사가 다음과 같이 말한 적이 있다. "자신의
영혼이 품은 열기가 어찌나 뜨거운지 역사와 당대의 정치에 대한 지
식, 날카로운 판단력과 설명력이 더해지면서 뿜어내는 불길은 자신의
정신과 감정과 어휘가 가리키는 것은 닥치는 대로 활활 불태웠다."[*]

　　케넌의 "긴 전문(電文)"의 논지는 제2차 세계대전 동안과 종전 후
소련에 대한 미국 정책의 근간은 완전히 잘못되었다는 내용이었다. 소
련을 국제사회에 통합시켜야 한다고 강조한 루즈벨트의 정책이든 협
상을 강조한 해리먼의 주장이든 상관없이 당시 정책은 소련 내부에 정
상적인 관계 수립을 가로막는 구조적인 장애물이 없다는 전제를 깔고
있었다. 스탈린이 서구진영에 대해 보인 적개심은 외부의 위협이 낳은
열등감과 불안에서 비롯되었다고 생각했다. 그리고 이는 개방적인 태
도를 견지해 스탈린의 신뢰를 얻든가 반대급부 접근방식을 통해 그가
미국을 존중하게 만들면 극복가능하다고 생각했다. 둘 중 어느 경우든
협력을 지속할지 여부는 미국의 선택에 달려 있다고 보았다. 미국이
적절한 접근방식을 선택하면 러시아인들은 순순히 따라오리라고 생각
했다.[†]

---

[*]　오웬 오말리 경(Sir Owen O'Malley)이 에어 크로(Eyre Crowe)에 대해 쓴 글이다.
　　영국 외무성의 선임 서기관이었던 크로가 1907년 1월에 작성한 "프랑스, 독일과
　　영국의 관계 현황에 대한 제안서"도 케넌의 전문 못지않게 대단한 영향을 미쳤다.
　　(다음 저서에서 인용했다. Zara S. Steiner, *The Foreign Office and Foreign Policy,
　　1898-1914* [London: 1969], p.117.)

[†]　서구 진영이 취하는 태도가 소련의 행동에 어느 정도나 영향을 미치는지가 전략사
　　무국(Office of Strategic Services)이 전시에 실시한 미소관계 분석보고서에 가장 일
　　관성 있게 등장하는 주제였다. 조사 및 분석 보고서 523, 959, 1109, 2073, 2284,
　　2669를 특히 눈여겨보라. 모든 문서의 출처는 다음과 같다. Office of Intelligence
　　Research Files, Department of State records, Record Group 59, Diplomatic Branch,
　　National Archives.

소련의 외교정책은 서구 진영이 무엇을 하든 말든 아무 관계가 없다며 케넌은 다음과 같이 주장했다. "당 노선은 러시아 국경 너머의 상황에 대한 객관적인 분석을 토대로 정해지지 않는다. … 최근에 발발한 전쟁 이전에 존재했고 오늘날에도 존재하는 러시아 내부의 필요에서 비롯된다." 크렘린 지도자들은 정교하지 못해서 억압 말고는 달리 통치하는 방법을 모른다. 따라서 그들은 "자신들이 아는 유일한 통치방법인 독재를 정당화하고, 감히 포기할 엄두를 내지 못하는 잔혹행위를 저지르고 이를 정당화하고, 국민들에게 요구할 수밖에 없는 희생을 정당화할 핑계가 필요하다." 바깥 세계를 "사악하고 적대적이고 위협적인 존재"로 그리는 게 그러한 핑계를 정당화하는 방편이다. "적대적인 국제적 환경은 이 나라에 만연한 내부 체제를 지탱해주는 생명줄이다."라고 케넌은 그 다음 달에 국무성으로 보낸 또 다른 전신에서 주장하면서 다음과 같이 덧붙였다. "우리는 러시아가 무자비한 적들 사이에 나 있는 위험한 길을 걷는 나라라는 사상으로 무장한 거대한 기득권 세력과 직면하고 있다. (사실상 유일한 실제적인 위험요소인) 독일과 일본이 소련의 시야에서 사라지면 그들은 그 빈자리를 미국과 영국으로 채우는 방법 밖에는 선택의 여지가 없다."54)

그렇다면 그러한 정부와 이견을 말끔히 해소할 방법은 없는 셈이다. 내부 통치 권력의 정당성을 유지하기 위해서는 외부에 가상의 위협이 존재해야 하기 때문이다. "우리나라가 어떤 대가를 치르더라도 소련이 품은 의구심을 해소하기로 결심한다면, 취해야 할 조치들을 마련하기 위해 애써온 이들이 있다."라며 케넌은 3월에 다음과 같이 지적했다.

우리가 무장을 완전히 해제하고, 러시아에 공군과 해군력을 넘기고, 정권을 미국 공산주의자들에게 이양하지 않는 한 이 문제는 조금도 해소되지 않는다는 결론에 도달했다. 설사 그런 조치를 실행한다고 해도 모스크바는 뭔가 꿍꿍이속이 있다고 의심하고 여전히 불안감을 떨쳐버리지 못하리라고 우리는 믿는다. 농담이 아니다.

케넌은 다음과 같이 말을 이었다. "따라서 우리는 소련 체제와 의심은 어느 정도 불가분의 관계이며 그 어떤 형태의 합리적인 설득이나 확언에도 그들은 완전히 굴복하지 않으리라는 사실을 직시해야 한다. … 따라서 우리는 희망 섞인 지레짐작이 아니라 이러한 엄중한 상황에 맞게 우리의 외교정책을 조정해야 한다."[55]

케넌이 보낸 "긴 전문"을 비롯해 다른 전신들도 접수된 지 며칠 만에 회람되고 읽히고 언급되었고 워싱턴 정가에서 소련의 과거 행동과 미래에 보일 행동을 가장 개연성 있게 설명한 문서로 받아들여졌다. "이전까지 내가 작성한 문서들이 내가 목표로 삼은 독자들에게 아무런 감흥도 불러일으키지 않았다면, 놀랍게도 이번 문서는 울림이 얼마나 컸던지 몇 달이 지나도 그 반향이 잦아들지 않았다."라고 케넌은 회상했다. 그렇다면 트루먼 행정부는 아직 비교적 애송이에 불과했던 말단 외교관의 견해를 왜 그토록 중요하게 취급했을까? 케넌이 훗날 다음과 같이 의문을 던졌듯이 "과거에 지그문트 프로이트가 치료한 환자들 가운데 가장 심경이 복잡한 이들이 무의식 속에 복잡하게 얽히고 설켜 있는 주관적인 감정적 기류를 바탕으로 특정한 견해의 수용 여부를 결정하듯이, 결정을 내리는 워싱턴 정가에서 케넌이 보낸 전문을 공식적으로 수용할 태세가 되어 있었다는 사실을 무엇으로 설명할 수 있을까?"[56]

반대급부 전략이 전혀 먹혀들지 않는다는 인식이 워싱턴 정가에 점점 확산되고 있었지만 이를 대체할 전략이 아직 등장하지 않았다는

게 그 이유다. 케넌의 분석 자체는 그런 전략 역할을 하지 못했다. 소
련이 가하는 위협을 명료하게 밝히는 게 목적이었기 때문이다. 설사
적극적인 권고 사항을 담고 있다고 해도 이는 주로 러시아인들을 상대
할 때 솔직하고 용기를 잃지 말고 자신감을 보일 필요가 있다는 내용
에 국한되었다.[57] 그러나 케넌의 주장에서 비롯된 듯한 구체적인 결론
도 담겨 있었는데, 트루먼 행정부는 잽싸게 그러한 결론을 포착해 전
후 세계에서 소련의 힘이라는 문제에 접근하는 또 다른 방식의 토대로
삼았다. 번즈 국무장관은 (막 개종한 사람처럼 열렬하게) 이 전략을 "인
내와 확고부동" 전략이라고 가장 적확하게 묘사했다.[58]

　　새로운 전략에는 과거의 관행에서 벗어난 몇 가지 요소들이 포
함되어 있었다. (1) 미소 간에 이견이 있다는 사실을 굳이 감추려는 노
력은 더 이상 하지 않는다. 대신 이를 솔직히 공개한다. 단, 상대방을
자극하지 않는 방식으로. (2) 소련에게 더 이상 양보는 하지 않는다.
미국은 선을 명확히 긋고 앞으로 소련 팽창정책의 대상인 목표물들을
방어하되 이미 모스크바의 영향권 하에 놓인 지역들을 "해방"시키려는
시도는 하지 않는다. (3) 이러한 목표를 추진하기 위해서 미국의 군사
력을 재편하고 동맹국들로부터 경제적 군사적 원조 요청을 받을 경우
이를 긍정적으로 검토한다. (4) 소련과의 협상은 계속하되 미국의 입
장을 모스크바가 받아들이게 하는 목표를 달성하기 위해서든가, 아니
면 밖으로 동맹국들을 확보하고 안으로 국민의 지지를 얻기 위해 소련
의 비타협적 태도를 널리 알릴 필요가 있을 때에만 협상에 임한다.[59]
이 모든 요소들에는 서구진영이 확고부동한 입장을 견지하면 스탈린
은 서구 진영의 인내심에 호소하는 게 더 바람직한 대안이라고 생각하
고 이를 실현하는 데 필요한 자제력을 발휘하기 시작하리라는 생각이
담겨 있다. 아니면, 백악관 법률자문 클라크 클리포드(Clark Clifford)가

미소 관계와 관련해 9월에 트루먼 대통령에게 보낸 극비보고서에서 밝힌 바와 같이 "우리의 입장이 확고부동해서 절대로 꺾이지 않고 의지가 확고해 겁먹지 않는다는 사실을 그들이 깨달으면 마음을 고쳐먹고 공정하고 공평한 타결안을 마련하기 위해 우리와 협조하리라는 게 우리가 희망하는 바다."[60]

　　"인내와 확고부동"은 그 다음 해에 소련을 다룰 때 명심해야 할 문구가 되었다 — 굳이 양자택일해야 한다면 주로 "확고부동"한 자세를 견지하라고 합동참모본부는 권고했다.[61] 이 새로운 접근방식은 지중해 동부와 근동지역에 등장했다. 트루먼 행정부는 소련을 설득해서 이란에서 철군시키고 국경선을 양보하라는 요구를 철회하고 터키에 기지를 설치할 권리를 포기하게 만들었을 뿐만 아니라, 외부에서 유입되는 공산주의 준동세력에 맞서 그리스 정부를 지원하고 터키와 그리스 두 나라 주변 해역에 제6 함대를 무기한(無期限) 배치해 두는 데 합의했다.[62] 이 새로운 정책은 동아시아에도 등장했다. 미국은 러시아인들에게 일본 점령과 관련해 그 어떤 실질적인 역할도 용납하지 않는 한편, 이와 동시에 소련이 한국 전역을 접수하는 사태를 막겠다는 의지를 분명히 밝혔다.[63]

　　새로운 접근방식은 독일에도 출현했다. 여기서 미국은 자국의 점령지역에서 보상물자 운송을 차단하고 이 지역을 영국과 프랑스 점령지역과 통합하는 쪽으로 움직였고, 이와 동시에 러시아인들에게는 25년 동안 독일의 비무장을 보장하는 4자 협정을 제안했다.[64] 외무장관 협의회에도 이 접근방식이 등장했다. 번즈는 지중해 남부 해안선을 따라 예전 이탈리아 영토를 접수하려는 소련의 시도에 단호히 맞서는 한편, 이와 동시에 독일의 이전 위성국가들을 위해 평화협상을 끈질기게 추진했다.[65] 마지막으로 이 새로운 전략은 트루먼 독트린의 형태로 가장 극적으로 구현되었다. 트루먼 행정부는 그리스와 터키에 대한 의무조항을 소련 팽창주의가 출몰하는 지역이면 어디서든 그 야심에 맞서겠다는 전 세계적인 공약으로 일반화시켰다.

트루먼은 1947년 3월 12일 다음과 같이 선언했다. "무장한 소수나 외부의 압력이 굴복시키려는 시도에 맞서 싸우는 자유로운 국민들을 지원하는 게 미국의 정책이어야 한다." 이 선언은 냉전시대에 미국의 외교정책이 근본적으로 바뀐 시발점으로 간주된다. 그러나 사실 그전 해에 이미 효력이 발생한 "인내와 확고부동" 전략을 궁극적으로 공개 표명했다는 게 훨씬 정확한 해석이다. 그리스와 터키를 비롯해 소련이 위협하는 나라들에 대한 원조는 이미 몇 달 전에 이루어진 뒤였다.66) 1947년 초에 새로 발생한 일은 영국이 갑자기 이 두 나라에 대한 군사적 금융적 지원을 중단하겠다는 의사를 밝혔고, 따라서 이를 대체할 방안을 마련하기 위해 의회가 신속한 조치를 취할 필요가 생겼다는 사실이다. 이러한 요구사항 때문에 트루먼 행정부는 요구사항을 세계를 아우르는 용어로써 정당화할 수밖에 없었다. 그렇다고 해도 내용은 "인내와 확고부동" 전략의 저변에 깔린 전제조건과 일맥상통했다. 미국은 세계 어디서든 소련이 영토를 취득하거나 영향력을 확대하려는 시도는 더 이상 용인하지 않겠다는 전제조건 말이다.67)

수단과 목적이 부합하지 않으면 어떤 전략도 효과를 발휘하지 못한다. 돌이켜보면 "인내와 확고부동" 접근방식이 지닌 놀라운 점은 수단에 대한 언급은 전혀 하지 않은 채 목적을 논하고 있다는 사실이다. 소련의 위협에 비추어 볼 때 동원령을 서둘러 해제하는 조치로 돌아가려는 그 어떤 시도도 하지 않았다. 독일과의 전쟁 말미에 1,200만 명에 달했던 미군은 1946년 7월 무렵 300만 명으로 줄었고, 그로부터 1년 후에는 160만 명으로 줄었다.68) 일 년 내내 전쟁이 진행 중이었던 1945

회계연도에 830억 달러였던 국방비는 1946 회계연도에는 420억 7천만 달러로, 1947 회계연도에는 120억 8천만 달러로 줄었다.[69] 1946년 11월, 경제관념이 투철한 공화당이 의회를 장악하면서 이러한 추세가 뒤집힐 가능성도 없어 보였다.[70] 트루먼 독트린은 소련 팽창주의에 맞서겠다는 의지의 표명이었지만, 이를 달성할 수단은 거의 말끔히 사라져 버린 뒤였다.

이와 같이 명백히 수단이 결핍된 상황에서는 "인내와 확고부동" 전략 이상의 뭔가가 필요했다. 수단의 폭을 넓혀서 추구하는 이익에 적합하게 만들든가 – 당시에 정치적 경제적 상황으로 미루어볼 때 그럴 가능성은 낮았다* – 아니면 추구하는 이익을 수단에 맞게 축소해야 했다. 이 방법이 현실성이 더 높았다. 후자가 실제로 1947년 봄에 실행되었다. 이 시기는 중요하다. 미국이 새로운 목표를 채택해서가 아니라 과거에 추구했던 목표들을 차별화하는 시발점이 되었기 때문이다. 제2차 세계대전 동안과 마찬가지로 목표를 달성할 수단이 제한되어 있다는 엄연한 현실에 또 다시 직면한 미국 행정부는 필수적인 이익과 주변적인 이익을 구분해야 했다. 그 일을 해내려면 마음가짐만으로는 어림도 없었다. 그런데 따지고 보면 "인내와 확고부동" 전략은 마음가짐에 지나지 않았다. 성공적인 전략이라면 어떤 전략이든 으레 그러하듯이 가용자원과 목표 간의 관계에 대한 치밀한 계산을 바탕으로 전략을 짜야 했다. 바로 이러한 맥락에서 "봉쇄"라는 개념이 부상하기 시작했다 – 그리고 그와 더불어 이 개념을 주로 설계한 조지 F. 케넌의 위상도 높아지기 시작했다.

---

* 그러나 1950년에 이 선택지는 채택된다. 제4장을 참조하라.

# 02

# 조지 F. 케넌과 봉쇄 전략

케넌이 직업외교관에서 냉전 전략가로 갑자기 변신한 이유는 단순히 "전문을 보내는 절차가 울화통 터질 만큼 성가시고 굼떴기"[1] 때문만은 아니었다. 케넌이 "긴 전문"으로 트루먼 행정부에서 최고의 소련 전문가라는 평판을 얻을 무렵 그의 글과 생각에는 이미 깊이 있는 전략이 담겨 있었다 ─ 목적과 이를 달성할 역량 간의 관계, 희망사항과 현실적 이익 간의 관계, 장기적인 우선순위와 단기적 우선순위 간의 관계를 가늠하는 솜씨가 뛰어났다. 난관에 봉착해 어쩔 줄 모르는 관료에게서는 좀처럼 발견하기 어려운 재능이었다. 바로 이러한 재능 덕분에 그는 신설된 국방대학교에서 비슷한 걱정을 하고 있던 해군성 장관 제임스 V. 포레스틸(James V. Forrestal)에게 외교를 담당할 적임자로 천거되었다. 워싱턴에 있는 국방대학교는 최고위급 수준에서 정치군사 문제를 연구하기 위해 미국 최초로 설립된 기관이었다. 이곳에서 승승장구한 케넌은 조지 C. 마셜의 관심을 끌었고, 마셜은 1947년 국무장관에 취임하자마자 미국 외교정책에 일관성을 부여하기로 마음먹고 "정책기획국(Policy Planning Staff)"을 조직해 "미국의 외교정책 목표를 달성하기 위한 장기적인 프로그램을 입안하고 개발하는 임무를 맡겼다." 그해 5월, 케넌은 국방대학교를 그만두고 정책기획국의 초대

국장이 되었다.[2] 그 무렵 워싱턴 정가에서 그는 독특한 입지를 확보하고 있었다. 최고위 관료들 중에서는 유일하게 소련 문제와 관련해 지식과 경험을 겸비한 인물로서, 훗날 "국가 안보"라고 불리게 된 분야를 연구했고 취할 행동을 권고할 만한 책임 있는 자리도 맡아본 경험도 있었다.

　1947년 여름, 케넌은 이러한 평판에 더해 이름을 널리 알리게 되었는데, 그가 얻은 게 명성인지 악명인지는 보는 사람의 관점에 따라 달라진다. 〈포린 어페어즈(Foreign Affiars)〉지에 "소련 행태의 근원(The Sources of Soviet Conduct)"이라는 글을 기고했는데 이 글에서 그는 "봉쇄"라는 용어를 세상에 선보였다.[3] 그러나 케넌이 신분을 감추기 위해 "X 씨(Mr. X)"라는 익명으로 발표한 이 글을 수완 좋은 기자 아서 크록(Arthur Crock)이 파고들어 실제 저자를 폭로했고 따라서 공식적으로 발표된 정책이라는 인상을 주게 되었다. 저자가 밝혀지면서 월터 리프먼(Walter Lippmann)의 비평 의식을 자극했고, 그는 원문을 훨씬 능가하는 장문의 비평을 연속적으로 써서 이 글을 난도질했다.[4] 그 이후로도 혼란은 가시지 않았다. 케넌은 애초에 "X"의 글을 포괄적인 국가전략으로 쓴 게 아니라 불완전하나마 해당 주제에 대한 자신의 생각을 표명하려 했을 뿐이었다. 게다가 초고에 포함된 허술한 단락들이 케넌이 정부 내에서 주장했던 입장에 정면으로 배치되는 인상을 준 나머지 자기가 쓴 글보다 리프먼이 비판한 내용에 동의하는 경우가 더 많은 곤란한 상황에 놓이게 되었다. 그리고 케넌은 공적인 지위 때문에 당시에는 공개적으로 자신의 입장을 분명히 해명하지 못했고, 그로부터 20년이 지나 회고록을 출간하면서 비로소 자신의 입장을 밝혔다.[5]

　결과적으로 냉전을 연구하는 학자들 사이에서는 "케넌의 진의(眞

意)가 무엇이었는지"[6] 밝히는 데 전념하는 소분야가 따로 생겼다. 케넌에게 쏟아진 이러한 관심은 그가 쓴 글의 진의를 파악하기 어려운 만큼이나 그가 중요한 인물이었음을 시사한다. 트루먼 행정부가 세상을 대하는 접근 방식을 구축하는 데 그가 결정적인 역할을 하지는 않았지만, 그 누구의 생각보다도 그의 생각이 트루먼 행정부의 정책의 토대가 된 지적인 근거를 제공한 것은 사실이다. 훗날 헨리 키신저가 말한 바와 같이, "조지 케넌은 미국 역사상 그 어떤 외교관보다도 자신이 활동한 시대의 외교 독트린을 입안하는 역할에 근접했던 인물이다."[7] 그 후 단순히 "X"가 기고한 글이나 이례적으로 케넌이 1940년대 말에 발표한 선언문뿐만 아니라 그의 지도 하에서 작성된 정책기획국 문서들, 그가 국방대학원에 재직할 당시와 국무성으로 자리를 옮기고 나서 정부 내에서 한 비공개 강연이나 비밀강연 내용, 그리고 그가 남긴 노트, 제안서, 즉흥적으로 한 말을 녹음한 내용 등을 바탕으로 독트린을 재구성하려는 시도가 뒤따랐다. 이 책에서 앞으로 이어질 여러 장에서는 트루먼 행정부가 실제로 그 전략을 어느 정도나 반영해 실행했고 뒤이어 들어선 행정부들이 후에 얼마나 그 전략을 수정했는지 살펴보겠다.

I

세계정세 속에서 국익은 천편일률적이고 덤덤하게 규정되는 경향이 있다. 어떤 식으로든 한 국가의 내부 체제의 생존과 번영에 도움이 되는 국제 환경을 조성할 필요로 귀결된다. 1948년 여름 케넌이 내린 정의도 이러한 양상을 벗어나지 않았다. 그는 "우리의 외교 정책은 항상 다음과 같은 본질적인 목표들을 추구해야 한다."라고 강조했다.

    1. 국가 안보를 수호해야 하는데, 이는 이 나라가 외국으로부터 심각한 간섭이나 간섭하려는 위협을 받지 않고 내적인 삶의 발전을 지속적으로 추구할 능력을 뜻한다. 그리고

    2. 자국민의 복지를 증진시켜야 하는데, 이는 이 나라가 다른 나라들의 평화롭고 질서정연한 발전에 최대한 기여하고 그들의 경험과 능력으로부터 최대한 이득을 얻을 수 있는 세계질서를 증진시켜야 가능하다.

    케넌은 "완전한 안보나 완벽한 국제환경은 절대로 달성하지 못한다."라며 주의를 당부했다. 달성할 목표들을 명백히 밝힌다고 해도 이는 기껏해야 "나아갈 방향을 제시할 뿐이지 최종 목적지는 아니다."[8] 그렇다고 해도 이는 케넌이 세계정세 속에서 미국이 추구해야 할, 더 이상 양보할 수 없는 국익을 규명하는 데 더 할 나위 없이 근접한 셈이다. 그의 구상에 의문을 제기한 이는 거의 없으리라고 생각한다. 국가 안보를 증진시키고 이에 적합한 국제환경을 조성하려면 구체적으로 어떻게 해야 하는지 정확히 적시하는 일이 훨씬 어렵다.

    미국은 전통적으로 이 질문에 두 가지 방식으로 답해 왔다고 케넌은 주장했다. 하나는 그가 "보편주의(universalism)"라고 일컬은 접근 방식으로서, "모든 나라들을 설득해서 특정한 행동 규약을 준수하도록 만들면, 추악한 현실 – 권력욕, 국가적인 편견, 비이성적인 증오와 시기 – 은 받아들이기로 한 법적 제약이라는 보호막 뒤로 물러나게 된다. 그리고 … 우리의 외교 정책이 풀어야 할 문제들은 의회 절차와 다수결에 따른 결정과 같은 익숙한 용어로 단순화된다." 보편주의는 세상사에서 화합이 가능하다고 전제하고 국제연맹이나 유엔 같은 인위적

인 구조를 만들어서 이를 달성하려 하며, 이러한 방법이 성공하려면 국가들이 자국의 안보를 지키기 위해 충족시켜야 하는 요건들보다도 국제사회를 유지하기 위해 충족시켜야 하는 요건들을 우선시해야 한다.

케넌이 "특수주의(particularism)" 접근방식이라고 일컬은 또 다른 방법은 "국제 문제를 법률적인 개념으로 축소시키려는 그 어떤 의도에 대해서도 회의적이다. 이 방법은 형식보다 내용을 훨씬 중요시하며, 자국에 부과된 어떤 형식적인 구조도 뚫고 헤쳐 나간다. 권력에 대한 갈증이 여전히 수많은 나라들에 만연해 있기 때문에 이를 힘으로 상쇄하는 방법 말고는 그 갈증을 완화하거나 통제할 방법은 없다고 본다." 특수주의는 다른 나라들과 함께 세계질서를 유지하는 데 동참한다는 개념을 부정하지는 않지만, 그런 동맹관계가 효과적이려면 "국익과 미래에 대한 전망을 공유하는 진정한 공동체가 토대가 되어야 한다고 보는데, 이러한 생각을 공유하는 나라들의 수는 한정되어 있으며, 보편적인 국제법이나 국제기구의 추상적인 형식주의가 그 토대가 될 수는 없다."9)

케넌은 보편주의는 미국의 이익을 추구하는 데 부적합한 틀이라고 생각했다. 보편주의는 다음 사항을 전제로 하기 때문이다. "어디에 살든 인간은 기본적으로 우리와 같다. 인간은 본질적으로 같은 희망과 생각을 품는다. 인간은 주어진 환경에 본질적으로 같은 방식으로 반응한다." 그는 국제 환경이 지닌 가장 두드러진 특징은 획일성이 아니라 다양성이라고 생각했다. 미국의 제도들을 세계에 널리 확산시켜 국가 안보를 확보하기란 한 나라의 능력을 넘어서는 일이고, 그렇게 함으로써 그 나라의 제도들을 위험에 빠뜨린다. "우리는 위대하고 강하다. 그러나 우리 힘만으로 … 적대적이거나 무책임한 세력들을 전부 정복하거나 바꾸거나 순종하게 만들 만큼 위대하거나 강인하지는 않다. 그런 시도를 하려면 우리 국민에게 희생을 강요해야 하며, 이는 그 자체로도 완전히 우리의 삶의 방식과 정치적 제도들을 완전히 바꾼다는 것을 의미하는데, 이를 방어하느라 우리의 정책이 추구하는 진정한 목적들을 상실하게 된다."10)

　　보편주의는 또한 케넌이 생각하기에 가능하지도 않고 바람직하지도 않은 목표를 달성하는 데 미국이 매진하게 만든다. 그러려면 현상(status quo)을 동결함으로써만이 가능하며 - "사람들은 현상 유지가 자신에게 이득이 되면 평화로운 방식으로 현상에서 벗어나지 않는다"- 이는 다시 국가를 "어리둥절하고 제약으로 점철된 책무에 옭아매 세계 안보와 세계 안정에 유익한 방식으로 세상사에 대해 우리가 지닌 영향력을 발휘하지 못하게 한다."라고 케넌은 생각했다. 사실상 전쟁이 항상 악은 아닐지도 모른다. 평화가 항상 선은 아닐지도 모른다. "말하자면, 교도소 담장 너머에도 '평화'는 있다. 오늘날 체코슬로바키아에도 '평화'는 있다."

　　이 사실이 불쾌할지 모르지만, 이 세상의 어느 곳에서는 제한된 규모의 폭력이 그 대안들보다는 훨씬 바람직한 경우가 있을지도 모른다는 사실을 직시해야 한다. 그 대안들은 우리 자신이 관여해야 할 세계전쟁, 아무도 이기지 못할 세계전쟁, 모든 문명이 끌려들어갈 세계전쟁일지도 모르기 때문이다. 평화적 조치가 국지적으로 발생하는 폭력 사태보다 이 나라의 안보에 덜 부합하는 경우도 있다는 사실을 직시해야 한다고 나는 생각한다.

　　케넌은 1947년 6월 다음과 같이 주장했다. "어쩌면 세계평화라는 개념 자체가 미숙하고 실행불가능하고 거창한 한낱 몽상이었는지도 모른다. 그리고 우리는 우리가 추구하는 목표를 다음과 같이 규정했어야 한다. '가능하다면, 그리고 우리 이익에 부합하는 한, 평화를 추구한다.'"11)

마침내 보편주의는 미국을 "무능하고 성가신 국제 의회주의의 올가미에 걸려들게 만들어" 국익을 수호하기 위해 필요한 행동을 취하지 못하게 될지도 모른다. 케넌은 유엔에 의미를 부여하지 않았다. 유엔에서 채택한 입장이 세상사에 실제로 영향을 미치리라는 생각은 망상이라고 그는 주장했다. 유엔은 "사자(死者)가 살아있는 척 자세를 취하고 사진을 찍는 경연대회와 같다. 비교적 은밀하게 오랜 시간 준비를 한다. 그러고 나서 막이 오른다. 잠시 조명이 켜진다. 후세에 남기기 위해 대표단의 자세를 표결이라는 사진으로 기록한다. 가장 우아하고 인상에 남을 자세를 취하는 것처럼 비춰지는 이가 이긴다." 어찌어찌하여 이 "의회 흉내 내기"가 실제로 인정을 받게 되면 "이는 그야말로 국제적인 이견을 해소하는 정제되고 탁월한 방식일지 모른다." 그러나 그럴 가능성은 희박하므로 미국인들이 다른 데 정신이 팔려 정작 정말로 중요한 문제에 집중하지 못하게 방해하고 장기적으로 볼 때 국제기구 자체를 우스꽝스럽게 만드는 효과밖에 없다.12)

그렇다면 세계질서를 재구축하려 애쓰기 – 보편주의적 해결책 – 보다 세계질서 속에서 평형상태를 유지하려 애쓰는 "특수주의" 접근방식을 적용해 한 나라 또는 여러 나라들로 구성된 집단이 세계질서를 지배하지 못하도록 하는 편이 가장 국익에 부합한다. 케넌은 1948년 12월 국방대학원에서 한 강연에서 다음과 같이 말했다.

우리의 안보는 세계의 적대적인 혹은 신뢰하기 어려운 세력들 간에 균형을 유지하는 우리의 능력에 달려 있다. 필요하다면 두 세력이 서로 맞붙게 만들고, 상호 갈등 속에서 지치게 만들고, 우리에게 향했을 불관용과 폭력과 광분을 서로에게 향하도록 해야 한다. 그래서 그들이 어쩔 수 없이 서로의 힘을 상쇄시키고 치명적인 갈등에 지치게 되면 건설적인 세력들이 세계의 안정을 위해 노력하면서 삶을 이어갈 가능성이 생길지도 모른다.13)

화합은 불가능할지 모르지만 – 인간의 본성에 대해 비관적인 시각을 지닌 케넌이 이런 결론을 내렸다는 사실은 놀랍지 않다 – 그래도 안보는 힘, 이익, 그리고 적대감을 잘 조절해 균형을 유지하면 달성 가능하다.

이 주장으로부터 논리적으로 몇 가지 결론이 추출된다. 세계의 모든 지역이 미국 안보에 똑같이 중요하지 않다는 게 그 하나다. 케넌은 1948년 8월 다음과 같이 말했다. "우리는 우선 우리에게 적대적인 세력의 손에 들어가게 내버려 두어서는 안 되는 지역들을 선정해야 한다. 그리고 우리 정책이 추구하는 첫 번째 구체적인 목적으로서 그리고 절대로 양보할 수 없는 최소한의 국가안보 조치로서, 우리나라의 힘과 독립을 지속하는 데 적어도 호의적인 지역들의 정권들을 유지해야 한다." 그러면서 케넌은 다음과 같은 지역들을 열거했다.

A. 대서양 공동체 지역의 국가들과 영토들로서. 이에는 캐나다, 그린란드, 아이슬란드, 스칸디나비아, 영국 제도, 서유럽, 이베리아 반도, 모로코, 아프리카 서부 해안에서 불룩하게 튀어나온 지역, 그리고 남아메리카 북부의 불룩하게 튀어나온 지역부터 시작되는 국가들.

B. 지중해 국가들과 이란을 포함해 동쪽 끝까지 아우르는 중동

C. 일본과 필리핀

이러한 지역에 "세계 속에서 우리가 생각하는 바람직한 삶의 개념에 대해 우호적인 정치적 태도를 조성하려면 앞으로 상당한 기간 동안 우리 외교력과 창의력을 총동원해야 한다. 세계 속에 그러한 여건과 태도를 조성하는 일은 현재로서는 그리고 앞으로 수십 년 동안 우리 힘에 부친다."14)

케넌은 그 다음 달 이 개념을 훨씬 정교하게 다듬었다. 그는 개념을 지나치게 단순화했다는 점을 인정하면서 다음과 같이 말했다. "문제의 핵심을 짚자는 게 내 말의 취지였다. 그리고 세부사항에 대해서는 갑론을박이 가능하다고 인정한다." 케넌은 국방대학원 학생들에게 다음과 같이 말했다. "국가안보의 관점에서 볼 때 세계에는 산업과 군사력을 보유한 오직 다섯 개의 중심지가 있다." 이들은 미국, 영국, 독일과 중부유럽, 소련, 그리고 일본이었다. "오직 이 지역들만이 우리의 국가안보가 심각하게 위협을 받으면 필요한 수륙 양동작전을 전개할 능력을 갖추는 데 필요한 기후, 공업역량, 인구, 전통이라는 전제조건을 갖추고 있다." "이러한 중심지들 가운데 딱 한 지역만 적대적인 세력의 손에 있었다. 따라서 세상사에서 미국의 가장 일차적인 관심사는 다른 지역들이 그 세력의 손에 넘어가지 않도록 만전을 기하는 일이다."15)

5대 필수적인 세력의 중심지라는 개념은 세계에서 미국이 지닌 이해관계의 전부를 대표한다는 의미로 제시한 게 아니다. 앞서 케넌이 제시한 목록에서도 나타났듯이, 그는 그 밖의 다른 지역에 있는 공업역량 중심지, 원자재 보유지, 방어 거점에 대한 접근뿐만 아니라 서반구에서 안전한 영향권 확보의 필요성을 인정했다. 그가 한 말의 취지는 세계에 존재하는 각양각색의 세력들 가운데 공업역량 – 군사력을 갖춘 세력이 가장 위험하므로 이러한 세력을 통제하는 데 우선 주안점을 두어야 한다는 뜻이었다.

케넌은 한 나라의 역량에는 한계가 있으므로 추구할 이익의 우선순위를 정해야 한다는 점도 강조했다. 그는 1949년 말 이례적으로 공개적으로 행한 연설에서 이에 대해 자세히 설명했다.

이 세계가 안고 있는 문제들은 우리 대부분이 생각하는 것 보다 훨씬 심각하고 훨씬 휘말리기 쉽고 훨씬 완강해서 풀기 어렵다. 이 나라, 혹은 그 어떤 일개 국가가 자국이 보유한 에너지와 생산된 물자를 바깥 세상사를 처리하는 데 동원하는 데는 한계가 있다는 사실을 우리는 종종 잊는 경향이 있다. 따라서 우리는 한정된 자원을 알뜰하게 쓰고, 우리가 보기에 가장 큰 효과를 얻을 수 있는 곳에 써야 한다.

따라서 "다른 지역보다 덜 즉각적으로 덜 총체적으로 대응해도 될 만한 특정 부류들을 규명"할 필요가 있었다. 그런 절차를 정책의 부재나 정책의 일관성 부재로 받아들여서는 안 된다. "말에서 그치지 않고 현실적으로 실행 가능한 세계 정책은 일차적으로 우선순위를 설정하는 정책 – 우리가 지닌 힘을 사용할 때 알뜰하고 현명하게 사용하자는 정책 – 이어야 한다는 점을 인정한다는 뜻일 뿐이다."16)

케넌의 주장에서 도출되는 두 번째 결론은 국가들로 구성된 국제기구 자체는 미국 외교정책의 적절한 관심사가 아니라는 점이다. 그는 1948년 말 다음과 같이 말했다. "다른 나라의 내부사정에 간섭하는 일은 자제해야 한다는 게 이 정부가 전통적으로 고수해 온 원칙이다. … 그런 식으로 개입해야 한다고 제안하거나 촉구하는 자는 누구든 다음 사항을 제대로 증명해야 한다. (A) 이 원칙에서 벗어나는 행위를 정당화할 만큼 대단한 국익이 걸려 있을 것, … 그리고 (B) 우리에게 그러한 개입을 실행할 수단이 있고 이와 관련해 국가적인 노력을 기울이는 데 필요한 비용을 감당할 여력이 있을 것."17) 미국은 다양성과 공존이 가능하다. 심지어 다양성으로부터 이득을 볼 수도 있다. 위험한 대상은 적대감과 적대감을 표출할 역량을 겸비한 세력이다.

물론 불간섭주의 같은 원칙들은 그 어떤 상황에서도 오류를 낳지 않는 행동지침은 아니지만, 미국 정부 체제가 지닌 특유의 내부적인 우선순위를 반영하는 것은 사실이고 이를 무시하면 우선순위 설정의 중요성 자체를 폄하하게 된다. 케넌은 다음과 같이 지적했다. "외교 정책과 국내정책 간에는 긴밀한 관계가 있고, 어느 하나를 바꾸면 다른 하나를 바꾸지 않을 수 없다. 외교정책 분야에서 이상을 포기하는 지경에 이르게 되면 우리 국내의 정치적 삶에서 아주 소중한 뭔가가 사라져버리게 되리라는 생각이 든다." 불확실한 시대에 국가가 할 수 있는 최선은 "정책의 최전선을 가능한 한 그 나라의 전통과 본성이 요구해 온 원칙들에 가깝게 설정하고 필요하다면 그러한 전선에서 이탈하되, 이는 일시적인 이탈임을 인식하고 왜 이탈할 필요가 있는지 국민이 이해해야 한다."18)

세 번째로 케넌의 주장에서 추출 가능한 결론은 안보의 요구사항과 원칙의 요구사항 간에 갈등이 존재할 필요는 없다는 점이다. 전자가 후자보다 반드시 우선한다는 사실을 인정한다면 말이다. 케넌은 1947년 해군사관학교 학생들을 상대로 다음과 같이 말했다. "우리나라는 현대 시대에 힘이 아니라 원칙의 관점에서 세상사를 다루려고 최선을 다해 왔다. 그러나 결국 우리도 우리 국민의 안전을 고려해야만 한다. 우리 국민이 안전을 누리지 못하면 보다 평화롭고 나은 세계를 만드는 데 절대로 이렇다 할 기여를 할 수 없기 때문이다."19) 아무리 숭고한 이상이라도 무정부상태나 만성적인 불안을 극복하지는 못한다. 원칙을 실행하기 전에 최소한 충족해야 할 안보의 기준은 마련해야 한다.* 이러한 논리에 따라 케넌은 힘의 균형 개념이 국가의 열망과 국가의 이익을 조화시키는 가장 적절한 방법이라는 결론으로 되돌아간다.

그렇다면 케넌은 세계질서에 대한 비관적인 시각을 바탕으로 국익을 규정하면서도 세계질서 내에서 경쟁관계인 국가들을 자제시킬 가능성에 대해서는 조심스럽게 어느 정도 낙관적인 태도를 보인다. 이는 인위적인 제재나 제약이 아니라 체제에 내재된 바로 그 긴장관계들이 지탱하는 힘의 평형을 이용함으로써 가능하다. 한 나라의 역량에는 한계가 있으므로 추구하는 이익의 종류에도 한계가 있다. 필수적인 이익과 그렇지 않은 이익을 구분해야 한다. 또한 수단을 목적에 종속시키는 데 매우 민감해야 한다. 사용하는 수단을 차별화하지 않으면 추구하는 목적을 오염시킬 위험이 있다는 것에 대해 매우 민감해야 한다. 마지막으로, 이익에 대한 인식을 위협을 평가하는 기준으로 사용한다. 그 반대가 아니다. 위협은 오로지 이익이라는 개념과 관련해서 그리고 이익이라는 개념의 맥락에서 볼 때에만 의미가 있다.

## II

케넌이 제시한 적대감과 적대감을 표출할 역량의 겸비라는 조건을 충족시키는 유일한 나라는 물론 소련이었다. 케넌은 전후에도 협력할 가능성에 대해서는 유보적인 입장을 취했지만, 러시아의 도움을 받

---

* 이 점에 대한 케넌의 시각은 라인홀드 니버(Reinhold Niebuhr)의 관점과 유사하다. 자세히 알고 싶다면 다음 자료를 참조하라. Rex Harry Davis and Robert Crocker Good, eds., *Reinhold Niebuhr on Politics* (New York: 1960), pp. 65, 107, 182, 245, 그리고 280-81.

아 나치 독일을 패배시키는 전시 전략에 대해서는 전혀 이의를 제기하
지 않았다. 히틀러와 공존해야 할 근거는 없었다.* "우리는 소련을 이
용해야 했다. 소련이 우리를 파괴하는 데 전력을 다한다는 사실을 눈
치 챘어야 하지만 말이다." 그런데 전쟁에서 승리하면서 붉은 군대는
동유럽 전역과 동아시아 일부에서 지배적인 위치를 점하게 되었고 전
쟁으로 폐허가 되었지만 아직 회생 가능한 공업 중심지인 독일과 일본
을 타격 가능한 거리까지 접근하게 되었다. 이러한 상황에서 모스크바
의 지시에 순종하는 공산당이 지배하는 세계 대부분의 지역에서 러시
아의 존재감을 과시하고 전쟁을 통해 막으려 했던 바로 그 상황에 러
시아인들이 처하게 만든 듯하다. 미국과 미국의 민주주의 동맹국들에
게 적대적인 세력이 두 개 이상의 세력 중심지를 장악하는 상황 말이
다.[20]

　　서방세계에 대한 모스크바의 반감은 역사적 여건과 이념적 여건
에서 비롯되었다고 케넌은 주장했다. 러시아의 역사를 통틀어 러시아
가 바깥 세상에 대해 적대적인 정서를 지녀왔음을 보여주는 증거는 차
고 넘친다. 러시아의 역사에는 국가의 개념을 "결국 지구 끝자락까지
확장할 운명을 타고난 이념적 통일체"로 규정한 선례들도 있다. 마르
크스주의-레닌주의는 이러한 경향을 강화했다. 소련 지도자들이 지하
활동을 하면서 몸에 밴 음험한 습관들과 그들이 1917년 이후에 실시한

---

* 케넌은 다음과 같이 인정했다. "히틀러가 말하는 이른바 새 질서는, 그 질서를 주창
한 이가 히틀러가 아니었다면 납득할 만한 부분이 아주 많았다. 그러나 그는 서유럽
을 점령하려 한 세력이라는 사실을 인식해야 한다. 비록 서유럽 내에서 등장한 세력
이긴 하지만 말이다. 이는 절대로 평화롭게 지내지 않았을 세력이고, 바라는 대로
성공했다면 동부의 세력 중심지를 지배했을지도 모르는 세력이다. 그러한 두 세력들
이 이런 식으로 동원되면, 그 반대로 소련이 서구를 점령하게 되었을 경우 못지않게
우리에게 위험했을지 모른다. 아니 어쩌면 후자 쪽이 덜 위험했을지도 모른다."
(National War College lecture, September 17, 1948, Kennan Papers, Box 17.)

정책들에 대해 예상한 대로 서구에서 달갑지 않은 반응을 보였다는 사실도 그러한 경향을 강화하는 데 한 몫 했다. 따라서 "러시아의 전통적인 사고방식과 이제 공인된 소련 정권의 이념 사이에는 매우 친밀하고 미묘한 관계가 있었다."21)

케넌은 이 이념이 여러 가지 기능을 수행한다고 보았다. 우선 이 이념은 불법적인 정부에 정당성을 부여했다. 러시아의 황제처럼 신의 의지로써 통치하지 못한다면, 적당히 윤색한 역사적 필연으로써 통치하는 게 차선의 방책이다. 이념은 억압을 정당화할 구실이 되었고, 상상력이 결여된 소련 지도자들은 억압 말고는 달리 어떤 방법으로 통치해야 할지 몰랐다. 세계의 나머지 지역이 자본주의국가인 한, 선도적인 공산주의 국가를 수호하기 위해서는 무자비한 조치들도 정당화됐다. 이념은 다른 나라들에 존재하는 불만세력들이 지닌 열망과 좌절을 소련과 연관시켰다. 그렇게 함으로써 소련 국경을 초월해 국제 공산주의 운동에서 영향력을 발휘할 도구를 만들어냈다.22)

그러나 케넌은 마르크스와 레닌의 이념적인 글을 소련의 행동을 예측하는 데 유용한 지침으로 보지 않았다. 그는 1947년 1월 다음과 같이 말했다. "이념은 사회적 정치적 현실의 산물이지 그 현실을 결정하는 요인이 아니다. 이념은 기본적 목적과 관련이 있다기보다 배경에 색채를 입히고 표현의 형태, 실행 방법과 관련이 있다." 게다가 수많은 다른 이념들과 마찬가지로 마르크스주의 – 레닌주의도 추상적인 이념이라서 이를 현실 세계에 적용하려면 매개체가 필요하다. – 이 경우에는 소련 정부다. 이러한 상황에서 스탈린은 언제든 마음대로 공산주의를 규정할 수 있는 입장에 놓이게 된다. 케넌은 "X"라는 이름으로 기고한 글에서 눈에 잘 띄지 않는 귀퉁이에 다음과 같이 적어 넣었다. "지도자는 전술적인 목적을 달성하기 위해서 유용하다고 생각하는 어

떤 특정한 이론이라도 마음대로 제시하고 운동에 가담한 구성원들에
게 묻지도 따지지도 말고 그 이론을 몽땅 받아들이라고 요구한다. 이
는 진실은 상수(常數)가 아니라 사실상 소련 지도자들이 직접 만들어낸
다는 뜻이다. … 진실은 절대불변과는 거리가 멀다."23)

그렇다면 이념은 행동 지침이라기보다 이미 실행하기로 마음먹
은 행동을 정당화하는 수단이다. 스탈린은 자신이 전 세계를 지배하기
전까지는 불안해할지 모르지만, 이는 자신이 느끼는 막연한 불안감이
지, 원칙을 지키고 계급 없는 세상이라는 목표를 달성하겠다는 일념에
서 비롯된 감정이 아니라는 뜻이다. 따라서 봉쇄로써 달성하려는 목적
은 소련의 팽창주의 저지여야 하며, 공산주의는 그러한 팽창주의의 수
단으로 이용되는 한도 내에서만 위협이 된다.

케넌은 소련이 원하는 목적을 달성하기 위해서 전쟁을 일으키는
위험을 감수하리라고 생각하지 않았다. 2차대전이 막 끝난 직후라 러
시아 경제도 러시아 인민도 또 다른 전쟁을 견뎌낼 만한 여건도 되지
않았다. 크렘린 지도자들도 국경을 넘어 공격적인 군사 작전을 지속할
여력이 있다고 자신하지 않았다. 1939~40년에 핀란드에서, 1904~05
년에 일본에서 겪은 경험들로 미루어 볼 때도 이 점에서는 그리 고무
적이지 않았다. 스탈린은 히틀러와는 달랐다. 그는 공격을 하겠다고
정해 놓은 시간표도 없었고, 가능하면 군사적인 수단보다는 정치적 수
단으로 이득을 얻는 쪽을 선호했다. 물론 오산일 위험은 여전히 있었
다. "따라서 전쟁은 확률은 낮더라도 적어도 가능성은 있다고 봐야 하
고, 군사적 정치적 계획을 수립할 때 전쟁이 일어날 가능성을 충분히
고려해야 한다." 그러나 "전쟁이 끝난 마당에 러시아인들이 무력을 사
용하겠다는 그 어떤 심각한 징후도 보였다고 생각하지 않는다."24)

심리전으로 정복할 가능성이 훨씬 심각했다. 공업역량 중심지

다섯 개 가운데 서유럽과 일본 두 개 지역의 국민들이 전쟁의 참화와 재건 사업으로 지칠 대로 지쳐 자신감을 잃고 공산주의자가 주도하는 정변에 취약해지거나 자유로운 선거에서 공산주의자들이 승리하게 될 위험이 있었다. 당시에 유럽과 일본 공산주의자들은 크렘린◎이 믿고 부릴만한 도구였고, 그렇게 되면 사실상 모스크바가 유럽과 동아시아까지 장악력을 확대하게 된다는 뜻이었다. 바로 이러한 우발사태를 막는 게 봉쇄전략이 추구하는 일차적 목적이었다. 소련의 군사 공격이 아니라, 국제 공산주의가 아니라, 모스크바의 영향권과 근접한 나라들에서 심리적 병리현상이 발생해 그들과 전반적인 힘의 균형이 소련 팽창주의적 경향에 취약해지는 사태를 막는 게 목표였다. 1947년 6월 국방대학원 학생들에게 케넌이 다음과 같이 상기시켜준 바와 같이 말이다. "정치가의 마음을 움직이고 그들로 하여금 행동하게 만드는 것은 사물의 본질이 아니라 그림자다."25)

케넌은 이러한 그림자를 떨쳐버리지 않는다면 결국 이 그림자는 미국 사회도 타락시킨다고 믿었다. 미국 내에서 민주주의를 유지하기 위해서 전 세계가 민주주의일 필요는 없을지 모르지만, 전 세계가 전체주의라면 민주주의 국가는 살아남지 못한다. 미국은 최소한 민주주의와 비슷하기라도 한 일부 국가들이 독립적 지위를 유지하도록 하는데 필수적인 이해가 걸려 있었다. 케넌은 다음과 같이 주장했다. "사실 우리 모두의 마음속에는 아주 깊숙한 곳에 약간의 전체주의적인 성향이 자리 잡고 있다." 소련의 위협은 군사적 잠재력의 영역이 아니라 "인간의 본성에 내재된 선함이 아니라 사악함을 이용하는 철저하게 냉소적인 개념인 조직적인 선전선동 기법에 자유민주주의 사회가 취약

---

◎ 소련 최고지도자의 집무실이 있는 궁. 소련 지도부를 뜻한다 - 옮긴이.

하다는 끔찍한 진실을 러시아인들이 깨닫게 되는 상황에서 비롯된다."
미국과 세계 공산주의의 중심지 사이에 놓인 국가들이 차례로 공산주
의 앞에 무릎을 꿇는 상황을 방치하면 "미국은 인류가 구축한 국가들
사이에서 무력하고 고독하고 치욕스러운 처지로 전락할지 모른다."26)

그러나 그러한 난관에서 얻는 보상이 없지는 않다. 그리고 케넌
은 그러한 난관을 환영하는 듯한 발언을 할 때도 있다. "X"라는 이름
으로 기고한 글에서 그는 다음과 같이 지적했다. "파멸을 모면하려면
미국은 자국이 지닌 최고의 전통에 걸맞게 행동하고 위대한 국가로서
존속할 만한 가치가 있음을 증명하기만 하면 된다. 국가의 자질을 평
가하는 데 이보다 더 공정한 방법은 없었다." 그로부터 2년 반 후 그는
국방대학원 학생들에게 서구 민주주의가 안고 있는 진짜 문제는 "인간
의 도덕적 본성과 인간이 통제 가능한 힘들 사이에 불균형이 점점 심
해지면서 발생하는 위기"라며 다음과 같이 말했다.

이 나라에 사는 우리가 직면한 문제는 사회가 말처럼 질주하는 기
술을 길들이는 방법을 터득하는 일로 귀결된다. 이러한 힘들을 제어하
고 우리 의지대로 사용하고, 국내에서 소비와 자원 사이에, 인간과 자
연 사이에 안정적인 균형을 유지하고, 자유로운 사회는 폭압적인 방법
을 쓰지 않고도 통치 가능하고, 인간이 지구를 초토화시키지 않고도
상당히 넓은 지역에 거주할 수 있음을 증명해 줄 제도들을 만들어내는
일이다. 그리고 나서, 이러한 지식으로 무장하고 비공산주의 세계 전
역에서 안정이 유지되도록 하기 위해서 우리가 할 수 있는 일이 무엇
인지 찾아나서야 한다.

공산주의는 질병이 아니었다. 합병증일 뿐이었다. "합병증만 치
료해서는 질병을 완치할 수 없다."라고 케넌은 말하고 다음과 같이 덧

붙였다. "그러한 합병증이 존재한다는 사실에 대해 펄펄뛰며 분개해서도 안 된다. 내 동료 중 한 사람이 최근 다음과 같이 말했다. '합병증이 존재하지 않았다면 아마 우리는 합병증을 만들어내야 했을지도 모른다. 긴박감을 조성해서 단호히 행동하는 시점에 도달하기 위해서 말이다.'"27)

## Ⅲ

케넌은 소련이라는 난관을 본질적으로 심리적인 문제로 보았기 때문에, 이 난관을 극복하기 위해 제시한 권고사항도 심리적인 특성을 띠었다. 잠재적인 동맹국과 미국인들뿐만 아니라 잠재적인 적의 마음속에도 미국의 이익에 부합하는 세계질서의 부상을 촉진할 태도들을 심어주는 게 목적이었다. 1948년 말 무렵 케넌은 이 목표를 달성하기 위해서 다음과 같은 3단계 조치가 필요하다는 결론에 도달했다. (1) 소련의 팽창주의로부터 위협받는 국가들에게 자신감을 고취시켜 힘의 균형을 회복한다. (2) 모스크바와 국제 공산주의운동 사이의 알력을 이용해서 소련이 자국 국경 너머까지 영향력을 행사할 역량을 위축시킨다. (3) 해소되지 않은 차이점들을 협상을 통해 타결하기 위해 국제관계에 대해 소련이 지닌 개념을 점진적으로 수정한다.28)*

---

* 케넌은 항상 이와 똑같은 순서대로 3단계를 나열하지는 않았고, 다음 사항을 세 번째 단계로 거론한 적도 있다. "유럽이 회생하면, 유럽의 힘이 다시는 독일 나치 같은 이들의 손에 들어가지 않도록 해야 한다. 나치는 그 힘을 어떻게 이용하는지도 몰랐고 그 힘으로 어리석은 일을 했을 게 틀림없으며, 결국은 그 힘을 우리에게 맞서는 데 사용한 끝에 그 힘을 파괴해 버렸을지 모른다." (Naval War College lecture, October 11, 1948, Kennan Papers, Box 17.)

케넌은 1947년 말 다음과 같이 기록했다. "총체적으로 볼 때, 우리의 정책은 유럽과 아시아에서 힘의 균형을 회복하는 방향으로 추진되어야 한다." 이를 달성하는 최선의 방법은 "공산주의자들이 공격하는 나라마다 자생적 저항력을 강화하는 일인 듯하고, 본질적으로 이게 우리 정책의 근간이 되어 왔다." 소련의 팽창주의에 취약한 지역에서 이러한 저항력을 약화시키는 원인은 새로운 전쟁의 위협이라기보다 지난 전쟁의 여파가 여전히 지속되고 있다는 사실이다. "물리적인 설비가 심각하게 손상되고 정신적인 활력이 소진된 상황" 말이다. 이 상황에서 절실히 필요한 것은 즉각 심리적인 영향을 미칠 만큼 극적이되 이와 연관된 근본적인 문제들을 해소하기 시작할 만큼 실질적인 행동이다. 이러한 효과를 낳을 것으로 케넌이 우선 염두에 둔 방법이 바로 경제원조였다.29)

미국이 장기적인 경제 원조를 하겠다고 공식적으로 발표하는 행위만으로도 서유럽에서 자신감을 회복시키는 데 큰 역할을 하리라고 케넌은 믿었다. 그 지역을 통일체로 간주하고 수혜자들에게 회복을 기획하고 실행할 상당한 책임과 재량권을 부여하는 한 말이다. 이와 같이 유럽 구상을 강조한 이면에는 여러 가지 동기가 있었다. 다른 나라의 내정에 대한 간섭을 최소화한다는 원칙에 부합했다. 미국의 역량도 고려했다. ─ 당시 미국 행정부는 대대적인 해외원조 정책을 실행하고 관리하기에는 경험이 일천했고, 정책의 실행은 대체로 유럽인 손에 맡기는 방법 말고는 달리 방도가 없었다.30) 그러나 무엇보다도 유럽에 여전히 존재하는 "자생적 저항력"이 어느 정도나 되는지 가늠할 시험대가 되었다는 게 중요하다. "미국이 아무리 애쓴다고 해도 자기 힘으로 일어서겠다는 의지가 없는 사람들을 미국 국민이 도와 줄 수는 없다. 그리고 유럽 정부가 솔선수범하여 국민이 이 구상을 실행하고 공개적으로 책임지게 할 태세가 되어 있지 않으면, 우리가 그동안 생각해온 유럽의 몸체에는 이미 사후경직이 진행되기 시작했다는 뜻이고, 우리가 사태의 진행 경로를 과감히 바꾸기에는 이미 너무 늦었을지도 모른다."31)*

케넌이 서유럽을 하나의 통일체로 간주해야한다고 주장한 까닭은† 같은 지역에 있는 여러 국가들이 힘을 합하면 개별적으로 행동하는 경우보다 훨씬 소련의 압박을 잘 견뎌 내리라는 명백한 이유 때문이었지만 독일을 유럽사회에 통합시키는 간접적인 수단이기도 했다. 원조를 서유럽 전체를 대상으로 하면 영국, 프랑스, 독일 내에 미국이 점령한 지역도 원조 대상에 포함시킬 수 있다고 케넌은 생각했다. 미국 점령지에 있는 독일의 공업이 절대로 러시아인들의 손에 들어가지 않도록 해야 했다. 총체적인 점령을 무기한 계속할 수는 없었다. 비용도 많이 들고 장기간 외국군이 주둔하면 적대감을 조장하기 때문이었다. 독일을 재무장시키면 동유럽과 서유럽 양쪽에서 독일에게 피해를 입은 나라들을 긴장시킬 뿐이다. 독일의 경제를 서유럽의 경제와 얽히고설키게 만들면 "집단적 이기심이 발동해 보다 폭넓은 관점에서 세상을 바라보고 유럽과 세계 도처에 자국의 이익이 걸려 있다고 생각하게 되며, 자신이 독일인일 뿐만 아니라 세계의 시민이기도 하다는 사실을

---

* 케넌은 나중에 유럽 구상은 미국이 장악력을 완전히 포기한다는 뜻은 아니라고 지적하면서 다음과 같이 말했다. "지원물자만 유럽에 보내놓고 발 뻗고 쉬면 일이 제대로 되지는 않는다. 지원물자가 도착하면 이를 정치적으로 잘 이용해야 한다. 때로는 눈앞에서 빼앗아 버리고 때로는 코앞에 들이대면서 애타게 만들어야 한다. 기교를 부려야 하는 작전이다."(NWC lecture, December 18, 1947, Kennan Papers, Box 17.)

† 케넌은 원래 제안서에서 동유럽과 소련에도 원조를 제공해야 한다고 주장했지만, 이는 모스크바와 그 위성국가들의 관계를 이간하려는 전술이지 이 지역들의 복구를 지원하려는 진지한 계획이 아니었다. 아래 p.65를 참조하라.

터득하게 된다." 이러한 정책이 성공하려면 점령이 지닌 처벌적인 측면들을 제거할 필요가 있었고, 독일과 이웃한 서유럽국가들과도 긴밀히 행동을 조율할 필요가 있었다. "그러나 독일 없이는 진정한 유럽연맹은 불가능하다. 그리고 연맹 없이는 외부 세력이 유럽을 점령하려는 새로운 시도에 맞서 유럽의 다른 나라들이 자국을 방어할 방법이 없다."32)

일본에서도 미국 점령 당국은 처음에는 예전의 적을 처벌해야 한다고 강조했다. 그러나 케넌은 독일에서와 마찬가지로 일본에서도 잠재적인 새로운 적들에 맞설 저항세력 중심지를 조직화하는 편이 낫다고 보았다. 따라서 그는 미국이 실시하는 일본 점령정책의 목표를 장악에서 재건으로 전환시키고, 안정적이고 자신감 있는 사회를 구축할 토대가 마련되기 전까지는 점령을 종식시킬 평화협정 체결을 미뤄야 한다고 권고했다. 이와 같이 예전의 적을 동맹으로 전환시키려는 강한 의지에서 케넌이 세계적인 힘의 평형을 유지하는 데 얼마나 골몰했는지가 엿보인다. "세계에서 힘의 평형을 달성하려면 무엇보다도 가장 먼저 유라시아 대륙에서 힘의 평형을 유지해야 한다. 이러한 힘의 평형은 독일과 일본이 힘의 공백상태에 놓여있는 한 달성할 수 없다." 우리가 취해야 할 조치는 "이 두 나라가 유라시아 힘의 균형을 유지하는 데 제 몫을 할 수 있게 되는 시점까지 두 나라 국민들의 힘과 의지를 회복시키되, 그 도를 넘어서 또 다시 해양세계에 걸려 있는 서구진영의 이익을 위협하는 정도까지 이르지는 않도록 하는 일이다."33)

케넌은 이러한 균형을 유지하는 데 군사력이 중요하다는 점을 전적으로 인정했다. 그는 1946년 국방대학원 학생들에게 다음과 같이 말했다. "배경에 군대가 잠자코 버티고 있으면 대체로 예절바르고 호의적으로 외교가 진행되도록 하는 데 얼마나 기여하는지 모른다." 그로부터 2년 후 그는 다음과 같이 기록했다. "그러한 군사력이 존재하기만 해도 미국의 외교정책을 실행하는 데 가장 중요한 방편이 된다." 1948년 여름 케넌의 지시하에 정책기획국이 한 연구는 정치적 입장의 신빙성을 각인시키는 수단으로서, 공격을 억제하는 수단으로서, 동맹국들의 사기를 진작시키는 수단으로서, 그리고 최후의 수단으로서 전쟁이 발발하면 전쟁을 성공적으로 수행할 수단으로서 군사력은 반드시 필요하다는 결론을 내렸다.[34] 그리고 케넌 본인도 고도로 훈련된 소규모 기동력, 힘의 균형을 회복하기 위해서 국지적으로 신속하게 행동할 수 있는 기동력을 유지해야 한다고 주장했고, 실제로 여러 시점에서 그러한 기동력을 가동할 가능성을 고려하기도 했다.*

그러나 군사력도 분명히 나름 제약이 있다. 특히 민주주의 사회에서는 그러했다. "민주주의 국가는 군사력을 공격적으로 위협하는 수단으로 사용할 수 없다. 전쟁이 아닌 다른 조치들을 실행하기 위해서 대규모로 전술적으로 이용할 수도 없다. 따라서 군사력은 대체로 외교정책을 실행하는 데 있어서 변동요인이라기보다 고정요인이다." 게다가 최근의 역사가 증명했듯이, 군사력을 동원해 승리하면 이를 통해 해결되는 문제만큼이나 많은 문제가 발생한다.

우리가 적을 패배시킨다고 해도 삶은 계속된다. 사람들이 지닌 욕구

---

* 케넌은 1947년 그리스에서, 1948년 이탈리아에서, 그리고 1949년 대만에서 (중국 국민당을 축출하기 위해) 미국이 군사적으로 개입할 가능성을 최소한 고려는 했던 기록이 남아있다. (*FRUS: 1947*, V, 468-69; *FRUS: 1948*, III, 848-49; *FRUS: 1949*, IX, 356-59.) 그러나 이 가운데 그 어떤 사례도 그가 일관되게 주장해온 입장을 반영하지 않으며, 그 중요성이 과장된 적도 있다. (예컨대 다음 자료를 참조하라. C. Ben Wright, "Mr. 'X' and Containment," *Slavic Review*, XXXV (March 1976), 29; Eduard Mark, "The Question of Containment: A Reply to John Lewis Gaddis," *Foreign Affairs*, LVI (January 1978), 435.) 또한 대부분의 워싱턴 관료들과 마찬가지로 케넌도 1950년 남한을 지키기 위해 미군을 파병하는 방안을 지지했다는 점을 주목할 필요가 있다.

와 열망, 그들이 패배하기 전에 발동한 충동은 패배한 후에 다시 작동
하기 시작한다. 모종의 조치를 통해 이러한 요소들을 제거하지 않는
한 말이다. 당신이 싸우는 대상을 제거하거나 그들의 삶 저변에 깔린
충동을 근본적으로 바꾸지 않는 한 승리는 완결되지 않는다. 바로 이
러한 이유 때문에 나는 오늘날 러시아인들이 펼치는 정치적 공세에 대
응하는 수단으로서 군사력의 실효성에 의문을 품게 된다.

케넌은 1947년 10월 국방대학원 청중에게 다음과 같이 말했고
그 후 몇 년 동안 이를 끊임없이 강조했다. "현 시점에서 볼 때 우리를
위협하는 것은 러시아의 군사력이 아니라 러시아의 정치력이라는 점
을 명심하라. … 철저히 군사적인 위협이 아니라면 철저히 군사적인 수
단으로는 효과적으로 대응하기 어렵다고 본다."[35]

군사력에 과도하게 의존하면 안 된다는 이 경고에는 국제무대에
서는 무기와 군사력 수준이 힘을 결정하는 유일한 요소가 아니라는 의
미가 함축되어 있다. ─정치, 심리, 경제도 역할을 한다. 미국이 특히
우위를 점한 분야가 바로 경제다. 오직 미국만이 융자와 직접적인 원
조를 통해 다른 나라들이 자국의 경제를 재건하거나 현대화하는 속도
에 영향을 미칠 입장에 놓여 있었다. 그렇다면 케넌이 이를 세계 힘의
균형을 회복할 (유일한 수단은 아니지만) 일차적인 수단으로 생각했다
는 게 놀랄 일이 아니다. 그가 수립한 유럽에 대한 원조계획에는 유럽
을 방어하기 위해 공식적으로 군사력을 동원하는 방법은 포함되어 있
지 않았다는 점이 의미심장하다.[36] 그의 구상에는 유럽의 힘의 균형이
위협받았던 지난 시대의 흔적이 엿보인다. ─세계질서를 안정화하기
위해 미국이 가장 효과적으로 기여할 수 있는 분야는 군사력이 아니라
기술 분야라는 전제가 수반되는, 1939~41년에 제시된 "민주주의의 병

기창"이라는 개념 말이다.37)

    "자생적 저항력"을 강화하기 위해 실행하는 이러한 정책은 무차별적으로 적용해서는 안 되었다. 1947년 말 무렵 케넌은 미국의 원조를 제공할지 여부를 결정할 때 충족시켜야 할 세 가지 구체적인 기준을 다음과 같이 제시했다. (1) "해당 지역에 강화할 만한 저항력이 존재하는지 여부." 대표성 있는 정부가 수립되는 강력한 전통이 존재한다면 문제가 없지만, 공산주의 정권과 그에 못지않게 억압적인 전체주의 변종 사이에서 선택을 해야 하는 지역이라면 "미국의 원조를 제공함으로써 자격도 없는 분자들에게 도덕적인 권위를 부여하지 않도록 신중을 기해야 한다." (2) "난관에 봉착한 지역이 우리 자신의 안보에 지니는 중요성." 해당 국가를 공산주의자가 접수할 경우 미국의 안보에 어떤 의미를 지니는가? 그 나라가 보유한 자원이 소련의 자원과 합쳐지면 상당한 군사력이 조성될까? (3) "우리가 행동하는 데 드는 비용과 달성할 결과의 관계." 발생할 비용이 기대되는 이득을 초과할 가능성이 있는지 여부를 알아보기 위해서 "정치적인 의미에서 실행할 일종의 회계 절차"가 필요했다. 케넌은 "공산주의의 팽창정책에 대한 반대는 절대적인 요인이 아니다."라고 강조했다. "미국의 안보와 미국이 추구하는 목적과 연관시켜서 살펴보아야 한다. 우리는 공산주의의 팽창에 항상 반드시 반대하지는 않으며, 항상 모든 지역에서 똑같은 정도로 공산주의의 팽창에 반대하지도 않는다. 전적으로 상황에 따라 다르다."38)*

---

\* 1947년 3월 28일 국방대학원 청중 앞에서 그리스에 대한 원조를 언급하면서 케넌은 이와 유사하지만 정교함은 훨씬 떨어지는 다음과 같은 기준들을 제시했다. "(A) 당면한 문제가 우리의 경제적, 기술적, 재정적 능력 한도 내에 있다. (B) 그러한 조치를 취하지 않으면 발생할 상황이 우리의 정적들에게 결정적으로 유리하게 전개될지 모른다. (C) 한편, 우리가 해당 행동을 취하면 초래될 유리한 결과가 그리스를 넘어서까지 파급되리라고 볼 상당한 이유가 있다." (다음 자료에서 인용했다. *Memoirs: 1925–1950*, p.320.)

미국의 이익에 필수적이지만 취약한 공업 중심지로서 서유럽과 일본은 당연히 최우선순위를 차지했다. 1949년에 케넌은 다음과 같이 기록했다. "러시아인들이 자기들이 지닌 권력기반만으로 공격하기에는 너무 위험부담이 큰 여건을 지속시키는 게 취지다." 그러나 이 지역들을 방어하려면 그 주변의 낙후된 지역들을 선별해 이들도 보호해야 했다. 따라서 케넌은 1947년 초 트루먼 행정부가 그리스와 터키에 대한 원조를 요청하자 이를 적극적으로 지지했다. 그는 또한 훗날 "방어한계선(defensive perimeter, 또는 방어선)"이라고 불리게 된 개념을 동아시아에 적용할 것을 초창기부터 지지했다. ─ 태평양 서쪽에서의 미국의 국익은 오키나와와 필리핀 같은 도서(島嶼) 거점들을 방어하는 한편 대륙에는 발을 들여놓지 않음으로써 확보하는 게 최선이라는 개념이다. 그러나 케넌은 미국이 공산주의가 출몰하는 곳이라면 어디서든 그에 저항해야 한다는 주장에는 결사적으로 반대했다. 그러한 접근방식을 취하면, "너도 나도 미국에게 손을 내밀고 '우리 중에 공산주의자가 있으니 와서 도와 달라'고 하게 된다. 미국은 이런 상황을 절대로 감당하지 못한다." 특히 중국은 미국이 피해야 하는 지역이었다. "그리스와 터키의 선례에 비추어 중국에서도 똑같은 정책을 실행해야 한다고 한순간이라도 생각한다면 나는 이 방식을 포기하고 세상사에 접근하는 방식을 완전히 새로 마련하는 편이 낫다고 주장하련다."[39]

궁극적인 목표는 세계를 소련의 영향권과 미국의 영향권으로 나누는 게 아니라 유럽과 아시아에서 장기간에 걸쳐 독자적인 권력의 중심지들이 부상하도록 만드는 일이다. 케넌은 국방대학원 학생들에게 다음과 같이 말했다. "우리의 목표는 모든 유럽 국가들이 동쪽에 있는 이웃 나라에게 짓밟힐지 모른다는 두려움을 느끼지 않고 독립적으로 국가의 생존을 영위하도록 만드는 일이다." 일본 점령 정책에서 주안점을 두어야 할 사항은 "일본 사회를 최대한 안정시키는 일이다. 그렇게 해서 일본을 보호하는 손길을 거두었을 때 일본이 제 발로 설 수 있도록 말이다." 이러한 주장들에는 소련과 미국은 제2차 세계대전의 휴전선을 사이에 두고 무한정 대치하기는 불가능하다는 가정이 공통적으로 담겨 있다. 어느 시점에 가서는 이러한 인위적인 진지에서 둘 다 철군하게 된다. 그리고 초강대국 패권이 아니라 오직 권력의 중심지가 다변화되고 이러한 중심지들이 서로 독립적으로 작동함으로써만 가능한 자연발생적인 힘의 균형이 그 휴전선들을 대체하기를 케넌은 희망했다.40)

케넌의 전략에 따르면 일단 힘의 균형이 회복된 후 두 번째 단계에서는 앞으로 소련이 국경을 초월해 영향력을 행사할 역량을 위축시켜야 했다. 그러한 영향력은 두 가지 방식으로 확장되어 왔다. (1) 주로 동유럽 지역에서 모스크바에 순종적인 공산주의 정부를 수립하는 방식, (2) 세계의 그 밖의 다른 지역에서는 공산당을 이용하는 방식으로서 이는 당시에 소련 외교정책에서 여전히 쓸모 있는 도구였다. 미국은 크렘린 지도부와 국제 공산주의운동 간의 긴장 관계를 부추기거나 이용함으로써 이러한 시도들을 무산시켜야 한다고 케넌은 주장했다.41)

러시아인들은 다양성을 용인할 능력이 없기 때문에 이러한 전략은 먹힐 것이라고 그는 생각했다. 1948년 여름에 나온 정책기획국 연구서는 바로 이 점을 다음과 같이 지적하고 있다. "코민테른(Comintern)◎의 역사는 러시아 민족이 아닌 개인들과 집단이 소련의 지배 원칙인 모스크바 독트린의 추종자가 되려는 과정에서 겪은 고난의 사례들로

---

◎ 소련 중심의 국제 공산주의운동 조직. 공산주의 인터내셔널(Communist International), 제3 인터내셔널이라고도 불린다. - 옮긴이.

점철되어 있다. 크렘린 지도자들은 너무나도 매정하고 너무나도 위압적이고 자기들이 추종자들에게 강요하는 원칙에 대해 너무나도 냉소적이라서 그들의 통치를 오랫동안 견뎌낼 이들은 거의 없다." 크렘린의 바로 이러한 성향 때문에 "한때 이들을 추종했다가 환멸을 느끼고 돌아서는 이들이 남긴 자취가 끊임없이 이어진다." 이는 미국과 그 동맹국들에게는 기회다.[42]

소련 바깥에 있는 공산당들이 정권을 잡게 되면 민심의 이반은 점점 강화된다며 정책기획국은 다음과 같이 주장했다. "권력층의 행동은 그들이 반정부 세력일 때 그들을 움직이게 한 이념과 원칙보다는 그 힘을 행사하는 환경에 의해 훨씬 크게 지배를 받는다." 소련 바깥의 공산주의자들은 권력을 추구하는 혁명세력이 오직 자신들뿐인 한, 해소해야 하는 좌절감이 무엇이든 간에, 모스크바로부터 지시와 지원을 구하는 수밖에 달리 선택의 여지가 없다. "그러나 일단 그들이 명실상부한 권력을 잡게 되면 미묘한 힘들이 새로 작동하기 시작한다. 일단 권력을 맛본 공산주의자는 부르주아 지도자 못지않게 타락할 가능성이 높다. 사익뿐만 아니라 국익도 고려해야 하는 상황이 발생하는데 이는 소련 이익에 부합하는 식민지 정책과 갈등을 빚게 된다."[43]*

이런 사태가 발생할 가능성이 가장 명백한 지역은 동유럽(그리고 몽골)으로서, 이 지역은 소련 바깥에서, 사실상 소련 군사력에 힘입어, 공산주의자들이 실제로 정권을 장악한 유일한 지역이었다. 그 지역에서 모스크바가 권위를 유지하기가 점점 어려워지리라고 케넌은 생각

---

* 케넌은 1945년 5월에 작성한 문서에서 다음과 같이 지적했다. "국가를 구제하려면 더 큰 나라에 예속되는 방법밖에 없다고 생각하는 사람이, 어떤 경우에는, 더 멀리 내다보는 사람일지도 모른다. 그런 사람이 대중적인 인기를 모으는 인물이 되기는 쉽지 않다." (Kennan, *Memoirs: 1925-1950*, p.536.에 수록된 다음 자료를 참조하라. "Russia's International Position at the Close of the War with Germany," May 1945.)

했다. "대략 1억 명의 러시아인이 자국의 소수민족을 억압하고 게다가 훨씬 높은 문화수준을 누리면서 외세의 통치에 저항해 온 오랜 경험을 갖춘 9천만여 명을 무기한 억누르는 데 성공할 가능성은 낮다." 1947년 말 케넌은 러시아인들이 독립국 체코슬로바키아의 존재를 오랫동안 용인하지는 않으리라고 정확히 예측했다. 1948년 여름 유고슬라비아가 (소련 지배권에서) 이탈할 조짐을 보이자 케넌은 자신이 한 분석을 입증하는 동시에 다른 지역에서도 일어날 사태의 선례라며 이를 환영했다.44)

　　1948년 10월, 해군 국방대학원 청중을 대상으로 케넌은 다음과 같이 말했다. "티토주의(Titoism)◎가 유럽으로 확산될지 여부는 지금 장담하지는 못하겠다. 하지만 아시아에서는 확산되리라고 거의 확신한다." 케넌은 중국에서 공산당이 정권을 잡으면 소련은 중국내 공산주의를 통제하지 못한다고 1년 반 전부터 예측해온 터였다. 1947년 2월 그는 다음과 같이 지적했다. "크렘린 지도부는 자기가 손에 쥐고 있다고 생각했던 이 유동적이고 미묘한 동방의 운동이 손가락 사이로 조용히 빠져나가고 의례적인 중국식 목례와 공손하고 불가해한 중국식 농담 밖에 남은 게 없다는 사실을 문득 깨닫게 될지 모른다." 심지어 케넌은 공산주의자가 지배하는 중국은 미국보다도 소련과 모스크바가 장악하고 있는 국제 공산당운동에 더 큰 위협이 될지 모른다고 주장한 적도 있다. 그러한 중국은 수륙 양동작전과 공중전을 전개할 수단을 만들어 낼 산업 기반을 갖추려면 오랜 시간이 걸릴 테니 말이다.45)

　　케넌은 또한 크렘린과 서유럽 및 지중해 연안 국가들의 공산주의

---

◎ 유고슬라비아 지도자 티토가 추구한 자주적 민족주의적 공산주의 정책 - 옮긴이.

자들 사이가 갈라지리라고 예측했다. 1947년 5월 케넌은 다음과 같이 지적했다. "이 지역이 크렘린이 두른 갑옷에서 가장 취약하고 헐거운 부분이다. 이 지역의 공산당들은 아직 소련 비밀경찰이 지닌 무기가 뒤를 봐주고 있지 않기 때문에 … 그들의 운명은 여전히 자기 나라의 유권자들이나 집권 정부, 또는 우리나라 같은 다른 자유로운 정부들이 취하는 행동의 영향을 받을지도 모른다." 공산주의자의 호소력이 유럽 민주주의 국가들에서 인기를 끌게 만든 여건들을 다른 방법으로 성공적으로 퇴치할 수 있다면, 이러한 공산당들은 절대로 권력을 잡지 못한다. 그리고 설사 집권하더라도 해당 정부가 소련 경찰이나 군사력으로부터 독립 상태를 유지하는 한 미국에게는 전혀 재앙이 되지 않는다.

　　정부가 책임을 다하는 데 실패하여 국민의 신뢰를 잃거나 주인을 배반하고 크렘린의 권위를 인정하기를 거부하고, 자기를 키워준 손을 문 나라에서 집권한 공산주의 정권은 안전거리를 유지하면서 무책임하게 비방을 쏟아내고 세계가 보기에 이 나라(미국)의 권위만 깎아내리는 무모한 반대편보다는 오히려 이 나라의 이익과 장기적으로는 세계평화에 더 이득이 될지도 모른다.46)

　　미국은 국제 공산주의자운동에 내재된 분열 경향을 가속화할 힘을 지니고 있지만 오직 간접적인 방법을 통해서만 가능하다고 케넌은 생각했다. 전 세계 도처의 공산주의를 싸잡아 비난하면 먹혀들지 않는다. 질병 자체가 아니라 증상에만 관심을 집중하기 때문이다. 모스크바에 최후통첩을 보낸다고 해도 별로 기대할 바가 없다. 러시아인들이 이 세상의 모든 공산주의자들을 장악하고 있지도 않거니와 일부 지역에서는 설사 공산주의자들을 저지하고 싶어도 그럴 역량이 없을지 모른다. 공산당이 접수하는 사태를 막기 위해 직접 군사개입을 하면 미국은 헤어나오기 어려운 내전에 연속적으로 빨려 들어갈지도 모른다. 민주적인 절차를 통해 집권한 공산주의 정부 – 1947년과 1948년에 서 유럽에서는 그렇게 될 가능성이 농후하다고 케넌은 믿었다 – 를 대상 으로 개입하면 이는 "내 견해로는 우리의 외교정책 전체를 혼란에 빠 뜨리고, 우리가 저지른 모든 실책과 근시안적인 판단에도 불구하고 여 전히 우리를 세계 국가들 가운데 위대한 나라로 만든, 우리가 추구하 는 목적이 지닌 기본적인 품위를 훼손한다."47)

미국이 취할 수 있는 한 가지 조치는 서유럽의 경제를 성공적으 로 재건하는 일이었다. 그렇게 하면 힘의 균형을 회복할 뿐만 아니라 애초에 자생적 공산주의가 대중의 호응을 얻을 여건을 제거하거나 적 어도 완화하게 된다. 게다가 이 성공사례는 동유럽에 대한 모스크바의 장악력을 심각하게 훼손하게 된다. 소련은 미국을 따라 할 여건을 갖 추지 못했기 때문이다. 케넌은 1948년 말 다음과 같이 말했다. "서유 럽에서 경제가 회복되고 국민의 자신감이 살아나면 – 다시 말해서 서 유럽이 활기차고 풍요롭고 미래지향적인 문명의 안식처가 된다면 – 동 유럽의 공산주의 정권은 상대도 되지 못하며 바로 울타리 건너편에서 훨씬 행복하고 성공적인 삶을 영위하는 광경을 국민들이 목격하면 결 국 공산주의 세계를 잠식하고 해체하는 효과를 불러오리라고 우리는 확신해 왔다."48)

핵심 지역에 주둔시킨 미군은 유럽 공산주의자들과 크렘린 사이 에 긴장을 조성하는 데 유용했다. 케넌은 모스크바가 그 추종자들에게 각자의 나라에서 집권을 시도하라고 허락하되 오직 그 결과 미국의 군 사력이 붉은 군대 더 가까이 배치되는 상황을 야기하지 않을 경우에만 허락하리라고 믿었다. 이탈리아나 그리스에서 공산주의자들이 승리함 으로써 지중해에서 미국 공군이나 해군력이 증강되는 사태가 발생한다면, 러시아인들은 이를 용납하고 그 대가를 치를 태세가 되어있지 않았다. 따라서 각 나라에서 그 나라의 자생적 공산주의자들에게 맞서는 데 미군을 이용 – 케넌은 이를 "득보다 실이 많은 위험천만한 헛수고"라고 여겼다 – 하기보다 "공산주의 활동이 지속되면 공산주의 영향을 받은 지역 가까이 미군을 끌어들이는 경향이 있음을 보여주고, 이러한 지역이 미국의 힘이 절대로 미치지 않아야 한다고 크렘린이 여기는 지역이라면" 모스크바는 "지역의 공산주의 세력에게 영향력을 미치는 행동을 자제하게 된다." 그렇게 되면 "제3 인터내셔널의 이익과 소련의 군사안보 이익 사이에 갈등이 생기게 된다. 이런 종류의 갈등이 발생하면 대체로 소련의 편협한 국가주의의 이익이 이긴다."[49]

미국은 공산주의 진영 내에서 티토주의를 확산시킬 수도 있었다. 그러나 이는 신중하게 진행할 필요가 있었다. 케넌은 러시아인들이 전쟁을 무릅써서라도 동유럽에서 자신들의 영향권을 유지하리라고 생각했다. 1948년 9월 케넌은 다음과 같이 말했다. "러시아인들은 그리 멍청하지 않다. 티토주의가 일단 작동하기 시작하면 어떤 일이 벌어질지 잘 알고 있다." 따라서 미국은 동유럽에서 소련이 조종하는 정부들을 무너뜨려야 한다고 공개적으로 요구해서는 안 된다. 1949년에 작성된 정책기획국 연구보고서는 이를 다음과 같이 기록하고 있다. "위성국가들을 겨냥한 작전은 그 작전이 크렘린을 자극함으로써 야기될 보복의 종류와 정도를 고려해서 신중히 결정되어야 한다. 작전은 주어진 상황에 적합하다고 평가된 정도 이상으로 상대방을 자극하는 효과를 낳지는 않아야 한다." 물론 미국이 동유럽에서 달성하려는 궁극적 목적은 모든 형태의 전체주의로부터 자유로운 정부의 수립임을 잊지 말아야 한다. 그러나 그런 정권의 수립은 기껏해야 먼 미래에나 가능한 일이고, 그 지역에는 민주주의 전통이 없다는 사실로 미루어 볼 때, "강력한 전술적 고려를 해보면 이를 즉시 달성할 목적으로 설정하지 말아야 한다는 결론에 도달한다.” “위성 국가들에서 반정부 정서를 확산시킬 과정을 조성하되” 미국이 그 책임을 떠맡지는 않는 게 달성해야 할 목적이다. 그리고 그러려면 현재로서는 소련을 봉쇄하는 목적을 달성하기 위해서 소련으로부터 독립되어 있는 동유럽 공산주의 정부들을 기꺼이 용인하고 심지어 그들과 협력까지도 해야 함을 뜻한다.[50]

흥미롭게도 케넌은 이에 준하는 정책으로 중국에서 공산주의자가 집권할 경우 중국 공산당정부와 협력할 가능성은 전혀 고려하지 않았다. 그는 “중국 공산주의 지도자들이 미국인들의 생각을 배려하고 유념하리라고 믿을 만한 이유가 없다. 그들은 미국인이 지닌 동기나 열망을 오랫동안 악의적으로 비방하고 왜곡해 왔다.”라고 말했다. 중국에서 미국이 실행할 최선의 정책은 “지금까지 우리가 해 온 종류의 간섭”이 아니라 “불간섭” 정책이다. 다행히 러시아인들은 베이징에 자신의 권위를 세우느라 우리 못지않게, 아니 우리보다 훨씬 더 애를 먹게 된다. 워싱턴이 아무 짓도 하지 않아도 말이다. 케넌은 1950년 초 다음과 같이 기록했다. “일련의 사건들은 이 관점이 옳았음을 보여준다. 멀리 아시아 지역에 모스크바가 정치적 영향력을 행사하려 하면 장애물을 만나게 된다. 그 지역의 특성에 내재한 장애물인데, 이는 우리가 조성한 장애물이 아닐 뿐만 아니라 우리가 어떤 식으로든 직접 개입하려 하면 이 장애물의 힘은 오히려 약화된다.” 결과적으로 아시아의 전체적인 상황은 “심각하지만 기대를 벗어나지도 않았고 딱히 파국으로 치닫고 있지도 않다.”[51]*

---

\* 케넌이 중국 공산주의자들을 상대하는 방법에 대해 유보적인 입장을 취했다고 해서 장개석에게 동조했다는 뜻은 아니다. 1949년 7월 케넌은 미군을 동원해 포르모사(Formosa, 대만의 옛 이름 – 옮긴이)에서 중국국민당을 축출하자고 제안했다(그러나 즉시 철회했다). 그는 포르모사를 한동안 일본의 (따라서 미국의) 통치 하에 두는 게

케넌은 1948년 11월 국방부 관료들을 대상으로 다음과 같이 말했다. "통상적으로 '봉쇄' 정책이라고 일컫는 우리 정책은 순전히 수동적인 정책으로서 그 어떤 적극적인 행동도 배제한다는 주장이 종종 제기되어 왔다. … 전혀 사실이 아니다." 미국은 국제 공산주의운동을 해체시키려 한다는 사실을 공개적으로 인정할 수 없기에 신중을 기한다. "공산주의가 자초했고 공산주의 자신밖에 탓할 대상이 없는 공산주의 해체 과정에 대한 책임을 우리가 떠맡음으로써 소련이 기울이는 선전 선동 노력에 무상으로 기여할 필요가 없었다."52) 그렇게 공개적으로 인정할 필요가 전혀 없었다. 이 경우 목적을 달성하기 위해서 적극적인 행동이 전혀 필요하지 않았기 때문이다. 국제 공산주의의 해체는 돌이킬 수 없는 추세였고, 미국이 어떤 행동을 하든 상관없이 계속 진행될 게 분명했다. 워싱턴은 그 추세에 맞게 정책들을 펴나가기만 하면 됐다.

케넌이 이러한 결론을 내린 근거는 "제국주의 비유"라 일컬을 수 있다 – 겉모습이 어떻든 국제 공산주의는 사실상 고전적 제국주의가 지닌 자기 파괴적 경향들과 거의 다르지 않은 속성들을 지녔고 그런

---

낫다고 생각했다. (Policy Planning Staff 53, "United States Policy Toward Formosa and the Pescadores," July 6, 1949, *FRUS: 1949*, IX, 356-60.) 그는 1951년 9월 작성한 제안서에서 이 견해에 대해 다음과 같이 상세히 밝혔다. "중국에 관한 한 나는 두 정권 모두 쓸모가 없다고 생각한다. 한 정권은 우리나라에서 음모를 꾸며왔다. 우리 못지않게 자신에게도 수치스러운 방식으로 말이다. 한편 또 다른 정권은 우리를 대상으로 지금까지 우리가 직면했던 그 어떤 정책보다도 야만적이고 오만한 적대적인 정책을 펼치는 데 혼신을 다해 왔다. 나와 장개석 정권의 관계는 치명적이고 수치스러우며, 이 관계는 즉시 단절해야 한다고 생각한다. 국내에서 정치적 파국을 맞는 대가를 치러야 한다고 해도 말이다. 그리고 난 후 미국은 되도록 중국과 엮이지 않는 게 낫다. 우리는 중국의 그 어느 정권에게도 호의를 애걸할 필요도 없고 그들이 우리를 증오한다고 해서 겁낼 필요도 없다. 중국은 동양의 강대국이 아니다. 그리고 우리 미국인들은 중국인들을 상대하기에는 적합하지 않은 내적인 약점들이 있다." ("Summary by George F. Kennan on points of difference between his views and those of the Department of State," September 1951, Kennan Papers, Box 24.)

속성들에 취약했다. 그는 역사학자 에드워드 기번(Edward Gibbon)의
다음과 같은 주장을 즐겨 인용하곤 했다. "머나먼 지역들을 복종시키
려는 시도만큼 자연의 법칙에 어긋나는 행동은 없다." 제국을 유지하
려는 과정 자체가 머지않아 그 노력을 무산시킬 만큼 강한 저항을 불
러일으킨다. 케넌은 1949년 9월 다음과 같이 말했다. "러시아의 공산
주의는 언젠가는 자기가 낳은 자식들에 의해 파멸당할 가능성이 있다.
그 자식들은 다른 나라들에서 반항적인 공산당의 형태로 등장한다. 이
보다 더 논리적이고 정의로운 사태의 전개는 떠오르지 않는다." 설사
그런 일이 일어나지 않는다고 해도 적어도 공산주의 진영 내에서 소련
에 반대하는 권역들이 나타날지 모른다. 정책기획국 연구서는 다음과
같이 지적했다. "여기 묘사한 상황이 발생하면 결국 우리는 공산주의
세계에서 힘의 균형을 토대로 작전을 수행하고 그런 상황에 암묵적으
로 내포되어 있는, 서방진영과 화해하는 방향으로 추세를 조성할 기회
를 포착하게 될지도 모른다." 그렇다면 민족주의(nationalism)는 가장
생명력 있는 이념으로 판명될지도 모른다. 공산주의의 위협을 받는 지
역이든 공산주의 진영 내부에서든, 민족주의를 부추기면 봉쇄전략의
목적들은 대체로 달성된다.[53]

　　그러나 케넌은 서구진영에 대한 모스크바의 적대감은 러시아 사
회에 깊숙이 뿌리내리고 있다고 믿었기 때문에, "화해의 추세"가 나타
나려면 국제관계에 대한 소련의 시각에 근본적인 변화가 먼저 일어나
야 한다고 생각했다. 케넌의 전략에서 세 번째 단계는 바로 그런 변화
를 야기하는 일이었다. 크렘린 지도자들이 그들 나름의 보편주의 – 국
가 안보를 보장하려면 소련의 노선을 따라 바깥세상을 재구축해야 한
다는 확신 – 를 버리고 특수주의 – 다양성을 용인하고 심지어 권장하기
까지 하는 사고 – 로 발상을 전환하도록 하는 일이었다.[54]

이 목적을 달성할 한 가지 가능한 방법은 물론 전쟁이었지만, 케넌은 그러한 조치는 원하는 목표와 모순된다고 끊임없이 경고했다. 소련과의 전쟁은 제2차 세계대전과 비슷하지 않으리라고 그는 지적했다. 미국과 그 동맹국들이 소련 전 지역을 정복하고 점령하기를 기대하기란 어려웠다. 그게 가능하다고 해도 그 지역에서 새로 들어설 정권들이 이전의 정권들보다 다루기 쉬우리라는 보장도 없었다. 원자폭탄을 비롯해 대량살상 무기들은 오직 적을 섬멸하는 데만 쓸모가 있지 적의 태도를 바꾸는 데는 무용지물이었다. 마지막으로 그러한 전면전은 미국이 지키려는 바로 그 사회를 위태롭게 한다.

내 견해는 이렇다. 민주주의 사회가 추구하는 진정한 목적은 대규모 폭력과 파괴로써 달성할 수 없음을 인정해야 한다. 가장 유리한 상황에서도 강대국들 사이에 전쟁이 일어나면 자유 – 민주 전통의 관점에서 볼 때 세계의 여건들이 처참하게 손상된다는 점도 인정해야 한다. 전쟁이 수행하는 단 한 가지 긍정적인 기능 – 그 기능이 필요하고 정당하다는 데는 이의가 없다 – 은 전쟁이 아니었다면 우리의 존재와 독립이 위험에 처했을지도 모를 상황에서 독립국가로서 물리적으로 살아남는다는 사실과 우리와 우리 친구들이 겪는 재앙은 우리의 적들이 겪는 재앙보다 적어도 덜 심각하다는 사실을 확인하는 기능뿐이라는 점도 인정해야 한다.*

---

\* 1947년 4월 10일 공군 국방대학교에서 케넌이 한 강연 사본(Kennan Papers, Box 17)에 대해 말들이 많았다. 이 사본에는 그가 질의응답에서 미국이 소련을 상대로 예방전쟁을 고려해도 정당하다고 말했다고 기록되어 있다.(그 예로 다음 자료를 참조하라. Wright, "Mr. 'X' and Containment," p.19.) 그러나 케넌이 한 말의 전문을 보면 케넌은 예방전쟁을 오직 최후의 수단으로서 논하고 있음이 분명히 나타난다. 소련의 전쟁수행 능력이 미국의 전쟁수행 능력을 능가할 경우와 평화적인 해결방안을 모색할 기회가 모두 소진되었을 경우에 고려해볼 만하다고 했고, 당시에 그런 상황은 존재하지 않았다고 그는 믿었다. 그리고 1949년 1월 무렵 케넌은 예방전쟁은 완전히 배제하는 듯이 보인다. "민주주의 사회는 예방전쟁을 기획할 수 없다. 민주주의에서

그렇다면 케넌이 다음과 같은 결론을 내리는 게 당연하다. "나는 우리가 외교라는 수단으로 얻을 분명하고도 흡족한 결과와 거의 구별하기 힘든 결과를 얻으려고 무기의 성능을 시험하게 되는 상황에 굴복하기보다, 30년을 기다리더라도 고통스럽고 분통터질 정도로 느린 외교라는 장치를 이용해서 크렘린이 패배하게 만들고 싶다."[55]

전쟁의 정 반대편에 있는 선택지는 협상을 통해 소련이 지닌 국제관계의 개념을 바꿀 가능성을 시험하는 방법이었다. 소련이 그저 미국의 관점에 노출된다고 그런 효과를 낳을 리는 만무하다며 케넌은 다음과 같이 경고했다. "그들이 갑자기 마음을 고쳐먹고 이렇게 말하지는 않는다. '세상에, 이때까지 내가 왜 그 생각을 못했지. 당장 우리 정책을 바꾸겠소.' … 그들은 그런 사람들이 아니다." 그러나 서유럽이 자신감을 회복하고 독일이 붕괴되면서 생긴 공백이 채워진다면, 러시아인들이 기꺼이 진지하게 협상에 임하게 될지도 모른다. 적어도 유럽에서 긴장을 완화하는 문제와 관련해서는 말이다. 미국은 확실히 그 사태에 대비해야 한다. 그런 날은 "그들이 우리와 대화하지 않고는 원하는 바를 얻기가 불가능하다는 결론에 도달하면 온다. 그동안 우리는 그들이 그 결론에 도달하도록 심혈을 기울여 도와 왔다."[56]

그러나 소련의 행동을 교정하는 가장 효과적인 방법은 억제책과 유인책을 혼용하는 방법이었다. 케넌은 이를 "대항압박(counter-pressure)"이라고 일컬었다. 1947년 2월 그는 다음과 같이 설명했다. "소련 권력

---

는 국가의 대소사에 음모론이 끼어들 여지가 없다. 그러나 설사 민주주의가 의도적으로 전쟁으로 가는 경로를 마련하는 게 가능하다고 해도 나는 그게 옳은 해답인지에 대해서는 의문을 제기하겠다. … 우리는 전쟁이 아닌 다른 조치들을 통해 달성할 수 있는 것들의 관점에서 우리의 목적을 규정해야 할 운명이라고 나는 생각한다. 그리고 이는 객관적인 관찰이라기보다 개인적인 철학의 문제이긴 하지만, 나로 말할 것 같으면, 유독 그러한 제약을 우리에게 가한 신의 섭리에 깊이 감사한다." (Lecture to Foreign Service Institute, January 19, 1949, Kennan Papers, Box 17.)

의 양태는 묘목일 때 구부려서 특정한 모양으로 뒤틀린 나무 같다. 자라면서 다른 모양으로 바뀌도록 만들 수 있다. 그러나 갑자기 억지로 큰 힘을 가하면 안 된다. 그런 결과를 얻으려면 올바른 방향으로 오랜 세월에 걸쳐 지속적으로 압박을 가하는 방법밖에는 없다." 그해 말 케넌은 체스로 비유를 바꿔서 "대항압박"을 가하는 방법을 설명했다. "세계라는 체스판 위에서 당신이 쓸 수 있는 모든 힘을 동원하는 방법이다. 군사력만을 뜻하는 게 아니다. 물론 군사력도 매우 중요하지만 모든 정치력을 총동원해야 한다는 뜻이다. 졸(卒)도 처분하고 왕비와 왕도 처분하되 당신이 원하는 대로 하는 게 자기에게 이롭다고 상대방이 생각하게 만드는 식으로 처분하면 러시아인은 당신이 원하는 대로 한다."* 1948년 여름 케넌이 총괄해 작성한, 소련에 대한 미국 정책 종합개요서 NSC 20/1에서는 동일한 개념을 다음과 같이 일반적인 용어를 사용해 표현했다. "소련 지도자들은 상황을 인정할 태세가 되어있다. 어쩌면 주장도 인정할지 모른다. 따라서 바깥 세계와의 관계를 설정할 때 갈등요소들을 강조해 봤자 분명히 자기 권력에 이득이 되지 않는 상황이 조성되면, 그들의 행동은, 그리고 그들이 자국민을 대상으로 하는 선전의 방향도, 수정 가능하다."57)

미국은 이 과정을 가속화하려면 그저 미국 본연의 모습으로 지켜보기만 하면 된다고 케넌은 생각했다. "미국은 넘치는 자신감을 유지하고 참을성 있게, 특히 고결하고 기품 있는 본보기가 됨으로써, 러시아가 추구하는 진정한 영광은 다른 국민들을 종속시키고 지배하려

---

* 케넌은 "X"라는 이름으로 기고한 글에서 "대항압박(counter-pressure)" 대신 "(선제)무력분쇄 공격(counterforce, 전쟁 발발 가능성이 있는 상황에서, 전략공군과 미사일 부대를 이용해 적의 군사력을 선별적으로 파괴하고 무력화하는 작전 ― 옮긴이)"이라는 용어를 쓰고 그 의미는 명확히 밝히지 않았다. ― 이 때문에 큰 혼란이 생겼고 이는 그도 인정하는 바이다. (Kennan, *Memoirs*: 1925~1950, pp.359~60.)

는 시도가 아니라 다른 국민들과 평화롭고 우호적인 관계를 통해서만 표출될 수 있다는 점을 보여주어야 한다." 미국이 모범 사례임을 강조한 데서 케넌이 18세기 말과 19세기 초 미국 외교정책의 설계자들과 공감한다는 점이 엿보인다. 당시 그들도 비슷한 생각을 했다. 또한 사적인 일과 공적인 일 모두에서 "바람직한 형식(good form)"을 중요시여긴 그의 면모가 드러났다.

> 우리가 러시아와 정상적이고 평온한 관계를 바란다면 우리가 할 수 있는 최선은 적어도 우리 쪽에서는 그 관계에 정상적이고 평온한 외피를 입혀야 한다. 형식은 국제관계에서 대단히 중요하다. … 다시 말해서 무엇을 하느냐 보다 어떻게 하느냐가 더 중요하다. 이런 의미에서 외형적으로 바람직한 형태는 단순히 목적을 달성하는 수단 이상으로, 부차적인 속성 이상의 의미를 지닌다. 바람직한 형식은 그 자체가 가치가 되고 그 나름의 타당성과 효과를 지니게 되며, 어쩌면 ─ 인간의 본성이 그러 한 바 ─ 가장 중요한 가치가 된다.

따라서 1947년 5월 해군사관학교 생도들에게 케넌은 다음과 같이 말했다. 소련 ─ 미국 관계는 "일종의 장거리 펜싱 대결로 귀결된다. 군사력 발달뿐만 아니라 수억 명에 달하는 사람들의 충성심과 신념, 그리고 자기가 구축한 정치조직 형태에 대한 장악력이나 영향력도 무기가 되는 대결 말이다. … 이 문제를 판가름하는 결정적인 요소는 우리 각자의 체제가 지닌 장점과 건전성일지 모른다. 그리고 이는 전쟁을 하지 않고도 가능할지 모른다. ─ 그리고 아마도 그렇게 되리라고 본다."58)

## IV

케넌은 봉쇄전략을 의회, 관료, 혹은 일반 대중에게 설명하는 문제에 대해서는 비교적 깊이 생각해 보지 않았다. 봉쇄전략을 실행하려면 이 모두의 지지가 필요했는데도 말이다. 자신은 정책 기획자이므로 정책을 정당화하는 데 시간을 쏟는 게 자신의 책무라고 여기지 않았기 때문이기도 하고, 외교에서 필요한 정교함과 유연성을 아무리 좋게 말해도 이러한 외교적 특성에 대해 호의적이지 않은 헌법적 구조와 조화시키는 데 자기 자신도 성공한 적이 없었기 때문이기도 하다.

외교적 수단으로 힘을 추구하려면 – 군사적 수단으로 힘을 추구할 경우와 마찬가지로 – 자제력, 안보, 신속하고 분명하게 세(勢)를 동원하는 능력이 필요하다. 자신의 생각과 기습적인 요소를 숨기는 상황을 십분 활용하면서 말이다. … 현 시대에 외교정책을 실행하는 게 가능할까? 당신이 취하는 행동의 상당 부분을 하루 단위로 안보와 그 밖의 다른 사안들에서 자기 전문 직종의 규율에 순종하는 사람들이 결정하고, 당신이 취하는 행동의 또 다른 상당 부분을 그저 이따금 모여서 공개토론과 타협이라는 독특한 압박 하에서 결정을 내리는 기구들이 결정하는 현 시대의 상황에서?59)

케넌이 토로한 이러한 불만은 관료사회와 민주주의의 문제점을 모두 아우른다. 전자의 경우, 케넌은 전문성과 규율을 해결책으로 보았다. 그는 1948년 다음과 같이 기록했다. "외교 분야에서 정부 정책을 이해하는 능력은 이 분야의 신참내기들이 쉽게 습득하기 불가능하다. 세계에서 가장 의지가 강하다고 해도 말이다. 교육과 훈련이 필요한 문제인데, 습득하는 데 몇 년이 걸린다." 그리고 일단 정책이 수립되면 관료들은 이를 충실히 실행할 책임이 있다. 2년 후 그는 다음과 같이 기록했다. "공직에서 세뇌를 두려워해서는 안 된다고 생각한다. 국무장관은 대통령이 친히 외교문제를 책임지라고 맡긴 사람이고, 자기 견해와 해석을 관료조직 전체에 강요하지 못할 이유가 없다."[60]

그러나 전문성과 규율을 겸비하기란 말처럼 쉽지 않다. 전문성을 정책 지침으로 전환하는 행위 자체가 이 전문성을 왜곡한다고 케넌은 믿었다. "소련과 관련해 미국이 추구하는 목적을 달성하기 위해 설계한 프로그램을 달랑 몇 쪽 자리 문서로 설명하기가 가능하다고 생각한다면 오산"이라고 그는 생각했다. 이러한 성격의 문서는 내용을 과도하게 단순화하고 경직되게 변질시켰다. 오히려 변하는 상황을 정교하게 파악하고 이를 바탕으로 유연하게 대처할 방안을 마련해야 하는데 말이다. 그리고 쓸 만한 지침이 마련된다고 해도 관료들이 이를 따르리라는 보장이 없다.

실행 부서―지부와 기능부서―는 자기 부서 명령체계 바깥으로부터 언질을 받지 않는다. 그들은 정책을 결정할 때 효과적인 의견을 고집한다. 자기들 중 한 사람이 자기들 주장만 타당하게 만들지 못하면, 장관에게 전달되는 권고사항은 무엇이든 희석시켜서 무의미하게 만들어 버리든가 적어도 자신의 의견에 반하지 않는 내용으로 바꿀 권리를 고집한다. 달갑지 않은 권고사항이 장관의 재가를 받게 되면 마지못해 형식적으로 인정할지 모르지만 기본적으로 장관이 재가한 정책과는 상관없이 자기들이 원하는 정책을 추진한다. 아무도 자신의 업무 전체를 샅샅이 살펴보지 못한다는 점과, 현 시점에서 검토되는 사안들은 곧 시의성이 떨어지게 된다는 점과, 자기가 원하지 않는 일을 억지로 시키는 사람들은 곧 자리에서 물러나게 되리라는 점을 잘 알고 안심하고 자기 마음대로 정책을 추진한다.

"엄연한 현실은 어떤 정책도 어떤 개념도 정부에 각인시키려면 대단히 많은 사람들의 머릿속에 그 정책이나 개념을 귀가 따갑도록 주입시켜야 하는데, 그 대상 가운데는 할리우드 영화 출연 기준연령보다 그리 높지 않은 정신발달 상태인 이들도 상당수 포함된다."는 것이었다.[61]

정책을 왜곡하지 않고 지지를 얻어야 하는 문제는 의회와 일반 대중을 상대할 때에도 나타났다. 정부는 앞장서서 이끌 의무가 있다고 케넌은 인정하면서 다음과 같이 말했다. "알 만큼 아는 우리가 뒷짐 지고 가만히 앉아서 '우리 생각은 고려 대상도 아니니 우리는 그냥 사람들이 우리한테 하라는 대로 한다.'라고 하면 우리는 이 나라를 제대로 대표한다고 말할 수 없다." 그러나 지도력은 교육이 아니라 과장된 수사(修辭)의 형태를 띠는 경우가 너무 많았다. 그 대표적인 사례가 그리스와 터키에 대한 원조의 승인을 의회에 요청하기 위해 트루먼 대통령이 1947년 3월에 행한 연설이다 – 특수주의적 목적을 달성하는 데 보편주의적 수사를 구사한 그의 연설은 목적과 수단의 적합한 관계에 민감한 케넌의 심기를 무척 불편하게 했다. 그는 또한 신중하게 설계한 정책들을 의회의 비판을 무마하기 위해 기꺼이 수정하려는 행정부의 태도에 좌절했다. 1948년 1월 그는 분개하면서 다음과 같이 기록했다. "나의 전문성은 다른 나라들에 맞서 미국의 이익을 방어하는 일이지 우리편 의원들에 맞서 미국의 이익을 방어하는 게 아니다."[62]

여기서 의문시 되는 사안은 민주주의에 대한 케넌의 신념이 아니다. 오히려 그는, 지금까지 나타난 바와 같이, 민주주의의 본보기로서 지닌 힘에 크게 의존해 이념성향이 없는 세력을 유인하고, 동맹국들에게 확신을 주고, 적대세력을 좌절시키려고 했다. 그가 강조한 대로, 전략의 목적이 미국의 국내 제도들을 수호하는 일이라면 그 전략을 추진한다는 미명하에 그러한 제도들을 저버리는 행태도 논리적으로 맞지 않는다. 케넌이 의문을 품은 사안은, 관료주의의 요구 사항과 마찬가지로, 민주주의의 요구 사항들을 충족하려면 특정 사안을 어느 정도까지 일반화해야 하는가의 문제였다.

국가의 처신 가운데 일반적인 평가가 가능하고 그 평가가 어떤 경우에도 항상 절대적으로 타당한 경우는 아주 드물다. 그러한 타당성을 지닌 극소수 경우도 거의 대부분 상투적인 영역에서 발견된다. 이런 절대적인 타당성이 결여된 경우, 해당 발언은 어느 날 그 말이 더 이상 전적으로 적용되지 않는 맥락에서 등장해 우리를 괴롭힐 가능성이 높다. 한편 그 발언이 상투적 영역에 머물러 있다면, 더더구나 우리는 그런 발언과 관련되지 말아야 하는 이유가 된다.

"인간은 총체적 진실을 알 길이 없다. 마찬가지로 우리 국민과 우리 국민이 처한 세계 환경과의 관계에서 우리 국민의 발전처럼 여러 모로 그토록 근본적이고 무한한 사안을 총체적으로 파악할 수 있는 이는 아무도 없다." 그럼에도 불구하고 그런 환경에서 생존하기 위해 선택한 전략들에 대해 어느 정도 확신이 없다면 그러한 전략에 대한 지지를 얻기가 어렵다. 이것이 바로 케넌이 처했던 핵심적인 딜레마인데, 그는 이에 대한 만족할만한 해법을 결코 찾지 못했다. 이 딜레마는 케넌이 봉쇄전략을 실행하려고 애쓰는 과정에서 맞닥뜨린 수많은 난관을 설명해 준다.[63]

# 03

# 봉쇄전략의 실행

　　개인 간에, 개념 간에, 사건 간에 관계를 수립하려는 시도는 최적의 상황에서도 해롭다. 관련된 개인이 자기 의사를 설득력 있게 그러나 에둘러 표명할 때, 그리고 자기 생각에 대한 그 어떤 체계적인 해설도 거부할 때, 그리고 그러한 생각이 그와 관련된 사건에 어떤 영향을 미쳤는지를 두고 활발한 토론이 벌어질 때에는 더더욱 그러하다. 케넌이 트루먼 행정부의 외교와 군사 정책들에 미친 영향을 평가하려는 시도에는 이 모든 문제들이 존재한다. 케넌 본인은 자기 역할을 과소평가했다. 회고록을 쓴 사람에게서는 흔치 않을 정도로 겸허하게 그는 1940년대 말에 자신이 제시한 의견들이 "워싱턴 관가에 미친 영향은 아주 미미하고 별 볼일 없다고 주장했다."[1]* 독특하지만 그 내용은 오해하기 십상인 "X" 기사에 너무 의존한 나머지 그가 끼친 영향을 과대평가하면서도 그의 진의를 오해한 이들도 있다.[2] 트루먼 행정부 동안 국제적 사안과 관련해 자문한 핵심 인사들은 여러 명 있었고 케

---

* "그 기간 동안 나는 트루먼을 한 번인가 두 번 만났다. …국무성에 근무하는 젊은 친구가 있는데 그 친구가 러시아인에 대해 훌륭한 보고서를 썼다는 사실을 그가 어렴풋이나마 알고 있지 않았나 싶다. ─ 하지만 트루먼이 실제로 내가 쓴 글을 하나라도 읽어 봤다고 생각하지는 않는다. 내가 제시한 입장을 그가 파악했다고는 전혀 생각하지 않는다."(Interview with George F. Kennan, Washington D.C., October 31, 1974.)

넌은 그 중 한 명이었을 뿐이라며 케넌이 구사한 수려한 문체에 현혹 되어 그가 실제로 행사한 영향력을 확대 해석하기 쉽다는 점을 지적한 사람들도 있다.3)

케넌의 생각이 트루먼 행정부의 정책의 틀을 잡았다고 주장하든 아니면 그 정책을 반영했을 뿐이라고 주장하든, 이는 케넌의 역할을 지나치게 단순화하는 주장이다. 사실상 둘 다였다. 어떤 분야에서는 자신이 결정적인 역할을 했다고 케넌 본인도 인정했다. 마셜 플랜(the Marshall Plan)에서 유럽 구상과 독일 재건을 강조한 점, 그 플랜 하에 서 소련과 동유럽 위성국가들에게 원조를 제안한 점, 일본 점령정책의 방향을 재설정한 점 등이 바로 그런 분야다.4) 이 목록에 케넌이 소련 이 보이는 행동의 근원을 설명한 점, 모스크바가 전쟁을 감수할 의향 과 관련해 그가 보인 회의적인 태도, 국제 공산주의운동 내에서 중심 세력이 다변화되리라고 예상한 점을 보태도 될지 모른다. 그러나 케넌 이 제시한 전략의 총체적 면모는, 앞의 장에서 본 바와 같이, 1947년 에 가서야 완전히 드러났다. 그리고 그 전략은 그 다음 3년 동안 트루 먼 행정부가 보인 행동의 자극제 역할 못지않게 그 행동을 합리화(그리 고 때로는 비판)하는 역할을 했다.* 분명히 말할 수 있는 점은, 봉쇄를

---

* 국무성의 독일과 오스트리아 경제 국장을 맡았던 찰스 P. 킨들버거(Charles P. Kindleberger)는 1948년 7월에 기록한 제안서에서 이 과정 비슷한 것을 묘사했지만 그의 설명은 케넌의 기여도를 제대로 보여주지 못한다. "내가 줄거리를 재구성해보 면 이렇다. 〈뉴욕타임스〉 기자 제임스 레스턴(James Reston)이 (국무성 차관) 딘 애 치슨(Dean Acheson)과 점심을 먹는데, 애치슨 씨가, 그를 가장 우러러보는 많은 이 들이 인정하는 바와 같이, 건성으로 대화를 한다. 레스턴은 애치슨이 유럽 부흥 계획 에 대해 얘기를 꺼내도록 유도하려고 하고, 애치슨 씨는 무슨 계획을 고려하고 있는 지 넌지시 비춘다. 그 다음날 레스턴은 여지없이 〈뉴욕타임스〉 1면에 국무성에서 대 대적인 계획을 준비하고 있다고 보도한다. 2월에 신설된 정책기획국 국장에 막 임명 된 케넌 씨는 이 보도를 접하고 발끈한다. 국무성 내에서 이 계획에 대한 얘기가 오 가고 기획국에 언론의 관심이 집중된다. 어쩌면 노력을 기울여 달성하려던 게 바로 이게 아니었다 싶다." (Kindleberger memorandum, "Origins of the Marshall Plan,"

전략으로 기획하는 데 케넌보다 더 기여한 사람은 트루먼 행정부 내에
없다는 사실이다. ─ 즉, 바라는 목적을 달성하는 데 부합하는 가용 수
단을 마련하는 절차로서의 기획 말이다. 그리고 이는 당연하다. 정책
기획국 국장으로서 케넌이 할 일이 바로 그 일이었으니까.

　케넌의 생각과 그가 몸담은 행정부의 생각은 1947년부터 족히
1949년까지 서로 유사했다.[5] 물론 차이도 있었는데, 이러한 차이는 시
간이 흐르면서 점점 두드러졌다. 그러나 케넌의 생각은 그가 이따금
회고록에서 암시하듯이 광야에서 외치는 고독한 목소리는 아니었다.
이 시기 동안 그가 제시한 권고안과 트루먼 행정부가 취한 행동을 비
교해보면 그의 생각이 봉쇄전략의 지적인 기원일 뿐만 아니라 초창기
에 이 전략을 실행하는 데 지침이 되었다는 사실이 드러난다.

Ⅰ

　케넌의 전략을 실행하는 1단계는 독일과 일본이 패망하면서 그
리고 그와 동시에 유럽과 아시아에서 소련의 영향력이 확장되면서 불
안정해진 힘의 균형을 회복하는 일이었다. 케넌은 이러한 처방을 내리
면서 보편주의가 아니라 특수주의 관점에서 규정한 미국의 안보이익
을 그 토대로 삼았다. 즉, 미국의 형상을 본떠 세계를 개조하는 일이
아니라 다른 이들이 자기 이미지를 본떠 세계를 개조하려는 시도에 맞
서 세계의 다양성을 보존하는 일이 요구되었다. 케넌은 또한 목표 달
성에 사용할 수단은 제한되어 있으므로 추구해야 할 이익의 우선순위

---

　July 22, 1948, *FRUS: 1947*, Ⅲ, 242.)

를 설정하고 필수적 이익과 주변적 이익을 구분할 필요가 있다고 강조했다. 그리고 우선순위를 다투는 국익이 여러 가지 있을 경우, 소련의 약점에 미국의 장점을 최대한 적용하도록 치밀하게 계산된 수단을 원하는 지역에서 사용함으로써 비용을 최소화하면서 그 구상을 유지해야한다고 주장했다. 궁극적인 목표는 서로 독립적인 힘의 중심지가 여러 개 존재하는 세계질서를 구축해 소련의 압력에 취약한 나라들이 스스로 저항할 수단과 의지를 갖추도록 하는 일이었다.

보편주의를 포기하는 데 어려움이 없지는 않았다. 제2차 대전이 한창이던 시기부터 미국 정부는 전후 안보는 국제체제를 근본적으로 개조해야만 달성 가능하다는 게 공식적인 입장이었다. 그러려면 과거의 적과 잠재적인 적들을 무장해제시키고, 자결권 원칙을 최대한 적용하고, 무역과 투자 장벽을 낮추어야 하고, 무엇보다도 평화를 유지할 집단안보 기구를 신설하는 일이 가장 중요했다. 웬델 윌키(Wendell Willkie)◎가 말한 바와 같이, "하나의 세계(One World)"◎가 되어야했다. 당연히 그 체제의 기구들은 미국의 기구들과 매우 유사해야 했다. 워싱턴 관료들이 이 프로그램을 실행하는 데 쏟아부은 에너지를 보면 2차대전이 발발하기 전 미국이 보인 냉담한 반응, 일부에서 무책임했다고까지 한 미국의 역할에 대해 얼마나 양심의 가책을 느꼈는지, 또 그 갈등이 막바지로 치달으면서 대부분의 미국인들이 자국이 결코 전지전능하지 않다는 사실을 얼마나 뼈저리게 체험했는지 짐작된다. 정부 내에서 윌슨주의가 이의 없이 받아들여진 적이 결코 없었지만 ─ 프랭클린 D. 루즈벨트 본인도 드러내지는 않았지만 이에 대해 회의적이었다 ─ 그렇다고 해서 일단 공개적으로 윌슨이 꿈꾼 미래상을 천명한

---

◎ 1940년 대선에서 루즈벨트와 맞붙은 공화당 후보 ─ 옮긴이.
◎ 식민지주의의 종식과 세계 연방을 주장한 윌키의 1943년 저서 제목 ─ 옮긴이.

이상 거기서 이탈하기 위해 겪어야 하는 어려움이 경감되지는 않았다.6) 트루먼 행정부 임기 내내 보편주의 사고의 잔재는 장기적인 열망의 차원에서 지속되었다 – 특히 행정부 수반 본인의 마음속에.*

　　그러나 1947년 무렵, 보편주의를 가장 적극적으로 옹호해온 이들조차도 자신들이 추구하는 목적은 가까운 장래에 실현될 가능성이 없다고 인정하지 않을 수 없게 되었다 – 소련이 미국의 구상과 양립 불가능한, 자기 나름의 보편주의적 안보 요구 사항을 지닌 듯했다는 게 주된 이유였다. 합동참모본부는 그해 4월 이 문제를 노골적으로 거론했다. "현재나 향후 미국의 안보를 수호하기 위해 구축된 지금 이대로의 유엔의 능력을 믿는다면, 이는 그저 그 믿는 이들이 미국의 필수적인 안보이익을 보는 안목을 상실했다는 뜻일 뿐이며, 이는 그 전략에 치명적인 결과로 이어질 가능성이 있다." 아니면 케넌의 친구이자 같은 소련 전문가인 찰스 E. 볼런이 지적한 바와 같이 "간단히 말해서 하나가 아니라 두 개의 세상이 존재한다." 얼마나 마지못해 이 결론에 도달했는지는 모르지만, 어쨌든 이 결론에 도달하면서 트루먼 행정부는 "하나의 세계"를 만들기 위해 뻔한 헛수고를 계속하지 말고 현존하는 세계질서 내에서 힘의 균형을 달성하는 전략을 실행하자는 케넌의 요청을 수용하게 되었다. 1947년 11월 케넌이 이 주제와 관련해 대통령과 각료들에게 보낸 제안서를 읽고 난 후 트루먼 행정부는 "이 시점부터 우리가 추구하는 정책의 목표는 유럽과 아시아에서 힘의 균형을 회복하는 일이고, 모든 행동은 이 목표에 비추어서 판단"하기로 결정

---

* 트루먼은 수년 동안 자기 지갑에 "인류의 의회, 세계 연맹"의 탄생을 예견한 테니슨(Tennyson)의 시 "록슬리 홀(Locksley Hall)"의 시구(詩句)를 적은 쪽지를 넣어가지고 다녔다. 트루먼은 다음과 같이 주장했다. "언젠가는 그렇게 될 걸세. 내 주머니에 그 시를 넣어가지고 다니게 된 이후로 내가 해온 일이 바로 그 일 아니겠나." (John Hersey, "Mr. President," *New Yorker*, XXVII [April 7, 1951], 49-50.)

했다.[7]

　　곧이어 유럽의 "심장부(heartland)"가 적대적인 단일 권력의 지배 하에 놓이면 세계의 그 어떤 "주변부(rimlands)"도 안전하지 못하다는 전제와 더불어 할포드 매킨더 경(Sir Halford Mackinder)의 지정학 자취가 물씬 풍기는 논리가 개발되었다.[8] 새로 꾸려진 국가안보회의 참모들이 1948년 3월에 처음 작성한 문서들 가운데 다음과 같이 경고한 문서도 있었다. "미국과 소련 사이에 있는 유럽과 아시아에는 대단한 잠재력을 지닌 지역들이 있는데 이 지역들이 소련 진영이 지닌 힘에 보태지면 소련 진영이 인력, 재원, 영토에서 월등해지게 되고, 그렇게 되면 미국이 생존할 전망은 희박해진다." 여덟 달 후, 국가안보회의가 작성한 소련에 대한 정책의 첫 종합개요에 뒤이어, 대통령은 NSC 20/4를 재가(裁可)했다. 이 문서에는 "유라시아에서 잠재력이 있는 지역들을 소련이 지배하게 되는 상황을, 무력도발이든 정치적 체제 전복적 수단이든 어떤 수단을 통해서 지배하든 상관없이, 미국은 전략적으로도 정치적으로도 용납할 수 없다."[9]

　　그러나 "주변부"를 방어하고 이에 따라 세계 평형을 유지할 방법이 적어도 두 가지는 있었다. 하나는 "변경(邊境)방어(perimeter defense)"라고 일컫는 개념으로서 모든 "주변부"가 동등하게 중요하다고 전제하고 "심장부"의 주변 어디든 공격을 받으면 이에 저항할 것을 주장한다. 이 접근방식은 "인내와 확고부동" 전략과 트루먼 독트린에서 이미 암시됐었다. 케넌의 "X" 기고문에는 훨씬 더 분명하게 표현되어 있는데, 이 기고문은 "러시아인들이 평화롭고 안정적인 세계의 이익을 잠식하려는 징후를 보이는 곳이면 어느 지점에서든 변함없이 무력분쇄 공격으로 대응할 필요"를 역설했다.[10] 그러나 이 글이 공개된 1947년 7월 무렵 케넌은 이미 "거점 방어(strongpoint defense)"라는 대안으로 입장을

바꾼 뒤였다. 고정된 경계선을 방어하기보다 그러한 전선에 접근할 수
단을 확보하고 특정한 지역을 방어하는 데 집중하는 대안이었다. 정책
기획국이 트루먼 독트린을 비판한 내용에 이 관점이 반영되었다. 케넌
이 서유럽과 일본의 재건을 강조한 내용에도 반영되었고, 궁극적으로
공업 시설과 전쟁 수행능력을 갖춘 다섯 개 필수적인 중심지라는 그가
제시한 개념과 당시에 소련이 장악하지 못했던 네 개 지역을 소련이 장
악하지 못하게 할 필요를 역설한 내용에도 반영되었다.

　　"변경"이 아니라 "거점"에 집중해야 한다는 케넌의 생각의 변화
는 미 행정부의 공식적인 생각에 대한 반응인 동시에 그 생각을 정교
하게 다듬은 것이기도 하다. 어떤 면에서 그가 제시한 내용은 행정부
가 이미 그 방향으로 추진하고 있던 조치들을 명백히 천명하고 합리화
하는 행위에 불과했다. 그러나 천명과 합리화 자체가 행동을 한층 자
극하게 된다. 천명과 합리화가 없었다면 근시안적인 태도를 보였을 관
료들에게 거시적인 안목과 가시적인 목표를 제시해 주며, 무엇보다도
모순과 변칙을 감지할 판단 기준을 제시한다는 점이 중요하다. 이 마
지막 경우에서 볼 때 케넌의 생각은 이미 존재하는 추세를 강화하고
때로는 방향을 재조정하는 역할을 했다. 이러한 이유로 그가 주창한
"거점" 방어가 힘의 균형을 재구축하는 가장 적절한 수단으로서 트루
먼 행정부의 관심을 끌었다는 사실을 이해하는 게 매우 중요하다.

　　그러한 주목을 끈 한 가지 이유는 당시 행정부에 널리 퍼져 있던
가용 수단에 대한 인식과 일치했기 때문이다. 냉전 초창기에 행정부와
의회의 태도에서 공히 나타난 가장 두드러진 특징은, 외부의 위협이
아무리 위험하다고 해도, 미국이 그에 맞서 싸우는 데 이용할 재원은
한정되어 있다는 신념이었다. 군비를 무제한 지출하면 평화시 만성적
인 재정적자로 납득할 수 없는 수준의 물가상승을 촉발하거나 징발세

를 부과하고 경제를 통제하는 결과를 낳을까 두려워했다. 이러한 우려를 한층 강화한 것은 러시아인들이 미국으로 하여금 끝없이 확대되는 변경을 방어하는 데 재원을 분산시키게 해서 의도적으로 미국을 파산지경으로 몰아넣으려 한다는 믿음이었다. 이러한 상황에서 변경보다는 거점 방어가 경제성을 달성하기 위해 가장 치밀하게 계산된 정책으로 보였다. 마셜 국무장관은 "집중이 가장 현명한 방법으로 보이는 지금, 특히 현재 우리가 처한 제약에 비추어볼 때, 우리의 힘을 분산시키지 않는 게" 목적이라고 지적했다.[11]

1947년 3월, 그리스와 터키에 원조를 제공하는 건에 대해 의회에서 한 연설에서 대통령은 공격당한 피해자들에게는 무조건 원조를 할 의무가 있다는 내용에 근접한 발언을 했다. 그러나 행정부 대변인은 뒤이은 의회청문회에서 트루먼 독트린을 구체적인 행동으로 옮긴 선례를 만들지는 않았다고 극구 부인했다. 그리고 향후 원조 요청은 원조의 필요성과 미국의 국익과 원조를 제공할 경우 효과가 있을지 여부를 바탕으로 개별적으로 평가하겠다고 했다.[12] 트루먼 대통령은 그해 9월 다음과 같이 지적했다. "우리가 보유한 재원은 무한하지 않다. 우리는 세계에서 생산성과 자유와 자신감을 회복하는 데 가장 효과적으로 쓰일 곳에 원조를 제공하겠다." 국무차관 로버트 러빗(Robert Lovett)은 1948년 여름 이 사안을 다음과 같이 더욱더 강력하게 주장했다.

어딘가에는 선을 그어야 한다. 그렇지 않으면 미국은 전 세계의 안보를 보장하느라 지출을 할 입장에 놓이게 된다. … 우리는 무리하지 않도록 신중해야 한다. 우리는 유럽의 경제회복을 재정적으로 지원하고 무기와 장비를 요청하는 모든 개별국가나 집단에게 이를 제공하는 동시에 우리 자신의 군사력까지 강화할 만큼 충분한 재정적 경제적 재

원은 없다.[13)

필수적 이익과 주변적 이익을 구분할 필요가 있다는 케넌의 주장에 이의를 제기하는 사람은 거의 없었다. 고정된 재원, 심지어 재원은 점점 줄어드는 것으로 보이는데 해야 할 일은 점점 늘어나는 상황에 직면한 나라에게 그러한 접근방식은 신중하고 심지어 불가피해 보이기까지 했다.

거점 방어 개념이 지닌 두 번째 장점은 미국이 소련 연방에 대적할 가장 유리한 지역을 선택하도록 해준다는 점이었다. "변경"방어를 하려면 해당 지역의 여건이 저항하는 데 유리한지 여부와 상관없이 변경 지역 전체의 경계선의 어느 지점에서든 즉각 행동할 태세를 갖추어야 했을 것이다. "거점"개념은 기타 사항에 대해서는 크게 걱정하지 않고 방어 가능한 동시에 필수적인 지역에 집중하게 해주었다. 이 개념에는 모든 이익이 동등하게 중요하지는 않다는 전제, 미국이 특정 변방 지역을 상실해도 그 상실로 인해 반드시 지켜야 할 지역을 방어하는 능력이 훼손되지만 않는다면 그런 상실은 용인할 수 있다는 전제가 깔려 있었다.

필수적 이익과 주변적 이익을 구분하는 데 케넌이 적용한 일차적 기준은 필수적인 원자재와 안전한 통신라인과 더불어 산업-군사 역량이 존재하는지 여부였다. 트루먼 행정부가 이 접근방식을 공개적으로 수용한 적은 결코 없지만, 1947년부터 1949년 사이에 취한 행동들을 보면 세계를 보는 시각이 케넌의 시각과 거의 똑같았다는 사실이 드러난다. 이 시기에 나온 주요 외교정책 구상인 유럽부흥계획(the European Recovery Program)은 전쟁으로 산산 조각난 공업 국가들을 소련의 팽창을 막는 보루로 재건하는 게 목적이었다. 이와 비슷한 판단

에 따라 독일과 일본에서 점령 당국이 수행해야 할 임무도 억압에서
재건으로 바뀌었다. 그 시기부터 전쟁 계획은 서유럽, 지중해, 중동,
그리고 일본 등이 러시아인의 손에 들어가지 않도록 방어하는 데 최우
선 순위를 부여했다. 중동과 일본은 공업 중심지(중동의 경우 원자재 중
심지) 역할을, (일본을 제외한) 나머지 지역들은 일단 최초의 공격을 격
퇴하고 나면 대응공격을 감행할 기지 역할을 할 수 있었기 때문이
다.14)

　　미국 행정부는 소련의 지배하에 들어가면 유감스럽기는 해도 미
국의 안보를 직접적으로 위협하지는 않을 지역들에 대해 케넌과 생각
이 같았다. 이는 아프가니스탄에서 한국에 이르는 아시아 대륙이었
다.* 이 지역은 소련을 대상으로 전쟁을 수행하는 데 유용한 역량이
없었다. 게다가 거리도 멀고 병참물자 공급에 문제가 있으므로 이 지
역을 방어하는 일은 어마어마하게 버거웠다. 러시아인들이 이 지역을
손에 넣는다 해도 장악력을 유지하기가 쉽지 않으리라고 보았다. 그들
도 먼 거리와 병참물자 공급이라는 똑같은 문제가 있고, 이 지역 국민
들 사이에 민족주의 물결의 수위가 높아지고 있었기 때문이다.15) 서태
평양에서 "방어할 변경"을 유지하는 아이디어 – 1948년과 1949년 워
싱턴에서 폭넓은 지지를 얻은 아이디어다16) – 는 오해의 소지가 있었
다. 이 전략은 변경을 방어하는 게 아니라 거점이 되는 섬 – 일본, 오키
나와, 필리핀 – 을 선별적으로 골라서 보호하는 한편, 아시아 대륙에서
미국을 약화시킬 가능성이 있는 일이 발생하면 관여하지 않는다는 뜻
이었다.

　　이러한 의미에서, 적대감은 이를 표출할 역량을 겸비해야 심각한

---

* 다른 지역들, 특히 중남미와 아프리카는 당연히 미국의 안보에 중요한 지역으로 여
겨졌지만, 직접적인 공격의 위협에 놓여 있지는 않았다.

위협이 된다고 생각했다는 점에서, 트루먼 행정부와 케넌의 생각이 일 치했다고 말할 수 있다. 적대감 자체는 위험하지 않았다. 적대감이 산 업 역량 및 전쟁수행 잠재력과 결합하거나 그 잠재력이 상당히 강화되 었을 경우 우려해야 할 정당한 이유가 생겼다. 산업화되지 않은 아시 아 대륙에 공산주의 정권이 들어서게 되면 기분 좋을 일은 아니지만, 예방 조치가 필요할 만큼 심각한 문제도 아니었다. 더군다나 그런 조 치를 취하는 데 필요한 비용을 생각한다면 말이다. 미국은 당장 주어 진 가용 수단을 갖고, 해당 지역에 얼마나 중요한 미국의 국익이 걸려 있고 그 지역을 방어하기가 얼마나 쉬운지(그리고 얼마나 비용이 드는 지)를 고려해 저항할 지역을 선별적으로 선택해야 했다.

변경 방어보다 거점 방어가 유리한 세 번째 요소는 미국이 이러 한 가용수단을 선택할 수 있다는 점이었다. 20세기에 국제문제와 관련 해 미국의 머릿속을 떠나지 않은 구상은 인력이 아니라 경제력과 기술 력을 이용해 해외에서 힘의 균형을 유지하는 일이었다. 이 구상은 일 찍이 20세기 초 문호개방정책(Open Door policy)에 등장했다. 1914년부 터 1917년 사이에 우드로 윌슨(Woodrow Wilson)과 그의 참모들 마음 속에도 분명히 자리 잡고 있었다. 1940년대 초 "민주주의의 병기창" 개념의 배경이기도 했다. 이 원칙은 미국을 두 차례 세계대전 참전을 모면하게 해주는 데 실패했지만, 미국이 이 전쟁들을 수행하는 방식에 영향을 미쳤고, 미국은 인력보다 돈과 장비를 훨씬 넉넉하게 쏟아 부 었다.17) 이 접근방식의 토대는 비대칭 대응이었다 - 적이 지닌 모든 역량들에 일일이 맞서는 대신 적의 약점에 자신의 장점을 적용하는 방 식이었다. 게다가 물론 경제적 기술적 탁월함은 이 기간 내내 미국의 강점이었고 이는 그 어느 때보다도 제2차 세계대전 끝 무렵 확실히 입 증되었다. 따라서 일차적으로 서유럽과 일본을 경제적으로 재건해 봉쇄전략을 달성해야 한다고 강조한 케넌의 생각은 당시 관가의 주류 생각이었다.

이러한 전통의 연장선상에서 트루먼 행정부는 1947년 해외에서 경제재건에 집중하기로 결정했다. 군사적 대비태세 구축을 미루더라도 말이다. 포레스털 국방장관은 12월 "경제적 안정, 정치적 안정 그리고 군사적 안정을 달성하는 게 목적이고, 우선순위는 그 순서대로"라며 다음과 같이 설명했다.

현재 우리는 우리 군의 지도자들이 양심적으로 말해서 국가안보를 보장하는 데 필요한 최소한에 못 미친다고 할 수준으로 국방비를 유지하고 있다. 그렇게 함으로써 우리는 유럽의 회생을 돕는 데 필요한 지출을 늘릴 수 있다. 다시 말해서, 우리는 치밀하게 계산된 위험을 감수함으로써 결국 국가안보를 달성하고 또한 장기적으로 세계 안정을 달성할 미래를 제시해 주는 길을 택했다.

트루먼은 1948년 초 의회에서 다음과 같이 말했다. "우리는 여러 가지 면에서 우리의 목표인 세계평화를 향해 다가가고 있다. 그러나 지금 우리가 심혈을 기울이는 가장 중요한 일은 세계경제 재건이다."[18]

봉쇄전략을 실행할 때 경제적 수단에 우선순위를 부여한다는 이 "계산된 위험" 감수는 몇 가지 가정을 바탕으로 한다. 하나는 소련은 당장 전쟁을 일으킬 의도가 없다는 케넌의 강한 믿음이었다. 1947년부터 1949년 사이에 작성된 정보 보고서도 대체로 케넌의 판단이 옳았음을 확인해 준다. 러시아인들은 미국의 원자폭탄에 대응할 수단이 없었고 러시아인들은 군사력을 쓰지 않고도 유럽에서 원하는 바 ─ 유럽이 모스크바에 복종하게 만드는 일 ─ 를 얻을 수 있다고 보았기 때문이다.

이러한 정세판단은 오판의 가능성이 늘 존재함을 인정하고 있고, 현재의 전술이 더 이상 효과를 내지 않으면 크렘린이 전쟁을 감수하겠다는 의향이 강해질지 모른다고 경고하고 있다. 그러나 포레스털이 지적한 바와 같이 "우리가 세계보다 더 많이 생산하고, 해양을 장악하고, 원자폭탄으로 내륙을 공격할 역량이 있는 한, 그렇지 않았다면 수용하기 불가능했을 위험을 어느 정도 감수할 수 있다. … 대량살상 무기로 우리를 효과적으로 공격할 역량을 갖춘 세력이 등장하기 전까지 주어진 시간은 우리에게 기회의 시간이다."[19]

또 다른 가정은 군사역량 강화보다 경제원조로 지출한 달러 당 발생하는 이득이 훨씬 크다는 생각이었다. 트루먼은 다음과 같은 질문을 던졌다. "(향후 4년에 걸쳐) 200억 또는 300억 달러를 써서 평화를 유지하는 일과 1920년에 우리가 그랬듯이 4년 동안 1,000억 달러를 쏟아 부어서 전쟁을 하는 일, 어느 쪽이 이 나라에 더 이득이 될까?"[20] 게다가 평화 시기에 군사력으로 달성할 수 있는 것에는 분명히 한계가 있었다. 이는 1948년 봄에 분명히 입증되었다. 당시 국무성에서는 이탈리아와 그리스에 미국 지상군을 파병하자는 제안이 등장했다. 합동참모본부는 "군사적 개입을 하기 전에 반드시 징집과 동원이 선행되어야 한다." – 이는 전쟁이 아니면 충족될 가능성이 희박한 요구조건이었다 – 라고 주장하면서 그런 군사력을 파병하자는 제안을 일언지하에 묵살했다.[21] 서유럽 국가들과 군사동맹을 맺고 그들에게 군사지원을 제공하기로 결정한 후에도(뒤에서 알게 되겠지만, 케넌은 이 결정에 대해 유보적인 입장을 보였다) 경제재건은 여전히 우선순위였다는 사실은 의미심장하다. 딘 애치슨 국무장관은 1949년 4월 상원 외교위원회에서 다음과 같이 말했다. "경제회복이 첫 번째 목표다. 따라서 여기서 말하는 새로운 군수물자 생산이나 군사적 노력은 유럽의 경제회복이라는 우선적으로 달성해야 할 목표에 의해 모두 제한되고 통제된다."22)

그렇다고 해서 미국 행정부가 봉쇄전략 실행에 비경제적 수단들의 사용을 배제했다는 뜻은 아니다. 케넌도 이를 배제하지는 않았다. 워싱턴 관료들은 궁극적인 전쟁 억지력으로서 원자폭탄에 크게 의존하고 있었다. 다만 소련과 전쟁을 하게 되면 이를 어떻게 사용할지, 또는 효과가 있을지를 두고는 의견이 갈렸다.23) 지중해 지역에 대한 소련의 야망을 꺾기 위해서 1946년부터 미국은 그 지역에 미 해군을 주둔시켜 존재감을 과시했다. 미국 행정부가 실시한 일반국민 군사훈련은 모스크바에 미국의 "결연한 의지"를 과시하고 각인시키는 게 주요 목적이었지만 성공하지 못했다.24) 비밀작전도 봉쇄전략의 도구였다. 케넌은 특히 이런 작전을 적극 지지했다. 엄격한 통제하에 실시된다는 전제하에. 시간이 흐르면서 선전과 심리전 기법에 대한 관심이 높아졌고 이에 대한 재정적 지원도 증가했다.25) 여전히 1947년부터 1949년 사이에 트루먼 행정부가 주안점을 둔 정책은 케넌이 주장한 바와 유사했다. ─ 봉쇄를 달성하는 데 경제적 도구가 가장 저렴하고 가장 효과적인 방법이라는 주장 말이다.

마지막으로 다음과 같은 가정이 깔려 있었다. 워싱턴에 굽실거리는 나라들을 아우르는 영향권을 구축하기보다 해외에 독립적이고 자신감 있는 힘의 중심지가 여러 개 등장하는 게 미국의 국익 ─ 그리고 넓게는 세계 힘의 평형 ─ 에 가장 부합하고, 경제 재건이 이 목표를 달성하는 데 가장 크게 기여한다는 가정이다. 한 국무성 관리가 말한 바와 같이, 유럽에서의 구상은 "우리가 생각하기에 필요하다면 소련과 미국 모두에게 '노(no)'라고 말할 수 있을 정도로 강한 제3세력을 육성하는 게 목표였다."26) 이렇게 다양성을 용인하는 태도는 서유럽이나 일본에 공산주의 정부가 들어서는 상황을 받아들일 정도로 폭넓게 적용되지는 않았지만, 그러한 정부들은, 집권한 수단이 불법적이었든 합법적이었든 상관없이, 크렘린의 도구로 전락할 뿐 진정으로 독립적인 정부가 되지 못한다는 가정이 깔려 있었다.[27]* 이러한 한도 내에서 워싱턴은 원조 대상으로서 충족시켜야 할 전제조건으로 이념적 적합성을 고집하지 않았다. 국무성 차관보 윌라드 소프(Willard Thorp)는 다음과 같이 말했다. "우리는 미국에서 성공해온 정치적 경제적 이념과 똑같은 이념을 표방하는 정당이나 개인을 물색하기보다 유럽인들에게 유럽의 정치적 필요와 발전에 적합한 긍정적인 프로그램을 제공하는 정당들에게 우리가 지원을 해야 한다." 일본 점령정책을 분석한 국무성은 다음과 같은 결론을 내렸다. "미국은 일본을 비롯해 그 어떤 외국 국민들에게도 친서구적 성향을 강제하거나 강요할 수 없다." 대신에 "해당 국가 내에서 공산주의에 대해 자생적으로 저항감이 생겨나고 자발적으로 서구 진영 쪽으로 기울도록 하는 동시에, 일본과 관련해서는 필수적인 군사적 요구사항들이 충족되도록 만전을 기해야 한다."[28]

거점 방어의 목표는 장악이라기보다 방지였다. 다른 힘의 중심지를 지배하는 게 아니라 아무도 그 중심지를 장악하지 못하도록 하는 게 미국의 국익에 부합했다. 이는 다른 나라의 내정에 간섭하지 않는

---

* 딘 애치슨은 1947년 12월 국방대학원 학생들을 상대로 다음과 같이 말했다. "미국에서 '우리는 다른 나라가 공산주의 국가가 되든 말든 관심 없어, 괜찮아, 그건 그들 국내 문제니까. 그건 그 사람들이 결정할 문제지.'라고 말해도 그게 받아들여지던 때가 있었다. 우리가 공산주의를 점점 더 겪어보고 나서야 깨달았다. 공산주의는 사람들이 집어 들고 이리저리 살펴본 다음 취하거나 버리거나 하는 독트린이 아니라는 사실을 말이다. … 그 사실을 깨닫게 되면서 우리는 그리스나 이탈리아나 아니면 다른 어느 나라 사람들이 공산주의자가 되든 말든 우리가 신경 쓸 일이 아니라는 생각은 틀렸다는 사실을 깨닫게 되었다. 왜냐하면, 그들이 선택하는 게 아니라, 다른 나라의 재정적 지원을 받는 국내 조직이 강요하거나 러시아 권력체계에 포함되는 피치 못할 결과를 낳는 정부체제를 채택하라는 외부의 압력 때문에 공산주의 국가가 되기 때문이다." (Acheson National War College lecture, "Formulation of Foreign Policy in the United States," December 16, 1947, copy in Naval War College Archives, RG 15.)

다는 원칙에 부합하는 목표였다. 미국이 자국을 방어하는 데 동원할
역량이 한정되어 있다는 사실과도 부합했다. 특정한 형태의 정부를 고
집한다는 뜻이 아니라 다만 세계 힘의 균형이 깨지는 방식으로 정부가
자의적으로 바뀌면 안 된다는 뜻이었다. 얼핏 거점 방어 원칙에 부합
하지 않는 듯이 보이는 트루먼 독트린의 작동원리는 바로 이러한 맥락
에서 해석해야 한다. 트루먼의 연설 초안을 작성한 위원회 위원이 다
음과 같이 말했듯이.

> 현재 강대국들 간의 관계는 어느 한 나라가 세계를 지배하는 상황
> 을 배제한다. 그러한 권력 관계들은 어느 한 강대국의 일방적인 행동
> 으로 크게 바뀔 수 없으며, 그렇게 바뀌면 유엔의 구조 전체가 근본적
> 으로 흔들리게 된다. 현상유지는 성역도 아니고 불변도 아니지만, 일
> 방적으로 현상을 잠식하는 행위를 우리는 간과할 수 없다.[29]

이를 긍정적인 논조로 더 확대시켜 재해석하자면 이렇게 된다.
"무장한 소수나 외부의 세력이 굴복시키려는 시도에 저항하는 자유로
운 국민들을 지원하는 게 미국의 정책이어야 한다." 그 후 3년 동안
트루먼 행정부가 실제로 추구한 정책들을 보면 케넌의 "X" 기고문과
마찬가지로 수사(修辭)가 의도를 훌쩍 뛰어넘은 측면이 보인다.

대체로 트루먼 행정부는 케넌이 제시한 전략의 첫 번째 단계를
놀라울 정도로 충실히 이행했다고 말할 수 있다. 보편주의를 포기했고
변방 방어는 잠시 뒤로 미뤘다. 경제적 기술적 수단들을 선별적으로
비대칭적으로 이용해 러시아인들이 장악하지 않은 산업 – 군사력 중심
지들에서 자생력까지는 아니더라도 적어도 어느 정도 자신감을 회복
시켰다. 이는 무시 못할 성과였다. 케넌과 행정부의 생각이 일치한 또
하나의 사안은 힘의 균형은 궁극적으로 심리적 현상이라는 점이었다.

비교적 소규모 지출이라도 적재적소에 제대로 적용하면 전쟁 동안 서구 진영을 휩쓴 피로감과 환멸을 극복하고 이번에는 모스크바가 방어하는 입장에 놓이게 만들기에 충분할지도 몰랐다. 이 독특한 봉쇄전략이 얼마나 놀라운 성과를 냈는지 알려면 냉전이 끝날 무렵 유럽과 동북아시아의 힘의 구조를 비교해보기만 하면 된다.

## II

케넌의 전략에서 두 번째 단계는 국제 공산주의운동 내에서 분열을 조장하는 일이었다. 이 권고안을 얼핏 보면, 공산주의는 거대한 통일체가 아니고 반드시 그래야 할 필요도 없다는 전제가 깔려 있는데, 이 권고안은 트루먼 행정부로부터 호의적인 반응을 얻지 못한 듯이 보일지도 모르겠다. 워싱턴 관료들은 소련 부류의 공산주의뿐만 아니라 모든 공산주의를 위협으로 간주했다는 게 일반적인 평가다. 대통령이 연설에서 그리스와 터키를 언급하며 "삶의 두 가지 방식"이 존재한다고 했을 때 그가 염두에 둔 것은 공산주의와 그 경쟁자인 자본주의의 차이였다.[30] 그러나 보다 면밀히 살펴보면 훨씬 복잡한 유형들이 보인다.

트루먼 독트린 연설에서 유일하게 구체적으로 공산주의를 언급한 경우는 그리스 반란세력과 관련이 있다. 그 맥락에서 볼 때 "삶의 두 가지 방식"은 공산주의와 자본주의가 아니라 전체주의와 민주주의를 뜻했다. "세계평화의 근간을 훼손하고 따라서 미국의 안보를 훼손하는 장본인은 자유로운 국민들을 억압하는 전체주의적 정권" – 제2차 세계대전 당시 독일과 일본이 야기한 바로 그 상황 – 이었다. 트루먼은 다음과 같이 주장하곤 했다. "뭐라고 부르든 상관없어. 나치든 공산주의자든 파시스트든 프랑코든 맘대로 부르라고. 다 똑같은 족속들이야." 좌든 우든 자의적인 통치는 세계를 불안정하게 만든다는 생각이 깔려 있었다. 1947년 여름 트루먼이 말한 바와 같이, "국가의 정책을 결정할 때 국민의 목소리가 강할수록 공격의 위험이 줄어든다."[31]*

따라서 그 시점에서 트루먼 행정부는 자신들이 반공주의 운동에 착수한다고 생각하지 않았다. 3월 말 애치슨은 상원 외교위원회에서 다음과 같이 말했다. "대통령 말씀은 그게 아니고, 자유로운 국민이 자유로운 제도들을 포기하도록 강요받으면 우리는 관심을 기울여야 한다는 뜻이었다." 그해 봄 행정부 관료들이 공식적으로 연설을 할 때 "공산주의" 대신 "전체주의"라는 용어를 쓰도록 권장하는 데 각별한 노력을 기울였다. 백악관의 한 참모가 지적한 바와 같이, "소련이 이 용어가 자신을 겨냥한 말이라고 항의하면 자신이 전체주의라고 인정하는 꼴이 되므로 소련이 불만을 제기할 여지를 차단해 버렸다." 또 다른 참모가 지적한 바와 같이, "단순히 반공주의가 아니라 뭔가 긍정적이고 매력적인 것을 제시한다"라고 세계를 설득하는 일이 우리에게는 중요했다.[32]

이러한 관점은 행정부가 케넌의 제안에 대해 수용적인 태도를 취하게 만들었다. 마셜 플랜 원조를 유럽의 비공산주의 국가들뿐만 아

---

* 그리스와 터키에 대한 연설을 한 다음 날 트루먼이 자신의 딸에게 보낸 편지에 전체주의와 국내에서 자신을 비판하는 이들에 대한 생각이 잘 나타난다. "레닌, 트로츠키, 스탈린 등등이 세계를 속이고 제임스 데이비스, 헨리 월리스, 클로드 페퍼, 그리니치빌리지에 사는 비도덕적인 배우들과 예술가들이 대표하는 미국의 정신 나간 일당들을 속이려 하는데 이는 히틀러와 무솔리니의 이른바 사회주의 국가들의 행태와 다를 바 없다. 단지 세계를 대상으로 그런 얘기를 할 때는 네 애비가 점잖게 말했을 뿐이다." (Truman to Margaret Truman, March 13, 1947, quoted in Margaret Truman, *Harry S. Truman* [New York: 1973], p.343. pp.359-60도 참조하라.)

니라 소련과 동유럽 위성국가들에게도 제공하자던 케넌의 제안 말이
다. 이를 통해 달성하려는 목표는 둘 중 하나였다. 러시아인들이, 예상
대로, 이 제안을 거절하면 유럽의 분열을 야기한 책임은 전적으로 러
시아인들에게 있는 셈이 된다. 아니면 가능성은 희박하나 그들이 원조
제의를 받아들이면, 그 원조를 동유럽으로 하여금 "거의 배타적으로
소련 지향적인 경제체제를 포기"하도록 하는 수단으로 사용한다.[33]
이 두 번째 목표에는 일부 공산주의 정권을 도와서 다른 공산주의 정
권을 봉쇄할 가능성이 내포되어 있다. ─ 그 다음 해에 유고슬라비아에
서 발생한 사건에 대한 대응 방안으로 이 책략은 훨씬 다듬어졌다. 백
악관도 국무성도 모스크바와 그 위성국가들 간의 관계를 훼손시킨다
는 케넌의 생각을 공개적으로 재가하지는 않았지만, 러시아인들이 원
조 제공에 어떤 반응을 보이든 상관없이 바로 이런 효과를 낳으리라는
점은 분명했다.

케넌은 이탈리아와 그리스에서 공산주의 활동의 수위와 지중해
동부에서 미국의 군사활동 수위를 연계시키는 방안을 권고했다. 여기
서도 소련과 위의 국가들에서 소련을 이념적으로 추종하는 자들 사이
에 적대감을 조성하기 위해서였다. 1947년 말과 1948년 초 트루먼 행
정부는 적어도 이 접근방식의 앞부분을 실행한 게 분명하다. 이 시기
에 나온 국가안보회의 연구보고서는 공산주의 활동이 점증하는 데 대
한 대응책으로 필요하다면 지상군을 투입해 개입할 가능성을 포함해
미군을 증강하라고 권고했다.[34] 그러나 이러한 계획들을 통해 추구하
는 목표가 국제 공산주의운동 내에 긴장을 조성하는 일이었다는 구체
적인 증거는 없다. 이 계획들은 실행된 적이 없다. 그보다는 그리스와
이탈리아 공산주의자들은 무슨 일이 있어도 모스크바를 배반하지 않
으며 이를 염두에 두고 그들을 대해야 한다는 전제가 깔려 있었다.*

　　그러나 1948년 6월 놀라운 사건들이 벌어지면서 이 시각을 수정
해야 했다. 그때까지만 해도 티토의 유고슬라비아는 모스크바가 가장
믿을만한(그리고 가장 혐오스러운) 위성국가로 간주되었다. 트루먼은
그해 4월 다음과 같이 말했다. "티토가 독재자로서 자신의 입지를 확
고히 굳히기 전에 반대세력 40만 명 이상을 학살했다고 들었다." 그러
나 일단 유고슬라비아가 모스크바와 관계를 단절했다는 소식이 확인
되자, 트루먼 행정부는 신속하게 티토 정권의 자국 내 행태가 미국이
그와 정상적인 외교적 경제적 관계를 수립하는 데 방해가 되어서는 안
된다는 정책기획국의 권고안을 재가했다.[35] 1949년 초 애치슨은 다음
과 같이 지적했다. "티토주의가 소련 영향권 내에서 그 영향력을 잠식
하고 파괴하는 세력으로 계속 존재하는 게 미국의 '국익에 명백히' 부
합한다." 그해 말 유고슬라비아에 철강분괴 압연기를 수출하는 문제를
놓고 국무성과 국방부 사이에 큰 논쟁이 벌어졌지만, 결국 소련의 공
격 가능성에 대비해 티토 정부의 힘을 강화해 줄 필요가 수출로 인한
안보 위협보다 훨씬 중요하다는 판단을 내렸다. 그리고 그해 말 무렵
트루먼은 미국은 그러한 공격을 전쟁행위로 간주하겠다고 공개적으로
분명히 밝힘으로써 수동적인 대응 이상의 모종의 조치를 취할 가능성
을 암시했다.[36]

　　게다가 트루먼 행정부와 케넌은 티토주의는 단발성 현상이 아니
라 다른 지역에서도 권고해야 하는 선례로 간주해야 한다는 데 의견의
일치를 보았다. 1949년 4월 모스크바 주재 미국 대사관이 작성한 정보
보고서는 다음과 같이 주장했다. "미국은 현 상황을 활용해야 한다.

---

\* 국무성은 소련이 동유럽에 대한 원조를 거부하자, 이탈리아에 대한 원조는 공산주의
　정권 하에서는 제공하지 않는다고 이탈리아 유권자들을 설득하는 데 이를 이용했다.
　Marshall's speech at Berkeley, California, March 19, 1948, *Department of State
　Bulletin* (이하 DSB), XVIII (March 28, 1948), 424.

단순히 소련 영향권을 '봉쇄'하는 데 그치지 말고 축소시켜야 한다. 전 분야에서 주도권을 확보하고 유지해야 한다." 미국의 구미를 당긴 하나의 목표물은 물론 동유럽이었다. 이 지역에서 티토의 배반이 눈에 띄게 동요를 일으켰다. 러시아인들이 동유럽에서 장악력을 강화하고 있다는 징후가 있었지만, 트루먼 행정부는 1949년 동안 이 위성국가들 내에서 반정부운동을 더욱 부추기기 위해 미국의 소리(Voice of America) 방송과 유엔 차원의 인권운동에서부터 경제적 압박과 비밀작전에 이르기까지 다방면으로 많은 시간과 생각을 투자하고 고민했다. 그리고 1949년 12월, 트루먼은 정책기획국의 이전 연구보고서를 토대로 NSC 58/2를 재가했다. "위성국가들로부터 소련의 힘을 제거할 수만 있다면 소련과 불화를 빚고 있는 공산주의 정권과 일시적으로나마 협력하는 노력을 기울여야 한다는 내용의 보고서였다."[37]

　　티토주의를 촉진할 만한 훨씬 고무적인 기회가 중국에 존재하는 듯했다. 1949년 무렵 모택동이 이끄는 공산주의자들이 사실상 장개석과 국민당을 패주케 했다. 모택동이 티토의 선례를 따를 가능성이 국무성 내에서 폭넓게 논의되었다. 특히 모스크바 주재 미국대사관에서는 10월에 티토주의 절차를 촉진하는 수단으로 신임 중국공산당 정부를 인정하자는 권고까지 나왔다.[38] 이러한 논리의 흐름은 국무성의 중국 전문가들이 오랫동안 품어온 믿음과 일치했다. 그들은 모택동의 운동은 러시아인들과는 상관없이 독자적으로 형성되어 왔고 모스크바가 이 운동을 장악하지 않았으며, 그러한 이유로 인해 모택동이 집권하는 상황에 대해 모스크바가 유보적인 입장을 지니고 있을지도 모른다고 생각했다.[39] 애치슨은 이러한 주장에 설득력이 있다고 생각했다. 얼마나 강하게 동조했으면, 무슨 수를 쓰더라도 중국 공산주의자들이 러시아인들과 영원히 동맹을 맺지 못하도록 해야 하며, 그러기 위해서 중

국 본토와 비전략적 물자 교역을 계속해야 하지만 대만의 장개석 정권
에 대한 지원은 반대한다고까지 주장했다. 장개석 정권에 대한 지원이
도서지역 거점들을 방어하는 전략에 부합했을 텐데도 말이다.[40]

　　동아시아 정책을 검토하기 위해 애치슨이 임명한 자문단은 1949
년 11월 위의 접근방식에 찬성했고 중국 공산당 정부를 인정할 준비를
하라고 권고했다. 국무장관은 11월 17일 이 권고안을 대통령에게 제시
했고, 이를 다른 제안서에서 해당 전략을 일목요연하게 다음과 같이
개괄했다.

　　넓게는 이 정책이 추구하는 목표는 두 가지다. 공산주의 정권의 전
　복을 시도할 기회가 포착되면, 공산주의 정권에 맞서고 그 정권을 괴
　롭히고 자극하는 것이 한 가지다. 또 다른 목표는 모스크바의 영향권
　에서 이탈시켜서 일정 기간에 걸쳐 긍정적인 영향을 조성해 정권의 속
　성을 수정하는 일이다. 이 두 번째 목표는, 티토의 경우도 그렇지 않았
　지만, 여기서도 유화정책이 아니다. … 자문단이 만장일치로 두 번째
　대안이 더 낫다고 판단했다고 대통령에게 말했다. 대통령은 내가 말한
　넓은 의미에서 이게 정확한 분석이라고 생각했다.

　　1949년 12월 30일, 국가안보회의에서 오랜 논의를 한 끝에, 트
루먼은 NSC 48/3을 재가했다. "미국은 적절한 정치적 심리적 경제적
수단을 동원해 중국 공산주의자들과 소련 사이에, 스탈린주의자들과
중국 내의 다른 분자들 사이에 분열을 조장하는 한편, 미국이 개입한
다는 낌새를 상대방이 눈치채지 않도록 신중을 기해야 한다. 적절하다
면 이러한 목표를 달성하기 위해서 공식적인 수단뿐만 아니라 은밀한
수단도 활용해야 한다.[41]*

　　물론 이와는 부합하지 않거나 이례적인 사건들도 있었다. 애치

슨의 제안서와 NSC 48/2에서 나타나듯이, 행정부 관료들은 중국 공산주의자들이 모스크바의 지도력을 거부할지, 일단 중국 공산주의자들과 러시아인들의 관계가 분명해지면 중국 인민들이 그들을 축출할지에 대해 늘 입장이 분명하지는 않았다. 애치슨은 티토주의가 아시아의 다른 지역, 특히 인도차이나에서 등장하리라는 전망에 대해 그리 낙관적이지 않았다.[42] 케넌은 중소 간에 적대감이 존재한다고 확신하면서도 이 적대감을 부추기는 수단으로 대만을 포기하자는 애치슨의 전략에는 동조하지 않았다 — 케넌은 국민당에게도 공산주의자에게도 대만을 넘겨주지 않는 쪽을 선호했다.[43] 1949년 동안 행정부 대변인이 공개적으로 단순히 소련뿐만이 아니라 "공산주의"를 비판할 때 구사하는 화법이 훨씬 화려해졌고, 공산주의 국가들의 행동을 예측하는 수단으로서 점점 더 이념의 중요성을 강조하게 되었다.[44]

1949년 12월, 대통령이 3주 간격으로 NSC 48/2와 NSC 58/2를 재가한 일은 상궤를 벗어나는 사건은 아니었다. 공산주의 진영에서 소련의 영향을 축소하는 데 티토주의를 이용하려는, 신중하게 설계된 전략을 반영한 행위였다. 그해 3월 소련 주재 미국대사를 역임한 월터 비델 스미스(Walter Bedell Smith)가 말한 바와 같이, 이는 "미국은 모스크바가 조종하지 않고 공격에 몰두하지 않는 공산주의라면 두려워하지 않는다."라는 주장을 깔고 있었다. 그 다음 달 베오그라드(유고슬라비아 수도) 주재 미국 대사관에서 보내 널리 회람된 문건에 나타난 기

---

\* 중국 공산주의자들을 인정하라고 권고한 모리 매버릭(Maury Maverick)의 서신을 받고 트루먼은 1949년 11월 22일 다음과 같이 답했다. "19일 자 당신의 서신은 중국 상황에 대해 내가 본 서신 가운데 가장 사리분별이 확실한 서신이오 … 우리가 어떻게 해야 할지 다 아는 척하지만 실은 쥐뿔도 모르는 정신 나간 인간들이 너무나도 많소. 이 사안과 관련해 일말의 상식이라도 있는 사람으로부터 서신을 받으니 아주 기쁘오."(Truman Papers, PSF, Box 173, Subject File: Foreign Affairs: China, 1949.)

대감과 더불어 이 정책은 탄력을 받았다.

대체로 스스로의 힘으로 승리를 하고 권력을 장악한 공산당이 존재하고, 그 지도력이 어느 정도 지속성이 있고, 소련의 직접적인 영향으로부터 어느 정도 고립되어 있고, 당원이 학력이 낮고 감정과 민족주의로 지도부와 연결되어있고, 본질적으로 조직적인 정책을 모스크바가 바꾸려는 시도를 하는 지역 – 이러한 일단의 상황 또는 이 가운데 일부가 복합적으로 존재하는 곳이면 어디든, 티토주의가 존재할 가능성이 있다고 적어도 추정은 가능하다.

동유럽 주재 미국 외교단이 10월에 지적한 바와 같이, 트루먼의 정책은 "공산주의 진영 내에서 크렘린의 장악력을 약화시키거나 훼손시키는 경향이 있는, 세계 공산주의 내에 존재하는 그 어떤 운동이든 모두 서구 진영의 이익에 부합하는 방식으로 작동하는 세력을 대표하며, 따라서 이런 운동은 조장하고 지원해야 한다."라고 상정하고 있다.[45]

그렇다고 해서 트루먼 행정부가 아직 공산주의 정부가 존재하지 않는 지역에 공산주의 정부가 수립되는 상황을 환영할 태세였다거나 전체주의에 대한 적대감을 포기했다는 뜻은 아니다. 그러나 1949년 12월 대통령이 내린 결정은 케넌이 말한 "제국주의 비유"를 수용했음을 뜻한다. 베오그라드 주재 미국 대사관이 지적한 바와 같이, 러시아인들은 "제국을 경영할 여건을 갖추지 못했고" 미국은 이 약점을 이용해 모스크바가 세계에서 행사하는 힘과 영향력을 위축시켜야 한다는 비유 말이다.[46] 이러한 맥락에서 보면, 이 전략은 소련 영향권의 변방을 따라서 자신감을 갖춘 힘의 중심지들을 구축해야 한다는 행정부와 (케넌의) 또 다른 전략을 논리적으로 보완하는 전략으로 볼 수 있다. 두

가지 경우 모두 추구하는 목적은 소련 제국주의를 봉쇄하는 수단으로서 미국의 국익을 민족주의 세력과 정렬시키는 일이다.

Ⅲ

케넌의 전략의 세 번째 단계는 장기간에 걸쳐 소련이 지니고 있는 국제관계 개념을 바꾸기 위해 노력하는 일이었다. 러시아 지도자들에게 세계를 그들의 형상을 따라 개조하려는 시도가 아니라 다양한 세계와 더불어 사는 방법을 터득하는 게 그들의 이익에 훨씬 부합한다고 설득하는 일이었다. 케넌은 이를 달성하기 위한 수단으로서 전쟁과 유화책을 모두 거부했다. 이는 "행동 수정(behavior modification)"이라 일컫는 장기간에 걸친 과정을 통해서만이 가능하다고 그는 생각했다. 크렘린이 먼저 타협적인 태도를 보일 때마다 미국이 이에 긍정적으로 반응하되, 그렇지 않은 태도에 대해서는 완강하게 대응하는 방식이었다. 그리고 1948년 11월 트루먼 대통령이 재가한 NSC 20/4는 사실상 이를 미국의 정책이라고 공식적으로 천명했다. "소련 정부가 현재 견지하고 있는 인식을 바탕으로 행동하면 현실적으로 바람직하지 않다는 점과 유엔 헌장의 목적과 원칙에 제시된 바와 같이 세계의 일원으로서 취해야 할 강령에 따라 행동할 필요가 있음을 소련 정부가 인정하지 않을 수 없도록 만들 상황을 조성해야 한다."47)

그러나 케넌의 시각과 트루먼 행정부의 시각의 조응(照應)은 여기서 끝났다. 케넌은 소련의 행동을 교정하려면 긍정적인 강화와 부정적인 강화가 모두 필요하다는 입장을 취했다. 크렘린이 공격적인 행동을 보일 때 이에 맞서는 조치 못지않게 화해의 몸짓을 보일 경우에 보

상을 하는 조치도 중요했다. 그러려면 상호 납득할 결과를 도출할 가
능성이 있는 협상에 관여할 태세가 되어 있어야 했다. 트루먼 행정부
는 모스크바와 미해결 사안들을 논의할 의향이 있는 듯한 모양새를 취
했지만48), 케넌은 1948년부터 1950년 사이에 행정부가 취한 몇몇 주요
행동 – 북대서양조약기구(North Atlantic Treaty Organization, 이하 NATO)
결성, 독립적인 서독 국가 건설, 점령 후 시기에도 계속 일본에 미군을
주둔시켜야 한다는 주장, 수소폭탄을 제조하겠다는 결정 – 은 소련의
의구심과 불안감을 증폭시키고 따라서 협상의 기회를 축소하리라고
보았다. 이러한 사례들 하나하나마다 케넌의 입장은 정부 내 다른 부
서에서는 지지를 얻었지만, 이러한 사안들에 관해 그의 권고안에 반하
는 결정을 막을 정도로 지지가 강하지는 않았다.

　　북대서양조약 구상은 서유럽이 직접 제시했고 유럽 대륙에서 붉
은 군대와의 군사력의 격차에 대해 그들이 얼마나 불안감을 느꼈는지
보여준다. 붉은 군대는 당시에 동유럽과 중부유럽에만 30개 사단을 보
유했다. 미국, 영국, 프랑스 군을 다 합해봐야 10개 사단에 못 미쳤다.
정보보고서의 추산에 따르면, 러시아인들은 전쟁이 발발할 경우 몇 주
만에 영국 해협을 건너고 피레네 산맥을 장악할 역량을 갖추었다.49)
이러한 상황이 발생할 가능성에 대한 우려로 영국, 프랑스, 베네룩스
3국은 1948년 3월, 자체적으로 서유럽 연맹(Western Union)이라는 군
사동맹을 결성해 이를 미국과 연계하려고 했다. 국무성도 이에 동조했
다. 6월 무렵 국무성은 그러한 논의를 해도 좋다는 상원의 승인을 확
보했고, 9월 서유럽 연맹 회원국들은 미국, 캐나다와 함께 협정의 개
요에 합의했다. 회원국들 가운데 어느 하나 또는 협정 조건 내에 포함
될 어떤 나라라도 공격을 받으면 이를 모든 관련 국가들에 대한 공격
으로 간주한다는 내용이었다.50)

일본 출장과 뒤이은 입원으로 케넌은 1948년 초 진행된 유럽 안보관련 초창기 논의에 관여하지 못했지만, 업무에 복귀하자마자 그는 트루먼 행정부가 따르기로 한 경로에 대해 유보적인 입장임을 분명히 밝혔다. 이는 다음 세 가지 논점으로 귀결되었다. (1) 유럽은 본질적으로 정치적 위협을 군사적 위협으로 오해했다. 그 결과 경제회복에 해를 끼칠 정도로 군사문제에 골몰할 위험을 감수하게 되었다. (2) "확고하게 지리적 위치와 전통을 근거로 한 방어공동체를 아우르는 북대서양 지역" 바깥에서 일부 국가들에게만 동맹을 제안하면 나머지 나라들을 더더욱 취약하게 만드는 결과를 낳는 반면, 우호적인 나라를 모조리 아우르는 동맹은 동맹 자체가 무의미해지는 결과를 낳는다. 케넌은 다음과 같이 경고했다. "반러시아 동맹 체제가 구축되면 그 체제가 유럽, 아시아, 아프리카의 비공산주의 국가들을 모두 포함해 세계를 아우르게 될 때까지 논리적으로 중단해야 할 지점이 없다." (3) 마셜 플랜 원조를 받는 국가들로 구성된 동맹은 "현재 유럽을 가로지르는 분계선을 군사분계선으로 기정사실화" 하고 "그 선을 변경하거나 제거하려면 한층 강화된 군사적 의미를 부여하지 않고서는 불가능해진다." 그러한 사태의 전개는 불가피할지도 모른다. "그러나 우리의 현 정책은 여전히 유럽 심장부에서 미국과 소련 양측 모두 결국 평화롭게 철수하는 방향으로 가고 있고, 따라서 이 두 진영 사이에 놓인 영토를 흡수하거나 접수할 제3의 세력을 육성하는 쪽으로 나아가고 있다."51)

몇몇 사람만 이러한 우려를 표명한 게 아니다. 재무장을 강조하면 경제회복이 지연되리라고 우려하는 목소리가 워싱턴에 있었다. 실제로 트루먼 행정부가 서유럽에 대한 군사지원 계획에 조건으로 내건 사항이 경제 재건이 여전히 최우선 순위여야 한다는 사항이었다.52) 일부 국가들을 포함시키면서도 포함되지 않은 나라들을 배제시키는 듯이 보이지 않으려면 어떻게 해야 할지 문제도 고민이 깊어지게 만들었다. 결국 트루먼 행정부는 "북대서양"이라는 개념을 확장해 이탈리아를 포함시켰지만 그리스, 터키 또는 이란을 포함시키지는 않았고, 태평양 서쪽에 위치한 비공산주의 국가들을 대상으로 이에 상응하는 협정을 결성하지도 않았다.[53]* 케넌의 세 번째 논점에 대한 우려 – 동맹을 결성하면 유럽에 존재하는 분계선을 고착화시키리라는 우려 – 는 상대적으로 덜했다. 왜냐하면, 대부분의 관측자들은 이미 이 분계를 기정사실로 받아들였기 때문이다. 그러나 NATO의 원래 구상을 보면 이 기구는 유럽을 "제3의 세력"으로 구축하는 개념에 부합했다는 점을 주목해야 한다. 미국의 방어가 아니라 유럽의 방어를 강화하는 데 중점을 두고 있기 때문이다. 당시에 이 기구는 유럽에 미국 지상군을 주둔시킨다는 내용을 포함하고 있지 않았다.[54]

이러한 우려와 유보적인 의견에도 불구하고 트루먼 행정부는 북대서양조약을 완결하고 그 회원국들에게 군사지원을 시작했다. 케넌은 유감스럽지만 대안이 없다는 사실을 깨닫게 되었고 다음과 같은 결론에 도달했다. "서유럽인들 마음속에 자리 잡은 불안의 근본적 원인은 자신감 부족이다. … 그들은 겁 먹고 지쳐서 현실을 직시하고 싶지 않다." 미국은 유럽의 동맹국들에게 위험을 기꺼이 감수하라고 다음과 같이 촉구했다.

유럽인들에게 군사안보를 달성하기에 앞서 먼저 경제 재건에 몰두하라고 요청함으로써, 우리는 사실상 그들에게 아슬아슬한 외줄타기를 하라고 요청하는 셈이다. 발을 조심스럽게 내딛는 데 집중하고 자체 군사력의 무력함이라는 심연이 펼쳐진 밑을 내려다보지 않으면, 우

---

* 그리스와 터키는 1952년 마침내 NATO에 합류했다.

리가 생각하기에 그들이 반대편에 안전하게 도착할 승산이 있다고 말하는 셈이다. 그리고 이러한 조건을 바탕으로 경제원조를 제공했다.

우리가 맞닥뜨린 첫 번째 장애물은 바로 수많은 이들이 밑을 내려다보지 않는 자제력을 발휘하는 데 실패했다는 사실이다.

그 결과 수많은 유럽인과 미국인들이 "소련이 서구 진영에 군사 공격을 감행할까봐 걱정하고 벌벌 떠느라 허송세월을 하고 있다. 모스크바에 있는 그 어느 누구도 현재까지는 심각하게 그런 공격을 감행할 생각을 하고 있지 않았는데 말이다." "다 이해가 가지만 정말 큰 실수이기도 하다." 그렇다면 문제는 이를 어떻게 해소하느냐 하는 점이다.

그냥 우리가 옳다고 생각하는 대로 하는 게 나을까 아니면 우리가 생각하기에는 잘못이고 아마도 직관적으로도 잘못이라고 느끼고 우리가 원하는 바에도 어긋나지만 다른 이들이 옳다고 하니 따라 하는 게 나을까? 우리가 이 문제에 직면한 적이 한두 번이 아닌데 이제 다음과 같은 결론에 도달했다. 어떻게 되든 그냥 프랑스인과 영국인들을 부여잡고 가는 수밖에 없다. 우리가 옳을지도 모르니 그들로부터 한 발짝 떨어지기보다 그들이 틀려도 꼭 붙잡고 가는 게 낫다. 불화가 끼어들 여지를 허락하기만 해도 싸움에서 완전히 패배한 셈이 되기 때문이다.

케넌은 다음과 같이 결론을 내렸다. "적을 상대하기는 아주 단순하다. 친구를 상대하기보다 훨씬 더 단순하다."[55]

독일과 관련해서도 바람직한 정책과 현실적인 정책 사이에 간극이 존재했다. 소련이 서구 진영이 납득할 만한 조건으로 독일의 통일을 받아들이기를 거부하자 짜증이 난 영국, 프랑스, 미국은 1948년 봄 런던에서 미국이 점령한 지역에서 점령 권한을 유지하는 동시에 독일정부 수립을 허락하기로 합의했다. 이 "런던 회의" 프로그램은 "독일 사안에 대한 4자 합의를 절대로 배제하지 않으며 오히려 4자 합의를 촉진할 것이라고 공개적으로 주장했다. 그러나 워싱턴이 설정한 우선 순위에서 통일은 오래전에 두 번째로 밀려났다. 최우선 과제는 비공산주의 독일 지역을 서유럽 경제에 통합시키는 일이었다. 마셜은 2월에 다음과 같이 지적했다. "이 정부는 독일 전체를 소련이 사실상 지배하는 결과를 초래할 가능성이 있는 여건 하에서는 독일의 경제적 정치적 통일체의 재구축을 허용하지 않기로 다짐했다." 그렇다면 "런던 회의"에서 도출된 합의가 통일의 전망에 어떤 실제적인 영향을 미칠지는 뻔했다. 국무성 내부 문건이 그해 늦여름에 지적한 바와 같이 "독일은 아마도 분단된 상태를 유지하게 될 가능성이 높다."[56]

케넌은 한때 독일의 분단을 선호했다.[57] 그러나 1948년 무렵 그는 그 접근방식이 바람직한지 의구심을 품기 시작했다. 케넌이 생각하기에 한 가지 문제는, 독일인 당사자들이 절대로 이를 수용하지 않으리라는 점이었다. 그렇게 되면 정부를 넘겨줄 책임감 있는 지도자를 찾기가 불가능해지고 점령 통제권을 지속시켜야 한다는 뜻이 되며, 그렇게 되면 독일 국민들의 민심이 돌아서게 될 가능성이 있었다. 독립적인 서독 국가의 경제는 혼자 힘으로 일어서기는 불가능했다. 유럽 연맹, 잘해야 먼 미래에나 가능한 조직인 이 연맹 없이는 서독은 경제가 붕괴되거나 미국의 원조를 계속 받아야 했다. 마지막으로 가장 중요한 점은 다음과 같았다. 서독 국가가 설립되면, NATO 창설과 마찬가지로, 유럽에 존재하는 기존의 분계선을 고착화시키는 경향이 생기고 이에 따라 소련과 미국의 군사력이 유럽대륙 심장부에서 철수하지 못하게 되며 동유럽에서 모스크바의 장악력을 잠식할 시도를 하기도 불가능해진다. 케넌은 1948년 8월 다음과 같이 기록했다. "우리가 현 노선을 계속

고수하면 독일은 동독 정부와 서독 정부로 나뉘고 서유럽이 위성국가
들을 결국 유럽 공동체에 통합시키는 작업을 더욱 복잡하게 만들 뿐이
다. 그러한 사태의 추이가 전개되면, 통일된 자유로운 유럽으로 '되돌
아갈 길'을 찾기가 - 지금보다도 훨씬 더 - 어려워진다."58)

　　이러한 고려 사항들을 염두에 두고 정책기획국은 1948년 11월
"프로그램 A"를 제안했다. 독일에서 4자 합의에 대한 새로운 접근방
식으로서, 독일 전역에서 국제적인 감독하에 선거를 해 독일 임시정부
를 설립하고, 점령구역 분계선들을 철폐하고, 점령군들은 동시에 철군
해서 지정된 주둔지(영국, 러시아, 미국의 경우 육로 물자공급선의 필요성
을 제거하기 위해서 항구도시로 한다)로 귀속시키는 방안이었다. 독일은
계속 무장해제된 상태를 유지하되 경제 회생을 촉진하게 되며, 동유럽
과 서유럽 두 지역 모두와의 교역이 허용된다. 케넌은 러시아인들이
즉시 "프로그램 A"를 수용할 가능성은 낮다는 점을 인정했다. 그러나
향후 협상에서 미국이 주도권을 쥐도록 해주었다. 마셜 플랜과 마찬가
지로 이 프로그램도 모스크바가 거부할 경우 그 책임을 떠안게 되어
있었다. 그리고 케넌이 생각하기에 이 계획은 러시아인들이 받아들이
기로 결정할 경우 최종적인 타결안의 근간이 될지도 몰랐다. 런던 회
의 프로그램을 고집한다면 이러한 목표들 가운데 아무것도 달성하지
못한다.59)

　　"프로그램 A"에 대한 정부 내부의 반응은 철저히 미온적이었다.
독일에 관한 정치자문인 로버트 D. 머피(Robert D. Murphy)는 "훌륭한
문서"라고 생각한다고 했지만, 온갖 비유로 점철된 다음과 같은 평가
를 내렸다. "우리가 제시하는 훌륭한 청사진들이 안고 있는 문제는 이
를 러시아, 프랑스에 적용하려다가 코피가 터지기 일쑤고 때로는 영국
에서는 암벽 같은 완강한 저항에 부딪히기도 한다는 점이다." 머피는

후에 케넌이 내놓은 주장들 가운데 하나를 이용해 그 제안을 비판하기
도 했다. 독립적인 서독 국가 수립은 그 자체만으로도 "동독에 대해
필연적으로 유인력을 발휘해 소련이 그 지역을 장악하기 훨씬 더 어렵
게 만든다."모스크바 주재 미국 대리대사 포이 콜러(Foy Kohler)는 소
련이 "프로그램 A"를 받아들이면 서구 진영의 정신무장을 해이하게
만들어 군사 대비태세를 갖추기 위해 기꺼이 세금을 내겠다는 대중의
의지를 잠식한다고 경고했다. 합동참모본부는 동독에서보다 폴란드나
소련 내에서 훨씬 눈에 띄지 않고 전쟁준비를 할 수 있기 때문에 소련
군이 철수하면 이득이 된다는 주장은 환상이라고 주장했다.* 게다가
최후의 일격을 가하듯, 1949년 5월 독일 사안을 논의하기 위해 외교장
관회의가 열리기 직전 누군가가 "프로그램 A의 주요 내용을 〈뉴욕타
임스〉에 유출했고, 이 때문에 국무성은 애초에 그 내용을 진지하게 고
려한 적이 없다고 부인해야 했다.[60]

애치슨 자신도 런던 회의 프로그램에 대해 회의를 품고 있었을
지도 모른다 - 그는 1949년 3월 머피에게 "서독 정부가 수립되도록 하
자는 결정에 우리가 어떻게 도달하게 됐는지 이해가 가지 않는다."라
고 말했다. 그의 최측근 참모로 손꼽히는 필립 C. 제섭(Philip C.
Jessup)은 케넌의 "프로그램 A"를 강력히 지지했다. 그러나 결국 국무
장관은 런던 회의 접근방식이 두 가지 면에서 훨씬 위험부담이 적다는
결론을 내렸다. 독일이 경쟁국으로 부상할까봐 우려한 영국과 프랑스

---

* "우리는 우리 군이 독일 내륙에서 철수한 후에도 러시아군이 폴란드에 남아 있으리
라고 보지 않았다. 그들이 밝힌 폴란드 주둔 목적은 독일 내부에 있는 자국 군에 대
한 보급선을 확보하기 위해서였다. 일단 독일에 있는 군사력이 철수하면 폴란드에
있는 주둔군도 철수하리라고 우리는 기대했다. 그리고 우리가 철수하면 소련에 반대
급부로 폴란드에서 철수하라고 요청하지 못할 이유가 없었다." (케넌이 필자에게 한
말, September 4, 1980.)

와의 관계에서 볼 때도 그렇고 독일 전체를 소련이 지배하지 못하도록
하는 측면에서도 그랬다. 그는 5월에 다음과 같이 기록했다. "우리는
독일을 자유롭고 민주주의적인 유럽에 통합시키는 데 관심이 있다. 우
리는 이 목표와 관련해 우리가 통제하는 독일 지역에서 진전을 이루어
왔고 지금도 여전히 진전을 보고 있으며, 통일된 독일 자체를 선으로
추구함으로써 지금까지 이룬 진전을 위험에 빠뜨리지는 말아야 한다."
동독에서 소련군이 철수한다면 바람직한 목표를 달성하게 될지 모르
지만, "독일에서 미군과 영국군이 철수한다면 이는 너무 큰 대가를 치
르는 셈이 된다." 케넌은 다음과 같이 적절한 결론을 내렸다. "현재 우
리가 지닌 생각의 추세를 보면 현시점에서 독일의 통일을 원하지 않으
며, 그러한 해법이 만족스럽다고 여길만한 조건은 없다는 뜻이다."61)

　　일본과 관련해서도 비슷한 유형의 사건들이 전개되었다. 국방부
와 더글러스 맥아더(Douglas McArthur) 장군의 본부가 저항했음에도 불
구하고 트루먼 행정부는 1948년 점령 정책이 추구하는 목표가 처벌에
서 재건으로 변경되기 전에는 평화협정을 조인하지 않는다는 케넌의
권고안을 채택했다. 독일의 경우와 마찬가지로 과거 적국에 대한 억압
을 지속적으로 강조하면 힘의 공백만 조성할 뿐이며 소련은 내부 전복
이든 외부에서 압박을 가해서든 이 공백을 채우려 한다는 게 그가 우
려해온 바였다.62) 그러나 1949년 말 무렵 다양한 사항들 – 점령을 계
속 유지하는 데 따른 비용, 일본인들 사이에서 미군 점령군에 대한 반
감이 증가하고 있다는 증거, 동맹국들로부터의 압력, 러시아인들이 직
접 협정을 제안할지 모른다는 우려 – 을 고려한 결과 애치슨은 그러한
타결안을 주도적으로 준비해야 한다는 결론에 도달했다. 1950년 5월,
전문가의 자문을 확보한다는 목적 못지않게 외교에서 초당적인 협력
을 회복하기 위한 조처로 대통령은 국제문제에서 공화당을 대변하는

존 포스터 덜레스(John Foster Dulles)에게 그러한 준비 작업을 할 책임을 맡겼다.63)

　이 기획은 어떤 경우에도 소련이 일본을 장악하도록 해서는 안 된다는 전제하에 진행되었고, 이에 대해 케넌도 아무런 이견이 없었다. 다음과 같은 애치슨의 발언은 케넌이 한 말이라고 해도 손색이 없을 정도였다. "일본이 공산주의 진영에 들어가게 되면 소련은 숙련노동력과 산업개발의 잠재력을 확보해 세계 힘의 균형을 심각하게 교란하게 된다."64) 그러나, 독일의 경우와 마찬가지로, 러시아가 한때 적대적이었던 산업 중심지를 손에 넣지 못하도록 할 방법이 두 가지 있었다. 하나는 무장해제와 중립화를 협상하는 방법이고, 다른 하나는 일방적으로 이들을 미국과 그 동맹국들에게 묶어두는 방법이었다. NATO와 서독 국가 수립에 대한 케넌의 입장으로 미루어 볼 때 당연히 그는 전자 쪽으로 기울었다. ─ 심지어 1950년 8월 한국에서 러시아가 휴전을 중재하고 침략군을 철수하는 대가로 일본의 비무장과 중립화에 미국이 합의해야 한다고까지 주장했다. 케넌은 일본의 미래에 관한 자신의 견해를 강력히 밀어붙이지 않았다. 그리고 애치슨이 일본 평화협정에 대한 접근방식에 관해 어떤 식으로든 진지하게 케넌의 자문을 구했다는 증거는 없다.65)*

　그럼에도 불구하고 비무장과 중립화 선택지는 뜻밖에 맥아더 장군의 지지를 얻었다. 케넌과 맥아더는 몇 가지 가정을 공유했고 이를 바탕으로 일본에 대해 비슷한 결론에 도달했다. 둘 다 장기간 군사적으로 점령하면 점령지역 국민들의 민심이 이반하는 경향이 있다는 점을 우려했다. 둘 다 오키나와와 필리핀에 미국이 군사시설을 유지하는

---

* 애치슨은 케넌이 1950년 8월 21에 작성한 일본에 관한 제안서를 국무성 내에서 회람하지 말라고 요청했다. (*FRUS: 1950*, VII, 623n.)

한 일본 본토에 있는 기지들은 불필요하다고 생각했다. 둘 다 러시아인들이 전쟁을 감수할 의지가 크다고 보지 않았고 그들이 자신의 이익에 가장 부합하는 조치들을 지속해 나가리라고 생각했다. 맥아더는 미국과 소련이 일본에서 사실상 동일한 전략적 목표를 추구한다며 다음과 같이 지적했다. "미국은 일본이 소련 궤도에 진입하거나 소련의 무장한 동맹국이 되기를 바라지 않는다. 한편 소련은 일본이 러시아에 대한 작전기지로 미국에 이용당하기를 바라지 않는다." 따라서 "무장해제한 일본, 모든 이해당사국들의 합의와 보장에 따라 중립화된 일본"은 양국의 상호 이익에 부합한다.66)*

그러나 독일의 경우에 그랬듯이 국무성은 일본을 두고 러시아인들과 협상하면 위험이 이득보다 크다는 결론에 도달했다. 1949년 9월 애치슨은 영국과 프랑스 외교장관들에게 다음과 같이 말했다. "우리는 곧 협정을 타결하는 쪽을 원한다. 그러나 일본에서 우리의 이익은 중대하므로 우리 마음에 들지 않는 협정을 승인해야 하는 입장에 놓일 수 없다." 몇 달 후 국무장관은 다음과 같이 불만을 토로했다. "동서 긴장관계의 맥락에서 중립은 환상이다. 따라서 서구진영 국가들이 일본의 중립을 준수할 의무를 다하더라도 소련이 지속적으로 침략전술을 추구해 결국 일본을 공격적인 군사적 위협 국가로 변질시키도록 내버려두는 꼴이 될지도 모른다." 일본 재무장은 새 헌법 하에서 금지되었으므로, 그리고 일본을 보호할 유엔군이 없으므로, 평화협정이 발효되고 난 후에도 일본에 미군을 주둔시키는 방법밖에 없었다. 그렇게 되면 "내 견해로는, 소련이나 공산주의 중국이 이 협정에 조인하는 당

---

* 1948년 케넌은 비무장 협정이 바람직한가를 두고 맥아더와 이견을 보였지만 결국 이를 지지하게 되었다. (Kennan notes of conversation with MacArthur, March 25, 1948, enclosed in PPS 28, March 25, *FRUS: 1948*, VI, 713.)

사국이 될 가능성은 배제하는 셈이 된다."67)

수년 후 케넌은 독일과 일본 관련 조치들이 자신이 예상했던 만큼 나쁜 결과를 낳지는 않았다고 시인하게 된다. 점령에 대해 케넌이 생각했던 만큼 해당 국가의 주민들이 반감을 보이지 않았고 어쨌거나 점령은 곧 끝났다. 두 나라 모두 얼마 지나지 않아 자국 영토에 미군기지가 계속 주둔하는 편을 선호하게 되었다. 독일인들은 분단에 대해 강력히 반대하지 않았고, 서독과 일본 모두 전쟁으로 국토가 만신창이가 되었지만, 경제적으로 회생할 역량이 있음을 증명했다. 그러나 케넌은 이러한 상황에서 정책이 수립되는 방식에 경악했다. NATO의 경우와 마찬가지로 봉쇄의 수단이 봉쇄가 추구하는 궁극적인 목표를 가리게 되었다. 소련이 국제관계에 대해 지닌 인식을 바꾸고 이를 통해 해결되지 않은 이견을 협상을 통해 타결하는 게 궁극적 목적이었는데, 소련을 군사동맹국들로 에워싸는 전략은 그런 절차를 촉진할 수 없었다. 서독과 관련해 케넌이 지적한 바와 같이 "수단으로 마련된 것이 차츰차츰 그 자체가 목적이 되었다. 정책을 실행하는 데 도움이 되어야 할 대상이 오히려 결정 요인이 되었다."68)

그런데 케넌이 보기에는 소련이 1949년 8월 뜻밖에 일찍 원자폭탄을 폭발시킨 뒤 그 어떤 분야에서보다도 군사 분야에서 절차와 목적이 민감한 문제가 되었다. 이 사건으로 워싱턴에서는 훨씬 강력한 수소폭탄이나 "수퍼" 폭탄을 제조함으로써 대응해야할지 여부를 놓고 논쟁이 촉발되었다. 그리고 이 논쟁이 진행되는 동안 케넌은 처음으로 전쟁에서 핵무기를 사용하는 문제와 관련해 자신의 입장을 정리했다. 케넌은 이 주제에 관해 자신이 작성한 77쪽짜리 보고서를 "정부에서 일하면서 내가 작성한 문서들 가운데 그 의미로 보면 가장 중요한 문서들 가운데 하나로 손꼽거나, 어쩌면 단연 가장 중요한 문서로 간주했다."[69] 그리고 당연히 케넌은 장문의 제안서에서 "국제 원자력 통제기구" 창설이라는, 사실상 공격용으로서의 핵무기 사용을 금지하는 조치와 다름없는 주장을 제시했다.

케넌은 정책, 전략, 전쟁의 수단 간의 관계의 핵심을 파고드는 이유들 때문에 이러한 입장을 취하게 되었다. 그는 대량살상무기가 단순히 적대감의 분출을 저지하는 기능을 넘어서 합리적인 목적을 달성하는 데 부합하도록 쓰일 방법은 없다고 주장했다. 결국 전쟁은 목적을 달성하기 위한 수단이지 목적 자체가 되어서는 안 되었다. 전쟁은 "새로운 정치적 의지 그리고 어쩌면 새로운 정권에 대한 복종으로 특징 지워지는 결말을 뜻할지 모르지만, 적어도 생명의 원칙 자체를 부정하지는 않는 결말이어야 한다." 대량살상무기는 이러한 특징들이 없었다. "대량살상무기는 서구문명의 변경을 벗어나 한때 아시아 유목민들에게나 익숙했던 전쟁의 개념에 도달한다. 이런 무기들은 적의 삶을 파괴하기보다는 바로잡으려는 정치적 목적과 진정으로 양립될 수 없다. 대량살상무기는 인간이 서로에 대해 져야 하는 궁극적 책임을 고려하지 않는다." "대량살상무기와 개념의 활용을 주도하거나 주도할 계획을 세우는 오류를 저지른 끝에 이러한 무기들이 궁극적으로 국가가 추구하는 긍정적인 목적에 부합하리라는 믿음으로 우리 자신을 속이지 말아야 한다."[70]

여기서 케넌은 핵무기의 일방적인 포기를 주장한 게 아니었다. 국제적으로 통제할 완전무결한 체제가 없는 상황에서는 그러한 장치들을 "억제와 보복이라는 목적을 위해" 존속시켜야 한다고 생각했다. 그가 주장한 바는 다음과 같다. (1) 평화 시기에, 훗날 "최소 억제(minimum deterrence)"라고 일컫게 된 자세를 견지한다. 미국 핵무기체계에서 보유하는 무기의 수와 위력을 다음과 같이 엄격히 제한한다.

이 나라나 그 동맹국들을 대량살상무기로 공격하는 행위가 어떤 적이 보기에도 위험하고 어쩌면 아무런 이득도 없으며 따라서 비이성적인 행동이라고 여길 만하다고 판단되는 정도의 수준. (2) 전쟁이 발발한다면 "선제 사용 금지(no first use)"◎ 전략을 쓴다. 이러한 접근방식은 동맹국들과의 긴밀한 논의와 재래식 군사역량의 상당한 향상이 요구된다고 케넌도 인정했다. 그러나 수소폭탄 제작의 필요성은 제거할지도 모르며, 모든 핵무기의 국제적 통제에 관해 소련과 진지하게 협상할 때 미국을 유리한 입장에 놓이게 한다. 케넌은 다음과 같이 지적했다. "수소폭탄에 관한 논의는 우리가 먼저 시작했다. 따라서 적절한 군사적 입지를 구축하기 위해 대량살상무기가 필요하지 않은 러시아인들이 전쟁에서 대량살상무기 사용을 사실상 금지하기를 바란다고 말하면 그들의 말에 딱히 진정성이 없다고 결론을 내릴 근거는 없다."71)

국무성과 원자력위원회 내에는 케넌의 관점에 상당히 공감하는 이들이 있었다. 원자력위원회의 자문총회는 "수퍼 폭탄은 대량학살 무기가 될지 모른다."라고 경고했다. 그리고 총회는 또한 다수의 원자폭탄으로 보복할 역량을 갖추기만 해도 러시아인들이 수소폭탄 공격조차 감행하지 못하게 억제하는 데 충분하다고 생각했다. 원자력위원회 의장 데이비드 E. 릴리언설(Daivd E. Lilienthal)은 네 명의 위원회 회원들과 합심해 새로운 폭탄 개발에 반대했다. "세계평화나 우리 자신의 장기적인 안보를 위해 이 나라가 추구하는 정책과 일치"하지 않는다는 게 그 이유였다. 애치슨 본인도 1949년 11월 정책기획국 회의에서 다음과 같이 주장했다.

어쩌면 최선의 방법은 18~24개월 동안 수퍼폭탄 개발을 - 가능하

---

◎ 선제 사용(first use)이란 양측이 대치하는 전선에서 상대방의 재래식 전력 및 전술핵 전력에 대해 전술핵무기를 사용해 선제타격을 가하는 행위를 뜻한다 - 옮긴이.

면 양자 간, 필요하다면 일방적으로 − 잠정 중지하고 그 기간 동안 최선을 다해 국제상황을 완화하고 러시아인들과 합의에 도달하고, 국내 경제상황을 추스르고, 국민들을 정신무장을 시켜 필요하다면 무슨 일이든 하겠다고 하도록 만들고, 이 시기가 끝날 무렵 합의에 도달할 기미가 보이지 않으면 − 일각에서 주장하듯이 러시아인들 머리에 폭탄을 떨구는 대신 − 그때 가서 (수소폭탄과 원자탄) 둘 다 생산하면 된다. 그런 사태까지 오지 않으려고 최선을 다해 노력했으니 그 결정에 대해 국민의 지지도 얻고 경제력도 뒷받침을 해줄 것이다.

한 달 후 그는 다음과 같이 인정했다. "우리 군사역량을 원자폭탄에 점점 더 의존하게 되면서 동시에 원자폭탄의 국제적인 통제와 철폐를 지지하고 이를 위해 노력한다면 설득력이 없다."[72]

그러나 이에 대해 반박하는 주장도 상당히 강하게 제기되었다. 주로 의회와 군부에서 나왔다. 원자력 합동위원회 의장인 상원의원 브라이언 맥마흔(Brien MacMahon)은 트루먼에게 보낸 서신에서 의회의 분위기를 다음과 같이 넌지시 귀띔하고 있다. "미국이 수퍼폭탄을 포기하면 세계에 희망을 불러일으킨다거나 '무장해제의 귀감'이 되면 세계의 존경을 받으리라는 생각은 유화책 심리가 짙게 묻어나고, 우리가 예전에, 그리고 최근, 두 차례의 세계대전 동안 얻은 혹독한 교훈과는 너무나도 동떨어져 있어서 더 이상 거론하지 않겠다." 합동참모본부는 억제력으로서 뿐만 아니라 "지금까지 알려진 무기 가운데 가장 막강한 위력을 지닌 공격용 무기"로서의 이점을 거론했고, 이러한 사항들을 고려할 때, 이 무기가 지닌 이점은 "제기될 가능성이 있는 사회적, 심리적, 도덕적 반대를 훨씬 능가한다."라는 결론을 내렸다. 원자력위원회 내에서 반기를 든 루이스 L. 스트로스(Louis L. Strauss) 위원은 "적이 보유하게 되리라고 합리적으로 추론할 수 있는 어떤 무기라도 일방적으로 포기한다면 이는 현명치 못하다."라고 생각했다. 그리고 애치슨 본인도 인정했어야 하듯이, 미국이 어떻게 하든 상관없이 러시아인들이 "수퍼" 폭탄을 개발하지 않으리라는 보장은 없었다.* 그리고 국무장관, 국방장관, 원자력위원회 의장이 대통령에게 제출한 최종보고서에서 인정했듯이, "이 무기를 소련만 보유하게 되면 우리의 군사적 입지뿐만 아니라 우리의 외교정책 입장도 심각하게 훼손된다."73)

이러한 고려 끝에 1950년 1월 31일 대통령은 "열핵무기의 기술적 타당성" 조사를 허가했다. – 타당성이 있는지 여부를 판단하려면 실제로 시연해 봐야 하므로 이는 사실상 무기제조를 허락한 셈이다.74) 며칠 후 트루먼은 참모들에게 다음과 같이 말했다. "사실 수소폭탄을 만들기로 결정하지는 않았다. 그렇게 해야 했다. 폭탄을 만들어야 했다. 아무도 그 폭탄을 사용하고 싶어 하지는 않지만. 그러나 그 무기를 보유해야만 한다. 러시아인들과 협상용으로라도."75) 물론 케넌의 주장의 요점은 폭탄을 제조하겠다는 결정 자체가 국제 통제를 위한 러시아인들과의 협상에 방해가 된다는 뜻이었다. 크렘린은 자신들이 불리한 입장에서는 절대로 협상을 할 리가 없기 때문이었다. 그러나 이는 트루먼이 생각한 그런 종류의 "협상"이 아니었다. 트루먼과 그의 참모들 대부분은 기술적으로 탁월하지만 인력은 부족한 나라인 미국이야말로 불리한 입장에서 협상을 한다고 인식하고 있었다. 힘의 균형을 유지하기 위해서 미국이 소련보다 훨씬 더 대량살상무기에 의존할 필요가 있었기 때문이다. 소련의 원자폭탄 실험은 그 균형을 깨뜨렸다.

---

* 소련 과학자들은 1946년부터 수소폭탄을 개발하고 있었다는 사실이 이제는 분명히 밝혀졌다. (David Holloway, *Stalin and the Bomb: The Soviet Union and Atomic Energy, 1939-1956* [New Haven: 1994], pp.294-99.)

오직 "수퍼" 폭탄 제조만이 그 평형을 회복하는 길이었다.[76]

케넌은 그 당시를 돌이켜보면서 핵무기에 대한 자신의 견해에 대해 "어처구니없고 측은할 정도로 순진"하다는 반응이 나왔고, 케네디 행정부에 가서야 비로소 "무차별적으로 파괴적이고 자살행위나 다름없는 무기에 크게 의존해 방어 입지를 구축하는 정책은 기본적으로 바람직하지 않다는 인식"이 퍼지기 시작했다는 입장을 견지했다.[77] 이러한 그의 불만은 트루먼 행정부에게는 좀 억울한 측면이 있다. NSC-68의 핵심적인 전제들 가운데 하나 – 수소폭탄 개발 결정의 일환으로 국가안보정책을 총체적으로 재점검하라는 대통령의 지시 – 는 대량살상무기에 거의 전적으로 의존하게 되는 상황에 놓이지 않아야 한다는 점이었다. 이 문서는 이를 "항복하든가 세계전쟁을 초래하는 수밖에는 다른 선택의 여지가 없는 위험한 상황"에 처하지 않을 필요가 있다고 명시했다.[78] 공교롭게도 그러한 전략적 전환을 이행하기 위해 치러야 하는 대가는 케넌이 생각하기에 미국의 국익이나 역량이 허락하는 바를 훨씬 뛰어넘었다 – 케넌이 본래 구상했던 봉쇄전략과 근본적으로 다른 새로운 봉쇄전략으로 NSC-68이 서서히 변했을 정도로 국익이나 역량이 허락하는 바를 초월했다.

NATO, 서독, 일본, 수소폭탄에 대한 결정은 모두 한 가지 공통점이 있다. 소련에 맞서 미국과 그 동맹국들의 입지를 강화하고 애치슨이 즐겨 일컬은 "강한 입지(situations of strength)"를 구축하겠다는 트루먼 행정부 측의 결연한 의지가 담겨 있다. 이 접근방식에는 러시아인들과의 협상을 배제하겠다는 의도가 담겨 있지는 않았다. 힘이 반드시 필요한 수준에 도달할 때까지 협상을 미루겠다는 취지였다.[79] 이 접근방식은 부정적 강화뿐만 아니라 긍정적 강화를 통해 소련이 지닌 국제관계 개념을 바꾸는 노력을 할 여지를 거의 남겨놓지 않았다.

"힘"을 보다 큰 목적을 달성하는 수단이 아니라 목적 자체로 간주하는 결과를 낳았다. 봉쇄의 실행 절차가 그 절차를 통해 도달해야 하는 목표보다 더 중요하게 되었다. 케넌은 수 년 후 다음과 같이 말했다. "실패한 건 '봉쇄'가 아니라 의도했던 후속 조치가 전혀 실행되지 않았다는 점이다."80)*

## IV

1949년 말 케넌이 정책기획국을 떠날 무렵 그의 권고안은 한때 그랬던 만큼 비중 있게 받아들여지지 않는다는 사실이 분명해졌다. 서서히 그러나 꾸준히, 증명해야 할 부담 – 관료사회에서 고질적인 심각한 장애물81) – 을 진 쪽은 케넌을 비판하던 이들에게서 케넌 본인에게로 넘어갔다. 케넌은 그해 11월 자신의 일기에 다음과 같이 기록했다. "우리의 외교적 노력이 어떤 식으로 실행되어야 하는지에 대한 내 개념에 동조하는 국무성 고위관료는 한 명도 없었다. 설사 국무장관의 생각이 내 생각과 같다고 해도, 장관은 외교에 대한 철학이 자신과 다를 수밖에 없는 사람들을 통해서 일을 진행해야 한다."82)

어쩌다 이런 일이 일어났는지 의문을 가져봄직하다. 봉쇄전략의 첫 두 단계와 관련해서는 케넌의 논리가 설득력 있다고 여긴 행정부가

---

* "나의 노력이 돌이킬 수 없는 실패로 판명된 순간은 서구 진영의 정부들, 그리고 특히 우리 정부가 성공적인 협상을 위해 반드시 필요한 군사적 경제적 역량을 육성하는 동시에 러시아인들이 협상의 전망이 있다는 합리적인 인식을 할 여지를 열어 놓을 능력이 없다는 사실이 명백해졌을 때였다. 결정적인 순간에 우리가 그들에게 할 수 있는 최선의 제안은 그들의 정치적 이익을 무조건 포기시키는 형태를 띠었다. 그들은 그런 종류의 제안을 받아들일 정도로 약하지 않았다." (케넌이 필자에게, September 4, 1980.)

세 번째 단계와 관련된 그의 권고를, 마지못해서 라고는 하지만, 어쩌다 거부하게 되었는지 말이다. 그해답은 트루먼과 그의 참모들이 케넌의 다음과 같은 가정을 받아들이기가 점점 어려워졌다는 데 있는 듯하다. (1) 전쟁이 발생할 위험은 낮다. (2) 비대칭 상태는 무기한 용인할 수 있다. (3) 협상은, 양측 모두에게 이익이 되면, 생산적일 수 있다. (4) 외교는 융통성이 있어야 한다.

정보평가서도 계속 러시아인들이 의도적으로 전면전의 위험을 감수하지는 않는다는 가정이 맞는다고 확인해 주었지만, 행정부는 그와 같은 가정을 바탕으로 봉쇄전략의 군사적 수단보다 경제적 수단에 집중해도 안전하다고 하는 케넌의 추론이 점점 불편해졌다. 문제는 케넌이 확증 가능한 판단이 아니라 직관적 판단을 하는 듯이 보였다는 점이다. 그를 비판하는 이들은 소련이 어떤 의도를 지녔는지는 소련이 지닌 역량만큼 정확히 측정하기가 불가능하고, 설사 가능하다고 해도 역량과는 달리 의도는 하룻밤 새 바뀔 수도 있으며 따라서 측정치 자체가 무용지물이 된다고 주장했다. 케넌의 후임으로 정책기획국 국장을 맡은 폴 니츠(Paul Nitze)◎는 "우리는 소련이 무력을 쓸지 안 쓸지 어느 쪽이든 증명할 길이 없는 입장에 놓여 있다."라고 말했다.[83] 위험을 최소화 하려는 이들―관료사회에서는 늘 다수―이 보기에 케넌 본인도 "헤아리기 불가능한 대상의 확고하지 않은 본질"이라고 인정한 의도보다는 측정 가능한 군사력을 바탕으로 판단을 내리는 게 훨씬 현명했다.[84] 1950년 봄 NSC-68이 작성될 달시 애치슨은 크렘린의 외교정책의 우선순위를 나열하려고 한 케넌과 그의 동료 소련 전문가 찰스 볼런의 노력을 쓸데없는 일이라며 일축했다―애치슨이 생각하기에는

---

◎ "니체" 라고도 표기한다 ― 옮긴이.

소련이 지금 품고 있는 의도가 뭐든 상관없이 공격할 역량이 어느 정도나 되는지가 중요했다.[85]

돌이켜보면, 이러한 논리에서 어렵지 않게 취약점이 드러난다. 의도 대신 역량을 강조한 행정부의 태도에서 정보의 중요성과 측정의 용이성을 동일시하는 경향이 엿보였다* - 국제관계보다는 물리학에 훨씬 적합한 접근방법이다. 역량은 의도의 함수이고 그 반대의 관계도 성립한다는 사실을 파악하지 못했다. 역량은 (불완전하나마) 의도를 반영하는 결정이 낳은 결과로서만 존재한다. 의도는 역량의 현황과 앞으로의 전망을 파악하지 않으면 아무 소용이 없다. 소련의 역량이 실제로 소련의 의도보다 훨씬 "파악이 가능"한지도 분명하지 않았다. 냉전 시기에 크렘린이 사용가능한 무력 수단의 변화가 그 무력을 휘둘러 달성하려는 목표의 변화보다 훨씬 더 서구진영을 놀라게 했다는 주장은 일리가 있다. 세월이 흐르면서 이러한 주장들은 확인되었다. 물론 1950년 당시의 전략가들은 이를 알 도리가 없었겠지만.

이와 밀접하게 연관된 두 번째 문제는 비대칭의 용인과 관련 있었다. 케넌이 제시한 거점 방어 개념은, 자신의 장점으로 적의 약점을 공격한다는 개념과 더불어, 이 세상에는 이익의 위계질서가 존재한다고 가정하고 있다. 모든 이익이 똑같이 중요하지는 않다. 모든 위협이 똑같이 위험하지는 않다. 그러나 이는 소련의 장점으로 미국의 약점을 공격하는 상황을 용인할 의사가 있음을 뜻했다. 1950년 무렵 가장 우려스러웠던 두 가지 사태는 중국 본토를 공산주의에 "잃게 되는" 상황이었고, 그렇게 되면 나머지 아시아 지역이 취약해질 염려도 있었다.

---

* 데이비드 해킷 피셔는 자신의 저서에서 이를 "정량적 오류(quantitative fallacy)"라 일컬었다. David Hackett Fischer, *Historians' Fallacies: Toward a Logic of Historical Thought* (New York: 1970), p.90.

서유럽에서는 소련의 월등한 재래식 군사력에 대응하기 위해 미국 원자폭탄이 지닌 억제효과에 더 이상 의존할 수 없게 되었다. 케넌은 이러한 힘의 비대칭을 인정했지만 기운 내라는 말 밖에는 달리 권고할 말이 없었다. 훗날 그는 유럽과 관련해 다음과 같은 논쟁을 했다고 회고했다.

> 우리의 처지는, 사방이 벽으로 둘러싸인 정원에 들어갔는데 이빨이 크고 날카로운 개와 단둘이 있는 상황에 처한 사람과 같다. 그 개는 당장은 공격할 기미를 보이지 않는다. 미소 양국 관계에서와 마찬가지로 우리는 개의 이빨이 개와 우리의 관계와는 아무 상관없다고 애써 위안하는 방법 말고는 달리 도리가 없다 – 쌍방 모두 이빨이 없다고 가정한다는 뜻이다. 개가 양측 다 이빨이 있다고 가정하려는 낌새를 보이지 않는데 왜 우리가 그 얘기를 먼저 꺼내서 힘의 격차에 대한 주의를 환기시키려 하는가?[86]

중국은 필수적인 힘의 중심지가 아니었고, 중국에 대한 소련의 통제는, 설사 그 통제력을 유지할 수 있다고 해도(케넌은 이에 대해 회의적이었다), 이는 서구 진영에 큰 위협이 되지 않았다. 유럽이 공산화되지 않도록 하는 게 훨씬 중요하지만, 러시아인들은 전쟁을 하지 않고서는 유럽을 접수하지 못한다는 사실을 알고 있고, 그리고 자체적으로 원자폭탄을 보유하고 있더라도 전쟁을 감수할 가능성은 희박했다. 후에 이 두 가지 모두 케넌이 옳았다고 증명되었지만 당시에는 확인할 길이 없었다. 당시에는 소련이 지닌 힘의 속성이나 크렘린 지도자들이 그 힘으로 무슨 짓을 하려는지 그 의도 – 둘 다 확인할 수 없었다 – 보다는 유럽에서 눈에 띌 정도로 힘의 균형이 모스크바 쪽에 유리하게 기울었다는 부인하지 못할 명백한 사실이 중요해 보였다. 서구 진영에서 자신들이 취약하다고 느낀 까닭은 바로 힘의 관계에 대한 인식이 바뀌었고, 이에 따라 이를 바로잡기 전에는 러시아인들과 협상하지 않으려는 정서가 생겼기 때문이다. 케넌은 앞서 사기가 꺾이면 힘에 대한 인식이 바뀐다고 인정했었다. 마셜 플랜은 결국 그러한 인식의 변화를 막기 위해 제시된 정책이었다. 그러나 케넌은 중국의 공산화와 소련의 원자폭탄 개발이 주는 심리적인 "충격"을 해소할, 봉쇄전략에 상응하는 전면적인 조치들을 제시할 필요를 느끼지 않았다.

케넌의 접근방식이 지닌 또 다른 문제는 러시아인들이 상호이익 증진에 관심이 있다는 징후가 거의 없던 시기에 그들과 기꺼이 협상을 해야 한다는 사실이었다. 스탈린이 체코슬로바키아에서 일어난 쿠데타를 허락하고, 베를린을 봉쇄하고, 소련 내에서 서구의 영향을 말소하는 캠페인을 벌이고, 동유럽에서 "티토주의자"로 의심되는 분자들을 숙청하고, 유엔주재 소련 대표단이 독설로 가득한 장광설을 줄줄이 쏟아내도록 한 의도가 무엇이든, 협상에 도움이 되는 분위기를 조성하는 데 실패하는 효과를 낳았다. 1949년 초 베를린 위기를 해소하는 데 막후접촉이 도움이 된 것은 사실이나, 이러한 논의는 애초에 봉쇄를 야기한 이견을 해소하는 데 아무 효과도 없었다.[87] 케넌이 주장한 요지는 소련과 서구 진영은 상호 이견에도 불구하고 중부유럽에서의 상호 철수, 독일 통일, 일본의 중립화, 원자력의 국제적 통제를 통해 공통적으로 이득을 얻는다는 점이었다. 미국과 그 동맹국들이 이러한 사안들에 대해 진지하게 제안을 하면 러시아인들도 마찬가지로 진지하게 대응하는 수밖에 달리 선택의 여지가 없었다. 그렇게 하는 게 그들의 이익에 가장 부합하기 때문이다. 그러나 정말 그랬더라도 당시의 스탈린 정부는 그런 기미를 전혀 보이지 않았다.

설사 그랬다고 해도 러시아인들과의 협상은 트루먼 행정부를 매우 곤란하게 만들었을지도 모른다. 실제로 트루먼 행정부는 점점 더 협상을 위험하고 소득이 없는 선택지로 여기게 되었다. 여론과 의회는 그러한 논의를 냉전이 "녹는" 징후로 여기게 돼 군비증강과 해외원조 정책 추진에 필요한 지지가 고갈되든가, 아니면 유화정책의 증거로 여길 가능성 – 이전까지만 해도 "뮌헨"◎하면 떠오르던 치욕의 의미를 "얄타"라는 단어도 띠게 된 시기에, 이는 가볍게 넘길 수 없는 위험요소였다 – 이 있었다. 동맹국들은 협상에 자기들의 의견도 반영하라고 요구할 테고 그러면 비밀을 유지하고 협상에 유연하게 대처하기가 불가능해진다. 동맹국들에게 협상 내용을 알려주지 않으면 동맹국들은 미국이 자기들을 버리고 "배반"할지 모른다는 공포심을 품게 된다. 러시아인들은 아마 미국의 협상 의지를 나약함의 징후로 여기고 이에 따라 협상 타결에 필요한 요구조건을 강화하게 된다. 한마디로 신뢰가 문제였다. 미국이 자국을 공격할 가능성이 가장 높은 국가와 협상을 하면서 동시에 미국이 그 협상 대상국을 침략하지 않겠다는 굳은 의지를 지녔다고 어떻게 믿게 만들겠는가? 차라리 그냥 협상을 하지 않는 편이 쉬웠다.[88]

　　마지막으로 케넌의 전략에는 유연성이 요구되었다. 사건의 전개에 따라 방향을 전환하고, 집중해야 할 대상을 바꾸고, 필요하다면 지출액도 다시 책정하면서도 장기적인 목적을 시야에서 놓치지 않는 능력 말이다. 미국은 외부 세계에서 일어나는 사건에 단순히 반응하는

---

◎ 1938년 영국, 프랑스, 독일, 이탈리아 4개국은 독일 뮌헨에 모여 독일은 체코슬로바키아의 주데튼란트(Sudetenland) 지역을 합병하고 더 이상 영토를 팽창하지 않기로 하는 내용의 협정을 체결했다. 협정 조인 후 아서 네빌 체임벌린(Arthur Neville Chamberlain) 영국총리는 "우리 시대의 평화"를 지켰다고 선언했다. 그러나 이듬해 독일은 제 2차 세계대전을 일으켰고 이 유화책은 실패로 돌아갔다. 오늘날 뮌헨협정은 팽창주의적 전체주의 국가를 상대로 유화책은 무용지물임을 상징하는 의미로 쓰인다 – 옮긴이.

나라가 아니라고 그는 끊임없이 지적했다. 미국이 취하는 행동이 사실상 상당한 정도로 세계에 영향을 미친다. 그렇다면 미국이 실행하는 구상이 어떤 효과를 낳을 것인지 신중하게 예의주시하고, 필요하다면 그러한 구상들이 궁극적인 목표와 부합하도록 수정할 필요가 있다. 정책의 문서화는 그러한 목표를 명확히 규정하거나, 그러한 정책 수립 초창기에 목표를 달성할 접근방식을 결정하는 데 도움이 될지 모르지만, 그러한 문서는 발생할 가능성이 있는 모든 돌발상황을 예측할 수 없고 그 결과 경직성을 띠게 되는 경향이 있다. 관료들에게 정책이 이행되는 추이를 예의주시하도록 맡길 수도 없다 – 국익에 도움이 되든 안 되든, 그들은 기존의 절차를 고수하고 싶은 유혹에 빠지기가 쉽다. 유연성과 거시적 안목을 보장할 최선의 방법은 자격 있는 전문가들이 최고위 결정권자들과 직접 접촉하도록 해주면 된다. 서열이 아래인 관료들을 거친 권고안을 전달해야 하는 답답한 절차를 거치지 않고 필요할 경우 정책을 재고하거나 수정하도록 자유롭게 요청하도록 말이다.[89] 그러나 이러한 방식은 관료사회의 특성과 공존하기가 어려울 것이다. 관료조직은 정책 방향과 분명한 지침이 필요하다. 서로 업무를 조정해 정책을 이행해야 한다면 말이다. 케넌의 접근방식은 비전(秘傳)의 기량을 공고히 하고 확산시키려는 시도를 거부한다는 점이 지적되어 왔다. 노련한 직업공무원이 지닌 말로 전달할 수 없는 지혜에 너무 크게 의존하고, 대규모 조직을 관리하는 데 관련된 "경직성, 단순화, 부자연스러움"을 못견뎌 한다는 점도 지적되었다.[90] 애치슨은 이러한 종류의 조언에 크게 가치를 두지 않았다.

　　우리 외교관들이 지닌, 아무나 지니지 못하는 독특한 기량을 인정하고 아주 소중히 여기지만, 그들이 지닌 지혜를 다른 사람에게 전달하기가 불가능하면, 그들이 지닌 지혜는 해외에서 활동할 때는 큰 가치가 있을지 몰라도, 워싱턴에서는 그 가치가 제한된다. 워싱턴에서 주요 외교정책을 수립하는 사람은 헌법을 수호할 책임이 있는 대통령이다. 외교문제에 대한 전문성을 갖춘 상태에서 대통령이 되거나 대통령의 참모가 되는 이는 거의 없다. 대통령에게 필요한 자질은 다른 사람에게 전달할 수 있는 지혜이지 단순한 결론이 아니다. 아무리 그 결론이 경험이나 직관에 근거한 결론이라고 해도 말이다. 시쳇말로 "지식과 경험에 근거한 직관"에 근거한 결론이라고 해도 말이다. 서로 다툼이 있는 입수 가능한 모든 지혜를 취합해서 이를 다른 이들에게 전달하는 게 내가 해야 할 일이다.[91]

전략을 재고하려면 시간, 에너지, 지적인 노력이 필요한데, 이는 늘 공급이 빠듯한 요소들이다. 관료, 의회, 정보를 접하는 대중, 해외의 동맹국들로부터 봉쇄전략에 대한 지지를 얻고 이를 유지하느라 노심초사하는 트루먼과 애치슨에게 정책 방향의 신속한 전환이나 전략 밑에 깔린 가정들의 대대적인 재평가는 절대로 하고 싶지 않은 일이었다. 애치슨이 공화당 측에서 비판의 목소리를 내던 사람들을 상대할 때 했다는 유명한 말이 있다. 밤새 자기가 키우는 작물의 뿌리가 얼마나 자랐는지 보려고 아침마다 그 작물을 뽑아보는 농부라면 풍작은 기대하지 않는 게 좋다.[92]

행정적인 효율성을 얻으려면 전략적 근시안이 될 수밖에 없다. 돌이켜보면, 트루먼 행정부가 실시한 외교와 국가안보 정책에 대해 가장 강력하게 제기되는 비판으로는 수단이 목적에 적절히 종속되는 상태를 유지하는 데 실패했다는 점이 손꼽힌다. 서구 진영의 경제적 군사적 역량을 회복하겠다는 일념에 매몰되어 그 역량으로써 달성하려는 목표를 시야에서 놓치고 말았다. 바로 냉전 종식이라는 목표다. 절차가 정책보다 우선하는 경향은 그 후로 점점 빈번하게 나타났고 케넌이 바람직하다고 생각했던 것과는 상당히 다른, 심지어 트루먼 행정부가 바람직하다고 생각했던 것과도 상당히 다른 결과를 낳았다.

그러나 케넌의 전략에도 근본적인 결함이 있었다. 궁극적으로는 심리적인 수단을 통해서 목표를 달성하려고 했다. 소련 팽창주의로부터 직접적으로 위협을 당하는 나라들뿐만 아니라 미국에서도 자신감을 불러일으킴으로써 목표를 달성하려고 했으니 말이다. 또한, 국가지도자들이 필수적 이익과 주변적 이익, 적이 지닌 역량과 의도, 협상과 유화책, 유연성과 방향성을 구분하는 이성적인 분별력을 유지하는 역량에 지나치게 의존했다. 케넌이 고려하지 못한 점은 그러한 이성적인 분별력을 고집하면 비이성적 공포를 조장하게 되고, 그렇게 되면 자신감을 훼손할 가능성이 있다는 사실이다. 심리란 결국 이성적 정신상태뿐만 아니라 비이성적 정신상태를 아우르지 않는가. 비이성적인 두려움은 일축해 버린다고 해서 사라지지 않는다. 케넌의 외줄타기 비유는 정말 정곡을 찌른다. 협곡을 건너기에 외줄만큼 저렴하면서도 위험한 방법은 없다. 그러나 밧줄이 예상보다 훨씬 튼튼하고 내구성이 있다고 증명된다고 해도 아래를 내려다보지 않고 외줄을 타기란 여전히 쉽지 않다.

# 04

# NSC-68과 한국전쟁

얼핏 보면, 현대에 워싱턴에서 근무한 관료들 가운데 가장 글을 수려하게 쓴 문장가인 조지 케넌이 공직에 있을 때 봉쇄의 개념을 철저하게 기록하려고 굳이 애쓰지 않았다는 사실이 뜻밖이다. 물론 그의 생각은 대부분 정책보고서에 반영되었고, 트루먼 행정부는 1947년부터 1949년 사이에 케넌의 권고안을 대부분 이행했다. 그러나 그의 전략에 담긴 많은 요소들은 그가 다양한 청중 앞에서 다양한 형태로 전달한 발언들에서 찾아내야 한다. 케넌은 자신이 세운 전략을 체계적으로 정리해 제시한 적이 없다.

그가 정책 지침의 문서화를 극도로 꺼린 이유가 있다. 케넌은 훗날 다음과 같이 회고했다. "나는 일반적이고 법적인 용어들을 써가며 아무도 실제로 상상하거나 내다볼 수 없는 미래의 상황을 가정해서 쓸모 있게 규정하는 능력이 인간에게 있다고 믿지 않는다."[1] 국제관계 사안들은 너무나도 미묘하고 변화무쌍해서 문서화하려면 과도하게 단순화하는 방법밖에 없다. 일단 문서 내용에 합의하면 상황이 바뀌어도 관료들이 이를 재고하기가 너무 어렵다. 그러나 케넌은 자신의 전략을 이행할 책임을 맡은 관료들에게 전략의 부분들이 전체에 부합하는 방식으로 전략을 설명하기가 불가능하든가 불필요하다고 생각했기 때문에 정부 각급에서 전략의 연속성을 보장할 방향이 설정되지 않았다. 그 결과 케넌은 행정부가 그 자체로는 그만하면 합리적인 것으로 보이지만 자신의 전략이 추구하는 궁극적인 목표에는 부합하지 않은 조치들 – NATO, 서독 국가 수립, 점령기간 후 일본에서 군사기지를 유지하기로 한 결정 – 에 매진한다는 사실을 깨달았다. 그가 이러한 모순을 감지하고 지적했을 때에는 바꾸기에는 이미 때가 너무 늦었다.

1949년 일련의 충격적인 사건들 – 중국 "상실", 소련의 원자폭탄 개발, 전략을 두고 서로 다른 부서 간에 끊이지 않는 논쟁, 그리고 재원은 한정되어 있는데 책임은 점점 늘어나는 진퇴유곡에서 벗어날 방법 강구 – 에 뒤이어 1950년 초 트루먼 대통령이 케넌이 그토록 거부했던 그런 종류의 연구보고서를 작성하라고 지시하게 된 까닭은 정책을 입안할 때 바로 이러한 일관성이 절실히 필요했기 때문이다. 관료조직 전체가 이해하고 회람할 수 있는 이익, 위협, 타당한 대응방안을 담은 하나의 포괄적인 문건 말이다. 그러나 케넌은 이 문서 작성을 총괄할 입장이 아니었다. 그는 1949년 말 정책기획국 국장에서 물러났고, 훗날 NSC–68이라고 알려지게 된 이 새로운 문서를 작성할 임무는 케넌의 후임 폴 H. 니츠를 의장으로 한, 국무성과 국방부 관리들로 구성된 소규모 임시위원회에게 떨어졌다.[2]

NSC–68은 케넌의 구상을 포기한다는 뜻이 아니었다. 케넌은 이 문서 – 여백 없이 촘촘히 타자로 친 66여 쪽 자리 문서 – 의 초안과 최종안을 작성하는 과정에서 여러 단계에 자문을 요청받았다. 이 문서의 목적은 봉쇄전략을 체계화하고 제대로 작동하게 만들 방법을 강구하는 데 있었다. 그러나 전략을 문서화하는 바로 그 행위를 통해 그동안 케넌과 행정부 사이에 생기기 시작했던 이견들이 드러났다. 문서작성을 책임진 위원회가 맡은 일이 매우 광범위하게 규정된 데다가 방법을 모색하는 과정에서도 차이는 극명하게 드러났다. 그 결과, 아주 폭넓은 권한을 위임받아 작성한 보다 탁월한 문서인 미국 헌법\*과 마찬가지로, 원 저자들이 의도했던 것보다 내용과 의미에서 훨씬 포괄적인 문서가 탄생했다.

I

케넌이 생각한 미국의 이익과 NSC-68에 명시된 미국의 이익 간의 차이는 명백하지 않다. 이 문서는 국가의 "궁극적인 목적"은 "개인의 존엄과 가치를 토대로 한 자유로운 사회의 고결함과 생명력"을 보장하는 일이라고 주장했다. 이 문서는 "우리의 자유롭고 민주적인 체제가 생존하고 번영할 여건을 조성하는 우리의 굳은 결의"를 표명했다. 이 문서는 미국의 이익을 획일성이 아니라 다양성과 연관지으면서 다음과 같이 밝혔다. "자유로운 사회는 우선 그 사회가 표방하는 개념의 장점과 호소력에 의존하며, 모든 사회들이 조만간 그 개념에 순응하게 만들겠다는 강박관념에 사로잡히지 않는다." 이 문서는 다양성을 보장할 수단으로 힘의 균형에 의존하는 듯이 보이기도 했다. 서두에서 제1차 세계대전 이전의 국제체제를 회고하며 이를 지지한다고 다음과 같이 분명히 밝히고 있다. "수 세기에 걸쳐 증명된바, 여러 나라가 연합해서 막강한 힘으로 제때에 맞서도 이기지 못할 정도로 한 나라가 큰 힘을 얻기란 불가능하다."[3]

---

\* NSC-68 입안과 헌법 입안은 둘 다 해당 사안을 명목상 담당한 부서들이 관여하지 않고 독자적으로 작성되었다. - 그러한 부서는 전자의 경우 국가안보회의였고, 후자의 경우 (당시 아메리카 내의 영국 식민지들로 구성된) 연합정부회의(Confederation Congress)였다.

그러나 케넌의 전략과 NSC-68의 유사성은 거기서 끝났다. 케넌은 힘의 균형을 유지하고 그로써 다양성을 수호하려면 산업-군사 역량의 중심지들이 적대적인 세력의 손에 들어가지 않게만 하면 된다고 주장했다. 그 외에 다른 지역에 존재하는 비우호적인 정권들은, 그 존재가 바람직하지는 않으나, 그들에게 적대감을 표출할 수단이 없으면 세계 안보에 위협이 되지는 않는다고 주장했다. NSC-68은 다음과 같이 매우 다른 관점을 취했다. "어떤 지역이든 크렘린의 지배하에 들어가는 지역이 확장될수록 더 강력한 힘으로 크렘린에 적절히 맞설 연합체를 구성하지 못할 가능성이 높아진다." 그리고 다시 다음과 같이 강조한다. "자유로운 체제에 대한 공격이 세계 도처에서 진행되고 있다. 현재 힘이 양극화된 맥락에서 보면 어느 지역에서든 자유체제가 패배하면 이는 전 지역에서의 패배나 진배없다."4)* 그 의미는 분명했다. 선별적인 거점들을 방어하는 케넌의 전략은 더 이상 충분치가 않다. 변경을 따라 늘어선 모든 지점들이 골고루 중요하다고 간주하는 변경 방어가 중요했다.

NSC-68이 변경 방어를 채택했다는 점은 케넌의 전략에 깔린 몇 가지 중요한 가정들로부터 이탈했다는 점을 시사한다. 그 가운데 하나는 국제적 사안에서 효과적인 힘의 속성과 관련이 있다. 케넌은 산업-군사 역량만이 세계정치에서 의미있는 변화를 가져올 수 있고, 그 힘이 대체로 균형을 유지하면 (딱히 모든 입장이 드러나지는 않아도) 세계 안정은 유지된다는 입장을 취했다. 그러나 케넌 본인도 어쩔 수 없이 인정해야만 했듯이 1949년 무렵의 상황은 그리 간단치가 않았다.

---

* 여기서 사용된 어조를 보면, 케넌의 전략은 지금보다 엄중하지 않은 시기였다면 적절했을지도 모르지만, 힘의 균형이 소련 진영에게 유리한 방향으로 너무 기울어서 더 이상의 손실은 용납될 수 없다는 의미를 띤다.

자신감의 부족은 물리적인 측면뿐만 아니라 심리적인 측면에서도 드러난다. 서유럽이 미국의 군사적인 보호를 요구한 데서 드러났듯이 말이다. 심리적 불안감은 바로 이웃집에서 칼 부딪치는 소리 못지않게 멀리서 도미노 쓰러지는 소리만으로도 쉽게 생길 수 있다. 바로 이 점이 케넌의 생각에서 해소되지 않은 중요한 딜레마였다. — 그의 전략의 토대인 자신감이 주변 이익과 필수 이익을 구분하는 상황에서 어떻게 살아남을 수 있을까? NSC-68을 작성한 이들의 입장에서 보면 이는 불가능했다.

그들의 관점에서 보면, 힘의 균형의 변화는 경제적 책략과 군사 행동의 결과로 생길 뿐만 아니라 위협, 모욕, 심지어 신뢰 상실이 초래하기도 한다. 소련은 군사적 공격과 그 밖의 다른 형태의 공격을 구분하지 않는다고 니츠가 동료들에게 상기시켰다. "세계 속에서 미국의 힘의 입지를 약화시킨다는 단순한 원칙이 그들의 행동 지침이었다." NSC-68은 추가로 다음과 같이 덧붙였다. "우리나 다른 이들이 우리 체제를 존중하도록 만드는 모든 요소들이 적절한 공격 대상이므로 우리를 모욕하고 존엄성을 훼손할 기회가 생기면 절대로 놓치지 않고 아무 걱정 없이 행동에 옮기는 크렘린의 구상에 딱 들어맞는다." 소련은 "힘과 그 힘을 행사할 의지는 크렘린 쪽에 있고 그런 힘과 의지가 결여된 이들은 쇠퇴할 운명이라는 점을 자유진영에 과시할 기회를 노리고 있다."5)

이 말이 지닌 의미는 놀랍다. 세계질서와 더불어 미국의 안보도, 실제 힘의 균형 못지않게, 힘의 균형이 어떻게 인식되는가에 좌우되는 상황에 이르렀다. 그리고 여기 관련된 인식은 통상적으로 정책을 만드는 책임을 진 정치가들의 인식뿐만 아니라 국내외 여론, 근거 없는 여론뿐만 아니라 정보를 바탕으로 한 여론, 비합리적인 여론뿐만 아니라 합리적인 여론까지도 반영한다. 그러한 청중 앞에서는 권력 관계에 변화가 생기는 듯이 보이기만 해도 동요가 일어난다. 지리적 여건, 경제 역량, 군사 잠재력 같이 전통적인 기준을 바탕으로 내린 판단은 이제 이미지, 권위, 신뢰성 등과 같은 고려 사항과 비교해 저울질을 해서 판단을 내려야 하는 상황이 되었다. 그 결과 국가 안보에 타당하다고 여겨지는 이익의 수와 다양성이 폭증했고 무엇이 국가안보와 관련이 있는지 분명히 분간하기가 힘들어졌다.

그러나 아무리 이익의 수와 종류가 폭증해도 이를 방어할 수단이 없으면 무의미하다. 그리고 바로 여기서 NSC-68이 케넌의 봉쇄전략에 담긴 가정들 가운데 또 하나에 이의를 제기한다. 재원이 한정되어 있다는 인식, 애초에 필수이익과 주변이익의 구분이 필요하게끔 한 바로 그 가정이다. 이 점과 관련해서 케넌과 행정부의 시각은 다르지 않다. 트루먼 대통령은 증세나 예산 적자를 피하기 위해 방위비 지출을 억제해야 한다고 계속 고집했다. 1948년 여름에 수립된 1951 회계연도 예산안에 대해 그가 내린 지침을 보면 국내정책 추진에 쓸 예산도 늘리라고 주문했고, 따라서 군사비는 130억 달러 상한선을 정해 놓았다. 합동참모본부 의장 오마 브래들리(Omar Bradley) 장군은 그해 말 하원 군사위원회에서 다음과 같이 말했다. "현재 우리나라의 경제여건 하에서는 국방비 지출을 제한해야 하고 군사비 지출 예산이 삭감되는 상황을 맞게 되리라고 알고 있다." 그러나 브래들리는 현재의 여건이라 한 데는 그럴만한 이유가 있다면서 다음과 같이 덧붙였다. "왜냐하면, 당연한 얘기지만, 전쟁 상황에 돌입하면 미국 국민들은 국방비를 필요한 만큼 지출하고 국제적 의무를 다할 것이기 때문이다."[6]

NSC-68은 전쟁이 나지 않은 상황에서 장기적인 예산적자를 야기하지 않고 납세부담도 크게 높이지 않으면서 국방비를 증액할 방법을 제안하는 역할을 했다. 당시에 군사비 지출 규모는 국민총생산의 6~7퍼센트에 불과하다고 이 문서는 지적했다.* 군수산업에 대한 투자를 더하면 이 수치는 20퍼센트 정도가 되었다. 이에 상응하는 소련의 통계수치는 각각 13.8퍼센트와 40퍼센트였다. 그러나 소련의 경제는 거의 완전가동 중이었다. 미국의 경제는 그렇지 않았다. 대통령이 1950년 1월 의회에 제출한 경제보고서에 따르면, 경제활동 수준을 더 높이면 국민총생산을 1949년 수준인 2,550억 달러에서 5년 만에 3,000억 달러까지 높일 수 있었다. 이 증가분을 이용하면 국내 생활수준을 떨어뜨리지 않고도 서구 진영의 군사력과 경제력을 상당히 강화할 수 있었다. 민간 소비는 결과적으로 사실상 증가할지도 몰랐다. 그러한 정책은 신규 군사 및 해외 원조 프로그램을 추진하는 데 필요한 정도 이상으로 국민총생산을 끌어올리는 경향이 있기 때문이었다. NSC-68은 다음과 같이 지적했다. "우리가 제2차 세계대전 참전 경험을 통해 얻은 가장 중요한 교훈은 미국 경제는, 완전가동에 근접한 수준에 도달하면, 민간소비 외에 다른 목적을 달성하기 위해 필요한 어마어마한 재원을 마련하면서도 동시에 더 높은 생활수준을 누리게 해 줄 역량이 있다는 점이다."7)

군사비 지출에 큰 의미를 둔 내용이지만 사실 이 제안은 국방부에서 내놓은 게 아니었다. 루이스 존슨(Louis Johnson)이 국방장관에 임명되면서 엄격한 예산 집행의 원칙이 예전보다 훨씬 더 견고하게 지켜졌기 때문이다. 이 제안은 국내경제 운용에 케인즈(Keynes) 기법을 적용하고 싶어 안달이 난 리버럴 성향의 민간인 참모들이 내놓았다. 그 가운데 가장 큰 영향력을 행사한 인물이 리온 카이절링(Leon Keyserling)이었

---

* 실제로 이 수치는 5퍼센트에 가까웠다. 부록을 참조하라.

다. 얼마 후 경제자문위원회 의장이 된 그는 정부가 경제활동 증가로 세수가 확대될 때까지 경제를 활성화하고 단기적인 예산적자를 감내하면 훨씬 높은 성장률을 지속할 수 있다고 주장해 왔다. 카이절링에 따르면, 파이를 어떻게 나눌지를 두고 논쟁하지 말고 파이를 키우자는 아이디어였다. 카이절링은 이 주장을 개진하면서 대통령이 제시한 국내정책을 염두에 두고 있었고 트루먼을 설득해 결국 국민총생산 3,000억 달러에 달하는 예산 집행을 승인하게 했다.[8]

따라서 NSC-68을 입안한 위원회는 카이절링의 시각을 보고서에 반영하면서 대통령이 재가한 사안인 듯한 인상을 심었지만, 본래의 목적과는 사뭇 다른 목적을 추구하는 쪽으로 이를 수정했다. 그럼에도 불구하고 카이절링은 NSC-68을 읽고 난 후 경제와 관련해 보고서가 내린 결론에 "전적으로 동의"한다고 밝혔고, 다만 "국방비가 증액되는 만큼 생활수준은 떨어지고 세금은 인상되고 경제 규제가 만연하게 된다."라는 널리 퍼진 인식을 교정하기 위해 국민을 대상으로 교육할 필요가 있다고 주의를 주었다.[9]* 그 의미는 이익을 구분할 수 없다는 생각만큼이나 놀라웠다. 정부가 나서서 경제를 "운용"하기만 하면 국방비는 국익을 지키는 데 필요한 만큼 확대될 수 있었다. 국무차관을 지냈고, 월스트리트 은행가이지만 케인즈 식 리버럴은 전혀 아닌 로버트 A 러빗은 NSC-68 작성을 맡은 위원회에 다음과 같이 말했다. "이 나라는 하겠다고 마음만 먹으면 사실상 못 할 일이 없었다."[10] 예전에는 주변적 이익과 필수적 이익을 구분하지 말아야 한다고 주장했었는데, NSC-68은 그런 구분을 할 필요가 없다는 솔깃한 논리를 제시했다.

---

* "카이절링과 나는 자주 이 사안들을 의논했다. 그는 그 돈을 다른 프로그램에 쓰고 싶어 했지만, 필요하다면 미국이 국방비로 400억 달러를 감당할 여력이 있다고 믿었다." (Paul Nitze, "The Development of NSC-68," *International Security, IV* [Spring, 1980], 169.)

그러나 수단이 확장되면서 더 큰 목표를 세울 수 있게 되면 이러한 목표는 예전에 적절하다고 생각된 것보다 훨씬 다양한 수단들을 정당화한다는 결론을 내려도 될까? NSC-68을 작성한 이들은 이 점에 대해 모호한 입장을 취했다. 한편 그들은 "세계 지도자로서 우리는 자유와 민주주의 원칙에 부합하는 수단으로써 질서를 유지하고 정의를 구현하려는 시도를 할 책임이 있고 그에 내재된 위험을 감내해야 한다."라고 주장했다. 나아가 그들은 "크렘린은 자기들이 세운 궁극적인 목표를 실행하기 위해 쓸 수 있는 수단은 무엇이든 선택할 수 있지만" 민주국가는 그러한 선택의 자유를 누리지 못한다며 다음과 같이 지적했다.

무력, 강요, 자신의 의지를 억지로 관철시키는 수법은 자유로운 사회에서는 쓰기 어렵고 위험한 행동으로서, 이런 행동은 오직 더 큰 위험에 직면했을 때에만 허용된다. 이러한 행동이 필요한 이유가 분명하고 설득력 있어야 한다. 그 행위는 자유라는 기본적 이념에 어긋나는 피치 못할 예외적인 경우에만 허용된다는 사실을 절대다수에게 인식시켜야 한다. 그렇지 않으면 그 행위가 실행된 후에 자유로운 인간이 본래 모습을 되찾을 역량이 위험에 처한다.

그러나 NSC-68 작성자들은 다음과 같이 덧붙였다.

우리 체제의 본연의 모습은 은밀하든 공개적이든, 폭력적이든 비폭력적이든, 그 어떤 조치로도 위험에 빠뜨릴 수 없는데, 바로 이 점이 크렘린의 계략을 좌절시키는 목적을 달성하는 데 부합한다. 그러나 말뿐만 아니라 행동으로 우리의 가치를 확인할 필요가 있다면 그러한 조치도 배제하지 않는다. 단, 이 조치들이 그 목적을 달성하기 위해 치밀하게 계산되고, 과도하거나 엉뚱한 대상을 겨냥하는 바람에 국민을 예속시킨 사악한 인간들이 아니라 예속당한 국민을 우리의 적으로 돌리지 않도록, 만전을 기해야 한다.[11]

이는 매우 포괄적인 위임사항으로서 이 바로 전에 나온 자기부정적인 포고문과 양립하기 어려웠다.

아마도 NSC-68이 염두에 두었던 양립시킬 방법은 (비록 이 문서 어디에도 명백히 언급되어 있지 않지만) 이런 것 같다. 원칙적으로 민주주의는 수단을 선별해 선택해야 하지만, 민주주의의 생존에 대한 절대적인 위협에 직면하면 무엇이든 허용된다. 똑같은 논리가 이익을 구분하고 수단을 마련하는 문제에도 적용될 수 있다. 우선순위를 정하고 경제를 고려하는 게 정상적인 시기에는 적절할지 모르지만, 소련이 가하는 것과 같은 위협에 직면하면, 이러한 문제에 골몰하는 일은 잊어야 한다. 제1차, 제2차 세계대전에서 직면했던 대상만큼 위험할 가능성이 있는 세계 위기가 닥치면 모든 이익은 필수적이고, 모든 수단은 감당 가능하며, 모든 방법은 정당화된다. NSC-68을 작성한 이들에게 미국의 이익은 소련이 미국의 이익에 가하는 위협과 분리해서 규정될 수 없었다. 이 문서에 자주 등장하듯이 "크렘린의 구상을 좌절시키는 일"이 그보다 큰 목적을 달성하기 위한 수단이 아니라 목적 그 자체가 되어버렸다.

Ⅱ

그렇다면 도대체 크렘린의 구상이 무엇이고 NSC-68에 반영된 이에 대한 인식은 케넌의 인식과 어떻게 달랐을까? 이 문서는 다음과 같이 주장했다. "소련과 국제공산주의운동을 장악한 이들의 근본적인 구상은 첫째 소련에서, 둘째 현재 그들이 장악한 지역에서 그들의 절대권력을 유지하고 공고히 하는 일이다. 그러나 소련 지도자들은 이 구상을 실현하려면 그들의 권위가 역동적으로 확장되어야 하고 그들의 권위에 대한 어떤 효과적인 도전도 궁극적으로 제거해야 한다." 여기까지는 케넌도 문제될 게 없다고 생각했을지 모른다. 니츠와 그의 동료들도 소련이 팽창을 추구하는 일차적인 동기는 이념적인 것이라고 생각하지 않았다. 케넌과 마찬가지로 그들도 마르크스주의 - 레닌주의를 소련 정책을 결정하는 요인이라기보다 그 정책을 달성하는 도구라고 보았다. "크렘린은 자신의 무오류를 확신하는 나머지 이론을 너무나도 주관적으로 해석해 그들이 그 독트린과 관련해 과거에 한 발언이나 현재 하는 발언은 그들의 미래 행동을 예측하는 데 믿을만한 지침이 되지 못한다." 소련의 적대감은 그저 다양성을 용인하지 못하는 전체주의 체제에서 기인했다. "자유라는 개념이 존재하고 지속되는 한 이는 노예사회의 근간을 끊임없이 지속적으로 뒤흔드는 위협이 된다. 따라서 노예사회는 세계에 자유가 오랫동안 지속적으로 존재하는 상황을 용납하지 못한다."12)

　　NSC-68 작성자들은 다양성과 공존하지 못하는 속성은 크렘린의 약점이고, 이는 결국 반드시 크렘린에게 골치 아픈 문제를 야기한다고 본 점에서 케넌과 생각이 같았다. 그러나 그런 일이 발생할 시점에 대해서는 케넌과 의견이 달랐다. 케넌은 소련이 이미 감당하지 못할 정도로 팽창되었다는 입장을 취했다. 그래서 이미 흡수한 지역을 통제하기도 버거워하고 있고, 이로 인한 긴장상태는 티토주의자 이론(異論)의 형태로 생생히 구현되었으며 이를 미국이 이용할 기회를 제공했다. NSC-68은 훨씬 비관적인 시각을 취했다. 소련은 팽창을 통해 지금까지는 힘을 강화했지 약해지지 않았다. 티토주의가 소련에 얼마나 부담이 되는지 모르겠지만 그 부담은 중국에서 공산주의의 승리, 소련의 원자폭탄 개발, 그리고 미국이 열심히 군비증강을 제한하고 있을 때 모스크바는 지속적으로 군비증강을 했다는 사실에 의해 충분히 상쇄되고도 남았다. 이러한 상황에서 "소련 제국이 과도하게 팽창했다거나 그 밖의 다른 이유로 인해 스스로 내부로부터 무너지리라는 안이한 생각에 우리의 미래를 맡기는 태도는 경솔하다."[13]

케넌도 NSC-68도 재래식 군사력이나 역량에서 러시아인들이 우월하고 머지않아 원자폭탄도 개발해서 그 분야에서 미국이 지닌 우월한 지위를 무력화시키리라는 점에는 의문을 제기하지 않았다. 기존의 힘의 균형에 대한 양측의 평가가 서로 어긋난 점은 소련이 의도적으로 전쟁을 감행할지 여부였다. 케넌은, 소련의 의도에 대한 평가를 바탕으로 생각해 볼 때, 미소 간의 군사력의 격차는 견딜 수 있다고 주장했다. 러시아인들이 그러한 격차를 이용해서 얻을 게 없었기 때문이다. 소련 지도부는 조심스럽고 정해진 시간표 없이 최소한의 비용을 들이고 최소한의 위험을 감수하면서 목적을 달성할 방법을 모색하기 때문이다. 따라서 미국은 비대칭 대응 – 자국의 장점과 동맹국들의 장점을 강화하되 소련 군사력에 필적하려고 애쓸 필요는 없었다 – 이면 충분했다. NSC-68은 소련의 역량을 강조하면서 러시아인들이 지금까지 전쟁을 일으키지 않은 까닭은 단지 그들이 전쟁에서 이기리라는 확신이 없었기 때문이라고 주장했다. 일단 그들의 역량이 확장되어서 승리하리라고 합리적으로 기대할 수 있는 시점에 도달하면 – NSC-68은 이 시점을 러시아인들이 미국을 초토화시키기에 충분한 원자폭탄을 보유하게 되는 1954년이라고 예측했다 – 크렘린 지도자들의 의도는 전쟁을 감수하는 쪽으로 바뀌고, 그러는 사이에 워싱턴이 자국의 군사력

증강을 위해 아무 일도 하지 않는다면, 이는 아마도 기습공격의 형태로 구현될 것이다.14)

그 시점이 오기 전까지 가장 심각한 위험은 대리전의 위험이었다. 케넌 본인도 소련은 그 위성국가들이 제한적으로 군사적 행동을 하도록 용인할 가능성이 있다고 인정했지만, 그러한 책략은 전면전을 일으키지 않고 소련이 추구하는 목표를 달성하기 위한 방편이라고 생각했다. 미국의 모든 이익이 똑같이 필수적인 이익은 아니므로 미국은 여전히 대응할지 여부와 대응 방법을 선택할 수 있다. "세계 지배라는 야심만만한 책략을 세계가 실제로 버텨낼 수 있는 역량은 우리가 통상적으로 생각하는 정도보다 훨씬 강하다."15) 한편 NSC-68은 "연속적인 소규모 도발"을 소련이 전쟁의 도구로 사용하리라고 보았고, 직접적으로 공격당하지 않는 한 핵무기를 사용할 의향이 없는 미국의 속성을 이용하는 게 그 목적이라고 여겼다. 미국의 이익은 필수적인 것과 주변적인 것으로 나누기 불가능하다는 전혀 다른 가정을 바탕으로 NSC-68은 어떤 도발이라도 그 즉시 대응하지 않으면 결국 이미 때는 늦고 대응할 힘도 없게 되며, 회의와 자책에 빠지고, 대안이 점점 줄어들어서 점점 절박해지는 상황으로 빠져들어 가게 된다고 경고했다. 그 결과 "압박을 견디지 못하고 점진적으로 철수를 거듭한 끝에 어느 날 우리의 필수적인 이익이 걸린 입지까지도 희생시키게 된다."16)

전쟁을 일으키지 않아도 소련은 미국과 그 동맹국들의 입지를 잠식하기 위해 군사력을 이용할 수 있다 - NSC-68은 이를 자국의 영토를 수호하는 데 필요한 군사력을 훨씬 능가하는 수준이라고 묘사했다. 그러한 힘은 소련이 "평화의 시기에 위압적인 힘을 행사하고 … 그들이 전쟁을 촉발할지 모르는 전술을 동원하면 이에 맞서 그들의 도발 행위의 희생자들이 어떤 행동도 취하지 못하도록 하는 억제력이 되어준다.""침투를 위협으로 뒷받침"하는 게 달성하고자 하는 목표였다. 미국이 평화로운 시기에 더할 나위 없이 막강한 군사력을 보유했다는 점은 사실이지만, 그러한 사안들에 있어서 효과를 측정하려면 과거의 경제 국가들이 아니라 현재의 적국들과 비교해야 한다. 소련의 군사력 증강에 비추어 미국이 이를 봉쇄하기 위해 취해온 조치들을 비교해보면, "우리의 군사력은 위험할 정도로 부족하다는 사실이 분명해진다."[17) 케넌이 이러한 우려에 공감했는지 모르지만, 했다고 해도 이에 대해 전혀 언급하지 않았다. 이 시기에 그가 평상시 군사력 증강을 권고한 경우는 기동성이 뛰어난 소수정예 부대를 육성해 제한된 도발행위에 신속하고 효과적으로 대응하도록 해야 한다는 데 국한되었다. 그는 소련의 역량에 대응하는 게 목적인 군사력 증강을 권고하지도 않았고 소련이 그 역량을 사용하지 않으리라고 확신했다.[18)

케넌과 NSC-68은 서로 상반된 지적인 절차를 통해 이러한 생각에 도달했다는 게 핵심적인 차이다. 케넌은 더 이상 양보할 수 없는 최소한의 이익이라는 독자적으로 구축된 개념을 바탕으로 소련의 위협을 바라보는 경향이 있다면, NSC-68은 소련의 위협에 대한 인식을 바탕으로 미국의 이익을 도출해 냈다. 케넌이 고집한 산업-군사력 복합 중심지가 적대세력의 손에 넘어가지 않도록 억제할 필요성은 소련뿐만 아니라 제1차, 제2차 세계대전의 적들에게도 적용되었다. 케넌의 이러한 주장에 상응하는 근본적인 이익에 대한 총체적 언급은 NSC-68에는 등장하지 않는다. 이 문서는 힘의 균형, 다양성, 자유에 경의를 표하고 있지만, 그러한 이익을 지키기 위해 필요한 최소한의 요구조건이 무엇인지는 어디에도 제시하지 않고 있다. 대신 소련의 위협이 존재한다는 사실만으로도 위협받는 이익은 어떤 이익이든 필수적 이익이라고 규정할 충분한 명분이 된다고 보고 있다.

　　이러한 접근방식이 낳은 결과는 절차적인 차이에서 끝나지 않는
다. 어느 특정 시점에서 미국의 이익으로 규정된 것에 대한 미국의 장
악력을 러시아인들에게 넘겨주는 행위와 조금도 다르지 않았다. 위협
을 바탕으로 이익을 규정하면 결국 이익은 위협의 함수가 된다. ─ 그렇
게 되면 이익은 위협이 팽창하거나 수축함에 따라 같이 팽창하고 수축
한다. 크렘린 지도자들은 특정한 분야에 압력을 가함으로써, 그들이
치밀하다면, 미국과 그 동맹국들이 케넌이 처음 거론했던 필수적 이익
과는 너무나도 동떨어진 지역에 물자와 재원을 쏟아 붓게 만들 수 있
다. NSC─68을 작성한 취지는 기존의 이익을 수호할 수단을 추가로
만들어내는 일이었다. 그러나 그러한 이익에 대한 위협을 바탕으로 이
익을 규정했을 뿐 그러한 이익이 무엇인지 더 자세하게 규정하기를 소
홀히 함으로써 이 문서는 사실상 이익을 수호할 수단과 더불어 수호해
야 할 이익도 확장했고, 따라서 이 문서를 통해 달성하고자 의도한 바
를 오히려 손상시키는 결과를 낳았다.


Ⅲ


　　소련의 도전에 대한 응전 수단을 권고할 때에도 NSC─68은, 이
익과 위협에 대한 논의에서와 마찬가지로, 케넌의 입장과 비슷한 입장
에서 출발했지만, 일단 출발하고 나서는 거기서 이탈했다. 이 문서는
"봉쇄"를 다음과 같이 규정했다.

　　전쟁을 제외한 모든 수단을 총동원해서 (1) 소련의 힘의 추가적 팽
　　창을 막고, (2) 소련의 기만과 거짓을 폭로하고, (3) 크렘린의 장악력

과 영향력의 축소를 유도하고, (4) 소련 체제 내에 파괴의 씨앗을 육성
해 크렘린이 적어도 그 행동을 수정해 일반적으로 수용되는 국제기준
을 준수하는 단계에 이르도록 하려는 노력.

　이어서 이 문서는 다음과 같이 적시했다. "이 정책을 실행하는
데 있어서 지금까지도 중요했고 앞으로도 중요할 점은 우리의 자체적
인 역량 혹은 우리와 생각이 같은 다른 나라들의 믿을만한 역량을 모
두 합했을 때 총체적으로 월등히 우월한 힘을 보유해야 한다는 점이
다." 그러나 동시에 "우리는 소련과의 협상 가능성을 늘 열어놓고 있
다." "외교 경색"은 "'봉쇄'로써 달성하려는 바로 그 목적을 좌절시키
는 경향이 있는데, 그 까닭은 소련의 행동을 수정하는 방향으로 행동
을 철회하거나 조정하기 더 어렵게 만드는 동시에 긴장을 조장하기 때
문이다."라고 이 문서는 지적했다. 봉쇄전략의 취지는 "가능한 한 소
련의 자긍심을 직접적으로 건드리지 않는 방식으로 압박을 가하고, 압
박을 받은 소련이 잃을 체면을 최소한으로 줄이면서 퇴로를 열어놓고,
목적달성에 실패한 크렘린이 양보하거나 우리가 열어놓은 퇴로를 이
용하도록 만듦으로써 정치적 우위를 확보하는 일이다."[19]

　　그러나 케넌이 정치적, 경제적, 심리적, 군사적 조치 등 다양한
조치들을 이용해 소련의 팽창을 막으려고 한 반면, NSC-68은 거의
전적으로 군사적 조치에만 집중했다. 이 문서는 "즉시 동원할 태세를
갖춘 월등한 공격적 군사력이 없다면 '봉쇄' 정책은 엄포에 불과하다."
라고 했다. 케넌은 이미 존재하는 저항세력들—특히 민족주의—에 의
존하는 방법을 강조한 반면, NSC-68은 도발이 발생할 때 미국은 군
사적으로 대응할 역량을 갖출 필요가 있다고 강조했다. 그렇다고 해서
러시아인들의 무기 하나하나에 상응하는 무기를 미국이 갖춰야 한다

는 뜻은 아니다. 단지 "미국과 그 동맹국들이 군사력을 증강해서 이를 합한 힘이 소련과 그 위성국가들이 합세해 가할 힘을 능가할 정도에 이르러야 한다."라는 뜻이었다. 그리고 그 힘은 미국과 캐나다에 대한 공습을 제대로 방어하고 영국, 서유럽, 알래스카, 태평양 서쪽, 아프리카, 근동과 중동, 그리고 그러한 지역들에 도달하는 긴 통신선에 대한 공습과 지상공격을 제대로 방어하기에 충분한 수준이어야 했다.[20]

　　NSC-68은 이러한 역량을 갖추기 위해서 비용이 얼마나 들고 그러한 역량을 어떻게 사용할지에 대해서는 일부러 명시하지 않았다. 이 문서를 작성한 이들은 이러한 내용을 불분명하게 남겨두어야 행동을 유도할 수 있다고 믿었다. 예산 배분과 군사력 배치를 두고 논쟁이 일어나면 이 문서의 승인만 지연시킬 뿐이라고 생각했다. 특히 국방부에서 이러한 사안들을 두고 서로 다른 부서들 사이에 모질고 공개적인 설전이 오갔다. 애치슨은 훗날 다음과 같이 회고했다. "NSC-68을 작성한 목적은 '정부 수반'의 개념을 대중의 머릿속에 못 박아서 대통령은 결정권자일 뿐만 아니라 대통령이 내린 결정은 실행 가능하다는 사실을 각인시키는 일이었다."[21] 카이절링이 주장한 바와 같이 파이를 어떻게 나눌지 갑론을박 하기보다 파이를 키우는 게 훨씬 쉬웠다. 그럼에도 불구하고 비공식적인 추산치가 문서를 작성한 위원회 내부에서 회람되었다. 이들은 문서에서 권고한 프로그램들을 이행하려면 연간 500억 달러, 다시 말해서 대통령이 군사비 지출 상한선으로 정해놓은 기존의 135억 달러의 세 배 반에 달하는 비용이 소요된다는 데 의견이 일치했다.[22] 여기에는 미국이 그 정도 액수는 쉽게 감당할 수 있다는 전제가 깔려있었다 – 일단 단기적으로 예산적자를 내면 안 된다는 심리적인 압박만 극복한다면 말이다.

　　NSC-68 작성자들은 이러한 군비증강을 그 속성상 방어적이라고 보았다는 점을 강조할 필요가 있다. 그들은 예방전쟁은 실행 불가능한 동시에 – 왜냐하면 예방전쟁은 원자폭탄에 의존하고 있고, 원자폭탄은 그 자체가 항복을 받아내거나 동맹국에 대한 공격을 억제하지 못할지 모르기 때문이었다. – 도덕적으로 반감을 유발하기 때문에 거부했다. 소련에 대한 "선제 타격"은 "미국에 대한 타격이 진행되고 있거나 막 타격을 받기 직전에 이에 대한 반격의 성격을 띤 타격임을 증명할 수 있을 때"에만 정당화되었다.[23] 소련과의 전쟁이 일어난다고 해도, 그 전쟁은 적의 섬멸이 목적은 아니었다.

〈연방주의자 논고(The Federalist Papers)〉 가운데 알렉산더 해밀턴(Alexander Hamilton)이 쓴 제28편에 따르면, "사용하는 수단의 강도는 악행의 정도에 부합해야 한다." 악행은 세계전쟁일 수도, 소련이 제한된 목표를 달성하기 위해 감행하는 도발일 수도 있다. 어느 쪽이든 우리는 섬멸전이 될 만한 선제공격을 피할 수 있다면 피해야 하고, 소련이 제한된 목표를 달성하기 위해 감행하는 시도를 좌절시킬 역량이 우리에게 있다면, 이 대응이 세계전쟁으로 확대되지 않도록 하는 게 우리의 이익에 부합한다. 우리가 무력을 사용하는 목적은 우리가 추구하는 목표에 부합하는 우리의 조건을 상대방이 받아들이도록 강제하고, 따라서 무력을 사용할 우리의 역량이, 우리가 장기적으로 그 역량을 유지할 수 있는 한도 내에서, 우리가 수행하게 될지도 모르는 과업의 범위에 상응해야 한다.[24]

간단히 말해서 행사할 무력의 강약을 조절해야 한다는 취지다. 더도 덜도 말고 딱 미국의 이익을 보호하는 데 필요한 만큼만 무력을 행사해야 한다는 뜻이었다.

따라서 당연히 NSC-68은 미국이 억제 수단으로서 원자폭탄에 지나치게 의존하게 되었다는 케넌의 주장을 수용했다. "우리가 크렘린에 제시할 수 있는 유일한 억제력은 우리가 어떤 임계점에 도달해도 이를 세계적 섬멸전의 구실로 삼지 못한다는 증거뿐이다." 이렇게 되면 워싱턴은 "항복하든가 세계전쟁을 일으키는 길 외에는 다른 선택의 여지가 없다." 따라서 "가능한 한 신속하게 우리의 공중, 지상, 해상 전력을 총체적으로 증강해 군사적으로 원자폭탄에 지나치게 의존하지 않아도 되는 수준에 도달하는 게" 급선무이다. 그러나 그러한 조치들을 취해도 미국의 원자무기 체계를 축소해서는 안 되었다 – 실제로 NSC-68은 러시아인들이 수소폭탄을 곧 보유하게 되리라고 보고 구체적으로 수소폭탄 제작 결정을 승인했다. 이 문서는 케넌의 "선제사용 금지" 개념을 받아들이지도 않았다. 그 같은 선언을 하면 "소련은 미국이 자국에게 큰 약점이 있음을 인정했다고 해석하고, 동맹국들은 우리가 그들을 포기하겠다는 분명한 의도라고 여길지 모른다."라고 주장했다.25) 정작 필요한 것은 훗날 "유연한 대응"이라고 불리게 된 역량이었다 – 어떤 수위의 무력 도발이 발생하든 반격을 하되 그러나 불필요하게 확전되지는 않도록 할 역량 말이다.

어찌 보면, 케넌과 NSC-68 작성자들은 양측 모두 "유연한 대응"을 지지했지만 그 개념의 토대가 되는 가정들은 서로 달랐다. NSC-68은 전쟁이 일어날 가능성이 실제로 있다고 보고 군사역량 상부에서 하부, 평상시 억제력에서부터 핵전쟁까지를 아우르는 "수직적" 유연성을 주장했다. 케넌은 소련과의 전쟁이 발발할 가능성은 희박하다고 보고 "수평적" 유연성 – 적절한 상황에서는 제한적으로 군사력을 쓰되 군사력보다 더 많이 이용하지는 않더라도 적어도 군사력에 상응하는 정도의 경제적, 외교적, 심리적 봉쇄수단을 이용하는 역량 – 을 원했다. NSC-68은 이익을 구분하기가 불가능하다고 보고 유연한 대응을 – 러시아인들이 이익에 도전하겠다고 마음먹은 곳이라면 어디서든 맞대응을 하는 – 대칭적 대응으로 간주했다. 케넌에게 유연한 대응은 – 오직 필수적 이익이 걸려있고, 여건이 유리하며, 가용수단이 있을 경우에만 대응하는 – 비대칭적 대응을 뜻했다. NSC-68에게 유연한 대응이란 완수해야 할 임무에 걸맞은 재원을 만들어내는 능력을 뜻했다면, 케넌에게 유연한 대응은 가용 재원의 한도 내에서 완수할 임무를 제약할 필요가 있음을 뜻했다. 이러한 차이점들은 미묘하지만 무시 못 할 차이점이었다.

　　NSC-68은 군사적 힘의 균형에 골몰한 나머지 케넌이 말한 봉쇄 전략의 2단계 – 국제 공산주의운동 내에 갈등을 조장하고 이용하는 일 – 에 대해서는 비교적 말을 아꼈다. 언급을 했다고 해도 여기서도 역시 케넌이 제시한 전제조건에서 출발했지만 다른 결론에 도달했다. NSC-68은 소련이 자국 국경 내에서 그리고 위성 제국 내에서 민족주의에 취약하다는 점을 주목했다. 이 점을 바탕으로 NSC-68은 케넌과 마찬가지로 "위성국가가, 티토가 해냈듯이, 크렘린으로부터 독립을 성취할 수 있다고 생각하면, 이탈할 가능성이 높다."라는 결론을 내렸다. 결과적으로, "소련 진영의 역량은, 구체적으로 말해서 소련에 얽매인 사슬밖에 잃을 게 없는 대중의 역량은, 우리 편으로 편입될 가능성이 있다고까지 말할 수 있다."[26] 여기서 케넌의 전략의 바탕이 된 논리와 똑같은 다음과 같은 논리가 엿보인다. 미국의 안보를 위협하는 주체는 국제공산주의가 아니라 소련이고, 모스크바가 장악하지 않은 독립적인 공산주의자들이 존재하는 곳에서 미국은 모스크바의 팽창주의 야심을 봉쇄하기 위해 그들과 협력할 수 있다.

　　그러나 NSC-68 어디에도 이는 언급되지 않았고 국제 공산주의 운동 내에서 분열을 조장하는 데 사용할 수단도 제시하지 않았다. 다만 소련이 동유럽을 계속 장악한다고 가정했고, 러시아인들이 중국에서 경제적 문제에 봉착하리라고 예상하면서도 동유럽의 비공산주의 국가들이 직면한 난관이 "이를 상쇄하고도 남을 기회를 제공한다."고 주장했다.27) 분열을 조장할 그 어떤 전략도 제시하지 않았다는 점은 놀랍다. 왜냐하면 NSC-68이 작성될 당시 행정부 내에는 그 목표가 여전히 유효했기 때문이다. 예컨대, 1950년 1월, 합동참모본부는 유고슬라비아에 군사적 지원을 계속해서 "모스크바에 대한 지속적인 저항이 가능하도록 보장해야 하며, 그래서 모스크바에 맞서 성공한 사례를 본 다른 위성국가들에서도 모스크바의 장악에 저항하는 운동이 힘을 얻게 된다."고 주장했다.

3월, 애치슨 국무장관은 상원외교위원회에서 다음과 같이 말했다. "중국에서 우리가 관심을 두어야 할 사안은 누가 중국을 지배하든, 심지어 악마가 직접 중국을 지배한다고 해도, 적어도 독립적인 악마라는 사실이다. 중국을 지배하는 자가 모스크바의 똘마니거나 중국이 러시아의 밑으로 들어가게 되는 사태보다 훨씬 바람직하다." 이점에 관한 한 NSC-68의 침묵이 너무나도 두드러지게 눈에 띄어서 애치슨의 부하직원 하나가 이 문서의 잠정적 초안을 읽고 나서 다음과 같은 질문을 던졌다. "소련의 팽창이 소련에게 더 이상 이득이 되지 않고 불리하게 작용하게 되는 임계점이 있을지 여부를 실제로 제대로 조사했는가?"28)

NSC-68이 이 문제에 침묵한 이유에 대해서는 여러 가지 해석이 제시된다. 하나는 시기의 문제다. 케넌과 애치슨은 분열이 임박했으므로 즉각적인 행동개시가 정당화된다고 보았지만, NSC-68 작성자들은 보다 먼 미래에 일어날 가능성으로 보고 기존의 힘의 지형에 영향을 미칠 가능성이 적다고 생각했다.29) NSC-68은 또한 케넌이나 애치슨보다 훨씬 더 외양(外樣)에 신경을 썼다. 특정한 국가에서 공산주의가 승리한다고 해도 장기적으로 볼 때 소련에게 이득이 되지 않을지도 모르지만, 단기적으로 볼 때는 미국이 손해를 본 것처럼 보인다. 트루먼 행정부는 모든 공산주의자들이 한결같이 위험하지는 않다고 공개적으로 해명한 적이 거의 없다. 1950년 무렵 앨저 히스(Alger Hiss)◎ 사건이 발생하고 매카시즘(McCarthyism)이 부상하면서 국내 정치적 분위기가 뜨겁게 달아올라 있었다는 점을 감안할 때, 국민을 상대로 해명을 하려고 애쓰면 의혹이 해소되기는커녕 불에 기름을 붓는 격이 되었을지 모른다.* NSC-68은 미국의 이익은 미국이 지닌 힘 자체 못지않게 그 힘이 어떻게 인식되는지에 좌우된다고 주장했다. 미국이 적들에게 입지를 내주고 있는 것처럼 보이기만 해도 실제로 그러한 입지를 잃었을 때와 거의 똑같은 효과를 낳는다는 뜻이다.

　　이러한 딜레마들은 대만과 관련한 문제에서 모조리 나타났다. 1950년 봄 무렵, 트루먼 행정부는 러시아인들과 중국인들이 가까워지게 만들지 모른다는 두려움 때문에 중국 공산주의자들이 중국을 접수하는 상황에 반대하지 않기로 한 정책을 재고(再考)하고 있었다. 이 정책을 재고하게끔 영향을 미친 이들 가운데는 존 포스터 덜레스(John Foster Dulles)가 있다. 4월에 국무성 특별자문위원이 된 덜레스는 그다음 달 기록한 제안서에서 다음과 같이 주장했다.

　　우리의 행동에서 물러서려는 조짐이 지속적으로 감지되고 우리에 대해 의구심을 품은 지역들이 소련 공산주의자의 손아귀에 들어가면,

---

◎　소련의 스파이로 활약한 미국 공직자 – 옮긴이.

*　1949년 애치슨이 1,054쪽에 달하는 "백서(white paper)"를 이용해 중국에 관해 미국 국민들을 교육시키려고 했을 때 바로 이러한 상황에 놓였다. 다음 저서들을 참조하라. Dean Acheson, *Present at the Creation*, pp. 302-3; David S. McLellan, *Dean Acheson: The State Department Years* (New York: 1976), pp.194-98.

많은 나라들이, 이미 NATO에서 얻게 된 느낌, 즉 우리가 북대서양 지역을 제외한 다른 지역에서는 완강히 버티리라고 기대하기 힘들다는 느낌을 확인해 주는 셈이 된다. … 우리의 행동이 그런 결론을 확인해 주는 듯이 보이면 지중해, 근동, 아시아, 태평양에서 우리의 영향력은 급속히 쇄락하리라고 기대해도 좋다.[30]

덜레스는 NSC-68을 작성하는 데 그 어떤 역할도 하지 않았지만, 그의 생각은 외양을 중시한 이 문서의 내용과 아주 비슷했다. 또한 이 문서는 국무성 내에서 대만 정책에 대한 재평가를 촉발할 만큼 설득력이 있었다. 이 문서는 한국전쟁이 발발했을 당시 아직 완성되지는 않았지만, 공산주의 진영에서 분열을 조장하는 그 어떤 전략이든 힘의 균형이 변하고 있다는 인식만으로도 비공산주의 진영이 치러야 할 대가가 어느 정도인지를 저울질해 그 실행 여부를 결정해야 한다고 주장할 만큼 진척되어 있었다.[31]

케넌이 제시한 봉쇄의 3단계 – 국제관계에 대해 소련이 지닌 개념을 바꾸는 일 – 와 관련해서도 NSC-68은 또다시 그 목표는 바람직하다고 인정하면서도 달성 방법에서는 주저했다. 이 문서는 "우리는 소련 체제의 속성이 변하지 않는 한, 그리고 변할 때까지는, 위기가 누그러지더라도 그 상황이 지속되리라고 기대하기 어렵다."라고 했지만, 미국은 그러한 변화를 가속화할 힘을 지니고 있다며 다음과 같이 기록했다.

사실상 우리 체제의 본연의 모습과 존속력을 보여줌으로써 자유 진영이 합의가 가능한 영역을 확대하고, 점진적으로 소련이 복합적인 현실들을 인정하게 되면, 결국 이러한 현실들이 크렘린의 구상을 좌절시키게 되리라고 희망한다. 그러나 이러한 상황이 실현되지 않는다고 해도, 소련이 자기 구상을 의식적으로 포기하든 않든 상관없이, 소련이 수용할 만한 조건하에서 비 소련 진영과의 공존에 소련이 적응하도록 유도할 만한 상황을 조성하기가 가능할지도 모른다.

러시아 국민은 이 과업을 수행하는 데 있어서 잠재적 동맹이었다. "이러한 변화가 일어나는 데 소련사회 내부 세력들의 역할이 클수록 우리가 치러야 하는 대가는 줄어들 뿐만 아니라 훨씬 효과적이다." 따라서 NSC-68은 "러시아 국민이 일치단결해 그들을 예속시킨 정권을 지지하는 돌이킬 수 없는" 사태를 초래할 만한 그 어떤 일도 전시(戰時)든 평시(平時)든 절대로 삼가야 한다고 강조했다.[32]

그러나 케넌과는 달리 NSC-68은 소련의 시각을 바꾸는 수단으로서 외교는 배제했다. 협상을 통한 타결은 소련 체제 자체가 변한 뒤에나 가능하다고 주장했다. 물론 서구진영의 여론을 감안해 미국과 그 동맹국들이 러시아인들과 합의를 논의할 의향이 있다고 비춰져야 했다. 이러한 의미에서 협상 전에 탄탄한 입지를 다지는 일은 "이념적 갈등에서 필수적인 요소"였다. 그러나 "일괄타결에 대한 그 어떤 제안이나 시도도 전술일 뿐"이어야 했다. 협상은 그 자체로서 유용한 게 아니라 "군사력 증강 프로그램에 대한 지지를 얻을 수단으로서만" 유용했다. 물론 궁극적으로 서구진영은 소련 정부나 그 후임 정부와 더불어 아직 해결되지 않은 이견들을 일소하기를 바란다. 그러나 이런 종류의 타결은 머나먼 미래에나 일어날 일이었다. 그런 일이 실제로 일어난다면, "자유진영이 구축한 정치적 경제적 체제가 대단히 성공적이어서 세계를 지배하려는 크렘린의 구상이 완전히 좌절된 덕분에 이룬 진전으로 기록될 것이다."[33]

이는 적극적으로 협상에 임하겠다는 자세라고는 볼 수 없다. "속임수"라고 하는 게 훨씬 정확한 해석일지도 모른다. 외양이 실제 의도와 정반대의 뜻을 전달하기 때문이다. 그러나 협상에 대한 이러한 강한 반감은 NSC-68에서 비롯되지 않았다. 앞서 살펴본 바와 같이, 이러한 정서는 1949년 내내 관료들의 머릿속에서 큰 자리를 차지하고 있었고 실제로 케넌과 트루먼 행정부가 가장 큰 이견을 표출한 사항이었다. NSC-68은 그저 협상을 꺼리는 정서의 저변에 깔린 가정들을 분명하게 밝혔을 뿐이다.

그러한 가정들 가운데는 소련의 군사력과 비교해 볼 때 미국의 군사력은 줄어들고 뒤처지고 있으며, 따라서 미국은 힘이 우월한 입장에서 러시아인들과 협상하게 될 때까지 협상을 유보해야 한다는 가정도 있었다.34) 그러나 NSC-58을 비판한 한 인사가 다음과 같이 지적했듯이

소련의 군사력이 우리를 훌쩍 능가하는 수준에 근접하고 있다는 결론은 받아들이기 어렵다. 예컨대 그 현실적인 이유들은 다음과 같다. (1) 우리 공군은 질적으로 훨씬 우월하고, 폭격기, 훈련받은 조종사, 그리고 공격전을 수행하는 데 필요한 제반 시설들 측면에서 수적으로 훨씬 우월하다. (2) 우리가 보유한 핵분열 폭탄은 소련보다 많고 열핵 폭탄의 잠재력도 우리가 월등하다. (3) 우리 해군은 소련의 해군보다 훨씬 강해서 대등한 선상에 놓고 언급할 가치도 없다. (4) 우리 동맹국들의 경제적 건전성과 군사적 잠재력은 우리의 지원으로 일취월장하고 있다. (5) 우리는 소련과 국경을 접한 나라들과 동맹 협정을 맺고 무기를 제공하고 있지만, 소련은 우리나라에서 수천 마일 내에 있는 나라들과도 그러한 관계를 맺지 않았다.35)

물론 NSC-68 작성자들이 우려한 사항은 현존하는 균형이 아니

라 미래 추세였다. 소련의 군사비 지출 규모는 국민총생산에서 군사비
가 차지하는 비율을 기준으로 볼 때 대략 미국의 두 배에 달했고, 미국
이 이에 상응하는 비율로 지출을 인상하지 않으면 뒤처질지 모른다고
주장했다. 그러나 NSC-68도 지적한 바와 같이, 1949년 미국의 국민
총생산은 소련의 국민총생산의 네 배였으므로,36) 이중잣대가 적용되
고 있다는 결론을 모면하기가 어렵다. 소련의 잠재적인 역량을 고려했
지만 미국의 잠재적 역량은 고려하지 않았다. 바로 이러한 미심쩍은
근거를 바탕으로 NSC-68은 미국이 취약하다는 평가를 내리고 이에
따라서 협상을 억제했다.

　　협상을 억제한 두 번째 요소는 소련이 협상을 진행할 때 일종의
내재된 이점을 누린다는 믿음이었다. 소련은 은밀하게 일을 진행하는
이점을 누리므로 소련의 적들이 소련에 대해 아는 것보다 소련이 적들
에 대해 아는 것이 훨씬 많다고 예상할 수 있다. 소련은 여론에 신경
쓸 필요도 없고 동맹국들과 의논할 필요도 없기 때문이다. 게다가 국
제 공산주의운동을 통해 소련 외부의 여론을 조작하는 한편 자국민을
외부의 영향으로부터 격리시킬 수 있다. NSC-68은 다음과 같이 주장
했다. "이는 매우 중요한 이점으로서, 우리의 힘의 입지가 매우 불리
해지는 추세와 결합하면, 현재로서는 협상을 통해 일괄타결에 성공하
는 데 악영향을 끼친다."37) 그러나 NSC-68은 서구 진영과 협상할 때
러시아인들이 직면하는 다음과 같은 불리한 점들을 언급하지 않았다.
전체주의 체제는 외부의 사건들을 객관적으로 평가하기가 어렵다. 여
론에 무감각한 이들은 민심을 이반하게 만드는 경향이 있다. 상호이익
이 아니라 강압적 수단으로 동맹을 유지하기는 매우 부담스럽다.
NSC-68이 열거한 소련이 누리는 "이점" 목록은 소련의 협상력에 대
한 정확한 평가라기보다는 미국 외교관들이 직면하는 좌절감에 대한

불만을 표출하는 구실에 불과했다.

　　그러나 협상을 방해하는 가장 중요한 요소는 물론 협상할 사안이 별로 없어 보인다는 사실이었다. 1945년부터 1949년까지의 기간 동안 미국은 러시아인들과 외교적 접촉을 지속적으로 지루하게 이어갔지만, 들인 노력에 비해 내놓을 만한 성과는 거의 없었다. 게다가, NSC-68의 주장대로 이제 모든 이익이 필수적이라 한 마당에 향후 협상은 소련이 항복한다는 전제 하에서만 시도할 수 있었다. 항복하지 않는다면 모스크바가 협상할 의지가 있든 없든 상관없이 협상은 할 필요가 없었다. 이 접근방식이 지닌 큰 취약점은 케넌과 NSC-68 작성자들이 결국 초래하기를 희망하는 바로 그 현상―국제관계에 대해 소련이 지닌 개념의 변화―이 일어나지 못하도록 방해한다는 사실이었다.

　　그렇다면 NSC-68은 심각한 결함이 있는 문서였다. 이 문서가 권고한 조치들이 그 조치들을 통해 달성하려는 목적들을 무산시켜 버린다는 의미에서 말이다. 군사력 증강은 미국의 이익이 안정적으로 유지되어야 미국의 안보를 개선하는 데 기여하는데, NSC-68은 이익을 팽창해야 한다고 했다. 공산주의 진영 내의 분열은 바람직한 목표일지는 모르지만, 공산주의자들을 모두 똑같이 위험하다고 간주하는 태도는 그 목표를 달성하는 데 적당한 방법이 아니었다. 소련이 외부세계에 대해 보다 온건한 태도를 보인다면 물론 환영할 일이지만, 소련의 항복이 요구되는 협상 자세를 견지하면 협상이 촉진될 리가 없었다. 이러한 모순들은 모두가 거시적인 차원에서 전략적 안목의 실패를 뜻했다. 단기적 고려사항과 장기적 고려사항을 연계시키는 능력, 행동을 이익과 조율하는 능력의 부재를 뜻했다. 이러한 실패는 아마도 NSC-68이 작성된 방식에서 비롯된 듯하다. ― 이 문서는 케넌이 수립한 전략의 경우처럼 한 사람이 작성하지 않고 위원회가 작성했다. 또한, 이 문서는 그 내용이 현황 분석인 만큼이나 특정 입장을 옹호하는 내용이기도 했다. 애치슨이 오죽하면 "귀에 못이 박히게 하는 일"이라고 했겠는가. 어쨌든 NSC-68이 제시한 행동 권고안은 목표와 역량을 조율해서 일관성 있는 전략을 만들어낼 방법을 모색하기에 적절한 지침에는 못 미쳤다.

Ⅳ

NSC-68과 관련해 가장 놀랍다고 손꼽히는 점은 수사적인 어투다. 의회 연설문이나 대중의 관심을 모으는 자리에서 하는 공개적인 강연처럼 들리는 부분도 있었다. "자유는 역사상 가장 널리 확산되어 온 개념이다. … 전제군주가 절대권력을 행사하는 곳에서는. … 다른 모든 의지들은 자발적인 복종 행위에 예속되고, 뒤틀린 믿음을 강요받는 개인은 타락을 자초하게 된다. … 체제가 신이 되고 신의 의지에 대한 복종은 체제의 의지에 대한 복종이 된다."[38] 이는 사반세기 동안 공개되지 않을 예정인 특급 기밀문서에 담길 만한 내용은 아니다.* 그러나 민감한 내용은 NSC-68의 세부사항이었고, 출처는 공개되지 않았지만, 주요 결론들은 당시에도 널리 공개되었다. 이 문서는 관료조직, 의회, 대중을 동요시켜서 더 단호한 행동에 대한 지지를 끌어내는 게 목적이었다. 따라서 당연히 이 문서 작성자들은 어떻게 하면 그러한 지지를 도출해 낼지에 대해 케넌보다 훨씬 더 고심했다.

---

* NSC-68은 1975년에 가서야 기밀해제 되었다. 다음 자료를 통해 최초로 공개되었다. *Naval War College Review*, XXVII (May-June, 1975), 51-108.

관료조직 내에서의 지지는 문서가 작성된 이례적인 방식 덕분에 저절로 해결이 되었다. 표준 절차를 따랐다면 이 문서는 주요부서 중 하나 또는 국가안보회의가 작성하여 이 문서의 영향을 받는 모든 관련 조직들 사이에 조율과 동의를 거쳐 국가안보회의를 통해 대통령에게 보고되었어야 했다. 그러나 국무성과 국방부를 대표하는 이들로 구성 된 소규모 임시위원회가 NSC-68을 작성했다. 경제에 신경 쓰는 국방 장관 루이스 존슨은 이 문서를 사실상 기정사실처럼 받아들였다. 그러 고 나서 추가로 부서 간 논의나 국가안보회의의 승인을 거치지 않고 바로 대통령에게 보고되었다. 대통령이 검토하고 아마도 전체적인 결 론을 재가하고 나서 비로소 국가안보회의에 공식적으로 제출된 듯하 지만, 그때에는 이미 대통령의 공식적인 재가만 떨어지지 않았다 뿐이 지, 대통령이 내용에 공감했다는 상당한 비중을 지닌 문서가 되어 있 었다.[39)]

의회와 일반 대중의 지지를 확보하는 일은 전혀 다른 문제였고, 이에 대해 NSC-68 작성자들은 상당히 고심했다. 이 문서의 결론은 "간단하고, 명료하고, '헤밍웨이(Hemingway) 문체'"로 쓰여야 한다고 로버트 러빗은 이 문서를 작성한 위원회에 주문하면서 다음과 같이 덧 붙였다. "인간에게 쓸모 없다고 알려진 물건은 하나도 빠짐없이 대량 으로 팔아치운 우리가 이렇게 훌륭한 이야기를 많은 이들이 납득하게 만드는 건 일도 아니다." 국무성 공보담당 차관보 에드워드 W. 배럿 (Edward W. Barrett)은 홍보전략을 두 단계로 나누었다. 첫 단계는 "해 당 사안을 대중이 충분히 인식하도록 하는 일이었다." 두 번째 단계는 그런 다음 "분위기가 무르익으면 정부가 나서서 취해야 할 긍정적인 조치들을 제시하는 일"이었다. 그러나 "심리적인 '공포를 조장'하기 전 에 최소한 포괄적인 행동제안을 마련해"놓는 게 중요했다.[40)]

"공포 조장"이라는 용어는 실제 의도한 취지보다 좀 강한 표현이었을지도 모르지만, 트루먼 행정부가 극적이고 과장되기까지 한 용어로써 사안을 제시하려 했다는 점은 의문의 여지가 없다. 애치슨은 다음과 같이 인정했다. "전달하고자 하는 내용을 진실보다도 더 분명하게 표현해야 한다는 점에서 우리도 대부분의 교육자들과 다르지 않았고, 그렇게 하지 않고서는 달리 방법이 없었다."41) 1950년 봄 국무장관은 연이은 공개연설을 통해 그리고 의회 여러 위원회에 출석해 NSC-68의 요점을 전달하면서 "자유로운 세계"를 수호할 필요를 널리 환기시켰다. "우리는 자유의 자손이다. 우리는 자유로운 환경에서만 안전할 수 있다. 우리는 세계의 모든 사람들은 최대한 자유를 누리고, 우리가 그러하듯이 자기가 원하는 나름의 방식으로 발전할 권리가 있다고 믿는다."42) 그보다 3년 앞서 트루먼 독트린을 "민주주의"와 "전체주의"의 대결의 일환이라고 표현하는 데 큰 역할을 한 주인공이 바로 애치슨이었다. NSC-68은 이 구분을 훨씬 더 단순화해서 "자유세계"와 "노예세계"로 표현했다.43) 이러한 용어들은 문서작성 위원회 자문을 맡았던 제임스 B. 코넌트(James B. Conant)의 신경을 거슬렀다. 그렇다면 "미국이 추구하는 목표는 모조리 민주화시키는 일인가?"라고 그는 의문을 던졌다. 니츠는 그에게 그렇지 않다고 안심시키면서도 다음과 같이 지적했다. "우리가 침략을 무찌르겠다는 목표만을 추구하고 더 나은 세상을 만들겠다는 목표를 추구하지 않으면 투쟁 의지가 약화된다."44)

"자유로운 세계" 같은 용어들이 지닌 문제점은, 코넌트가 지적한 바와 같이, 근본적인 이익에 대한 인식을 헷갈리게 만든다는 점이었다. 미국의 안보는 자국을 본보기 삼아 동질적인 세계를 만드는 데 달려있나? 아니면 단순히 균형 잡힌 다양성이 필요한가? 이런 식으로 물어보면 NSC-68 작성자들은 주저하지 않고 후자 쪽을 지지한다고 대답했을지 모른다. 그러나 행정부의 공식적인 수사 – 그 시점에서는 NSC-68이 공식적으로 승인한 수사 – 는 매우 다른 인상을 줄 수밖에 없었다. 그 결과 행정부는 일찍이 거부했던 개념인 바로 그 보편주의로 기우는 듯이 보였다. 국방예산 증액에 대해 대중과 의회의 지지를 얻는다는 당장 눈앞에 닥친 전술적 목표가 행정부가 장기적으로 추구하는 이익보다 우선하게 되었다. 대중으로 하여금 미국 외교정책의 궁극적 목적과 미국의 힘에는 한계가 있다는 사실을 분명히 인식하도록 하는 데서 오는 장기적인 이익 말이다.

## V

그런데 NSC-68 옹호론자들은 예상했던 만큼 크게 애쓰지 않고도 지지를 얻어내게 되었다. 뜻밖에도 소련이 도와주었기 때문이다. 스탈린이 북한의 남침을 승인했다는 사실은 이제 추호도 의심의 여지없이 명백히 밝혀졌다.[45] 이 사건이 NSC-68의 이행에 결정적인 역할을 했다는 사실도 분명해졌다. 남침이 NSC-68의 이행을 기정사실로 만든 상황이 우연치고는 너무나도 공교로워서 이 주제를 파고든 학생들 가운데는 워싱턴이나 도쿄에 있던 미국 관료들이 남침을 유도하는데 공모했다는 주장을 하는 이들도 있었다.[46] 이러한 주장을 뒷받침하는 증거라고 해봐야 결과는 항상 의식적인 의도에서 비롯된다는 어설픈 가정밖에 없다. 그러나 트루먼 대통령은 한국에서 전쟁이 발발했을 때 아직 NSC-68을 공식적으로 재가하지 않은 상태였고,* 그의 참모

---

* 트루먼은 1950년 9월 30일에 이 문서를 재가했는데, 그때 재가는 이미 형식상의 절차가 되어 있었다. (*FRUS: 1950*, I, 400.)

들은 의회에서 재정지원 승인을 얻어내기가 힘들겠다고 예상하고 있었는데, 38선을 넘은 침략 때문에 이 두 가지가 실현되었다는 점은 사실이다.

한국전쟁◎이 NSC-68의 가장 중요한 결론들 가운데 몇 가지가 놀라울 정도로 타당하다는 점을 입증하는 듯이 보였기 때문이다. 그 가운데 하나는 모든 이익이 동등하게 필수적인 이익이 되고, 힘의 균형이 더 기울면, 그 변화가 아무리 사소해도, 전후 국제관계의 구조 전체가 흐트러진다는 결론이었다. 워싱턴에서는 한국에 대한 공격의 속성으로 미루어볼 때 다른 지역에서 미국의 신뢰에 대한 의문이 제기되지 않으려면 한국을 필수적 이익으로 간주해야 한다는 신속한 합의에 도달했다. 한국은 그때까지만 해도 주변적 이익으로 간주되었었다. 덜레스는 다음과 같이 경고했다. "한국이 무고하게 무력공격을 받고 있는데 수수방관하면 연쇄적으로 사건이 발생하는 재앙이 시작되고 이는 세계전쟁으로 이어질 확률이 높다." 케넌조차도 다음과 같이 인정했다. "이 사태가 소련의 목적과 위신에 유리하게, 그리고 우리에게 불리하게 전개되면, 동서 갈등이 발생하기만 하면 어느 지역이든 부정적인 영향을 받게 된다." 중국을 "상실"하고 나서 여전히 위축되어 있고 뮌헨에서 얻은 "교훈"에 가슴앓이를 하고 있던 나라에게 한국은, 한국이 지닌 군사 – 전략적 의미와는 상관없이, 미국이 결연한 의지를 보여줄 상징적 사태가 되었다. 대통령은 9월 라디오와 텔레비전으로 다음과 같은 대국민 연설을 했다. "한국에서 도발행위가 성공하도록 내버려두면 다른 곳에서도 새로 공격행위가 발발할 빌미를 제공하게 된다. … 다른 지역에서 자유가 절멸한다면 우리 자신도 자유를 계속

---

◎ 한국에서는 공식적으로 "6·25 전쟁"으로 표기하지만 원문에 "Korean War"로 되어 있으므로 "한국전쟁"으로 번역했다 – 옮긴이.

누리리라고 기대할 수 없다."47)

　　북한의 남침은 또한 미국의 핵전력이 우월해도 소련은 대리전을 일으킬지도 모른다는 NSC-68의 가정 - 케넌도 동의한 가정 - 이 옳음을 확인해주었다. 한국에서 소련이 달성하려는 목적이 무엇인지에 대해서는 의견이 분분했다. 돌발사태가 일어나도 미국이 응수하지 않으리라고 러시아인들이 예상한 지역에서 미국에게 그저 모욕을 주려는 게 목적일지도 몰랐다. 훨씬 필수적인 지역으로부터 미군을 유인해낸 다음 그 지역을 침공하려는 속임수일 수도 있었다. 아니면 미군을 주변부 전역(戰域)에 묶어두어 필수적인 이익이 걸려 있는 지역에서 행동할 워싱턴의 역량을 약화시키려는 일련의 행동 가운데 하나인지도 몰랐다. 어느 가정이 맞든 상관없이, 애치슨이 7월에 각료들에게 말한 바와 같이 다음과 같은 합의는 있었다. "현재 세계는 극도로 위험하고 긴장이 고조된 상황에 처해 있다. 소련의 야망이든, 한국에서 전개되는 사건들로부터 탄력을 받아서든, 이 상황은 총체적인 적대감까지 포함해서 그러한 적대감으로까지 발전할 가능성이 있는 도발행위들이 새로 발생하는 사태에 미국이 직면하게 만들 수 있다."48)

　　마지막으로 한국전쟁은 기존의 군사력만으로는 적절치 않다는 NSC-68의 주장을 뒷받침해 주었다. 미국은 핵무기만으로는 제한된 도발행위를 억제하지 못하며 모든 우발사태에 대응할 재래식 수단이 없다는 주장 말이다. "우리에게 위협에 맞설 역량이 없다는 사실을 세계만방에 알리고 있다."라고 애치슨은 각료들에게 경고했다. 유럽에서는 소련이 공격하면 미국이 대응할 역량이 있는지에 대해 구체적으로 의문을 제기하고 있었다. 미국은 한국의 위기에 대응하기에 비교적 유리한 위치에 있었다. 육해공군이 가까이 주둔하고 있었기 때문이다. 그러나 이는 독특한 상황이었다. 애치슨은 상원 외교위원회에서 다음과 같이 인정했다. "소련이 그리스에서 도발을 했다고 해도 우리는 속수무책일 것이다. 그리스로부터 1천마일 이내에 조차도 군대가 없으니 말이다. 이란에서 도발했다면 우리는 아무런 대응도 못했을지도 모른다. 베를린이라면 발만 동동 구르고 있을지도 모른다." 그는 훗날 다음과 같이 지적했다. "부적절한 수단으로나마 방어선을 구축하고 어느 곳을 통해 그 선을 넘어오는지 막연하게 추측이나 해야 했다. 그 결과는 놀라울 정도로 긍정적이었지만 이런 식으로는 이길 수 있는 팀은 없다."[49]

한국에서 미국의 전략은 NSC-68의 취지에 부합했다. 이 문서에 내재된 모순까지도 일정 부분 그대로 나타날 정도까지 말이다. NSC-68은 도발이 발생하면 어디서든 대응해야 한다고 주장했지만, 불필요하게 확전시키면 안 된다고 했다. 확전을 막으려는 노력은 한국전에 대한 미국의 반응에서 두드러지게 나타났다. 한국전은 전투의 범위에 지리적 제약을 가하고, 중국 국민당 군대를 동원하지 않기로 결정하고, 심지어 미국 행정부의 수사에까지도 영향을 미쳤다. 행정부는 "경찰 행동" 외에는 한국전을 그 어떤 식으로도 규정하지 않으려 했고, 러시아인에게 직접적인 책임이 있다는 언급도 삼갔다.[50] 국방부 전략가들은 소련과의 전쟁이 일어날 가능성은 있다고 인정하면서도 그 시기와 장소는 한국전은 아니라는 입장이었다. 합동참모본부는 7월 이에 대해 다음과 같이 지적했다. "우리의 전략적 중요성이 미미한 지역에서, 그것도 소련이 선택한 지역에서, 소련에 맞설 대규모 군사력을 동원하는 전략은 미국에게 군사적으로 바람직하지 않다."[51]

그러나 확전 방지의 필요는 "신뢰"라는 요건과 비교해서 그 비중을 판단해야 했다. "신뢰"는 NSC-68이 확전 방지 못지않게 두드러지게 강조한 우려 사항이었다. 남한과 북한 사이에 인위적으로 그어진

정치적으로 민감한 경계선인 38선과 관련해 이 딜레마가 선명히 나타 났다. 군사작전을 38선 이남으로 제한하기가 전술적으로 어려울 뿐만 아니라 미국이 나약하다는 인상을 세계에 심어줄지도 몰랐다. 국무성 동북아국장 존 M. 앨리슨(John M. Allison)은 다음과 같이 경고했다. "소련을 자극해 전쟁을 일으키는 사태를 모면하려고 건성으로 만든 비 겁한 정책이 유화정책이다. 분명한 도덕적 원칙을 훼손하고 도발해 봤 자 아무런 이득이 없다는 우리의 입장을 분명히 할 의무를 저버림으로 써 우리가 얻는 이득이 뭔지 모르겠다."[52] 그러나 38선을 넘으면 소련 이나 중국이 개입할 위험을 감수해야 하고, 그렇게 되면 확전되기 십 상이었다. 케넌을 비롯해 여러 사람들이 이 가능성을 끊임없이 경고했 다. 케넌은 그런 사태는 유엔군이 북한에 진입하기 전에 일어날지도 모른다고 생각했다.[53]* 그러나 군사적으로 필요하다는 요구에 따라, 신뢰를 잃게 된다는 압박을 견디지 못하고, 심지어 어느 시점에서는 북한이 "해방"되면 베이징과 모스크바 간의 관계가 틀어질지 모른다는 일말의 희망을 안고, 국가안보회의와 대통령은 소련이나 중국의 반격 을 촉발하지 않고 38선보다 훨씬 북쪽에서의 군사작전을 신중히 수행 할 것을 각각 승인하고 재가했다.[54] 이 전략에는 여러 가지 위험이 내 포되어 있다고 애치슨은 인정했지만, "주저하거나 나약해 보이면 야기 될 위험이 더 크다."라고 말했다.[55]

　　물론 이 도박은 먹혀들지 않았다. 결과적으로 1950년 11월 말 중 국이 개입하면서 미국 행정부의 유연하되 제한적인 대응 전략은 큰 시 험대에 올랐다. 완전철수에서부터 만주와 중국으로의 확전에 이르기

---

* 그러나 이 전에 케넌은 38선 북쪽에서 미국이 군사행동을 할 가능성을 배제하지 않았 었다. (다음 자료를 참조하라. Kennan, *Memoirs: 1925-1950*, pp.487-88; *FRUS:1950*, I, 326.)

까지 다양한 공식 반응이 쏟아졌고, 심지어 원자폭탄 사용 가능성까지 제기되었다. (맥아더 장군은 이러한 제안들을 동시에 이행하는 방안을 지지한 것으로 보이는데, 이는 워싱턴에 있는 그의 상사들을 헷갈리게 했다.)[56] 그러나 애치슨은 다음과 같이 주장했다. "남한을 포기하면 우리는 역대 최고의 비겁자가 되는 반면, 중국에 보복을 하면 러시아인을 이 지역에 끌어들여 미국에게 불리한 상황이 초래될지 모른다." 합참은 "한국은 중요한 전쟁을 치르기에 마땅한 장소가 아니다."라고 주장했다.[57] 난상토론 끝에 38선이나 38선 가까이에 있는 전선을 안정화하되, 북한을 "해방"하려는 추가조치나 국경너머로 확전하는 조치는 취하지 않기로 결정했다. 일단 그 목표가 달성되고 나면 행정부는 협상을 통해 휴전을 타결하기로 했다.[58]

미국 관료들은 이러한 협상에 NSC-68에 버금갈 만큼이나 조심스럽게 접근했다. 1951년 1월 애치슨은 유엔의 휴전 결의안을 지지한다는 "극악무도한" 결정을 내렸다. 훗날 그는 그러한 결정을 내리고나서 중국이 이를 거부하기를 "간절히 바랐다."[59] 중국은 미국의 희망을 저버리지 않았고, 따라서 NSC-68이 주문한 대로 미국은 합리적이고 미국의 적은 고집불통이라는 인상을 주는 데 성공했다. 몇 달 후행정부는 한국에서의 군사적 상황이 적보다 미국에게 유리하지는 않더라도 최소한 적의 처지에 견줄 만한 상황에 도달했다고 판단했고, 따라서 러시아인들이 6월에 (국무성이 은밀히 촉구한 후 케넌을 중재자로 내세운 끝에) 휴전협상을 제안하자 미국은 다시 이 제안을 받아들였다. 이번에는 진심이었다.[60] 양측은 즉시 비타협적인 입장을 취했고, 그 입장에서 한 발도 물러나지 않았으며, 결과적으로 북한과 중국 공산주의자들과의 전쟁도 휴전회담도 트루먼 행정부가 퇴임하고 일 년반이 지나도록 판문점 천막 안에서 여전히 지루하게 진행되고 있었다.

그러나 대통령과 그의 참모들은 미국이 대리전과 확전의 유혹을 뿌리칠 역량이 있음을 과시했다는 데 만족했고, 그 점에서는 그들의 전략이 NSC-68과 부합했다.

그러나 한국전쟁의 여파는 한반도 너머까지 미쳤고, 보다 폭넓은 의미에서 NSC-68은 상당한 영향력을 행사했다. 국방예산에서 그 효과가 가장 극적으로 나타났다. 1950년 4월 NSC-68을 검토하고 난 후에도 트루먼은 1951년 7월 1일에 시작되는 1951 회계연도의 국방비 상한선을 135억 달러로 제한하겠다는 입장을 고수하고 있었다. "내년 국방비는 올해보다 줄어들고, 우리는 앞으로도 지속적으로 국방비를 삭감할 예정이다."61)* 이는 한국 상황 때문에 완전히 바뀌었다. 한국 상황은 NSC-68에 담긴 예산 관련 주장이 이론의 영역에서 현실적인 필요의 영역으로 바뀌는 데 필요한 충격이 되었다. 애치슨은 7월 14일 각료들에게, 대통령은 "군사비를 요청해야 하고, 금액이 많고 적음이 문제라면, 지나치다 싶을 정도로 요청해야 한다."62)라고 말했다.

트루먼은 주저하지 않고 이 조언을 받아들였다. 7월 19일 그는 의회에 국방예산을 100억 달러 증액해 달라고 요청했고, 뒤이어 8월 1일 군사지원으로 40억 달러를 추가로 요청했으며, 8월 4일에 다시 국방비 160억 달러, 12월 1일에도 같은 목적으로 168억 달러를 더 요청했다. 의회가 승인한 1951년 회계연도 국방예산은 최종적으로 482억 달러에 달했다. 본래 백악관이 요청한 135억 달러의 257퍼센트에 달하는 액수였다.63) 1950년 말 경제자문위원회가 예측한 바에 따르면, 제안한 대로 군비증강을 계속하면 1년 안에 국방비로 연간 700억 달러

---

* 국방장관 루이스 존슨은 1950년 6월 5일까지도 국방비가 인상되지 않으리라고 예상한다고 애치슨에게 말했다. (루셔스 배틀(Lucius Battle)의 제안서에 수록된, 1950년 6월 5일 애치슨과 존슨의 전화 통화 내용, Acheson Papers, Box 65, "Memoranda of conversations: May-June, 1950.")

정도를 지출하게 되는 셈이었다. 이 정도 수준의 지출을 하려면 자동차 생산, 주택 건설, 라디오와 텔레비전 생산을 줄여야 했지만, 그런데도 카이절링은 "제시된 지출 안이 허리띠를 졸라매야 할 정도는 전혀 아니다."라고 역설했다. "'늘 해온 대로' 제시된 안과 '우리의 엄청난 경제적 재원을 우리의 자유를 지키는 일에 대거 투입하는 안' 사이 어디쯤"에 해당한다고 그는 생각했다.[64]

새로 증강된 군사력을 어떻게 활용할지에 대한 논의를 하게 된 워싱턴 관료들은 이익을 구분하기는 불가능하다는 NSC-68의 인식보다는, 한정된 재원을 아껴 써야 한다는 우려와 이에 따라 필수적 이익과 주변적 이익을 구분해야 한다는 케넌의 주장과 더불어 그가 제시한 비대칭 대응 개념으로 기우는 듯이 보였다. "소련이 이러저러하게 위장해서 도발을 감행하는 모든 지역을 일일이 방어하기 위해 군비를 증강해서는 안 된다는 게 우리의 입장이다."라고 각료 세 명은 8월 1일 존슨 국방장관에게 말했다. "그렇게 하면 우리는 전력을 엄청나게 낭비하게 된다." 그보다 일주일 앞서 애치슨은 상원외교위원회에 참석해 이를 인정하기까지 했다. 그는 그에게 질문한 헨리 캐벗 랏지(Henry Cabot Lodge) 상원의원의 말을 빌려 "세계 도처에 관여해야 하는" 구제불능의 처지에 놓이지 않으려면 미국은 러시아인들에게 추가로 영토를 양도해야 할지 모른다고 말이다. 그리고 8월 25일, 국가안보위원회는 다음과 같은 결론을 승인했다. "미국의 군비를 증강하고 준비태세를 강화하는 프로그램은 일시적으로 세계 긴장을 완화할 가능성과 단발적인 도발행위들과는 상관없이 진행되어야 한다, 후자가 전쟁이 임박했다는 증거가 되지 않는 한 말이다."[65]

1941년의 경우와 마찬가지로, 전쟁이 발발하기 한참 전에 이미 주적에 맞설 군비를 유럽에 집중하는 결정이 내려졌다. 동아시아에서 어떤 일이 벌어지든 상관없이 말이다. "현시점에서 우리의 주요활동 영역은 유럽이어야 한다."라고 애치슨은 5월 상원외교위원회에서 말하면서 다음과 같이 덧붙였다.

우리는 세계 도처에 무차별적으로 난사할 여력이 없다. 그럴만한 실탄을 충분히 보유하고 있지 않다. 서유럽에서 무슨 일이라도 생기면 전체가 파탄이 나므로 우리는 서유럽에서 군비와 경제력을 증강하는 데 주안점을 두어야 하며, 아시아는 잠정적으로 보류한 작전으로 취급해야 한다. 이는 모든 지역에 똑같이 적극적인 조치를 취하기 바라는 많은 이들에게 흡족하지 않겠지만, 우리에게는 그렇게 할 여력이 없다.66)

행정부의 주의를 산만하게 했을 법한 한국은 오히려 행정부에게 아시아에서 군비를 증강하기보다 (적정한 수준의 불가피한 군비증강은 실제로 있었다.) 서유럽의 취약한 방어 상태를 강화할 기회로 보였다.

이러한 노력은 명확히 구분되나 서로 연결된 두 가지 형태를 띠었다. 하나는 1950년 9월에 내린 결정이다. 미군 4개 대대에서 6개 대대를 유럽에 파병해 NATO 방위군에 합류하게 하고 이를 미국인 – 드와이트 D. 아이젠하워(Dwight D. Eisenhower) 장군이 거의 확실시 되고 있었다 – 의 지휘 하에 두기로 했다.67) (아이젠하워는 실제로 12월에 그 직위에 임명되었다.) 애치슨은 영국과 프랑스 외교장관들에게, 이는 "미국 외교정책과 미국 국민의 태도의 혁명적 변화"라고 말했다.68) 그러나 이 결정은 미국 군사력이 상당히 증강될 때까지는 새로운 의무를 떠맡으면 안 된다는 국방부의 반대를 무릅쓰고 내려졌다.69) 국방부가 이 결정을 따르기로 하면서 치르게 된 대가가 미국이 내놓은 두 번째 제안이었다. 서독을 재무장시키고 서독 군을 NATO 방위조직에 편입

시키는 일이었다.[70] 그 후 5년 동안 미국의 외교는 독일인에 대해 서
유럽인들이 과거에 품었던 공포심을 지금 당장 뼈저리게 와 닿는 소련
에 대한 공포심보다 누그러뜨려야 한다는 민감한 문제를 중심으로 펼
쳐졌다. 그러나 밑바탕에 깔린 전략적 개념은 한국에서 중국의 개입에
직면한 상황에서도 변함없이 그대로였다. 애치슨은 그 후 12월에 "우
리의 주적은 소련이지 중국이 아니라는 사실"을 명심해야 한다고 말했
다. 따라서 영국, 서유럽, 그리고 지중해를 방어해야 할 필요가 있고,
"이 지역들을 지키지 않으면 소련에 맞서야 할 때 작전을 수행해야 할
근거지가 없는 상황에 처하게 될 뿐만 아니라 엄청난 잠재적 힘을 적
에게 넘겨주는 꼴이 된다."[71]

　　애치슨의 말이 의미한 대로, 이익의 우선순위를 유지하려면 위
협을 분명하고 엄격하게 정의해야 했으나 행정부는 이를 유지하는 데
실패했으며, 그 실패는 공산주의 중국 상황과 관련해 가장 두드러지게
나타났다. 애치슨 본인은 중소 갈등의 가능성에 여전히 촉각을 곤두세
우고 있었다. 맥아더 장군이 이끄는 군사력이 압록강을 향해 진군하는
동안에도 그는 중국인들에게 미국의 취지는 평화라고 끊임없이 다짐
하다가 (심지어 미국이 "평화적인 방법으로 국경의 강을 개발했던 사례"[72]
- 기억력이 짧은 사람만이 믿을 사례 - 까지 들먹이면서) 행정부 내의 다
른 관료들과 더불어 소련 제국주의가 중국에 어떤 위협이 되는지 경고
하는 지경에까지 이르렀다. 그의 참모 가운데 한 사람이 중국이 한국
을 상대로 전면적인 공격을 감행하기 전날 지적한 바와 같이, "우리가
추구하는 목적은 물론 소련과 중국 사이의 지속적인 동맹의 근간을 파
괴하는 일"이었다.[73]

　　그러나 이와 동시에 트루먼 행정부는 안 그래도 미국을 의심하
는 중국인들이 완전히 등을 돌리게 만들 행동들을 지원해 왔다. 그 가

운데 하나가 6월 27일에 발표한, 제7함대를 파견해 대만해협을 순찰하
겠다는 결정이었다. 행정부는 한국전쟁 때문에 군사적 필요에 따라 취
한 조치일 뿐 궁극적으로 대만을 미국이 관리하겠다는 뜻은 아니라며
이 조치를 정당화했지만, 베이징은 이를 장개석을 지원하는 미국정책
이 오랫동안 지속되어 왔음을 확인해 주는 조치로 보았다.[74] 장기적인
전략에 부합하지 않은 또 다른 전술적 조치는 행정부가 좋은 취지에서
북한 남침의 직접적인 책임이 러시아인에게 있다고 주장하지 않으려
고 애썼다는 점이다 – 그런데 야릇하게도 "소련"이 아니라 "공산주의
자"를 한국 침략의 주체로 규정함으로써 베이징도 이에 공모했다는 인
상을 더 강하게 풍기게 만들었다.[75] 마지막으로 유엔군을 38선 이북에
파병하기로 한 결정은 전쟁을 확대하려는 의도가 아니라 물론 신뢰와
위신 때문이었지만, 그럼에도 불구하고 확전시키는 효과를 낳았다. 이
가운데 어느 행동도 특별히 중국을 겨냥하지 않았다. – 제7함대를 배
치한 이유도 베이징이 장악한 대만에 소련이 공군기지를 설치할 가능
성이 있다고 우려했기 때문이었다.[76] 그러나 돌이켜보면 그러한 행동
들이 어떤 결과를 낳았는지 명확하다. 일찍이 1950년 8월 케넌이 예상
한 바와 같이 "서로 경쟁 관계인 중국의 두 정권에 대한 우리의 정책은
중소 관계를 약화시키기는커녕 거의 확실히 오히려 강화"시키는 결과
를 낳았다.[77]*

　　11월 중국이 한국전쟁에 참전하면서 모스크바와 베이징을 갈라
놓을 희망은 당분간은 사라져 버렸다. 애치슨은 11월 28일 국가안보회
의에서 중국은 그동안 죽 한국에 개입해 왔지만 "그 뒤에는 늘 소련이
있었다는 게 훨씬 심각하다. 우리는 한국을 따로 떼어서 보지 말고 우

---

* 그러나 케넌은 대만을 중립화하는 결정을 지지했다는 점을 지적해야 한다.

리의 적으로서 소련이 세계에서 직면하고 있는 사안의 맥락에서 생각
해야 한다."라고 말했다.[78] "쐐기 박기" 전략은 당분간 사망선고를 받
았지만, 영국 총리 클레멘트 애틀리(Clement Attlee)가 12월 초 워싱턴
을 방문하는 동안 이 전략에 대한 깜짝 부검이 실시되었다.

애틀리는 중국이 한국전쟁에 개입했지만, 베이징과 모스크바 사
이에는 상당히 이견이 존재하고 이는 서로에 대한 적대감을 조장한다
고 주장하면서 쐐기 박기 전략에 대해 말을 꺼냈다. "중국인들은 강경
한 마르크스주의자다. 그러나 그들은 소련처럼 제국주의자들은 아닐
가능성이 있다. 티토주의가 등장할 가능성도 있다." 애틀리는 "중국을
상대로 아무 효과도 거두지 못한 채 중국에게 유일한 친구라고는 러시
아밖에 남지 않는 그런 정책을 추구"하는 게 현명한지 의문을 제기했
다. 애치슨은 애틀리의 분석에 동의하지 않을 미국 관료는 거의 없다
고 인정했다. 그는 쐐기 박기 정책을 제시했다가 자기보다 "난타"를
당한 사람은 없다고 하면서도, 그러나 "정확한 분석인지 여부가 아니
라 그 분석을 바탕으로 행동을 취하는 게 가능한지 여부가 관건"이라
고 말했다.

애치슨은, 중소 분열은 먼 미래의 얘기지만, 동아시아에서의 군
사적 문제는 시급하다고 설명하면서 다음과 같이 덧붙였다. "10년이나
15년 후면 중국의 태도가 변할지 모르지만 우리에게는 그만한 시간이
없다. … 머나먼 미래의 중국에 희망을 걸고 당장 미국의 안보에 영향
을 끼칠 선택을 한다면 손해 보는 장사다." 게다가 미국인들의 태도도
염두에 두어야 한다. 지역에 따라서 선택적으로 무력을 쓰는 정책을
지지할 행정부는 없다. "대중은 그러한 모순되는 정책을 알아차릴 정
도의 지력은 갖추고 있다." 마지막으로, 동아시아 사태는 세계 도처에
서 일어나고 있는 일들과 별개가 아니다. 유럽 재무장은 지체되고 있

었고 프랑스와 독일 간의 이견은 여전히 해소되지 않고 있었다. NATO는 최고사령관과 군대 편제가 필요했다. 중국의 개입으로 "우리 국민들의 지지를 얻고 유일한 힘의 원천인 미국의 힘을 끌어다 쓸 승산이 생겼다. 미국이 이러한 노력을 견지하는 게 대단히 중요하다." 트루먼은 애치슨의 주장에 동의했지만, 애치슨과는 달리 그 특유의 간결한 말투로 동의를 표했다. 그는 애틀리에게 다음과 같이 말했다. "중국은 러시아의 위성국가이고 현 페이핑(베이징의 옛 이름 – 옮긴이) 정권이 집권하는 한 계속 위성국가로 남는다. … 물론 중국인들도 애국심이 있다. 러시아인들이 중국인들을 영원히 지배하지는 못하겠지만 그건 장기적인 안목에서 고려해야 할 일이지 지금 당장 우리에게는 도움이 되지 않는다."[79]

간단히 말해서 NSC-68을 구성하는 근본적인 요소들은 다음과 같았다. 서구진영은 취약하다는 전제. 적들이 단기적으로 서로 협력해 행동하면 너무 위험하므로 그들 사이가 벌어질 때까지 기다릴 수 없다는 두려움. 동맹을 강화하는 노력이 적들과의 이견을 해소하는 노력보다 선행해야 하며, 적이 지닌 적대감이 사실상 동맹을 강화하는 과정에서 도움이 된다는 확신. 미국인들은 이익의 우선순위 서열, 다양한 종류의 도발, 다양한 수위의 대응을 일일이 구분하고 파악할 수 있을 만큼 정교한 지식을 갖추고 있지 않다는 믿음, 신뢰는 그 자체가 추구해야 할 목적. 트루먼 행정부는 한국에서 제2의 적과의 주변부 전쟁에 휘말려 발이 묶이는 불상사는 만들지 않겠다고 다짐했지만, 바로 그 불상사가 일어났다. 그리고 그 불상사가 일어난 이유는 NSC-68의 전제조건들이 본래의 봉쇄정책을 압도하고 수정하게 되었기 때문이 아닌가 싶다.

## VI

그러나 NSC-68 식의 봉쇄도 행정부 안팎에서 난관을 피해 가지 못했다. 이 전략에 대한 심각한 문제가 제기되었는데, 공화당의 "독자주의자들"*의 목소리가 가장 두드러졌다. 더글러스 맥아더 장군, 로버트 A. 태프트(Robert A. Taft) 상원의원, 그리고 허버트 후버(Herbert Hoover) 전 대통령을 추종하는 이들이었다. 그러나 정작 훨씬 효과적으로 문제를 제기한 이들은 존 포스터 덜레스를 중심으로 한 공화당의 "국제주의자들"이었고, 트루먼 행정부 내부로부터도 상당히 강한 목소리가 흘러나왔다. 세부 사항에는 이견이 있었지만, 이 모든 비판은 하나같이 행정부의 전략이 주도권 상실을 뜻하고, 기약 없이 지속될 게 뻔한 일에 비용을 점점 더 많이 쏟아붓게 되며, 그 전략이 보호해야 하는 사회에 미칠 파장을 우려한 데서 비롯되었다.

맥아더의 비판은 유럽이 아니라 아시아가 냉전의 승패를 가르는 결정적인 전역(戰役)이 되었다는 그의 견해를 행정부가 공유하지 않았다는 사실이 주를 이루었다. 그는 1950년 12월 다음과 같이 불만을 토로했다. "이 유럽 애호가 무리는 공산주의자가 자기 위력을 시험할 장소로 선택한 지역이 아시아이고, 아시아가 전멸하면 유럽은 – 미국이 지원하든 말든 상관없이 – 가망이 없다는 사실을 인정하려 들지 않는다." 맥아더는 이러한 견해를 바탕으로 다음과 같은 결론을 내렸다.

---

* "고립주의자"나 "신고립주의자"라는 용어가 더 흔히 쓰이는데 나는 이 용어를 선호한다. 이 독특한 유형의 "고립주의"는 해외에서, 특히 아시아에서 미국이 관여하는 범위를 제한하기는커녕 오히려 확대했을지도 모르기 때문이다. 이 현상에 대해 총체적으로 알고 싶다면 다음 자료를 참조하라. Norman A. Graebner, *The New Isolationism: A Study Politics and Foreign Policy Since 1950* (New York: 1956).

미국은 스스로에게 가한 군사행동 억제 정책을 포기하고, 중국 본토를 봉쇄하고, 한국과 그 밖의 지역에서 중국 국민당 인력을 이용하고, 중국 내의 산업시설 목표물들을 폭격하고, 필요하다면 한국에서 철수하고 보다 유리한 지역에서 공격태세를 취할 준비를 해야 한다. 그는 중국인들은 이미 전면전에 돌입했다고 주장했다. 러시아인들은 자기들 이익을 지켜야 할 때만 싸울 텐데, 러시아인들의 이익이 반드시 중국인들의 이익과 일치하지는 않았다. 이 길을 선택하지 않으면 미국은 "어영부영 전쟁에 엮여서 한국에서의 입장을 견지함으로써 치러야 하는 대가는 장기적으로 볼 때 통상적인 전선을 따라 싸우는 경우보다 말 못할 정도로 훨씬 크다"고 보았다.[80]

맥아더는 분명한 공식적인 명령에 맞서 공개적으로 이러한 자신의 견해를 끊임없이 표명하다가 결국 1951년 4월 전격 해임되었다. 이와 관련해 상원 외교위원회와 군사위원회 합동으로 열린 의회 청문회에서 맥아더 장군과 행정부는 열띤 설전을 주고받았다. 맥아더는 증언을 통해 자신의 신념을 분명히 밝혔다. 그는 워싱턴이 한국에서 실행하는 전략은 그곳에서 달성하고자 하는 목적에 정면으로 위배된다며 다음과 같이 말했다. "이 나라의 이익은 우리 병사들의 생명을 보호함으로써 지켜진다. 수십만 명도 더 되는 미국인들의 목숨을 희생할 게 뻔한 기약 없는 전쟁에 어영부영 말려들어 간다고 지켜지는 게 아니다." 맥아더 장군은 다음과 같이 주장했다. 전쟁은 일종의 "상호 자살" 형태를 띠게 되었고, 택한 자살방법은 "전쟁이 기약 없이 계속되도록 내버려두어 사회의 결속력을 파괴해 버리는 방법"이었다." 맥아더의 주장이 지닌 취약점은 전쟁을 확대해 전쟁을 막자는 셈이었다는 사실이다. 질병보다 처방이 더 극악하다고 많은 이들이 생각했다. 청문회에서 가장 기억에 남을 발언은 오마 브래들리가 했다. 그는 감탄을 자아낼 정도로 정확하게 다음과 같이 정곡을 찔렀다. "이 전략을 추진하면 우리는 엉뚱한 시기에 엉뚱한 장소에서 엉뚱한 적과의 엉뚱한 전쟁에 휘말리게 된다." 애치슨은 이보다 더 일목요연하게 말했다. "우리 정책의 취지는 전쟁을 막는 데 있지 일으키는 데 있지 않다."[81]

행정부는 이들의 주장을 통해 맥아더의 권고를 일축하는 데 성공했지만, 그가 그런 권고를 하게 만든 까닭, 즉 커다란 손실을 볼 기약 없는 지상전에 대한 공포는 일축하지 못했다. 이러한 공포를 근거로 공화당은 1951년과 1952년 행정부의 외교정책에 대해 맹공을 퍼부었다. 후버 전 대통령이 1950년 12월 말 공격의 수위를 정했다. 그는 유럽에 추가 파병하는 계획에 반대한다면서 대륙의 전장(戰場)에서 공산주의자 군대를 상대하면 한정된 경제 재원을 낭비하게 될 뿐만 아니라 "미국 청년 수백만 명을 죽음에 몰아넣고 결국 서구 문명의 끄트머리인 이 지브롤터 해협에서 지쳐 쓰러지게 된다." 그 대안은 미국의 힘 ─ 공군력과 해군력 ─ 을 이용해 서반구, 대서양과 태평양, 영국, 일본, 포르모사, 필리핀 등 도서 전초기지들을 장악하는 방법이었다. 대륙에 위치한 나머지 비공산주의 지역들은 일차적으로 스스로 방어할 자구책을 마련해야 한다. 유라시아 대륙 전체가 소련의 지배하에 들어가도 미국의 안보 이익을 심각하게 훼손하지 않는다는 의미가 담긴 전략이었다. "우리가 모스크바에 도달하기 어려운 만큼 그들도 워싱턴에 도달하기 힘들다."[82]

행정부 정책에 대해 훨씬 온건하지만 훨씬 큰 영향을 끼친 비판은 태프트 상원의원에게서 나왔다. 그는 상원에서 가장 막강한 공화당 의원으로 손꼽혔고, 1952년 공화당 대통령 후보 지명전에서 선두주자였다. 1951년에 행한 일련의 연설에서, 그리고 그해 말 출간된 저서를 통해, 태프트도 기약 없이 지속되는 제한된 전쟁과 그러한 전쟁이 초래할 전략적 주도권 상실의 위험성을 경고했다. "군사전략의 제1원칙은 적에게 가장 유리한, 적이 선택한 전장에서 싸우지 않는다는 원칙이다" 태프트는 그러한 전략이 초래할 경제적 사회적 비용을 후버보다도 훨씬 강력하게 강조했다. "평시에 시장경제를 유지하고 물가인상을 유발하지 않고 국민의 관심사인 생활수준, 교육, 복지, 주거, 건강을 비롯한 다양한 활동 가운데 적어도 일부는 향상시키면서도 정부가 지출을 늘리는 데는 분명히 한계가 있다." "언제라도 전면전을 감행할 만반의 태세를 갖추면서도 여전히 국가의 토대가 되는 다른 목적들을 추구하기가 가능한 나라는 없다. 평시에 전면전을 준비하면 전쟁준비를 통해 보호하려는 대상인 바로 그 자유를 철저히 파괴하게 된다."

그러나 태프트의 제안에는 중요한 모순이 있었다. 후버와 마찬가지로 그는 유라시아 대륙에서 지상전에 관여하는 데 반대했고, 공군력과 해군력에 더 의존하되 동맹국들에 대한 의존을 줄이라고 요구했고, 도서 지역 거점 개념에 동의하는 듯이 보였다. 그러나 결국 그는 4개 대대를 NATO에 추가 파병하는 행정부의 결정을 지지하게 되었고, 1951년 봄과 여름 동안에는 아시아에서 확전해야 한다는 맥아더의 처방 쪽으로 기우는 듯했다. 이러한 모순이 나타난 이유는 아마도 국내 정치적 고려를 했기 때문일 가능성이 매우 높다. 태프트는 공화당 대통령 후보로서 자신에 대한 지지를 최대한 이끌어내기로 마음먹었는데, 그런 지지를 얻기 위해서는 이따금 원칙을 굽히기도 하는 정치인의 행태로부터 그 또한 자유롭지 못했다. 그래도 태프트가 확고한 입장을 견지한 사안이 하나 있는데, 이에 대한 그의 시각은 맥아더와 후버의 시각뿐만 아니라 케넌의 시각과도 일치했다. 그것은 그동안 트루먼 행정부가 목적과 수단의 관계를 다루어 온 방식보다 훨씬 치밀하게 목적과 수단의 관계를 다루어야 한다는 시각이었다. "현명치 못하고 지나치게 야심만만한 외교정책, 특히 우리 능력 이상으로 뭔가를 하려는 시도는 결국 우리 군을 파괴하고 미국 국민의 자유를 위협하게 된다."[83]

맥아더, 후버, 태프트의 "독자주의"는 공화당 내에서 "국제주의자"와 불편한 동거를 이어갔다. "국제주의자" 시각을 지닌 인사들은 전 뉴욕 주지사이자 1944년과 1948년 공화당 대선 경선에 출마했다가 고배를 마신 토머스 E. 듀이(Thomas E. Dewey)와 아서 H. 반덴버그(Arthur H. Vandenburg) 추종자들이었다. 이들 또한 미국이 주도권을 상실하고 전쟁비용이 급증하는 사태를 우려했지만, 유라시아 대륙 전역을 포기하거나 유럽보다 동아시아를 우선해야 한다는 주장은 차마 받아들이지 못했다. 1952년 무렵 존 포스터 덜레스는 이들의 대변인으로 부상했다. 어찌 보면 그는 외교정책에서 초당적 협력을 상징하는 인물이었고, 당과 국무성 및 유엔을 오가며 대선 기간 동안은 당무를 맡다가 그렇지 않을 때는 국무성과 유엔관련 업무를 맡았다. – 당시 막 맡았던 일이 일본과의 평화협정 관련 업무였다. 그러나 덜레스는 1952년 초 행정부와의 관계를 단절하고 그해 5월 트루먼 – 애치슨이 봉쇄전략에 접근하는 방식을 신랄하게 비판하는 글을 발표했다. 「라이프(Life)」 잡지에 실린 "무모한 정책"이라는 제목의 글이었다.

덜레스는 기존의 정책을 추진하는 데 드는 비용에 대한 "독자주의자"의 불만으로 말문을 열었다. "막대한 지출"이 예산 불균형을 초래하고 달러 가치를 떨어뜨리고 경제 유인책에 찬물을 끼얹고 있다. 게다가 군사 문제에 집중하면 안으로는 국민의 자유를 위협하고 밖으로는 소중한 동맹국들을 겁에 질리게 만든다. 이러한 노력이 결실이라도 맺으면 이 모두를 견뎌낼 수 있었을지 모르지만, 그렇지가 않았다. "현재의 부정적인 정책으로는 소련 공산주의가 지속적으로 전개하는 종류의 도발을 절대로 끝내지 못하며, 위험을 해소하지도 못하고, 우리의 경제적 정치적 도덕적 활력을 삼켜버릴 헛수고에서 벗어나지도 못한다. 우리 정책은 제자리를 맴도는 정책으로서 잘해 봤자 제자리를 맴돌다가 결국 지쳐 쓰러지게 된다." 미국과 그 동맹국들이 물질적 역량과 도덕적 역량 면에서 모두 월등하다는 데는 의심의 여지가 없었다. 공산주의자 지도자는 국민을 억압해야 한다고 생각하는데 그 자체가 자신의 체제에 대한 깊은 열등감을 반영했다. 그러나 러시아인과 그들의 위성국가들(덜레스는 중국도 이 부류로 분류했다)이 인력과 내부 국경선 면에서 단기적으로 우위를 점하고 있는 것은 사실이었다. "우리는 2만 마일 길이의 마지노선을 구축할 역량도, 붉은 군대에 대적할 군사력을 구축할 역량도 없다. 우리는 그들이 언제 어떤 장소를 선택하든 인력에는 인력으로, 총기에는 총기로, 탱크에는 탱크로 맞대응할 여력이 없다."

덜레스가 내놓은 해법은 비대칭이었지만 독특한 종류의 비대칭이었다. "자유진영은 붉은 군대가 대놓고 도발하면 즉각 보복할 의지를 기르고 수단을 마련해야 한다. 그래서 붉은 군대가 어디서 도발하든 우리가 선택한 방법으로 그들의 약점에 반격을 가할 역량과 의지를 보여야 한다." 이를 가장 효과적으로 달성할 방법은 원자폭탄과 이를 운반하는 데 필요한 전략적인 공군력과 해군력이었다. 그러한 도구들은 "공개적 도발이 시작되기도 전에 저지하고 전면전의 위험을 말끔히 제거할 공동체 힘을 조직화할 새로운 가능성을 조성해 주었다." 지금까지는 오로지 전면전을 목적으로 한 전략적 무기만 개발해 왔다. 그런데 그러한 무기가 기존의 전략보다 훨씬 적절한 수준의 비용만으로도 그러한 전면전을 예방할 잠재력을 지녔다는 사실은 간과되어 왔다. "전면전이라는 참사가 발생한다면 이는 우리가 이러한 어마어마한 새

힘을 정치가의 손에 쥐어주어 평화를 방어하는 정치적 무기로서 효과를 발휘하도록 하지 않고 군인이 그저 평범한 살상용 도구로 쓰게 내버려두었기 때문일 것이다."[84]

트루먼 행정부는 이러한 비판에 직면하여 공개적으로 자신의 입장을 변호했다. 1952년 3월 트루먼 대통령은 라디오와 텔레비전으로 중계된 대국민 연설에서 "진정으로 우리 안보를 위협하는 요인은 파산의 위험이 아니다."라며 다음과 같이 말했다.

안보를 위협하는 요소는 공산주의자가 도발할 위험이다. 공산주의가 자유로운 나라들을 하나씩 차례로 흡수하게 내버려 두면 우리는 우리의 물자 공급원으로부터 단절되고 우리 친구들로부터 떨어지게 된다. 그렇게 되면 우리는 정말로 우리 경제를 파산시킬지도 모르는 방어조치를 취해야 하고, 우리의 삶은 더 이상 미국적이라고 보이지 않을 모습으로 바뀌게 된다. 우리는 바로 이러한 상황의 발생을 미연에 방지하려고 한다.

그리고 4월에 또 다시 다음과 같이 말했다. "우리의 국가안보 정책을 수행하는 데 드는 비용이 어마어마해서 경제를 파산시킨다는 주장은 사실이 아니다. 정 반대로 우리 경제의 민간부문은 과거 그 어떤 시기보다도 튼튼하다." 대통령은 특유의 독설로 공화당이 주장하는 예산 삭감은 "허튼소리"라고 결론 내렸다.[85]

그러나 행정부 관료들은 정부 정책을 비판하는 이들이 표한 많은 우려사항들에 대해 오래전부터 내심 공감하고 있었다. 일찍이 1950년 7월 애치슨은 폴 니츠에게 다음과 같이 지적했다. 중국이나 소련이 한국에 개입한다고 해도 미국은 한국에서 버티는 수밖에 없지만 어마어마한 대가를 치러야 하며, 다른 지역에 필요한 군대의 발이 한국에 묶이게 되며, 국내적으로 그 정책을 정당화하기가 힘들게 된다고 했다. "다시 말해서, 버지니아 주민들 말마따나, 새끼도 못 낳는 수망아지를 샀다." 11월 무렵, 니츠 본인도 NSC-68이 요구한 군사력을 갖추려면 "어마어마한 비용"이 들겠다며, "필요하다면 과격한 조치를 취해서라도 전투부대 지원에 드는 어마어마한 비용을 줄일 방법이 없을까?"라고 우려를 표했다. 애치슨은 아시아에서 언제 끝날지 기약 없는 지상전에 빨려 들어갈 위험을 뼈저리게 의식하고 있었다 - 트루먼은 한국에 중국이 전면적으로 개입한 날 열린 국가안보회의에서 애치슨이 "밑 빠진 독에 물 붓다가 등골 빠지게 된다."라고 말했다고 기억한다. 그로부터 며칠 후 애치슨은 합참에 다음과 같이 경고했다. "정말 큰 문제는 우리가 엉뚱한 나라와 싸우고 있다는 사실이다. 진짜 적인 소련은 놔두고 2진과 싸우고 있다."[86]

이러한 우려로 1951년 봄 동아시아 전략에 대한 대대적인 재검토가 시작되었고, 그 결과 트루먼 행정부는 공개적으로 맥아더의 권고안을 반박하려던 바로 그때 그 권고안과 놀라울 정도로 입장이 비슷해졌다. 맥아더 청문회가 여전히 진행 중이던 1951년 5월 17일, 트루먼 대통령은 NSC-48/5를 재가했다. 아시아 정책을 총체적으로 재점검한 이 문서는 한국에서 전쟁을 치르는 데 제약이 존재한다는 사실을 인정하면서도 다른 지역에서 중국이 공세를 펼치면 미국은 다음 사항을 고려해야 한다고 했다.

1. 해군력과 공군력으로 중국 해안을 봉쇄한다.
2. 한국 밖에서 공산주의 중국이 보유하고 있는 목표물들을 선별해 이에 대한 군사행동을 감행한다.
3. 중국 국민당 군을 공격이나 방어에 참여시키고 그들이 효과적으로 임무를 수행하는 데 필요한 작전 지원을 한다.

1952년 1월 초 애치슨은 여기서 한 발 더 나아가 한국에서 중국
과의 휴전협상이 결렬되거나 중국이 휴전협정을 위반하면 미국은 중
국의 군사 목표물을 폭격하는 방안을 고려하고 있다고 영국 총리 윈스
턴 처칠에게 귀띔해 주었다. 브래들리 장군은 중국을 상대로 원자폭탄
을 사용할 의도가 미국에게는 없다고 하면서도, 다음과 같이 첨언했
다. "지금까지 적당한 목표물이 나타나지 않았기 때문이다. 어떤 식으
로든 상황이 바뀌어서 적당한 목표물이 나타나면 상황은 바뀌게 된
다."87)*

행정부가 "맥아더주의" 카드를 만지작거렸다는 사실은 확대해석
하면 안 된다. 맥아더 장군의 "아시아 우선" 전략을 승인하는 게 아니
었다. 중국인들과의 하염없는 갈등에 인력과 물자를 그만 쏟아붓고 유
럽에서 러시아인들을 봉쇄하는 훨씬 중요한 일로 복귀하겠다는 취지
였다. 그리고 가능하기만 하다면 한국에서 휴전협상을 하는 쪽보다 맥
아더의 전략을 선호했다는 징후도 보이지 않았다. 이는 협상이 실패할
경우나 다른 지역에서 도발행위가 발생했을 경우에 대비한 돌발상황
대책이었다. 그래도 여전히 대리전에 대칭적으로 맞대응하려다가 미
국은 자국의 군사력을 적재적소에 배치하지 못하게 되고, 그러한 입지
를 유지하는 데 필요한 비용을 감당하지 못하는 상황에 놓이게 된다고
공화당 의원들이 제기한 비판이 옳을지도 모른다는 의구심이 이 문서

---

* 흥미롭게도 NSC-48/5와 그 부속연구는 베이징과 모스크바 사이의 긴장관계를 이용
할 방법을 가장 자세히 다루고 있다. (*FRUS: 1951*, VI, 35, 47-52.) 그러나 애치슨이
처칠에게 설명한 바와 같이, "중국이 한국에 개입하면서 이러한 희망은 현재로서는
도달하기 불가능한 아주 먼 미래의 일이 되어버렸다. 이제 두 공산주의 집단 사이에
분열을 조장하기가 가능하다고 생각할 만한 시기가 오리라고 생각하지 않았고, 처칠
씨와 이든 씨도 이에 동의했다." (애치슨 제안서, 처칠과 영국 외무장관 앤서니 이든
(Anthony Eden)과의 대화. Washington, January 6, 1952, Acheson Papers, Box 66,
"Memoranda of conversations, January, 1952.")

에 반영되어 있다.

1951년 동안 유럽과 관련해서 가용 재원이 한계가 있다는 우려가 제기되었다. NATO 동맹이 경제회복을 위태롭게 하지 않고도 미국의 군비 증강에 준하는 비율로 군사비를 지출하기는 도저히 불가능하다는 점이 명백해졌기 때문이다. 그러나 행정부는 유럽을 포기하라는 공화당 우파의 충고를 따르지 않기로 했다. 대신에 제시된 군비 수준을 경제 역량에 걸맞은 수준으로 축소하는 데 합의했다. 애치슨은 1952년 1월 처칠에게 다음과 같이 말했다. 소련이 유럽을 공격할 위험은 어쨌거나 줄어들고 있었고, 따라서 "우리와 우리 동맹국들이 감당 못할 정도로 군비를 증강하느니보다 유럽에서 소련이 어떤 행동을 시도하든 위험한 행동이라고 생각하게 만들기에 충분한 군사력을 조성"하는 방안이 논리적으로 타당해 보였다.[88]

사실상 수단은 무한히 확장 가능하지 않다는 이러한 언질에도 불구하고 NSC-68은 근본적으로 타당하다는 행정부의 믿음은 흔들리지 않았다. 국가안보회의가 이 문서를 세세히 검토한 1952년 여름, 이 사실은 분명해졌다. 검토 결과인 NSC-135/3은 NSC-68이 내린 다음과 같은 결론을 확고히 했다. 미국과 그 동맹국들은 "필요하다면 얼마나 긴 기간이 걸리든 상관없이" 소련 팽창에 맞서는 데 필요한 어떤 역량이든 지니고 있었다. 심지어 "필요하다면 우리의 국가안보 정책들의 실행을 가속화하거나 상향조정하는 방안도 우리 역량으로 충분히 감당할 수 있고, 미국의 경제에 심각하게 부정적인 영향을 끼치지 않고도 이를 달성할 수 있다." 결과적으로 "자유 진영"이 그 입지를 유지할 역량은 "(a) 소련의 원자무기 역량이 증가하면서 치열해질, 소련의 정치전에 결연히 맞설 능력, (b) 한정된 목표를 달성하는 데 필요한 군사력과 물자를 동원할 때 보였던 정도보다 훨씬 큰 역량과 훨씬 강한 의지, 그리고 주변부를 비롯해 여타 불안정한 지역에서 더욱 더 안정을 추구할 능력에 좌우된다."[89]

　　11월 대선에서 공화당이 승리한 후 트루먼 행정부는 NSC-153/3의 결론을 정교하게 다듬어 이를 구체적인 행동 권고안과 연계한 다음 NSC-141이라는 제목을 붙여 새로 취임하는 아이젠하워 행정부에 제시했다. 트루먼 행정부의 퇴임사인 셈이었다. 그러나 참회하는 내용은 없었다. NSC-141은 확장 가능한 수단과 대칭적 대응은 불가분의 관계라는 논리를 한 치의 양보도 없이 표현한 문서였다. 이 문서는 기존의 프로그램들은 미국의 안보를 보장하는 데 충분치 않다는 점을 인정했다. 유럽뿐만 아니라 중동과 동아시아에서도 해당 지역에서 저항세력을 보강하고, 공습에 대비해 미국의 대륙 방어능력을 강화하고, 대규모 민간 방어프로그램을 창설하려는 노력이 필요했다. NSC-141은 이러한 프로그램들을 이행하는 데 모두 얼마가 드는지 추산치를 제시하지 않았지만 (대륙 방어에만도 1955년 한 해에 850억 달러가 추가로 소요되는 것으로 추산되었다.), 이러한 정책들이 실행된다면 공화당은 예산을 삭감하겠다는 희망을 포기해야 한다는 점은 분명했다. 이 문서는 다음과 같이 예리하게 지적했다. "다양한 방식으로 유연하게 우리의 공격력을 적용할 역량은 반드시 갖추어야 한다. 두 가지 이유에서다. 첫째, 우리가 직면할 가능성이 있는 상황은 폭넓게 다양하고, 둘째, 그런 역량은 기습공격으로 우리의 공격력을 파괴하리라는 희망은 버리는 게 좋다는 점을 소련이 납득하게 만들 가장 좋은 수단이기 때문이다."

　　NSC-141은 어찌 보면 실패를 인정한 셈이다 — 2년 반 동안 각고의 노력을 했지만 미국은 여전히 적절한 수준의 안보를 달성하지 못했음을 인정한 셈이다. 그러나 트루먼 행정부의 전략 수정은 불가피했다는 점을 확신을 갖고 재확인한 문서이기도 했다. 이 문서는 NSC-68이 문제가 아니라 이 문서를 적용하는 데 일관성이 없었다는 게 문제라는 뜻을 담고 있었다. 유럽, 아시아, 대륙에서의 미국의 이익은 사실상 구분할 수 없었다. 모든 이익이 똑같이 위협받고 있었다. 모든 이익은 확고하지만 상대방을 자극하지 않는 대응이 요구되었다. 미국은 오직 국지적인 도발만을 제지할 수 있는 역량과 핵전쟁 능력만 갖출 여유가 없었다. 세계에서 미국이 수호해야 할 이익은 그보다 훨씬 폭넓었다. "가능한 한 최대한으로 유연한 다목적용 군사력을 구축해 우리가 직면한 다양한 위협에 대응해야 한다."[90]

## VII

국무성을 떠난 지 일 년 후 애치슨은 전직 국무성 관료들이 모여 워싱턴에서 근무하던 시절을 회고하는 자리에 참석해 다음과 같이 말했다. "가능한 한 신속하고 효과적으로 해야 할 일을 해내는 게 우리의 임무였다. 그리고 하던 일을 멈추고 자기가 무슨 일을 하고 있는지 분석하면 의지력만 약해지고 혼란스러워지며 일에 진전을 보지 못한다." 논의의 대상은 트루먼 대통령이 한국에서의 군사행동에 대한 승인을 의회에 요청해야 했었는지 여부였다. 그러나 애치슨이 한 발언에서는 그가 행동 자체를 목적과 거의 동일시하는 일반적인 경향과 이에 상응하는, 재고와 좌고우면 않는 경향, 그리고 무엇보다도 신념을 잃지 않는 경향이 엿보인다.[91] 이는 그가 케넌과 이견을 보인 근본적인 이유였고, 애치슨과 달리 케넌은 끊임없이 재고하면서 만성적인 번민에 시달렸다. 애치슨이 이러한 품성을 지녔기에 자신과 성격이 아주 비슷한 해리 S. 트루먼과 죽이 잘 맞았다. 그리고 이는 NSC-68의 두드러진 특징이며 1950년 6월 이후 국가안보정책에 대한 트루먼 행정부의 총체적인 접근방식의 두드러진 특징이기도 했다.

트루먼 행정부는 목적지는 정하지 않았지만 가는 방향은 확고했다. ─ 미지의 영역으로 거침없이 행군해 들어갔다. 궁극적인 목표가 무엇이고 이를 달성하려면 얼마나 걸리며, 비용은 얼마가 들지에 대해 분명한 인식이 없었다. 애치슨의 참모들 중 한 사람이 38선을 넘기로 결정을 내렸을 당시에 했던 말마따나, "어둡고 위협적인 불확실성에 직면하면 신중하고도 현명한 이들은 묵묵히 자신 있게 자신의 맡은 바 소임을 다한다." 애치슨 본인도 표현은 다르지만 이에 상응하는, 끝이 정해지지 않은 비유를 들었다. 일 년 후 국방대학원 학생들을 대상으로 한 강연에서 애치슨은 다음과 같이 말했다.

집단안보는 은행계좌와 같다. 돈이 들어와야 계좌가 유지된다. 한국에서 러시아인들은 집단안보 은행계좌에 연결된 수표다. 러시아인들은 이 수표가 부도 나리라고 생각했다. 그러나 러시아인들의 예상은 빗나갔다. 은행원이 그 수표를 받고 현금을 내주었다. 중요한 점은 수표가 현금화되었다는 사실이다. 만약 그 다음에 발행한 수표가 현금화되지 않고 그 계좌에서 발행한 모든 수표들을 현금화 하기에 충분한 잔고가 은행계좌에 남아 있지 않다면 그 중요성은 무의미하다.[92]

국무장관의 말을 경청하고 있던 청중 가운데 미국이 애초에 자기 적들에게 백지수표를 발행해야 한 이유가 뭔지, 또는 수표를 현금으로 바꾸겠다는 요청에 대비해 무기한으로 잔고를 유지할 방법이 무엇인지 궁금해 한 이가 있었는지 모르지만, 있었다고 해도 무례하게 그런 질문을 한 이는 없었다.

애치슨은 국방대학 학생들에게 다음과 같이 말했다. "우리가 하

는 일은 국가로서의 우리의 힘이 국가로서의 우리의 책임에 상응하게
할 방법을 모색하는 일이었다 … 오늘날 우리 앞에 놓인 과업은 힘과
정책의 속성을 속속들이 습득해서 우리나라의 의도와 그러한 의도를
실현할 역량이 균형을 이루게 만드는 일이다." 그러나 바로 이 점에서
트루먼 행정부는 실패했다. 무자비한 위협과 확장 가능한 수단이라는
인식을 바탕으로 이론상의 역량으로는 몰라도 미국의 정치적 의지로
는 도저히 감당하기 어려울 정도로 방대하게 수호해야 할 이익을 설정
함으로써 이러한 이익을 지속적으로 수호하기가 불가능했다 ― 이는
1952년 선거 결과가 보여준다. 만시지탄(晚時之歎)이긴 하나 1952년 10
월 애치슨이 인정한 바와 같이 "목적은 항상 수단을 앞서 내달리는 경
향이 있다. 우리는 항상 수많은 바람직한 목적들 사이에서 선택해야만
한다. 모두 다 훌륭한 목적이지만 우리가 지닌 제한된 수단들로 달성
해야만 하는 목적들이다. 그러면 선택이라는 매우 매우 어려운 문제에
직면하게 된다. 뭘 우선 하고 뭘 나중으로 미룰지, 뭘 포기할지 선택해
야 한다."93) 그런데 바로 이러한 선택을 1950년 6월까지 차일피일 미
뤘다. 이제 이를 "무모한 정책"이라고 비판했던 신임 국무장관 ― 존 포
스터 델레스 ― 이 더 나은 방법을 제시할지 여부는 아이젠하워 행정부
가 결정할 문제가 되었다.

# 05

# 아이젠하워, 덜레스,
# 그리고 "뉴 룩(New Look)" 정책

드와이트 D. 아이젠하워가 1952년에 대통령에 출마하게 된 동기는 봉쇄전략에 대한 트루먼 행정부의 접근방식에 대한 불만이 끓어올라서가 아니었다. 그는 중국 정책에 대해서는 내심 유보적인 입장이었지만, 그 외에는 트루먼 행정부의 주요 외교적 전략적 구상을 빠짐없이 지지했었다. 1951년 2월 이후로 그는 NATO 최고사령관으로서 트루먼 행정부의 유럽 전략을 이행할 책임을 맡았었다. 아이젠하워 장군이 1952년 공화당 전당대회에서 출사표를 던진 이유는 그가 고립주의자로 여긴 로버트 A. 태프트가 후보지명을 받지 못하게 해야겠다는 결심과 훨씬 큰 관련이 있었다. 아이젠하워는 트루먼의 국내 정책들이 사회주의로 이어진다고 우려했다. 그는 또 양당체제가 살아남으려면 민주당의 20년 장기집권을 끝낼 필요가 있다고 믿었다.[1]

전임 대통령을 지지함으로써 대통령이 되는 사람은 거의 없다. 따라서 아이젠하워는 외교문제 분야에서 당시 트루먼 행정부와 거리를 두라는 압력을 받았다. 이를 위해 그는 봉쇄전략에 대해 비판한 공화당 의원들 가운데 본인이 생각하기에 가장 거부감이 덜한 이들에게 도움을 요청했다. ─ 트루먼 행정부의 "무모함"을 비판한 존 포스터 덜레스였다. 비용은 줄이되 효과는 높이자는 덜레스의 공약이 아이젠하워의 마음에 들었다. 그는 오랫동안 미국이 대규모 군사비를 무한정 지출하면서도 버틸 역량이 있는지에 대해 막연히 불안감을 느껴왔다. 그는 또한 후버와 태프트의 독자주의에 대해 덜레스처럼 반감을 느꼈다. "'우리 국경 안쪽으로 후퇴'한다는 생각은 미국에게 재앙으로 이어질 게 뻔하다."라고 그는 기록했다. 그는 중국에 대해 군사행동을 취하자고 한 공화당 우파의 의견에 공감하지도 않았다. 그렇게 되면 "터벅터벅 비틀거리며 어리석은 전쟁에 말려들어간다."고 생각했기 때문이다.2)

그러나 아이젠하워는 덜레스의 비대칭적 전략적 억제 이론에 대해 처음에는 강한 유보적인 입장을 취했다. (이미 일각에서는 "보복" 독트린으로 알려져 혼란을 야기하고 있었다.) 아이젠하워는 덜레스의 「라이프」 잡지 기고문 초안을 읽고 나서 "나는 그토록 복잡한 사안에 대해 당신이 제시한 접근방식이 그토록 단도직입적이고 단순하다는 데 깊은 감명을 받았다."라며 애써 꾸밈없어 보이도록 기교를 부린 다음과 같은 편지를 썼다.

내 신경을 거스른 게 딱 한 가지가 있다. … 바로 이것이다. 체코슬로바키아에서처럼 소련의 정치적 공세가 노출된 자유세계의 입지를 성공적으로 잠식해 가면 우리는 어떻게 해야 할까? 그 결과가 우리 경제 상황에 미칠 영향은 그 지역이 무력에 의해 접수된 경우 못지않게 우리에게는 부정적이다. 내가 생각하기에 바로 이 사례에서 "보복" 이론이 무너진다.

"당신이 내 이론의 약점을 정확히 짚었다."라고 덜레스는 답장을 보내면서 최종안에서 그 결함을 보완하겠다고 약속했다. 그러나 잡지에 실린 기고문은 그 사안을 분명히 짚지 않았고, 아이젠하워는 다시 한번 "단순히 보복에만 의존하면 광범위한 소련의 위협에 대한 완벽한 해답이 되지 못한다."라고 경고했다. 덜레스는 "보복적인 공격 역량"이라는 용어가 공화당 공약에 슬쩍 끼어들게 내버려두었고, 이를 본 아이젠하워는 노발대발했다. ㅡ 시카고에서 열린 전당대회에서 아이젠하워가 "내가 그 공약을 내걸고 출마하면 성을 갈겠다."라고 하자 그의 참모들은 식겁했다. 아이젠하워의 심기를 건드린 이 용어는 즉시 삭제되었지만, 뒤이은 사건들에서 나타나듯이, 그 취지는 덜레스의 머릿속에 요지부동으로 확고히 자리 잡고 있었다.[3]

덜레스는 자신이 승인한 전략적 비대칭을 소련 위성국가들의 "해방"이라는 호소와 짝지었다. 모스크바가 영향을 미치는 범위를 축소시킨다는 기대가 현실화되리라는 생각에서가 아니라, 미국 내 동유럽계의 몰표 집단을 민주당으로부터 유인해 공화당 쪽으로 끌어오려는 데서 비롯된 생각이었다. 아이젠하워는 이에 대해서도 의구심을 품었다. 그는 공화당 공약에 담긴 "수많은 인명을 독재주의와 사악한 테러리즘에 내 준 부정적이고 헛되고 비도덕적인 봉쇄 정책"이라는 문구를 마지못해 수용했지만, "해방"은 오직 "평화로운 방법"으로만 실현 가능하다는 점을 덜레스에게 상기시켜야 할 필요를 느꼈다 ㅡ 이는 덜레스가 「라이프」 잡지에 기고한 글에는 분명히 등장하지만 그가 여러 차례 행한 공화당후보 지지 연설에는 등장하지 않았다. 아이젠하워는 남은 선거유세 기간 동안 덜레스를 멀리했고, 11월 대선에서 애들레이 스티븐슨(Adlai Stevenson)에 압승을 거둔 후 3주 동안이나 머뭇거리다가 국무장관을 임명했는데, 그의 참모들이 그에게 당내 태프트 계파가 덜레스 말고는 아무도 받아들이지 않으리라고 경고한 후에야 비로소 덜레스를 선택했다.[4]

아이젠하워-덜레스의 "동반자 관계"는 지적인 동질성이 아니라 대체로 정치적 고려가 만들어낸 관계였다.* 처음에는 서먹서먹했던 관계는 놀라울 정도로 친밀해졌다. 선거 기간 중에 표면화되었던 것과 같은 의견 차이가 전혀 없었다고 할 수는 없지만 말이다. 행정부가 추진할 전략 – 위협에 맞설 대응 방법의 선별 – 의 속성을 주로 결정한 주인공은 덜레스였다. 그러나 둘 중에 전략에 대한 감각 – 대응 방법이 근본적인 이익과 어떻게 연관되는지 파악하는 역량 – 이 훨씬 예민한 쪽은 대통령이었고, 그는 또한 궁극적인 결정 권한을 행사했고, 필요하다고 생각하면 주저하지 않고 국무장관의 주장을 일축했다. 따라서 겉으로는 덜레스가 상당한 재량권을 발휘하는 듯이 보였지만, 트루먼이 1949년 이후 애치슨에게 사실상 외교문제에 관해 행사하도록 한 그런 재량권을 덜레스는 결코 누리지 못했다.5) 그러나 덜레스는 아이젠하워보다 더 집요했고 대통령의 저항에 직면해서도 불굴의 끈기와 반복을 통해 이따금 자기 의사를 관철시킬 때도 있었다. 그 결과 혼합형 전략이 탄생했다. 호감 있는 품성을 지녔으나 기질적으로는 매우 다른 두 사람이 만들어낸 합작품으로서 집요함과 협력과 상호존중뿐만 아니라 팽팽한 긴장과 타협이 반영된 전략이었다.

---

* 에밋 존 휴즈(Emmet John Hughes)는 선거가 끝나고부터 취임식이 열릴 때까지의 기간에 대해 다음과 같이 회고한다. "덜레스가 분명히 아이젠하워에게 끊임없이 영향을 준 점이 한 가지 있다. 아이젠하워는 그를 지겨워했다. 덜레스가 입을 열 때마다 나는 대통령 당선자의 무표정한 얼굴을 지켜봤는데, 도저히 못 참겠다는 몸짓을 어설프게 간신히 억누르려 하니 더 눈에 띄었다. 그의 반응은 한결같았다. – 서둘러 고개를 끄덕였다. 느릿느릿하게 말하는 덜레스를 살살 달래 빨리 뻔한 결말에 도달케 하려는 듯이 말이다. … 안절부절못하며 무릎을 연필로 탁탁 치는 소리. … 서서히 초점을 잃고 멍해지는 푸른 눈동자, 결국 정신이 다른 곳을 헤매고 있다는 징후였다. … 마침내 그의 시선은 천장의 가장 멀리 떨어진 모서리에 고정되었고 덜레스의 장광설이 끝날 때까지 시선은 그곳에 머물렀다." (*The Ordeal of Power: A Political Memoir of the Eisenhower Years* [New York: 1963], p.51)

## I

　"자유 자체와 마찬가지로 자유의 수호도 불가분의 개념으로 규정함으로써 우리는 모든 대륙과 국민들을 동등하게 대하고 존중한다. 우리는 어떤 의미에서도 한 인종이 다른 인종보다, 한 국민이 다른 국민보다 열등하거나 희생당해도 된다는 암시를 거부한다." 1953년 1월 20일 취임사에서 드와이트 D. 아이젠하워는 미국 이익의 범위를 규정했다. 이 발언은 여러 가지 기능을 했다. 첫째, 몇 년 동안 공화당 내에서 회자(膾炙)되던 "요새 미국(fortress America)" 개념을 분명히 거부했다. 이 개념은 당과 나라를 구하고, 나라가 로버트 A. 태프트 손에 들어가지 않도록 하려고 대통령에 출마한 사람에게는 전혀 문제될 게 없었다. 그러나 이는 트루먼 행정부의 "유럽 우선" 정책에 대해 태프트를 비롯한 공화당의원들이 한 비판을 반복한 발언이기도 했다. 이 정책을 비판한 이들은 이 정책 때문에 중국을 "상실"하고 한국에서 "승산 없는" 전략을 펴고, 맥아더 장군의 해임으로 이어지게 되었다고 주장했다. 마지막으로 아이젠하워의 선언은 NSC-68의 작성자들과 마찬가지로 아이젠하워 행정부도 세계 힘의 균형이 아슬아슬하게 평형을 유지하고 있으므로 어느 지역에서든 더 이상 공산주의가 승리하는 상황을 용납하면 그 평형은 깨지게 된다는 믿음을 천명한 셈이다. 여섯 달 후 아이젠하워는 그의 백악관 전임자와 후임자 공히 인정할 표현을 써서 다음과 같이 말했다. "무시해도 좋을 만큼 하찮은 무기도 무시해도 좋을 만큼 먼 지역도 없듯이, 잊혀져도 좋을 만큼 보잘것없는 자유국가는 없다." [6]

　세계 속에서 미국이 안전하려면 미국이 세계를 지배해야 한다는 뜻이 아니었다. 아이젠하워와 덜레스는 다양성을 용인하는 미국의 역량을 장점으로 보았다. 러시아에는 없는 장점이었다. 국무장관은 다음과 같이 주장했다. "우리는 우리가 세계를 지배하라는 위임을 받았다고 생각하지 않는다. 그런 생각만큼 우리 전통과 이상에 걸맞지 않은 게 없다." 아이젠하워는 미국이 다른 나라들을 너무 위압적으로 상대할까봐 유난히 예민하게 굴었다. 그는 1954년 초 스스로에게 다짐하는 글을 썼다. "우리는 사상과 표현과 종교의 자유를 보장하는 전통에 대한 자부심이 너무 큰 나머지 무의식적으로 무지가 낳을 수 있는 가장 큰 오류를 범한다. ─ 우리는 우리의 가치관을 세계 모든 인류가 공유한다고 넘겨짚는다." 그해 말 그는 군사적 비유를 들어 똑같은 얘기를 했다. "소대원들이 소대장의 명령을 따르는 이유는 소대장이 '내가 더 똑똑하고 덩치도 더 크고 힘도 더 세다. 난 대장이다.'라고 해서가 아니다. 소대원들이 소대장을 따르는 이유는 그를 믿기 때문이다." 그는 트루먼 행정부가 미국이 세계의 지도자라고 너무 떠벌렸다고 비판하면서 다음과 같이 말했다. "우리가 앞장서 있고, 우리는 답을 다 알고 있으니 너희들은 따라오기만 하라고 말한다고 해서 따라오지는 않는다. 나도 사람들을 겪어봐서 그 정도는 안다."[7]

그러나 다양성을 용인한다고 해서 모스크바의 꼭두각시인 공산주의 정권까지 포용하지는 않는다. 그렇게 한다면 다양성을 부정하는 셈이 된다. 덜레스는 1952년 다음과 같이 경고했다. "이미 세계의 3분의 1은 제국주의의 일종인 공산주의가 지배한다. 자유진영은 이미 너무나도 축소되어서 더 이상 잃으면 남아 있는 지역도 위험에 처하게 된다." 2년 후 아이젠하워는 이 생각을 길이 기억될 다음과 같이 유명한 비유를 써가며 전달했다. 바로 인도차이나 상황을 도미노에 비유해 맨 앞의 도미노가 쓰러지면 뒤에 서 있는 도미노가 줄줄이 쓰러지게 된다고 했다. 그는 1954년 4월 의회 지도자들에게 "도대체 공산주의자들이 야금야금 갉아먹도록 내버려둘 지역이 더 이상 남았나? 이제 절대로 안 된다." 1955년 초 그는 그의 오랜 동지인 윈스턴 처칠에게 보낸 밀서(密書)에서 이 사안을 다음과 같이 상세히 다루었다.

이제부터는 단 한 발만 물러서도 서구진영에게는 패배나 다름없는 지경에 이르렀소. 아니, 3중 패배요. 첫째, 잠재적 동맹을 잃게 되오. 둘째, 무자비한 적에게 신병을 또 한 명 넘겨주는 셈이 되오. 셋째, 우리가 그렇게 물러설 때마다 중립을 지키는 이들의 마음속에는 두려움이 싹트게 되오. 자유롭게 살고자 하는 사람들을 지지한다는 우리의 맹세가 공염불로 들리기 때문이오.

그로부터 20년 전 세계는 히틀러, 무솔리니, 일본의 군벌이 세계를 평화롭게 살도록 내버려 두리라는 "어리석은 희망"을 품었었다. "그 결과가 어땠는가." 그런데, "제2차 세계대전 후 공산주의자는 1930년대의 독재자들보다 훨씬 더 빠르고 가차 없이 세계를 휩쓸었다." "이 달갑지 않은 사실을 직시하고 40년대에 우리가 맺은 위대한 동맹이 적에 맞서 싸워 이겼듯이 이번에도 똘똘 뭉쳐 공산주의자들을 물리쳐야 한다."[8]*

이러한 선언에 깔린 전제는 낯설지 않다. 미국은, 후버와 태프트가 주장했듯이, 현저하게 적대적인 세계에서는 그 체제를 유지한 채

---

* 1955년 1월 7일, 아이젠하워는 다음과 같은 내용이 담긴 국가안보회의 문서를 재가했다. "공산주의 진영과 서구 동맹을 가르는 선이 지난 몇 년에 걸쳐 더욱 선명해지면서 공산주의 진영이 더 이상 영토를 확보하게 되면 자유진영에 불리한 영향을 미치게 되고, 불리한 영향의 정도가 상실한 영토의 전략적 경제적 중요성에 상응하는 상황이 발생했다." (NSC-5501, "Basic National Security Policy," *FRUS: 1955-57*, XIX, 28.)

살아남을 수 없다. 왜일까? 정확히 어떤 위험이 있을까? 덜레스는 도덕적 파탄이라는 위협을 지목했다. "야만인들이 우리 기독교 문명의 요람을 습격해 모독하는데 수수방관한다면, 그런 미국은 자국을 지킬 역량이 있는 미국이 아니다."라며 다음과 같이 말했다. "모든 사람과 모든 나라가 이해할 수 있고 실제로도 이해하는 기본적인 도덕적 개념이 있는데, 국제적으로 통용되는 행동기준으로서 이러한 도덕적 개념에 호소하는 게 정당하다." 그러한 기준에 의거하지 않고 수립된 외교정책은 미국 국민이나 동맹국들로부터 지지를 끌어내기가 불가능하다. 그러면 혼란을 야기하고 결국 붕괴하는 결과를 낳는다. 덜레스는 힘이 하는 역할은 도덕적 원칙이 뿌리를 내리도록 하는 일이라고 믿었다. 일단 뿌리를 내리면 무력이 필요치 않다. "그러나 도덕적 원칙을 받아들이지 않는 이들이 많은 지역에서는 그러한 원칙을 받아들이는 이들을 보호하기 위해서 무력의 필요성이 제기된다."[9]*

아이젠하워는 "우리는 유대 – 기독교 문명의 후손이자 지킴이다. 형제를 어여삐 여기라고 가르친다. 나도 그래야 한다고 믿는다."라며 이에 동의했다. 그러나 세계에서 절대로 양보할 수 없는 미국의 이익

---

* 1952년 선거유세 기간 동안 덜레스는 조지 케넌의 첫 저서 『*American Diplomacy: 1900-1950*』(Chicago, 1951)을 신랄하게 비판했다. 케넌은 이 책에서 미국 외교정책이 "법률적–도덕적" 경향이 있다고 비난했다. 그러나 여기서도 케넌의 글은 그 진의를 전달하는 데 실패했다. 그는 "미국이 공적인 사안을 다룰 때 도덕적 개념이 개입되면 안 된다고 생각한 적도 없고 그렇게 말 한 적도 없다."라고 기록한 제안서를 덜레스에게 보냈다. "우리가 국사(國事)를 돌볼 때는 항상 반드시 우리가 생각하기에 품위 있고 미국적인 방식으로 임하자. 우리의 전통과 우리가 추구하는 국가적인 이상을 훼손하지 않는 방식으로 말이다. 우리가 한 행동에 떳떳할 수 있는 방식으로 말이다 … (그러나) 우리의 도덕관은 우리에게만 적용하자. 다른 나라들을 우리의 잣대로 재단하지 말자. 그래야 그들도 우리를 자신들의 잣대로 재단하지 않는다. 우리 자신을 다른 모든 이들의 미덕을 지키는 수호자로 여기지 말자. 우리의 미덕을 지키기도 벅차다." (Memorandum of August 18, 1952, enclosed in Kennan to Dulles, October 22, 1952, John Foster Dulles Papers, Box 61, "Kennan" folder.)

이 있는지 구체적으로 말해 달라는 질문에 행정부 수반은 거의 항상 도덕적 고려 사항보다는 경제적 고려 사항을 강조했다. 그는 1952년 덜레스에게 보낸 서신에서 다음과 같이 말했다. "최소한의 요구조건은 러시아가 무슨 짓을 하더라도 우리 경제에 필수적인 원자재를 확보할 지역과 우리가 자유롭게 교역할 수 있어야 한다는 점이다." 기자회견 에서 이 질문이 나올 때마다 대통령은 해외에서 망간, 코발트, 양철, 텅스텐을 확보하는 일이 얼마나 중요한지에 대해 일장 훈시를 했다. 미국의 자본주의를 비판할 미래의 신좌익에게 꼬투리 잡히기 좋은 어 투였다.[10] 아이젠하워와 덜레스는 강조하는 방식은 서로 달랐지만 효 과는 똑같았다. 두 사람은 세계에서 가장 중요한 미국의 이익은 세계 에 접근하는 일이고, 세계에 접근하려면 적어도 최소한의 예의는 갖춘 세계가 필요했다.

이 시점까지 아이젠하워 행정부가 지닌 미국의 이익에 대한 관 점은 NSC-68에 담긴 시각과 거의 다르지 않았다. 미국은 세계를 이 끄는 지도자가 되려는 생각은 없다고 단서조항을 달았지만, 미국의 생 존에 필수적이라고 규정한 다양성을 수호하려면 세계의 지도자 역할 을 할 필요가 있었다. 그러나 수단에 대한 인식도 이익에 대한 인식을 형성하는데, 바로 여기서 아이젠하워 행정부는 지난 행정부의 관행으 로부터 명확히 이탈한다. NSC-68은 필요하다면 이익에 맞게 수단을 확장할 수 있다고 주장했다. 미국은 안보를 달성하기 위해서 어떤 수 단도 이용할 여력이 있다고 보았다. 이 주장에 대해 트루먼 정부 안팎 에서 의구심이 제기되었지만, 트루먼과 그의 고위 참모들은 퇴임할 때 까지 그 입장을 고수했다. 새로 취임한 공화당 정권은 이에 강한 반감 을 보였다. 그 이유는 여러 가지였다.

첫째, 적어도 아이젠하워의 마음속에는 두려움이 도사리고 있었다. 국제주의를 표방함으로써 치러야 하는 대가가 끝없는 희생이라면 미국 국민들은 고립주의의 유혹을 떨쳐버리지 못하게 될지 모른다는 두려움. 그는 1953년에 다음과 같이 지적했다. "어디서든 자유로운 국민의 압도적 대다수에게 허리띠를 졸라매고 생활수준이 현저하게 떨어지는 상황을 견뎌내라고, 우리가 낙후된 나라들을 개발하고 배고픔을 완화하는 동시에 보다 여유 있는 나라들에서는 전쟁 비용과 대가를 우리가 감당해야 한다고 설득하기란 쉽지 않다." 이런 상황을 더 악화시키는 것은 끝날 기약 없이 지루하게 계속되는 제한적인 전쟁의 가능성이다. "사람들은 전쟁에 피로감을 느끼게 된다. 특히 전쟁이 결정적인 승리로 끝날 기미가 보이지 않을 때." 그러나 전쟁이 여전히 진행 중이던 한국의 경우 "승리하려면 현재의 전쟁을 확장해야 하므로 사실상 총동원이 필요하게 된다. 이는 통제를 뜻한다. ─ 그러면 우리의 자유로운 체제의 중요한 일부를 잃지 않고 통제를 견딜 수 있는 기간이 어느 정도인가 하는 문제가 제기된다." 일 년 후 그는 다음과 같이 말했다. "미국은 우리의 적이 무력을 사용하거나 사용하겠다고 위협하는 곳이라면 세계 어느 곳이든 달려가 그 나라를 방어할 수 있을 정도로 강하지 않다."11)

또 다른 문제는 평시에 군사비 지출은 비생산적이라는 속성을 지녔다는 점이었다. 덜레스는 공산주의의 뿌리는 그 속성상 물질이 아니라며 "외세의 총부리로 억압할 수 없는 열정이 있다."고 주장하곤 했다. 게다가 그와 같은 군사비를 지출하면 국내 정책 이행에 필요한 소중한 재원들을 전용(轉用)하게 된다. 1953년 4월 아이젠하워는 이 점에 대해 평소와는 달리 다음과 같이 웅변을 토했다.

제조하는 총 한 자루, 출항하는 전함 한 척, 발사하는 로켓 한 발 하나하나가 모두 결국 헐벗고 굶주리고 추위에 떠는 이들로부터 훔친

돈을 뜻한다.….

신형 중폭격기 한 대 값은 다음과 같다.

30개 도시에 벽돌로 지은 현대식 학교

각각 6만 명 인구가 사는 마을에 전력을 공급할 발전소 두 개

의료장비 일체를 구비한 우수한 병원 두 곳

콘크리트 고속도로 50마일

전투기 한 대 만들려면 밀 50만 부셸이 든다.

구축함 한 척을 건조하는 데 드는 비용으로 8,000명 이상이 살
새 집을 지을 수 있다.

그해 말 대통령은 예산국장에게 주택, 공공사업, 자연보호에 쓸
예산을 약간 늘렸으면 좋겠지만 "국방부 예산은 전체적으로 상당히 아
껴" 썼으면 좋겠다고 말했다. 탱크, 총, 전투기, 함정으로는 항구적인
안보를 달성하지 못하며 "기껏해야 우리가 가진 것을 한동안 보호할
수 있을 뿐"이다."[12]

그러나 수단이 제한적이라고 인식해야 하는 가장 중요한 이유는
무분별한 지출을 하면 물가상승으로 경제가 허약해지거나, 경제적 통
제의 형식을 빌려 통치하게 되므로 미국 사회의 속성 자체가 바뀐다는
믿음 때문이었다. 아이젠하워가 집권한 기간 내내 그가 공개적으로나
사적인 자리에서나 가장 끊임없이 되풀이 한 주장이 아마 이 얘기였을
것이다. 이 주장에는 경제적 안정과 군사력은 불가분의 관계라는 전제
가 깔려 있다. "이 두 가지가 서로 상대방을 무시하고 진행되도록 내버
려두면, 군사력이 미심쩍은 수준인 상황이 생기거나 경제력이 위태로
워서 군사적 입지가 지속적으로 위기에 처하는 상황이 생긴다." 생계
를 유지하지도 못하면서 자신을 방어할 수 있는 나라는 없다. 그런데

"생계도 유지하고 이러한 비용도 감당하려면 어떻게 해야 하나? … 장기적으로 볼 때 생계를 유지하지 못하면 국민은 시달리게 되고 그러면 새로운 형태의 정부가 탄생하게 된다." 덜레스는 더 노골적으로 말했다. "경제적 안정이 무너지면 모든 게 다 함께 무너진다."[13]

물론 이에 대해 카이절링이 내놓은 해답은 다음과 같았다. 정부 지출이 경제를 자극하면 추가로 수익이 창출되고 결국 단기적인 예산 적자는 무엇이든 극복하게 된다. 그러나 재정적으로 보수적인 아이젠하워 행정부에게 이는 설득력 없는 주장이었다. 1953년 10월 국가안보회의는 경제체제가 견뎌낼 수 있는 "물가상승을 부추기는 부채"나 경제 자유를 "억압하는 과세" 수준이 어느 정도인지 미리 판단할 방법이 없다며 다음과 같은 결론을 내렸다. "지출 수준이 높을수록 건전한 정책의 필요성이 높아지고 오판과 재앙을 초래할 위험도 증가한다. 이러한 위험은 지금 상당하다." 아이젠하워는 1955년 기자회견에서 다음과 같이 말했다. "카이절링 씨가 족히 수십억 달러를 더 쓰고도 세수를 낮추고 균형예산도 달성할 복안이 있다고 들었는데, 그게 훌륭한 경제 기획일 리가 없다."[14]

수단이 목적을 파괴한다는 이러한 우려의 근거는 여러 가지다. 당연히 공화당은 이 시기에 케인즈의 주장에 호의적이지 않았다. 1953년 하원의원 듀이 쇼트(Dewey Short)는 대통령에게 미국이 직면한 당시 상황은 "전 남편의 돈을 탕진하고 동네 백화점에서 온갖 물건을 외상으로 사들인 바람둥이 처자와 엮인" 상황 같다고 말했다. 아이젠하워는 전쟁 때부터 편안하게 알고 지낸 친구들이 재계에 있었는데 그들도 그러한 주장에 공감하지 않았다. 재무장관 조지 M. 험프리(George M. Humphrey)가 균형예산을 달성하려고 노심초사했다는 점도 이러한 시각을 뒷받침했다. 험프리는 공산주의자보다 예산적자를 더 두려워

한다는 말까지 나왔다고 한다.[15] 그러나 이 사안에 대해 아이젠하워가
자기 주관 없이 주변 참모들로부터 영향을 받기만 했다고 생각한다면
큰 오산이다. 그는 군대에서 오랫동안 받은 훈련과 경험을 바탕으로
수단과 목적의 적절한 관계에 관해 나름대로 강한 신념이 있었다.

　이러한 신념의 바탕은 아이젠하워가 터득한 클라우제비츠
(Clausewitz)◎의 이론이다. 1920년대에 파나마에서 지루하고 무기력한
나날을 보내던 당시 그는 뛰어난 상관 폭스 코너(Fox Conner)의 지도하
에 클라우제비츠를 연구했다.[16] 프로이센 전략가인 클라우제비츠의
저서를 읽고 아이젠하워가 터득한 중요한 전제는 전쟁과 마찬가지로
정치에서도 수단은 목적에 종속되어야 한다는 점이었다. 목적 없이 하
는 노력은 어떤 목적에도 부합되지 않으며, 그저 그 노력을 영속화할
뿐이다. 대통령으로서 아이젠하워는 이 점과 관련해 정기적으로 기자
회견을 열었다. "지금 우리는 냉전을 치르고 있다. 냉전은 목적이 있
어야 한다. 그렇지 않으면 무의미하다." 그리고 그 목적은 단순한 "승
리" 이상이어야 한다. "비용과 효과를 고려하지 않고 얻은 승리는, 특
히 핵무기 시대에는, 패배만큼이나 처참할지 모르기 때문이다."* "이

---

◎ 카를 필리프 고틀리프 폰 클라우제비츠(Carl Phillip Gottlieb von Clausewitz,
　1780-1831)는 프로이센 왕국의 군인이자 군사 사상가이다. 그가 쓴 《전쟁론》은
　전문가들이 끊임없이 인용하는 군사이론서의 고전이다 ─ 옮긴이.

* "우리가 아무리 철저히 임전태세를 갖추어도, 쿠이비셰프와 모스크바와 레닌그라드
　와 바쿠와 그 밖에 소련이 전쟁을 일으킬 모든 지역들을 우리가 24시간 내에 파괴할
　수 있다고 얼마나 확신하든, 자네들이 이 질문은 늘 마음속에 간직했으면 한다. 그런
　승리를 했다고 치자. 그 승리로 뭘 할 거지? 엘베 강에서 블라디보스토크를 거쳐 동
　남아시아에 이르기까지 방대한 지역이 찢기고 파괴되어 정부도 없고 통신시설도 없
　고 그저 굶주림이 만연한 재난지역이 되었다. 문명세계는 이런 상황에 대해 어떤 조
　치를 취해야 할지 제군에게 묻고 싶다. 다시 말하지만, 전쟁에서 승리하는 유일한
　길은 우리의 상상력을 총동원하고 혼신의 노력을 다해 전쟁을 막는 방법뿐이다." (아
　이젠하워가 고급장교들에게 비공개로 한 말. Quantico, Virginia, Hagerty diary, June
　19, 1954, James Hagerty Papers, Box 1.)

점을 명심하라. 인간이 겪는 고난을 덜기 위해 무력에 의존하면 어디로 가고 있는지 알지 못한다. 점점 더 깊이 빠져 들어가면 무력 자체의 제약이 부과하는 한계 말고는 그 어떤 한계도 없다."17)

"우리가 지키려는 대상을 파괴해서는 안 된다."라는 게 전체적인 취지다. 그리고 미국이 지키려고 애쓰는 대상은 개인의 선택의 자유와, 민주주의적 절차를 지키는 정부와, 경제에서 민간활동이 특징인 삶의 방식이었다. 무분별하게 절대적 안보를 추구하면 이 모든 특징들이 훼손될 염려가 있다. "군국주의 국가와 유사한 그 어떤 수단에라도 의거하게 되면 우리가 지키고자 하는 게 전부 약화되고, 오랫동안 이러한 종류의 통제 하에 놓이게 되면 우리가 지키려는 것들은 결국 사라져 버린다." 국가안보회의가 정기적으로 "우리 국가안보 정책의 기본 목표"로서 "미국의 안보와 더불어 그 근본적인 가치와 제도의 생명력 유지"를 목록에 올린 데는 그럴만한 이유가 있다.18)

안보와 가치의 연계는 의미심장하다. 안보를 일시적인 위협의 퇴치가 아니라 영구적인 이익의 수호와 동일시하는 행정부의 경향을 반영했는데, 이는 NSC-68에는 등장하지 않는다. 이는 위협과는 별개의 이익이 존재함을 뜻했다. 위협에 대응하려고 취한 행동이 이익을 위험에 처하게 하는 지경에 이르지 않도록 하겠다는 굳은 결의를 뜻하기도 했다. 그리고 오랜 세월 동안 자신의 책무에 대해 "수동적인" 접근방식을 취한다는 평판을 받아온 인물을 수반으로 하는 행정부에서19) 대통령 본인이 직접 나서서 이익이라는 개념을 설파하고 주장했다는 사실이 어느 정도는 놀랍다.

II

그러나 대체로 아이젠하워가 자기 행정부가 추구하는 이익을 규정했다면, 위협에 대한 인식은 주로 존 포스터 덜레스가 규정했다. 덜레스가 기독교적 도덕 기준을 국제관계에 적용하려고 오랫동안 노력해온 사실을 고려해 볼 때, 국무장관인 그가 이익보다 위협에 더 골몰했다는 점이 얼핏 이상하게 보일지도 모른다. 그러나 덜레스는 변호사로서 적대적인 관점에서 생각하도록 훈련을 받았다. 때로는 적을 압도하기 위해서 필요한 것은 무엇이든 이익이 될 수 있다고 그는 생각했다.20) 게다가 오래전부터 그는 외부에서 비롯되는 시련과 난관이 없으면 문명은 시들어 죽는다는 아놀드 토인비(Arnold Toynbee)의 주장을 가슴 깊이 새겨왔다.21) 그렇다면 덜레스가 위협과 이익을 연결시켜서 바라보고, 미국이 위협을 받더라도 그 과정에서 미국인들을 설득해 그들의 삶의 방식을 보존하기 위해 필요한 조치를 취하도록 할 수 있다면, 위협받는 상황도 사실상 미국에게 이익이 될지도 모른다는 결론을 내리기가 어렵지 않다.

물론 조지 케넌도 비슷한 생각을 했지만, 그는 오로지 적대적인 산업 – 군사력만이 위협이라고 고집했다. 위협에 대한 그같은 정교한 정의는 덜레스의 구상을 제약하지 않았다. 그는 국무장관으로서 처음 행한 TV 연설을 계기로 자신의 구상을 펼쳤다. 그는 베를린에서 캄차카 반도에 이르기까지 8억 명(중국에서 일어난 사건들 덕분에 1945년 이후로 6억 명이 늘었다는 사실을 날카롭게 지적하면서)이 거주하는 "광활한 지역"을 지도로 보여주면서, 그 지역이 "공개적으로 우리를 적이라고 선포한 세력"이 장악한 지역이라고 했다. 이익과 마찬가지로 적도 구분할 수 없고, 어느 나라든 공산주의자가 되면 그 나라의 지리적 위치나 전략적 잠재력과 상관없이 미국의 안보는 약화된다는 뜻이었다. 덜레스는 몇 달 후 다음과 같이 선언했다. "A, B, C. 못지않게 간단하다. 소련 공산주의가 세계의 다른 지역들을 하나씩 차례로 집어삼키게 내버려 두면 소련 진영이 너무나도 막강해져서 세계 어느 구석도 안전하지 않은 날이 닥치게 된다."[22]*

세계를 "제로 섬(zero-sum)"으로 보는 시각은 NSC-68의 입장과 동일하지만, 한 가지 예외가 있다. 이 문서는 케넌과 마찬가지로 공산주의 이념은 소련의 정책을 결정하는 요인이라기보다 수단이라고 주장한 반면, 덜레스는 공개석상에서 그와 정 반대의 뜻을 전달하려고 애썼다. 그는 소련 공산주의가 추구하는 목표가 "그 체제를 전 세계에 확산시키고 국가사회주의로 '하나의 세계'를 구축"하는 일이라고 주장했다. 선전, 전복, 제한된 전쟁이라는 여러 수단을 복합적으로 사용해서 약한 나라들을 장악하면 포위당한 미국과 그 동맹국들이 지쳐 결국 자발적으로 항복하게 하거나 이 나라들을 전복시키는 게 목적이었다. 이는 "히틀러가 『나의 투쟁(Mein Kempf)』에서 피력한 내용과 똑같은 미래상을 제시하는 오늘날의 공산주의자 성서"인 스탈린의 저서 『레닌주의의 문제점(Problems of Leninism)』에 다음과 같이 총체적으로 제시되어 있다. 단, 히틀러와는 달리 스탈린은 정해진 시간표가 없었다는 점이 다르다. 그가 추구하는 목표는 타협의 여지가 없이 확고했지만 서둘러 그러한 목표를 달성하려고 하지는 않았다. 그렇다면 전쟁은 불가피하지 않지만 갈등은 불가피했다. "공산주의자들이 그 속성이 변

---

* 덜레스와 그의 참모 몇 명의 수사에서는 공산주의자가 "삼킨다," "게걸스럽게 먹는다," "소화한다." 등 "음식"과 관련된 장면을 떠올리게 하는 표현이 자주 나타나는 경향이 있다. 나는 이러한 경향이 어떤 심오한 의미를 지니는지는 모르겠지만 아무튼 존 F. 주그너(John F. Zeugner)가 이를 지적했다.

해서, 도덕적 법칙에 따라 살기를 바라는 이들이 유물론적 기준에 강
제로 순응해야 한다고 믿는 이들의 강요를 받지 않고 자유롭게 원하는
대로 살아야 한다고 인정하게 될 때까지" 말이다.23)

덜레스가 실제로 『나의 투쟁』 비유를 믿었는지는 단정하기 어렵
다. 그는 러시아가 공산주의 국가가 되기 오래전부터 팽창주의 국가였
다는 사실을 인정했다. 역사를 약간 확대해석해서 1823년 미국이 러시
아 황제 알렉산드르 I세에 맞서 먼로 독트린(Monroe Doctrine)을 공포
함으로써 모스크바가 세계를 지배하려는 야욕을 분쇄했다고까지 주장
했다.24)* 덜레스는 또한 열등감이 소련 지도자들로 하여금 바깥 세계
에 대해 호전전인 자세를 취하게 만든다는 케넌의 시각에 동의하는 듯
이 보인다. "소련 공산주의자들에게 자유는 두려운 존재다. 그들은 자
유와 질서는 공존할 수 없다고 본다. 그래서 그들은 세상사를 다루는
데 있어서 중요한 힘인 자유를 청산할 때까지 자신들은 안전하지 않다
고 느낀다." 국무장관은 1956년의 어느 시점에 크렘린은 편의에 따라
언제든 자신의 이념적 입장을 바꿀 수 있다고 인정하기까지 했다. "레
닌은 워낙 방대한 분량의 글을 남겨서 그가 쓴 책을 파고들어 원하는
대로 취사선택하면 거의 어떤 결론에도 도달할 수 있다."25)

그러나 덜레스는 공개 발언에서 이념이 소련 정책의 주요 결정
요인이라고 지속적으로 강조했다. 그는 1954년 다음과 같이 말했다.
"레닌과 스탈린은 죽었을지 모른다. 맞다. 죽었다. 그러나 그들의 이
념은 죽지 않았다. 세계 도처의 공산주의자들은 여전히 그들의 가르침

---

* 물론 덜레스는 1820년대에 러시아가 북미에 가한 "위협"이 얼마나 심각했는지, 또
  먼로 독트린이 이와 어느 정도나 직접적으로 연관이 있는 대응이었는지를 과장하고
  있다. (이와 관련해 다음 자료를 참조하라. John Lewis Gaddis, *Russia, the Soviet
  Union, and the United States: An Interpretive History*, second edition [New York:
  1990], pp.8-11.)

을 받들고 있고 여전히 이를 실천하고 있다."1956년 니키타 흐루쇼프
(Nikita Khrushchev)가 스탈린 격하운동을 시작하던 때, 『레닌주의의
문제점』이 여전히 소련의 행동을 가늠하는 믿을 만한 지침이라고 생각
하느냐는 질문을 받고, 덜레스는 다음과 같이 대답했다. "여전히 그
책을 사무실 책상과 집에 한 권씩 비치해 놓았다. 내가 아는 한, 소련
은 스탈린이 쓴 저 책과 그가 저지른 수많은 행위들을 부정하려고 애
써 왔지만 어떤 대안도 마련하지 못했다."한 측근은 국무장관이 회전
의자를 빙그르 돌려서 서가에 꽂힌 스탈린의 묵직한 책을 꺼내든 뒤
"놀라울 정도로 정확하게"인용하려는 대목을 찾아내 자기 주장을 입
증할 증거로 제시했다고 회고했다. 덜레스 본인도 국무장관으로서 자
신이 한 중요한 공헌으로 이 분야에서의 전문성을 꼽았다. 그는 전혀
겸손을 떨지 않고 다음과 같이 지적했다. "나는 공산주의 이론에 대해
엄청난 분량의 독서를 했다. 그 덕에 국제공산주의가 추구하는 목적을
이해하게 되었고 그 위협에 확고하게 맞설 미국 정책을 수립했다."26)

이 주제와 관련해 덜레스가 가르치기에 안성맞춤인 학생이 바로
아이젠하워였다. 아이젠하워 장군이 제 2차 세계대전 후 소련 위협의
심각성을 인지하는 속도가 매우 느리다는 사실을 유감스러워한 이들이
있었다. 1951년 12월에 가서야 아이젠하워는 C. L. 설즈버거(C. L.
Sulzberger)에게 크렘린 지도자들은 이념적인 광신도들이거나 "권력을
놓지 않으려는"독재자라고 말했다. ─ 그리고 후자일 가능성이 훨씬 높
다고 그는 생각했다.27) 그러나 1953년 무렵이 되자 대통령으로서의 그
는 덜레스와 어투가 거의 비슷해졌다. 그는 기자회견에서 국무장관의
『나의 투쟁』 비유를 들어가며 다음과 같이 말했다. "현재 무슨 일이
벌어지고 있는지 알아야 하지 않겠나? 여러분 가운데 스탈린의 『레닌
주의의 문제점(Problems of Leninism)』을 읽은 사람이 몇 명이나 되나?

카를 마르크스를 연구하고 마르크스 이론이 어떻게 변해 왔고 오늘날 어떻게 적용되고 있는지 살펴본 사람은 몇 명이나 되나?" 그로부터 몇 달 후 그는 다음과 같이 공표했다. "우리 시대의 가장 중요한 투쟁은 이념적 투쟁이라는 사실을 인식하지 못하는 사람은 누구든 이 문제를 제대로 직시하지 않는 사람이다." 그리고 1954년에 또 다시 이렇게 말했다. "세계가 직면한 중요한 문제의 핵심은 국제공산주의가 지닌 공격적인 의도이다."28)

소련이 취하는 행동의 이념적 근원에 집중함으로써 여러 가지 효과를 낳았다. 하나는 이미 경제적 제약 쪽으로 기울고 있던 행정부의 입장을 정당화해 주었다. 소련의 역량보다는 의도에 훨씬 초점을 맞춘 입장 말이다. NSC-68의 핵심적인 전제는 적의 역량이 의도를 결정하는데, 역량은 의도보다 훨씬 "파악"하기가 용이하다는 주장이었다. 따라서 안전하려면 계획을 세울 때 역량을 강조해야 했다. 이 주장은 "절정에 다다른 위험(peak danger)"이라는 개념을 낳았다. 이는 크렘린 지도자들이 보기에 소련의 역량이 전쟁에서 이길 수준에 도달했다고 자신할 만한 결론에 도달하면 전쟁은 자동적으로 발발한다는 가정을 바탕으로 미군이 준비태세를 갖춰야 한다는 개념이다. 아이젠하워와 그의 참모들은 이러한 접근방식이 마음에 들지 않았다. 단시간 내에 서둘러 계획하는 데 따르는 비용과 혼란이 만만치 않았기 때문이다. (위험이 절정에 달하는 해는 1954년이라는 추산이 나왔다).29) 그러나 소련의 의도가 식별 가능한 동시에 상당하다고 간주할 근거를 제시하지 않고서는 이 접근 방식을 포기하는 결정을 정당화하기도 어려웠다. 그런데 바로 이념을 강조함으로써 이 문제를 해결했다.*

---

* 소련의 의도를 강조했지만 여전히 군 고위 장교들은 적의 역량에 집중하는 전통적인 기법을 사용했다. 다음의 장군들이 한 연설을 참조하라. Matthew B. Ridgway, May

　　덜레스는 마르크스, 레닌, 스탈린의 이념서적들을 통해 소련의 의도를 "파악할 수 있다"고 믿었다. 이러한 지식으로 무장한 서구 진영은 쓰일 가능성이 희박한 소련의 역량은 무시하는 여유를 부려도 된다고 생각했다. 그는 1952년에 다음과 같이 지적했다. "우리는 늘 명심해야 한다. 소련의 공산주의 이념은 서구 진영에 맞서기 위해 주로 전쟁에 의존하라고 가르친 적이 없다." 아이젠하워가 그 다음 해 지적한 바와 같이, 위험은 그보다 훨씬 미묘했다. "군사적 위협을 가함으로써 그들은 미국과 자유진영이 감당하기 어려운 안보 부담을 지게 만들고 결국 경제적 재앙을 초래하기를 바랐다. 그들은 자유로운 사람들은 그들의 삶의 방식을 보존하는 동시에 엄청난 군사역량을 구축할 수 없다고 공공연하게 말해 왔다."30) 그 의미는 분명했다. 모든 면에서 소련의 군사 역량에 상응하는 역량을 갖추려는 시도는 모스크바의 술수에 말려들어가는 행위였다. 그러한 역량은 서구 진영에 겁을 줘서 기진맥진하게 만드는 목적 외에는 그 어떤 목적을 위해서도 사용될 가능성이 희박하기 때문이었다. 나아가서 일각에서 주장하는 대로, 소련의 의도가 전쟁을 제외한 다른 방법으로 세계 혁명을 달성하는 게 목표라면, 서구 진영이 전쟁을 일으키겠다고 위협할 의향만 있어도 그러한 목표를 무산시키거나 적어도 억제할 수 있었다.

　　이와 같이 이념에 집착하면서 미국 행정부는 크렘린 지도자들이 서구 민주주의에서는 불가능한 분명한 전략적 비전과 그에 따라 결과적으로 놀라울 정도로 정교하고 유연한 전술을 갖추고 있다고 여기게 되었다. 덜레스는 다음과 같이 주장했다. "모스크바는 소규모 공산주의자 집단이 한 세대 만에 세계 인구의 3분의 1을 장악하는 계획을 치

---

　　21, 1953, Alfred M. Gruenther, February 22, 1955, XXVIII (June 22, 1953), 871, and XXXII (March 28, 1955), 516.

밀하게 준비해 탁월하게 실행했다." 미래의 계획은 한 나라씩 차례로 골라서 전복이나 간접적인 도발을 통해 장악함으로써 결국은 미국과 그 동맹국들을 에워싸고 고립시켜서 "항복하도록 옥죄는" 일이었다. 이와 같이 목적 의식이 투철하고 민첩하며 양심이 결여된 러시아인들은 대단히 유리한 입장에 처했다. 국무차관보 월터 로버슨(Walter Robertson)은 다음과 같이 불만을 토로했다. "그들은 패배할 때마다 장소를 바꿨다. 유럽에서 저지당하자 극동으로 관심을 돌렸다. 전투 상황에 놓이면 정치적 술수로 바꾸고, 정치적 술수가 먹히지 않으면 전투로 바꾼다." 아이젠하워는 1954년에 공산주의는 "목적을 달성하기 위해서 생각해낼 수 있는 모든 무기를 동원하고 사용하는 데 도가 텄다."라고 경고했다. 그 전 해에 사형선고를 받은 에셀 로젠버그(Ethel Rosenberg)◎의 감형을 거부하면서 "이제 소련은 여성까지 첩자로 모집하기 때문"이라고 그 이유를 밝힐 때 보여주었던 단호함이 그의 주장에서 묻어났다.31)

　　대통령은 세계 도처에서 발생하는, 얼핏 보면 서로 무관해 보이는 사건들에서 크렘린의 부지런한 손길을 감지해 내는 경향이 있었다. 1954년 그는 공산주의 국가들이 하는 행동에는 "의도적이고 용의주도하게 계획"하지 않은 면이 거의 없다고 지적했다. 철저하게 계획하고 조율한 행동이 아닐지는 모르지만 "공산주의 정부가 어떤 일이든 벌어지도록 내버려둘 때는 다분히 의도적이고 의도한 목적이 있기에 그렇게 한다." 3년 후 그는 일련의 사건들 ─ "한국 침략, 필리핀의 게릴라 조직 후크(Huk)단의 활동, 베트남 전체를 전복하려는 집요한 시도, 라오스, 버마를 전복하려다 실패한 사건, 이란을 접수하는 데 성공할 뻔

---

◎ 소련에게 고용된 미국인 스파이 부부 중 부인 ─ 옮긴이.

한 시도, 트리에스테(Trieste) 분쟁지역 이용, 과테말라에 침투하려다 실패한 사건" - 을 살펴보고, 이 모두가 "소련 정부의 영향력이 미치는 나라를 모조리 공산주의가 정복한다는 목표에 박차를 가하기 위해 설계한 압박의 사례들"이라고 주장했다.[32] 러시아인들이 전술적으로 매우 유연하다고 인식한 행정부 관료들은 스탈린이 사망한 후 크렘린에서 나오기 시작한 놀라울 정도로 유화적인 몸짓을 극도로 경계했다. 1953년 5월 덜레스는 "덫에 빠지지 않으려면 경계를 늦춰서는 안 된다"라며 다음과 같이 경고했다. "소련 공산주의자들은 끊임없이 기만 전술을 갈고 닦고 실천해 왔다. 상대방이 안전하다고 오해하게 만들기 위해 양보를 한 뒤 결국 도발을 해 쉽게 희생양으로 만드는 수법이다." 1954년에도 다시 강조했다. "스탈린은 죽었지만 소련의 정책은 근본적으로 변하지 않았다." 1955년 무렵 국무장관은 모스크바에 세계혁명보다 국익을 우선시하는 이들이 있을지 모른다고 인정하는 단계에 이르렀다. "어쩌면 세계가 염원하는 변화가 있을지 모른다는 가능성을 배제해서는 안 된다." 그러나 "소련의 공산주의 이념은 정복이라는 목적 달성을 위해서 후퇴와 우왕좌왕 전술을 쓰라고 끊임없이 가르쳐 왔다. … 우리는 치명적인 위험일지도 모를 상황에 우리를 노출시켜서는 안 된다."라는 점을 명심해야 한다며 신중한 태도를 보였다. 소련은 "새우가 휘파람 부는 법을 터득할 때까지" 마르크스, 엥겔스, 레닌(스탈린을 언급하지 않은 점이 눈에 띈다)의 가르침을 저버려서는 안 된다고 한 흐루쇼프의 주장을 인용하면서, 중앙정보국(CIA) 국장 앨런 덜레스◎는 좀 더 애매한 평가를 내렸다. "내가 이해하기로 이는 러시아 말로 '절대로 안 된다'는 뜻이다 - 상당한 권위자에 따르면, 현대과학

---

◎ 국무장관 덜레스의 친동생이기도 하다 - 옮긴이.

을 동원하면 바다 깊숙한 곳에서 새우가 내는 꼴록꼴록 하는 소리를 포착할 수 있다고는 하더라."33)

그러나 행정부가 이념에 얼마나 집착하고 있는지를 여실히 보여주는 가장 극적인 사례는 국제공산주의의 면모를 공개적으로 묘사할 때 나타났다. 1954년 4월 덜레스가 언급한 바와 같이, 이 시기에 공산주의를 거론할 때 단골로 등장한 공식적인 수사는 다음과 같다. "막강한 권력을 휘두르지만 인간의 자유를 점차 파괴하는 데 성공하지 않고는 생존할 수 없다고 믿는 거대한 획일적 체제." 그해 말 무렵 국무차관 월터 비델 스미스(Walter Bedell Smith)는 다음과 같이 말하기도 했다. "공산주의는 세계 모든 사람들을 하나의 막강한 중앙권력 하에 두려는 움직임이다. 그리고 나는 민족주의를 자기 나름의 방식대로 삶을 영위하려는 사람들이 지닌 강렬한 욕구로 규정한다. 내가 보기에 이 두 이념은 공존불가능하다." 월터 로버슨은 1955년 초 다음과 같이 지적했다. "윌리엄 Z. 포스터(William Z. Foster)와 그 일당들이 이 나라 국민을 대표하지 못하듯이, 페이핑(베이징)에 있는 방약무인(傍若無人)한 협잡꾼들도 자국의 진정한 이익과 열망을 대표한다고 볼 수 없다. 그들은 모두 국제공산주의 음모세력의 도구일 뿐이다." 앨런 덜레스는 다음과 같이 주장했다. "그 음모세력은 모스크바에 본부를 두고 페이핑에 있는 조직과 제휴를 맺었으며 바르샤바, 프라하를 비롯해 수많은 지역에 지부를 설치해 놓고 있다."34)

그런데 흥미롭게도 행정부가 공개적으로 쓰는 수사와는 달리 행정부 내부에서 소련의 위협을 평가한 자료에서는 이념에 훨씬 낮은 우선순위를 부여했다. 1955년 초에 나온 국가안보회의 조사연구서는 다음과 같은 결론을 내렸다. "소련의 지도자들은 자기들이 보기에 유리하다고 생각하는 온갖 수단들을 동원해서 공산주의 세력을 확산시키

고 자기 체제를 위협하는 적으로 간주하는 세력, 특히 미국과 미국의
영향력을 약화시키려고 부단히 노력한다고 보면 된다." 그러나 스탈린
의 후임자들은 "자기 정권의 안전이나 공산주의 진영에 대한 자기들의
장악력을 위험에 빠뜨리는 방식으로 장기적인 목표를 추구하는 일은
회피할 가능성이 매우 높다." 따라서 소련의 목표는 중요한 순서대로
열거하면 다음과 같다.

    A. 정권과 소련의 안보

    B. 유럽 위성국가들에 대한 소련의 장악력 유지와 중국을 공산주의
       진영에 묶어두기

    C. 유라시아에서 미국의 영향력 제거와 미국 고립시키기

    D. 유라시아 전역에 소련 공산주의 세력의 확대

    E. 경쟁세력 중심지로서의 미국 제거

    F. 전 세계에 공산주의 확산

    아이젠하워는 일 년 반 후 "이 공산주의자들은 초기 기독교 순교
자들이 아니다. 나는 그들이 자기 후임자들에게 자신들의 이념을 확산
시킬 기회를 주려는 목적으로 전쟁을 일으키리라고 보지는 않는다."라
고 일기에 기록했다.[35]

    미국 행정부는 또한 정부 내에서는 비공식적으로 공산주의와 민
족주의는 양립가능하다고 인정했다. 존 포스터 덜레스는 워싱턴의 수
많은 관료들과 마찬가지로 티토의 "교훈"에 깊은 인상을 받았다. 그는
1949년에 다음과 같이 기록했다. "러시아식 공산주의에 절대적으로
순응하라는 요구는 자국이 경제적 사회적으로 당면한 문제가 러시아
가 당면한 문제와 다른 지역, 그리고 국가와 문화에 대한 충성도가 높
은 지역에서는 먹혀들지 않는다." 티토 정권의 이념적 성향에도 불구

하고, 덜레스는 독자적인 공산주의 사례가 동유럽 내 다른 지역과 중국에도 확산되기를 희망하면서 티토 정권에 계속 원조를 제공했다. 중국에서 그러한 사례가 등장할 가능성이 희박하다고 여겨지지 않았다. 국가안보회의 연구보고서는 1954년 11월 "중소 관계에 긴장이 고조되고 불협화음이 발생할 가능성이 크다."라고 결론을 내렸다. 그리고 그 다음 달 버뮤다에서 아이젠하워, 처칠, 프랑스 외교장관 조르주 비도(Georges Bidault)가 모인 가운데 열린 극비 브리핑에서 덜레스는 이 점을 다음과 같이 훨씬 분명하게 지적했다.

> 마오쩌둥 본인도 나름대로 뛰어난 공산주의 지도자였다. 따라서 모스크바가 시키는 대로 하지 않으려는 경향이 어느 정도 있다고 본다. 대단한 권위를 누린 스탈린 시대에는 그게 가능했다. … 그러나 말렌코프(Malenkov, 스탈린 사후 소련 집단지도체제의 지도자 중 한 명 ‒ 옮긴이)에게는 해당되지 않는다. 이러한 관계가 존재한다는 사실이 중요하다. 그리고 그 덕에 우리의 공동이익을 추구하기 위해서 소련과 공산주의 중국 사이에 분열을 조장할 기회를 얻게 될지도 모른다.

덜레스는 몇 년 후 최측근에게 다음과 같이 말했다. "우리가 기대할 기본적인 변화는 딱히 공산주의에서 또 다른 형태의 정부로의 변화는 아니다. 문제는 한 국가에서만의 공산주의가 가능한지 아니면 세계를 아우르는 공산주의여야 하는지 여부다."[36]

그렇다면 미국 행정부가 겉으로는 민족주의적 공산주의가 불가능한 듯이 보이게 하려면서도 바로 그 현상을 조장하려고 은밀히 애쓴 이유가 무엇일까? 덜레스는 이에 대한 한 가지 해답을 버뮤다에서 제시했다. "공산주의 중국과 러시아 사이에 긴장과 불화를 고조시킬 최선의 방법은 중국에 대한 압박을 줄이기보다 오히려 압박을 최대한으로 유지하는 일이다." 물론 "우리가 공산주의자 중국인들을 우호적으로 대하면 그들을 소련으로부터 떼어낼 수 있다"고 생각하는 이들도 있었다. 그러나 그렇게 되면 중국의 호감을 사려고 러시아와 경쟁하는 구도가 만들어져서 베이징만 꿩 먹고 알 먹는 유리한 처지에 놓이게 된다. "티토가 스탈린과 결별한 이유는 우리가 티토에게 호의적으로 대해서가 아니다. 그 반대로 우리가 티토에게 매우 거칠게 대했기 때문이다."라고 덜레스는 지적했다. 정보판단 자료는 대체로 덜레스의 주장을 확인해 주면서, 중소 분열을 조장하기 위해 서구 진영이 쓸 수 있는 지렛대는 매우 제한되어 있다는 점을 강조했다. 일단 독자적인 세력이 실제로 나타나면 덜레스는 그들을 공개적으로 인정할 의향이 있었다. 1955년 제1차 대만해협 위기가 발생하자 덜레스는 기자회견에서 다음과 같이 말했다. "중국 공산주의자들은 독자적인 조치를 실행하고 있다고 생각한다." 그 다음 해, 흐루쇼프가 탈 스탈린주의 연설을 한 후, 덜레스는 "공산주의는 반드시 국제적 조직일 필요는 없고 민족주의적 조직일 수도 있다."라고까지 인정했다.[37] 그러한 방향으로의 변화는 유인책이 아니라 오로지 압박을 가함으로써만 촉진될 수 있다.[38]

　　민족주의적 공산주의를 납득 가능한 대안으로 설명할 때 겪는 또 한 가지 어려움은, 독자적인 공산주의 정권이 모스크바에 충성하는 공산주의 정권보다 미국의 이익을 존중하리라고 보장할 길이 없다는 점이었다. 정부가 크렘린으로부터 지시를 받는지 여부보다 정부가 공산주의자라는 사실 자체가 여전히 그 정권의 행동을 결정하는 데 훨씬 중요한 요인인 듯이 보였다. 직업외교관 로버트 머피(Robert Murphy)는 1954년 다음과 같이 말했다. "(공산주의 국가들에서는) 대중을 똑같은 틀에 넣어 찍어내기 때문에 우리는 그들이 무슨 말을 하고 어떤 행동을 할지 짐작할 수 있다. ─ 국적이나 언어에 상관없이." 덜레스가 중국 공산주의 정부의 상대적인 자율성을 인정하면서도 중국 공산정권이 소련 정권보다 훨씬 위험하다고 묘사하려 무진 애를 썼다는 사실은 의미심장하다. 그는 중국인들이 "성공했다는 희열"에 들떠 있고, 자기가 지닌 "힘을 과대평가"하는 데 골몰하고 있으며, "히틀러의 광기에 상응하는 공격적인 광기"에 사로잡혀 있다.[39] 그렇다면 거대한 통일체 없이도 획일적인 행동을 보일 수 있다. 정권이 지닌 이념은 공산주의 정권이 서구 진영에 대해 적대감을 품게 만드는 데 막강한 영향력을 발휘한다. 그 정권이 소련에 대해 어떤 태도를 지녔든 세계적 힘의 균형의 논리가 어떻든 상관없이 말이다.

신뢰도는 또 다른 문제였다. NSC-68 작성자들과 마찬가지로 아이젠하워와 그의 참모들도 외양에 큰 중요성을 부여했다. 힘에 대한 인식이 힘 자체 못지않게 중요하다고 그들은 믿었다. 독자적인 공산주의가 승리해도 미국이 후퇴한다는 인상을 줄 가능성이 있었다. 그러면 결과적으로 미국의 사기가 저하되고 저항하려는 의지가 약해지는 참담한 사태가 발생한다. 아이젠하워는 1955년 처칠에게 보낸 서신에서 다음과 같이 기록했다. "우리가 공산주의자 도적들을 두려워하는 듯이 비춰지고, 야수가 마침내 포만감을 느끼고 포식자로서의 전술을 중단하기를 바라면서 어둠 속에 살금살금 도망 다니다가는 결국 야수가 우리를 삼켜버릴지 모른다." 이는 물론 아이젠하워가 인도차이나 상황을 "도미노 이론"에 비유했을 때도 생각한 바다. 뒤이어 덜레스는 한발 더 나아가 서구 진영 전체의 안보가 대만의 금문도(金門島, 진먼다오 Quemoy)와 마조도(馬祖島 마쭈다오Matsu)◎를 방어하는 데 달렸다고 보는 듯했다. 덜레스는 이 두 섬을 잃으면 공산주의자들이 "우리를 태평

---

◎ 이 섬들은 대만의 영토지만 중국대륙에 근접해서 중공의 군사적 도발이 자주 일어났다. ─ 옮긴이.

양 서쪽에서 몰아내는 목적에 착수하게 되고, 결국 그들은 하와이로 진출한 다음 심지어 미국 본토까지 장악하는 목적을 달성하게 될지도 모른다!"라고 생각했다. 공산주의자들은 그들의 승리는 필연적이라는 환상을 심어주려고 했다. "우리는 우리의 삶의 방식이 미래에 택해야 할 삶의 방식이라고 믿는 이들을 우리 편으로 만들어야 한다. 그리고 그들은 공산주의자들과 마찬가지로 강인해야 한다."40)

　　마지막으로, 일관성 있고 신빙성 있는 외부의 위협은 내부의 결속력을 강화하는 이점이 있었다. 매카시즘과 독자주의가 아직 영향력을 발휘하던 때에 "공산주의"에 맞섬으로써 얻는 국내적인 이득은 상당했다. 덜레스는 다음과 같이 인정했다. "유감스럽지만 우리가 추진하는 프로그램에 대한 의회의 지지를 얻어내기 위해 우리는 국제공산주의의 위협을 명백히 보여주어야 하는 게 사실이다. 그렇지 않으면 그런 정책은 난자(亂刺) 당한다." 동맹국들과의 관계에서도 같은 문제가 발생했다. 그러한 위협이 없으면 "그들은 위험이 사라졌으므로 국방에 계속 거금을 쓸 필요가 없다고 느끼게 될지도 모른다." 동맹국들에게도 의존하지 않고 국제사회의 지지도 필요하지 않은 소련은 이러한 어려움을 겪지 않았다. 서구 진영에게 가장 위험한 순간은 동구권이 위협이라는 인식이 희미해지기 시작하는 순간이라고 덜레스는 주장하곤 했다. 그렇게 되면 동맹국들이 서로 다투게 되고 집단안보 체제는 시대착오적인 기구처럼 보이기 시작하고 중립주의가 호응을 얻게 된다. "공포감이 조성되어 있으면 외교관이 일하기가 수월하다."41)

　　트루먼 행정부를 이끄는 그 어떤 인물보다도 존 포스터 덜레스가 어떤 면에서 보면 소련 정권의 약점과 운신의 폭이 얼마나 제한되어 있는지를 더 잘 인식하고 있었다는 점은 뜻밖이다. 한국전쟁이 발발하기 직전인 1950년 봄에 출간된 『전쟁이냐 평화냐(War or Peace)』

에서 덜레스는 조지 케넌이 생소하다고 여기지 않았을 표현을 빌려 다음과 같이 이 주제를 논했다.

　　독재체제는 보통 외양은 무시무시하다. 겉보기에는 강하고 화려하고 뿌리치기 힘들다. 그러나 안으로는 속속들이 부패해 있다. 독재체제는 "겉을 하얗게 칠한 묘실(墓室) 같다. 겉보기에는 아름답지만 안에는 사자(死者)의 뼈와 온갖 불결한 것들로 가득 차 있다."42)

　　그러나 케넌과는 달리 덜레스는 자신이 평가한 위협과 그 위협의 사용처를 분리하는 데 애를 먹었다. 소련의 위협이 사라지거나 사라진 듯이 보이기만 해도 미국 안팎에서 소련에 저항하는 동맹의 단결력도 사라지게 된다고 확신한 덜레스는 국무장관으로서 자신이 알고 있는 소련의 내부적 취약점과 국제 공산주의운동에 대한 모스크바의 장악력의 빈약한 속성을 실제보다 축소했다. 대신 그는 조금도 위축되지 않는 위험한 존재의 이미지를 소련에 투사했고, 이 이미지를 티토를 제외한 세계 공산주의 진영 전체에 확대 적용했다. 덜레스의 목적을 달성하기에 효과적인 주장이었는데, 심지어 그는 아마도 그 주장의 일정 부분을 믿게 되기까지 했다. 그러나 목적과 수단이 뒤바뀐 흥미로운 사례이기도 했다. 소련의 위협을 제거하거나 무력화시키는 게 봉쇄전략의 본래 목적이었는데, 이제는 그 위협이 봉쇄의 수단들 자체를 목적으로서 영속화시키는 수단이 되었다.

Ⅲ

　　이익과 위협에 대한 인식에 상응하는 전략을 수립하려는 노력의

일환으로 (그리고 선거기간 동안 한 공약을 지키기 위해) 아이젠하워 행
정부는 1953년 여름 "솔라리엄 작전(Operation Solarium)"*◎으로 알려
진 정교한 작전기획 훈련을 했다. 쓸 수 있는 선택지들을 모두 고려해
가장 적합한 행동 방침을 결정하도록 설계된 훈련이었다. 대통령의 요
청에 따라 세 개의 별도의 연구 집단이 국방대학원에 꾸려졌고, 각 집
단은 할당받은 선택지가 왜 최선의 선택인지 가장 설득력 있는 주장을
제시하는 임무를 맡았다. 선택지들은 다음과 같았다. (1) 트루먼의 "봉
쇄" 전략의 지속 – 묘하게도 덜레스가 지난 3월에 국무성에서 내보낸
케넌이 이 집단 좌장을 맡았다. (2) "억제" 전략 – 공산주의 진영의 주
변부를 따라 선을 긋고 그 선을 넘는 세력에 대해 핵 보복의 위협을
가하는 전략이다. (3) "해방" – 정치적 심리적 경제적 수단과 은밀한
수단을 이용해 현재 소련의 영향권인 지역을 "축소"시키려는 시도. 제
4의 대안도 제시되었지만 누락되었다. 아마 아이젠하워가 배제했기 때
문인 듯하다. 소련의 핵 역량이 미국을 심각하게 위협하는 시점에 이
르기 전에 그 역량을 파괴하는 예방전쟁이 바로 네 번째 대안이었는
데, 보복 당할 위험이 너무 커보였다.[43]

결국 아이젠하워는 이 가운데 첫 번째 선택지를 두 번째 선택지
의 방향으로 약간 수정한 안만 재가했다는 게 통설이다. 케넌은 그해
늦여름 백악관으로 호출돼 이 새로운 접근방식에 대해 브리핑을 했다.
"내 발치에 있는 맨 앞줄에 포스터 덜레스가 앉아 있었다. 묵묵히, 초
라하게. 그러나 겉으로는 정중했고 따라서 내 말을 경청했다. 3월에는

* 이 용어는 백악관에 있는 "솔라리엄"을 말하는데, 이 훈련을 승인한 첫 회의가 열린
  장소다.
◎ 20세기 초 윌리엄 하워드 태프트가 백악관에 증축한 시설로서 선 룸(Sun Room)이
  라고도 하며, 대통령 일가가 더운 여름밤에 시원하게 잠을 청하도록 배려해 만들었
  다. – 옮긴이.

그가 자기 손으로 나라는 부담을 홀가분하게 더는 개가를 올렸다면, 8월에는 내가 내 정책으로써 벗어나지 못할 등짐을 그에게 지워줌으로써 보복을 했다."[44] 그러나 "솔라리엄" 연구에서 논의된 "봉쇄" 전략은 케넌이 제시한 본래 전략보다 NSC-68과 훨씬 유사했다. 그리고 실제로 행정부의 전략적 개념은 솔라리엄 작전에서 다룬 세 가지 대안들 모두를 어떤 식으로든 통합했고, 그 개념은 "뉴 룩(New Look: 새로운 관점)"으로 일컬어지게 되었다.

이 전략의 핵심은 주도권을 되찾는 동시에 비용은 줄인다는 취지였다. 1953년 아이젠하워는 다음과 같이 주장했다. "단순히 누군가의 선제적 행동에 대해 반사적으로 보이는 행동이라면 외교정책이라고 불릴 자격이 없다." 1954년 초 또다시 이렇게 말했다. "우리는 공산주의자들의 부정적인 행동 때문에 억지로 온 세계에 군대를 주둔시켜야 하는 사태를 감당할 여유가 없다. … 우리는 가장 효과적으로 공격할 곳을 결정할 재량이 필요하다." 여기에는 경제성과 주도권 둘 다 추구하는 정책이 전혀 모순이 아니라는 전제가 깔려 있다. 트루먼 행정부가 이기지도 못하고 마무리 짓지도 못할 전쟁으로 기꺼이 빨려들어 가겠다는 의지를 보였기 때문에 국방예산을 연간 500억 달러로 끌어올렸다. 퇴임하면서 제시한 NSC-141의 권고안이 이행되었다면 향후 5년에 걸쳐 적자만 440억 달러에 달했으리라고 아이젠하워는 추산했다. 덜레스도 1954년 1월 12일 외교협회(Council of Foreign Relations)에서 한 유명한 연설에서 다음과 같이 똑 같은 주장을 했다. 트루먼의 전략은 "북극과 열대지방에서도 임전태세를 요구했을지 모른다. 아시아, 극동, 유럽에서도, 해상, 지상, 공중에서도. 구식 무기와 신형 무기로도." 그 전략을 오래 지속했다면 "예산상으로, 경제, 사회적으로 심각한 문제를 일으켰을 게 틀림없다."[45]

이 연설에서 덜레스는 1952년 자신이 처음으로 제안했던 전략적 비대칭이라는 개념을 살려냈고, 전략적 주도권을 쥐는 동시에 예산을 억제하는 정책이 어떻게 가능한지에 대해 그가 아이젠하워 행정부를 대표해서 한 다음과 같은 설명이 가장 널리 알려지게 되었다.

우리는 집의 대문을 잠그기는 하지만 집집마다 하나같이 문 앞에 무장한 경비원을 세워놓지는 않는다. 우리는 주로 제대로 장비를 갖춘 공동체 안보체제에 의존해 우리집에 침입해 도둑질을 하는 이들을 가차 없이 처벌하기 때문에 실제로 잠재적인 범인들을 대체로 억제한다. 이게 바로 감당할 만한 비용으로 최대한의 보호를 받는 최신 방식이다.

덜레스는 "대대적인 보복력으로 억제"하면 그것이 가능하다고 주장했다. 그 억제수단으로 잠재적인 도발행위자들에게 항상 그들 입맛에 맞게 유리한 여건을 조성할 수는 없음을 납득시키는 방법이었다. "도발을 억제하려면 자유진영 공동체가 재량껏 선택한 수단으로써 도발 장소에서 적극적으로 대응할 의지와 능력을 갖추어야 한다." 그러한 접근방식을 사용하면 적이 지닌 수많은 선택지들에 일일이 대응할 태세를 갖추지 않아도 되고 대신 "우리의 군사 역량"을 우리가 선택한 정책에 적합하게 구축할 수 있다. 그 결과 온갖 수단을 모두 동원하는 대신 선별적인 군사적 수단을 엄선해 사용하게 되고, 결과적으로 "훨씬 적은 비용으로 훨씬 기본적인 안보 역량을 갖추게 된다."[46]

덜레스의 연설은 "대대적인 보복"이라는 용어를 널리 알려서 유명해졌지만, 아이젠하워 행정부의 "뉴 룩" 전략이 최소한의 도발에도 핵무기를 사용하겠다는 위협을 내포한 이 개념을 위주로 짠 전략이라고 보면 오해다. 이 전략의 핵심 개념은 비대칭 대응이다. ─자신의 장점을 상대방의 약점에 적용하도록 계산된 방식으로 적의 도발에 대응

하는 개념이다. 대결의 속성과 장소가 바뀌는 한이 있어도 말이다. 그
렇게 하면 주도권을 되찾는 동시에 비용을 줄이는 효과를 낳는다. 핵
무기는 이 전략의 중요한 요소임에 틀림이 없지만 동맹, 심리전, 비밀
작전, 협상과 같은 다른 요소들도 중요했다. 이 모두를 고려해야 아이
젠하워 행정부가 "소련-공산주의자" 위협이라고 인식한 대상에 어떻
게 대응하는지를 전체적으로 그려볼 수 있다.

트루먼 행정부는 핵무기 보유에서 정치적 이득을 끌어내는 분명
한 전략을 만들어낸 적이 없다. 핵무기는 전쟁 기획에서 틀림없이 두드
러진 위치를 차지했고 트루먼 임기 동안 외교의 배경에는 핵무기의 존
재가 어른거렸다. 그러나 트루먼 행정부 임기를 통틀어 사용가능한 핵
무기 수는 너무나도 미미해서 주변부에서 일어나는 도발에 사용하기는
어려웠을 것이다. - 1949년까지도 미국 무기체계에서 보유하는 원자탄
을 다 동원해도 소련과의 전면전이 발발했을 때 모스크바의 항복을 받
아내기에 충분한지도 의문이었다.[47] 재래식 무기와 핵무기는 그 특성
과 사용했을 때 초래할 결과에서 판이하게 다르다는 케넌의 시각에 대
한 공감도 있었다. 트루먼은 수소폭탄 제조를 승인했지만 그의 행정부
는 또한 NSC-68에서 그러한 무기에만 의존하는 상황에서 벗어나려는
시도를 했다는 사실은 의미심장하다. 분명히 트루먼 행정부는 의도적
이고 공개적으로 핵무기를 사용하겠다고 위협할 의향이 없었다.*

이 모두가 아이젠하워 하에서는 바뀌었다. 핵무기의 수와 종류
는 전술적 차원과 전략적 차원 공히 그가 취임할 무렵 급증했다.[48] 대

---

* 트루먼이 기자회견에서 한국에서 원자폭탄 사용을 늘 고려했다고 말해 큰 소동이
벌어진 적이 있기는 하다. 그러나 백악관은 신속하게 대통령만이 원자폭탄의 사용을
승인할 수 있는데 그러한 승인을 한 적이 없다는 취지로 해명하는 성명서를 발표했
다. (Truman press conference and White House press release, November 30, 1950,
*TPP: 1950*, p.727.)

륙간 제트 폭격기도 작전 투입이 가능해지고 있었다. 신임 행정부 수반은 비용이 많이 드는 지상군 파병 – 그는 이를 "설거지 하는 사람과 웨이터들"이라고 했다 – 을 삭감하겠다는 결의를 보였다. 미국의 해외 군사기지들이 있는 나라에서 반미 감정이 일어나고 있었다. 미군이 주둔하는 나라의 정부는 미군기지를 "안보우산이 아니라 피뢰침"으로 여기게 되었다고 덜레스는 경고했다. 이 모든 상황을 고려해 볼 때 미국에 기지를 둔 공수(空輸) 전략적 핵 억제력을 강조하는 주장에 크게 힘이 실렸다. 아이젠하워는 1953년 11월 덜레스, 험프리, 국방장관 찰스 E. 윌슨(Charles E. Wilson)과 회의를 하고 나서 다음과 같이 기록했다. "신형무기에 의존하면 재래식 군사력 – 즉, 지상군과 해군 일부 – 을 어느 정도 감축해도 충분히 정당화된다."49)

물론 이 전략이 제대로 작동하려면 미국은 자국의 이익이 걸린 곳이라면 어디에서든 핵무기를 사용할 의지가 있는 듯이 비춰져야 했다. 1952년 덜레스는 다음과 같이 지적했다. "힘이 범죄 억제수단으로서의 잠재력을 최대한 실현하려면 범죄본능이 있는 자들이 실제로 그 힘이 자기들을 상대로 쓰이리라고 두려워할 이유가 있어야 한다." 이에 따라 행정부 관료들은 합심해서 공개적으로 전임 행정부가 강조했던 핵무기와 비핵무기의 구분을 모호하게 만들려는 노력을 기울였다. 1953년 12월 UN에서 대통령은 "원자무기는 우리 군 내에서 사실상 재래식 무기의 지위를 확보했다."라고 말했다. NATO 총사령관 알프레드 M. 그룬서(Alfred M. Gruenther) 장군은 1954년 다음과 같이 주장했다. "원자폭탄이 사상자 – 여성과 어린이 사상자를 매우 많이 낸다 – 를 낸다는 이유만으로 어떤 무기를 사용할지를 결정할 때 감상에 젖어서는 안 된다. 성가시지만 해야 할 일은 전쟁 자체를 불가능하게 만드는 일이다." 덜레스는 핵무기는 현대전의 파괴력 증강에서 한 발짝 더 나아간 셈이며, 이는 대략 활에서 화약으로의 변화에 상응하는 진전이라고 주장했다. 아이젠하워는 1955년 초 다음과 같이 말했다. "엄밀히 군사적 목적을 달성하는 데만, 엄밀히 군사적 목표물만을 대상으로 사용한다면, 총알이나 여느 무기와 마찬가지로 사용하지 못할 이유가 없다."[50]

아이젠하워 행정부 초창기 몇 년 동안 작성된 내부 문건들을 보면 이러한 공식적인 입장은 빈말이 아니었다. 행정부는 분명히 폭넓은 여러 상황에서 핵무기 사용을 '고려할' 태세가 되어 있었다.* 1953년 10월 아이젠하워가 재가한 "뉴 룩" 전략을 담은 극비문서 NSC-162-2는 러시아인이나 중국인이 적대감을 표출할 경우 "미국은 다른 무기들과 더불어 핵무기 사용도 고려한다"고 명시하고 있다. 대통령이 1954년 말 의회 지도자들에게 밝힌 바와 같이 "그들이 꿈쩍이라도 하면 신속히 작살을 내버리겠다."라는 게 일반적인 취지였다. 1955년 초 아이젠하워는 이러한 접근방식을 제한적인 전쟁에도 확대 적용하는 방안을 승인했다. "미국은 국지적 상황에서조차도 핵무기 사용을 배제하는 여유를 부릴 수 없다. 핵무기 사용으로 도발 행위를 신속하고 적극적으로 중지시킬 수 있다면, 그리고 정치적 군사적 여파를 저울질 해볼

---

* 솔라리엄 연구에서는 배제되었지만 예방전도 그 가운데 하나였다. 아이젠하워는 1953년 9월 덜레스에게 보낸 서신에서 다음과 같이 기록했다. "우리는 적이 우리에게 가하고자하는 손실보다 훨씬 큰 손실을 적에게 즉각적으로 가할 태세를 항상 갖추고 있어야 한다. 그래야 억제력이 된다. — 그러나 이러한 상대적인 입장을 유지하기 위해 경쟁이 무한히 계속되어야 한다면 비용 때문에 전쟁에 돌입하게 된다. — 아니면 일종의 독재정부 형태에 몰리게 된다. 그런 상황에서 우리는 미래 세대에 대한 우리의 책무는 우리가 정한 가장 유리한 순간에 전쟁을 '먼저 일으켜야' 하는 게 아닌지 심사숙고해야 한다."(Eisenhower to Dulles, September 8, 1953, *FRUS: 1952-54*, II, 461. 원본에도 '먼저 일으켜야'가 강조되어있다.) 그러나 1년 후 아이젠하워는 기자회견에서 다음과 같이 말했다. "오늘날 예방전은 불가능하다는 생각이 든다 … 솔직히 말하면 나는 내 집무실에 들어와 그런 말을 하는 그 어떤 이의 주장도 귀담아듣고 싶지도 않다." (Eisenhower press conference, August 11, 1954, *EPP: 1954*, p.698.)

때 핵무기를 사용하는 게 미국의 안보 이익을 최대한 증진시킨다면 말이다."51)

　　그러나 핵무기 사용을 고려한다고 해서 그 사용을 일상적으로 승인한다는 뜻은 아니었다. 그리고 이 점에서 아이젠하워는 매우 신중했음을 보여주는 증거는 많다. 아이젠하워는 덜레스의 "대대적인 보복" 연설문을 사전에 읽고 재가했지만, 핵전쟁으로 자동적으로 수위를 높이겠다고 위협하는 부분이 분명히 그의 마음에 거슬렸다. "그렇게 설레발 떨면서 허풍친다고 사람들이 두려워한다고 생각하지 않는다."라고 그는 그 다음 달 기자회견에서 날카롭게 지적했다. "우리는 유럽에서 수많은 전투를 치렀는데, '우리는 덩치도 크고 힘도 세고 대단하고 끈질기다. 누구든 대들면 혼이 쏙 빠지도록 두들겨 패주겠다.'라는 내용의 성명서를 단 한 번이라도 사전에 발표한 기억이 없다." 1954년 3월 똑같은 취지의 말을 다시 했다. "우리 이익의 가장자리에서든 주변부에서든, 적이 어떤 종류의 행위를 하든, 핵무기 사용은 정당화된다는 그런 주장과 관련해서 말인데, 포스터 덜레스, 나는 아무리 내 상상력을 총동원한다고 해도 그 발언이 우리가 어떤 행동을 할지 구체적이고 정확하게 말하려는 의도에서 한 말이라고는 추호도 생각하지 않는다네." 그해 말 행정부 수반은 국무장관에게 다시 한번 분명히 다짐을 두었다. "우리가 대대적인 보복을 거론할 때 뜻하는 바는 돌이킬 수 없는 전쟁을 뜻하는 행위에 대한 보복을 말한다."52)

　　덜레스 본인도 자기 연설이 그런 식으로 해석되어서 유감스러워했다. 뒤이은 4월 그는 〈포린 어페어스(Foreign Affairs)〉에 실린 글에서 이에 대해 자세히 해명하면서 서둘러 자신의 입장을 분명히 밝혔다. "대대적인 원자 및 열핵 보복은 모든 상황에서 가장 유용하게 쓰일 그런 종류의 힘은 아니다." "다양한 대응방안을 가능케 해 줄 시설과 유연성이 필요하다." 공산주의자들이 일으키는 대부분의 도발행위에 대해 타당한 보복은 오로지 전면전뿐이다. 그러나 서구 진영은 그 선택지에만 매달릴 수는 없다. "자유 진영은 선택적으로 효과적으로 대응할 수단을 갖춰야 한다." "잠재적인 도발 세력이 도발해서 얻는 이득보다 훨씬 큰 고통을 겪게 되리라는 점을 미리 인식하게 만드는" 게 중요하다. 국무장관은 그해 말 4-H 클럽 컨벤션에서 젊은 청중을 상대로 다음과 같이 말했다. 아이젠하워 행정부의 전략은 "국지전을 모조리 전면전으로 확대하고 온 사방에 원자폭탄을 투하하는 게 아니다." [53]

　　그렇다면 도대체 핵무기 사용과 관련한 아이젠하워 행정부의 전략은 무엇이고, 이는 NSC-68에 제시된 권고안과 어떻게 다른가라는 합리적인 의문이 제기된다. 이에 대한 답은 대체로 대칭 대응과 비대칭 대응 문제를 중심으로 발견된다. 물론 트루먼 행정부는 1950년 후부터 대칭을 강조했다. 억제력은 적의 마음속에 미국의 대응의 필연성과 한계와 관련해 확신을 심어주어야 제대로 작동한다 — 미국은 도발 초기에 반격을 하겠지만 도발의 수위를 넘는 반격은 하지 않는다는 확신 말이다. 아이젠하워 행정부는 대칭 전략을 수용하면서 대응의 확실성을 대응이 지닌 속성의 불확실성과 결합할 방법을 모색했다.* 가능한 대응의 범위를 확장해서 소련이 주도권을 유지할 확신을 잃게 만들

---

* 덜레스는 1952년 다음과 같이 기록했다. "오늘날 우리의 억제용 공격력은 그 역량을 확실히 알 길이 없다. 그 힘이 쓰일지 여부, 언제 어디서 쓰일지 아무도 모르기 때문이다. 이 모든 사안을 정확하게 파악하기란 현실적으로 가능하지도 않고 알려지는 게 현명하지도 않다. 계산된 불확실성도 있고 어느 정도 유연성도 있어야 할 이유는 있지만 이 주제와 관련해 지금처럼 이 정도로 정치적 혼란이 일어날 이유는 없다." (Dulles memorandum, June 25, 1952, Dulles Papers, Box 57, "Baldwin" folder.)

고 주도권을 잃으면 도발에서 얻는 이득보다 감수해야 할 위험이 훨씬 크다고 생각하게 만드는 게 취지였다. 그러나 이 모두를 감당할 만한 비용으로 해내야 했다. 따라서 핵무기를 사용하겠다는 위협으로 눈을 돌리게 된 것이다. 1955년 초 "기본적 국가안보 정책"이라는 극비문서에 나타났듯이 "소련이 미국 핵 – 공수 보복력을 무력화시킬 능력이 자기들에게 있는지 확신하지 못하는 한 그들이 전면전을 주도하거나 소련의 정권과 안보를 위험에 빠뜨릴 것으로 믿을 행동을 하리라고 기대할 만한 이유는 거의 없다."[54]

이 절차에는 적뿐만 아니라 미국에게도 위험한 경우가 있는 게 사실이다. 오판의 위험은 늘 존재했다. 그러나 "전쟁에서도 위험을 감수해야 하듯이 평화를 지키기 위해서도 위험을 감수해야 한다."라고 덜레스는 1956년 초 〈라이프〉 잡지와의 인터뷰에서 말했다. "전쟁에 돌입하지는 않되 아슬아슬하게 전쟁 직전까지 몰고 가는 기법은 반드시 터득해야 한다. 이를 터득하지 못하면 필연적으로 전쟁에 돌입하게 된다. 거기서 달아나려 하면, 겁을 먹고 아슬아슬한 경계선까지 가지 못한다면, 적에게 진 셈이다."[55] 이 인터뷰에서 국무장관이 자기 주장을 분명히 밝힌 후에도 자제하지 못하고 떠벌리는 고질적인 습관이 나타난다. 기자는 그가 논점에서 빗나가 "벼랑 끝 전술"에 대해 부연설명을 늘어놓자 기회는 이때다 하고 덜레스가 불편해 할 정도까지 밀어붙였다. 그러나 아이젠하워 행정부가 하려던 일에서 크게 벗어나지 않은 설명이었다. 아이젠하워 행정부가 봉쇄전략에 드는 비용을 기꺼이 감당할 수준으로 낮추기 위해 핵무기에 의존하고 전임 행정부보다 훨씬 더 기꺼이 더 큰 위험을 감수하려 했다는 데는 의문의 여지가 없다.

"벼랑 끝 전술"과 "대대적 보복" 같은 용어들은 "뉴 룩" 전략에 포함된 비핵 요소들을 묻어버리는 경향이 있었다. 그 가운데 하나가 동맹이었다. NSC-162/2는 "동맹의 지원 없이는 미국이 어마어마한 비용을 들인다고 해도 국방의 필요조건을 충족시키지 못한다."라고 주장한다. 해외 기지는 향후 상당 기간 동안 미국의 전략적 공군력에 중요한 보조적 역할을 계속한다. 유라시아 대륙에서 전쟁이 발발하면 동맹국들이 반드시 필요하다. 미국은 비공산주의 주요 산업국가들의 경제적 물자와 예비 인력도 필요하다. "이러한 국가들을 차례로 소련 영향권에 잃게 되면 미국은 고립되고 세계 힘의 균형이 깨져서 전면전이 발생할 경우 미국이 이길 역량을 위험에 빠뜨리고, 미국의 근간을 이루는 제도들을 훼손하지 않고 적절한 방어태세를 유지하기 어렵게 만든다." 덜레스가 1954년 〈포린 어페어스〉에 기고한 글에서 "자유진영의 안보를 보장하는 초석"으로서 핵 억제력보다 동맹을 먼저 거론했다는 점은 의미심장하다.56)

　　여기서는 트루먼 행정부의 관행으로부터 크게 달라진 점이 없었다. 아이젠하워와 덜레스는 적어도 전임자들 못지않게 NATO를 비중 있게 생각했다 – 신임 대통령이 과거에 이 기구와 관련이 있었다는 사실로 미루어볼 때 놀랄 일은 아니었다. 가능하다면 통일된 형태로, 필요하다면 분단된 상태로, 독일을 유럽방어공동체(European Defense Community)를 통해 서구 동맹 구조에 편입시키겠다는 의지도 약해지지 않았다. 굳이 따지자면, 덜레스는 애치슨보다 이점을 훨씬 더 강조했다.57) 그리고 덜레스 국무장관이 조약 체결이라면 사족을 못 쓰는 "조약 광(pactomania)"이라고 알려져 있었지만, 아이젠하워 행정부가 조약을 체결해 방어 지원을 하겠다고 약속한 국가는 트루먼 행정부 동안 체결된 동맹관계에 포함되지 않았던 4개국에 불과하다.*

---

* 퇴임할 무렵 트루먼 행정부는 리우조약(Rio Treaty, 1947), 북대서양조약(1949), 태평양안전보장조약(ANZUS Treaty, 1951), 그리고 일본과 필리핀 안보조약(1951)을 통

그러나 두 행정부는 논조, 뉘앙스, 기능에서 차이가 있었다. 덜레스는 동맹국들과 의논하지 않고 행동하려는 경향이 애치슨보다 강했다. 그의 잦은 해외순방은 동맹국들과 진정으로 의견을 교환하기보다 상대방을 어르고 달래거나 자기 입장을 해명하고 정당화하려는 목적인 경우가 훨씬 많았다. 아이젠하워 행정부는 필요하다고 생각되면 주저하지 않고 동맹국들을 공개적으로 압박했다. 예컨대, 덜레스는 프랑스가 유럽방어공동체에 합류하지 않으면 미국의 안보 약속을 "진지하게 재고"하겠다고 협박했다. 또 아이젠하워는 영국과 프랑스가 1956년 수에즈 운하 점령에 실패한 후 두 나라에게 이집트에서 철수하라고 엄중히 경고했다.* 아이젠하워의 방어 전략과 트루먼이 재가한 방어 전략은 추구하는 목적도 달랐다. 전임 행정부는 일차적으로 전쟁수행 도구로서 동맹을 결성했다. 따라서 동맹관계는 미국의 방어에 필수적인 지리적 위치에 있고, 중요한 전쟁이 발발하면 미국에 상당한 지원을 할 역량이 있는 나라들과만 맺었다. 아이젠하워와 덜레스는 동맹국의 억제력을 더 강조했다. 덜레스 국무장관은 조약을 맺거나 일방적인 선포를 통해 미국과 동맹관계를 맺을 나라들로 소련과 중국을 에워싸려고 했다.[58] 관련 당사국들이 미국의 방어에 직접적으로 기여하리라고 기대했다기보다 동맹국들에게 미국이 씌워준 안보 "우산"을 보고 러시아나 중국이 공격을 삼가리라는 희망에서였다.

---

해서 41개국과 공식적인 동맹관계를 체결한 상태였다. 아이젠하워 행정부에서 추가로 조약을 체결해 안보를 보장한 나라들은 동남아시아조약(SEATO Treaty, 1955)을 통한 태국과 파키스탄, 미국과 각각 별도로 양자 조약을 체결한 한국(1953)과 대만(1955) 뿐이었다. 미국은 중앙조약기구(CENTO) 조약의 정식 회원국이 된 적은 없지만 1959년 터키, 파키스탄, 이란과 각각 별도로 양자 간 행정협정에 서명하고 방어를 지원하겠다고 약속했다. 터키는 NATO 회원국이고 파키스탄은 동남아시아조약 회원국이었으므로 새로 방어를 약속한 나라는 이란뿐이다.

* 영국과 프랑스는 미국과의 사전 논의 없이 이 작전을 실행했다.

이러한 동맹은 또 다른 면에서도 도움이 될지도 몰랐다. 동맹국
들은 미국이 인력을 동원할 여력이 없는 국지전에 인력을 제공해 줄
수 있었다. 아이젠하워는 1957년 그 취지를 "자유진영 내의 여러 지역
에서 질서를 유지하고 변방을 지키고 지상군 역량을 대거 제공할 수
있는 자생적인 군사력"을 구축하는 일이라고 설명했다. 미국은 기술
지원을 하고 필요하다면 공군력과 해군력으로 개입할 수도 있었다. 그
러나 명심해야 할 중요한 점은 "미국은 세계 도처에 재래식 군사력을
유지할 수 없다."라는 점이었다. 미래에 전쟁이 발발하면 다른 나라
국민들이 감당해야 한다는 취지냐는 질문을 받고, 대통령은 "바로 그
게 핵심"이라고 대답했다.59)

이러한 동맹을 어디까지 확장해야 하는지를 두고 대통령과 국무
장관은 상당한 의견 차이를 보였다. 덜레스는 오래전부터 냉전과 같이
첨예한 이념적 갈등에서는 중간지대란 없다는 신념을 품어 왔다. 그는
1955년 "중립"은 "시대착오적 개념"이라고 선언했다. 1956년 무렵에
는 "아주 예외적인 경우를 제외하면 비도덕적이고 근시안적인 개념"이
라고 했다. 덜레스의 경우 종종 그러했듯이, 그의 화법은 그 화법으로
정당화하는 사실보다 그의 시각을 훨씬 선명하게 부각시켰다. 그는 워
싱턴과 공식적으로 동맹을 맺지 않으려는 나라들을 크렘린의 도구라
고 폄하할 의향이 전혀 없었다. 그러나 그는 "중립"에는 전혀 공감하
지 않았고, 중립은 미국과 나머지 "자유 진영"의 이익에 도움이 되지
않는다고 생각했다.60)

흥미롭게도 아이젠하워는 훨씬 너그러운 태도를 취했다. 중립은
군사동맹에 합류하기를 주저한다는 뜻이지 옳고 그름의 사안에 무관
심하다는 뜻이 아니라고 그는 지적했다. 미국도 건국하고 첫 한 세기
반 동안 중립적인 입장을 취했었다. 게다가 다른 나라들을 그런 조약

에 가입하라고 압박하면 유감스러운 결과를 낳을지도 몰랐다. 대통령
은 1956년 그의 형 에드거에게 보낸 밀서에서 다음과 같이 지적했다.

오래전부터 나는 이 나라들 가운데 일부에게 우리 편임을 선언하라
고 요구한다면 큰 실수를 범하는 셈이라고 생각해 왔다. … 버마 같은
약소국이나 심지어 인도의 입장에서도 그런 선언을 하면 전격적으로
우리 동맹이 되고, 우리는 그들이 국방력을 갖추도록 도와야 하는 불
가능한 일을 떠맡게 된다.

게다가 우리의 군사동맹이라고 선언한 나라를 공산주의 집단이 공
격하면 다른 나라들은 우리 동맹이라고 선언했으니 그런 일이 생기는
게 논리적으로 어느 정도 타당하다고 생각하게 된다. 세계 대부분의
나라들이 현재의 이념 갈등을 권력 갈등이라고 생각하므로, 내가 말한
그러한 사건이 일어나면 "뭐, 자초했네." 라는 반응이 나오게 된다.

그런데 소련이 중립을 선언한 국가를 공격하면 세계 여론은 격분하
게 된다.

아이젠하워는 다음과 같은 결론을 내렸다. "이 모두가 오늘날 세
계가 당면한 문제들에 대해 지나치게 단순화된 해답을 제시하는 게 얼
마나 위험천만한지 보여준다."61)*

"뉴 룩" 전략의 세 번째 요소는 행정부가 "심리전"이라고 즐겨

---

* 아이젠하워는 1957년 상원의원 스타일즈 브리지스(Styles Bridges)에게 다음과 같이
말했다. "나는 합리적이되 군사적인 방식으로 냉전을 수행하고 싶다. 세상 사람들에
게 함께 어울려 다닐 상대로는 공산주의자들보다 우리가 훨씬 낫다는 인상을 주게
말이다. 나는 돈 주고 친구를 사거나 위성국가를 매수하는 데 관심 없다 ─ 다 옳지
않다. 우리의 동맹은 오로지 자유로운 동맹, 우리와 함께 하기를 원하는 동맹이어야
한다 ─ 그게 바로 우리가 추진하려는 일이다." (Memorandum, Eisenhower-Bridges 전
화통화, May 21, 1957, Eisenhower Papers, Whitman File: DDE Diary, Box 13, "May
57 Misc (2).")

일컬은 정책이다. 아이젠하워에 따르면, 이는 "아름다운 찬송가를 부르기에서부터 가장 이례적인 종류의 물리적인 파괴까지" 무엇이든 될 수 있다.[62] 행정부는 이러한 가능성들 가운데 어느 한 가지도 배제하지 않았지만, 일차적으로 "심리전" 하면 공개적인 입장이 진심이라고 믿게 만드는 전략을 뜻했다. 공개적으로 선언을 하고 공격할 자세를 취함으로써 미국은 적이 작전을 수행하기 어렵게 만들 수 있다는 믿음이었다.*

가장 눈에 띄는 "심리전" 사례는 덜레스의 동유럽 "해방" 전략이었다. 대선 선거운동 기간 중에 미래의 국무장관은 이 점에 대해 모호한 입장을 취했지만, 아이젠하워 행정부는 동유럽에서 소련의 영향을 "위축" 시키는 시도를 적극적으로 진지하게 검토한 적이 없었다. NSC-162/2가 지적한 바와 같이, "소련 진영으로부터 주요 유럽 위성국가를 떼어내려면 소련이 양보하거나 전쟁을 하지 않고서는 현재로서는 타당성이 없어 보인다." 아이젠하워와 그의 참모들은 소련이 양보하리라고는 기대하지 않았지만 전쟁의 위험을 감수할 의향은 없었다. 그러나 수사(修辭)는 별개의 문제였고, 이 점에 관한 한 행정부는 소련 제국의 취약점에 관심을 집중시키기 위해 가능한 모든 수단을 동원했다. 덜레스는 자기가 가장 좋아하는 음식 이미지를 이용해 다음과 같이 주장하곤 했다. "소화 불량이라는 게 있다. 더 많이 먹는다고 반드시 강해지지는 않는다." 소련은 이미 과도하게 팽창했다. 위성국가에서 질서를 깨는 사태가 발생하면 크렘린은 "너무나도 많은 국민들을 볼모로 삼으려 해 봤자 헛수고"라고 인정하게 될지도 모른다. 그러한 상황이 일어나게 하려면 외부로부터

---

* 이러한 개념에서 미국 광고계의 기법 냄새가 물씬 풍긴다고 볼 때 아이젠하워가 그의 초대(그리고 유일한) "심리전" 담당 특별보좌관으로 연설문 작가를 지낸 〈타임(Time)〉 잡지 간부 C. D. 잭슨(C. D. Jackson)을 임명한 것은 적절한 선택이었다.

혁명을 조장할 필요가 없다. 그저 자유로운 사회의 미덕을 끊임없이
과시하기만 하면 된다. 그러한 혜택을 누리지 못하는 이들에 대해 우려
를 표명하는 행위를 곁들여서.63)

　　1953년 초 행정부가 제안했지만 의회를 통과하지 못한 "볼모잡
힌 국가들" 결의안도 그러한 전략의 일환이었다. 덜레스는 비공개를
전제로 이러한 조치를 "심리적 무기"라며 정당화했다. "냉전에서 주도
권을 더 확보하고, 볼모로 잡힌 지역 내에서 내가 말한 '소화불량'을
부추기고, 볼모로 잡힌 수많은 국민들을 억누르는 두려움을 해소해 결
국 우리가 그들로 하여금 배반을 하게 만들자는" 의도를 실행할 무기
였다.64)* 덜레스가 공개적으로 소련이 안팎으로 직면한 어려움에 대
해 왈가왈부한 것도 그러한 전략의 일환이었다. 그는 1954년 다음과
같이 지적했다. "우리는 잘 안다. 소련 공산주의자들이 그들의 절대적
인 통치권을 8억 명에 달하는 볼모에게 행사하려면 장기적으로 볼 때
도저히 불가능한 일을 해내야 한다는 사실을 말이다." 1956년에도 비
슷한 주장을 했다. "국제공산주의는 난처한 지경에 처해 있다. … 소
련 제국주의의 약점이 분명히 드러나고 있다." 1957년에도 한 마디 했
다. "러시아 내에서 작동하고 있는 변화의 힘이 얼마나 막강한지, 그
리고 통치자들은 절대권력을 유지하는 동시에 이러한 힘에 어떻게 대
응할지 몰라서 얼마나 당혹해 하고 있는지 모른다." 65) 덜레스가 적을
역동적이고 획일적이고 헤아리기 어려울 만큼 위험하다고 묘사한 행
위와 이러한 발언들이 겉보기에 서로 모순된다고 느껴진다면, 이는 아
마도 이 개념 – 그게 바로 심리전의 속성이다 – 의 창시자가 자신이라

---

\* 아이젠하워 행정부의 이 제안을 두고 공화당의원들은 얄타협정을 파기하는 데 실패
　했다고 비난하고, 민주당의원들은 루즈벨트와 트루먼에 대한 비판이 함축되어 있다
　는 이유로 반대하자 행정부는 이 제안을 조용히 거둬들였다.

고 생각하고 싶어 했기 때문인지도 모른다.

덜레스의 "해방"에 대한 접근방식을 조지 케넌의 접근방식과 비교해 보면 매우 흥미롭다. 케넌도 동유럽에서 소련의 통치를 약화시킬 가능성을 엿보았다. 그러나 케넌은 국제 공산주의운동 내부에 잠재하고 있는 피치 못할 이견들을 이용함으로써 이 목표를 달성하려 한 반면 덜레스는 공산 진영에서 공산주의를 축출하는 데 훨씬 큰 관심을 보였다. 물론 행정부의 실제 입장은 그렇게 간단치가 않았다. 주지하는 바와 같이, 아이젠하워 행정부는 은밀히 티토의 유고슬라비아에 원조를 계속했고 때로는 민족주의 공산주의자 정권과 협력할 가능성이 있다고 인정했다.[66] 그러나 행정부가 전방위적으로 공산주의를 공개적으로 비난하면서 이러한 미세한 차이는 묻혀 버렸다 ─ 이는 압박이 유인책보다 분열을 초래할 가능성이 훨씬 높다는 근거를 바탕으로 덜레스 본인도 정당화할 수 있었던 사실이다.

동아시아에서 심리전의 일환인 "해방"은 중국에 대한 아이젠하워 행정부의 태도에서 나타난다. 동유럽의 경우에서와 마찬가지로, 워싱턴 관료들은 해당 지역을 누가 장악하고 있는지, 그 세력을 축출하기가 얼마나 어려운지에 대해 망상은 없었다. 1953년 말 NSC-162/2가 지적한 바와 같이, "중국 공산주의 정권은 확고하게 내부를 장악하고 있고, 큰 전쟁이 일어나지 않는 한 가까운 미래에 내부 세력이나 경쟁관계인 정권에 의해 위태롭게 될 가능성은 희박하다." 그러나 중국을 통치하기 훨씬 어렵게 만들 방법이 있었다. 하나는 대만해협에서 제7함대를 철수시켜 장개석이 본토를 공격하도록 "고삐를 풀어주는" 방법이었다. 또 하나는 모택동 정권에 대한 외교적 인정을 계속 보류하고 유엔에서 의석을 차지하는 데 반대하는 방법이었다. 덜레스는 다음과 같이 말했다. "악의 존재를 인정해야 할지도 모르지만 그렇다고

해서 악을 가슴에 꼭 끌어안아야 한다는 뜻은 아니다.” 미국이 한국전
쟁 포로들의 강제소환을 거부한 행위조차도 심리전 측면이 있었다. 앞
으로 전쟁이 일어났을 때 탈영자들이 정치적 망명이 가능하다고 생각
하면 “붉은 군대는 신뢰도가 떨어지고 공산주의자들이 이러한 군대를
이용해 공격을 감행하고 싶은 유혹을 느낄 위험이 훨씬 줄어든다.”라
고 덜레스는 주장했다.67)

심리전에는 다른 측면들도 있었다. 당연히 인쇄물이나 방송을
이용해 끊임없이 선전을 하는 방법도 포함되었다. 미그(MIG)기를 몰
고 망명하는 최초의 소련 조종사에게 10만 달러를 주겠다는 제안처럼
명백히 자기 잇속을 차리는 방법, 혹은 아이젠하워가 1955년 제네바
정상회의에서 상대국 항공기가 자국의 영공을 사찰하도록 상호 인정
하는 “영공개방(open skies)” 사찰을 하자고 제안한 분명히 진정성 있는
구상도 포함되었다. 적을 대할 때 자신감과 침착한 태도를 유지하기만
해도 심리전의 한 가지 방법이 된다. 리처드 닉슨(Richard Nixon) 부통
령은 1953년 동남아 순방 결과를 TV를 통해 보고하면서 다음과 같이
말했다. “우리는 공산주의자들과 악수까지 했다. 그들은 피켓을 들고
시위를 하고 있었고 우리는 그들 사이로 걸어가면서 그들에게 인사도
하고 말도 걸었다. 그 결과 그 공산주의자 시위자들은 뿔뿔이 흩어졌
다.”68) 모스크바에 전시한 미국식 주택 모델하우스의 주방에서 닉슨
이 흐루쇼프와 즉석에서 그 유명한 “토론”을 한 일화나, 1959년 소련
서기장의 미국 방문 기간 동안 서기장이 가는 곳마다 따라다닐 1인
“진실 부대”로서 당시 미국의 유엔대사인 헨리 캐벗 로지(Henry Cabot
Lodge)를 급파한 용의주도한 수법도 이에 해당했다.69) 이 모든 전술들
이 지닌 공통점은 – 미국은 체면을 세우고 상대방은 창피하게 만들거
나 체면을 깎아내려 – 미국이 “점수”를 따려는 욕구였다.*

"뉴 룩" 전략의 네 번째 요소는 심리전과 밀접한 관련이 있는 "비밀작전"이었다. 1954년 국가안보회의는 비밀작전을 "미리 기획하고 실행하는 활동으로서 관계자가 아닌 사람들은 미국 정부가 그 배후에 있는지 분명히 알 수 없고, 활동이 발각되더라도 미국 정부는 아무 관련이 없다고 부인할 수 있는 모든 활동"이라고 규정했다. 미국 중앙정보국은 1948년 이후로 그러한 작전을 수행해 왔는데, 이에는 케넌이 한 제안도 일조했다. 활동이 없었던 것도 아니다. 비밀작전 예산은 1949년 470만 달러에서 1952년 8,200만 달러로 급증했고, 관련 인력은 302명에서 2,812명으로 늘었으며 추가로 해외에서 "계약직"으로 2,142명이 충원되었고, 해외지부 수는 7개에서 47개로 증가했다. 그렇지만 비밀작전이 명실상부한 국가 전략의 도구로 자리매김하게 된 때는 아이젠하워 행정부가 들어선 뒤였다. 한 가지 이유는 행정적 절차 때문이었다. 중앙정보국의 은밀한 정보수집과 작전수행 기능이 통합되면서 승진과 예산배정 면에서 작전수행 쪽에 비중이 실렸다.[70] 당시에도 신임 행정부가 더 적은 비용으로 더 효과적인 봉쇄전략을 강조하면서 비교적 비용이 덜 드는 비밀활동에 더 큰 가치를 두는 경향이 있었다. 마지막으로, 아이젠하워는 신임 중앙정보국장으로 국무장관의 동생인 앨런 W. 덜레스(Allen W. Dulles)를 임명함으로써 과거보다 훨씬 긴밀하게 정보작전과 국가전략을 조율하게 되었다.

아이젠하워 행정부 동안 시행된 비밀활동의 전모는 아직 낱낱이 알려지지 않았다. 그러나 어떤 활동이 있었는지 보여주는 증거는 있다. 1954년 국가안보회의 지침은 다음과 같은 활동을 열거했다.

---

\* 또 다른 사례도 있다. 1956년 여름, 그 전 해 2월 제20차 당 대회에서 흐루쇼프가 비공개로 스탈린을 비난했다는 정보를 몰래 입수해 공개적으로 배포하기로 한 결정이다.

선전, 정치적 행동. 경제전. 탈출과 회피와 소거 조치, 지하 저항운 동, 게릴라 난민 해방 집단을 포함해 적대적 국가나 집단에 대한 전복. 자유 진영에서 위협받는 국가들 내의 자생적 반(反)공산주의 분자들에 대한 지원. 기만 기획과 작전. 이 지침에 부합하는, 앞에 열거한 활동 을 하는 데 필요한 모든 활동들.

이 기간 동안 중앙정보국은 두 개 외국정부의 전복을 계획했고 (1953년 이란, 1954년 과테말라), 또 다른 두 개 정부를 전복하려다 실패 했다고(1958년 인도네시아, 1960~61년 쿠바) 알려졌다. 또 난민들을 동 유럽에 침투시켜 사회혼란을 일으키려고 했으며, 버마 북부와 라오스 에서 중국과 북베트남(월맹)을 상대로 게릴라 작전과 준군사 작전을 실 행했고, 소련과 중국의 상공을 감시할 항공정찰대를 조직했고, 몇몇 외국 지도자들(주은래, 파트리스 루뭄바, 피델 카스트로, 그리고 라파엘 트루히요)에 대한 암살 계획을 ─ 세우는 데 직접 참여했는지는 모르지 만 ─ 적어도 고려는 했다. 중앙정보국은 또한 우편과 통신 감시, 학생, 학계, 언론계, 문화계 조직에 침투하고 출판물 발행인들과 재단에 재 정적 지원을 하는 등 은밀한 국내활동에도 가담했다.[71]

이러한 활동을 비롯한 여러 다른 작전들이 실행됐는지 확인하기 보다 훨씬 어려운 일은 대통령의 재가를 받고 실행된 활동이 어떤 활 동인지 규명하는 일이다. "원칙상으로는" 대통령이 승인했지만 대통 령이 세부사항을 감시하지는 않았고 중앙정보국이 자체적으로 주도한 활동들 말이다. 아이젠하워는 분명히 중앙정보국이 실행한 주요 정부 전복 시도들, 폭동대응 작전, 그리고 정찰비행에 대해 알고 있었다. 국 내에서 실시된 비밀활동에 대해 대통령이 알고 있었다는 확실한 증거 는 없고, 아이젠하워나 그의 전임자를 중앙정보국의 암살계획과 직접적으로 연관시키는 정보는 발견되지 않았다.[72] 그러나 분명한 점은 아이젠하워 행정부가 중앙정보국에 매우 폭넓은 재량권을 위임했고, 비밀을 유지하기 위해 필요하다면 기꺼이 거짓말을 할 의향도 있었으며,[73] 주어진 여건들을 고려해 볼 때 공적인 행동에 적용되는 관행적인 기준에서 벗어나는 그런 활동이 부적절하다고 생각하지도 않았다. 대통령은 1955년 일기에 다음과 같이 기록했다. "세계가 늪에 빠져 허우적거리고 있는 현재 상황에서는 국제적인 공정성에 관해 우리가 지닌 전통적인 개념들이 적용되기 힘들다는 결론에 도달했다. 진실, 명예, 정의, 다른 이들에 대한 배려, 모두가 누릴 자유 – 마지막 개념이 가능한지 모르겠지만 – 는 이들을 보존하고 육성하고 평화를 유지하는 게 관건이다. 이러한 가치를 비웃는 이들이 우리와 맞서고 있는 시기에 말이다. 우리는 해낼 수 있다고 믿는다. 그러나 우리는 이러한 가치들과 단순한 절차를 혼동해서는 안 된다. 이러한 절차들이 한때는 거의 도덕적 개념에 맞먹는 지위를 누렸을지 모르지만."[74]

아이젠하워 행정부가 전임 정부보다 훨씬 폭넓은 규모로 비밀활동을 이용할 의향이 있었다면, 이 행정부는 또한 소련과 공산주의 중국과 협상을 시도할 의향도 트루먼 행정부보다 훨씬 강했다. 이러한 접촉은 비록 제한적이고 비생산적이었지만 "뉴 룩" 전략을 구성하는 또 다른 요소였다. 이러한 접촉은 스탈린의 사망에 뒤이어 국제적 긴장이 어느 정도 완화된 데서 비롯되기도 했고, 동맹국들이 미국이 자신들을 배신하고 모스크바와 타협을 할 가능성보다 오히려 미국이 너무 경직된 태도를 보이는 데 대한 우려가 더 높아져서 워싱턴에 압력을 가한 데서 비롯되기도 했으며, 적을 상대할 때 공화당 의원들에게 훨씬 폭넓은 재량권을 주는 미국의 정치적 경향에서 비롯된 면도 있다. 그러나 이러한 구상들은 냉전시대의 이견을 해소하는 쪽으로 조만

간 진전을 이루어야 한다는 아이젠하워의 개인적인 신념에서 비롯됐
다고도 본다.

아이젠하워는 자주 즉흥적으로 이 점을 강조했으므로 그의 진정
성을 의심할 이유는 없다. "상대방이 '과거는 깨끗이 청산하고 현재와
미래를 바라보자'고 말할 태세가 되어 있다면 어김없이 나도 그렇게
할 의향이 있다는 사실을 상대방이 깨닫게 될 것이다." 이에 적합한
접근방식은 "우리에게 제시되는 제안은 무엇이든 액면 그대로 받아들
일 가치가 없다고 판단될 때까지는 그대로 받아들여야 한다."는 태도
다. 불신은 쌍방통행이다. 러시아인들이 "정말로 어떤 경우에는 우리
의 의도를 실제로 의심한다고" 전제하는 게 당연하다. 모스크바가 "평
화"라는 형용사를 "공존" 앞에 붙인다고 해서 그게 "유화책"이 되지는
않는다. "공존은 우리가 서로 상대방을 파괴하려고 시도하지 않는 한
우리가 존재하는 상태를 뜻한다." 마지막으로, "당신과 동감하는 사람
과만 대화를 하면서 평화라는 명분을 추구하지는 못한다. 그저 무조건
동의하는 행위에 지나지 않기 때문이다. 때로는 의견이 다른 사람들과
도 직접 만나 얼굴을 마주하고 대화해야 한다. 그래야 이견을 해소하
고 서로를 더 잘 이해할 방법이 있는지 판단할 수 있다."[75]

당연히 이러한 시각은 존 포스터 덜레스의 시각과 항상 일치하
지는 않았다. 덜레스는 협상의 이점보다 위험을 훨씬 더 강조하는 경
향이 있었다. 대통령은 1953년 4월 연설에서 신임 소련 지도자에게 유
화적인 태도를 보인 데 대해 국무성이 반발하자 격노했다. "전쟁 얘기
를 한다면 참모들 조언을 들어야겠지 – 그런데 전쟁에 대해 내게 조언
할 사람들은 국무성에는 없어." 몇 달 후 아이젠하워는 덜레스에게
"우리는 아주 선량한 사람들인데 다른 사람들은 매우 사악한 이들이라
는 점을 증명하는 데만 골몰한다는 인상을 우리 반대자에게든 우리 친

구들에게든 주면" 소용이 없다는 점을 상기시켜 주었다. 대통령은 1958년 국무장관이 "변호사 사고방식"을 지녔고 그 결과 "일종의 국제적 검사"가 되려는 경향이 있다고 말했다.[76] 전략가적 사고를 지닌 아이젠하워는 이러한 접근방식을 거부하는 경향이 있었다. 즉각적인 전술적 이점을 찾느라 이따금 총체적인 목적 – 안정적이고 평화적인 세계질서 – 을 잊어버리는 듯했기 때문이다.

그러나 아이젠하워는 실제로 협상을 진행하는 방식과 관련해서는 국무장관의 조언을 존중했고 그의 조언에 수긍하는 경우가 더 많았다. 그리고 덜레스는 늘 대통령을 정중히 대했고 절대로 그런 접촉을 하자는 대통령의 제안에 대놓고 반대하지 않았다. 그런 접촉을 통해 적어도 상대편의 의중을 파악할 수는 있다고 인정하면서 말이다 – 때로는 그가 아이젠하워보다 먼저 그런 접촉을 권하기도 했다.[77] 그 결과는 타협이었다. 그리고 그 타협의 속성은 이 행정부가 연속해서 내놓은 "기본 국가안보 정책"에서 그 자취가 발견된다. 1953년 10월 NSC-162/2는 미국이 소련과의 협상 가능성을 계속 열어두어야 한다고 인정했다. 협상을 타결할 기회가 생길 때마다 이를 추진하는 한편 미국이 신의성실로써 이러한 노력을 기울인다고 동맹국들을 설득하기 위해서다. "그러나 그렇게 하는 과정에서 그러한 타결이 자유진영의 힘을 강화하고 유지하는 노력을 미루거나 게을리 하게 만들어서 소련으로 하여금 상대적인 힘을 증강하도록 해서는 안 된다." 1년 후 NSC-162/2 후속 문서로 나온 NSC-5501은 이 사안을 보다 간단하게 정리했다. "미국은 소련과의 협상이 미국의 안보이익에 분명히 이득이 된다고 보이면 언제든 협상할 준비가 되어 있어야 한다." – 그리고 이러한 접근방식을 중국에도 적용했다. 중국을 공식적으로 인정하지 않는다는 정책이 바뀌었다는 언질은 없었지만 말이다. 1957년 여름 무렵 중요한 단서조항 하나가 첨부되었다. "그러나 미국은 소련이 양보를 하기도 전에 소련이 양보를 하리라는 희망만으로 양보를 해서는 안 된다."78) 그러나 이는 전체적으로 볼 때 NSC-68에 담긴 제안보다 훨씬 솔직하고 전진적인 협상 자세였다.

분명히 전체적인 "뉴 룩" 전략에는 모순되는 요소들이 있었다. 미국이 핵 우월성에 의존하면 상대방은 미국의 핵전력을 따라잡을 때까지 협상을 지연시킬 수 있었다. 동맹국들이 앞으로 어떤 전쟁이 벌어져도 자신들이 목표물이 될 가능성이 있다고 여기게 되면, 그리고 자신들이 재래식 전쟁 차원에서 전쟁의 부담을 대체로 짊어져야 할 가능성이 있다고 여기게 되면, 동맹국들이 동요할 수도 있었다. 심리전과 비밀행동 조치는 역풍을 맞을 가능성이 높고 동맹국과 적성국뿐만 아니라 국내에서도 문제를 일으킬 소지가 있었다. 협상을 무리하게 진행시키면 억제책의 신빙성과 동맹국들의 결속을 훼손할 소지가 있었다. 그러나 협상을 게을리 하면 유연성이 없고 비타협적이라는 비난으로 이어질 소지가 있었다.

이러한 모순들에도 불구하고 핵 억제력, 동맹, 심리전, 비밀활동, 협상을 관통하는 공통점이 있었다. 모두가 NSC-68의 대칭 대응 전략보다 훨씬 비용이 덜 든다는 이점이었다. 원래 도발이 발생한 지역에서 벗어나 대결 장소와 대결의 속성을 바꿀 의지가 있고 그렇게 하면 확전의 위험이 있다고 인정한다는 뜻을 비친다. 그러나 주도권을 유지하겠다는 확고한 의지도 엿보인다. 이는 비용을 최소화하는 핵심 요소다. 따라서 아이젠하워 행정부의 정책에 깔려 있는 이익과 위협의 개념을 고려해 볼 때 "뉴 룩"은 재원을 목적에 맞추고 수단을 목표에 맞추는 상당히 효율적이고 통합된 전략이다.

## Ⅳ

그러나 이 전략 자체는 통합적인지는 모르겠지만, 공개적으로 이 전략을 설명하는 방식은 전혀 그렇지 않았다. 아이젠하워 행정부의 행동과 그 행동에 대한 인식 사이의 간극은 좁혀지지 않았다. 그 주된 원인은 대통령이 이따금 구조가 엉망인 문장을 구사해서가 아니라 국무장관이 지독한 과장법을 쓰는 고질병을 고치지 못했기 때문인 듯하다. 아이젠하워 임기의 기록을 보면 덜레스가 발언을 할 때 과장하는 경향(또는 기자들이 거두절미하고 요약하는 경향)을 보여주는 사례들이 널려 있는데 – "대대적 보복," "해방," "뼈를 깎는 재검토," "중립의 비도덕성," "벼랑 끝 전술" – 이 모두가 행정부가 하려는 일을 실제보다 훨씬 강하고 극적인 화법으로 전달했다. 그 결과 대중을 헷갈리게 하고, 동맹국들을 경악하게 했으며, 적을 완전히 어리둥절하게 만들었다.

적을 어리둥절하게 만든 것은 다분히 의도한 바다. 덜레스는 미국이 어떤 반응을 보일지 상대방이 계속 추측하게 만드는 데 이점이 있다고 확고히 믿었다 – 물론 반응을 보일 확률을 상대방이 제대로 추측한다면 이득이 안 되지만. 적어도 한 저명한 인사의 증언이 믿을만하다면, 덜레스가 심리전에서 성공한 사례를 당사자의 입을 통해 들어보자. 흐루쇼프는 훗날 다음과 같이 회고했다. "덜레스는 우리 적이 될 자격이 있다. 그는 늘 기지를 발휘했기 때문에 그의 꾀에 넘어가지 않으려면 긴장을 늦출 수가 없었다."[79] 그러나 덜레스는 심리전과 제대로 정보를 알려줘야 할 대상에 대한 의무를 구분하지 못했다. 적을 불안하게 만드는 데서 오는 이득은 덜레스의 허풍이 동맹관계와 공인의 상식에 대한 대중의 인식에 끼친 손상을 상쇄할 정도로 크지 않았다. 따라서 국무장관이 공식석상에서 허풍 섞인 발언을 한 이유는 전략적 의도 못지않게 개인적 충동에서 비롯되었다는 결론을 내릴 수밖에 없다.

그러한 개인적 충동 가운데 하나는, 참으로 묘하게도, 덜레스가 자신의 공화당원으로서의 신용도를 "입증"할 필요가 있었다는 점이다. 덜레스는 자신이 전임 민주당 트루먼 행정부와 너무 친밀하게 협력했었다는 불만이 당내에서 제기되고 있다는 사실을 잘 알고 있었다. 따라서 그는 외부에서 보기에 그 성격이 확연히 드러나지 않는 새로운 정책에 분명히 "공화당" 정책이라고 인증을 할 필요를 느꼈다. 수사적으로 "포장하기"는 이러한 필요를 충족시키는 쉬운 방법이었다. 게다가 격조 높은 추상적 표현 – 덜레스기 법조계 출신인 데서 비롯되는 습성 – 까지 뒤섞어 이따금 그가 상대해야 하는 개인적 정치적 현실은 아랑곳하지 않는 듯한 어투로 자기 의사를 표현했다. 그리고 덜레스는 전략가라기보다 전술가로서 장점이 있었다. 그는 임기응변은 뛰어났지만, 행정부가 추진하는 전략을 구성하는 개별적인 부분들이 어떻게 전체와 연관되는지를 파악하는 데 있어서는 아이젠하워만큼 통달하지 못했다.[80]

그렇다면 전술은 전략에 종속되어야 한다는 예리한 감각을 지닌 아이젠하워가 왜 덜레스를 계속 곁에 두었는지 의문이 제기된다. 아이젠하워 대통령은 진심으로 두 사람 사이의 협력을 동반자 관계로 여겼다는 게 한 이유다. 그는 그 관계의 지속이 세계 평화를 유지하는 데 필수적이라고 생각했다. 궁극적인 책임은 누구에게 귀속되는지에 관한 의문이 제기되었던 적은 없다. "덜레스 얘기 말인데, 미리 나와 철저하게 속속들이 의논하지 않고, 그리고, 당연한 얘기지만, 내 재가 없이 그가 중요한 발표를 하거나 합의를 하거나 제안을 한 적은 결코 없

다." 그래도 "외교분야에서 포스터 덜레스만한 기술적 역량을 지닌 이
는 아마 이 세상에 없을지 모른다. 그는 이러저러한 형태로 평생 이
일을 해 왔고 지력과 정신력이 뛰어난 사람이다. … 지금 세계 속에서
우리가 처한 상황을 고려해 볼 때, 우리보다 경험도 일천하고 권위도
약하고 포스터와 내가 세계 도처의 지도자들과 맺고 있는 인연과 친분
관계도 없는 사람들이 우리 뒤를 잇는다면, 틀림없이 이런 질문이 제
기된다. '어떻게 될까?'"81)*

덜레스는 공개적으로 발언할 때는 허풍이 심했지만 외교관으로
서는 훨씬 말을 아꼈고 기교가 뛰어났다. 아이젠하워가 덜레스에게 지
나치게 자신의 권한을 위임했다는 비판이 종종 제기되었지만 이 또한
사실이 아니다. 그러나 힘이란 단순히 최종적인 결정을 내릴 권한 이
상의 의미를 지닌다 – 결정이 이행되는 상황을 면밀히 지켜보고 본래
의도에 부합하는지 확인해야 하며 아랫사람들에게 전략적 감각을 불
어넣어서 결정이 이행되는 상황을 지켜볼 수 없을 때에는 일일이 참견
하지 않아도 아랫사람들이 알아서 할 정도로 만드는 능력도 갖추어야
한다. 아이젠하워는 이러한 특징들을 크게 갖추지는 못했다. 행정부를
관장하는 데 있어서 그는 대체로 상당한 직관력이 있었지만 이 직관을
실행에 옮기는 데 계속 실패했고, 모든 차원에서 권력의 고삐를 움켜
쥐기를 꺼려하는 독특한 성향도 보였다.82) 그 결과, 덜레스는 이따금
자기 나름의 방식으로 전략을 "인증"했다. 그러한 행태는 바로 "뉴
룩" 전략을 공개적으로 설명할 때 현란하고 오해의 소지가 많은 표현
을 구사한 사례에서 가장 잘 나타났다.

---

* 아이젠하워는 1958년 초 덜레스에 대해 다음과 같이 기록했다. "낯선 사람들에게 한
  결같이 호감을 주는 품성은 분명히 아니지만, 친구들과 있을 때는 호감가고 유쾌한
  사람이다." (Eisenhower to Hazlett, February 26, 1958, Eisenhower Papers, Whitman
  File: DDE Diaries, Box 18, "DDE Dictation Feb 58.")

# 06

## "뉴 룩" 전략의 실행

전략이 효과적인지를 판단하는 기준은 다양하다. 그러나 아이젠하워의 판단 기준은 상당히 명확했다. 그의 목표는 가능한 한 최소의 비용으로 가능한 한 최대로 공산주의를 억제하는 일이었다. 돌이켜보면 "뉴 룩" 전략은 이러한 목표들을 달성한 듯이 보인다. 아이젠하워 행정부는 한국에서 휴전협정을 체결한 후 대규모 해외 군사활동을 자제했음에도 불구하고 그의 임기 동안 공산주의에 "잃은" 나라는 북베트남과 쿠바뿐이었다. 북베트남은 아이젠하워가 백악관에 입성할 무렵 이미 거의 호치민의 손아귀에 들어갔고, 쿠바의 공산주의 경향은 그가 백악관을 떠날 무렵이 되어서야 명백해졌다. 국방비 지출은 놀라울 정도로 안정적으로 유지되어서 적을 때는 1956 회계연도의 425억 달러에서 많을 때는 1961 회계연도의 496억 달러 사이를 오갔다. 총예산에서 군사비 지출이 차지하는 비율을 보면 훨씬 더 잘 드러난다 – 이 수치는 1954년의 69.5퍼센트에서 1961년 50.8퍼센트로 사실상 하락했다. 국내총생산의 비율로 보아도 국방비는 1954년의 13.1퍼센트에서 1961년 9.4퍼센트로 줄어들었다.[1] 그러나 이렇게 국방비가 삭감되었지만 보기와는 달리 소련의 군사력과 비교해 상대적인 미국의 군사력은 줄어들지 않았다 – 오히려 미국은 아이젠하워 임기 초기보다 말기에 미국의 주요 경쟁국과 비교해 입지가 훨씬 강화되었다.

　　이러한 결과가 순전히 운이 좋아서였는지 전략이 효과가 있어서 였는지는 판단하기 어렵다. 아이젠하워-덜레스 전략이 효과가 있었던 까닭은 적이 도발을 계획하지 않고 있던 때에 운 좋게도 마침 집권을 했기 때문일까, 아니면 "뉴 룩" 전략이 정교하고 신빙성이 있었기 때문에 그러한 도발 계획을 무산시켰을까? 이에 대한 답을 얻으려면 소련과 중국의 의도에 대해 지금 우리가 아는 정도보다 훨씬 많이 알아야 한다.2) 억제 전략이 성공했는지를 측정하기는 늘 어렵다. 반면에 실패한 경우는 뻔히 보인다. 그러나 이 한 가지만은 분명하다. 아이젠하워의 후임자들이 역량을 목적에 부합하게 조절해 효율성을 달성하는 데 무능했다는 사실을 잘 알고 있는 역사학자들은 대체로 아이젠하워 정부의 국가안보 정책에 대해 찬사를 아끼지 않는다. 전후 초기 행정부들에서는 보이지 않는 신중함과 절제력과 상식이 반영된 정책이라고 말이다.3)

　　아이젠하워 당대의 사람들 가운데는 이 견해에 공감하지 않는 이들이 많을지 모른다. 특히 그의 임기 말년에 말이다. 당시 지식인과 정계에는 "뉴 룩" 전략은 실패했다는 의견이 팽배했다. 그 이유는 다음과 같았다. (1) 일차적인 억제수단으로 핵무기에 지나치게 의존했고, 그 결과 돌발적인 공격에 대한 타당한 대응의 범위를 축소시켰다. (2) "제3세계" 혁명을 어설프게 다루었다. (3) "미사일 격차"가 벌어지게 해 소련과의 전략적 균형을 훼손했다. (4) 냉전의 긴장을 완화하기 위해 협상할 기회를 방치했다. 이러한 비판들은 1960년 존 F. 케네디의 대선 선거운동에서 강조되어 그는 대선에서 이겼다. 이러한 비판들은 또한 "뉴 룩" 전략의 업적과 결함을 재단할 편리한 틀이 된다.

## I

아이젠하워 행정부에 대한 첫 번째 주요 비판은 국방비를 아끼려고 애쓰는 과정에서 핵무기의 사용 또는 사용하겠다는 위협에 지나치게 의존하게 되었고, 그 결과 도발이 발생할 경우 대응할 선택의 여지를 항복 아니면 섬멸의 위험, 양자택일로 좁혀 놓았다는 점이다. 문제는 흔히 말하는 "축차공격(逐次攻擊, piece-meal attack)"이었다. 소련이 핵 역량을 배치하기 시작하면, 아무리 사소한 도발이라도 적이 외부로 도발을 할 때마다 미국이 이에 대응할 수단으로써 핵무기에 손을 뻗지 말란 보장이 있는가? 하버드 대학교의 헨리 키신저(Henry Kissinger)라는 젊은 정치학자가 1957년에 주장한 바와 같이, "최대한의 공포와 최대한의 확실성"을 결합하기란 불가능했다. "힘이 막강할수록 가장 절박하고 긴박한 상황 외에는 그 힘을 사용하기 꺼리는 경향은 강해진다. 그렇게 되면 그 어떤 목표도 전면전을 정당화할 만큼 중요해 보이지 않게 될 가능성이 높아진다." 게다가 행정부가 그러한 대안을 기꺼이 고려한다면 전략적 사안에서는 치료법이 질병보다 더 나빠서는 안 된다는 자기 주장을 위반하는 셈이 되지 않겠는가? 이를 비판한 한 인사의 말마따나 지역 경찰이 나서서 집 앞 보도에 쌓인 눈을 치우지 않은 시민들을 상대로 "블록버스터(blockbuster)" 폭탄°을 사용하는 셈이었다.4)

이에 대해 행정부는 당연히 핵무기는 도발에 대한 몇 가지 타당

---

◎ 2차 대전 때 영국 공군(Royal Air Force)이 사용한 재래식 폭탄. '블록버스터'는 거리 전체나 대형건물 전체를 파괴할 정도의 폭발력을 지녔다는 의미에서 언론이 붙인 명칭이다. ─ 옮긴이.

한 대응 방법들 가운데 하나일 뿐이며, 오로지 한 가지 대응 방법에만 집중할 의사가 없다는 공식적인 입장을 밝혔다. 아이젠하워는 1955년 다음과 같이 경고했다. "오직 한 가지 종류의 전쟁만을 상정하고 한 가지 무기에만 의존하거나 준비하면 적은 다른 방법으로 전쟁을 일으킨다. 따라서 우리는 우리의 목적과 목표에 부합한 균형 잡히고 유연한 군사력을 유지해야 한다." 덜레스는 그 다음 해에 핵 억지력은 필수적이지만 국지 도발이나 "잠식" 행위에 대해 무차별적으로 핵무기를 사용한다는 뜻은 아니라면서 다음과 같이 주장했다. "우리와 우리 동맹들은 전면적인 핵전쟁을 일으키지 않고도 우리의 행동으로 이러한 상황에 대응할 역량을 갖추고 있어야 한다." 잠재적인 적들이 미국이 어떤 반응을 보일지 끊임없이 추측하게 만들어서 그들이 도발을 하면 어떤 대가를 치르게 될지 확신하지 못하게 만드는 게 취지였다.[5]

그러나 아이젠하워와 덜레스는 미국 스스로 모든 차원에서 대응할 역량을 유지할 필요는 없다고 주장했다. 동맹국들을 두는 데는 다 이유가 있었다. 분업이 필요했다. 미국은 공군력과 해군력을 지원하되 해외에서 지상군으로 대응할 필요가 있을 때는 우방국들에게 인력을 요청하는 방법이었다. 군사비를 아껴야 한다는 생각도 이러한 입장에 영향을 미쳤다 ─ 아이젠하워는 육군 예산을 410억 달러 삭감해 1955 회계연도 국방예산을 480억 달러 줄였다. 그는 지상군은 항상 "밑 빠진 독에 물 붓기"라고 성질을 내기도 했다.[6] 그러나 대통령은 또한 핵무기 시대가 도래하면서 제2차 세계대전 때와 같은 규모의 미군을 해외에 파견하기가 불가능해졌다고 확신했다. 독일이 원자폭탄을 보유했다면 연합군은 절대로 해협을 건너지 못했을지 모른다고 그는 지적했다. 그리고 핵전쟁이 일어나면 육군은 해외에서 전투를 할 게 아니라 미국 내에서 질서를 회복하고 산업생산력을 회생시키는 데 동원되어야 했다.* 미국은 가장 치열한 "국지전" 한두 군데에는 "해병대 몇 개 대대와 육군 몇 개 부대를" 파병할지 모르지만, "국지전이 한국전 쟁 정도의 규모로 확산되면 원자무기를 사용하는 게 우리가 취해야 할 행동이다. 소규모 전쟁 참가는 주로 해군과 공군이 할 일이다."7)

여기서 얼핏 순환논리가 엿보이는 듯하다. 미국은 해외 지상군 파병의 대안으로 핵무기에 의존해야 한다. 그러나 그렇게 하면 애초에 그러한 파병을 비현실적인 조치로 만든 그런 종류의 대결이 벌어질 위 험이 있다. 그러나 아이젠하워는 핵무기를 사용할 의지가 있음을 신빙 성 있게 보여준다면 도발이 발생할 가능성은 희박하다고 계산했다. 그 럼에도 불구하고 도발을 억제하는 데 실패하면 핵무기를 제한적으로 사용한다고 해서 반드시 전면전으로 이어지지는 않는다고 대통령은 주장했다. 그는 1956년 "원자무기를 군사 목표물에 전술적으로 사용 하더라도 20톤짜리 '블록버스터' 폭탄을 사용하는 경우보다 대규모 전 쟁을 촉발할 가능성이 높지는 않다."라고 말했다. 그 다음 해 아이젠 하워는 키신저의 "매우 도발적인 내용의 저서"인 『핵무기와 외교정책 (Nuclear Weapons and Foreign Policy)』이 "흥미진진하고 읽을 만한 가치 가 있다."라고 평했다. 핵전쟁은 제한할 수 있고 경우에 따라서는 심 지어 재래식 전쟁보다 훨씬 피해를 덜 낼지도 모른다고 주장한 책이 다.8)†

---

* 제임스 해거티(James Hagerty)의 일기를 보면 아이젠하워가 이에 대해 얼마나 강한 신념을 지니고 있었는지 얼핏 보인다. "내일 우리나라 15개 도시가 공격을 받는다고 가정해 보세. 제기랄! 우리 도시 15개가 폐허가 됐는데 군대를 해외에 파병할지 갑론 을박 하고 앉아 있다니, 완전히 잠꼬대 같은 소리를 떠들고 있어야 하겠나. 그 도시 들과 주변 도로들은 엉망진창이 되고 완전히 혼돈에 빠졌을 텐데. 댁이 질서를 회복 하고 복구작업을 할 텐가? 그 도시의 경찰과 소방서들이 질서를 회복할 수 있다고 생각하는가? 미친 소리야! 질서는 훈련받은 육군과 우리 예비군이 회복해야 하네. 그게 바로 우리 육군이 전면적인 원자탄 폭격을 받은 직후 첫 며칠 동안 해야 할 일이야." (Hagerty Diary, February 1, 1955, Hagerty Papers, Box 1.)

핵전력이 재래식 도발을 억제하고 필요하다면 퇴치할 수도 있다는 원칙이 적용된 가장 중요한 사례가 서유럽에서 일어났다. 일찍이 1953년 미국 행정부는 NATO 방어력을 강화하기 위해 전술 핵무기를 서유럽에 배치하기 시작했다. 동맹의 지상군을 증강하는 데 진전이 있기는 했지만 서유럽 경제에 납득하기 어려운 정도의 부담을 주지 않고 증강하는 데는 한계가 있었다. 유럽방어공동체를 통해 서독 인력을 충원했지만 NATO가 소련의 전면적인 침공을 막을 정도의 여건에 다다르지는 못했다고 행정부는 판단했다. 1953년 10월 NSC-162/2는 다음과 같이 지적했다. "서유럽에 대한 도발을 억제하려면 서유럽이 공격받을 경우 미국은 원자무기를 사용하고 대대적인 보복 공격을 감행할 결의가 있음을 분명히 밝혀야 한다." 미국 지상군은 "서유럽에서 자유진영의 협력을 강화하고 결속시키는 데 기여하는 역할로서 주둔하되," 소련이 공격하면 이를 격퇴하기 위해서는 일차적으로 핵무기에 의존한다. 그렇다면 미국이 핵전쟁을 먼저 시작하는 책임을 감수하겠다는 뜻이냐는 질문을 받고 NATO 최고사령관 알프레드 그룬서 장군은 다음과 같이 답변했다. "그렇다. 서구 진영은 자신을 방어할 책임을 지겠다. 순전히 재래식 수단으로는 우리 자신을 지킬 역량이 없기 때문이다."[9]

이 시점부터 미국의 전략 – 그리고 NATO의 전략도 마찬가지로 – 은 소련이 공격할 경우 핵전쟁으로 치달을 가능성에 신빙성을 부여함으로써 인력의 부족을 벌충하는 방법이었다. 그러려면 미세하게 균형을 잡는 기교가 필요했다. 억제해야 할 대상은 붉은 군대의 침략뿐

---

† 아이젠하워는 키신저가 주장한 군사력 규모에는 반대했다. "이는 우리가 지금 시행하고 있는 작전보다 훨씬 비용이 많이 드는 작전임에 틀림이 없다." (Eisenhower to Herter, July 31, 1957, Eisenhower Papers, Whitman File: DDE Diary, Box 14, "July 57 DDE Dictation.")

만 아니라 미국이 서유럽을 포기할지도 모른다는 서유럽의 두려움, 이에 따라 서유럽이 모스크바에 유화적인 태도를 보임으로써 그 두려움을 달래려는 유혹이나 자체적으로 핵무기를 개발하려는 유혹에 빠지는 사태이기도 했다.* 유럽에 주둔하는 미국의 지상군은 시간이 흐르면서 이 모든 사태를 억제하는 기능을 하는 것으로 비춰지게 되었다 – 미국의 지상군의 존재는 미국의 의지를 가시적으로 보여주는 징후였다 – 당시 어법으로 말하자면 유럽 주둔 미국 지상군은 러시아인들에게 "인괘철선(trip-wire)" 역할을 했다. 유럽 주둔 미국 지상군은 서유럽의 "인질"이기도 했다. 미국은 서유럽을 방어하지 않고는 절대로 지상군을 소개(疏開)시킬 수 없었기 때문이다. 유럽 주둔 미국 지상군은 전술적 전략적 차원에서 핵무기에 접근할 수 있으므로 유럽 국가들이 핵무기를 개발하게 되는, 워싱턴이 피하고 싶은 사태의 발생을 억제할 수 있었다. 그러나 아이젠하워 행정부는 유럽에서 벌어질 재래식 전쟁에 미국의 지상군을 투입할 의도는 전혀 없었다는 점을 강조할 필요가 있다. 1958~59년 베를린 위기를 언급하면서 대통령이 다음과 같이 말한 적이 있다. "무력을 쓸 필요가 생기면 베를린에 있는 우리 군은 곧 열세에 놓이게 되고 갈등은 거의 필연적으로 세계전쟁으로 확산된다. 이런 종류의 전쟁에 대해 우리의 핵전력은 대응하고도 남는다."10)

아이젠하워 행정부는 한국 같은 주변부 전역(戰域)에서도 목적을 달성하기 위해 핵전력에 크게 의존했다. 트루먼 행정부는 한국에서 그런 무기의 사용은 배제하는 전략을 쓰되(아시아 다른 지역에서는 꼭 그렇지만도 않았다.)11) "해당 지역의 우리 군이 핵전력을 사용하지 않으면 군사적 재앙에 직면하게 될 경우에는 얘기가 달라진다."12)라고 단

---

* 영국은 1952년에 원자폭탄 실험을 했지만 프랑스는 1960년에 가서야 실험을 했다.

서조항을 달았다. 아이젠하워 행정부는 핵공격이 실제로 갈등을 종식시킬지 확신하지는 못했지만, 미국이 핵공격을 고려하고 있다는 사실만은 분명히 알리겠다는 의향이 있었다. 덜레스는 다음과 같이 인정했다. "우리는 훨씬 더 강도 높은 전쟁을 준비했다. 우리는 이미 핵무기를 운반할 수단을 전역에 보냈다. 중국 공산주의자들은 그들의 훌륭한 정보력을 통해 이를 인지하게 되었고, 우리도 사실 그들이 알게 되더라도 개의치 않았다."[13] 이러한 핵위협은 1953년 7월 휴전협정을 타결하는 데 결정적인 역할을 했다는 주장이 신조(信條)처럼 확고해졌다. 1954년 초 아이젠하워는 의회 지도자들에게 협상이 결렬될 경우 "우리가 가진 전부를 총동원해서 그들을 칠" 계획이라고 말했다.[14]*

마찬가지로 인도차이나의 경우에도 미국이 참전하게 되면 핵무기는 "전술적 상황이 요구하고 대통령이 재가하는 한 사용 가능하다는" 전제가 깔려 있었다. 국가안보회의는 이 조치가 인도차이나 지역인들 사이에서는 호응을 얻지 못할지도 모른다는 점을 인정했다. 그들은 자기 나라가 "한국 정도의 규모로 초토화"될지 모른다고 우려하기 때문이었다. 동맹국들의 사기가 떨어질 우려도 있었다. "다시는 핵무기가 전쟁에서 쓰이지 않으리라는 마지막 희망마저 사라지게 되기 때문"이었다. 그러나 "동남아시아가 공산주의의 손아귀에 들어가지 않도록 하고 집단안보의 원칙을 수호하기 위해" 그러한 행동이 반드시 필요하다는 점을 전달하고 납득시키면, 그들은 그러한 행동을 지지하는 쪽으로 돌아서거나 적어도 공개적으로 반대하지는 않게 될지도 몰랐다.[15] 실제로는 핵무기를 사용해야 할 상황은 발생하지 않았다. 아

---

* 그러나 1953년 3월 스탈린의 사망과 더불어, 중국과 북한의 전력이 소진되었기 때문에 휴전협정이 체결되었다는 사실이 이제는 분명해졌다. 아이젠하워 행정부의 핵위협을 베이징 측에서는 오해했거나 무시했다. (John Lewis Gaddis, *We Now Know: Rethinking Cold War History* [New York: 1997], pp.108-9.)

이젠하워가 영국과 미국 의회의 지지를 받아야 한다고 고집했지만 이는 실현되지 않았기 때문이기도 하고, 인도차이나에서 핵무기를 사용해도 미국 지상군 투입의 필요성이 배제되지는 않는다고 육군이 설득력 있게 증명했기 때문이기도 하며,[16] 프랑스는, 애초에 미국이 개입하게 된 이유는 프랑스가 요청했기 때문인데, 협상을 통해 타결을 모색하는 쪽을 선호했기 때문이기도 하다. 그러나 아이젠하워 행정부가 이 점에서 자제력을 발휘한 까닭은 순전히 상황이 이를 허락했기 때문이지 핵무기를 제한된 전쟁에 사용하는 데 원칙적으로 반대했기 때문이 아니다.

아이젠하워 행정부를 비판하는 이들은 이 행정부는 가장 핵무기가 요구되지 않을 상황에 핵무기 사용에 가장 근접했던 것으로 본다. 1954~55년과 1958년 두 차례 있었던 금문도와 마조도 위기가 그것이다. 아이젠하워와 덜레스는 중국의 해안에서 엎어지면 코 닿을 데 있는, 국민당이 장악한 이 작은 섬들의 안보가 걱정되었다. 이 섬들이 대만을 방어하는 데 필수적이라고 생각해서도, 장개석이 그 섬들에서 군비를 구축하겠다는 결정에 합의해 주었기 때문도 아니었다. 이 섬들이 공산주의자들 손아귀에 들어가면 대만 지역의 사기가 땅에 떨어져서 훨씬 중요한 지역까지 잃게 될지 모른다는 국민당 지도자의 판단을 받아들였기 때문이다. 그런 사태가 발생하면 그 다음은 서태평양 전 지역 ─ 일본, 오키나와, 필리핀 ─ 의 안보도 위태롭게 되고, 남베트남, 라오스, 캄보디아, 태국, 버마, 말레야, 인도네시아까지도 공산주의 영향권에 들어가게 된다고 덜레스는 주장했다. "극동지역에서 발생할 결과는 소련의 사주와 도움을 받아 중국 공산주의자들이 중국 본토를 접수하도록 미국이 내버려둔 후에 이어진 사태보다도 훨씬 더 파급효과가 크고 처참하다."[17]

　문제는 이 섬들이 중국 본토와 너무 가까워서 – 거리가 겨우 몇 마일이었다 – 재래식 공군력과 해군력만으로는 이 섬들을 보호할 수 없다는 데 있었다. 1954년 3월 덜레스는 아이젠하워에게 "금문도와 마조도를 방어하려면 원자폭탄을 사용해야 한다."라고 말했다. 아이젠하워도 동의했고 핵무기 사용을 고려하고 있다고 일부러 흘렸다. "이 해답이 우리의 결연한 의지를 중국 공산주의자들에게 납득시키는 데 어느 정도 효과가 있기를 바랐다." 덜레스는 1958년 다음과 같이 지적했다. 재래식 대응은 초기 단계에서는 중국의 공격을 억제할지 모르지만, 그마저도 여의치 않을 경우 "재래식 무기의 사용에 국한하면 우리가 개입해도 효과가 없을지 모른다." 핵무기를 사용하면 "세계 대부분 지역에서 미국에 대한 강한 반감이 생기게 된다." 무기를 소량만 사용해 낙진과 민간인 사상자가 적게 나오면 미국에 대한 혐오감이 오래 지속되지는 않겠지만 말이다. "그러나 작전의 규모나 지속 시간을 제한할 수 있을지 확실하지 않고, 더 많은 핵무기를 사용할 위험과 심지어 전면전으로 확대될 위험을 감수해야 한다."18)

　얼핏 보면 덜레스가 금문도와 마조도에서 발생한 두 차례 위기를 탁월하게 수습했다. 모택동은 정말로 한 발 물러났다. 미국의 핵 위협이 아니었다면 그리하지 않았을지 모른다.19) 그러나 이 사건들은 아이젠하워 행정부의 전략이 타당했음을 입증하기는커녕 – 특히 1958년 위기가 그렇다 – 아주 사소한 도발만으로도 핵무기를 사용할 확률이 있는 전쟁으로 미국을 밀어 넣기가 얼마나 쉬운지 보여줌으로써 미국 대중과 해외 동맹국들이 이 전략을 불신하게 만들었다. 딘 애치슨은 다음과 같이 경고했다. "행정부가 국민들에게 알리지도 않은 사안을 두고, 단 한 명의 미국인의 목숨도 걸만한 가치가 없는 사안을 두고, 친구도 동맹도 없이 싸워야 하는 전쟁"이 될지도 몰랐다. 대중과 의회의 격렬한 반대에 부딪쳐서, 어쩌면 신중하기 그지없는 아이젠하워가 촉구했기 때문에, 덜레스는 자기가 했던 말을 자발적으로 주워 담고 애초에 장개석이 그 섬들에 군대를 주둔시키기로 한 게 "좀 어리석은" 결정이었다고 비난했고, 휴전이 성사되면 "군대를 계속 그곳에 주둔시키는 게 현명하지도 신중하지도 않다"라고 했다.[20] "벼랑 끝 전술"이 한계에 도달했다는 강력한 방증이었다.

돌이켜보면 분명해진다. 아이젠하워 행정부는 다음 중 어느 한 가지 우발사태 ─ 소련의 재래식 전력의 유럽 공격, 한국 휴전협정의 위반, 인도차이나에서 전쟁의 확산, 금문도와 마조도에 대한 중국 공산당의 공격 ─ 가 발생하면 핵무기를 사용할 태세가 되어 있었다. 핵무기를 사용하지 않았다고 해서 딱히 전략이 성공했다는 증거가 되지는 못한다. 억제 대상들의 의도를 파악할 믿을 만한 증거가 없는 상황에서 애초에 억제할 대상이 있었는지 확실히 말하기가 불가능하기 때문이다.[21] 다만 아이젠하워 행정부가 실행한 조치 덕분이라고 해야 할지, 그러한 조치를 취했는데도 불구하고 라고 해야 할지는 모르지만, 행정부가 두려워한 재래식 군사공격이 발생하지 않았다고는 말할 수 있다. 그러나 기대했던 이익의 측면에서 "보복" 독트린과 NSC-68의 대칭 대응전략을 평가할 수는 있다. 여기서 엇갈리는 평가가 나온다.

새 전략이 경제성을 달성했다는 데는 의문의 여지가 없다. 트루먼 행정부가 퇴임하기 직전에 제출한 1954 회계연도 예산안을 보면 국방부 예산을 412억 달러로 책정했다. 아이젠하워는 곧 이를 358억 달러로 삭감했고 1955 회계연도에는 겨우 309억 달러만 요청했다. 삭감액의 대부분은 육군 예산이었다. 1953년 12월부터 1955년 6월까지의 기간 사이에 육군은 150만 명에서 100만 명으로 줄었지만 다른 군도, 심지어 공군도, 트루먼 행정부가 예측했던 수준보다 줄었다. 그러나

공군 예산이 국방비에서 차지하는 몫은 트루먼 행정부가 마지막으로
짠 예산안인 1953 회계연도의 34.2퍼센트에서 1955 회계연도의 46.2
퍼센트로 늘었다. 그리고 아이젠하워 행정부 나머지 임기 내내 그 수
준을 유지했다.[22] 일단 한국에서 전쟁이 끝나면 어차피 국방비는 줄어
들게 되어 있었다. 그러나 국방비 삭감 정도와 공군에게 유리하도록
새롭게 짜인 지출구조를 보면 "뉴 룩"의 토대인 핵 억지력을 특히 강
조했다는 점이 반영되었다.

　　그러나 새 전략이 주도권을 되찾아오는 데 유효했는지는 또 다
른 문제다. 행정부가 핵 억지력을 제한적으로 적용하려 한 상황들에서
선택의 범위가 어느 정도나 동맹국에 의해 결정되는지 보면 놀랍다.[23]
재래식 수준에서는 거의 전적으로 동맹국들에게 의존해 억제 전략을
실행함으로써 워싱턴은 사실상 공격에 대한 대응의 범위를 결정할 관
할권을 포기해 버렸다. 그 결과 동맹국들은 미국을 자기들 입맛대로
조종할 힘을 얻었다. 인도차이나에서 프랑스처럼 거의 아무 일도 하지
않든가, 장개석처럼 군대를 대만 본섬에서 떨어진 섬들에 집중시키든
가 해서 말이다.* 이미 발생한 상황에 직면한 행정부는 핵무기를 사용
할지 대응을 아예 하지 않을지를 선택해야 했다. 전자의 경우 확전의

─────────

* 제임스 해거티는 일어날 가능성 있는 확전의 과정을 일기에 기록했다. "우리 모두
　중공이 금문도와 마조도에 대한 공격을 준비하고 있다고 믿는데, 실제로 그런 일이
　발생하면 아마도 우리 군이 반드시 관여해야 할 텐데, 그 이유는 다음과 같다. 공산주
　의자들이 이 섬들을 무력침공하면, 포모사(대만 ― 옮긴이)에 있는 장개석의 공군은
　즉시 행동에 돌입한다. … 공산주의자들의 공군도 행동에 돌입하고 조만간 포모사
　공항을 공격한다. 일단 이 사태가 벌어지면 우리가 체결한 조약의 의무를 다하기 위해
　미국 공군 부대가 행동에 돌입하게 된다. 포모사가 공격을 받으면 우리는 그리 해야
　하기 때문이다. 우리가 행동에 돌입하면 상상의 선을 그어놓고 그 선에서 공산주의자
　전투기에 대한 추격을 멈추는 게 아니라 상부의 명령에 따라 공중에서든 그들의 기지
　에서든 그들을 격추시키게 된다. 그러면 된다." (Hagerty Diary, March 11, 1955,
　Hagerty Papers, Box 1.) 그러나 본래 미국은 금문도와 마조도는 애초부터 대만 방어
　에 필수적이 아니라는 입장이었다. 장개석이 우겼기 때문에 그리 됐을 뿐이다.

위험이 있었고, 후자의 경우 동맹의 "사기"를 떨어뜨리고 미국에 대한 신뢰도를 훼손할 가능성이 있었다. 본래 미국 전략가들이 사용할 선택지를 늘리기 위해 설계된 전략치고는 이는 보잘 것 없는 수확이었다.

이 전략은 기대했던 만큼 적들에게도 큰 인상을 주지 못했다. 적들을 구분하는 데 실패했기 때문이다. 미국이 억제할 대상이, 동유럽의 바르샤바조약 소속 군대나 금문도와 마조도에서 맞서는 중공군의 경우처럼, 핵 공격에 취약한 조심스럽고 중앙집권적인 권력의 통제 하에 있다면 억제력이 잘 먹혀 들어간다. 그러나 한국의 휴전협정은 북이든 남이든 한국인들이 위반할 가능성도 있었다. 서울이든 평양이든 조심성도 없고 동맹이 바라는 바를 존중하지도 않았다.＊ 실제로 휴전협정 위반이 일어났다면 누구를 대상으로 어떻게 핵 보복을 실행했을지 말하기는 어렵다. 그리고 인도차이나에서 프랑스는 외부의 그 어떤 세력의 조종도 받지 않는, 신념이 투철한 혁명운동 세력에 건성으로 맞서고 있었다. 핵무기를 사용하겠다고 위협한들 프랑스 군의 투지를 살려주지도 못하고, 그러한 투지가 없는 상황을 그들의 적이 이용하지 못하게 막지도 못했다. 간단히 말해서, 다양하고 시시각각으로 변하는 문제들에 하나의 거대하고 굼뜬 해결책을 적용한 게 문제였다.

그러나 아이젠하워 행정부의 전략에서 가장 의문스러운 측면은 핵 전면전을 촉발하지 않고 핵무기를 사용할 수 있다는 명백한 자신감이었다. 제한된 핵전쟁은 가능하지만 오직 핵전쟁에 참여하는 이들이 사전에 미리 서로 넘지 말아야 할 선이 있다고 합의를 했을 때에만 가

---

＊ 남한은 1953년 6월 북송을 요구한 북한의 전쟁포로들 가운데 일부를 석방함으로써 휴전협정을 거의 파기할 뻔했다. 북한의 예측불가능성에 대해서는 다음 자료를 참조하라. Balázs Szalontai, " 'You Have No Political Line of Your Own': Kim Il Sung and the Soviets, 1953-1964," Cold War International History Project *Bulletin*, #14/15 (Winter, 2003-Spring, 2004), pp.87-137.

능하다고 키신저는 『핵무기와 외교정책』에서 다음과 같이 주장했다. "전쟁의 제한은 우리의 의도뿐만 아니라 상대방이 그 의도를 어떻게 해석하는지에 의해서도 정해진다. 전쟁의 제한이 어떤 개념인지 미리 정해지지 않으면 오판과 오해가 전쟁을 야기하고 전면전으로 확산될 수 있다. 설사 양측이 전쟁을 제한할 의도가 있다고 해도 말이다."[24] 그러나 아이젠하워 행정부는 핵 대응의 한도나 속성을 확실히 밝히기 는커녕 의도적으로 예측불가능성을 조장했다. 덜레스는 제1차 금문도 − 마조도 위기가 발생했을 때 다음과 같이 말했다. "빨갱이들이 계속 추측하게 만들자. 그들을 상대로 그 어떤 분명한 성명서도 발표하지 말자."[25] 그의 발언에는 미국은 마음대로 갈등을 확대시키거나 갈등 이 발생하는 장소를 바꿀 수 있지만 상대방은 그러지 못한다는 전제가 깔려 있었다.

　　아이젠하워가 핵전쟁이 발생해도 이를 제한할 수 있다고 장담 한 점과 전쟁의 사전 기획의 효용성에 대해 깊은 의구심을 품고 있었 다는 점도 서로 아귀가 맞지 않는다. 그는 "그 어떤 전쟁도 미리 예측 했던 특징들을 보이지 않는다."라고 1954년 기자회견에서 말했다. "무 한히 다양한 도발상황 하에서 무한히 다양한 사례들"에 대해 미리 일 반화하기란 불가능하다. 기획은 긴급사태를 대비한 훈련으로는 중요 하지만 실제로 긴급사태가 발생하면 계획은 그다지 도움이 되지 않는 다. "'긴급사태'라는 개념의 정의 자체가 뜻밖의 상황이므로 당신이 계 획한 대로 발생하지 않는다. 따라서 긴급사태가 발생하면 우선, 서가 맨 꼭대기에 꽂힌 계획안들을 끄집어 내려서 창밖으로 내던지고 다시 처음부터 시작해야 한다." "전쟁에서 절대 바뀌지 않는 유일한 요인은 전쟁에서 가장 변화무쌍하고 불확실하고 예측 불가능한 요소인데 이 는 바로 인간의 본성이다."라고 아이젠하워는 덧붙였다.[26] 제한된 핵

전쟁의 특징들이 전혀 알려져 있지 않은 상황에서 아이젠하워 행정부가 공개적으로 보인, 제한된 핵전쟁이 가능하다는 자신감 못지않은 자신감을 아이젠하워가 개인적으로도 지닐 수 있었는지 헤아리기가 쉽지 않다.

사실 그는 자신하지 않았다. 1954년 그는 전쟁도 불사하겠다는 완강한 남한*대통령 이승만에게 "이렇게 말해두고 싶소이다. 전쟁이 일어나면 끔직할 겁니다."라고 말했다. "핵전쟁은 문명을 파괴할 겁니다. … 수백 만 명이 죽게 되요. 크렘린과 워싱턴이 전쟁에 휘말리면 어떤 결과가 나올지는 너무 끔찍해서 생각하기도 싫습니다. 상상을 불허해요." 그로부터 1년 반 후 그는 극비 브리핑을 받는 자리에서, 미소 간에 핵무기를 사용하면 소련은 미국이 입는 피해의 세 배쯤 피해를 입게 된다고 기록했다. "미국 인구의 65퍼센트 정도가 이러저러한 의술의 도움을 받아야 하고, 대부분의 경우 그러한 도움을 받을 기회도 얻지 못하게 된다. … 말 그대로 잿더미에 파묻힌 우리 자신을 끄집어내 다시 시작해야 한다." 러시아인들이 공격을 미국 공군기지로 제한하려고 애쓴다고 해도 "우리가 입을 손실은 크게 달라지지 않는다."[27]*

아이젠하워의 참모들이 – 비공개적인 자리에서 – 제한적인 핵전쟁에 대해 보인 자신감은 훨씬 약했다. 취임하고 몇 달 만에 덜레스 본인도 다음과 같이 우려를 표했다. "핵무기의 점증하는 파괴력과 효과적인 핵전력이 동등한 수준에 접근하고 있는 상황에서 전면전이 서

---

◎ 한국이 맞는 표기이지만 원문에 따라 남한으로 번역했다 – 옮긴이.

* 아이젠하워는 미국의 손실을 줄일 수 있는 유일한 방법은 소련에 예방공격을 감행하는 길뿐이라고 덧붙였다. 그러나 문구는 추론하지 말고 쓰인 그대로 적용해야 한다고 믿는, 뼛속까지 엄격한 구성주의자(strict constructionist)인 그는 이 선택지를 일축했다. 미국 전통과 모순될 뿐만 아니라 의회를 비밀리에 불러모아 전쟁선포 여부를 표결에 붙이기가 어려웠기 때문이다.

구 문명의 파괴를 위협하는 상황이 조성되고 있다."1954년 그는 다음
과 같이 기록했다. 핵 보복을 거론하면 "'어떤 대가를 치르더라도 평화
를 지켜야 한다는 사람들'이 생기고, 이는 여러 나라에서 유화적인 정
서가 강해지는 상황으로 이어진다. … 우리를 핵전력을 믿고 까부는
전쟁광으로 묘사한 선전선동은 이루 헤아리기 힘든 해를 끼쳤다."그
렇다면 미국과 그 동맹국들은 "충분히 유연한 군사역량과 확고한 정책
을 유지하고, 미국과 그 동맹국들은 공산주의 지도자들이 공격을 감행
해 봤자 이득 볼 게 없도록 할 수단을 확보하고, 상황이 요구하면 군사
력을 동원할 의지도 있다는 사실을 공산주의 지도자들에게 납득"시키
는 게 맞다.28)*

　　그 후 몇 년에 걸쳐 덜레스는 아이젠하워 행정부의 핵 억지력에
대한 의존도를 줄임으로써 이러한 유연성을 달성할 방법을 끈질기게
모색했지만 아이젠하워의 저항에 부딪혔다. 두 사람이 입장을 서로 맞
바꾼 듯했다. 1952년 선거운동 동안 덜레스가 제시한 전략에 대해 회
의적인 입장을 보여 왔던 대통령이 이제는 그 전략을 받아들인 반면
에, 덜레스 본인은 아이젠하워가 예전에 자기 전략에 반대할 때 내세
운 논리를 납득하게 되었다.29) 아이젠하워가 고집을 부린 이유는 애초
에 핵무기에 의존하게 만든 제한적 수단에 대한 인식과 관련이 있었
다. 그는 미국이 소련과 중국의 팽창주의를 억제하는 데 실패함으로써
패배할 가능성 못지않게 과도한 지출로 스스로 쉽게 무너질 가능성도

---

* 1954년 말 무렵 덜레스는 소련의 핵 역량의 확대를 막는 유일한 해결책으로 핵 폐기
　까지 생각했다. "핵무기는 미국이 기습공격을 받을 경우 사실상 미국을 파괴할 수
　있는 유일한 공격수단이다. 그리고 핵무기를 제거함으로써 이러한 파괴의 위험이 제
　거된다면, 전면전을 억제하는 동시에 전쟁을 이기는 주요 수단인 우리의 산업 능력
　을 손상시키지 않고 그대로 보존하도록 해주므로 미국에게 도움이 된다." (Notes,
　Dulles conversation with State Department advisers, December 29, 1954, *FRUS:
　1952-54*, Ⅱ, 1585-86.)

있다는 사실에 대한 두려움을 떨친 적이 없다.[30] 보다 "유연한" 군사 역량을 지지하면, 설사 그 제안을 자기가 임명한 국무장관이 했다고 해도, 그렇게 될 위험이 있었다. NSC-68이 그랬듯이 말이다.

그러나 아이젠하워가 반대한 데는 또 다른 보다 미묘한 이유가 있었다. 그는 핵 전면전을 막을 최선의 길은 핵 전면전을 미국이 쓸 수 있는 유일한 군사적 선택지로 만드는 방법이라고 믿었다.[31] 그의 논리는 클라우제비츠의 논리를 따랐다. 고전이 된 그의 저서 『전쟁론 (On War)』에서 위대한 프로이센 전략가인 그는 총체적이고 따라서 비이성적인 폭력을 그러한 폭력을 시도하는 게 얼마나 어려운지 ─ 그리고 얼마나 어리석은지 ─ 를 보여주는 설명과 더불어 제시한다. 클라우제비츠의 "절대 전쟁(absolute war)"은 추상적인 개념으로서 현실에서 도달 가능한 군사력과 비교하기 위해서 제시된다. 그러나 1950년대 무렵 "절대 전쟁"이 실현될 가능성이 농후해졌고, 아이젠하워의 관점에서 볼 때 클라우제비츠의 주장은 훨씬 더 타당해졌다. 요점은 전략을 설계하는 게 아니었다. 전략은 여기서 출발해 저기에 도달함을 뜻한다. 저기에 도달하지 않기 위해서 공포를 이겨내는 게 요체였다. 1957년 초 미국은 핵전쟁이 일어나면 500만 명의 사상자가 발생한다는 예측이 나오자 아이젠하워가 보인 반응은 분명했다. "우리가 해야 할 타당한 일은 우리 재원을 모두 전략공군사령부(Strategic Air Command, SAC)와 수소폭탄에 집중하는 일뿐이다."[32]

이러한 생각에 흠칫한 사람은 덜레스뿐만이 아니다. 군부는 예산을 더 확보하거나 직업적으로 승진할 기회가 거의 없다는 사실을 감지하고 이에 반대한다는 입장을 분명히 밝혔다. 아이젠하워의 국가안보회의 소속 참모들조차도 그의 입장을 반박하는 연구보고서들을 쏟아냈다.[33] 그러나 대통령은 요지부동이었다. 그는 어떤 전쟁이라도 결국 핵무기 사용으로 확전된다는 개인적인 신념을 결코 수정하지 않았다. 핵전쟁 말고 그 어떤 것에 대비해 봤자 소용이 없을 뿐만 아니라 핵전쟁 말고 다른 무엇에 대비해도 위험하다고 생각했다.

이제는 분명한 듯하다. 아이젠하워의 목표는 단순히 핵전쟁을 억제하는 게 아니라 모든 전쟁을 억제하는 일이었다.[34] 덜레스가 권고한 "유연한 역량" 전략은 대통령에게는 전혀 대안이 되지 않았다. 아이젠하워는 이 전략이 전쟁을 예방하기는커녕 오히려 전쟁으로 이어질 가능성을 높인다고 봤다. 적은 수의 열핵 폭탄이 아니라 많은 원자 폭탄을 쓰게 되는 상황으로 최악의 시나리오가 바뀔 뿐, 생태학적이나 인도주의적 관점에서 볼 때는 오십보백보였다. 이 전략은 재래식 전력을 증강시키고 비용을 엄청나게 늘리며 그러한 힘이 지닌 가치를 과시하고 싶은 유혹을 더 강하게 느끼게 만든다. – 지출한 비용을 정당화하기 위해서라도 말이다. 소련이나 중국이 미국의 동맹을 약화시키고 한국에서와 같은 전쟁에 휘말리게 해서 미국의 물자를 낭비하게 만들 방법을 모색한다면 이를 방지할 안전장치는 거의 없다. "우리는 이제 전면전을 치른다는 전제 하에 주변부 전쟁을 치를 계획을 세워야 한다." 라고 1956년 아이젠하워는 주장했다.[35] "대대적인 보복"이라는 논리는 간단히 말해서 그 어떤 갈등에서도 누구도 이기리라고 희망할 수 없는 수준으로 확전될지도 모른다는 점을 모든 적들에게 납득시켜야 한다는 전제를 깔고 있다. "대대적 보복"이라는 용어는 "코웃음을 자아냈다."라고 대통령은 인정했다. 그러나 그게 "생존의 열쇠일 가능성이 높았다."[36]

그렇다면 그를 비판한 이들의 주장이 옳았다. 아이젠하워는 정말로 일차적인 억제수단으로 핵무기에 의존함으로써 도발에 대한 타당한 대응 방법의 범위를 축소했다. 그러나 그는 억지력이 소련과 중국에게 훨씬 신빙성 있어 보이도록 만드는 게 목적이었지 신빙성을 깎아내리는 게 아니었다. 또한 그 자신의 참모들이 비용이 많이 들고 지루하게 계속되는 제한된 전쟁에 미국이 관여하게 만듦으로써 미국의 신빙성을 위험에 처하게 만들지 않도록 하는 게 목적이었다. 그는 "속아 넘어가기에는 군에 대해 너무 많이 알고 있다."라고 말한 적이 있다.[37] 그러나 이 점에서 그는 독특했다. 그의 후임자들은 그런 자질을 갖출 가능성이 희박했다. 결국 "장기간에 걸쳐" 억제에 드는 비용을 감당할 수 있도록 설계되었지만, 그러한 결과를 얻기에는 놀라울 정도로 부적합한 전략이 나왔다.

## II

아이젠하워 행정부에 대해 제기되는 두 번째 중요한 비판은 아시아, 중동, 아프리카, 라틴아메리카에서 점점 두드러지게 삶의 특징이 되어 가고 있던 혁명운동에 성공적으로 대처하는 데 실패했다는 점이다. 이러한 운동은 유럽 식민지주의가 쇠퇴하면서 부상했다(그리고 라틴아메리카에서는 이른바 미국의 신식민주의에 대한 반발이 커지면서 생겼다.). 충분히 예상했을 만한 일, 심지어 필연적인 일이었지만, 워싱턴 관료들은 통탄스러울 정도로 그러한 사태에 무방비 상태였던 듯하다. 존 F. 케네디 상원의원은 다음과 같이 말했다. "전 세계를 휩쓰는 혁명의 선봉에 서서 혁명에 대한 조언을 하고 혁명이 건전한 결실을 맺도록 도와야 할 주인공은 우리 미국인이다. 그런데 우리는 공산주의자들이 당연히 우리 권한인 지역에서 우리를 쫓아내도록 내버려 두고 말았다. … 우리는 현상유지에 급급한 이들로 비춰진 반면에 공산주의자들은 자신들을 보다 나은, 보다 밝은, 보다 용감한 삶의 질서로 가는 길을 가리키는 전위부대로 포장했다."이는 1960년 그의 대선 선거운 동에서 두드러지게 큰 중요성을 띤 주제가 되었다. 유엔 대사 헨리 캐 벗 랏지도 행정부의 여러 위원회들 내에서 조용히 똑같은 점을 지적했 다. "미국은 전쟁을 이길 수는 있다, 문제는 우리가 혁명을 이겨낼 수 있느냐가 관건이다."[38]

이러한 실패는 문제를 등한시했기 때문에 발생한 게 아니다. 아 이젠하워와 그의 참모들은 처음부터 모스크바의 통제 하에 있는 공산 주의자들이 "민족해방" 운동을 접수함으로써 소련의 권한이 미치는 범 위를 확장하고 그 결과 서구의 입지를 약화시킬 가능성에 대해 고심했 다.* 덜레스는 1953년 다음과 같이 주장했다. "소련 지도자들은 세계 를 정복할 전략을 짜면서 식민지 국민을 흡수할 방법을 모색하다가 민 족주의에 꽂혔다. 스탈린은 그의 전형적인 훈시 〈레닌주의의 토대 (Foundations of Leninism)〉에서 '서구에서 혁명을 승리로 이끄는 길은 식민지와 의존적인 나라들에서 일어나는 해방운동과 혁명적 동맹을 맺는 방법이다.'라고 말한다."[39] 덜레스는 이념을 곧이곧대로 해석해 서 스탈린에 대한 판단이 완전히 빗나갔다. 사실 이 소련 독재자는 "제 3세계"에서 프롤레타리아 혁명의 이익을 추구하기 위해 한 일이 거의 없다. 그보다 훨씬 열정적인 후임자들은 전혀 거리낌이 없었고, 그 후

---

* 아이젠하워는 취임 직전 일기에 다음과 같이 기록했다. "민족주의가 부상하고 있고 세계 공산주의는 민족주의의 정신을 이용해 자유진영에서 분쟁을 일으키고 있다. 모 스크바는 많은 사람들로 하여금 민족주의적 야망을 달성하고 유지하려면 공산주 의자의 도움에 의지하면 된다고 믿도록 호도하고 있다. 실제로 공산주의자들은 기존의 관계가 파괴되면서 비롯되는 혼란을 이용하려 하면서, 교역과 안보와 상호이해가 혼 란에 빠져 난관과 불확실성이 증가하는 상황에서 세계 혁명과 크렘린이 모든 인류를 지배한다는 목표를 추구하고 있다." (Eisenhower diary note, January 6, 1953, Eisenhower Papers, Whitman File: DDE Diary, Box 5, "DDE Personal, 1953-4[3].")

몇 년에 걸쳐 아이젠하워 행정부는 옳든 그르든 그들이 우려했던 바가 이란, 과테말라, 인도차이나, 이집트, 이라크, 레바논, 쿠바 등과 같이 다양한 지역에서 실현되는 광경을 목격했다. 이 지역들에서 소련이 "설계"했다고 인식된 시도를 좌절시킬 적절한 전략이 없었다.

아이젠하워 행정부는 민족주의가 독자적인 형태를 띠는 한 이에 공감했다. 앙리 베르그송(Henri Bergson)의 제자로서 소르본에서 수학하던 시절 이래로 덜레스는 국제적 사안에서 변화는 불가피하다는 주장을 수용했다. 정치가의 임무는 변화의 과정이 가능한 한 질서정연하게 진행되도록 하는 일이라고 생각한 그는 "이러한 충동이 지속가능한 나라들을 탄생시키고 국민들이 혼돈에 빠져 유혈사태가 일어나고 삶이 피폐해지는 대신 지속적으로 삶을 개선하는 결과를 낳도록 우리와 다른 나라들은 최선을 다해야 한다."라고 말했다. 아이젠하워는 식민지를 보유한 국가들은 품격 있게 독립을 허용함으로써 "필요를 미덕으로 전환"해야 한다고 주장했다.* 그 결과 머나먼 오지에서도 "뉴 룩"을 실행하는 데 필요한 자발적이고 자생적인 세력들이 등장하는 동시에 모스크바가 그 지역들과 맺고 있다고 주장하는 "특별한 관계"를 훼손하게 된다. 국가안보회의 연구서는 1956년 다음과 같이 결론을 내렸다. "미국은 아시아와 아프리카의 식민지에서 부상하는 건설적인 민족주의자와 개혁운동을 극단적 공산주의자에게 잃을 여유가 없다. 미국은 (a) 그러한 세력들이 힘을 유지하고 영향력이 증가할 가능성이 높다는 확신이 들면 그러한 세력에 맞서기보다 더불어 협력할 방법을 모색

---

* 아이젠하워가 이러한 명분에 있어서 얼마나 강경한 입장인지를 말해준다. 비록 25년의 식민지배 끝에 자치를 약속하면 충분하다고 생각했고 결국 미국이 푸에르토리코에 잔류했듯이 식민통치 국가들은 잔류해 달라는 요청을 받게 되리라고 생각했지만 말이다. (Eisenhower to Gruenther, November 30, 1954, Eisenhower Papers, Whitman File: DDE Diary, Box 5, "Nov. 54 [1].")

하고, (b) 공산주의가 그러한 세력들을 포섭하지 못하게 막을 방법을 모색해야 한다."[40]

그러나 아이젠하워 행정부에게는 민족주의를 반공산주의 방향으로 선회하는 일이 결코 시급해 보이지 않았다. 비밀행동도 단기적인 임시방편으로는 이란과 과테말라에서 그만하면 성과를 거두고 있었지만, 그러한 활동에서 미국이 하는 역할을 언제까지고 감출 수는 없었다. 비밀활동이 점점 알려지게 되면 의심하는 이도 늘어나기 때문에 그 다음 작전을 "그럴듯하게 부인(plausible denial)"함으로써 은밀히 진행하기가 훨씬 어려워진다.[41] 심리전 조치는 비밀활동만큼 비밀리에 진행하지 않아도 되지만, 효과가 나타나는 데 시간이 걸리고 이따금 뜻밖의 결과를 낳기도 했으며, 주기적으로 경비를 절약하라는 의회의 압박을 받기도 했다. 아이젠하워는 1958년 레바논 위기 당시에 다음과 같이 기록했다. "포스터와 나는 오래전부터 의회와 씨름을 해왔다. 중동에서 반 서구 정서에 맞설 선전활동을 구축하려고 말이다. 제대로 일을 하는 데 필요한 자금을 확보한 적이 없다. 이런 사태를 미연에 효과적으로 방지했다면 들었을 1년치 비용보다 더 많은 비용을 현 위기를 해소하기 위해서 달마다 지출하고 있다."[42]

핵무기도 그다지 도움이 되지 않았다. 덜레스는 "대대적 보복" 독트린이 모스크바와 베이징이 "민족해방" 운동을 이용하기 주저하게 만들기를 바랐지만, 1955년 무렵 아이젠하워는 아마 본인이 오래전부터 알고 있었을 사실을 인정하기에 이르렀다. 그 전략 "자체는 적이 정치적 군사적으로 야금야금 영향력을 확대함으로써 우리가 입는 손실을 막아 주지 못한다. 적은 자기가 생각하기에 자유진영이 공개적으로 전쟁을 선포하도록 자극할 만한 일만 하지 않으면 '억지력'을 두려워할 필요가 없다."[43] 게다가 그 전략이 적에게 어떤 영향을 미치든 상관없이 핵무기를 사용하겠다고 위협하면 우방이 겁을 먹게 되는 부작용이 있었다. 행정부는 1956년 초 원자폭탄 시뮬레이션을 포함한 동남아시아 조약기구(SEATO) 군사훈련을 준비하는 과정에서 이러한 사실을 깨달았다. 그로부터 2년 후 미군이 레바논에 상륙할 때 핵무기는 가져 가지 않았다는 사실이 흥미롭다. 아이젠하워가 오래전부터 핵무기는 현대 군 병기에서 절대로 빠져서는 안 될 일부라고 주장해 왔는데 말이다.[44]

그러나 오랜 기간 동안 재래식 군사력을 광범위하게 사용하면 – 다행히 행정부는 레바논에서 이런 상황을 모면했다 – NSC-68이 범한 "실수"를 되풀이할 위험이 있다. 국가안보회의 참모 로버트 커틀러(Robert Cutler)가 1954년 초 이 점을 분명히 지적했다. 당시 행정부는 인도차이나에서 프랑스를 도울지 여부를 고심하고 있었다. 거기서 미국 지상군이 완승을 거둔다고 해도 아시아 다른 지역에 있는 공산주의를 완전히 제거하지는 못한다고 그는 주장했다. 그런 작전을 하면 한정된 미국 인력이 유라시아 대륙의 고갈되지 않는 인력과 맞서게 되는 한편 소련과 중국 인력은 털끝 하나 다치지 않는다. 게다가 미국은 물자가 쪼들려서 다른 곳에서는 도발에 맞서는 데 어려움을 겪게 된다. 커틀러는 다음과 같이 물었다. "인도차이나에서 전쟁을 국지전으로 제한해야 한다면, 대수롭지 않은 적에게 맞서기 위해 대규모 미군을 파견해 기존의 방식으로 완승할 상황을 염두에 두고 미리 기획한 활동 말고, 적은 군사력으로 공산주의자들을 지속적으로 최대한 동요하게 만들 전쟁이 가능할까?" 아이젠하워의 대답은 부정적이었다. "우리가 전투병을 단 한 명이라도 인도차이나에 투입하면 우리의 위신 자체가 위태로워진다. 그 지역에서뿐만 아니라 전 세계에서." 미국은 자생적인 군사력을 훈련시키고, 미국의 공군력과 해군력으로 그들을 지원할 수 있을지 모른다. 그러나 "인도차이나에 미국 지상군을 파견해야 할 이유를 찾지 못하겠다."45)

물론 "제3세계"에서 공산주의에 맞서는 데 동맹국의 도움을 요청할 수 있다. 그러나 그러면 이러한 상황에 미국이 제대로 대처할 기회를 확대하기보다 오히려 제한하는 효과가 나타날지 모른다. 동맹국의 협력을 행동의 전제조건으로 만들면 그 행동을 할지 여부를 결정할 권한을 포기하게 된다. 이는 1954년 인도차이나에서 미국 행정부가 겪은 일이다. 아이젠하워는 1954년 6월 다음과 같이 기록했다. "나는 아직까지도 이해당사국들 간에 정치적 분위기를 조성해서 우리 이익과 자유진영의 이익을 지키는 데 필요한 그런 종류의 도움을 얻어내려고 애쓰느라 시간을 쏟아 붓고 있다. 그러나 우리는 관련 당사자들을 모조리 주권을 지닌 동등한 나라로 취급하기를 고집하기 때문에 지금 절실히 필요한 합의를 이끌어내기가 대단히 어렵다." 또 다른 문제는 심지어 가까운 동맹국도 이따금 일방적인 행동을 함으로써 미국을 매우 당혹스럽게 만들 수 있다는 점이다. 1956년 10월 영국과 프랑스가 수에즈운하를 장악하려다 실패한 사례가 보여주듯이 말이다. 석유를 확보하려고 그런 무모한 행동을 한 자들은 "자기들이 확보한 기름에 튀겨지게" 내버려 둬야 한다고 격분한 아이젠하워 대통령이 말했다. 마지막으로, 식민지를 보유하고 있거나 예전에 보유했던 나라들과 엮이게 되면 여전히 제국주의가 공산주의보다 더 위험하다고 믿는 사람들 사이에서 미국의 평판이 좋아질 리가 없었다. 덜레스는 다음과 같이 지적했다. "우리는 국제공산주의에서 비롯되는 위험을 가장 먼저 떠올리지만, 그들은 대부분 서구 진영이 침략할 가능성부터 생각한다. 서구의 지배는 그들이 몸소 체험했기 때문이다."46)

아이젠하워 행정부가 "제3세계" 공산주의에 맞서기 위해 택한 방법은 해당 지역에서 저항 세력을 구축해 미국이 충분히 지원을 해주면 독자적으로 행동할 역량을 갖추도록 하는 일이었다. 이 접근방식은 비교적 비용이 적게 든다는 이점이 있었다. 아이젠하워가 지닌 다음과 같은 신념을 반영하기도 했다. "서방 국가가 아시아에 군사적인 개입을 하려면 반드시 아시아 지역 사람들을 포함하는 국가들의 연합체의 일원으로서 개입해야 한다. 그 외에는 어떤 방식이든 제국주의와 식민지주의 아니면 — 적어도 — 반감을 불러일으킬 소지가 있는 온정주의적 간섭이라는 비난에 무방비 상태로 노출된다."[47] 신뢰할 만한 반(反)공산주의 정권에 군사적 경제적 원조를 제공해 자생적 군사력을 강화하는 게 취지였다. 1954년 제네바회의에 따른 미국의 지원으로 새로 수립된 월남의 고딘디엠(응오딘지엠, Ngo Dinh Diem) 정부나 남한, 대만, 필리핀, 파키스탄, 이란, 사우디아라비아에 이미 수립된 정부들이 그 사례들이다. 이 원조는 미국의 결의를 보여주고 외부의 공격을 억제하기 위한 일방적인 선언뿐만 아니라 양자간 다자간 안보조약과 병행된다.*

　　그러나 편의상 택한 이러한 조치들은 나름대로 어려운 점이 있었다. 동남아시아조약기구와 중앙조약기구 회원을 모집하려는 미국의 노력은 모집 대상인 국가들 입장에서는 러시아나 중국이 하는 그 어떤 행동 못지않게 내정에 간섭하는 행동으로 비춰졌다. 특히 덜레스가 중립은 "비도덕"적인 태도라고 섣불리 선언을 한 사실과 연관지어 보면 말이다. 일방적으로 안보를 보장해 준다고 하면 미국이 자국에 개입하려는 구실로 비춰질 가능성도 있었다. 1957년 아이젠하워 독트린에 대해 아랍이 보인 적대적인 반응이 이를 증명한다. 미국이 "국제공산주의가 조종하는 그 어떤 국가의 공개적인 군사도발"에도 맞서서 "중동"

---

* 사우디아라비아는 중앙조약기구에 포함되지 않았지만 자국 영토에 미국 공군기지 설립을 허가했다.

을 방어하겠다는 선언 단 한 번으로 그 전 해에 이집트에 대한 영—프
—이스라엘의 침공에 반대함으로써 워싱턴이 아랍 지역에서 얻은 신의
(信義)를 하룻밤 사이에 날려 버렸다.[48] 게다가 이러한 전략을 쓴다고
해서 미국의 보호를 받는 나라들이 이익과 위협에 대한 미국 행정부의
인식을 공유한다는 보장도 없고, 워싱턴이 원하는 대로 그들의 민족주
의를 공산주의에 맞서는 방향으로 선회한다는 보장도 없었다.

　　"제3세계"에서 공산주의에 대처하는 과정에서 미국 행정부가 겪
는 어려움은 억제 가능한 현상과 억제 불가능한 현상을 구분하는 데
끊임없이 실패한 데서 비롯되었다. 억제 이론은 억제 대상인 행동이
적의 확고한 신념에서 나온 행동이 아닌 어떤 행동을 말하며, 중심세
력의 지시를 받고 하는 행동이라는 전제가 깔려 있다. 그러나 동아시
아, 중동, 라틴아메리카에서는 둘 중 어느 하나도 적용되지 않는다. 중
국인들을 상대로 핵 보복 위협을 하는 것까지는 좋다. 중국은 한국에
서 전쟁을 질질 끌겠다는 결의가 강하지는 않지만 한국전에서 싸우는
군은 확실히 장악하고 있었으니까. 그러나 똑같은 전술을 인도차이나
에서 적용하는 것은 전혀 별개의 문제였다. 그 지역의 반정부 세력들
은 신념은 투철하지만 외부의 조종에 취약하지는 않았다. 러시아가 만
약 유럽을 공격할 계획을 세웠다면 NATO는 이를 충분히 억제했을지
도 모른다. 그러나 그러한 선례를 토대로 구축한 동맹이 터키에서부터
남한에 이르는 나라들에서 자발적이지만 적대적일 가능성이 있는 혁
명을 억제하리라는 보장이 없었다. 대만의 방어를 승인한 의회 결의안
은 금문도와 마조도 사안과 관련해 베이징에 영향을 미칠지 모르지만,
아이젠하워 독트린을 통해 "중동"이라는 막연한 지역에서 "공산주의"
라는 모호한 대상을 억제하겠다는 시도는 성격이 판이한 전략이었다.
아무도 눈치 채지 못할 정도로 원활하게 비밀 작전을 실행하면 이란과

과테말라에서 궁중 쿠테타를 일으킬 수 있을지 모른다.

인도네시아의 수카르노나 쿠바의 카스트로처럼 경호가 철통같은 정권에 맞서도록 대대적인 민중봉기에 불을 붙이는 수단으로서 비밀 작전을 이용하는 것은 완전히 별개의 문제였다. 간단히 말해서 행정부에게는 성공이 오히려 독이 되었고 성공한 사례 너머까지 내다보지 못했다. 한 맥락에서 먹혀들어간 전략이 전혀 딴판인 맥락에서는 작동하지 않을 가능성을 충분히 고려하지 않았다.[49]

또 다른 난관은 행정부가 민족주의가 지닌 "지구력(持久力)"을 과소평가했다는 점이다. 국제 공산주의운동의 조직화 역량을 마지못해 인정이라도 하듯이, 미국 행정부는 신생독립국들이 워싱턴과 동맹을 맺어 안전을 확보하지 않으면 결국 모스크바와 베이징의 은근하면서도 집요한 마수에 걸려들게 된다고 늘 안절부절못했다. 아이젠하워는 1957년 3월 다음과 같이 기록했다. "이 세계의 신생국가들은 거의 모두 다른 나라 정부의 정치적 지배를 받으니 차라리 공산주의나 또 다른 형태의 독재 통치를 수용하리라고 나는 개인적으로 확신한다. 설사 다른 나라의 정부가 국민 개개인에게 훨씬 더 높은 생활수준을 누리게 해준다고 해도 말이다." 덜레스도 그 다음 달 그 특유의 극적인 화법으로 똑같은 점을 지적했다. "국제공산주의는 다른 독립국가들을 조롱함으로써 새로 획득한 주권을 과시해야 한다고 생각하는 지도자를 둔 나라들을 포섭하려고 혈안이 되어 있다. 그런 종류의 주권국가는 자살충동에 시달리는 주권국가다."[50]*

---

\* 닉슨 부통령도 1956년 7월 필리핀 청중을 대상으로 똑같은 사안에 대해 강연을 했다. "크렘린과 페이핑에 대한 우호적인 중립을 견지하면 살아남는다고 생각하는 사람들이 있다는 사실을 잘 알고 있다. 그러나 이런 속담이 있다. 악마와 저녁을 먹는 사람은 숟가락이 길어야 한다.⋯ 그들의 계략을 뛰어넘을 수 있다고 생각하는 사람들은 엄청난 위험을 감수하는 셈이다." (*DSB*, XXXV [July 16, 1956], 94.)

공산주의가 민족주의적 형태를 취할 수 있다고 적어도 행정부 내부적으로는 인정할 태세를 갖춘 정부가 취한 입장치고는 궁금증을 자아내는 발언이었다. 소련 제국은 "하얗게 칠한 묘실(墓室)"이라고 확신한 국무장관이 있고, "로마제국이든 징기스칸이든 나폴레옹이든 누구든 독재자가 너무 많은 걸 움켜쥐면, 장악당한 대상의 규모만으로도 독재자는 무너지게 된다."라고 확신한 대통령이 있는 행정부에서 말이다.51) 행정부가 민족주의적 공산주의는 국제공산주의 못지않게 미국에게 위험하다는 두려움을 느꼈기 때문인지도 모른다. 또 다른 이유는 시기와 관련이 있을 가능성도 있다. 공산주의 국가에서 민족주의 성향이 조성되려면 몇 년이 걸리는데 그 사이에 엄청난 피해가 발생할 가능성이 있었다. 국내정치와 심리전과 관련된 사정도 또 다른 이유로 해석된다. 공산주의는 여러 종류가 있다는 주장을 미국 국민이 받아들일 태세가 되어 있었다고 해도 (그런 주장이 먹혀들게 할 만한 사람이 있다면 아이젠하워와 덜레스만한 적임자는 없을지 모른다.), 행정부가 추진하는 전략에 대해 미국 국민과 동맹의 지지를 얻으려면 다양하게 분산되어 있다는 위협보다는 거대한 하나의 위협으로 인식시키는 게 훨씬 효과적이지 않을까 하는 의문이 있었다. 단순히 일관성이 없었기 때문이었을 가능성도 있다 – 진부한 해명이지만, 인간이 내리는 결정이기 때문에 불완전할 수밖에 없다는 해석을 결코 철저히 배제하기 어렵다.

　　원인이 무엇이든, 전략적 구상의 근본적인 실패가 있었다. 봉쇄는 본래 소련의 팽창력을 봉쇄하기 위해서 공산주의자라도 민족주의 세력이면 동원해야 한다는 개념이었다. 아이젠하워 행정부는 이 접근 방식을 어렵지 않게 포용했어야 했다. 행정부는 실제로 티토의 유고슬라비아와 협력하지 않았는가 말이다. 행정부는 민족주의적 공산주의는 다른 지역에도 존재한다는 사실을 알고 있었다. 그들과 협력한다고 해도 공산주의를 "온건하게" 대한다고 비난받을 리가 없었다. 비용도 들이지 않고 전략이 저절로 실행되니 쌍수를 들어 환영했어야 한다. 그러나 덜레스는 위협을 그냥 소련이 아니라 공산주의라는 일반적인 용어로 규정했기 때문에 행정부는 오로지 공산주의에 맞서는 데 집중했다. 그래서 심지어 민족주의 형태를 띤 공산주의에도 맞서는 형국이 되었다. 행정부는 공산주의가 아닌 민족주의가 스스로 버틸 역량이 있다고 보지 않았기 때문에 이 세력을 떠받쳐 주려고 안간힘을 쓰고 무리한 시도를 했고, 그 과정에서 미국이 보존하려고 애쓰는 주권과 자주라는 바로 그 원칙들을 위반하는 듯이 비춰졌다. 이러한 전략적 구상의 실패 – 아마 아이젠하워 행정부에게는 가장 의미 있는 중요한 전략이었을 것이다 – 는 당시에 행정부가 비난받은 이유인 무위도식이 아니라 너무 부산을 떨고 과잉으로 활동을 한 데서 비롯되었다. "제3세계"에서 민족주의가 지구력을 입증한 사실로 미루어 볼 때, 행정부가 다른 지역에서 이 전략을 이행하면서 보여준 인내와 절제와 심지어 선의의 방관(benign neglect)과 같은 자질을 이 지역에서도 발휘했다면 좋았을 뻔했다.

Ⅲ

"제3세계"에서 공산주의와 민족주의가 야기하는 문제점들과 마찬가지로 지금보다 당시에 훨씬 심각하게 보였던 또 다른 상황은 이른바 "미사일 격차(missile gap)"다. 이 위기는 1957년 10월 소련이 최초로 인공위성을 발사한 데서 비롯되었다. 당시 흐루쇼프는 최초의 인공위성 발사를 비롯해 여러 차례 장거리 미사일을 발사하고 그 역량을 과시함으로써 정치적 이득을 얻기 위해 위기를 고조시켰다.52) 1959년 무렵 아이젠하워 행정부가 이 명백한 전략적 불균형을 바로잡기 위해 거의 한 일이 없다는 인식이 팽배했다. 막 퇴역한 육군참모총장 맥스웰 D. 테일러(Maxwell D. Taylor) 장군의 주장은 의회, 학계, 군부 등에 널리 퍼져 있던 정서를 대변했다. 그는 자신의 저서 『확신 없는 나팔수(Uncertain Trumpet)』에서 다음과 같이 행정부를 비판했다. "늦어도 1964년 무렵이면 미국은 장거리 미사일의 수와 효과 측면에서 러시아인들과 비교해볼 때 심각하게 불리한 입장에 놓이게 될 가능성이 높다. ― 그렇게 되지 않으려면 당장 특단의 조치를 취해야 한다."53) 아이젠하워는 그러한 조치들을 취하지 않으려 했다. 돌이켜보면 그를 비판한 사람들이 아니라 그가 옳았다. 러시아인들은 사실 예상했던 수만큼의 ICBM(대륙간탄도미사일, Inter-Continental Ballistic Missile, 이하 ICBM)을 제작하지 않았고, 아이젠하워 임기 동안 미국이 총체적인 전략적 역량 면에서 소련에게 뒤진 적이 단 한 순간도 없었다. 그러나 당시에는 그렇게 보이지 않았는데, 그 결과 아이젠하워는 임기 동안 이 사안과 관련해 가장 집요하고 강력한 반대에 부딪혔다.

뜻밖에 위험이 닥친 사건으로 치자면 스푸트닉(Sputnik)◎의 충격에 버금갈 사건은 오직 진주만 공격과 한국전쟁뿐이다. 갑자기 미국 전체가(그리고 세계의 나머지 대부분 지역이) 소련 핵 공격의 사정거리 안에 들어간 듯했다. 폭탄 운반수단이 폭격기였을 때는 사전에 대비할 시간이 몇 시간 주어졌지만 이제 그 시간은 기껏해야 30분으로 줄었다. 게다가 아이젠하워가 탄도미사일 공격을 막을 수단은 없는 것으로 안다고 공개적으로 인정하면서 상황은 최악으로 치달았다.54) 소련이

---

◎ 소련이 쏘아올린 인류 최초의 인공위성 ― 옮긴이.

현용(現用) ICBM 역량을 갖추려면 1960년이나 돼야 가능하며, 그때쯤
이면 미국도 그러한 역량을 갖추게 되리라는 게 공식적인 평가였다.[55]
그런데 이제 수 년 동안 미국은 위험에 노출된 채 매우 취약한 상태를
견뎌내야 할 상황에 놓였다. 무기의 시연(試演)과 현용(現用)의 차이를
아무리 설명해 봤자 대중의 우려를 달래는 데 소용이 없었고, 미국의
자체적 위성프로그램은 군사용이 아니라 과학적 용도라는 워싱턴의
주장도, 미국은 소련과 "경주"를 하고 있지 않다는 주장도, 대중의 우
려를 불식시키는 데 전혀 도움이 되지 않았다.* 공교롭게도 아이젠하
워는 다음과 같은 말을 했다. "경쟁이라고 생각해 본 적도 없는 경쟁에
뛰어들어 모종의 조치를 취하는 성의를 보여야 하다니. 일단 뛰어들면
헤어나올 길도 없는데."[56]

　　진주만 공격과 한국전쟁으로 미국의 군사비 지출은 급증했다.
그리고 스푸트닉이 발사된 후 적정 수준의 지출 증가분을 합리화할 편
리한 구실이 마련되었고 이는 게이더 위원회(Gaither Committee) 보고
서에 담겼다.† 대통령의 지시로 작성된 억지력과 방어에 관한 이 연구
보고서는 11월 초 백악관에 제출되었다. 이 연구보고서는 다음과 같이
지적했다. 국민총생산으로 치면 경제 규모가 미국의 3분의 1에 불과한
소련이 중공업과 국방 부문에서는 미국에 맞먹는 지출을 하고 있다.

---

* 아이젠하워 행정부가 위성 개발을 두고 러시아인들과 경주를 하고 있다고 생각하
　지 않았는지는 모르지만 ICBM에서는 분명히 경쟁을 하고 있었다. 아이젠하워는
　1955년 9월 다음과 같이 기록했다. "ICBM 역량을 가장 먼저 개발하는 게 미국의
　안보에 매우 중요하다 … 이 프로그램에서 가장 신속하게 진전을 이루기 위해 그
　어떤 장애물도 극복해야 한다 … 다른 그 어떤 개발 프로그램도 당장 지침을 마련
　해야 할 만큼 긴급하고 중요하지 않다."(아이젠하워가 클린턴 P. 앤더슨(Clinton
　P. Anderson) 상원의원에게, September 13, 1955, Eisenhower Papers, Whitman File:
　DDE Diary, Box 6, "September 1955.")

† 위원회의 의장 H. 로완 게이더 주니어(H. Rowan Gaither, Jr.)의 이름을 따 그렇게
　불렸다.

이러한 추세가 계속되면 1960년 말 무렵이면 소련의 지출은 미국의 두 배는 족히 될지 모른다. 이러한 분석을 바탕으로 위원회는 미국이 소련의 핵공격에 취약한 입장에 놓이지 않으려면 신속하게 다음 세 가지 조치를 취해야 한다는 결론을 내렸다. (1) ICBM과 잠수함발사 탄도미사일(Submarine-Launched Ballistic Missile, 이하 SLBM) 생산에 박차를 가해 자체 공격미사일 역량을 강화한다. (2) 공군기지를 분산배치하고 경보체계를 개선하고 미사일 발사 기지를 "핵폭격에 대비해 보강"함으로써 자체적인 보복 역량을 보호한다. (3) 공격이 발생하면 전 국민이 대피할 수 있는 낙진 방공호를 건설한다. 이 프로그램들을 이행하려면 향후 5년에 걸쳐 440억 달러가 추가로 들고 첫 4년 동안 예산불균형이 발생한다고 위원회는 추산했다. 그러나 NSC-68의 자취가 풍기는 다음과 같은 주장도 했다. "이 몇 가지 방어조치들은 우리의 경제적 역량으로 충분히 감당할 수 있다. … 미국 국민은 필요하다고 확신하면 늘 기꺼이 무거운 국방 부담을 짊어져 왔다."[57]

　　게이더 위원회 보고서가 등장한 상황을 고려해 볼 때 이 보고서는 7년 앞서 제출된 NSC-68 못지않게 극적인 영향을 미국의 국방부문에 미쳤을지도 모른다. 보고서 내용을 지지하는 이들도 없지는 않다. 극비로 분류된 이 문서의 일부가 언론에 누출되자, 국가안보에 미칠 여파와 국내정치적으로 발생할 일들을 고려해 민주당 소속 의원들은 소문으로 떠돌던 보고서의 결론을 신속히 승인했지만 문서를 공개하라는 요구는 관철시키지 못했다. 그로부터 수개월 후 록펠러 형제 기금(Rockefeller Brothers Fund)이 의뢰해 헨리 키신저가 이끄는 민간연구조직이 이 위원회의 연구결과를 확증하면서 대통령이 소속된 당의 의원들 사이에서도 보고서의 결론이 상당한 설득력을 얻게 되었다. 특히 국방부는 쌍수를 들어 환영했다. 국방부 소속인 육해공군 모두 전략적 억지력 강화에서 한 몫을 차지하려고 동분서주하고 있었기 때문이다. 게이더 위원회 보고서에는 이들 모두에게 골고루 나눠줄 선물이 담겨 있었고, 의회가 청문회를 열어 발언할 기회를 주자 군 참모총장들은 주저하지 않고 보고서의 권고사항을 지지한다고 말했다.58) 그러나 이 모든 노력은 백악관이 공감하지 않으면 소용이 없었는데, 백악관은 확실히 미온적인 반응을 보였다.

아이젠하워는 전략폭격기의 경계 태세를 높이고, 공군기지를 분산시키고, 개발 중인 ICBM 수를 늘리고, 서유럽에 중거리탄도미사일(Intermediate Range Ballistic Missile, 이하 IRBM)을 배치해야 한다는 점에는 동의했다. 그러나 그는 게이더 위원회의 전체적인 권고안들은 강력히 거부했다. 이유는 여러 가지였다. 그는 해외 기지를 통해 미국이 얻는 이점들을 위원회가 간과했다고 생각했다. 러시아인들이 "제1격(first strike)"을◎ 감행할 목표물들을 분산시킨다는 점에서, 또 모스크바의 자체적 방위 문제를 복잡하게 만든다는 점에서, 해외 기지들은 이점이 있었다. 그는 미국인 용 낡진 대피소만 건설하고 동맹국들은 방치해 두면 "미국 요새" 개념으로 전환한다는 인상을 줄지 모른다 ― 그렇게 함으로써 미국은 "유럽의 우방들을 저버리는" 셈이 된다고 덜레스는 주장했다 ― 는 덜레스의 주장에 동의했다. 경제 참모들은 아주 경미한 수준의 예산적자를 유발한다는 위원회의 추산이 지나치게 낙관적이라고 경고했다. 그들은 높은 취업률이 유지되고 세수도 감소하지 않아야 가능한데 그 어느 조건도 장담할 수 없다고 주장했다. 그보다는 위원회의 프로그램이 효력을 발휘하면 물가상승 압력이 높아지고, 금융과 신용이 경색되며, 경제통제 조치를 취하게 될 가능성이 훨

---

◎ 전략 핵무기로 상대방의 전략핵 전력을 파괴하는 선제공격 ― 옮긴이

씬 높다고 주장했다. 이런 끔찍한 주장들만으로도 대통령이 보기에는 게이더 위원회 보고서를 사장(死藏)시킬 충분한 이유가 되었다. 그는 개인적으로 무척이나 두려워한 "요새 국가"를 이러한 주장들을 아우를 정도로 폭넓게 규정했다.[59]

따라서 국내총생산의 비율로 치면 국방비 지출은 증가하기는커녕 오히려 줄었다. 스푸트닉 발사 당시 10.2퍼센트였던 국방비는 1959회계연도에 10.0퍼센트로, 1960회계연도에는 9.3퍼센트로 줄었다.[60]* 돌이켜보면, 이 정도 지출은 적정수준이었다고 보인다. 1961년 소련의 ICBM 역량은 1959년에 예상했던 수준에 한참 못 미치는 것으로 드러났다.[61] 아이젠하워가 미국의 전략적 역량을 단시간 내에 증강시키라는 요구를 완강히 거부한 덕분에 흐루쇼프가 (돈 한 푼 안들이고) 떠벌린 허풍만 믿고 미국의 실제 역량을 그 수준에 맞추려고 엄청난 비용을 들이는 사태를 막았다. 이게 바로 지도자로서의 역량이라는 데는 의문의 여지가 없다. 운이 좋았을 뿐인지 아니면 실제로 그가 그런 역량을 갖추었기에 가능했는지는 별개의 사안이다. 아이젠하워가 게이더 위원회의 권고안을 거부한 이유는 재정 건전성을 유지해야 한다는 맹목적이지만 확고한 원칙과 신념이 낳은 뜻밖의 결과일까 아니면 이성과 냉정과 고도의 지성을 바탕으로 위협을 정확히 인식하고 치밀하게 계산해서 나온 반응일까?

확실히 재정적 지출을 자제하겠다는 아이젠하워의 일념은 시간이 가도 약해지지 않았다. 1958 회계연도 예산안을 보고 놀란 그는 예산을 삭감할 부문을 찾아 달라고 의회에 요청하는 이례적인 조치를 취했는데, 1957년 여름 의원들은 대통령이 생각했던 정도보다 훨씬 열심

---

\* 실제 국방비 지출액은 1958 회계연도의 468억 달러에서 1959 회계연도에 490억 달러로 약간 증가했다가 1960 회계연도에는 다시 481억 달러로 감소했다.

히 이 일에 착수했다. 스푸트닉 때문에 의회의 태도는 바뀌었지만 대통령의 태도는 바뀌지 않았다. 소련이 인공위성을 발사하자 그는 미국이 "'민수(民需, buttering)'는 조금 줄이고 '군수(軍需, gunning)'는 조금 늘리기만 하면 된다."라고 인정했지만, 게이더 위원회가 권고한 수준의 예산 지출은 꿈에도 생각해 보지 않았다. 신임 국방장관 닐 매켈로이(Neil McElroy)는 "예산이 너무 높게 책정되면 물가가 상승하고, 그렇게 되면 사실상 달러 가치가 떨어져서 결국 아무것도 얻지 못하며 이 과정은 목적 달성을 오히려 방해한다." "군사 부문에만 초점을 맞추면 예산을 추가하는 만큼 군사력도 추가로 강화"된다고 말하기는 쉽다. 그러나 "어느 시점에 도달하면 추가된 예산에서 비롯되는 군사력 강화 추가분이 급속히 체감하게 된다." 그로부터 2년 후 대통령은 스푸트닉 때문에 "국방비 지출이 급등했는데 우리는 아직도 예전으로 회복하지 못했다."라며, 또다시 자신이 불균형 예산을 승인해야 한다면 "이 행정부가 불신임을 받았다고 간주할 수밖에 없다."라고 말했다.62)*

아이젠하워의 이러한 절제는 단순히 예산을 아끼겠다는 일념에서 비롯된 것은 아니다. 주요 첩보전에서 개가를 올려 입수한 공개 불가능한 정보를 바탕으로 소련의 ICBM 제작이 뜻밖에 지연되고 있는 상황과 관련해 합리적으로 믿을 만한 정보가 있었기 때문이다. 중앙정보국은 1956년 U-2 정찰기로 소련 상공을 정찰하기 시작했는데, 이를 통해 그 어떤 대규모 ICBM 프로그램도 존재하지 않는다는 사실을 입증할 충분한 증거를 확보했고, 이를 바탕으로 대통령은 미국도 ICBM이 필요 없다고 상당히 자신 있게 주장할 수 있었다. 아이젠하워는 스

---

* 아이젠하워 임기 동안 여덟 번의 예산 가운데 세 차례 – 1956, 1957, 1960 회계연도 – 만 흑자를 기록했다. 1959 회계연도 예산은 124억 달러 적자였는데, 가장 큰 이유는 1958년의 경기침체 때문이었다.

푸트닉을 통해 소련이 의도치 않게 "국제적 공간의 자유" - 애매모호
한 용어라 그의 참모들은 그 의미를 파악하지도 못했다 - 를 인정했다
며 이를 환영했다는 점은 주목할 만하다. 1년 반 후 그는 러시아는 현
용 ICBM을 제작하는 과정에서 미국이 겪었던 어려움과 비슷한 어려
움을 겪고 있는 듯하다고 과학 부문 참모들에게 조심스럽게 말했다.
1960년 1월 무렵 중앙정보국은 소련의 역량이 아니라 "개연성 있는 계
획"을 토대로 한 평가에 착수해도 될 만큼 충분한 정보를 입수했다.
소련이 속성 ICBM 프로그램을 진행하고 있다는 징후는 어디에도 없
었다. ICBM 개발과 관련해 소련이 보이는 태도는 너무나도 "느긋하고
여유만만"해서 대통령의 과학기술 특별보좌관인 조지 키스차코스키
(George Kistiakowsky)는 U-2 정찰기가 혹시 소련의 실험구역을 통째
로 못보고 지나친 게 아닌가 하는 생각까지 들 정도였다. 그러나 그렇
지 않은 것으로 드러났는데, 키스차코스키는 훗날 다음과 같이 기록했
다. "이(U-2) 정보가 없었다면, 더군다나 스푸트닉 발사 이후에, 대통
령은 이미 비대해진 전략무기 프로그램에 대한 지출을 대폭 늘리라는
정치적 압력을 견디지 못했을지 모른다."[63]

　　그러나 U-2 첩보가 없었다고 해도 미국의 전반적인 억지력이
견실해 보인 한 아이젠하워가 미사일 수에서 압도적 우위를 추구했을
가능성은 희박하다. 대통령은 훗날 "충족(sufficiency)"이라고 알려지게
된 독트린의 초기 신봉자였다. - 특정 지점을 넘으면 추가로 무기를 개
발해도 별로 도움이 되지 않는다는 개념이다.* U-2 정찰 비행이 시

---

* 존 포스터 덜레스도 공식적인 외교적 이유 때문에 이 개념에 동의했다. 그는 1958년
1월 각료들에게 대통령 연두교서에서 군사적 "우월성"을 강조하지 않도록 주의를 기
울여야 한다고 말했다. 그 개념은 "비교당하는 상대방의 비위를 거스르는" 결과를
초래할 우려가 있기 때문이었다. 그는 "도발을 억제하기에 충분한 군사력을 보유하
고 있다는 개념을 고수하는 쪽을" 선호했다. (Notes, cabinet meeting of January 2,

작되기 1년도 훨씬 전인 1955년 3월 기자회견에서 아이젠하워는 다음과 같이 말했다. "나라를 지키는 방안에서 볼 때 우위가 중요하지 않은 순간이 온다. 특정 유형의 무기를 충분히 보유하고 있다면 그 무기를 아주 많이 확보하는 게 그다지 중요하다고 생각하지 않는다." 억지력은 판단의 문제지 무기의 수가 결정하지 않는다. "담당 관료들이 판단하기에 미국이 소련의 도발을 억제하기에 충분한 힘을 지녔다면, 단순히 소련이 보유한 수만큼 무기를 보유하겠다는 목적으로 추가로 무기를 보태는 행위는 정당화될 수 없다." 일정한 지점 이후부터는 "우리가 추구하는 훌륭한 가치들을 다른 사람들이 존중하도록 만드는 경향이 있는 건설적인 일에 우리의 재원 일부를 투자하는 게" 훨씬 바람직하다. 1958년 아이젠하워는 성마르게 다음과 같이 물었다. "도대체 똑같은 사람을 몇 번이나 죽일 수 있나?" 2년 후 미국이 머지않아 한 해에 거의 400기의 미닛맨(Minuteman) 미사일을 생산할 역량을 갖추게 된다는 소식을 접하고 대통령은 경악과 분노가 뒤섞인 그 특유의 반응을 보이며 다음과 같이 말했다. "우리 제대로 미쳐서 한 1만 기쯤 만들어 볼까?"64)

아이젠하워가 고집한 "충족" 개념은 전략적 비대칭에 대한 그의 신념과 일맥상통한다. 아니, 전략적 비대칭에 대한 그의 신념에서 직접 비롯되었다. 1958년 2월 그는 참모들에게 다음과 같이 말했다. "우리가 소련과 겨루고 그들을 물리치기 위해서 실행해야 할 활동 국면들을 잘 선택하는 게 중요하다. 그러나 모든 것에서 우리가 그들을 능가하려고 해서는 안 된다. 이 점에서는 러시아인들이 우리보다 월등히 잘 해 왔다." 러시아인들은 미국이 가진 것이 아니라 안 가진 것을 토

---

1958, Eisenhower Papers, Whitman File: DDE Diary, Box 18, "Staff Notes-Jan.58.")

대로 국방력을 구축했다. "그들은 들소와 곰(Bison and Bear)이라 불리는 폭격기 생산을 중단했지만, 우리는 100퍼센트 안전을 확보하겠다는 엉뚱한 일념으로 틀린 견적을 바탕으로 어마어마한 비용을 들여 생산을 계속했다." 그 다음 해 그는 소련 지도자들이 "쓸데없는 무장에 돈을 쏟아 붓는 우리를 비웃고 있다."라고 말했다. "상상할 수 있는 모든 것에 대해 우리를 보호하려 한다면" 어리석은 짓이다 – "우리 무기 체계의 성능을 지금보다 겨우 몇 퍼센트 향상시키자고 수십억 달러를 쓰는 행위"는 정당화될 수 없었다.65) 더 나은 접근방식 – 아이젠하워가 고집스러운 의회와 군부 기득권층을 상대로 집요하게 밀어붙였던 접근방식 – 은 자기의 장점을 강화하고 이를 적의 약점에 적용해 주도권을 확보하는 동시에 비용도 절약하는 일거양득을 달성하는 일이었다.

이는 재정적 보수주의나 비밀첩보뿐만 아니라 궁극적으로 모든 수단에는 달성하려는 목표가 있어야 한다는 클라우제비츠의 주장을 토대로 한 전략이었다. 당장 직면한 위협을 막아내는 데 소용이 없는 무기를 보유하면 – 아이젠하워는 과도하게 미사일 역량을 증강하는 전략이 이에 해당한다고 보았다. 국방부가 원한 핵발전 항공모함, 신형 유인(有人) 폭격기, 지상군 확대 등도 이에 해당한다고 보았다 – 한정된 재원을 무책임하게 쓰게 되고 나라는 결국 정작 필요한 것을 만들 여력이 없어진다. 1960년 아이젠하워는 스푸트닉 발사 후에 미사일 부문에서 "좀 지나치게" 지출했을지 모른다고 인정했지만, "이 나라 일각에서 거의 발작에 가까운 공포를 불러일으켰기 때문이었다." 그런 중요한 결정은 "절대로 공포에 사로잡힌 상태에서는 하지 말아야 한다. … 우리 자신의 믿음과 확신에 솔직한 태도를 유지하는 게 중요하다."66) 아이젠하워는 강한 반대에 직면할 때가 많았지만 이 말을 대체로 실천했다 – 그 결과 국가안보가 훼손되었다는 증거는 없다.


## IV


아이젠하워 행정부에 대해 제기되는 네 번째 비판은 1961년 이전보다 퇴임 후에 더 빈번히 제기되었다. 안보조약, 억지력, "벼랑 끝 전술"에 매몰돼 적을 상대할 때 외교라는 수단을 소홀히 했다는 비판이다. 실제로 아이젠하워와 덜레스는 "상대편"과 협상할 필요가 있다고 입에 발린 소리를 많이 했다.[67] 그러나 그의 임기 동안 협상가들은 무위도식 하지도 않았다. 러시아인들이 참여한 세 차례 정상회담과 다섯 차례 외교장관 회담이 있었고,* 실무급 차원에서 소련과 일련의 무기통제 협상과 문화교육기술협력 합의 회담을 지루하게 이어갔으며, 심지어 중화인민공화국과도 일정 정도 거리를 유지한 접촉을 했다. 1954년 제네바회의에서 한국 문제와 관련해 접촉했고, 뒤이어 1955년부터 간헐적으로 열린 비공식적인 대사급 논의를 통해 접촉했다. 이는 전반적으로 트루먼 행정부가 임기 말 몇 년 동안 시도했던 그 어떤 외교적 노력보다도 훨씬 폭넓은 외교활동이었다.

그런데 공산주의 진영과의 이러한 접촉은 어쩐지 부자연스럽다는 막연한 느낌이 아이젠하워 행정부 임기 내내 지속되었다 – 1954년 제네바에서 덜레스가 야멸차게 주은래와 악수를 거부했던 사건과, 그 다음 해 제네바 정상회담에서 아이젠하워가 니콜라이 불가닌(Nicolai

---

* 아이젠하워는 1955년에 제네바에서, 1959년에 캠프 데이비드(Camp David)에서 소련 지도자들과 만났으나, 1960년 파리에서 만나기로 한 계획은 불발되었다. 외교장관 회담은 1954년에 베를린, 1955년에 비엔나에서 한 차례, 제네바에서 두 차례, 그리고 1959년에 다시 제네바에서 열렸다.

Bulganin) 국방장관과 흐루쇼프와 함께 사진을 찍을 때 덜레스가 "근엄한 표정"을 지으라고 아이젠하워에게 조언했다는 사건 등으로 상징되는 정서였다. 한 관찰자가 훗날 다음과 같이 기록했다. "불결한 적과 직접 신체접촉을 하면 나라 안으로는 폭정을 일삼고 밖으로는 정복을 일삼는 천벌을 받을 범죄행위를 한 적을 지지한다는 인상을 줄지 모르며, 그렇게 되면 모든 외교행위가 죄에 오염되는 낙인"이 찍힌다고 생각하는 듯했다.68) 그 결과 아이젠하워 행정부는 소련과 중국 두 나라와 데탕트를 향해 진전을 볼 기회를 놓쳤다는 주장이 제기되어 왔다. 이 기회는 1969년 또 다른 공화당 행정부가 들어서고 나서야 비로소 찾아오게 된다.69)

이 기간 동안 흐루쇼프와 모택동이 보인 변덕스러운 행태로 미루어 볼 때, 이제는 - 소련과 중국 소식통에서 나온 정보를 근거로 판단할 때 - 이 주장을 의심해 봐야 할 충분한 이유가 있다.70) 그러나 당시에는 이러한 정보를 입수하지 못했고, 따라서 당시에 나타난 그대로의 협상의 전망이 어떠했는지 평가하고, 아이젠하워 행정부가 이러한 전망에 어떻게 대응했으며, 다른 봉쇄 수단들 - 핵 억지력, 동맹, 심리전, 비밀 활동 - 과 비교해 볼 때 외교를 상대적으로 얼마나 강조했는지를 평가해 볼 필요가 있다. 그러면 아이젠하워와 덜레스는 외교 협상을 봉쇄 외의 수단으로서가 아니라 다른 봉쇄 수단들의 효과를 촉진시키는 방법으로서 사용한 적이 더 많다는 사실이 분명히 드러난다. 두 사람은 자신들의 협상 의향에 부합하는 협상 기회를 포착하는 데 애를 먹었다.

1953년 9월, 존 포스터 덜레스는 아이젠하워에서 보낸 제안서에서 "전 세계적으로 긴장을 완화하는 특단의 노력"을 기울여야 한다고 주장했다. 그리고 그 방법으로 유럽에서 소련과 미국이 상호 철군하고 재래식 무기와 핵무기 제한 협정을 맺는 안을 제시했다. 그는 다음과 같이 주장했다. "그런 조치를 취해야 한다면 지금이 적기(適期)다. 우리가 불리한 입장이 아니라 유리한 입장에서 협상을 하게 되기 때문이다." 한국 휴전협정, 이란 쿠데타 성공, 인도차이나에서 훨씬 적극적으로 행동할 의지가 분명한 프랑스, 서독에서 실시된 최근 선거에서 콘라드 아데나워(Konrad Adenauer)의 승리, 소련이 한동안 핵무기 개발에서 진전을 보지 못하리라는 사실, 이 모든 상황 덕분에 행동하기 적합한 때가 왔다. 국방비 지출이 대폭 삭감된 아이젠하워 행정부의 새 예산안은 그해 말에나 가서야 공개된다는 점도 행동하기에 유리한 상황을 조성했다. 아이젠하워는 그의 제안서에 다음과 같이 답했다. "세계적으로 긴장을 완화하는 노력을 재개해야 한다는 귀하의 조언에 전적으로 동의한다. 붉은 군대와 미군의 상호 철수를 긴장 완화로 다가가는 조치로 제시할 수 있겠다. … 이 부문에서 우리가 취할 조치가 무엇이든 조속한 시일 내에 이루어져야 한다."71)

그러나 얘기는 여기서 끝난다. 대통령도, 국무장관도, 행정부의 그 누구도 이 놀라운 제안을 실행하려는 노력을 기울이지 않았다. 1948년 케넌이 주장해 논란이 된 중부 유럽에서의 상호 철군 제안을 훌쩍 뛰어넘는 파격적인 제안이었다.* 물론 이러한 제안을 실행하려면 상당한 어려움이 뒤따랐다. 덜레스는 재래식 군사력을 감축하고 대륙방어 역량을 상향조정해서 훨씬 온건해진 "뉴 룩" 전략이 유럽에게 "요새 미국" 개념처럼 비춰질까 우려했다72) – 철군 계획은 더더군다나 그렇게 보일지 모를 일이었다. 게다가 국무장관은 상대편의 약점을 감지하면 더욱 강하게 밀어붙이는 성향이 있었다. 그 전 해 7월 각료들

---

* 위에 언급한 자료의 pp.73-74를 참조하라.

에게 그는 "지금이 바로 적을 궁지에 몰아넣어야 할 때다 – 그리고 어쩌면 완전히 끝장내야 할 때가 왔는지도 모른다."라고 말했다. 1953년 12월 무렵, 러시아인들과의 첫 외교장관 회의를 준비하던 덜레스의 입장은 협소하고 비관적으로 변했다. 그는 대통령에게 협상에서 소득이 없을 거라며 "가능한 한 피해를 최소화하고 마무리할 방법을 찾는 게 관건이다."라고 말했다.[73]

아이젠하워는 처음에는 새로 들어선 소련 지도부에 대해 유화적인 접근방식을 취하는 쪽으로 기울었다. 그는 1953년 4월에 한 연설에서 덜레스의 반대를 뿌리치고 스탈린과 그의 후임자들을 구분하고, 후임자들에게 서구 진영과 "보편적 무장해제"에 관한 협상을 제안했다.[74] 그러나 아이젠하워 대통령은 정상회의를 열자는 요청은 거부했다. 특히 자신의 오랜 친구인 윈스턴 처칠의 요청을 거부해 이목을 집중시켰다. 덜레스는 서독과 서유럽의 관계가 해소되지 않은 상태에서 그런 회의는 절대로 열면 안 된다며 강력히 반대했다. 그리고 아이젠하워는 그러한 회의를 열면 새로 취임한 크렘린 지도부 구성원 한두 명의 위신만 강화해 줄지 모른다고 우려했다. "그렇게 되면 러시아 내부에서 진행 중인 권력투쟁을 최소화해 줄지도 모른다. 그건 전혀 우리가 바라는 바가 아니다."[75] 결국 정상화담은 2년 동안 지연되었다. 창설이 무산된 유럽방위공동체를 서유럽연합(Western European Union)이 대체하고, 서독이 NATO에 합류하고, 소련의 새 지도부가 미국이 요구한 오스트리아와의 평화조약을 받아들이겠다고 성의를 보인 후에야 비로소 정상회의가 열렸다.

그러나 1955년 7월 제네바 정상회의가 열릴 무렵, 소련은 1953년 여름보다 훨씬 유리한 입장에 놓여 있었다. 크렘린에 – 흐루쇼프를 필두로 – 새 지도부가 들어섰다. 소련은 이미 초보적인 장거리 폭격기 역량을 완성했고 현용 수소폭탄을 개발하기 직전까지 와 있었다. 그리고 미국의 국방예산은 눈에 띄게 삭감되었다. 자기들이 유리해진 상황을 눈치 챈 러시아인들은 1952년 스탈린이 했던 제안을 철회했다. 중립적인 통일 독일의 가능성에 관한 제안이었는데, 이 시점부터 대안은 소련이 관할하는 통일독일이거나 영구분단 국가이거나 둘 중의 하나로 바뀌었다. 트루먼 때부터 협상은 오직 "유리한" 입장일 때만 진행한다는 게 미국 행정부의 일반적인 시각이었다.[76] 그러나 유리한 입장에 놓이기 위해 특정한 요소만 강조 – 서구 진영의 동맹을 증강하는 동시에 러시아인들에게 압박을 가하는 일 – 하다 보니, 모스크바 측이 자신이 불리한 상황을 감지하고 양보를 할 필요성을 느꼈을 법한 시점을 넘겨서까지 협상이 연기되어 왔다.

아이젠하워가 협상에서 가장 기대를 걸었던 부문은 무기통제였다. 그는 1953년 12월 다음과 같이 기록했다. "현재 세계는 재앙으로 치닫고 있다. 제동을 걸 모종의 조치가 필요하다." 대통령이 말한 "제동"은 핵무기 보유국들이 핵무기 제조에 필요한 물질들을 국제원자력 "은행"에 예치해 두고 이를 유엔의 관장 하에서 평화적인 목적에 사용한다는 계획이었다. 이 절차를 통해 러시아인들이 원자력 부문에서 미국과 협력하는 데 익숙해지리라고 아이젠하워는 생각했다. 그리고 동시에 미국의 안보에도 부합한다고 보았다. "미국은 러시아가 유엔 기구에 예치할 분량의 두세 배 정도 원자력 물질들을 줄일 여력이 있고, 그러고도 여전히 냉전에서도 그리고 전쟁이 발발해도 상대적 입지를 개선할 수 있기 때문"이었다.[77]

이와 같이 자기 이익을 챙기는 면이 있었음에도 불구하고 핵무장 통제에서 진전을 보려 한 아이젠하워의 진정성에 대해서는 의문을 제기할 이유가 없다. 핵무기는 그가 구상한 전략의 토대이긴 했지만 그런 무기의 개념 자체가 가능한 한 전쟁을 자제해야 하고 전쟁에는 목적이 있어야 한다는 군인으로서의 그의 사고에 거슬렸다. 그는 1956년 일기에 다음과 같이 적었다. "전쟁은 겨루기다. 더 이상 겨루기가 아닌 시점에 도달하면, 그리고 적을 파괴하고 우리 자신까지도 죽이는 상황에 가까워지면, 상대방과 비교해서 우리의 힘이 정확히 어느 정도인지에 대한 논쟁은 더 이상 중요하지 않다." 그 이후 수년 동안 그는 참모들에게 러시아인들과의 군축협상에서 제시할 안전하되 건설적인 제안을 마련해 오라고 다음과 같이 거듭해서 촉구했다. "군축 협상을 계속 끌고 갈 구체적인 제안을 마련해야 한다."(1956년 3월) "핵무기 실험"을 대대적으로 계획하고 실행하는 동시에 군축프로그램에서 실험을 중지할 태세가 되어 있음을 천명하라. (1957년 8월) "이 끔찍한 군비경쟁 속에서 우리는 일말의 희망을 간직해야 한다. 장기적으로 보면 전쟁뿐이다 – 우리가 평화로운 해결이 가능하다는 희망을 완전히 포기한다면 말이다."(1959년 4월) "우리는 그들더러 융통성이 없다고 하고 그들은 우리더러 융통성이 없다고 하니 … 우리는 협상에서 추가로 다룰 의제나 새로 다룰 의제를 모색해야 한다."(1959년 6월) "군축을 향해 의미 있는 진전이 이루어지도록 진정성 있게 노력을 기울여야 한다."(1959년 10월)[78]

그러나 1955년부터 1959년까지의 기간 동안 협상이 실제로 진행된 과정에서 미국이 연달아 입장을 번복해 망신을 당하는 바람에 바로 이 진정성에 의문이 제기되었다. 따라서 1955년 5월 오래전부터 미국이 해온 요구를 러시아인들이 받아들여 군축 이행을 확인하는 수단으로 소련 영토에 대한 제한적인 사찰에 동의했을 때, 미국은 이 제안을 검토하는 대신에 아이젠하워의 "영공 개방"안을 제시했다. 이 안은 선전효과는 상당했지만 미국은 대체로 개방된 사회라는 속성으로 미루어볼 때 공평한 접근방식이라고 보기는 어려웠다. 그럼에도 불구하고 러시아인들은 1957년 소련과 동유럽 일부 지역에 대한 항공정찰 원칙을 (미국도 서유럽과 미국 동부에 대한 항공정찰을 허용한다는 조건으로) 받아들였다. 그러나 워싱턴은 지나치게 열성적인 협상가 해롤드 스태신(Harold Stassen)를 소환했다. 영국과 상의도 하지 않은 채 러시아인들이 내놓은 대안을 논의했다는 이유였다. 군축협상이 거의 성과 없이 끝나자 그해에 논의의 초점은 대기 표본검사와 지진 탐지방법으로 핵실험 여부를 확인하는 방안과 더불어 핵실험을 제한할 가능성으로 옮겨갔다. 그러나 1958년 말 아이젠하워 행정부는 이 제안마저 철회했다. 지하 핵실험을 탐지하는 지진 탐지기법의 신뢰도를 의문시하게 만드는 과학적 증거를 입수했기 때문이다. 같은 해 미국 행정부는 기습공격 방지를 논의하기 위해 열리는 미소 회의에서 어떤 제안을 할지도 합의하지 못했다. 결국 이러한 협상들에서는 언제라도 파기될 수 있는, 구속력 없는 핵실험 유예밖에 얻은 게 없었다.[79)]

이와 같이 협상에서 보잘것없는 결과가 나온 게 전적으로 워싱턴의 잘못은 아니었다. 소련이 제시한 사찰 안은 공중이든 지상이든 서구 진영을 공격할 근거지가 될 만한 지역의 아주 일부밖에 사찰 대상에 포함시키지 않았다. 그리고 흐루쇼프도 다음과 같이 자기가 이미 한 제안을 철회하기도 했다. 1957년 8월 소련이 ICBM 실험에 성공한 후, 그리고 1960년 파리 정상회담의 결렬이 분명해지자, 그는 갑자기 협상을 중단했다. 적절한 검증을 어떻게 규정할지도 불분명한데다가 불신까지 겹친 상황에서, 당시에 합의에 도달하려면 어느 한 쪽이 위험을 감수할 의향을 보여야 하는데 어느 쪽도 그럴 의향을 보이지 않았다. 그러나 아이젠하워 행정부는 군축 협상보다는 행정부가 추진하는 전략의 다른 구성요소들을 더 중요하게 생각했다고 보아도 무방하다. 신빙성 있는 핵 억지력의 유지, 동맹국들 간에 화합 유지, 그리고 심리전에서 러시아인들에게 타격을 주고 "점수"를 올리겠다는 결연한 의지 등이 바로 그러한 구성요소였다. 대통령 본인의 개인적인 신념이 군축협상을 계속 진행시키는 원동력이었지만, 행정부가 우려한 다른 사안들에 맞먹는 지위를 군축협상에 부여할 만큼 그의 신념이 강하지는 않았다.

아이젠하워 행정부는 또한 중화인민공화국(중공)과 실속 있는 협상에 착수하기를 극구 거부했다. 1950년대 중반 무렵 베이징이 서구 진영에 "문호를 개방하겠다는" 의사가 분명해지고 있었는데도 말이다.[80] 기회가 없지도 않았다. 1955년 반둥회의에 이어 중국인들은 대만을 군사적 수단으로 "해방시킬" 필요가 없고, 언론인들의 상호방문과 무역제재조치 철회를 환영한다는 암시를 끊임없이 흘리기 시작했다. 그러나 그해 말 제네바에서 대사급 회담에 동의한 것 말고는 미국은 이러한 제안을 추진하는 데 아무런 노력을 기울이지 않았다. 그리고 1957년 6월, 덜레스는 사실상 이러한 제안들에 종지부를 찍었다. 미국은 장개석을 지지한다는 확고한 의지를 재천명했고, 베이징 정권을 인정하지도 않고 베이징의 유엔 가입에도 반대한다는 의사를 명백히 밝혔기 때문이다.[81]

그 후 역사학자들은 이러한 그의 행동을 비판해 왔다. 중소 긴장관계를 이용할 가능성을 차단해 버렸다는 이유에서였다.[82] 비록 이제는 다음과 같은 사실들을 우리가 분명히 알게 되었지만 말이다. 당시 행정부는 모스크바와 베이징 간에 불협화음이 발생할 가능성이 있음을 충분히 인식하고 있었고, 의도적으로 그러한 반감을 강화할 방법을 모색했으며, 타협의 여지없는 장개석에 대한 지지도, 그렇게 함으로써 얻는 국내정치적 이득이 무엇이든 상관없이, 그러한 중소간의 반감 조장에 추가로 한몫했다. 1953년에 국가안보회의가 작성한 연구보고서들을 보면, 워싱턴은 혼자 힘으로 공산주의의 양대 산맥인 거대한 국가들 사이를 갈라놓을 힘이 없었다는 의미를 풍긴다. 소련이 중국에 어떤 태도를 보이느냐가 결정적인 관건이었다. 그런데 중국의 국민당을 지원함으로써 미국은 모스크바-베이징 축의 작동을 방해할 난관을 간접적으로 조성할 수 있었다. 1953년 덜레스는 다음과 같이 말했다. "포모사 맞은편에 중공군 40만 명이 침략을 막기 위해 배치되어있다. 이것이 우리가 추구하고자 하는 또 다른 조치들 가운데 하나다. 중국 공산주의자들에게 최대 압박을 가해 이들이 러시아에 더 많은 요구를 하게 만듦으로써 중소관계에 더 큰 부담을 준다는 논리를 바탕으로 한 조치들 말이다."[83]

덜레스의 이 발언을 보면 아이젠하워 행정부가 장개석에게 애착을 느낀 또 다른 이유가 설명된다. 이는 단순히 이념적 경직성이나 정치적인 임시방편이 아니었다. 동맹관계의 아우 격인 중국을 지치게 만들어 결국 아우가 형인 러시아에게 들어주기 어려운 요구를 할 도리밖에 없게 만듦으로써 가뜩이나 적대적인 동맹관계를 더욱 더 갈라놓겠다는 계산된 행동이었다.[84] 아이젠하워는, 금문도-마조도 위기가 진행되는 동안, 중국이 미국과 전쟁에 돌입한다면 러시아인들이 중국에 대한 군사적 의무를 다할 가능성에 대해 회의를 표했다. 그는 모스크바가 중국인들에 대한 지지를 표명하지 않고 신중하게 처신하리라고 생각했다.[85] 그리고 1958년 두 번째 금문도-마조도 위기가 발생하기 전날 국무성은 다음과 같은 공개적 발표를 통해 덜레스의 전략을 넌지시 암시했다. 중국을 외교적으로 인정하면 베이징 관료들로 하여금 "자기들이 추진해 온 정책이 옳았고 모스크바와 계속 긴밀하게 협력하는 게 유리하다고 생각하게 만들 뿐"이다 - 압박을 가하면서 거리를 두면 정 반대 효과를 낳으리라고 말이다. 아이젠하워도 분명히 그렇게 생각했다. 그해 11월 무렵 그는 "소련이 정말로 공산주의 중국이 미래에 소련에 대한 위협이 될까봐 우려하기 시작하지는 않았을까" 하는 생각을 했다.[86)]

좁게 보면 덜레스의 계획은 그가 생각했던 만큼 먹혀들어갔다고 주장할 수도 있다. 중소 간의 결별을 연구하는 역사학자들은 실제로 두 차례 금문도-마조도 위기에서 모스크바가 베이징을 지원하기 꺼렸다는 사실을 모택동이 모스크바에 대해 환멸을 느끼게 된 이유로 손꼽는다.[87)*] 미국이 장개석을 그토록 강력히 지지하지 않았다면 이러한 - 물론 다른 압박들도 있었지만 - 압박이 조성되지는 않았을지 모른다. 당시에 중국에는 여전히 미국에 대한 반감이 팽배했다는 사실로 미루어 볼 때, 미국이 모택동 정권과 화해하려는 시도가 덜레스의 압박전략보다 훨씬 빨리 중국을 모스크바와 결별하게 만들지는 못했을 것이다.

덜레스의 접근 방식에는 거대한 두 공산국가 사이를 갈라놓는다는 직접적인 목표 너머까지 멀리 내다보지는 않았다는 난관이 내재돼 있다. 미국에 대한 적대감이 막상막하인 두 적을 따로따로 상대해야 하는 상황에 미국이 놓이게 함으로써 두 나라를 이간할 기회를 배제해 버렸다. 매튜 B. 리지웨이(Matthew B. Ridgway) 장군은 일찍이 1954년 초에 다음과 같이 주장했다. 베이징을 모스크바로부터 떼어내는 게 목적이라면 "빨갱이 중국이 미국과 우호적인 관계를 유지하면 장기적으로 이득이 있다는 사실을 깨닫게 만드는 게 정치가다운 접근방식으로

---

\* 보다 최근에 나온 증거를 보면 모택동 본인이 이 위기를 이용해 자신의 국내 입지를 강화하고 미국인과 러시아인들을 모두 동요하게 만들었다. (Chen Jian, *Mao's China and the Cold War* [Chapel Hill: 2001], pp.185-187; William Taubman, *Khrushchev: The Man and His Era* [New York: 2003], p.392.)

보인다." 그러나 그러려면 상당히 빈번하고 심도 있는 외교적 접촉이 필요한데, 아이젠하워 행정부는 바로 이러한 시도를 거부했다. 동맹국들, 그리고 미국 국민과의 관계에서 야기될 문제들 때문이었다. 아이젠하워는 1957년 헨리 A. 월리스(Henry A. Wallace)에게 다음과 같은 서신을 보냈다. "중국과 소련을 단결시키기보다는 분열시키는 게 분명히 옳다. 문제는 우리와 우리의 수많은 동맹국들과의 결속력을 약화시키지 않고도 이 목적을 달성할 방법을 강구해야 한다는 점이다 – 특히 극동지역에서." 그로부터 3년 후 그는 모택동 정부를 인정하면 "우리의 오랜 동맹인 장개석을 파멸시키게 된다."라고 인정했다. 게다가 미국 국민은 중국을 "감정적"으로 대했다. 미국 국민은 한국에서 베이징이 저지른 일들, 미국 전쟁포로에 대한 대우, 인도차이나와 대만에서의 행태 등을 보고 "집어치워."라고 하는 경향이 있었다. 아이젠하워 본인도 본토 중국의 유엔 가입과 관련해 "절대로 안 된다."라고 한 적은 없지만, 그러려면 먼저 중국이 "공격적 의도를 버리고, 우리 포로를 석방하고, 포모사(대만)를 무력으로 접수하겠다는 의도를 공개적으로 포기해야" 한다고 했다.[88]*

아이젠하워 행정부는 임기 말년에는 소련과의 협상에 대해 그 이전보다 훨씬 전진적인 자세를 취하기 시작하기는 했다. 1958년 11월 흐루쇼프가 서베를린에 접근하겠다는 최후통첩을 했을 때 덜레스는 위협과 유인책을 복합적으로 이용해 위기를 극복하는 교과서적인 사례를 보여주었다. 러시아인들이 정말로, 잘못이기는 하나, 서독인들을 두려워했기 때문에 한 행동이라고 확신한 국무장관은 외교경로를 통

---

* 아이젠하워가 여기서 말한 포로는 1953년 휴전협정 이후에 석방된 한국전쟁 포로가 아니다. 중앙정보국의 정찰비행 임무를 수행하다가 중국에 격추당한 조종사 몇 명을 뜻했다.

해서 러시아인들을 안심시키고 심지어 사소한 양보까지도 할 방법을 모색하는 한편, 이와 동시에 서구 동맹을 강화하고 분단된 베를린 시에서 서구 진영이 행사할 권리가 무엇인지를 재천명했다.[89] 이와 같은 주도적인 노력은, 1959년 봄 덜레스가 사망한 직후, 또 한 번의 미소 정상회담으로 이어졌고, 이번에는 회담이 미국에서 열렸다.* 대통령의 말마따나 "흐루쇼프가 미국과의 관계를 지속하려면 원칙적으로 협상에 성실히 임해야 한다는" 취지였다.[90]

1959년 9월 캠프 데이비드에서 열린 정상회담은 대통령의 기대에 못 미쳤다. (비록 흐루쇼프의 미국 방문은 현란한 기사 제목에 굶주린 기자들의 욕구는 충족시켜 주었지만 말이다.) 그 정상회담을 통해 나온 구체적인 성과라고 해봐야 이듬해 봄에 파리에서 4개국 정상회담을 열기로 합의하고, 아이젠하워가 소련의 초청을 받아들이고, 그러한 회담들이 열리기 전까지는 베를린 사안을 밀어붙이지 않겠다는 언질을 흐루쇼프로부터 받아냈을 뿐이었다. 그러나 캠프 데이비드 회담은, 아이젠하워 행정부가 임기 말에 주도한 러시아인들과의 다른 외교적 접촉과 더불어, 중요한 효과를 낳았다. 당시에는 즉각적으로 명백히 드러나지 않은 효과였다. 모스크바를 상대할 때 협상이 적절한 수단이고 동맹관계를 훼손하거나 유화적으로 비춰지는 위험을 감수하지 않고도 협상이 실행 가능하다는 주장을 정당화해 주는 효과가 있었다. 이는 아이젠하워가 후임자에게 물려준 무시할 수 없는 업적이었다. 아이젠

---

\* 아이젠하워는 흐루쇼프를 미국으로 초청하면서 조건을 내걸었다. 제네바에서 개최할 예정인 베를린 관련 외교장관회의에서 진전이 있어야 한다는 조건이었다. 그러나 오해가 있었던지 이러한 단서조항은 소련 지도자에게 전달되지 않았고, 소련 지도자는 미국의 초청에 선선히 응했다. (Goodpaster Notes, Eisenhower conversation with Dillon and Murphy, July 22, 1959, Eisenhower Papers, Whitman File: DDE Diary, Box 27, "Staff Notes-July 59 (2).")

하워의 후임자인 케네디가 소련과 협상할 기회를 아이젠하워보다 훨씬 많이 얻었지만 "아이크(Ike)"라는 애칭으로 불리며 폭넓은 인기를 누렸던 아이젠하워에 비하면 미국 안팎에서 케네디의 지지기반은 훨씬 불안정했기 때문이다.

그러나 1960년 5월 U-2 정찰기 격추 사건이 발생하자 뒤이어 파리 정상회담을 취소한 점으로 미루어볼 때, 아이젠하워는 임기 초나 임기 말이나 봉쇄전략을 추진할 여러 가지 접근방식들 가운데 협상에 부여한 우선순위를 바꾸지 않았음을 보여준다. 대통령은 정상회담 일정에 근접한 시기에 항공정찰을 하는 게 위험하다는 사실을 알고 있었다─훗날 그는, 협상이 실패할 경우 어떤 결과가 초래될지 알고 있었지만, "모든 참모들이 중지를 모아 낸 의견에 반대할 수가 없었다."라고 털어놓았다. 그는 "내가 취한 행동은 옳았다고 생각하는데, 설사 항공정찰에 소련이 어떻게 대응할지 참모들이 제대로 예측했다고 해도 똑같은 결정을 내렸을 것"이라고 덧붙였다. 흐루쇼프가 아이젠하워에게 정찰기 파견에는 본인의 책임이 없다고 부인할 기회를 충분히 주었지만, 대통령은 이를 거부했다. 거짓말을 할 수 없다는 개인적인 이유인지 아니면 그가 행정부를 장악하지 못하고 있다는 민주당의 주장에 신빙성을 보태주지 않겠다는 의도였는지는 모르지만 말이다. 그해 여름 아이젠하워는 U-2 정찰기 격추 사건은 냉전을 종식시키려는 그의 노력을 몽땅 허사로 만든 "어리석은 참사"였다며 비통해했다.91) 그러나 실제로 냉전종식이 그의 최우선 과제였다고 한다면 협상 말고 다른 사항들에 쉽게 관심을 빼앗겼다는 점은 아귀가 잘 들어맞지 않는다.

## V

　"수정주의" 역사학자들의 주장과는 달리 아이젠하워는 전략의 "귀재"에는 못 미쳤다. 그는 비용은 줄이고 억지력의 효과는 높인다는 목표는 달성했다. 그러나 억제 수단의 선택지를 거의 핵무기로 축소시켰고, "제3세계"에서 억제하려는 대상이 무엇인지 혼동했고, 스스로 중요하게 여겼던 협상을 관철시키는 데 실패하는 대가를 치렀다. 상당히 운이 따라 줬다는 사실도 덧붙일 필요가 있다. 그렇다고 해도 그의 전략은 일관성이 있었고, 모든 차원에서 그가 영향력을 행사했다는 자취가 보이며, 대체로 목적과 수단의 관계를 늘 신중히 고려했고, 전체적으로 볼 때 국익을 훼손하기보다는 국익에 부합했다. 열렬한 찬사는 아니지만 그의 전임 정권이나 후임 정권의 전략에 대해 내린 평가보다는 상당히 호의적인, "뉴 룩" 전략에 대한 타당한 평가다.

# 07

# 케네디, 존슨, 그리고 유연한 대응

존 F. 케네디는 자신과 전임 대통령 사이에 "거리"를 유지하는 데 유달리 큰 중요성을 부여했다. 그가 선거운동을 하는 동안 전임 행정부를 비판한 까닭은, 아이젠하워가 1952년 그랬던 것처럼, 후보지명을 받기 위한 조건들을 성급히 수용했기 때문이 아니었다. 매사추세츠 상원의원인 그는 1960년 7월 로스앤젤레스에서 민주당 전당대회가 열리기 훨씬 전에 이미 자신의 기본적인 입장을 천명했었다.[1] 민주당 내 특정 세력의 지지를 얻으려고 한 비판도 아니었다. 8년 전 아이젠하워가 그랬던 것처럼 말이다. 대부분의 민주당원들은 당시 행정부의 외교와 국가안보 사안을 다루는 방식에 대해 유보적인 케네디의 입장을 공유했다. 거물급 공화당의원 일부도 마찬가지였다.[2] 과거 정책에 대한 불편함 심기에 "세대" 교체의 필요성이 뒤섞여 있었는데 이는 최고령 대통령에서 최연소 대통령으로의 정권 이양에서 분명히 드러났다. 새 정부의 정책이 전임 정부의 정책과 겉보기에도 본질적으로도 확연히 다르지 않으면 나라를 이끄는 신세대에 대한 기대가 - 사실상 정권의 정당성까지도 - 의문시 되는 상황에 처한다는 분위기가 팽배해 있었다.

확연히 구분되는 정체성을 확립하려는 집착은 도처에서 나타났다. 케네디의 취임연설문 수사에서 ("이 세기에 태어나, 전쟁에 담금질되고 어렵고 쓰디쓴 평화에 단련된 미국의 신세대에게 정권이 이양되었다"), 집권 초기에 임명된 관료들의 젊음과 활기에서, 기존의 관료구조에 대한 답답함의 표출에서, 장시간 근무하고 신속히 결정을 내리는 장점을 강조한 데서, 무위(無爲)보다 행동을 강조한 데서, 심지어 신임 대통령이 자기보다 훨씬 여유로운 전임 대통령과 비교될까봐 두려워 자기가 골프 치는 모습을 사진 찍히기 꺼렸던 너무나도 사소한 점에 이르기까지 말이다. 케네디가 새로 임명한 참모 한 명이 제안서에 담은 내용은 신임 행정부의 이러한 성향을 정확하게 포착했다. "미국은 원대한 목표가 필요하다. 우리는 허리에 여분의 구명 튜브를 두르고 수영장 가장자리에 앉아서 들어갈지 말지 고민하는 게 우리가 추구하는 진짜 목표인 양 행동한다. … 원대한 목표가 적확한 게 아니라 우리에게 그러한 목표가 있고 이를 향해 나아간다는 게 핵심적으로 고려해야 할 사항이다."3)

이러한 새로운 정체성에는 보다 효율적인 국가전략 수립이라는 요소도 포함되어 있었다. 케네디는 아이젠하워 정권 하에서 국가안보회의가 비대해지고 굼뜨게 되었다고 믿었다. 생각해낼 수 있는 모든 주제에 대해 정책보고서를 작성하고, 관련 부서의 승인을 받고, 대통령이 참석하는 공식적인 회의에서 긴 토론을 거치느라 너무 많은 시간을 소비하는 바람에 기관 전체의 조율된 행동을 촉진한다는 본래 취지에서 벗어나 오히려 방해가 된다고 믿었다. 중요한 사안에 대한 결정은 사실상 아이젠하워와 핵심 참모 몇 명이 대통령 집무실에 모여서 독자적으로 결정했다고 케네디는 정확히 지적했다. 신임 행정부 수반은 국가안보회의 규모를 축소하고, 국가안보에 대한 의사결정을 하는 주요 기관에서 이 조직이 차지하는 지위를 하향조정하고, 개별적인 부서들과 직접 접촉하거나 임시 위원회를 만들어 조언을 구하는 데 더 큰 비중을 두겠다고 결심했다. 케네디는 이와 같이 새로운 체제가 질서정연한 절차를 어느 정도 훼손하겠지만 신속한 대응과 유연성이라는 이점은 그러한 단점을 감수할 만한 가치가 있다고 생각했다.[4]

따라서 아이젠하워 임기 내내 덜레스가 한 역할에 상응하는 단 하나의 지배적인 목소리는 등장하지 않았다. 케네디는 일부러 다양한 참모들을 포진시켰다. 그는 국무성에 외교와 국가안보 사안을 조율하는 일차적인 책임을 맡기려고 했지만, 자기비하적인 농담을 즐기는 겸손한 국무장관 딘 러스크(Dean Rusk)는 그런 역할을 수행할 의지도 능력도 없었다. 그 결과 결정권한은 케네디 본인의 백악관 참모들에게 집중되었다. 특히 대통령 국가안보보좌관 맥조지 번디(McGeorge Bundy), 국무성에는 없는 강력한 지도력을 발휘해 국방부를 장악한 로버트 S. 맥나마라(Robert S. McNamara), 처음에는 국방 사안과 관련해 케네디의 개인 자문역할을 하다가 합동참모본부 의장에 임명된 맥스웰 D. 테일러(Maxwell D. Taylor) 장군, 케네디와 마음이 잘 맞는 국무성 관리 몇 명, 특히 소련 사안과 관련해서는 찰스 E. 볼런과 루엘린 톰슨(Llewellyn Thompson), NATO와 서유럽 문제에 관해서는 조지 볼(George Ball), 동아시아와 반란 대응 관련해서는 로저 힐즈먼(Roger Hilsman), 라틴아메리카는 리처드 굿윈(Richard Goodwin), 그리고 모든 사안에 대해서는 애버럴 해리먼(Averell Harriman)이 큰 영향력을 행사했다.[5] 그러나 케네디 행정부의 전체적인 전략 개념을 가장 적확하게 표현한 사람은 월터 휘트먼 로스토우(Walter Whitman Rostow)였다. 그는 1961년 국가안보회의 소속으로 번디의 보좌관을 지냈고, 그해 12월부터 케넌이 맡았던 직책인 국무성 정책기획위원회 의장을 맡았다.*

로스토우는 복잡한 정보를 신속하게 취합하는 데 발군의 실력을 발휘했다. (그 점에 관한 한 지나치게 뛰어난 나머지 과도하게 단순화하는 지경까지 이르렀다고 비판하는 이들도 있다.) "내가 읽는 속도보다 월트가 글 쓰는 속도가 더 빠르다."라고 케네디가 농담을 한 적도 있다. 그러나 이러한 능력 덕분에 그는 장기적인 안목이 필요한 기획을 하는 데 적임자였다. 케네디는 그에게 다음과 같이 말했다. "여기 백악관에서는 뭐든 관료조직에서 나오는 정보밖에 모른다. 국무성에 가서 중요하다고 생각되는 절차를 관장하라."6)

로스토우는 취임한 지 넉 달 만에 285쪽에 달하는 "기본 국가안보정책(Basic National Security Policy)"을 완성했다. 그 목적은 아이젠하워의 국가안보회의가 정기적으로 작성한 연구보고서와 비슷하지만 다룬 사안의 범위는 훨씬 폭넓었다.† 케네디는 로스토우가 작성한 "기본 국가안보정책"을 공식적으로 재가한 적이 없다. 전술핵무기 사용과 관련된 문제가 해결되지 않았기 때문이기도 하고, 공식적으로 승인하면 대통령의 운신의 폭이 없어질까봐 우려해서이기도 했다.7) 그래도 이 문서는 정부 내에 널리 회람되었고, 돌이켜보면 케네디의 공식적인 발언과 더불어 케네디 행정부가 세상사에서 추구하는 목표에 관한 가장 포괄적인 지침이었다.

케네디 전략의 기본적인 전제는 린든 B. 존슨(Lyndon B. Johnson)이 대통령이 된 후에도 그대로 유지되었다. 존슨의 개인적인 성향은 전임자와는 전혀 딴판이었지만 말이다. 그가 취임하게 된 과정 자체가 전임 정부의 연속성에 방점을 두었다. 게다가 존슨 본인도 케네디가

---

\*  이 조직의 이름과 조직 수장의 직함은 본래의 "정책기획국 국장"에서 여러 차례 바뀌었다.

†  로스토우의 전임자 조지 맥기(George McGee)가 이 문서의 초안을 주도했지만, 로스토우가 작성 과정을 관장했고 최종안을 보면 로스토우의 영향이 곳곳에 묻어난다는 사실을 간과하기 힘들다.

추구하려던 접근방식에 대해 큰 이견이 없었다. 존슨은 암살당한 케네디 대통령의 고위 참모들 – 특히 러스크, 맥나마라, 테일러, 번디 – 을 대부분 유임시켰고, 번디가 1966년 초 대통령 국가안보보좌관 자리에서 물러나자 케네디의 전략을 가장 열렬히 주창한 로스토우를 그의 후임자로 지명했다. 케네디가 살아 있었다면 1963~1969년 동안 일어난 사건들을 존슨이 다룬 방식과 똑같이 다루었을지 알 길은 없다. 그러나 두 사람이 세상을 보는 지적인 틀은 거의 동일했다.

## I

존 F. 케네디가 생각하기에 미국의 제도들이 살아남고 번성할 여건이 조성된 세상은 그의 전임자들이 그린 세상과 다른 점은 없었다. 단지 케네디가 그 세상을 훨씬 분명하고 솔직하게 표현했을 뿐이다. 그는 사망하기 두 달 전에 다음과 같이 천명했다. "미국의 이익은 다양성이 있는 세계를 보호하고 유지함으로써 최고로 신장된다. 어느 한 나라도, 여러 나라로 구성된 어느 한 집단도, 미국의 안보를 위협하지 못하는 그런 세계 말이다." 제2차 세계대전이 끝날 무렵 독일과 일본이 붕괴하면서 미국은 국제사회 전면에 나서게 되었다. 그 이후로 "러시아도 중국도 유럽과 아시아를 장악하지 못하면 우리의 안보는 보장된다."라는 개념이 자리 잡았다. 따라서 "미국의 외교정책을 관통하는 하나의 단순하고도 핵심적 과제가 있는데 이는 국가들이 독립하도록 지원해서 어느 한 진영이 마침내 우리를 압도할 만한 힘을 얻지 못하게 하는 일이었다."[8]

위의 말에서 케네디는 문법적 오류를 범했지만°, 전쟁 후 취임한 미국의 모든 행정부 수반이 품었지만 거의 말로 표현한 적이 없는 신념을 미국 대통령이 가장 정확하게 공개적으로 설명하였다. 즉, 미국은 세계를 뜯어고치기보다 세계 안에서 힘의 균형을 이루는 데 관심이 있다는 뜻이었다. 민족주의는, 자결주의 원칙을 반영하는 한, 미국의 제도에 위협이 되지 않았다. 따라서 미국은 독재주의적인 적들보다 훨씬 더 쉽게 다양한 세계에 적응할 수 있었다. 케넌이 1948년 주장한 바와 마찬가지로, 미국이 추구하는 목표는 보편주의가 아니라 특수주의였다. 우드로 윌슨(Woodrow Wilson)이 한 발언을 변형한 케네디의 유명한 발언－즉, "당장 차이를 해소할 수 없다면 적어도 다양성이 안전하게 유지될 세계를 만드는 데 보탬이 될 수는 있다."－은 전혀 새로운 구상도 아니었다. 그저 그의 행정부와 그의 전임 두 행정부가 정책기조로 삼은 전제를 공개적으로 인정했을 뿐이다.[9]

그러나 케네디와 그의 참모들은, 존 포스터 덜레스와 NSC-68을 작성한 이들과 마찬가지로, 힘의 균형은 깨지기 쉽다는 확신을 지녔다는 점에서 케넌과 달랐다. 그들은 힘이란 물리적인 힘, 입지, 의지 못지않게 인식에 좌우된다고 믿었다. 힘의 분포가 조금만 바뀌어도－심지어 그러한 변화가 있는 듯이 비춰지기만 해도－연쇄반응이 일어나 공포가 세계를 휩쓸게 되고 참담한 결과를 낳을 가능성이 있다고 믿었다. 러스크는 다음과 같이 경고했다. "주변부에 신경을 쓰지 않으면 주변부가 변한다. 그러면 가장 먼저 깨닫게 되는 것은 이제 주변부가 중심부라는 사실이다. … 어느 한 장소에서 일어나는 일은 또 다른 장소에서 일어나는 일에 영향을 줄 수밖에 없다."[10] 따라서 미국은 권력이 적대적인 세력의 손에 집중됨으로써 다양성을 제약할지 모르는 변

---

◎ 케네디는 "to finally overcome"이라고 분리부정사를 쓰는 문법적 오류를 범했다.－옮긴이.

화가 일어나지 않도록 미연에 방지할 행동을 취해야 한다.

그런데 균형점을 찾는 게 큰 과제였다. 안정을 회복하기 위해 행동을 취하면 다양성을 훼손할 가능성이 있고, 그러면 미국은 자생적인 ─ 그리고 필연적인 ─ 혁명에 맞서서 국민의 지지를 얻지는 못하지만 이념적으로 신뢰할 만한 정권을 지탱시켜 주는 반동적인 경찰로 비춰질 가능성이 있었다. 반대로 그러한 사안에서 너무 행동을 자제하면 적이 이를 이용할 기회를 열어주는 셈이 되고, 그렇게 되면 미국은 안절부절못하면서 지켜만 보는 처지가 될 가능성도 있었다. 신임 행정부는 그 전임 정권이 이 두 가지 실수를 모두 범했다고 생각했다. 아이젠하워가 다른 나라의 내정에 개입했다고 문제 삼는 게 아니라, 위기를 확산시키지 않고도 개입할 방법을 제시하기를 꺼리거나 아무런 조치도 취하지 않았고, 조치를 취한 경우는 보통 현상유지가 목적이었다는 점을 비판했다. 케네디는 미국의 이익을 돌이킬 수 없는 변화의 과정과 훨씬 더 일치시키는 한편, 이와 동시에 미국이 굴욕을 당하거나 핵전쟁이 일어날 위험을 줄이는 게 목표였다.

케네디 행정부의 새로운 전략은 국제관계에서 일어나는 변화를 미국의 이익과 일치시키려 한 덜레스의 간헐적인 노력을 훌쩍 능가하는 노력을 기울이겠다고 표명했다. ─ 그리고 거의 어김없이 그러한 변화에 수반되는 민족주의에 대해 한층 촉각을 곤두세웠다. 케네디 취임 준비단이 마련한 아프리카와 라틴아메리카에 대한 보고서는 해당 지역에서 "진보적인" 세력들을 지지할 필요성을 강조했지만, 이러한 세력이 형성 초기에 민간기업, 민주주의 제도, 냉전에서 미국의 입장에 공감하는지 여부에 대해 그다지 까다롭게 따지지 않았다. 러스크는 초창기에 한 연설에서 이러한 세력들이 친숙한 세력이라며 다음과 같이 주장했다.

간단히 말해서 그들은 ─ 국가든 개인이든 ─ 자유를 추구하고, 법치를 존중하며, 경제적 사회적으로 더 나은 사회를 열망한다. 그와 같이 규명된 세력과 우리의 관계는 분명해진다. 그들은 우호적인 세력이다. 우리나라의 건국의 토대가 된 이념에 뿌리를 둔 세력이다. 그들은 우리도 겪은 투쟁을 하고, 우리가 전 세계 모든 인류와 공유하는 열망을 공유하는 세력이다.

행정부 내에서 근대화에 관한 이론가로서는 으뜸이라고 할 로스토우는 1962년 3월 "기본 국가안보정책" 초안에서 이 사안을 보다 솔직하게 표현하고 있다. "결국 우리의 이익은 과거에 우리가 익히 알고 지낸 친구들에게 매달리는 위험을 감수하기보다는 훨씬 근대적인 집단들 쪽으로 기우는 위험을 감수함으로써 더욱 신장될 가능성이 높다." 워싱턴은 "현 정부를 효과적으로 상대하는 동시에 차기 정부와" 신뢰와 이해를 돈독히 할 역량이 필요했다.[11]

로스토우는 명백히 다른 나라의 내정 간섭을 요구하는 정책과 행정부가 표방하는 자율과 자기결정권 존중 사이에 모순을 감지하지 못했다. 국가들이 자국의 미래를 결정할 기회가 최대한으로 보장되는 세계 속에서 미국이 가장 안전할 수 있다고 그는 주장했다. 그렇다고 해서 해외의 사회들이 미국의 형상을 본뜰 필요가 있다는 뜻은 아니었다. "시대를 막론하고 모든 사회가 민주적 가치를 그들의 열망으로 받아들여야 한다거나 이를 달성하기 위해 거침없이 나아가야" 한다는 뜻도 아니었다. 그러나,

영토나 자원을 크게 상실한다면 미국은 자국이 원하는 종류의 세계 환경을 조성하기가 한층 어려워지고, 비공산주의 진영에 속한 정부와 국민들 사이에서 패배주의가 만연하게 되거나, 국내에서는 좌절감이

조성될(따라서 미국이 성급하게 전쟁을 먼저 일으킬 위험이 커질) 가능성이 있으며, 동서 간의 군사력 균형을 유지하기도 훨씬 어려워질지 모른다.

기술과 통신이 발달한 오늘날 "민주적인 미국 사회가 전체주의 바다에 포위된 섬처럼 생존하는 모습은 상상하기도 어렵다." 따라서 "유라시아, 아프리카, 라틴아메리카에 있는 사회들이 개인의 자유와 합의를 토대로 한 정부라는 우리의 개념과 폭넓게 일치하는 방향으로 나아가는 게 미국의 이익에 부합한다."[12] 간섭은 분명히 필요할지 모르지만, 다양성에 반하는 간섭이 아니라 다양성을 조성하는 간섭이어야 한다.

변화를 환영하되 유도해야 하는 게 미국의 이익에 부합한다면 힘의 균형을 유지하는 데 바람직하지 않은 변화가 일어나지 않도록 억제할 가용수단들을 확장할 필요가 있다고 케네디와 그의 참모들은 생각했다. 아이젠하워는 그 목표를 달성하는 수단으로 핵무기를 사용하겠다는 협박에 지나치게 의존했다고 그들은 생각했다. 균형예산을 국가안보와 동등한 국익으로 여긴 그의 집착은 낡은 경제이론일 뿐만 아니라 핵보다 낮은 단계의 행동을 선택할 여지를 남겨놓지 않음으로써 불필요한 위험을 감수했다고 생각했다. 케네디는 가용수단의 범위를 확장하는 일을 자기 행정부의 주요 우선과제로 삼았다. 그는 1961년 7월 대국민 연설에서 "우리는 치욕을 당하거나 핵 전면전을 일으키는 선택지 외에도 다양한 선택지가 있도록 선택의 폭을 넓히려 한다."[13]

아이젠하워의 전략에서는 목적을 달성하는 수단들은 확장불가능하기 때문에 추구해야 할 이익들은 서로 경쟁관계에 있다는 전제가 깔려 있었다. 국방에 재원을 할당하면 다른 이익을 추구할 재원은 그만

큼 부족해지며, 그러한 이익들을 방치하면 애초에 국방의 목적 자체가
무산될 가능성이 있다고 생각했다. 그러나 케네디 행정부의 "신 경제"
시각에서 보면 국내 이익과 외국의 이익은 상호보완적인 관계였다. 국
가경제는 국방과 국내 개혁에 필요한 지출의 증가를 감당해 낼 수 있
고 심지어 그러한 지출에서 이득을 볼 가능성도 있다고 믿었다. "국가
경제가 추가적인 부담을 감당할 여력이 없다는 잘못된 인식 때문에"
안보에 필요한 수준 이하로 군사비 지출을 제한해서는 안 된다고 생각
했다. 케네디의 핵심 경제자문역으로 손꼽히는 폴 A. 새뮤얼슨(Paul A.
Samuelson)은 케네디 대통령 취임준비단 보고서에 다음과 같이 기록했
다. "그 자체로서도 바람직하다고 판단되는 이러한 프로그램들을 한층
강화하면 가까운 장래에 우리 경제의 건전성을 해치기는커녕 향상시
킬 뿐이다." 이와 같이 확장주의적인 시각에서 보면 경제는 제약요인
이기는커녕 나라 안팎으로 동시에 보다 적극적인 정책을 지속적으로
추구할 수단을 제공해 준다. 또 다른 케네디 수석자문의 한 사람인 월
터 헬러(Walter Heller) 말마따나, "그 어떤 수단보다도 풍요와 급속한
성장이 안으로는 위대한 사회를, 밖으로는 원대한 구상을 실현하는 데
필요한 재원을 대통령이 처분하도록 도와준다."14)

　이러한 주장들에서 NSC-68의 내용이 반복되는 게 우연이 아니
다. 이러한 사안들에 대한 케네디의 시각에는 트루먼 행정부의 임기
말년에 지배적이었던 시각들과 몇 가지 일맥상통하는 내용이 있다. 하
나는 정치적 전통이다. 민주당은 재정적으로 매우 신중한 공화당보다
국내 정책과 국가안보 정책에 대한 지출에 훨씬 관대해 왔다.15) 트루
먼을 보좌했던 카이절링과 마찬가지로 케네디의 경제자문역들도 케인
즈 식 경제팽창주의자로서 완전고용과 경제성장을 추구했고, 예산적
자와 물가상승에 대해 공화당보다 훨씬 걱정을 덜 했다.16) 마지막으로

NSC-68 구상에 핵심적인 역할을 한 이들 - 특히 딘 애치슨, 딘 러스크, 폴 니츠 - 은 케네디 행정부의 여러 위원회에서 영향력을 행사했다. 애치슨은 컨설턴트로서 1961년 베를린 위기 당시 강경한 대응을 주장했고, 러스크는 국무장관으로서 군사력을 동원하는 데 조금도 거리낌이 없었으며, 니츠는 케네디의 취임준비단의 국가안보정책 보고서 작성 책임자로 또 국방부 국제안보문제 차관보로 일했다.[17]

정책적 주안점이 바뀌는 데는 오래 걸리지 않았다. 경제적인 이유라기보다 정치적인 이유로 케네디는 임기 첫 해 동안 균형예산의 장점을 존중했지만 그렇다고 해서 국방비 지출의 증액을 배제하지는 않겠다고 분명히 밝혔다. 그는 1961년 3월 국회에서 다음과 같이 말했다. "추상적으로 설정한 예산 상한선에 얽매이지 말고 우리 군사력은 우리의 사명을 완수하고 우리 안보를 보장하기에 적절한 수준으로 설정해야 한다. 필요하다면 서슴지 말고 추가비용을 지출해야 한다."[18] 그해 말, 그는 그의 경제자문역들의 간언을 받아들여 베를린 위기에 따른 군사력 증강 비용을 충당하기 위한 증세안을 거부했다. 1962년 무렵 그는 경제성장을 희생시킨 대가로 예산흑자를 달성한다고 반드시 물가 상승을 막지는 못하지만, 경제활동을 촉진하는 과정에서 야기되는 예산적자는 물가상승을 막을 가능성이 있다고 공개적으로 해명했다.[19] 이러한 논리의 흐름이 지니는 의미를 보다 포괄적인 용어로 제시하는 일은 케네디보다 달변인 후임자에게 넘어갔다. 린든 B. 존슨은 1964년 7월 다음과 같이 천명했다. "우리는 세계 역사상 가장 부유한 나라다. 우리는 이 나라의 안전을 유지하고 우리의 자유를 지키는 데 필요하다면 어떤 비용도 감당할 여력이 있다. 그리고 그렇게 하려고 한다."[20]

2차대전 후 들어선 미국 행정부는 하나같이 똑같은 생각을 했다. 미국은 경제적 군사적으로 압도적 우위를 누리는 만큼 세계의 힘의 균형을 유지할 책무를 진 유일한 나라라는 전제다. 1963년 케네디는 "우리는 자유세계 전체의 강인함을 유지하는 데 있어서 핵심이자 초석이자 기본 요소"라고 말했는데,[21] 그보다 바로 앞서 집권했던 선임자들도 그의 주장에 이의를 제기하지는 않았으리라고 본다. 그러나 수단을 어떻게 인식하느냐에 따라 실행 의지의 속성과 강도가 결정되었다. 트루먼은 1950년 이전에, 그리고 아이젠하워는 임기 내내, 한정된 재원은 필연적으로 미국이 세계 평형을 지키기 위해 취할 행동의 범위를 제약한다고 생각했다. 케네디는 수단을 훨씬 폭넓게 인식함으로써 보다 적극적인 외교를 펼칠 길을 마련했다. 그보다 11년 앞서 NSC-68이 그랬듯이 말이다. 신임 대통령은 자신의 취임사에 등장한 다음과 같은 수사를 문자 그대로 해석하지 않았다. "우리는 어떤 대가도 치르고, 어떤 짐도 짊어지고, 어떤 어려움도 이겨내고, 어떤 친구도 지원하고, 어떤 적에게도 맞서서 반드시 자유가 살아남고 승리하도록 하겠다." 그는 미국은 단독으로 행동할 수 없고 스스로를 방어할 능력이 없는 나라를 방어해줄 수 없으며, 불필요하게 핵전쟁의 위험을 감수하지 않겠다고 끊임없이 경고했다.[22] 그러나 그의 후임 행정부와 마찬가지로 그의 행정부에는 모든 조건이 동일하다고 할 때 아무 행동도 하지 않는 쪽보다는 행동하는 쪽을, 비용에 신경 쓰기보다는 위험을 통제하는 데 더 관심을 쏟고, 미국의 이익을 수호하기 위해 사실상 무한하다고 생각되는 미국의 역량을 총동원하는 쪽을 선호하는 정서가 팽배했다.

Ⅱ

케네디 행정부가 이익은 상당히 명확히 규정했는지는 몰라도 그 이익의 잠재적인 위협은 그만큼 명확히 규정하지 못했다. 아이젠하워 – 덜레스 시대에 가장 모호했던 점 – 국제공산주의를 무자비하고 효율적인 거대한 통일체로 묘사하면서도 그 단점과 취약성을 인정하는 경향 – 은 케네디 정권 하에서 더 두드러졌다. 이러한 혼란을 더 가중시킨 요인은 소련의 모순된 행동이었다. 냉전시대 중 그 어느 시점에도 케네디 임기 때보다 소련이 호전적 태도와 유화적 태도의 양극단을 오간 적이 없다. 케네디 행정부 관료들 쪽에서도 미국이 나약하고 우유부단해 보임으로써 위협을 자초할 수 있다는 확신이 점점 강해졌다. 그 결과 위험에 대한 인식이 애매모호해졌고 따라서 무엇에 어떻게 대응할지 파악하기가 어려워졌다.

케네디 행정부는 새로운 분석기법을 바탕으로 두 가지 핵심 부문에서 소련 위협의 추산치를 낮추는 데 신속하게 착수했다. 바로 유럽에 배치된 전략 미사일과 재래식 군사력이었다. U–2가 수집한 첩보를 접한 대통령과 그의 참모들은 아이젠하워가 미소 간에는 의미 있는 "미사일 격차"가 존재한 적이 없다고 한 주장이 옳았다는 사실을 깨달았다. 그 용어는 "우리의 기본적인 입지에 대한 즉각적인 관심을 효과적으로 환기시키는 데 유용했지만, 미사일의 수 자체가 충분히 국가안보의 토대가 된다고 생각한 사람은 아무도 없다."라고 맥조지 번디가 1961년 3월 말했다. 그해 가을 무렵, 새로운 인공위성 정찰 기능을 통해 입수한 첩보는 현용 ICBM의 수효에서도 엄밀히 말해 미국이 러시아인들보다 한참 앞서 있다는 사실을 확인해 주었다.[23]* 생각 끝에

---

* 폴 니츠는 1963년 다음과 같이 지적했다. "그러한 첩보의 개가를 이루기 전에도 다음 세 가지 사항은 우리가 추산한 소련의 전략적 군사력의 공격에 대한 우리의 보복 역량의 취약성을 현저하게 줄여 주었고, 그에 따라 이른바 격차의 실제 중요성도 줄었다. 첫째, 소련 ICBM 프로그램에 대한 우리 첩보의 추산치는 소폭이나마 상당히 하향조정 되었다. 둘째, 조기경보를 비롯해 방위체계의 개선이 연속적으로 축적되면

케네디는 10월 말 그 사실을 공개하라고 국방차관 로즈웰 길패트릭 (Roswell Gilpatric)에게 지시했다. 그 다음 달에는 대통령이 직접 다음과 같이 날카롭게 지적했다. "총 군사력으로 보면 미국은 지구상의 그 어떤 나라와도 입장을 맞바꾸지 않는다."[24]

이와 유사하나 그만큼 두드러지게 눈에 띄지는 않았지만, 중부 유럽에서 군사력 균형과 관련해 소련의 역량을 다시 산정하는 작업이 진행되고 있었다. 전통적으로 그러한 균형은 육군 사단의 수로 측정되어왔다. 그 척도로 측정하면 바르샤바조약 군사력은 대략 175였다. 이에 비해 NATO의 군사력은 25에 불과했다. 핵[25]무기 사용을 배제한다면 방어하기가 힘들 정도로 절망적인 수준이었다. 그러나 시스템 분석 기법(맥나마라의 국방부 임기 동안 이루어진 혁신 가운데 하나)을 적용하면 완전히 다른 결과가 나왔다. 국방 기획자들은 러시아인들이 실제로 175개 사단을 대략 미국 수준으로 무장시키려면 워싱턴이 쓰는 비용의 여덟 배를 지출해야 한다고 추산했다. 훨씬 엄격한 기준을 적용하더라도, 소련의 비교적 낮은 국민총생산과 그보다도 더 낮은 농업생산성을 감안할 때, 소련 경제가 감당 가능한 수준을 훨씬 넘는 지출을 해야 했다. 이와 동시에, 첩보 분석을 해보면 소련군의 인력은 미국의 두 배 정도(200만 대 96만)에 불과했고, NATO의 인력은 실제로 바르샤바조약기구 인력보다 앞서 있었다(600만 대 450만). 그 이유는 놀라울 정도로 단순했다. 소련 사단의 규모는 미국과 NATO 사단 규모의

---

서 그 효과가 나타나기 시작했고, 1961년 폴라리스 잠수함 세 척이 최초로 실전 배치되었다. 셋째, 케네디 대통령이 마련한 국방 프로그램도 뒤이어 몇 년 동안 상당한 효과를 낳았지만, 전략공군사령부의 15분 지상 경보체계를 갖춘 전투기 대수가 3분의 1에서 절반으로 늘어나면서 전략공군사령부의 생존가능성이 즉각 향상되었다." (Nitze to Bundy, June 17, 1963, Kennedy Papers, National Security File, Box 298, "Missile Gap,")

3분의 1밖에 되지 않았고, 따라서 효율성도 겨우 3분의 1 정도였다. 소련 미사일과 인력을 재평가한 결과 1945년 이후 최초로 서구 진영은 총체적 군사력에서 소련과 대등한 관계, 심지어 우월하다는 생각을 하게 되었다.

그러나 이러한 확신도 오판으로 인해 전쟁이 발발할 더 큰 위험을 제거하지 못했고, 어쩌면 위험을 더 높였는지도 모른다. 흐루쇼프는 소련이 군사적으로 쇠퇴하고 있다고 인식하고 이를 시정하기 위해 서베를린을 위협하고, 대기권에서 핵실험을 재개하고, 궁극적으로 IRBM을 쿠바에 배치하려고 했다. 돌이켜보면 이는 흐루쇼프가 힘을 과시해 미국과 그 동맹국들을 위협해 긴장완화 제안을 받아들이게 하는 한편, 점점 비판적인 중국인들을 달래고 서반구에서 유일한 공산주의 정권을 보호하려는 목적으로 실행한 책략들로 보인다.26) 쿠바에서 소련 미사일이 발견되기 일곱 달 전 로스토우는 크렘린 지도자들이 "미국이 특정한 이익이나 지역에 부여하는 중요성을 과소평가하고 미국이 대응하지 않으리라고 믿고 행동을 개시할지 모른다."라고 경고했다.27) 케네디 행정부는 흐루쇼프의 도발을 전쟁이 임박한 징후라기보다 절박함에서 비롯된 행위라고 보았다. 케네디 행정부는 소련 지도자에게는 분명히 없는 억지력을 지녔다는 자신감에서 확고하지만 절제된 대응을 했고, 이러한 대응 덕분에 1962년 10월 미소 간에 대치하는 사건이 발생한 이후, 흐루쇼프가 보다 진솔하게 데탕트를 모색하게 된 것으로 보인다.

따라서 핵전쟁의 위험은 1963년 무렵 사그라졌지만 훨씬 제한된 형태의 도발 위협은 여전했다. 케네디와 그의 참모들은 1961년 1월 "민족해방 전쟁"을 지지한다는 흐루쇼프의 연설을 아주 심각하게 받아들였다. "제3세계"에서 반식민지 운동을 비롯한 혁명운동을 장악하려고 새로운 공산주의 군사행동을 전개하는 증거라고 생각했다. 케네디는 그해 말 다음과 같이 경고했다. "우리는 세계 도처에서 영향권을 확장하기 위해 주로 은밀한 수단에 의존하는 거대하고 무자비한 음모에 맞서고 있다." 전쟁이 발생하는 지역은 유럽에서 아시아, 아프리카, 라틴아메리카로, 전쟁수단은 핵과 재래식 무기에서 비정규전, 반란, 전복으로 바뀌어 왔을지 모르지만, 그렇다고 해서 현실성이 떨어지지는 않는다. "사람이 전장에서 총탄을 맞지 않고 자기 집에서 칼에 찔린다고" 그러한 공격으로부터 그들을 보호해야 할 필요는 사라지지 않는다. 라오스와 남베트남 같은 나라에서 그런 방법으로 사람을 살해하는 데 성공하면 "문이 활짝 열리게 된다."[28]

이번에도 이러한 위협을 인식하는 토대가 된 핵심적인 전제들을 제시한 사람은 로스토우였다. 1950년대에 하버드와 매사추세츠공과대학을 중심으로 형성된, 개발경제학자들로 구성된 찰스 리버(Charles River)◎ 학파를 이끈 로스토우는 미래에 공산주의와 자본주의 간의 투쟁은 "제3세계"의 개발 과정에 어느 이념이 타당한지를 증명하기 위해 서로 겨루는 형태를 띠게 되리라고 확신했다. 공산주의자들은 다음과 같이 믿었다.

독재적인 장악력 하에서 정치적 중앙집권 기법으로써 – 그리고 소련과 중국 공산주의의 경제발전의 모습을 과시함으로써 – 전환기에 해결해야 할 중요한 문제들에 직면했으나 주저하는 사람들을 설득해서 인간의 자유를 포기하는 대가를 치르는 한이 있어도 공산주의의 근대화 모델을 받아들이게 만들 수 있다.

---

◎ 두 대학교가 있는 도시 케임브리지(Cambridge)에 흐르는 강 이름 – 옮긴이.

로스토우는 공산주의자들을 "근대화 과정의 찌꺼기를 주워 먹는 자들"이라고 노골적으로 묘사하곤 했다. 개발 과정에서 겪어야 하는 피치 못할 충격 때문에 개발도상국들은 "근대화로 전환하는 과정에서 얻는 질병"에 취약해졌다. "제3세계"가 이러한 악에 굴복하지 않으려면, 그리고 세계 힘의 균형에 미칠 영향을 감안한다면, 미국과 다른 "선진"국들은 경제발전이 민주주의 틀 안에서 가능하다는 사실을 보여주어야 한다. "후진국들을 설득해서 그들의 개인적 국가적 열망은 자유로운 공동체 바깥에서보다 안에서 달성하는 게 훨씬 바람직하다고 깨닫도록 해야 한다."29)

그러나 로스토우의 생각에는 국제공산주의가, 공통된 지침을 하달 받지는 않는다고 해도, 공동행동을 한다는 전제가 깔려 있었고, 이는 본인도 다른 이들도 알다시피 그 운동 내에서 원심력이 작동한다는 사실과 양립하기가 어려웠다. 민족주의는 전후에 등장한 이념들 가운데 가장 생명력이 끈질긴 이념임이 입증되었다고 그는 주장했다. 1940년대 말 이념적으로 양극화된 세계에서 "힘의 분산"이 진전되면서 워싱턴과 모스크바는 공히 자기 진영의 세력을 상대방 진영에게 잃었는데, 그와 같이 진영을 맞바꾸는 세력들이 더 속출할 것으로 예상되었다. 중소분쟁은 현실이었으며 더 악화될 가능성이 높았다. 중소분쟁으로 인해 "공산당 내에서 파벌주의가 기승을 부리게 되고, 세계 공산주의의 추동력이 약화되며, 특히 동유럽에서 보다 독립적이고 민족주의적인 공산주의 국가들의 부상이 촉진된다."30) 그런데도 로스토우는 "제3세계"의 근대화 과정에서 발생할 고난을 이용할 기회를 포착하기 위해서 모든 공산주의자들이 똑같이 행동하리라고 예상하는 듯했다. 공산주의자들은 세계 안정과 관련해서는 서로 다툴지 모르지만, 집단으로서의 공산주의 세력은 근본적으로 서구 진영의 세력들에 적대적이었다.

이러한 시각의 문제점은 힘의 균형을 유지하려는 목적이 적대적인 세력의 중앙 집중화를 막는 것이었다는 점이다. 사분오열된 적들은 자기들끼리 힘의 균형을 이루므로 외부에서 힘을 상쇄하는 압박을 가할 필요가 없었다. 다양성과 더불어 산다는 의미는 미국에 적대적인 세력들이 힘을 규합하거나 조율하지 않는 한 세계에 적대감의 정도가 다른 다양한 세력들을 용인할 수 있다는 뜻이었다. 이러한 전제에 의문을 제기하면 편법으로 보편주의에 도달하게 된다. 미국이 안전하려면 세계가 미국의 형상을 닮아야 했다. 로스토우는 이 모순을 결코 해결하지 못했고, 따라서 미국은 추상적인 거대한 통일체의 힘을 상쇄하려고 애썼다. 그가 이 점을 혼동하면서 행정부 전체에도 똑같은 현상이 일어났다.

케네디 정부는 힘의 균형을 위협하는 요소를 이념적인 측면으로 인식하는 경향이 아이젠하워 정부보다 덜했다. 1961년 6월 신임 대통령은 대국민 연설에서 다음과 같이 말했다. "반정부 또는 반미 폭동, 부패한 정권의 축출, 고통과 절망에서 헤어나려는 군중시위가 일어날 때마다 이를 모조리 공산주의 영향이라고 쉽게 일축한다. 세계 도처에 무질서가 난무하고 있는데 이 모두가 내 책임은 아니다."라고 한 흐루쇼프의 주장은 옳았다. 미국의 동맹국이라고 해서 모두가 민주주의의 본보기도 아니었다. 아서 슐레진저 주니어(Arthur Schlesinger Jr.)는 사석에서 "자유 진영"이라는 용어를 남발해 파라과이, 니카라과, 프랑코의 스페인까지도 여기에 포함시킨다면서 "그런 말에 속을 사람이 어디 있나?"라고 지적했다. 케네디는 아이젠하워와 덜레스보다 훨씬 중립주의에 공감했고, 민족주의가 공산주의 위협에 맞서 스스로를 지킬 수 없을지 모른다는 걱정은 훨씬 덜했다. 그는 심지어 공산주의자들이 때 때로 민주주의적 방식으로 집권하기도 하리라는 생각을 받아들일 태세도 되어 있었다. 그는 소련 기자 알렉세이 아주베이(Alexei Adzhubei)에게 다음과 같이 말했다. "우리가 반대하는 것, 그리고 평화를 위협하는 것은 소수 무력집단이 전복, 침투 등의 수단으로 체제를 장악하는 사태다."31)

게다가 케네디 행정부는 중소분쟁이 심각하다는 로스토우의 견해에 공감했다. 케네디와 다른 관료들은 공개발언에서는 신중했지만, 그리고 국무성은 "중-소 진영"32) 이라는 익숙한 용어를 포기하지 않으려 했지만, 모스크바와 베이징 사이가 점점 벌어지고 있다는 증거에 미국 관찰자들은 꽂혔다. 소련 주재 미국 대사 루엘린 톰슨은 일찍이 1961년 2월, 러시아인들과 중국인들 사이의 이견을 고려해 볼 때 러시아인들은 "전 세계가 공산주의라고 해도 엄청난 문제에 직면하게 된다."라는 사실을 깨닫게 되었을 가능성을 제기했다. 중앙정보국은 4월 공산주의 진영에서 이념은 통합보다 분열을 조장하게 되었다고 기록했고, 2년 후에는 "소련과 중국은 이제 사사건건 갈등을 빚는 두 개의 개별적인 세력"이라는 결론을 내렸다. 중소 갈등을 가장 두드러지게 보여준 사건은 1963년 제한적 핵실험 금지조약의 형태로 나타났다. 흐루쇼프는 모택동의 분노를 무릅쓰고라도 서구 진영과 데탕트로 향해 나아갈 의지를 보였다. 1964년 무렵 존슨 행정부는 중국이 곧 핵 역량을 갖추게 될까봐 우려해 중국에 맞서 "예방적 군사 행동"을 포함해 소련과 협력할 가능성까지도 고려하고 있었다.33)*

---

* "(1) 우리는 현재로서는 상대방이 먼저 도발하지도 않았는데 중국의 핵시설에 대해 미국이 일방적으로 군사행동을 하지는 않겠다. 우리는 당장 그러한 행동을 개시하기보다 중국이 실험하도록 내버려두는 쪽을 선호한다. 다른 이유로 우리가 중국 공산주의자들과 어떤 차원에서든 군사적으로 대적하는 상황에 처하게 된다면 중국 핵시설에 대한 적절한 군사행동의 가능성을 면밀히 검토할 것으로 예상된다."

　　그러한 책략을 논의했다는 사실 자체가 – 행동에 옮기지는 않았다 – 아이젠하워 시절 이후로 위협에 대한 인식이 얼마나 변했는지를 보여준다. 아이젠하워와 덜레스는 공산주의 세력이 최소한의 이득이라도 얻지 못하게 억제하려고 적어도 제한적인 핵전쟁의 위험을 감수할 의지가 있었다. 존슨은 이제 한 공산주의 세력이 핵 역량을 확보하지 못하게 막으려고 또 다른 공산주의 세력과 협력할 가능성을 고려하고 있었다. 이는 위협들을 구분하겠다는 새로운 의지를 보여주는 놀라운 증거였다. 중국이 최초로 핵실험을 하기 전날 존슨은 "서로 다른 위험에는 서로 다른 정책과 서로 다른 행동으로 대처해야 한다."라고 말했다.[34] 이는 또한 워싱턴에서는 핵전쟁 자체를 위협으로 간주하게 되었다는 증거였다. 핵전쟁을 정당화할 만한 대부분의 도발보다 그 정도가 훨씬 심각한 위협으로 말이다.

　　그러나 위협에 대한 인식은 변했지만 미국의 이익들을 구분하지 않고 동등하게 취급하는 공식적인 인식은 변하지 않았다. 케네디와 존슨은 아이젠하워 행정부의 특징인 "제로-섬 게임" 세계관을 그대로 유지했다 – 그 어느 지역에서든 공산주의가 승리하면 이는 미국의 손실을 뜻한다는 개념이다. 케네디는 사망하기 두 달 전 다음과 같이 말

---

"(2) 우리는 소련 측이 관심이 있다면 소련 정부와 공동으로 행동할 가능성이 상당하다고 믿는다. 그러한 가능성에는 중국에 실험을 하지 말라고 경고하는 일, 지하실험을 포기하도록 만드는 조치, 그래도 실험을 강행할 경우 중국에 책임을 묻고 예방적 군사행동을 위해 협력하기로 합의할 가능성도 있다. 따라서 우리는 가능한 한 빨리 국무장관이 도브리닌(Dobrynin) 대사(주미 소련대사 – 옮긴이)와 은밀하게 이 사안을 논의하도록 하는 게 가장 바람직하다는 데 동의한다." (Bundy memorandum of Johnson conversation with Rusk, McNamara and John McCone, September 15, 1964, FRUS: 1964-68, XXX, document 49. 이 문서의 배경을 알고 싶다면 다음 자료를 참조하라. Gordon H. Chang, "JFK, China, and the Bomb," *Journal of American History,* LXXIV (March, 1988), 1287-1310; Craig deLaurier, "The Ultimate Enemy: Kennedy, Johnson and the Chinese Nuclear Threat, 1961-1964," Senior Essay, Department of History, Yale University, April, 2000.)

했다. "한 나라가, 그 나라가 우리 국경으로부터 얼마나 멀리 떨어져 있든 상관없이, 철의 장막 안쪽으로 들어갈 때마다 미국의 안보는 그만큼 위험해진다는 사실을 나는 잘 알고 있다." 존슨은 그 다음 해 다음과 같이 덧붙였다. "어디서든 항복하면 모든 곳에서 패배할 위험에 처한다."[35] 이러한 발언들은 해답을 주기는커녕 더 많은 의문을 낳았다. 공산주의가 더 이상 거대한 통일체가 아니라면 도대체 누가 적인가? 세계 힘의 균형을 위협하는 세력들이 더 이상 결속되어 있지 않다면, 그 균형이 조금이라도 바뀔 경우 여지없이 미국이 위험에 처하게 되는 이유는 뭘까? 다양성이 존재하는 세계를 받아들이는 게 정말로 워싱턴에 이득이 된다면, 현재 상태에서 변화가 생길 때 왜 그렇게 경기(驚起)를 일으킬까?

로스토우의 전제가 한 가지 해답이 될지도 모르겠다. 공산주의자들 간에 무슨 차이가 있든 상관없이 그들은 모두 "자유진영"의 이익에 적대적인 이익을 공유한다는 전제 말이다. 그리고 머지않아 그들은 그러한 공동이익을 바탕으로 행동하리라는 예상 말이다. 케네디는 1961년 기자회견에서 "카이사르와 폼페이우스와 안토니우스와 옥타비아누스와 그 일당들은 성공하고 나서야 비로소 사이가 틀어졌다."라는 역사적 사실을 상기시키면서 "그러한 성공을 허락할 만한 여유가 우리에게는 없다."라고 말했다. 그러나 공산주의 진영은 목표를 달성하기도 전에 이미 분열되는 조짐이 보였으므로 그러한 주장은 설득력이 없었고, 공산 진영의 일부―특히 쿠바 미사일 위기 이후 소련―는 공산진영의 다른 일부에 맞서서 자본주의 진영과 협력할 의향도 있는 듯했다. "지리적으로 멀리 있는 세력과 민족주의는 철의 장막 뒤에서조차 작동한다."라고 케네디는 암살당하기 직전에 인정했다. 1964년 중앙정보국은 다음과 같이 예측했다. "미래에 공산주의는 지금보다 훨씬 이념적 통일성이 약화된다. 실제로 이미 존재하는 민족주의적 이념적 반감은 이따금 무력갈등으로 이어질지 모른다. 공산주의 진영은 비공산주의 진영 못지않게 다양하고 제멋대로 행동하게 될지도 모른다."[36]

　이제 세계 힘의 평형상태를 가장 위협하는 세력은 러시아인들이 아니라 중국인들이라는 인식이 또 다른 해석이 될지도 모른다. 분명히 베이징이 구사하는 화법에서는 그 발언이 모스크바를 향했든 워싱턴을 향했든 상관없이 데탕트의 기미가 보이지 않았다. 모스크바와 워싱턴 두 수도에서는 핵전쟁에 대한 두려움이 점점 강해지고 있는데 중국인들은 이러한 두려움을 공유하는 기미도 보이지 않았다. 중국은 세계 최대 규모의 지상군을 보유하고 있었고 이미 미국에 맞서 전투를 치르기도 했다. 중국은 핵무기를 완성하기 직전까지 와 있었다. 그러나 중국은 정교한 수준으로 전쟁을 지속하는 데 필요한 산업기반이 없었다. 중국의 원시적인 공군과 해군은 핵무기를 운반할 역량이 없었다. 게다가 점점 적대적인 소련과 5,000마일에 달하는 국경을 접하고 있다는 불리한 여건에 놓여 있었다. 더군다나, 1963년 여름 중앙정보국이 기록한 바와 같이 중국은 공식적인 수사와는 달리 행동에서는 매우 신중한 태도를 보여 왔다. "지금까지 중국은 분명히 미국의 힘을 존중하는 태도를 보여 왔고, 이러한 기본적인 태도가 바뀌리라고 예상하지 않는다."[37] 전 세계적으로 대응할 가치가 있는 위협으로 치자면 중국은 신빙성이 없었다.

　케네디 행정부와 존슨 행정부가 가장 두려워하게 된 대상은 공산주의도, 소련도, 심지어 중국도 아니었다. 공산주의는 너무 분열되어 있었고, 소련은 데탕트에 너무 심혈을 기울이고 있었으며, 중국은 너무 무력했다. 진짜 두려움의 대상은 당혹스러운 상황에 놓이거나 모욕을 당하거나 나약해 보이는 상황이었다. 두 대통령 모두 미국이 너무 무리하게 개입을 해왔다는 아이젠하워와 덜레스의 주장을 받아들였다. 그러나 지금까지 해 온 대로 하지 않고 일부를 포기하면 미국에 필수적인 지역들까지도 포기하는 것처럼 비춰질 위험이 있다는 게 문제였다. 1961년 3월 케네디는 언론인 월터 리프먼(Walter Lippmann)에게 미국은 동남아시아에서 감당 가능한 수준 이상으로 과도하게 개입해 왔다고 말했다. 그러나 여전히 해오던 그대로 대처해야 했다. 진정한 의미에서 라오스의 중립화는 수용가능하다 – 아이젠하워가 권고한 바와 같이 일방적인 개입은 먹혀들지 않는다. 그러나 "우리는 라오스에서 그 어떤 가시적인 모욕도 용납할 수 없고 용납하지도 않을 것이다." 다음 해 5월, 부통령 자격으로 동남아시아를 방문한 후 존슨도 똑같은 발언을 했다. 그 지역의 나라들에 원조를 제공하지 않으면 "항복하고 우리 군을 샌프란시스코로 귀환시키는 셈이다. 우리는 조약을 준수하지도 않고 우리 우방들을 지키지도 않는다고 세계에 공표하는 셈이다."38)

　　케네디는 쿠바 미사일 위기 직후 인터뷰에서 이 문제에 대해 솔직히 해명했다. 러시아인들이 실제로 쿠바에서 미사일을 발사할 위험은 없었다고 그는 지적했다. 그들이 핵전쟁을 일으키려 했다면 자국에 있는 무기로도 충분히 그 목적을 달성했을 것이다. 그러나 쿠바에 핵무기를 배치하는 데 성공하고 이 사실이 공개되었다면 "정치적 힘의 균형이 변했을지도 모른다. 변한 듯이 비춰졌을 것이다. 겉보기도 현실 인식에 영향을 미친다."39) 한마디로 이러한 인식의 변화는 위협이었다. 미국이 세계에서 기존의 힘의 배분 상태를 유지하겠다고 공언한 상태에서 그러한 힘의 배분 상태를 바꾸려는 시도를 허락할 수 없고, 미국의 의지에 반해 그러한 시도가 성공하는 듯이 보이도록 내버려둘 수도 없다. 힘을 어떻게 인식하는지는 실제 힘 못지않게 중요하기 때문이었다. 로스토우와 마찬가지로 행정부는 적진에서 일어나는 분열에 대해 잘 알고 있었고, 다양성을 유지하는 데 힘썼지만, 그럼에도 불구하고 현상유지라는 보편적인 의무를 짊어지고 말았다. 현 상태의 세계는 딱히 미국의 모습을 닮지는 않았지만 적어도 그 모습에 익숙해져 편하게 느껴지기는 했기 때문이다.

이 모두가 시사하는 바는 다음과 같다. 위협의 인식을 확장하면 이익을 확대하고 수단의 범위를 넓힐 수 있지만 그 역(逆)이 반드시 성립하지는 않는다는 점이다. 흐루쇼프가 데탕트 움직임을 보이고 중소 간 분열이 확인되면서 위협의 인식은 협소해졌지만, 이에 상응해 이익이 축소되지는 않았다. 아이젠하워 행정부 동안 유지되었던 이익에 대한 인식이 거의 그대로 유지되었다. 이는 다시 다음과 같은 점을 시사한다. 이익은 위협 못지않게 수단의 함수이기도 하다. 1950년에 위협과 수단 공히 확장되었지만 케네디 행정부 동안에는 위협들이 서로 모순되었고, 전임 행정부에서 감당할 의향을 보였던 수준을 훨씬 넘어설 정도로 수단이 확장되었다. 그 결과 비용이 얼마가 들든 상관없이 유연하되 적절한 대응을 고수하는 경향은 NSC-68을 방불케 한 반면에, 봉쇄해야 할 대상이 뭔지는 모호하다는 점에서 NSC-68과는 다른 봉쇄전략이 나왔다.

## Ⅲ

이때까지 봉쇄전략은 대칭 대응 개념과 비대칭 대응 개념을 번갈아 오갔다. 케넌과 덜레스는 비대칭을 주장했다 - 힘의 균형에 대한 도전에 대응하되 반드시 그 도전의 유형에 상응하는 수준으로 대응할

필요는 없고, 미국의 장점을 적의 약점에 적용하도록 잘 계산된 수단
으로써 미국이 유리한 지형에서 대응하는 개념이었다. 케넌이 가장 선
호한 수단은 경제원조였다. 덜레스에게는 핵 억지력이었다. NSC-68
작성자들과 훗날 "뉴 룩"를 비판한 민주당 성향 인사들은 비대칭에 대
해 의문을 제기했다. 다양한 종류의 도전에 대응할 만큼 충분한 수단
을 제공하지 못한다는 이유였다. 케네디 행정부는 이 점을 염두에 둔
채, 이익과 위협에 대한 인식에 적합한 전략을 구축하기에 바람직한
접근방식으로서 대칭 개념으로 돌아갔다. 늘 그랬듯이, 문제를 가장
일목요연하게 설명하는 몫은 로스토우에게 돌아갔다. 그는 다음과 같
이 설명했다.

> 지금까지 우리는 위기가 발생하면 대체로 불리한 입장에 놓여왔다
> 는 사실을 주목해야 한다. 공산주의자들이 자유진영에 압박을 가하는
> 데 사용할 수 있는 도구들이 훨씬 많기 때문이다. - 그리고 그러한
> 도구들을 훨씬 재량껏 쓸 수 있기 때문이다. 우리가 즉각적인 도발에
> 대응할 수 있는 유일한 도구는 그 위력이 도발의 수준보다 훨씬 막강
> 해서 이 도구를 사용하면 바라지 않는 확전으로 가거나 자유진영에 심
> 각한 정치적 비용을 치르게 될 위험이 있다. 이러한 비대칭 때문에 공
> 산주의자들은 상대방을 약화시키는 압박을 제한적으로 우리에게 가하
> 고픈 유혹을 느끼고, 우리가 그들이 침략에 상응하는 대가를 치르게
> 만들기 어려운 상황에서 도발을 한다. 따라서 우리는 공개적으로도 은
> 밀하게도 제한된 대응압박을 가하는 데 사용할 우리의 병기를 확장해
> 야 공산주의 이념과 그 습성에 깊숙이 내재되어 있는 위기 도발 속성
> 을 드러내 봐야 이득이 될게 없다고 깨닫게 만들 수 있다.40)

이러한 대칭적인 접근방식은 맥스웰 테일러의 저서 『확신 없는

나팔수』에 등장한 표현을 빌려와 "유연한 대응" 전략이라고 알려지게
되었다.

1961년 3월 케네디는 국방과 관련해 의회에 처음으로 보낸 메시
지에서 이 전략이 추구하는 목표들을 다음과 같이 제시했다. "전면전
이든 제한전이든, 핵전쟁이든 재래식 전쟁이든, 대규모든 소규모든,
모든 전쟁을 억제하고 ─ 모든 잠재적인 도발세력들에게 어떤 도발도
헛수고라는 인식을 하게 만들고 ─ 분쟁을 외교적으로 타결하기 위해
후방지원을 하고 ─ 군비경쟁을 종식시키는 협상에서 우리의 협상력을
공고히 하는 일이다." 아이젠하워와 덜레스도 물론 비슷한 목표를 추
구했지만 비용을 최소화하려고 했다. 그 결과 그들은 행동하지 않든가
도발에 상응하는 수준을 훨씬 능가하는 수준의 대응을 하든가, 양자택
일을 할 위험을 감수하겠다는 의향을 유지했었다. 비용은 무시해도 된
다는 경제논리로 무장한 케네디는 미국이 확전을 감수하거나 모욕을
당할 염려 없이 대응할 유연성을 갖추게 함으로써 위험을 최소화하는
데 방점을 찍었다. 그러려면 외교에서부터 비밀행동, 게릴라 작전, 재
래식 전쟁과 핵전쟁까지 망라하는 모든 차원에서 행동 가능한 역량이
필요했다. 그러한 역량 못지않게 역량을 제어할 능력도 필요했지만 말
이다. "우리는 효과적인 억지력을 유지해야 한다고 생각하지만, 우리
가 그 억지력을 더도 말고 덜도 말고 원하는 만큼 조절해 사용할 수
있다고도 믿는다."41)*

---

* 맥조지 번디는 케네디가 취임한 직후 기존의 전쟁 계획에서 방점을 둔 다음과 같은
사항들은 "논란의 여지가 있다고 경고했다. (1) 제한된 전쟁역량 대 전략적 역량 (2)
'제1격(strike first)' 또는 '무력분쇄 공격(counterforce)'의 전략기획 대 '억제
(deterrent)' 또는 '제1반격(second strike)' 입지, (3) 사전 결정 대 모든 상황에 비추어
내리는 결정. 이 세 가지 역량이 복합적으로 작용하면 명령을 받고 움직여야 하는
사령관이 러시아의 상당한 군사행동에 직면한 상황에서 상관과 연락이 두절되었을
때 열핵무기를 이용해 학살을 직접 주도할 수 있는 상황에 처하게 된다."(Bundy to

따라서 케네디 행정부는 당면한 과제를 해결하는 데 쓸 모든 가용 수단들을 - 취하는 행동이 상황에 적합도록 하기 위해 - 서로 조율되고 목적의식을 잃지 않는 방식으로 "미세조정"하는 데 큰 방점을 찍었다. 이러한 경향은 케네디의 전략에 핵심적인 여섯 개 주요 부문에서 보인다. (1) 재래식, 비재래식 군사역량을 강화한다. (2) 전략적 미사일을 증강한다. "미사일 격차"가 낭설로 드러난 후에도 이는 진행되었다. (3) 동맹을 강화하기 위한 노력을 재개한다. (4) 비군사적인 봉쇄 수단들을 새롭게 강조한다. (5) 국방에 필수적인 국내 재원들을 보다 효과적으로 관리한다. (6) 러시아인들과 협상이 가능한 부문을 열어두기 위해 일찍이 아이젠하워가 했던 노력을 확대한다.

최우선 과제는 아이젠하워 행정부가 추진한 전략에서 매우 두드러진 특징이었던, 제한적인 도발을 억제하기 위해 핵무기에 의존하는 정도를 줄이는 일이었다. 1961년 2월 국무성은 분석자료에서 다음과 같이 지적했다. "우리는 대통령이 핵무기를 선제적으로 사용해야겠다고 판단할 기준이 되는 임계점을 높이는 데 가장 큰 중요성을 부여한다." 케네디는 그 다음 달 의회에서 다음과 같이 말했다. "비핵 갈등은 자유진영의 안보를 가장 적극적으로 끊임없이 위협하고 있다. 그러한 갈등은 핵 전면전을 정당화하지도 못하고 그런 전쟁으로 이어져서도 안 된다." 따라서 미국은 "그러한 갈등에 대한 우리의 대응 수단을 비핵무기로 제한할 역량을 증강시키고, 그러한 대응으로 우리가 무엇을 성취할지 분명히 밝힘으로써 그 어떤 제한적인 도발도 감행할 동기를 자극하는 상황을 줄여야 했다." 지역 저항세력들이 이러한 상황에 대부분 대처할 수 있지만, 미국 또한 "이러한 유형의 전쟁에서 단련된

---

Kennedy, January 30, 1961, *FRUS: 1961-63*, VIII, Document 7.)

고도로 기동성 있는 막강한 군사력의 형태로 상당한 기여를 할 태세"
를 갖추어야 한다. 그해 말 정책기획위원회 연구보고서는 그러한 역량
은 두 가지 역할을 한다고 지적했다. 우선, 핵 역량과 사용가능한 역량
을 혼동하는 경향을 없애준다. "핵 교착상태에 놓였을 때 선제적으로
핵무기를 사용하겠다고 위협하는 행위는 비합리적이다. 그런 위협은
절박한 상황에 내몰린 적이 할 때에만 신빙성이 있다." 그러나 비핵
확전에 대응하는 신빙성 있는 수단이 되기도 한다. "핵무기에 의존하
지 않고 우리보다 훨씬 확전할 역량을 지닌 적에 대해 비핵 무력을 사
용하겠다고 위협하면 신빙성 있는 위협이 되지 못한다."[42]

　맥나마라는 처음에는 추가적인 재래식 군사력이 필요하지 않다
고 생각했다. 차라리 "간접적 도발"에 대응할 비 재래식 군사력을 개
발하는 데 에너지를 집중해야 한다고 주장했다. 그러나 1961년 베를린
위기가 발생하면서 그는 굳은 결의의 징표로써, 또 핵무기의 힘을 빌
리게 되기 전에 밟아야 할 점증적인 단계의 수를 늘리는 방편으로써,
추가로 정규군이 필요하다고 확신하게 되었다. 케네디는 당면한 문제
는 예비군으로 해결했다. 장기적인 해결책으로는 전투태세를 갖춘 육
군을 11개 사단에서 16개 사단으로 늘렸다. 유럽과 아시아에서 중요한
전쟁에 대응하는 동시에 다른 지역에서 발생할 "중요성이 떨어지는"
위기에 대응하는 데 필요하다고 판단되는 군사력이었다.[43] 쿠바 미사
일 위기의 결과는 이러한 접근방식이 현명하다는 점을 확인해주는 듯
이 보였다. 가용 재래식 군사력이 있으면 흐루쇼프는 미사일을 철수시
키든지 핵전쟁을 일으키든지 양자택일하는 수밖에 없다고 케네디는
믿었다. 맥나마라는 훗날, 이에 상응하는 상황이 1961년에 벌어졌다면
미국은 우선 해외주둔 미군을 미국으로 불러들이지 않고는 침공할 군
사력을 확보하지 못했을지 모른다고 인정했다. 케네디는 다음과 같이

적절한 결론을 내렸다. "구축함대가 정박하고 있거나 장비를 제대로 갖춘 군 사단이 국경을 지키는 게 아무리 생각해도 필요하지도 않을 막강한 무기를 다양하게 보유하는 것보다 훨씬 우리 안보에 쓸모가 있다."44)

케네디 행정부는 NATO의 재래식 군사력을 강화하는 데 특히 중점을 두었다. 아이젠하워와 덜레스는 소련의 재래식 도발을 억제하는 가장 신빙성 있고 가장 비용이 적게 드는 방법이 핵 억지력이라고 동맹국들을 설득했다. 그들은 전술핵무기와 중거리 탄도미사일을 유럽에 배치했다. ─즉각적으로 핵 보복 대응을 하든 러시아인들에게 재고할 짧은 시간적 여유를 준 후든 상관없이, 소련의 어떤 침공도 막아낼 수 있다는 취지였다. 여러 가지 우려 사항이 케네디 행정부로 하여금 이 전략에 의문을 품게 만들었다. 핵전쟁이 필요하다는 판단을 내리기에 앞서 쓸 수 있는 선택지의 범위를 확대하려는 욕구, 전술핵무기로 대응한 전쟁이 야기할 피해의 산정, 유럽에 있는 소련 재래식 군사력의 수위의 하향조정, 미국과 그 동맹국들은 이 부문에서 훨씬 힘을 증강할 여력이 있다는 믿음, 계속 핵무기에 의존하면 핵무기가 더욱 확산되리라는 두려움 등이 그러한 우려였다. 새로운 접근방식을 유럽인들은 환영하지 않았다. 그들은 미국이 재래식 전력을 강조하는 이유는 핵 억지력에 대해 자신감이 없다는 뜻일 뿐이라고 해석했다. 그러나 맥나마라는 단 하나의 선택지보다는 여러 개의 선택지가 있을 때 억지력은 훨씬 그 효력을 잘 발휘한다고 주장했다. "우리는 (소련이) 그 어떤 수준에서 도발을 해와도 적절한 군사적 대응으로 맞설 수 있는 입지에 놓여 있어야 한다."45)

그러나 "민족해방전쟁"을 지지하겠다고 한 흐루쇼프의 행동에 맞서려면 재래식 전력만으로는 큰 도움이 되지 않았다. 행정부는 이런 상황에서는 게릴라들과 싸우려면 그들의 영역에서 그들이 쓰는 전술을 이용하는 방법뿐이라면서 반란대응 전쟁 역량을 대폭 강화해야 한다고 주장했다. 이러한 대칭적 대응은 비정규전뿐만 아니라 정치적 사회적 경제적 "행동" 기법에도 능숙한 "특수군"의 훈련을 강화하는 형태로 구현되었다. 국방대학원과 해외 파견지에서 반란대응 관련 과정을 의무적으로 이수하도록 하고, 행정부 고위층에서 모택동, 월맹의 전쟁영웅인 보응우옌잡(Vo Nguyen Giap), 체 게바라가 쓴 글에 대해 열띤 토론을 벌였다. 1962년 7월에 나온 국방부 보고서는 이를 "역동적인 국가 전략"이라며 다음과 같이 열렬히 환영했다. "핵전쟁의 피해나 공포에 의존하지 않고 공산주의자를 패배시키도록 설계된 행동 프로그램, 이미 발생한 전복 시도를 무력화하도록 설계된 행동 프로그램, 무엇보다도 공산주의가 애초에 뿌리내리지 못하도록 하는 프로그램이다. 달리 말하면 – 치료법인 동시에 예방조치도 되는 전략이다."46)

하나같이 로스토우의 영향력이 묻어나는 조치들임을 간과하기가 힘들다 – 경제개발을 전통적 의미에서 자유주의적 목적 그 자체가 아니라 세계 힘의 균형을 안정시키는 수단으로 여기겠다는 결의(그의 동료 한 사람은 그를 기관총을 든 체스터 보울즈(Chester Bowles)◎라고 일컬었다.), 힘의 균형은 매우 예민해서 사소한 변화도 깨뜨릴 수 있다는 전제, 어디서든 공산주의가 승리하면(공산주의 자체는 분열되고 있다고 해도) 그러한 변화를 초래하리라는 확신 등이 엿보였다. 로스토우는 공산주의자가 주도하는 모든 반란에 개입해야 한다고 주장하지는 않았다. 그러한 반란에 대응할 일차적인 책임은 아마도 자국의 민족주의적 감정에 의해 동기 유발된 "지역 세력"에게 있다고 주장했다. 그러나

---

◎ 케네디 행정부에서 외교관을 지낸 인물 – 옮긴이.

그러한 동기가 존재하지 않는 지역이나, 반란이 그러한 동기를 압도할 위험이 있는 지역에서는 워싱턴이 적절한 수준에서 행동을 할 태세가 되어 있어야 한다고 생각했다. "원칙적으로 미국은 비대칭을 수용할 수 없다. 공산주의가 자유 공동체에 침투해도 반격할 방법이 없기 때문이다."47)

케네디 행정부가 핵무기에 대한 의존도를 줄이려 했다고 해서 이에 상응하는 만큼 핵무기 수나 종류를 줄이겠다는 결의가 있었다는 뜻은 아니다. 맥나마라는 1962년 다음과 같이 주장했다. "핵전력과 비핵전력은 상호보완적이다. 이 두 수단이 비군사적 정책수단들과 상호보완적인 관계이듯이 말이다."48) 아이젠하워의 정책을 비판한 이들은 아이젠하워가 그러한 무기들에 의존한다는 사실과 그런 무기들을 충분히 확보해 두는 데 실패했다는 점 모두에 대해 불만을 토로했다. "미사일 격차"가 존재하지 않는다고 확인을 했는데도 불구하고 케네디와 그의 참모들은 아이젠하워가 생각했던 수준 이상으로 미국의 전략적 역량을 상향조정하겠다는 결의를 그대로 유지했다. 그 결과 1964년 중반 무렵 가용 핵무기의 수가 150퍼센트 증가했고, 운반 가능한 메가톤 수 기준으로는 200퍼센트 증가했으며, 폴라리스(Polaris) 잠수함 10척을 추가로 건조했고(총 29척이 되었다), 미닛맨 미사일은 400이 추가(총 800기)됐다. 전임 행정부가 계획했던 수준을 훌쩍 넘어서는 군비증강이었다.49)

이러한 전략적 전력을 증강하게 된 동기는 여러 가지다. 분명히 초창기에는 그동안 민주당이 주장해 온 "미사일 격차"가 근거 없다는 사실을 인정하고 싶지 않았다. 관료조직에 대한 고려도 역할을 했다. 국방예산을 아끼기보다 넉넉하게 해서 아이젠하워 행정부를 당혹케 했던 부서 간 다툼을 피하는 게 더 편하겠다고 생각했다. 무기의 수를

추가하면 취약성을 줄이고 신빙성을 높이는 데 도움이 되었다. 필요할
경우 그러한 무기들을 사용할 선택지가 더 확대되는 점도 있었다. 그
러나 이러한 전력 증강의 배경이 된 원칙적인 동기는 마침내 "미사일
격차"가 낭설로 판명되면서 극적으로 밝혀지게 된 전략적 우위의 입지
를 고수하겠다는 뜻이었다. 국방차관보 폴 니츠는 1961년 12월 국제전
략연구소(International Institute of Strategic Studies)에서 다음과 같이 발
언했다. "우리는 이 전력이, 영국의 핵전력과 대륙에 배치된 NATO의
전력을 포함해, 서구 진영에 단연코 우월적인 핵 지위를 부여한다고
믿는다. 나아가서 이러한 우월적 지위는 미래에도 유지될 수 있다고
믿는다. 더 나아가서 우리는 이러한 우월적 지위가, 특히 소련 측에서
봤을 때, 억지력과 전략을 산정하는 데 있어서 전략적으로 중요하다고
믿는다."50)

행정부 내의 모든 사람들이 하나같이 전략적 우월성을 추구하는
게 현명하다고 생각하지는 않았다. 맥스웰 테일러는 결과적으로 예산
을 놓고 재래식 전력과 경쟁하게 된다는 우려를 표했다. "우리는 우리
가 선제적으로 핵무기를 사용할 필요가 있는 임계점을 더 높게 책정하
는 쪽으로 신속하게 움직이고 있다." 예산국장 데이비드 벨(David Bell)
은 전략적 전력을 증강하면 러시아인들이 이에 똑같이 대응하도록 자
극할 우려가 있다고 경고했다. 번디의 참모인 칼 케이젠(Carl Kaysen)
도 다음과 같이 동의했다.

러시아인들은 그런 대응을 하고도 남는다. 현재 그들의 미사일 개발
을 가장 정확하게 해석한다면 한정적인 억지력 개념을 바탕으로 하고
있다는 점이다. 그렇게 하도록 내버려두는 게 분명히 우리에게 유리하
다. 과거에 공군은 국가안보를 점증하는 전략적 타격 전력과 동등하게
취급했고, 이 입장은 널리 지지를 얻었다. 이 시각은 위험천만하다. 가

장 유력한 증거를 보면 정당화하기 어려운 시각인 만큼 가능한 한 빨리 그 시각에서 탈피해 군사 기획을 수립하는 게 중요하다.

소련의 미사일 역량을 수정한 추산치는 미국의 전략적 목표를 세울 때 고려되지 않았다. 케이젠은 케네디에게 다음과 같이 상기시켰다. "필요 이상으로 증강하는 실수를 범하면 무기경쟁을 촉진하는 바람직하지 않은 결과를 낳는다. 미사일과 열핵탄두가 존재하는 세계에서 무기가 더 많다고 안보가 더 튼튼히 보장되지 않는다." 케네디는 이 논리가 타당하다고 인정했지만 그 결론을 수용하지는 않았다. 그는 1962년 초 기자회견에서 다음과 같이 말했다. "생사가 걸린 일이다. 이 군비경쟁이라는 것 말이다. 경쟁한다고 안보가 더 튼튼해지지는 않는다. 그러나 그들이 ICBM같은 부문에서 돌파구를 마련하도록 내버려두면 우리 안보가 훼손된다는 점만은 분명하다."51)

따라서 미사일 프로그램은 삭감되지 않았지만, 맥나마라는 미래에 핵전쟁이 전개되는 방식을 통제할 조치를 마련하려고 부단히 애썼다. 기존의 방식은 그러한 사안에서 재량을 행사할 여지가 거의 없었다. 1961년 여름 번디는 케네디에게 다음과 같이 말했다. "요컨대 현재 계획은 우리가 가진 모든 걸 한 번에 다 쏴 버리라는 식인데, 보다 유연한 방법을 택하기 매우 어렵게 설계되어 있다." 맥나마라는 핵전쟁에서 대통령이 선택할 대안들의 범위를 넓히면서도 동시에 그런 사태가 벌어질 경우 피해를 최소화하고 그런 사태가 발생할 가능성도 최소화하려고 했다. 이러한 점들을 염두에 두고 그는 처음에는 적에게 "우리 도시를 타격하기를 주저하게 만들 만한 상상 가능한 가장 강력한 동기"를 적에게 주는 수단으로서 도시가 아니라 상대 군을 목표물로 삼아야 한다고 주장했다. 그러나 시간이 지나면서 맥나마라는 공격을 억제하는 게 공격이 발생할 경우 피해를 줄이는 일보다 중요하다고 생각하게 되었다. 그런 입장이라면 선제적인 "무력분쇄 공격"은 배제하는 셈이 된다. 억지력이 제대로 작동하려면 양측 모두 자국 군사력이 기습공격에 살아남아서 보복할 역량이 있다는 자신감을 지니고 있어야 하기 때문이었다.[52] 케네디 행정부 임기가 끝나갈 무렵, "상호확증 파괴(mutual assured destruction)"라는 독특한 논리가 등장하기 시작했다 – 상대국의 인구와 자국 인구가 공격에 취약한 정도가 비슷한 수준인 한, 자국의 인구를 취약한 상태로 내버려 두어야 최대한 보호할 수 있다는 개념이다. 즉, 상대방의 타격이 도달하기 전이나 도달한 후 생존한 전력을 이용해 상대방도 절멸시키는 전략을 말한다.

케네디 행정부는 핵무기를 사용하지 않아도 될 대안들을 모색하는 데 골몰하다가, 미국은 "선제사용 포기(no first use)"◎ 정책을 채택해야 한다고 1949년에 케넌이 한 주장에 공감하는 모양새를 취하게 되었다. 그리고 실제로 케네디는 국방전략에 대한 첫 공개적 발언에서 "우리의 무기는 그 어떤 공격에서도 선제타격을 하는 데 절대로 사용되지 않을 것이다."라고 천명했다. NATO의 재래식 전력을 증강한다고 강조한 점도 이 접근방식과 일맥상통했고, 소련의 그 어떤 "제1격"에도 대응할 전략적 전력의 생존을 확보하려는 노력도 이 방식과 일맥상통했다. 그래도 행정부는 선제적 조치라는 선택지를 완전히 포기하려 한 적은 결코 없었다. 케넌과는 달리 케네디 행정부는 핵무기를 합리적인 정책 수단으로 사용할 수 있다고 믿었기 때문이기도 하고, 그러한 입장을 취하면 억지력의 효과를 낳기 때문이기도 했다. 로스토우는 1962년 다음과 같이 기록했다. "우리는 공산주의자들에게 넌지시

---

◎ 선제 사용(first use)이란 양측이 대치하는 전선에서 상대방의 재래식 전력 및 전술핵 전력에 대해 전술핵무기를 사용해 선제타격을 가하는 행위를 뜻한다 – 옮긴이.

우리의 의사를 전달해야 한다. 그들이 자유진영의 경계를 넘어오지 않는다면 우리는 그들을 먼저 타격할 의향이 없지만, 넘어올 경우 우리는 상황에 따라 먼저 타격할지 모른다는 점을 분명히 해야 한다."

 간단히 말해서 우리는 선제 핵 타격을 할 가능성을 완전히 배제해서는 안 된다. 이 점에 관한 한 소련의 의중이 확실치 않은데 억지력이라는 선택지를 포기하는 셈이 되기 때문이다. 그렇다고 해서 이 개념을 고수하느라 긴장이 고조된 시기에 불안정 효과를 극대화하거나 재원을 지나치게 할당해서 미국과 동맹국의 군사력이 비핵 공격에 취약하게 만들고, 그러한 공격에 대응하기 위해 우리 동맹의 이익에 반하는 핵 반격을 해야 하는 지경에 이르러서도 안 된다.53)

 그렇다면 예측불가능성을 억지력으로 쓸 수 있다는 존 포스터 덜레스의 주장이 옳았다. 케네디와 그의 참모들의 주장이 덜레스의 주장과 다른 점은 생각해 낼 수 있는 모든 대응의 범위를 망라하는 유연성과 그 억지력을 결합할 필요가 있다고 생각했다는 점이다.

 케네디 행정부가 중점을 둔 세 번째 부문은 해외 동맹을 합리화하고 강화하는 일이었다. 당연히 가장 큰 난관을 제시하는 동맹은 NATO였다. 이 기구의 재래식 전력을 강화하는 노력을 기울였음에도 불구하고 미국도 유럽인들도 소련의 도발을 억제하는 수단으로서 핵무기를 완전히 포기할 의향이 없었다. 이게 바로 케네디가 미국의 "제1격" 선택지를 배제하지 않으려고 한 또 다른 이유였다. 그의 행정부는 실제로 유럽에 배치한 전술핵무기의 수를 60퍼센트 정도 늘렸다. 그렇게 인구가 밀집된 지역에서 그런 무기들을 어떻게 사용할지에 대해 깊은 의구심을 품었으면서도 말이다.* 그러나 근 몇 년 동안 워싱턴의 전략적 사고가 툭하면 바뀌는 상황에서, 미국이 실제로 동맹국들의 도시를 방어하기 위해 자국의 도시가 위험해지는 상황을 감수하겠다고 미리 증명해 보일 수도 없다는 점에서, 유럽은 미국의 억지력에 의존하는 상황을 점점 불안해하고 심지어 모욕적이라고까지 생각하게 되었다. 케네디 행정부가 이러한 정서를 공감하지 않은 것도 아니었다. 행정부는 자주적이고 독립적이며 통합된 유럽, 소련에 맞서는 동시에 독일 민족주의의 잔재를 억누르고 워싱턴이 세계에 대해 짊어지고 있는 부담을 어느 정도 덜어줄 역량을 갖춘 유럽이라는 개념을 진심으로 지지했다.54) 문제는 이러한 열망에 내포된 주권의 속성들과 핵무기 방어 부문에서는 그러한 주권의 속성이 엄연히 부재(不在)하다는 사실을 양립시키는 일이었다.

한 가지 방법은 NATO 회원국들이 자체 핵무기 개발을 하는 일이었다. 1961년에 영국과 프랑스가 그랬듯이. 그러나 케네디 행정부는 이러한 대안을 극구 만류했는데 그 이유는 여러 가지였다. 규모가 작은 나라들이 핵전력을 보유한다고 해도 수적으로나 정확도로나 효과적인 억지력을 구성할 수가 없다고 맥나마라는 주장했다. 오히려 그런 나라는 자국을 소련이 타격할 목표물로 만들게 된다. 통일된 지휘구조가 없으면 그러한 무기들은 "유연한 대응" 전략이 규정한 조율된 방식으로 사용될 수 없었다. 따라서 오판의 가능성, 심지어 우발적인 사고의 가능성이 매우 높았다. 다른 NATO 국가들이 핵무기를 개발하면 서독도 개발할 위험이 있었다. 서독이 핵무기를 개발한다면 러시아인

---

* 전술핵무기는 전장 주변을 오염시킬 뿐만 아니라 땅을 움푹 파이게 만들고 산불을 내며 광풍으로 나무를 쓰러뜨리기도 한다고 1962년 5월 맥스웰 테일러는 케네디에게 상기시켜 주었다. 그러나 러시아인들은 전술핵무기를 집중 배치하고 있으므로, 이 때문에 이 지역에서 미국의 전술핵 역량을 증강할 필요가 있었다. (Taylor to Kennedy, May 25, 1962, Kennedy Papers, NSC Files, Box 274, "Department of Defense.")

들을 자극할 뿐만 아니라 독일 이웃국가들이 격분해 동맹이 깨질 가능성도 있었다. 케네디는 1962년 5월 다음과 같이 기록했다. "우리는 일련의 국가적인 억지력을 신뢰하지 않는다. 우리는 NATO의 억지력을 믿는다. 미국은 NATO의 억지력을 위해 혼신을 다하고 있으며 매우 적절하게 보호하고 있다."[55]

또 다른 접근방식은 미국의 핵무기와 운반수단을 사용하도록 해주되 공동으로 통제할 구조를 마련하는 방법이었다. 1957년 아이젠하워 행정부가 바로 이러한 방법을 취했다. 당시 행정부는 중거리 탄도미사일(IRBM)을 영국, 터키, 이탈리아에 배치하고 이를 미국의 탄두와 마찬가지로 엄격히 관리하되, 배치된 나라에게 해당 무기 사용을 거부할 권한을 부여했다. 그러나 이러한 조치는 NATO 내에서의 주권과 안보를 양립시키려는 시도라기보다 ICBM으로는 충분치 못하다고 인식된 안보의 결함을 메우려는 시도라고 보는 게 맞다. 1961년 무렵 미국의 ICBM이 우월하다는 점이 확고히 증명되었고, 유럽에 배치된 IRBM은 경화(硬化) 사일로(silo)°도 없는 무용지물로서 점점 소련의 공격에 취약해졌다. 1963년 케네디는 유럽의 IRBM을 조용히 철수시키고,* 그 대안으로 "다자간 핵전력(multilateral nuclear force)"을 제안했다. 사정거리가 2,500마일인 폴라리스 미사일을 갖추고 소속이 다양한 선원들이 배치된 군함 25척을 NATO 총사령관의 휘하에 두는 방법이었다. 일석다조(一石多鳥)가 취지였다. 다자간 핵전력은 인구밀집지

---

◎ 미사일 지하 격납고 및 발사대 – 옮긴이.

* 1962년 10월 터키에 배치된 주피터(Jupiter) 미사일이 공개적으로 거론된 적이 있다. 흐루쇼프가 그 미사일을 철수시켜야 쿠바에서 소련 미사일을 철수시키겠다고 했기 때문이다. 케네디는 동의했지만 한 가지 조건을 내걸었다. 그 거래를 비밀에 붙여야 한다는 조건이었다 – 그 후 30년 동안 비밀이 유지되었다. (Philip Nash, The Other Missiles of October: *Eisenhower, Kennedy, and the Jupiters, 1957-1963* [Chapel Hill: 1997], pp.116-75.)

역에서 떨어진 위치에 유럽 억지력을 갖춘 이동식 기지를 확보하는 셈이었다. 선원을 혼합 배치함으로써 다른 목적으로 부대를 철수시키지 못하도록 했다. 그리고 미사일 발사는 NATO 회원국들이 만장일치로 결정하도록 함으로써 각 회원국에게 핵전력이든 비핵전력이든 자국 방어에 직접 관여한다는 인상을 주는 효과가 있었다.56) 얼핏 보면 동맹의 통합된 명령체계의 필요성과 개별적인 회원국의 자존심을 충족시킬 유일한 방법 같았다.

그러나 다자간 핵전력은 출항한 적이 없었다. 영국이나 프랑스는 독자적인 억지력을 포기하고 다자간 핵전력에 합류할 생각이 전혀 없었다. 프랑스는 그 어떤 형태의 다자간 핵전력에도 참여하기를 거부했다. 오로지 서독만이 다자간 핵전력을 지지했다. 자국이 핵무기에 접근할 유일한 방법이라고 생각했기 때문이다. 그리고 그러한 사실만으로도 수많은 다른 유럽인들에게 이 계획은 충분히 미심쩍어 보였다. 다자간 핵전력 안을 비판한 이들은 이 안이 미국의 억지력에는 그 어떤 제약도 부과하지 않으면서도 동시에 워싱턴에게 다자간 핵전력의 작동을 거부할 자유를 부여한다고 했다. 옳은 지적이었다. 그리고 여러 군이 섞여 있고 13개 서로 다른 나라들의 만장일치를 토대로 한 지휘체계 하에 있는 군함이 위기상황에서 제 구실을 할지도 의문이었다. 다자간 핵전력은 오래전부터 국무성과 국방부 내의 "대서양주의자(Atlanticist)"들이 생각해온 방안이었다. 케네디도 존슨도 주저하는 유럽인들에게 이를 받아들이라고 압박할 정도로 이 구상에 전념하지도 않았다. 1965년 무렵 이 구상을 이행하기에는 현실적인 난관이 상당하고 유럽인들의 지지도 미온적이라는 사실이 분명해지자, 존슨은 이 제안을 조용히 사장(死藏)시켰다.57) 그렇다면 NATO는 여러 가지 모순을 안은 채 계속 살아남아야 했다. 핵전력을 보유한 개별 국가, 확인할 길은 없으나 없어서는 안 될 미국의 안보 보장, 독립적인 주권국가가 안전하려면 의존할 필요가 있다는 모순들을 안은 채.

케네디 행정부는 NATO 바깥의 동맹관계를 전임자와는 어느 정도 다른 시각으로 바라보았다. 전쟁수행 목적뿐만 아니라 전쟁 억제용으로 동맹을 구축한다는 덜레스의 전략에 의구심을 품은 행정부는 로스토우가 일컬은 "핵심(hard core)"동맹 – 서유럽, 캐나다, 일본, 호주, 뉴질랜드 등 "선진국" – 과 한국에서 이란에 이르기까지 아시아 변방의 "연성(softer)"동맹을 구분하는 경향을 보였다. 후자의 경우 "제대로 작동하지 않았다."라고 1962년 로스토우는 기록했다. 동남아시아조약기구(SEATO)도 중앙조약기구(CENTO)도 그들이 맞서야 할 적과 대적할 역량이 부족했고, 따라서 회원국들은 미국의 지원을 요청하는 경향이 있었다. 심지어 자생적인 반란을 제압할 역량도 부족했다. 물론 워싱턴은 본래 창설 목적이 무엇이든 상관없이 이러한 동맹들을 포기할 수 없었다. 그러나 행정부는 "기반이 보다 폭넓은, 방어 지향적 성격이 덜한 또 다른 지역적 결속을 추구하는" 동시에 "공산주의자가 지원하는 기습공격과 게릴라 작전에 대응하는 방향으로 아시아 참여국들의 군사적 역량 방향을 재설정"하기로 했다.58)

이와 같이 주안점을 바꿔야 한다는 제안에는 비군사적 봉쇄수단이 최소한 군사적 봉쇄수단 못지않게 중요해졌다는 자각이 깔려 있다. 이러한 수단들을 사용하는 게 케네디의 전략에서 네 번째 요소가 되었다. 그 핵심에는 "제3세계" 국가들에게 "예방접종"을 해 공산주의 "질병"에 걸리지 않도록 한다는 로스토우의 생각이 있었다. 이는 변화는 불가피하며 심지어 바람직하다는 점뿐만 아니라 비공산주의의 방향으로 변화를 유도할 필요가 있다는 점을 수용한다는 뜻이었다. 대통령과 그의 참모들은 이게 가능하다고 생각했다. 덜레스가 생각한 동맹처럼 공산주의에 직접 맞서는 방식이 아니라 약 15년 전에 실시된 마셜 플랜과 같은 접근방식으로 바꾸면 가능하다고 생각했다 – 애초에 공산주의에 끌리게 만든 여건들을 완화시키거나 제거하는 데 미국의 재원을 이용하는 방법이었다.[59] 로스토우는 이 과업을 그 특유의 거창한 화법으로 다음과 같이 규정했다. "자유의 경계를 보호하고 평화로운 변화를 향한 진전을 유도하며, 자유진영 전체에 국민의 지지를 토대로 한 정부가 보다 높은 수준의 복지, 사회정의, 개인의 자유를 향해 지속적으로 전진할 환경을 보장하도록 설계된 틀 안에서."[60]

군사지원도 물론 이 목표를 달성하는 데 기여하지만, "외교, 정보활동, 온갖 종류의 교환 프로그램, 교육문화발전 지원, 국민 대 국민 활동, 경제프로그램 지원, 기술 지원, 자본 지원, 흑자재원 사용, 무역과 상품가격 안정화 정책, 각자 나름의 사회문제를 해결하기 위해 자국 내에서 인력과 제도들에 영향을 미칠 수 있는 다양한 종류의 기타 행동들"도 이 목표를 달성하는 데 기여할 수 있다.* 가용 수단의 범위가 그와 같이 폭넓다는 점을 고려할 때 신중한 기획과 조율, 효과의 측정이 분명히 필요하다고 로스토우는 지적했다. 또한 과정은 민감하고 불균형적으로 진행되리라는 점을 인정하는 점도 중요했다. 때로는 급격한 변화를 유도하는 게 미국의 이익에 도움이 될지도 모른다 –"바티스타(Batista)◎ 정권 하에서의 쿠바에서 그랬을 것이다." 때로는

---

\* 예상대로 로스토우는 경제개발을 최우선 과제로 보았다. 그는 1961년 3월 케네디에게 다음과 같은 서신을 보냈다. "아르헨티나, 브라질, 콜롬비아, 베네수엘라, 인도, 필리핀, 대만, 터키, 그리스 – 그리고 어쩌면 이집트, 파키스탄, 이란, 이라크까지도 – 가 1970년 무렵 스스로 지속가능한 경제성장을 달성해서 특정 국제기구로부터 지원금을 받을 필요가 없어지거나 지원금 규모가 대폭 줄어드는 상태에 도달하도록 우리가 열심히 노력하면 이 목표 달성은 가능하다. 인구로 치면 이러한 나라들은 라틴아메리카 인구의 80퍼센트 이상, 자유진영의 후진국 지역 인구의 족히 절반 이상을 차지한다." (Rostow to Kennedy, March 2, 1961, Kennedy Papers, NSC Files, Box 212, "Latin America.")

이란과 남베트남 경우처럼 전통의 틀 내에서 근대화 과정을 진행시키는 편이 나을 때도 있었다. 물론 미국은 항상 모든 나라들이 그들이 열망하는 목표로서 민주적 가치를 받아들이고 이를 달성하기 위해 일로매진해야 한다고 강요하지는 않았다. 그러나 "제3세계" 국가들은 "개인의 자유와 합의를 토대로 한 정부에 대해 우리가 지닌 개념과 대체로 일맥상통하는 노선을 따라" 발전해야 했다.[61]

케네디 행정부는 이러한 목표들을 추진할 다양한 수단을 마련했다. 가장 야심만만한 계획이 전진을 위한 동맹(Alliance for Progress)이었다. 10년에 걸쳐 라틴아메리카에 미국이 200억 달러 원조를 제공하되 그 조건으로 해당 지역 정부들도 그만큼 투자하고 내부개혁, 특히 토지 소유권과 조세구조를 개혁할 의지를 보여야 한다는 계획이었다. 케네디의 라틴아메리카 담당 팀은 미국은 "쇠락해 가는 반동적 상황을 안정화시킬 수 있다. 따라서 용납할 수 있을 정도의 수준으로 사회를 조직화하고 안정시키되 그 변화 과정을 공산주의자들이 조직화하도록 내버려두어서는 안 된다."라는 전제를 깔았다. 아서 슐레진저 주니어는 이를 훨씬 극적으로 묘사했다. "중산층 혁명"이 실패하면 "노동자와 농민혁명"이 불가피해진다고 경고했다.[62] 조직은 더 단순하지만 취지는 유사한 평화봉사단(Peace Corps)도 있었다. 미국의 자원봉사자 수천 명을 "제3세계" 국가들에 파견해 건강, 교육, 농사와 관련된 소규모 프로젝트를 조직화하는 일을 했다. 평화의 식량(Food for Peace)이라는 프로그램은 해당지역에서 미국의 잉여농산물의 소비를 촉진하도록 설계되었다. 그리고 신설된 국제개발청(Agency for International Development)은 해외 원조의 주안점을 군사에서 경제원조로 전환하는 일을 담당했다. 행정부가

---

◎ 풀헨시오 바티스타 이 살디바르(Fulgencio Batista y Zaldívar) 전 쿠바 대통령. 1952년 쿠데타로 정권을 잡았고 1958년 피델 카스트로에게 축출당했다 - 옮긴이.

반란 대응에 접근하는 방식에는 "국가—건설(nation-building)" 요소가 짙게 배어 있었다. 1961년 6월 육군 특수전 학교에서 로스토우는 "후진지역에서 우리가 해야 할 핵심 과업은 앞으로의 혁명 과정이 독립적으로 진행되도록 만전을 기하는 일이다."라고 말했다.[63]

이러한 구상들의 공통점은 다름 아니라 다른 나라들의 내부 구조를 바꾸어서 공산주의라는 해법에 의존하지 않고도 혁명적 변화라는 불가피한 압박을 견뎌내도록 하겠다는 굳은 결의였다. 경제개발에 사회적 정치적 개혁이 더해지면 이 목표를 달성하는 셈이었다. 미국의 자본, 미국의 기술, 본보기로서의 미국의 위력이 자극이 되리라고 보았다. 목표는 다양한 주권국가들로 구성된, 그러나 막강한 어느 한 나라가 지배하지는 않는, 세계를 만드는 일이었다. 케네디는 1962년 "독립적인 국가들이 존재하면 공산주의자들의 '대 설계(grand design)'를 실현하는 데 방해가 된다. 이게 바로 우리 나름의 대 설계의 토대다."[64]

다른 나라를 "관리"할 역량이 자국에 있다는 이러한 믿음과 궤를 같이 하는 특징은 이전보다 훨씬 효율적으로 방어에 필요한 국내 재원들을 이용할 수 있다는 자신감이 이 행정부 내에서 매우 높았다는 점이다. 바로 이 점이 케네디 행정부 전략의 다섯 번째 두드러진 요소였다. 이 요소는 맥나마라가 이끄는 국방부에서 가장 분명히 드러났다. 신임 국방장관은 시스템 분석을 토대로 한 새로운 관리기법을 과감히 도입했다. 전체적인 전략과 그 전략을 이행할 군사적 수단들 사이에 긴밀한 소통을 가능케 하도록 설계된 기법이었다. 아이젠하워는 국방 총예산이 방만해지지 않도록 고삐를 바짝 조였지만, 개별적 부서에 할당된 예산을 운용하는 문제는 그 부서의 재량에 맡겼다. 그 결과 고급스럽지만 중첩되거나 비효율적인 무기체계가 중요시되는 반면, 생색은 나지 않지만 반드시 필요한 지원시설에 대한 예산은 삭감되었고,

역할과 임무를 두고 부서 간에 공개적으로 얼굴을 붉히는 일까지 벌어
졌으나 백악관은 이를 막지 못했다. 케네디의 접근방식은 자의적인 예
산 상한선을 폐지하되 각 부서가 확보한 예산을 어떻게 사용하는지 면
밀하고 자세히 감시하도록 했다.65)

맥나마라는 이 목적을 달성하기 위해 "기획−프로그래밍−예산편
성 체제(Planning-Programming-Budgeting System, 이하 PPBS)"를 구축했
다. 국가 전략에 비추어 국방의 요구조건들을 규명하고 실제 군사력이
그러한 요구를 반영하도록 설계된 일련의 절차로서, 이는 단순히 부서
내 또는 부서 간 타협의 산물이 아니었다. PPBS는 다음과 같은 전제를
했다. (1) 군사력은 조직의 이익이 아니라 과업별로 구성한다. (2) 비
용(국방부 전문용어로 "투입재(input)")은 편익("산출물")과의 관계 속에
서 측정해야 한다. (3) 목적을 달성할 대안적 수단들은 평가가 가능해
야 한다. (4) 단기기획은 장기적 목표를 반영해야 한다. (5) 국방장관
은 개별적 업무와 상관없이 독자적으로 그러한 판단을 내릴 역량(그리
고 인력)을 갖추어야 한다. 맥나마라는 PPBS를 다양한 사안에 응용했
다. 미사일과 폭격기를 어떻게 "혼합"해야 가장 신빙성 있는 억지력이
되는지 결정하는 문제부터 다양한 민간인 방어 프로그램이 구할 인명
과 비용을 비교하는 일, 발전기의 터빈 바퀴를 플라스틱으로 할지 스
텐리스−스틸로 할지를 선택하는 일(비용은 각각 2달러 대 175달러로 무
시 못할 차이가 났다), 또는 군인의 허리띠 버클과 속옷을 표준화하는
업무까지 다양하게 이용되었다.66)

맥나마라가 실제로 얼마나 많은 비용을 절약했는지는 판단하기
어렵다. 국방비는 1961 회계연도에 496억 달러에서 1964 회계연도에
548억 달러로 증가했다. 그러나 증가분은 대부분 행정부가 대칭적 대
응 역량을 구축하려는 의지를 실천하는 데 사용되었다. PPBS가 아니

었다면 아마 국방비 지출 증가분은 더 컸을지도 모른다. PPBS는 군부에게 발행된 백지수표는 분명히 아니었다 - 3군이 1964 회계연도에 요청한 본래 예산액은 총 670억 달러였다. 그리고 이 기간 동안 국내총생산은 연간 4퍼센트 증가했으므로 국내총생산에서 차지하는 비율로 보면 국방예산은 사실상 1961 회계연도의 9.4퍼센트에서 1964 회계연도의 8.5퍼센트로 약간 줄어들었다.[67] 분명한 점은, PPBS와 그와 연관된 기법들은 자의적인 예산 상한선을 설정하지 않고도 국방부문을 관리할 역량이 있다는 행정부의 자신감을 반영했다는 점이다. 그러나 그 못지않게 강한 또 다른 확신도 반영했다. 국가경제 자체를 조종해서 워싱턴이 바람직하다고 여기는 그 어떤 수준에서든 국방부문을 유지하는 데 필요한 재원을 조달할 수 있다는 확신 말이다.

　　처음부터 케네디 행정부는 미국이 국제적인 입지를 유지하려면 반드시 높은 경제성장률을 달성해야 한다고 보았다. 그러한 성장률을 통해 미국을 나머지 세계의 본보기로 만들고, 이는 다시 세계에 대해 미국이 지는 책임을 미국 국민이 납득할 수 있도록 만들며, 높은 생활수준을 하락시키지 않고도 국방에 필요한 재원을 점점 더 많이 조달할 수단이 마련된다고 생각했다. 그러한 성장률은 또한 미국이 다른 우호적인 국가들이 수출하는 상품과 원자재를 흡수함으로써 그들의 경제적 건전성을 유지시키되 달러의 가치는 떨어지지 않도록 해주었다.[68] 케네디의 참모들은 아이젠하워가 높은 성장률을 유지하지 못했기 때문에 그의 임기 중에 세 차례 경기침체가 발생했고, 그 기간 동안 군사비 지출을 엄격히 제한했으며, 신임 행정부가 취임할 무렵 심각한 국제수지 문제가 야기되었다고 주장했다. 그들은 낡은 경제개념이 문제였다고 지적했다. 바로 아이젠하워가 높은 경제성장률을 달성하는 데 너무나도 중요한 케인즈 기법을 경제운용에 적용하지 않았다는 뜻이

었다.[69]

경제자문위원회 의장 월터 헬러(Walter Heller)는 아이젠하워가 예산 균형을 유지하려고 끈질기게 애쓰는 바람에 경제의 발목을 붙잡았고, 높은 세금이 구매력을 빨아들이고, 성장을 제약하고, 경기침체가 재발했다고 케네디를 납득시켰다. 지급능력 유지가 아니라 경제 팽창을 최우선 순위로 삼는 게 훨씬 나은 접근방식이라고 그는 주장했다. 경제가 팽창하면 지급능력은 저절로 생긴다고 주장했다. 헬러는 경제를 촉진하기 위해 세금을 삭감해 의도적으로 예산불균형을 만듦으로써 경제성장을 제약하지 않고 어느 정도 흑자를 봐서 필요한 수익을 창출해야 한다는 처방을 내렸다. 아이젠하워가 경고한 바와 같이 물론 물가상승의 위험이 있지만 그 순서를 뒤집고, 세금을 인상하고, 과도한 팽창을 누그러뜨림으로써 해결할 수 있다고 주장했다. 경제가 저절로 안정화되도록 내버려둘 여유가 없다고 헬러는 주장했다. 연방정부는 재정적인 도구를 이용해 지속적이지만 신중하게 경제성장을 달성할 의무가 있다고 주장했다. 케네디가 이 주장을 수용함으로써 — 1963년에 그가 세금인하를 주장했다는 사실에서 알 수 있다 — "케인즈식 혁명이 완결"되었다고 헬러는 생각했다. 이로써 대통령 곁에 정치경제학자의 자리를 마련할 필요가 생겼다.[70]

국방부가 주도한 "맥나마라 혁명"과 경제부문에서 일어난 "케인즈 혁명"은 아이젠하워 행정부의 국정운영 방식을 거부한다는 뜻이었다. 상부에서는 지침을 마련하는 데 집중하고 국방부문이든 경제부문이든 세세한 운영에는 관여하지 않는 국정운영 방식 말이다. 이 접근방식은 어떤 면에서는 "뉴 룩" 전략에 비유할 만한 방식이었다. 최고 수준의 도발에 대응할 역량을 유지하면 그 외의 수준에서는 행동할 필요가 없다는 전제를 깐 전략 말이다. 반면 "유연한 대응"은 모든 수준에서 행동할 필요가 있고 그럴 역량을 갖추되, 폭넓은 범위를 아우르는 수단들을 보유하고 전체적인 목적에 맞게 신중하게 조율해 사용한다는 전제를 깔고 있다. 이런 의미에서 로버트 맥나마라와 월터 헬러의 자신만만한 국정운영 기법은 유연한 대응 전략의 국내 판이라고 볼 수 있다.

아이젠하워의 정책들 가운데 케네디가 계승한 정책이 하나 있는데 그것은 바로 긴장을 완화하기 위해 소련과 협상을 모색하는 일이었다. 이 접근방식을 계승하고 확대했다는 점이 신임 정부의 봉쇄전략을 구성하는 마지막 여섯 번째 요소였다. 케네디는 취임사에서 "두려워서 협상을 하지는 말되 협상하기를 두려워하지는 말자."라고 주장했다.71) 사실 뼛속까지 반공주의자인 아이젠하워는 유화책을 쓰지 않고도 접촉이 가능하다는 점을 입증해 보임으로써 "적"과의 그러한 접촉에서 오는 위험을 대부분 제거했다. 그랬기 때문에 케네디는 자신이 마련한 "유연한 대응"이라는 병기에 외교관의 인내라는 기법을 쉽게 접목할 수 있었다.

로스토우는 1962년 3월 기본 국가안보정책 초안에 다음과 같이 기록했다. "우리는 장기적인 안목으로 소련과 미국의 경쟁을 관장하는 기본적인 규칙들에 대해 양국 간에 암묵적인 이해를 하는 쪽으로 나아가야 한다. 그들이 자유진영까지 힘을 확장하려는 시도에 맞설 역량과 의지가 우리에게 있다고 납득하면, 자제력을 발휘하는 게 양측에 모두 이득이 된다고 생각하게 된다." 소련과의 갈등을 종식시키기는 가까운 장래에는 불가능하지만 "그럼에도 불구하고 구체적인 사안에 관해서는 합의에 도달하고 (그러는 게 우리의 이익에도 부합한다) 비교적 평화로운 시절을 구가할 수 있을지 모른다." 소련이 공산주의 국가라는 사실 자체가 전쟁의 원인은 아니었다. 미국은 강대국으로서의 소련의 입장을 존중하고 세계 문제에서 "건설적으로 참여"할 가능성을 열어두어야 한다. "이런다고 해서 현재 집권하고 있는 소련 지도자들의 기본 정책이 바뀌지는 않겠지만 그들의 행동이나 그들의 후임자들의 행동을 어느 정도 교정하는 효과는 있을지 모른다."[72]

이러나 이러한 전략을 실행하기란 간단한 문제가 아니었다. 흐루쇼프는 여전히 본인이 주장한 "평화적 공존" 선언을 깨고 "민족해방전쟁" 연설 같은 도발적 행위를 하고, 베를린을 두고 새로 최후통첩을 발표했으며, 핵실험을 재개하고 미사일을 쿠바에 배치하겠다는 결정을 내렸다. 이 가운데 어느 하나도 긴장을 완화하겠다는 계산이 담겨있지 않았다 (비록 소련 지도자는 자신만의 독특한 논리에 따라 그러한 자신의 계략들이 바로 그러한 결과를 낳으리라고 생각했겠지만 말이다). 그럼에도 불구하고 케네디는 이러한 위기가 발생할 때마다 협상의 기회를 모색하려고 애썼다. "민족해방" 전략의 첫 시험대는 1961년 라오스에서 일어난 폭동이었다. 이때 신임 대통령 케네디는 북베트남을 폭격함으로써 보복하거나 지상군을 파병하거나 핵무기를 사용하라는 권고를 거부하고 대신에 소련과의 협상을 통해 오지에 있는 이 나라를 중립화하고 이 나라를 냉전 위기의 영역에서 벗어나게 하는 방법을 택했다.[73] 마찬가지로 베를린에 관해서도 케네디는 딘 애치슨을 비롯한 여러 사람들의 강경노선을 취하라는 권고를 거부하고 대신 서구 진영의 권리는 침해하지 않되 동독에서 흐루쇼프의 위태로운 입지를 안정화시키는 게 그의 이익에 부합한다는 점을 암묵적으로 인정하는 유연한 협상 입장을 택했다.[74] 핵무기와 관련해서는, 케네디 행정부는 오랜 지연 끝에 1962년에 마지못해 자체 핵실험을 재개했지만, 동시에 미래에는 그러한 실험을 금지하는 데 모스크바가 합의하도록 압박했다.[75]

케네디가 얼마나 협상에 전념했는지는 쿠바 미사일 위기 사태를

통해 가장 극명하게 드러났다. 공교롭게도 이 사건은 케네디가 외교
수단을 이용하기 주저했다는 사실을 보여주는 증거로 인용되기도 했
다.76) 대통령이 쿠바에 미사일이 배치된 상태에서는 협상하지 않겠다
고 한 것은 사실이다. 협상 절차는 필연적으로 지연되는데 그렇게 되
면 러시아인들이 쿠바에 미사일 배치를 완성할 시간을 벌어주고 따라
서 협상으로써 막으려는 목적을 오히려 달성하게 해주는 결과를 낳을
까봐 우려했다.* 그러나 행정부는 흐루쇼프가 항복하면서 위협을 통
해 데탕트를 모색하는 그의 전략이 완전히 무너졌음을 재빨리 간파했
다. 따라서 일단 위기가 수습되고 나자 협상을 강력히 밀어붙일 태세
를 갖추었다. 국무성의 분석은 다음과 같은 결론을 내렸다. "이러한
상황에서 미국은 주도권을 쥐고 동서간의 주요 사안들에 대해 협상을
제시하는 게 매우 중요하다."77) 케네디는, 서로에 대한 잘못된 인식이
위기를 초래하는 데 큰 역할을 했다는 사실에 경악했고, 이와 비슷한
상황이 1914년, 1939년, 1950년에 전쟁을 불러왔다는 점을 잘 알고 있
었으므로, 협상하라고 옆에서 재촉할 필요가 없었다. 그는 1963년 초
흐루쇼프에게 다음과 같은 서신을 보냈다. "핵 시대에 전쟁을 없앨 필
요가 있다는 데 귀하와 나 사이에는 의견 차이가 없어 보인다. 아마도
이러한 무기를 통제할 책무가 있는 이들만이 그러한 무기를 사용했을
때 초래될 끔찍한 파멸을 제대로 인식할 것이다."78)

　　1963년 협상의 가시적인 결과가 나왔다. 미국과 소련은 지하 핵

---

* 행정부 내에는 미국이 지닌 힘을 고려해 볼 때 쿠바에서 미사일을 제거하는 데 협상
이 필요 없을지도 모른다는 자신감도 어느 정도 있었다. 맥스웰 테일러는 1962년 10
월 맥나마라에게 다음과 같은 서신을 보냈다. "우리는 전면전 역량에서 전략적 우위
를 점하고 있다. 우리는 도덕적인 정당성, 배짱, 힘, 주도권, 이 상황의 장악력에서
전술적 우위를 점하고 있다. 두려워서 달아날 때가 아니다." (Kennedy Papers, NSC
Files, Box 36, "Cuba-General.")

실험을 제외한 모든 핵실험을 금지하는 조약을 체결했고, 모스크바–
워싱턴 간 "직통전화"를 설치했고, 우주 공간에 핵무기 배치를 반대하
는 유엔 결의안을 공동 지지하기로 했고, 미국에 남아도는 밀 2억 5천
만 달러어치를 소련에 판매하기로 했다. 그러나 이러한 성과들은 미국
의 정책이 바뀌어서라기보다 소련의 정책이 바뀐 데서 비롯되었다. 케
네디는 임기 내내 갈등에서 상호이익이 되는 부분을 규명하고 따로 떼
어내서 경쟁의 위험을 줄이는 접근방식을 취했다.* 1963년 6월 아메
리칸 대학에서 한 그 유명한 연설에서 그는 다음과 같이 지적했다. "가
장 적대적인 나라라도 조약의 의무를 수용하고 준수하는 행동이 자국
의 이익에 부합한다면 그리 하리라고 믿어도 된다."79) 그러나 손바닥
도 마주쳐야 소리가 나는 법, 흐루쇼프 본인이 데탕트를 향해 제한적
이나마 진전을 보는 게 자신에게도 이롭다고 깨닫고 나서야 비로소 협
상이 가능해졌다.

　　중국은 케네디의 임기 동안 협상에 대해 소련과 비슷한 정도의
관심을 보이지 않았다. 설사 중국이 관심을 보였다고 해도 미국이 그
에 응했을지도 분명하지 않다. 케네디 본인도 대만이 중국 전체를 대
표한다는 허구를 믿지 않았지만, 외교적으로 인정하는 대상을 바꿈으
로써 또는 베이징의 유엔가입을 인정함으로써 야기될 국내 정치적 부
담을 지고 싶지 않았다. 행정부 내에는 중국에는 압박을 가하는 한편

---

* 로스토우는 러시아인들이 쿠바에서 철수하는 데 합의하고 라오스와 관련해 1962년
　제네바협정을 준수할 때까지는 실험금지 협정을 추진하는 데 유보적인 입장을 보였
　다. 케네디는 이러한 "연계" 전략을 거부했고, 다른 사안에 대한 소련의 행동을 전제
　조건으로 내세우지 않고 실험금지 협상을 실시했다. (Rostow memorandum, July 5,
　1963, Kennedy Papers, NSC Files, Box 265, "ACDA-Disarmament Harriman Trip
　II.") 초기에 로스토우가 소련의 무기운송을 제약하는 문제와 협상을 "연계"하려 한
　시도에 대해서는 다음 자료를 참조하라. Rostow to Bundy, January 21, 1961, *ibid.*,
　Box 176, "소련 – General."

러시아인들과는 데탕트를 모색하는 게 중소 갈등을 지속시키는 가장
좋은 방법이라는 시각도 존재했다. 로스토우는 이 주장을 그의 "기본
국가안보정책" 안에 다음과 같이 요약했다.

> 미국이 중소 분쟁을 촉진하기 위해 할 수 있는 일이 거의 없지만
> 적어도 그 분열을 치유하는 효과가 있는 조치들은 피해야 한다. 따라
> 서 우리는 너무 공개적으로 흐루쇼프의 주장을 지지하는 바람에 그의
> 주장을 공산주의 진영 내에서 정당화하기 어렵게 만들어서는 안 된다.
> 무엇보다도 우리는 흐루쇼프가 전쟁보다 협상과 평화로운 타결을 원
> 한다고 선언하고 말한 대로 행동하는데도 그의 발언이 헛소리인 것처
> 럼 보이게 해서는 안 된다는 점이 중요하다. 그리고 중국이 소련과 정
> 반대로 행동한다면 가차 없이 재앙을 맞게 된다는 점을 분명히 밝혀야
> 한다.

중국이 "공격적인 입장과 행동을 수정하고 사실상 독립적인 대
만의 존재를 인정할" 태세가 되어 있다면 중국과의 관계를 개선하는
데 궁극적인 장애물은 없다고 로스토우는 덧붙였다. 그리고 실제로
1963년 케네디는 극동문제 담당 국무차관보 로저 힐즈먼(Roger
Hilsman)이 중국에 관해 연설할 내용을 승인했다. "중국 공산주의 정권
이 마침내 독기를 품은 증오심을 버리고 다시 다양성을 존중하는 세계
를 받아들일" 날을 고대한다는 내용이었다. 이 연설은 중국이 즉시 정
책을 바꾸기를 기대했다기보다 중국의 비타협적인 태도에 직면해서도
미국은 합리적인 태도를 보인다는 점을 과시하는 게 목적이었다. 베이
징 측에서 호혜적인 화해의 몸짓을 보이리라고 미국은 기대하지도 않
았고 실제로 베이징이 그러한 몸짓을 보이지도 않았다.[80]

서반구의 유일한 공산주의 국가와의 협상에서 케네디가 이룬 업

적도 마찬가지로 명암이 있다. 케네디 행정부가 쿠바에 의약품과 농기
구를 제공하는 대신, 피델 카스트로는 피그만(Bay of Pigs) 상륙작전의
포로들을 석방하기로 합의했다. 1963년에는 양측이 다른 사안들을 논
의할 의사가 있다는 기미가 보였다. 케네디는 쿠바 혁명 자체에는 반
대하지 않는다고 주장했다. 다만 소련이 쿠바를 뒤에서 조종하면 위험
하다는 게 우려하는 근거라고 끊임없이 강조했다. 케네디는 사망하기
나흘 전 한 연설에서 미국과 쿠바 사이를 갈라놓는 것은 "외부 세력이
배후에서 조종해 미국의 다른 공화국들을 전복시키려고 쿠바 섬을 무
기로 이용하려는 시도이며, 이러한 사실이 엄연히 존재하는 한 아무
것도 가능하지 않다. 그러한 시도를 하지 않으면 무엇이든 가능하다."
라고 말했다. 사망할 무렵 케네디는 카스트로와의 관계를 개선할 기회
를 모색하기 위해 비밀리에 적어도 두 가지 접촉을 진행하고 있었다.
그러나 중앙정보국도 이번에는 쿠바의 경제를 손상시킬 계획을 세우
고, 해안 지역을 따라 치고 빠지기 습격을 감행했고, 카스트로 암살
시도를 여러 차례 했으나 실패했다.[81] 이에 대해 케네디가 어느 정도
나 알고 있었고 구체적으로 어디까지 승인했는지는 여전히 불분명하
다. 분명한 점은 이러한 작전들이, 관계를 정상화할 가능성이 얼마나
존재했는지 모르지만, 그러한 가능성을 훼손했다는 사실이다.

　　그러나 미사일 위기 이후에 쿠바를 상대하면서 어떤 애로사항을
겪었든 상관없이, 행정부는 쿠바 미사일 위기를 처리한 방식을 "유연
한 대응"이 제대로 작동한 교과서적인 사례로 간주했고 따라서 어디서
든 본받아야 할 본보기로 삼았다. 1963년 2월 국가안보행동 제안서는
앞으로 이러한 "정치, 군사, 외교력을 통합해 통제되고 점진적인 방식
으로 적용하는" 기법이 필요하다고 강조했다. 그러려면 "적에게 가하
는 압박의 강도를 점진적으로 높일 역량"과 "점증하는 압력의 속성과

속도를 조절할" 역량과 "정치적, 경제적, 외교적, 심리적, 군사적 행동
을 조율할 역량과 함께, 이러한 노력들이 복합적으로 작용해 전체적인
목적을 향해 진전하는 효과를 낳는다는 목표의식"이 필요하다고 강조
했다.82) 그러나 미사일 위기가 보여주었듯이, 이제 실제적 경험이라는
혹독한 시험을 통과해 그 효과를 인정받은 "유연한 대응" 전략의 역량
으로는 이 가운데 그 어떤 것도 불가능해 보이지 않았다.


Ⅳ


　　"유연한 대응" 전략을 공개하는 일과 관련해 케네디와 그의 참모
들은 경각심을 일깨운다는 목표와 대중을 교육시킨다는 목표 사이에
서 끊임없이 고민했다. 한편으로는, 아이젠하워는 나라가 어떤 위협에
직면해 있는지 국민들에게 직시하도록 애쓰지 않았다는 의견이 존재
했다. 따라서 신임 행정부는 나라를 안이한 태도에서 벗어나도록 일깨
울 - 필요하다면 충격을 줄 - 의무가 있었다. 또 한편으로는, 대중으로
하여금 보다 침착하고 합리적인 관점으로 냉전을 바라보고 냉전 초기
에 나타난 특징인 격정과 과도한 단순화를 포기하도록 설득해야 할 의
무가 있었다. 이러한 서로 모순되는 욕구가 케네디 임기 내내 그의 전
략을 대중에게 설명할 때 묻어났다.

　　분명히 케네디는 나라가 직면한 위험을 과소평가하려고 애쓰지
는 않았다. 그는 피그만 사건이 일어난 직후 신문 발행인들이 모인 자
리에서 다음과 같이 말했다. "여러분이 '명백하고 현존하는 위험(clear
and present danger)'이 나타나기를 기다리고 있다면 그 위험이 지금보
다 더 명백하고 그 존재가 지금보다 더 임박했던 적이 없었다는 말씀

만은 드릴 수 있다." 그는 한 세기 전 캔자스-네브래스카 법이 통과되던 시기에 조지 윌리엄 커티스(George William Curtis)가 한 다음과 같은 간곡한 권유를 인용하곤 했다.

레오니다스(Leonidas)◎를 비롯해 300명이 자유를 위해 테르모필레 (Thermopylae)를 목숨을 걸고 지키며 절망적인 시간을 견뎌내던 뜨거운 여름날, 애국심의 이론에 대해 차분하게 토론이나 한 고대 그리스인을 여러분은 친구로 여기겠소? 영국인의 자유가 위험에 처했을 때 존 밀턴(John milton)이 자기 서재에서 그리스어 동사 변형이나 읊고 있었소?

케네디는 교양 있는 사람이라면 "위태로운 시기에 자신의 목적의식과 자유를 우리 사회를 유지하는 데 바쳐야 할" 의무가 있다고 주장했다. 케네디는 1961년 6월 비엔나 정상회담에 뒤이어 흐루쇼프와의 의견 차이를 얼버무리고 넘어가려는 시도도 하지 않았다. 그는 "우리는 옳고 그름에 대해, 무엇이 내정이고 무엇이 도발인지, 무엇보다도 지금 세계가 어디에 있고 어디로 가고 있는지에 대해 전혀 다른 관점을 지니고 있다."라고 말했다. 케네디는 1962년 10월 궁극적인 위기의 순간에 궁극적인 위협이 무엇인지 얼버무리려 하지도 않았다. 그는 다음과 같이 말했다. "우리는 때 이르게, 또는 불필요하게 세계 핵전쟁을 치르는 위험을 감수하지 않겠다. 그런 전쟁에서 승리함으로써 얻을 결실은 잿더미뿐이다 - 그러나 우리는 언제라도 그러한 위험에 직면해야 한다면 회피하지도 않을 것이다."[83]

굳은 의지와 결의를 보여주는 데도 신경을 많이 썼다 - 무엇보다

---

◎ 스파르타의 왕. 페르시아 군이 침략하자 스파르타군과 테스피스인을 동원해 테르모필레를 사수하다 전원이 전사했는데, 그들은 훗날 그리스의 영웅이 되었다 - 옮긴이.

도 모욕당하는 걸 두려워한 행정부로서는 이해할 만한 성향이다. 이러한 성향은 우선 위기를 공개적으로 힘을 과시할 기회로 삼고 그런 연후에야 비로소 협상을 추진하는 성향에서 잘 드러났는데,[84] 이러한 양상은 라오스, 베를린, 핵실험, 쿠바에서의 소련 미사일 사태 때도 똑같이 나타났다. 케네디는 때로는 극복할 역경을 일부러 찾는 듯이 보이기까지 했다. 모욕적인 피그만 사건 직후에 미국인을 달에 착륙시킨 집념에서 잘 나타났듯이 말이다. 그 다음 해 그는 라이스 대학교에서 학생들에게 질문을 던졌다. "그런데 왜 하필 달이냐고 묻는 이들이 있다. 왜 최고봉에 오르는가? 35년 전 왜 대서양 횡단 비행을 했나? 라이스 대학교는 왜 텍사스 대학교와 겨루는가?" 미국이 달에 간 까닭은 쉬워서가 아니라 어렵기 때문이었다. "그 목표를 추구하면 우리가 지닌 에너지와 역량을 최대한 발휘하고 이를 측정할 수 있기 때문이다."[85] 이는 마치 덜레스가 늘 하던 주장, 바로 미국인들이 간직한 최상의 성정을 끌어내기 위해서 역경은 바람직하고 심지어 필요하기까지 하다고 한 주장을 케네디가 답습한 듯했다.

그러나 단 한 가지 예외를 제외하고는 행정부가 의도적으로 실제보다 훨씬 긴박한 느낌을 대중에게 전달하려 했다는 증거는 없다. 당시는 냉전에서 소련의 예측 불가성이 극에 달했을 때였다. 이러한 상황에서 국지적인 사건에 세계적인 의미를 부여하는 경향이 없었다면 오히려 놀랄 일이었을지 모른다. 행정부가 실제로 아는 정도보다 위험을 부풀린 한 사례가 바로 전략무기다. "미사일 격차"가 존재하지 않는다고 공개적으로 인정한 빈도나 강도가 케네디 행정부 초기에 그랬던 정도에 훨씬 못 미쳤다. 이 사례를 제외하면 케네디와 그의 참모들의 공식적인 수사는 그들이 내심 어떤 우려를 하고 있는지를 가늠할 상당히 믿을 만한 지표였다.

그러나 행정부 내에는 이러한 수사와 더불어 케네디가 "냉전의 케케묵고 낡은 도그마"라고 일컬은 정서에 대한 초조감이 높아지고 있었다. 번디의 보좌관 칼 케이젠은 1961년 전형적인 냉전 사고가 목적 자체가 되었다고 기록했다. 그러한 사고는 "우리의 외교정책의 긍정적인 주요 목표를 달성하는 데 기여하지 못했다." 게다가 매카시즘을 되살릴 위험까지 있었다.

매카시즘은 우리가 한국에서 소련과 말 그대로 전쟁을 했다는 사실과 무관하지 않다. 우리 역사와 우리 사회가 정치적 경제적으로 이룬 대단한 성공 덕에 재산과 자유에 대한 로크(Locke)의 개념에서 멀어지는 성향이 다른 사회에 비해 훨씬 적다. … 해외에서 우리의 군사적인 입장 때문에 이러한 차이를 용인하기가 점점 더 어려워지고 있고, 이에 상응해 이러한 차이를 미국적인 삶의 방식에 대한 위협으로 여기는 급진적인 우익 분자들이 행사하는 정치적인 영향력이 증가하고 있다. 더 나아가, 우리가 강력한 군사적인 입장을 취하면 이를 행동에 옮길 적합한 대상이 없는 상황에 직면하게 된다. 이렇게 되면 내부적으로 그러한 입장이 지닌 정치적 파장이 악화되고 우리는 외부의 적도 파악하지 못한 상황에서 내부의 적까지 색출해야 한다.

또 다른 문제는 복잡한 국제문제를 해결하기에는 단순한 냉전 사고가 부적합하다는 점이다. 케네디는, 덜레스를 간접적으로 비판한 듯한 다음과 같은 발언을 했다. "미국의 정책이, 서로 다른 다양한 여건 하에 놓인 세계 도처에 영향을 미치는데, 슬로건 하나, 형용사 한 개, 또는 강성이거나 연성이라는 단어 하나에 정책을 함축할 수 있다는 생각은 위험한 망상이다." 그러한 사고는 또한 양측에 대한 고정관념을 만드는 데도 기여해 변화에 적응하기 어렵게 만든다. "나라는 변한다. 상황도 변한다. 그러므로 우리는 진정한 위험이 어디 도사리고 있는지 볼 수 있을 만큼 현실적일 필요가 있다."[86]

케네디는 생의 마지막 해 동안 냉전을 선악의 대결로 보는 일반적인 인식과 있는 그대로의 복잡한 세계 사이의 격차를 메우려고 애썼다. 그는 1963년 6월 아메리카 대학 청중들에게 다음과 같은 내용을 상기시켜 주었다. "우리는 누가 잘하나 겨루고 점수나 따는 토론을 하는 게 아니다. 우리는 책임을 묻고 누가 잘못했는지 손가락질하려는 게 아니다. 그 어떤 정부나 사회체제도 거기에 속한 사람들이 덕목이 없다고 여겨야 할 만큼 사악하지는 않다."

공동체의 평화를 달성하기 위해 사람마다 다 자기 이웃을 사랑할 필요는 없다. 세계평화도 마찬가지다. — 서로를 용인하고, 분쟁을 정당하고 평화로운 방법으로 해결하고, 공존할 수만 있으면 된다. 그리고 역사는 우리에게 개인들 사이의 반감과 마찬가지로 나라들 간의 반감도 영원히 지속되지 않는다는 사실을 일깨워 준다.

모스크바와 워싱턴 모두 "상대방이 굴욕적인 후퇴를 하든가 핵전쟁을 일으키든가 양자택일을 해야 하는 대치상황"이 발생하지 않도록 하는 게 이롭다. "우리의 정책이 완전한 실패거나 세계가 집단적으로 죽고 싶은 충동에 시달리거나 둘 중 하나를 입증하게 되는 상황에 처하지 않도록 하는 게 이롭다." 이러한 상황 하에서는 대기권 핵실험 금지조약에 서명하는 한편 지하 핵실험을 계속하고, 러시아인들에게 밀을 파는 한편 전략적 물자는 팔지 않고, 합동 우주탐험의 타당성을 조사하는 한편 미국은 일방적으로 우주 프로그램을 적극적으로 추진하고, 무장해제의 기회를 탐색하는 한편 무기를 보유한다고 해도 일관성이 없다고 여기지 않았다. 그리고 각각의 사례에서 추구하는 목표는 똑같았다. 크렘린 지도자들을 설득해서 "그들이 직접적 혹은 간접적 도발을 하는 게 위험한 행동이고, 그들의 의지와 체제를 거부하는 사람들에게 억지로 강요하려 해도 소용없으며, 실현가능한 진정한 평화를 달성하는 목표에 동참하는 게 세계뿐만 아니라 자신들에게도 이롭다는 사실을 받아들이도록 하는 일이다"[87]

이러한 발언에 함축된 의미는, 다양성을 용인하고, 이를 달성하기 위해 힘을 행사하기보다 힘의 균형을 유지하는 게 케네디가 생각하는 미국의 이익의 기초가 된다는 뜻이었다. 그러나 대통령은 세상을 떠나는 날까지 이성적이고 침착한 대응을 요구하면서도 세계 도처에 있는 모든 "자유의 변경(邊境)"을 수호해야 한다고 격정적으로 호소했다. "여러분은 도대체 이 모든 일이 언제 마무리되고 집으로 돌아가게 될지 궁금할 것이다. 그런데, 끝나지 않는다. 유럽이나 라틴아메리카나 아프리카에서 일어나는 일은 이 도시에 사는 사람들의 안전, 그리고 특히 이후에 등장할 사람들의 안전에 직접적으로 영향을 미치기 때문이다." 그로부터 두 달 후 그는 또 다시 다음과 같이 말했다.

미국이 없다면 남베트남은 하룻밤 새 붕괴된다. 미국이 없다면 동남아시아조약기구 동맹은 하룻밤 새 붕괴된다. 미국이 없다면 중앙조약기구는 하룻밤 새 붕괴된다. 미국이 없다면 NATO는 없다. 그리고 유럽은 서서히 중립주의와 무관심에 빠져든다. 전진을 위한 동맹에서 미국의 노력이 없다면 공산주의자는 오래 전에 남아메리카 본토에 진출했을지 모른다.

케네디는 1963년 11월 22일 아침에 이같이 말한 뒤 다음과 같이 덧붙였다. "우리는 여전히 자유라는 아치(arch)의 중심이 되는 이맛돌이다. 그리고 우리는 과거에 해온 대로 앞으로도 계속 할 예정이고 텍

사스 주민들이 앞장설 것이다."[88]◎

　　그렇다면 이 모두가 시사하는 바는, 케네디의 공개적인 수사는 그가 내심 품고 있던, 이익과 위협과 관련된 애매모호한 태도를 정확히 반영했다는 사실이다. 미국은 원칙적으로 힘의 균형을 바탕으로 조직화된 다양한 세계 속에서 안락하게 살 수 있지만, 이와 동시에 과도하게 확장된 입지에서 후퇴하는 듯이 보이기만 해도 자신감의 위기에 봉착해 모든 곳에서 미국의 이익이 훼손될 가능성이 있었다. 쪼개기 불가능한 것은 미국의 이익이 아니라 자신감이었다. 추상적인 개념과 실제 세계의 엄연한 현실 간의 이러한 충돌에 "유연한 대응"의 핵심적인 ― 그리고 해소되지 않은 ― 전략적 딜레마가 놓여 있다.

---

◎ 케네디는 바로 그날 텍사스 주의 댈러스 시에서 암살됐다 ― 옮긴이.

# 08

# 유연한 대응의 실행: 시범사례로서의 베트남

  "유연한 대응"의 실행을 논하려면 선택을 해야 한다. 이 전략이 구현된 일련의 사건들을 총체적으로 살펴보는 방법이 있다: 피그만, 라오스, 베를린, 쿠바 미사일 위기, 도미니카공화국 사건들이다. 아니면 단 한 가지 사건을 자세히 살펴보는 방법이 있다. 지속된 기간도 길고, 그 사건을 두고 나라가 분열되었고 엄청난 비용이 들었다는 면에서 다른 모든 사건들을 압도하기 때문이다. 바로 베트남 전쟁이다. 두 번째 접근방식을 취해야 하는 두 가지 이유가 있다. 첫째, 동남아시아에서 미국의 정책은 "유연한 대응"의 모든 요소들을 사실상 반영했다. 둘째, 케네디, 존슨, 그리고 그들의 참모들은 베트남을 이 전략을 실험하기에 적합한 지역으로 보았다. 애초에 "유연한 대응"이라는 전략이 나온 이유도 아이젠하워가 비슷한 문제들을 해결하지 못했기 때문이다. 이 전략이 베트남에서 제대로 작동하지 않으면 다른 곳에 적용될 가능성에 대해서도 심각한 의문이 제기될 근거가 된다. 미국의 지도자들은 잠재적으로 어떤 난관이 있을지 충분히 인식한 상태에서 이 실험을 했지만, 동시에 그러한 난관을 극복할 역량이 충분히 있다고 자신했다.

자신감이 빗나갔다는 말은 약과였다. 전략이 의도한 목적과 이렇게 판이한 결과가 나온 사례는 찾아보기 힘들 정도다. 베트남 전쟁은 남베트남을 구하지 못했고, 미래의 도발을 억제하지도 못했으며, 세계 다른 지역에서 미국의 언행에 대한 신빙성을 높여주지도 못했고, 국내에서 잘잘못을 따지는 사태를 막지도 못했다. 이러한 목적과 결과의 간극을 전후 국가안보 의사결정 구조의 결함 탓으로 돌리기는 너무 쉽다. 물론 그 이유도 상당히 있었지만 말이다. 지금까지 살펴본 바와 같이 봉쇄전략에 접근하는 방식은 여러 가지였고, 그 전략이 구현된 모든 사건들을 싸잡아 비난하려면 막연하기만 하다. 베트남에서 실패한 원인을 1963년 11월 22일 백악관 지도자가 바뀌었기 때문으로 돌려도 도움이 되지 않는다. 케네디와 존슨의 개성이 아무리 천양지차라고 해도 말이다. 존슨도 베트남에서 "유연한 대응" 전략을 충실히 따랐기 때문이다. 어쩌면 케네디 본인이 했더라도 존슨만큼 충실히 이 전략을 따르지는 못했을지도 모른다.

베트남에서 미국의 패배는 유연한 대응 전략에서 논리적으로 파생된 전제조건들에서 비롯되었다. 동남아시아의 방어는 세계질서 유지에 중요하다는 전제. 군사력을 정확하게 차별화해서 베트남에 적용 가능하다는 전제. 성과를 정확하게 평가할 수단이 존재한다는 전제. 성공은 세계 속에서 미국의 힘, 위상, 신뢰도를 높인다는 전제. 이러한 전제들은 놀라울 정도로 근시안적인 절차에의 집착을 반영하기도 했고 ─ 목적을 희생해 가면서까지 수단에 과도하게 몰입했다 ─ 따라서 의도와 성과가 정확히 상응하도록 설계된 전략이 그와 정 반대의 결과를 낳았다.

I

케네디와 존슨 행정부 관료들은 그들이 베트남에서 실행한 정책이 1947년 이후 미국 외교정책이 지향해 온 전반적인 방향과 일맥상통한다고 주장하곤 했다. 베트남에서의 군사활동은 도발해서는 얻는 게 없다는 점을 보여주기 위해 그동안 취해온 일련의 조치들의 연장선상에 있는 또 하나의 조치일 뿐이라고 그들은 주장했다. 존슨은 다음과 같이 주장했다. "오늘날 우리가 동남아시에서 직면한 난관은 그리스와 터키에서, 베를린과 한국에서, 레바논과 쿠바에서 우리가 용기로 맞서고 힘으로 대응한 난관과 똑같다. 이 세대가 얻은 중요한 교훈은 우리가 확고한 입장을 견지하는 곳이라면 어디서든 도발은 결국 멈추어 왔다는 점이다."1) 남베트남에서도 비슷한 접근방식을 취할 필요에 대해 의문을 제기한다면 이는 처음부터 봉쇄전략을 지탱해온 전제들 자체를 문제삼는 셈이 된다는 뜻의 발언이었다.

사실 그러한 전제들은 세월이 흐르면서 변해 왔다. 케넌은 필수적 이익과 주변적 이익의 구분, 이러한 이익들에 대한 다양한 위협들 간의 구분, 가용수단이 주어졌을 때 타당한 대응의 여러 수위들 간의 구분을 강조했었다. 케네디와 존슨 행정부는 그런 구분을 하지 않았다. 케넌은 신중하게 엄선한 중요 지역에 정치적 경제적 군사적 심리적 수단들을 복합적으로 적용해 세계 힘의 균형을 유지할 방법을 모색했다. 1965년 무렵 존슨은 적이 선택한 전역(戰域)에서 거의 전적으로 군사력에 의존해 대응하고 있었다. 케넌은 소련의 힘과 영향력의 팽창을 봉쇄하기 위해 공산주의자가 있는 지역에서조차 민족주의 세력을 규합하려고 했다. 존슨은 세계에서 미국에 대한 신뢰를 유지하기 위해 민족주의자가 있는 곳에서도 공산주의에 반대했다. 그리고 마지막으로 공교로운 반전이 있다. 존슨과 그의 후임인 닉슨은 자신이 실행한 전략이 만든 올가미에 얽히고설킨 미국을 빼내기 위해서 봉쇄전략의 본래 목표물인 소련의 지원에 의존하는 애처로운 처지에 놓이게 되었다.

혹자는 이러한 변화를 둔감하고 근시안적이고 심지어 방심한 결과라고 해석할지도 모르지만, 이러한 특징이 다른 정권보다 케네디-존슨 때 특히 훨씬 두드러지게 나타났다는 증거는 없다. 이 두 행정부의 두드러진 특징은 대칭 대응에 심혈을 기울였다는 점이고, 전략적 사고의 변화를 설명할 요인은 바로 여기서 찾아야 하는데, 이게 더욱 더 놀라운 이유는 전략을 실행하는 이들은 전략적 사고가 변했다는 사실조차 인식하지 못하고 있었기 때문이다.

물론 위협으로 인식하는 대상을 소련에서 국제 공산주의운동으로 바꾼 주인공은 NSC-68이었다. 이 문서는 또한 수단과 그리고 그 결과로서의 이익을 확대할 명분을 제공해 주었다. 아이젠하워는 NSC-68에 제시된 수단의 분석 내용을 거부했지만 위협이나 이익에 대한 평가의 분석을 거부하지 않았다. 이 때문에 그는 동남아시아조약기구를 통해서 남베트남을 방어하는 어정쩡한 태도를 취했다.* 최소한의 비용으로 최대한의 억지력을 달성하겠다는 행정부의 관심사와 일맥상통하는 구상이었다. 비용은 케네디에게는 그리 큰 관심사가 아

---

* 1954년 9월 8일에 체결된 동남아시아조약기구 협정은 회원국이나 회원국들이 "향후 만장일치로 지정"할 영토나 국가에 대해 "무력 공격"이 발생할 경우, "그들의 헌법 절차에 따라 공동의 위험에 맞서기 위해 행동한다."라고 규정한다. "무력공격 외의" 위협이나 "이 지역의 평화를 위험에 처하게 할 사실이나 상황에서는" 회원국들은 "공동의 방어를 위해 취해야 할 조치들에 대한 합의를 위해 즉각 논의한다." 남베트남은 이 조약에 서명하지 않았지만, 조약에 첨부된 조서에 따라 조약의 조문들은 "캄보디아와 라오스와 베트남 국가가 관할하는 자유지역에도 적용되었다." (*American Foreign Policy, 1950-1955: Basic Documents* [Washington: 1957], pp.913-14, 916.)

니었고, 베트콩의 반란이 급증하자 그는 NSC-68의 확장 가능한 수단이라는 개념으로 돌아가되 여기에 아이젠하워가 한 약속을 이행하겠다는 결의까지 보탰다. 비록 이는 대체로 수단을 대신하는 방편으로 쓰였지만 말이다. 이와 동시에 케네디는 전임 정권의 전략이 감수했던 확전이나 치욕의 위험을 낮추는 데 매진했다. 이러한 결의는 곧 미국 지상군의 파병으로 이어졌다. 처음에는 남베트남의 "자문" 역할로서, 그리고 존슨 행정부에서는 명실상부한 전투병으로서.

그러나 베트남에 걸려 있는 미국의 이익이 정확히 무엇이었을까? 왜 그 지역에서 힘의 균형이 깨질 위험에 놓였을까? 월트 로스토우는 1962년 "기본 국가안보정책" 안에서 다음과 같이 경고했다. "주요 영토나 물자를 상실하면 미국이 원하는 세계 환경을 조성하기가 더 힘들어지고 비공산주의 진영에 속한 정부와 국민들 사이에 패배주의가 만연하거나, 미국 내에서 좌절감이 팽배해진다." 그러나 그렇게 멀리 있는 작은 나라를 "상실"하면 왜 그런 엄청난 결과가 초래되는지 설명하라는 추궁을 받자, 워싱턴 관료들은 동남아시아조약기구 협정에 따른 의무를 거론하며, 그 의무를 다하지 않으면 세계 다른 지역에서도 미국의 진의를 의심하게 된다고 답했다. 러스크는 1965년 다음과 같이 기록했다. "미국은 약속을 반드시 지킨다는 믿음은 세계 도처에서 평화를 떠받치는 가장 중요한 기둥이다. 그러한 약속을 신뢰하지 못하게 되면 공산주의 진영은 우리의 파멸과 거의 분명히 참혹한 전쟁으로 이어질 결론을 내리게 된다."[2]

이는 참으로 해괴한 논리였다. 미국이 남베트남에 한 약속을 지키는 게 세계 안정을 유지하는 데 필수적이라면서, 그 안정이 다름 아닌 워싱턴이 약속을 깰 가능성 때문에 위험에 처한다고 묘사하니 말이다. 도발을 억제하는 주체인 동시에 도발이 일어나리라는 전망에 인질로 잡힌 셈이었다. 이러한 혼란은 케네디와 존슨 행정부 모두 동남아시아에 걸린 미국의 이익이 무엇인지 그 개념을 독자적으로 도출해 내지 못한 데서 비롯된 듯하다. 그들은 그 지역에 걸려 있는 미국의 이익이 전적으로 위협과 의무에 의해 결정된다고 보았다. 미국의 안보는, 그리고 비공산주의 진영 전체의 안보는, 미국의 안보보장에 맞서는 공산주의자의 도발이 발생하는 곳이라면 어디에서든 위험에 처했다. 베트남 자체는 크게 중요한 지역이 아닐지 모르지만, 위협과 약속이 교차하는 지점으로서의 베트남에는 미국의 모든 것이 걸려 있었다.

　　이 논리에서는 위협이 중앙의 지시를 받든 다른 지역의 공산주의자 활동과 연계되어 있든 상관이 없었다. 베트남 전쟁 초기에는 "세계 지배"를 획책하는 중—소가 자주 언급되었지만,[3) 모스크바—베이징의 갈등이 반박 불가능할 정도로 노골화되면서 그 빈도가 줄었다. 그러자 중국 봉쇄로 바꿔서 합리화했지만 잠시 뿐이었다. 1965년 초 무렵 국방차관 존 맥너튼(John McNaughton)이 말한 바와 같이, 가장 큰 관심사는 "미국이 (안전을 보장하는 주체로서의 평판을 무너뜨릴) 치욕적인 패배를 하는 상황을 모면하는 일이었다."[4) 그렇다면 공산주의가 서로 연계해 세계 힘의 균형을 위협한다고 할 필요가 없어졌다. 미국에 손해를 끼치고 공산주의가 승리하면, 설사 조율된 행동이 아니라고 해도, 미국은 치욕을 당하게 되고 마찬가지로 세계 안정에 대한 위협이 된다. 유일한 차이점은 이제 이러한 위협들의 연결고리는 국제공산주의 자체의 내부적 규율과 통제가 아니라 후퇴가 초래할 상황에 대한 워싱턴의 두려움이었다.

　　그런 논리라면 미국이 안보를 보장하겠다는 약속을 할 때도 신중할 필요가 없었다. 케네디 행정부 내에는 아이젠하워 임기 동안 동남아시아에서 미국이 지나치게 오지랖이 넓었다고 생각하는 분위기가 팽배했다. 지금까지 살펴본 바와 같이 로스토우는 해외 거점을 기반으로 한 비공식적인 동맹 구조를 선호했을지 모른다.5) 그의 한 보좌관인 로버트 코머(Robert Komer)는 1961년 사석에서 동남아시아조약기구를 존재하지도 않는 도발의 위험을 향해 던지는 "맷돌"이라고 묘사했다. 그럼에도 불구하고 로스토우는 그해 말 케네디에게 다음과 같은 글을 썼다. "우리는 분명히 베트남에 코가 꿰었다. 우리는 반드시 동남아시아조약기구 약속을 지켜야 한다." 문제는 단순했다. 각 단계마다 발을 빼면 처하게 될 위험은 계속 밀고 나감으로써 치러야 할 비용을 훨씬 능가했다. 맥너튼은 1966년 다음과 같이 기록했다. "우리가 베트남에 진입한 이유들은 이제 와 보니 대체로 탁상공론이었다. 결정을 내리는 시점마다 우리는 도박을 했다. 각 시점마다 약속을 지키지 않음으로써 우리가 하는 일의 효율성을 훼손하는 상황을 모면하려고 판돈을 높였다. 우리는 약속을 태만히 하지 않았고 그래서 이제 판돈(그리고 약속)은 아주 높아졌다."6)

이 모두에서 저절로 논리가 보강되는 경향이 두드러지게 나타났다. 행정부가 미국의 신뢰성을 유지하기 위해 베트남 정책을 유지해야 한다고 비호하면 할수록 미국의 신뢰성은 점점 더 그 정책들의 성공에 좌우되는 듯이 보였다. 존슨은 1965년 4월 "베트남의 운명을 그들의 손에 맡겨 놓으면 미국이 한 약속의 가치와 미국이 한 말의 가치에 대한 믿음이 흔들리게 된다."라고 천명했다. 그리고 5월에 반복했다. "일백여 개 작은 나라들이 어떻게 되는지 지켜보고 있다. 남베트남이 넘어가면 똑같은 일이 그들에게도 벌어질 수 있다." 7월에도 또 다시 언급했다. "우리가 베트남 벌판에서 쫓겨나면, 앞으로 그 어떤 나라도 다시는 미국이 보호해 준다는 약속을 믿지 않게 된다."7) 국제관계에 대한 인식을 결정하는 요소들은 여러 가지다. 사람들이 믿는 바는 일부분일 뿐이다. 국가가 주장하는 바도 한 요소이다. 국가가 주장하는 바의 빈도와 강도 그리고 이에 상응하는 다른 선언들로 미루어볼 때, 국가가 하는 주장은 나라 안팎에서 심각하게 받아들여진다는 점은 놀랄 일이 아니다. 그러나 공교로운 사실은, 존슨 행정부는 굴욕으로 이어질 철수하라는 압박을 무마하기 위해서 그러한 주장을 했다는 점이다. 비록 굴욕의 근원이 되는 약속과 이행 간의 격차를 오히려 벌려놓는 효과를 낳고 말았지만 말이다.

그런데 애초에 왜 굴욕을 그처럼 극도로 두려워했을까? 부분적으로는 적에게 나약해 보일지 모른다고 생각했기 때문이 아닌가 싶다. 뮌헨의 "교훈"이 여전히 생생하게 살아 있었다. 베트남은 일종의 개인적인 자존심 문제처럼 되어버린 탓도 있다. 존슨은 "1959년 이후로 우리는 단 한 나라도 공산주의에 잃지 않았다."라고 자랑하곤 했다.[8] 그러나 야릇하게도 미국이 어떤 행동을 할지에 대해 세계가 어떻게 생각할지 신경이 쓰여서라기보다 훨씬 깊은 우려가 있었다. 케네디와 존슨 행정부 내에는 미국의 비이성적인 성향을 두려워하는 야릇한 분위기가 있었다 — 미국이 베트남을 "잃었다"고 인식될 경우 뒤따를 예측 불가능한 반응들 말이다. 러스크와 맥나마라는 일찍이 1961년 그런 상황이 전개되면 "미국 내에서 모진 논란을 일으키고 극단주의자들이 이를 기회삼아 나라를 분열시키고 행정부를 괴롭히게 된다."라고 경고했다. 로스토우의 "기본 국가안보정책" 안은 크게 패하는 상황에 직면하면 "미국이 성급하게 먼저 전쟁을 일으킬지 모른다."라는 가능성을 제기하기까지 했다.[9] 그 중에도 단연 존슨이 가장 강한 두려움을 품고 있었던 듯하다. 그는 훗날 다음과 같이 회상했다.

공산주의자들이 도발해 남베트남을 접수하는 데 성공하도록 내버려두면, 이 나라에서는 논쟁 — 야비하고 파괴적인 논쟁 — 이 끊임없이 이어지게 되고, 이러한 논쟁은 나의 통치력을 뒤흔들고 나의 행정부를 죽이고 우리 민주주의를 훼손하게 된다는 점을 잘 알고 있었다. 해리 트루먼과 딘 애치슨은 공산주의자들이 중국을 접수한 날 효율성을 상실했다는 점을 잘 알고 있었다. 중국을 상실한 것이 조 매카시가 부상하는 데 큰 역할을 했다고 믿는다. 그리고 이 모든 문제들을 종합해 봐도 우리가 베트남을 잃었을 때 생길 일들에 비하면 하찮았다.[10]

그렇다면 궁극적인 위험은 미국이 스스로 약속한 의무를 다하는 데 실패할 경우 미국이 스스로에게 어떤 일을 저지를 것인가였다.

존슨 행정부가 퇴임한 직후, 〈뉴요커(New Yorker)〉에 글을 쓰는 윌리엄 휘트워스(William Whitworth)는 전임 대통령의 참모 몇 명을 인터뷰해서 베트남 전쟁의 토대가 된 지정학적 명분이 무엇이었는지 알아보려고 했다. 인터뷰에 응한 인물은 월트 로스토우의 형으로서 1966년부터 1969년까지 국무성 정치문제 담당 차관으로 재직한 유진 V. 로스토우(Eugene V .Rostow)뿐이었다. 두 사람의 대화는 순환논리의 구조를 띠었다. 휘트워스가 미국의 안보가 동남아시아의 방어에 달렸다고 본 이유를 묻자, 로스토우는 세계에서 "힘의 균형"을 유지할 필요성을 강조했다. 힘의 균형을 유지했어야 하는 이유가 뭔지 묻자, 로스토우는 전형적인 "유연한 대응" 논리로 돌아갔다. 핵무기에 의존하지 않고 베트남 같은 문제들을 다룰 필요가 있었다는 대답이었다. 휘트워스는 황당해서 "문제에 대처하려면 균형을 유지해야 하고, 균형을 유지하기 위해서는 문제에 대처해야 한다. 그 논리는 자기 꼬리를 자기가 먹는 구조다."라고 반박했다. 이에 로스토우는 다음과 같이 답했다. "뭐, 어떤 면에서는 당신 말이 맞다. 내가 할 수 있는 말은 그뿐이다. 잠재적으로 적대적인 세력이 패권을 잡으면 사람들이 큰 위험에 처한다. 잠재적인 패권이 어떤 식으로 행사될지 구체적으로 말할 수는 없지만, 나는 상당한 비용을 치르더라도 그 위험을 막는 쪽을 택하련다."11)

논리가 자기 꼬리를 삼키는 광경은 베트남에서는 드물지 않게 발생했다. 약속을 지키려고 수단을 확장하는 행위가 수단을 대체했다. 힘의 균형을 유지하기 위해 지켜야 한다는 그 약속의 존재가 오히려 힘의 균형을 위태롭게 만들었다. 신뢰성을 유지하려면 실행해야 한다는 정책이 바로 그 신뢰성을 파괴했다. 궁극적으로 국내 합의에 도달하기 위해 이용한 수단은 그 합의를 파괴했다 - 이 모두가 이익을 규명하고 위협을 인식하고 적절한 대응 방법을 선택하는 단계를 거치는 질서정연한 방식으로 "유연한 대응" 전략을 진행시키는 데 실패했다는 사실을 보여준다. 오히려 위협과 대응은 그 자체가 지켜야 할 이익이 되었고, 그 결과 미국은 전례 없이 굳은 결의로 할 일을 하겠다고 마음먹은 바로 그 순간에 베트남에서 해야 할 일을 무시했거나 무슨 일을 하려 했는지 잊어버렸다.


Ⅱ


베트남에 적용된 "유연한 대응"에서 두 번째로 두드러지는 특징은 "조율" 또는 "미세 조정"에 대한 믿음이었다 - 정확히 계산된 행동의 범위 안에서 오가며 적합한 행동을 선택함으로써 미국은 극단적인 확전이나 치욕을 당하지 않고 도발을 억제할 수 있다는 믿음이었다. 맥나마라의 한 보좌관은 1964년 말 다음과 같이 기록했다. "우리 군사력은 우리의 외교정책을 실행하는 수단으로서 절제되고 제한되고 통

제되고 주도면밀한 방식으로 사용되어야 한다. 군사작전 자체가 목적
이 되어서는 절대로 안 된다." 몇 달 후 존슨도 똑같은 논리를 폈다.
"우리에게 무모하게 또는 아무렇지도 않게 우리의 위력을 사용하라고
주문하는 이들에게 말하고 싶다. 우리는 해야 할 일을 한다. 그리고
우리는 오직 해야 할 일만 한다."[12] 그런데 결국 이 전략은 확전도 불
러오고 치욕도 안겨 주었으니, 힘의 균형에 대한 공식적인 입장이 그
랬듯이, 이 전략에는 어느 정도 결함들이 담겨 있었던 듯하다.

　결의를 일부러 겉으로 드러내지 않고도 결의가 표출되는 게 이
상적인 억지력이다. 존 포스터 덜레스는 모든 차원에서 도발을 억제하
기 위해 핵무기를 사용하겠다는 위협을 함으로써 이러한 까다로운 책
략을 시도했다 ─ 기교나 운이 따라주는 한 최소한 결의의 표명과 그것
을 실제로 겉으로 드러내는 행위를 구분하는 장점은 있는 접근방식이
었다. 그러한 사안에 있어서 전임 행정부가 지녔던 자신감이 없었던
케네디 행정부는 제한된 전쟁 상황에서 그 전략이 비효율적이라고 확
신했고, 케네디와 그의 참모들은 동남아시아 같은 지역에서 쓸 수단으
로 핵 위협이라는 선택지를 배제했지만 미국의 확고부동한 태도를 보
여줄 필요는 여전히 있다고 보았다. 로스토우는 1961년 8월 케네디에
게 "우리는 한다면 하는 나라라는 점을 상대방에게 납득시킬 행동방침
을 신속히 마련해야 한다." 맥스웰 테일러는 몇 달 후 "미국이 하거나
하지 않는 행동이 최종 결과에 결정적인 영향을 준다."라고 덧붙였
다.[13] 여기에는 골치 아픈 문제가 있었다. 덜레스의 전략을 수용하지
않는 한, 결의를 표출할 방법은 하나같이 어떤 형태로든 그 결의를 겉
으로 드러내는 길 밖에는 없었다.

　합동참모본부는 이에 개의치 않았다. 일찍이 1961년 5월 합동참
모본부는 남베트남에 미군을 파병해 "잠재적인 북베트남 그리고/또는

중국 공산주의자들의 행동에 대한 가시적인 억지력을 제공"하고, "모든 아시아 국가들에게 우리의 확고한 의지를 전달"해야 한다고 권고했었다. 관록 있는 베트남 전문가인 에드워드 랜스데일(Edward Lansdale) 준장은 그 명분을 다음과 같이 설명했다.

> 미국 전투군은, 비교적 규모가 작은 부대라고 해도, 우리 국력의 상징이다. 적이 우리 전투부대를 상대로 도발을 하면 그 적은 자동적으로 미국 군 전체를 상대해야 한다는 사실을 잘 알고 있다. 이러한 진정한 국력의 상징은 독일, 그리스, 포모사 해협에서 현명하게 사용되었고, 태국과 베트남에서 우리가 고려하고 있는 방식도 이와 크게 다르지 않은데, 이 상징이 그동안 "평화를 지켜왔다." 그러한 미군의 사명은 적절하게 공표되고 확고한 행동이 즉시 뒤따른다. 최근의 역사는 우리 군이 "확전"으로 치닫던 사태를 역전시키고, 우리 행동이 중소 진영 바깥에서 세계적인 지지를 얻는 효과를 낳았음을 일깨워 준다.

"사건이 발발하기 전에 명목상으로 미군을 배치하는 취지는 우리의 의도를 상대방에게 알려서 소동이 벌어진 후에 상당한 규모의 미군을 배치해야 하는 상황에 직면하지 않기를 바라기 때문이다." 미국은 "사실 한국과 유사한 또 다른 사태를 맞을지 모르지만, 이러한 사태를 모면하는 최선의 길은 한국전에서 결국 우리가 파병할 필요가 생겼던 정도로 전쟁이 확산되기 전에 신속하게 행동하는 방법이다."14)* 즉각적으로 소규모 파병하면 장기간 대규모 파병이 불필요해진다는

---

* "아시아에서 또 한 번 처참한 2차 전역에 휘말리는 게 나도 누구 못지않게 탐탁지 않다. 그러나 결국은 조만간 어떤 식으로든 그리 된다. 또 한 번 패배를 받아들일 수 없기 때문이다. 그렇다면 진짜로 중요한 문제는 개입해야 할지 여부가 아니라 개입할 시기와 규모다!" (Komer to Bundy, October 31, 1961, Kennedy Papers, NSC File, Box 231, "Southeast Asia-General.")

이 논리는 1961년 11월 남베트남에 약 8,000명의 미국 전투군을 투입해야 한다는 맥스웰 테일러와 월트 로스토우의 권고안의 토대가 되었다. 테일러는 대통령에게 보내는 글에서 다음과 같이 기록했다. "우리가 보기에는 적을 주눅들게 하고 확전을 억제하는 방법으로 치자면 미국이 어떤 수준에서도 도발에 거뜬히 대처할 태세가 되어 있다는 사실을 인식시키는 방법만한 게 없다."15)

그러나 케네디는 오래전부터 미군을 동남아시아에 파병하는 게 현명한지에 대해 의구심을 품었다. 그 전 해 7월 그는 참모들에게 "미국 국민들과 대부분의 뛰어난 군 지도자들은 미군이 그 지역에 직접 개입하기를 꺼린다. 그 지역에 개입했다가 실패하면 그보다 끔찍한 상황은 없다."라고 말했다. 국무성의 판단도 이 견해를 뒷받침했다.

우리는 미군이 있다고 해도 명백한 무장개입을 하지 않는 한 침투를 억제하는 역할을 하지 못한다고 본다. 프랑스 군대가 북베트남에서 거둔 성과보다 우리 군이 남베트남에서 게릴라 작전에 맞서 훨씬 큰 성과를 거두리라고 공산주의자들이 생각한다고 볼 근거가 없다. 대 게릴라 작전을 실행하려면 고도로 선별적으로 군사력을 적용해야 한다. 선별하려면 구분할 수 있어야 한다. 그리고 외국군은 어느 방향으로 총을 쏠지를 알 뿐, 친구와 적을 구분할 만한 기반이 없다.

남베트남인들이 자체적으로 "국가 차원에서 진지한 노력을 기울일 의지가 없다면 미군 몇 명이 결정적인 영향을 미치리라고 생각하기 어렵다."라고 딘 러스크는 11월 경고했다. 이러한 주장이 설득력이 있다고 여겼고, 우선순위가 높은 다른 지역(특히 베를린)과 당시 라오스에서 진행 중이던 협상이 결렬될 위험에 대해 걱정도 된 케네디는 테일러-로스토우의 전투병 파병 권고안 실행을 미루었다. 그는 이에 대

해 아서 슐레진저에게 "음주나 마찬가지다. 효과가 사라지면 또 한잔 들이켜야 한다."라고 설명했다.[16]

그러나 여기서 지적해야 할 중요한 점이 있다. 케네디가 베트남에 전투병을 파병하지 않기로 결정했다고 해서 "조율"을 거부했다는 뜻은 아니다 ─ 오히려 그 반대. 테일러─로스토우 권고안을 전격적으로 실행하면 갑자기 확전의 압박이 높아진다고 그는 생각했다. 보다 점진적인 접근 방식, 즉 사이공◎에 대한 미국의 경제적 군사적 원조를 늘리고 "자문"을 할 인력을 투입하는 쪽을 택했다. 이 절차에서 그 어떤 요소도 나중에라도 필요하다면 지상군을 투입하는 방안을 배제하지는 않았다. 이러한 결정들이 미국의 신뢰성에 미칠 영향에 대한 환상도 없었다. 국무성은 사이공 주재 미국 대사관에 다음과 같은 내용의 전문을 보냈다. "우리는 충분히 인지하고 있음, 이 결정이 실행되면 남베트남을 구하는 투쟁에 걸린 우리 위신의 정도가 급격히 증가한다는 점을."[17] 케네디가 취한 행동들은 미국의 결의를 과시하는 데 필요한 수준의 적절한 반응에 대한 의구심은 반영되었지만, 애초에 그러한 과시를 해야 할 이유에 대한 의구심은 반영되지 않았다.

그 후 2년 동안 "조율"은 남베트남을 독자적으로도 충분히 자신을 방어할 수 있는 반(反)공산주의의 거점으로 변모시켜 미군의 직접적인 개입이 필요하지 않은 나라로 만드는 노력의 형태를 띠었다. 로저 힐즈먼에 따르면, 달성하려는 목적은 "통합되고 체계적인 군사─정치─경제 전략적 반란 대응 개념을 구축"하고, 사이공의 군사력과 안보 역량을 "점점 더 대─게릴라 혹은 비 재래적인 전쟁 전술 쪽으로 돌리고" "정부 정책을 입안하고 실행하는 과정에서 베트남 관료들이 효과

---

◎ 남베트남(월남)의 수도. 수도 이름이 그 나라 정부를 뜻하는 의미로 쓰인다─옮긴이.

적으로 참여할 기회를 확대"하고, "베트콩에 맞서는 베트남 정부의 투쟁과 국민을 동일시"하는 일이었다.[18] 이 모두를 달성하려면 몇 가지 미세하게 균형을 유지하는 행위들이 필요했다. 고딘디엠 대통령의 독재적인 통제를 완화해서 그의 정부에 대한 국민의 지지를 얻되 동시에 그의 장악력이 베트콩의 압박에 저항하지 못할 정도로 약화되지는 않도록 해야 했다. 디엠이 생존하는 데 필요한 지원을 하되 그를 미국의 꼭두각시로 보이지 않게 해야 했다. 디엠의 생존에 워싱턴의 이익이 걸려 있기 때문에 그가 미국의 꼭두각시가 되지 않도록 해야 했다. 결국 타야 하는 외줄의 굵기가 너무 가늘었다. 케네디는 디엠이 자기를 비판하는 불교 신자들을 억압하는 데 좌절감을 느끼고, 디엠이 북베트남 정부와 비밀거래를 했을지 모른다는 두려움 때문에, 1963년 8월 그를 축출할 정교한 작전 – 그 자체가 "조율"의 사례다 – 실행을 승인했다.[19] 그러나 알다시피 워싱턴은 디엠을 제거할 시기와 방법을 조절할 능력이 없었고, 그를 누구로 대체할지도 고민해 보지 않았다. 그 결과 케네디가 그토록 두려워했던 바로 그 불안한 정세가 사이공 정치를 지배하게 되고 그 정세는 그 후 수년 동안 지속되었다.

결과적으로 베트콩이 이득을 보게 되면서 존슨 행정부는 1964년 말 무렵 케네디가 거부했던 안을 재가했다. 베트남에서 미국이 전투에 참여하되 "조율" 원칙은 여전히 적용되며, 미군을 전격적으로 급격히 증원해 투입하는 일은 없다는 안이었다. 존슨의 말에 따르면, 이 계획은 북베트남에 대한 군사적 압박의 "범위와 강도를 점점 높여서 베트남 민주공화국(DRV, 북베트남 – 옮긴이) 지도자들이 베트콩에 대한 원조를 중단하고 남베트남의 독립과 안전을 존중하는 게 자기들의 이익에 부합한다고 깨닫도록 하는 게 목적"이었다. 이 "점진적 압박" 전략은 당시 점점 심각해지던 상황을 종료할 만큼 강력하지만 북베트남 사람들의 결속력을 더 강화하고 중국 공산주의자들을 자극해 개입하게 만들 정도로 폭력적이지는 않으며, 결국 협상을 통해 타결할 가능성도 배제하지 않을 행동이 무엇인지 고민한 흔적이 보인다. 1965년 2월 북베트남에 대한 첫 공습을 하루 앞두고 번디는 공습의 목적을 다음과 같이 기록했다. "계속 압박을 가하겠다는 채찍과 우리가 공습을 중지할 의향이 있다는 당근을 하노이에 제시하는 일이다. 일단 그러한 정책이 발효되면 우리는 베트남에서 수많은 의제들에 대해 다양한 방식으로 점점 강도와 효율성을 높여가며 발언할 수 있게 된다."[20]*

북베트남에 대한 폭격은 가까운 역사에서 가장 신중하게 조율된 군사작전으로 자리매김 하도록 할 의도에서 실행되었다. 한국에서와 마찬가지로 중국을 끌어들이게 될까봐 넘지 말아야 할 지리적 "임계점"을 설정하는 데 큰 의미를 부여했고, 미국과 다른 지역에서도 반전(反戰) 정서가 강해지지 않게 민간인 사상자가 나지 않도록 하고, 폭격을 다양한 유인책, 특히 간헐적으로 폭격을 중지하고 경제원조를 제공해 하노이◎를 협상 테이블로 끌어내는 유인책 등과 복합적으로 사용하는 데도 큰 의미를 부여했다. 목표물 설정은 워싱턴에서 했고 백악관이 직접 할 때도 종종 있었으며, 대통령이 특정한 임무 수행의 결과를 직접 예의 주시하기도 했다. 조종사들에게는 극도의 정확성이 요구되었다 – 1966년에 하달된 한 명령을 보면, 하이퐁에 있는 부두는 정

---

* 유진 로스토우는 존슨의 "베트남에서의 대담하지만 신중한 행동에는 두 가지 의미가 있다."라고 주장했다. "우리는 사이공을 보호하기 위해서 뉴욕이 폭격당할 위험을 감수하겠지만, 모스크바는 하노이를 보호하자고 뉴욕을 폭격하지는 않으리라는 점이다. 이는 매우 중요한 의지의 표명이었고, 우리 동맹체제를 매우 굳건히 다지는 동시에 적의 동맹은 약화시키게 된다." Rostow memorandum, Aril 10, 1965, enclosed to Bill Moyers to Bundy, April 13, 1965, Jonson Papers, NSF Country Files: Vietnam, Box 16, "Memos-Vol. XXXII.")

◎ 북베트남 수도. 북베트남 정부를 뜻한다 – 옮긴이.

박해 있는 유조선이 없을 때에만 폭격해야 했고, 미국 폭격기에 사격을 하는 선박들은 "분명히 북베트남 선박"인 경우에만 타격할 수 있으며, 일요일에는 어떤 공격도 금지되었다.[21] 그러한 엄격한 제한에도 불구하고 폭격의 범위와 강도는 점점 증가해 1965년에는 25,000차례 출격해* 63,000톤의 폭탄을 투하했는데 1967년에는 108,000 차례 출격에 226,000톤의 폭탄을 투하했으며, 처음에는 북베트남의 "손잡이"처럼 생긴 남쪽 지역에 있는 군사기지들을 향해 출격하다가 나라 전체에 퍼져있는 침투 경로, 운송시설, 석유 저장시설까지 겨냥하더니 결국 하노이 - 하이퐁 산업단지에 있는 공장과 발전소까지 목표물이 되었다.[22] 이 가운데 그 어떤 시도도 달성하고자 하는 목표 - 남베트남으로의 침투를 점진적으로 소멸시키고 협상으로 이동하는 목표 - 를 향해 눈에 띌만한 진전을 이루지 못했다.

한편, 지상군을 투입하라는 압박은 점점 심해졌다. 번디는 일찍이 1964년 5월 이 선택지를 권고했었다. 그는 존슨에게 다음과 같은 글을 보냈다. "모든 차원에서 미국인과 베트남인이 일치단결하고, 민간인과 군이 합심해 사이공 측에서 끊임없이 요청해 온 것을 제공하자는 취지다. 곤경에 처한 지점마다 미군을 배치해 달라는 요청 말이다." 그는 8월에 다음과 같이 덧붙였다. "나는 한국의 상황이 되풀이되리라고 전혀 생각하지 않는다. 최소한, 특정한 임무를 수행할 여단 규모의 한 두 부대만 투입하면 모든 곳에서 효험을 보게 될 가능성이 있다." 로스토우도 동의하면서, 그러한 군대는 미래에 협상할 때 거래안으로 유용하게 쓰일 수 있다고 지적했다. 1965년 2월 무렵 러스크도 "하노이와 페이핑에 그들 쪽에서 상당히 확전을 않는 한 성공할 희망이 없

---

* 한 차례 출격은 폭격기 한 대의 비행 1회로 측정한다.

으며 그들이 모든 위험을 감수해야 한다는 신호를 보내는" 방법으로서 폭격과 더불어 이 제안을 승인했다.[23)]

그러나 결국 윌리엄 웨스트몰런드(William Westmorland)◎ 장군의 주장이 결정적인 역할을 했다. 그는 다낭에 있는 공군기지에서 북베트남을 타격할 폭격기 일부가 출격하므로 이 공군기지를 지키려면 군대가 필요하다고 주장했다. 대통령으로부터 전투 임무를 실행해도 좋다는 승인을 확실히 얻어내려고 제시한 주장이었는데, 본래 취지였던 제한적 목적 달성을 벗어나 그 범위가 훨씬 확대되었다.[24)] 이러한 "쐐기박기" 수법은 먹혀 들어갔고 1965년 4월 초 무렵 존슨은 베트남에서 미군이 전투를 수행해도 좋다고 재가했다. 파병 규모는 곧 번디가 제안한 2개 여단을 넘어 급속히 증대되었다. 처음에 다낭에 3,500명의 해병대를 파병했는데, 1965년 말 무렵에 미군은 184,000명으로 늘었고, 1966년 말 무렵에는 385,000명, 그리고 1967년 말 무렵에는 486,000명으로 증가했다.[25)] 1968년 초에 발생한 구정 대공세◎가 보여주듯이,* 폭격보다 지상군이 임무완수에 더 근접했었다는 설득력 있는 증거도 없었다.

돌이켜보면, 조율된 확전 전략에서 놀라운 점은, 베트남에서 종종 그랬듯이, 실제로 나타난 효과가 의도한 효과의 정 반대였다는 사

---

◎ 주 베트남 미국총사령관. 흔히 "웨스티"라는 애칭으로 불렸다 – 옮긴이.

◎ 베트콩과 북베트남이 치밀하게 계획해서 남베트남의 전역에서 일으킨 대대적인 게릴라 공세. 베트남의 설날인 테트 날에 일으켜서 구정 대공세 또는 테트 공세(Tet Offensive)라고 한다 – 옮긴이.

* 구정 대공세는 사실 북베트남과 그들의 베트콩 동맹세력에게는 큰 군사적 패배였지만, 몇 년 후에 가서야 그러한 패배가 분명히 드러난다. 그러나 즉각적으로 미국에 미친 심리적 영향은 참혹했다. (Lewis Sorley, *A Better War: The Unexamined Victories and Final Tragedy of America's Last Years in Vietnam* [New York: 1999], pp.12–15.)

실이다. 1961년부터 시작된, 점증적으로 압박을 가하는 전략이 추구한 목적은 미국의 대규모 군사 개입을 막는 일이었다. 명목상의 군대만 파병해 결의를 보여주면 훗날 대규모 군사력을 파견할 필요가 없다고 생각했다. 예방접종 논리였다. 최소한의 위험에 노출시키면 더 심각한 위험을 예방할 수 있다는 뜻이었다. 당시에 사용된 다른 비유는 판유리 창이었다. 그 자체는 도둑을 막을 만큼 강하지는 않지만, 산산조각 나면 너무나도 눈에 띄는 결과를 낳기 때문에 애초에 절도를 예방하는 효과가 있다는 뜻이었다. 간단히 말해서, 개입을 피하게 해 줄 최선의 방법은 개입이라는 뜻이었다. 그해 8월 로스토우는 다음과 같이 기록했다. "동남아시아를 구하고 그 지역에 미군이 깊숙이 개입할 가능성을 최소화하기 위해서 대통령이 곧 대담한 결정을 내려야 한다고 나는 굳게 믿는다."26)

대담한 결정이 내려졌지만(로스토우가 바란 만큼 대담한 결정은 분명히 아니었다), 미군의 개입을 최소화하는 효과는 거의 없었다. 1968년 무렵 미국은 인력, 재원, 위신 측면에서 7년 전 "최악의 경우"를 상정했을 때 나타나리라고 예상했던 정도보다 훨씬 깊이 개입하게 되었다. 1961년 11월 맥나마라는 가능성은 희박하지만 북베트남과 중국이 공개적으로 전쟁에 개입하는 경우, 워싱턴은 6개 사단 또는 205,000명을 파병해야 할지 모른다고 추산했다. 그러나 베이징은 개입하지 않았고, 하노이는 공개적으로 밝힌 수준 이하로 개입 수위를 유지했지만, 미국은 맥나마라가 예측했던 수준의 두 배 이상 개입함으로써 "가능한 군사적 개입의 최대한도에" 달했다.27) 조율된 압력은 억제력으로서 효과를 발휘하지 못한 게 분명했다.

한 가지 이유는 억제라는 대상이 누구 또는 무엇인지 분명치가 않았기 때문이다. 흐루쇼프의 "민족해방 전쟁" 연설에 큰 인상을 받은 케네디 행정부는 처음에는 베트콩 반란의 뿌리는 모스크바라고 생각했다. 1961년 로스토우는 초보적인 형태의 "연계"를 주장하기까지 했다. 동남아시아에서 게릴라 활동이 계속되는 동안 데탕트를 향한 진전은 이루어지지 못한다고 크렘린에 분명히 전달해야 한다는 뜻이었다.[28]* 그러나 1964년 무렵 모스크바가 아니라 베이징이 범인으로 지목되었다. 그해 말 국가안보회의 소속 마이클 포레스틸(Michael Forrestal)은 다음과 같이 주장했다. 미국 정책의 목표는 "중국이 동남아시아를 삼킬 시기를 (a) 중국이 훨씬 정중한 태도를 보이고, (b) 삼킨 대상을 소화하기가 더 어려워질 때까지 지연시키는 일"이었다. 그러나 미국은 중국과 공식적인 관계가 없었기 때문에 베이징과의 외교적 "연계"가능성은 배제되었고, 존슨의 참모들은, 한국 전쟁에서의 오판을 떠올리면서, 어떤 형태로든 군사적 압박을 가하는 데 대해 극도로 신중한 태도를 보였다. 존슨은 다음과 같이 지적했다. "중국은 그 지역에서 7억 명이 국경을 지키고 있다. 우리가 무력을 행사할 방법을 모색하면 우리는 금방 아시아에서 지상전에 발이 묶이기 십상이다."[29]

그 대안은 하노이에 직접 압박을 가하는 일이었지만 그리 간단한 문제가 아니었다. 1964년 9월 존 맥너튼은 미국이 영향을 미쳐야 할 대상으로 모스크바와 베이징 외에도 최소한 네 부류 개별적인 "청중"이 있다며 다음과 같이 열거했다. "(틀림없이 강한 압박을 느낄) 공

---

* 로스토우는 비엔나에서 케네디가 흐루쇼프에게 다음과 같이 경고하기를 바랐다. 미국이 "동남아시아 본토에서 더 깊숙이 더 직접적으로 끌려 들어가면" 군사비를 상당히 증액하고 모스크바와의 관계는 어려워지게 되는데, 그 이유는 "민주주의 체제는 발생 가능한 군사 갈등에 임할 태세를 갖추는 동시에 긴장을 완화하는 데 필요한 조치들을 취하고 미소 협력의 분야를 넓혀나가기가 힘들기 때문이다."(Rostow to Kenndy, May 11, 1961, Kenney Papers, NSC Files, Box 231, "Southeast Asia-General.") 케네디가 실제로 비엔나에서 흐루쇼프에게 이 점을 제기했다는 증거는 없다 – 아마 그는 소련 지도자가 동남아시아에 정신을 팔게 되는 사태를 유감스럽게 생각하기는커녕 환영할지도 모른다고 생각했을 것이다.

산주의자, (사기가 진작될) 남베트남, (우리가 부담을 져야 한다고 믿는) 우리 동맹국들, 그리고 (미국의 생명과 위신을 걸고 위험을 감수하는 우리를 지지해야 하는) 미국 국민." 물론 한 "청중"을 대상으로 한 행동이 다른 청중들에게 바람직하지 않은 방식으로 영향을 미칠지 모른다는 게 골치아픈 일이었다. 하노이를 겨냥해 너무 급격히 확전을 하면 중국이 개입할 위험은 말할 필요도 없거니와 미국과 세계 도처에서 여론이 등을 돌릴 위험이 있었다. 게다가 사이공에서, 1963년 말 디엠이 축출된 이후로 죽 그랬듯이, 불안정한 상황이 계속되는 한 그런 행동은 별 성과를 거두지 못한다. 한편, 개입을 더 자제하면 남부에서 군사적 상황이 급속도로 악화되기만 할 뿐이다. 그리고 하노이와 아시아에 있는 미국의 동맹국들 사이에서뿐만 아니라 사이공에게도 미국이 나약하고 우유부단하게 비춰질 우려가 있었다. 그러면 결과적으로 사이공에서 사기가 저하되면서 더욱더 불안정해진다. 맥너튼은 "아주 신중하게" 행동을 취할 필요가 있다고 주장했다. "베트남 민주주의공화국 (DRV 북베트남)에는 미국이 주도적으로 행동을 취하고 있다는 신호를, 베트남정부(GVN 남베트남)에는 우리가 활발하게 움직이고 있다는 신호를, 그리고 미국 국민에게는 우리가 선한 의도를 가지고 자제력을 발휘해 신중하게 행동하고 있다는 신호를 보내야" 했다."30) 그러나 "조율"은 단일한 목표물을 대상으로 하는 행동을 뜻한다. 목표물이 여러 개 있으면 상호 연관된 양상이 끊임없이 변하므로, 의도와 결과를 정확히 조응(照應)시키기가 쉽지 않게 된다.*

---

\* 맥나마라는 1965년 7월 존슨에게 보낸 메모에서 다양한 "청중들"에게 메시지를 각인시키는 문제를 다음과 같이 일목요연하게 요약했다. "베트남에서 우리의 목적은 베트콩/베트남민주주의공화국 측에 그들은 승산이 없다고 증명함으로써 우리에게 유리한 결과가 나올 여건을 조성하는 일이다. 우리는 가능하다면 중국이나 소련과의 전쟁으로 확대되지 않고 미국 국민의 지지를 유지하는 방식으로, 그리고 바라건

두 번째 문제는 첫 번째 문제에서 직접 비롯되었다. 적의 도발 수위에 세심하게 맞춘 점진적인 확전 말고는 그 어떤 상황도 회피함으로써 존슨 행정부는 사실상 주도권을 상대편에 넘겨준 셈이 되었다. 물론 이는 군에서 백악관 정책을 비판할 때 쓰는 전형적인 수법이었다. 공습과 지상군 활동을 제한하지만 않으면 전쟁은 신속하게 마무리될 수 있다는 주장이었다.[31] † 훨씬 큰 압박을 받으면서도 북베트남과 베트콩이 수 년 동안 버틸 역량이 있음을 입증한 점으로 미루어 볼 때, 이 주장은, 돌이켜보면, 설득력이 없어 보인다. 그러나 군부의 주장에서 타당한 요소가 한 가지 있었다. 국제관계 이론가들은 도발을 일으킬 가능성이 있는 대상이 자기가 하려는 행동에 관련된 위험을 자신이 통제할 능력이 어느 정도나 되는지 확신하지 못하면 억지력이 효과를 발휘할 가능성이 훨씬 크다고 주장해 왔다. 그들에게 그렇다는 확신이 있으면 억지력은 아마 효과가 없을지 모른다.[32] 적의 마음속에 불확실성을 조장한다는 이 개념은 덜레스의 "보복" 전략의 핵심이었다 - 억지력이 억지하려는 대상이 뭔지 규명하기 어렵다는 사실로 미루어 볼 때 어떤 효과를 낳을지 알 수는 없다. 그러나 불확실성은 "조율" 전략에서는 고려되지 않았다. 도발에 대한 반격에 필요한 만큼만 행동하고 그 이상은 하지 않겠다고 천명하면 결국 자기 행동에 대한 통제권을

대 우리 동맹과 우방의 지지도 유지하는 방식으로, 그러한 여건을 조성하고자 한다."(McNamara to Johnson, July 20, 1965, *FRUS: 1964-68*, III, document 67.)

† 이를 가장 신랄하게 표현한 사람은 전략공군총사령관 토머스 S. 파워(Thomas S. Power) 장군일지도 모른다. 그는 1964년 국방부 관료들에게 다음과 같이 말했다. "전쟁에서 군의 임무는 인명을 살상하고 사람이 만든 물건들을 파괴"하는 일이다. 그것도 "가능한 한 신속하게." "히틀러에게 주도권을 쥐어주고 우리를 쿠바와 베트남의 혼돈에 몰아넣은" 자들은 "인명을 살상하기 바라지 않는 도덕군자들"이었다. "책상머리에서 국방정책을 만드는 이들은 자기 항문과 땅에 뚫린 구멍도 구분하지 못한다." (Summary, Power briefing, April 28, 1964, Johnson Papers, NSF Agency File, Box 11-12, "Defense Dept. Vol. I.")

도발을 시도한 이들에게 넘겨주는 셈이 된다. 워싱턴 관료들은 존슨 임기 동안 베트남 파병에 대한 결정을 자기들이 하고 있다는 착각을 했을지도 모른다. 그러나 사실 그런 결정은, 행정부가 자체적으로 만든 전략의 결과로서, 하노이에서 내리고 있었다.[33]

대안은 북베트남과 협상을 통해 모종의 타결을 보는 방법이었는데, 행정부는 만일을 대비해서 이 대안을 결코 배제한 적이 없다. 번디는 1964년 5월에 다음과 같이 지적했다. "우리가 타격하는 이유는 고통을 주기 위해서지 파괴하기 위해서가 아니다. 북베트남이 남베트남에 개입하기로 한 결정을 바꾸려는 게 목적이다." 테일러도 몇 달 후 이 점에 대해 동의했다. "하노이에 압박을 가하는 문제와 관련해서 '지나친' 압박은 '하나마나 한' 압박 못지않은 악수(惡手)라는 점을 우리는 명심해야 한다. 어느 시점에 가서 우리는 비교적 협조적인 하노이 지도부가 필요하게 된다. 우리와 우리 남베트남(SVN) 동맹들이 만족할 만한 조건으로 베트콩 반란을 진정시킬 의향이 있는 지도부 말이다."[34] 그러나 존슨과 그의 참모들은 1962년 라오스에서 체결된 휴전협정도 위태로운데 그 연장선상에서 남베트남의 해법으로 "중립주의"를 채택하는 데 대해 경계하고 있었다 — 그럴 만도 했다. 1973년에 파리에서 타결한 합의안을 하노이가 얼마나 빨리 위반했는지를 고려한다면 말이다. 그들은 전장에서 이겨 북베트남에 접근하는 해법을 택했다. 1964년 6월 국무성은 다음과 같은 전문을 사이공에 보냈다. "베트남 민주주의공화국(DRV)에게 압박을 가해 피해를 주고 남베트남에서 우리의 의지는 확고하다는 데 대해 일말의 의구심도 발생하지 않는 분명한 양상이 확립된 후, 반드시 그런 연후에만, 우리는 베트남 이슈를 포함하는 쪽으로 협상 의제를 확대하는 안을 수용할 수 있다." 그러한 협상은, 실제로 일어난다면, "하노이가 (그리고 페이핑이) 결국 남베트남에서 철수하는 안을 받아들이게 만들어야 한다."35) 이와 같이 익숙하지만 딱히 정의하기 힘든 "힘을 바탕으로 한 협상"이라는 입장에는 두 가지 난관이 있다. 하노이가 협상에서 자신의 입지를 강화하려는 시도를 할 경우에 대비한 안전책이 없었다. "조율" 전략은 미국이 점점 깊이 개입하는 사태를 방지하는 게 목적인데 이에 대한 안전책도 없었다.

마지막으로 "조율" 전략이 와해된 이유는 무력을 정책의 도구로서 정밀하고 선별적으로 사용하는 데 실패했기 때문이다. 전략적 이익이 그 전략을 실행하는 조직들의 이익에 종속되지 않도록 하기 위한 아무런 조치도 취하지 않았다. 거대한 관료조직은 자기 조직 나름의 타성이 생기기 마련이다. "표준 업무절차"를 따르는 조직은 상부의 지시도 따르지 않고 하부의 의견에도 귀 기울이지 않는다.36) 맥나마라가 국방부에서 실행한 개혁의 한 가지 장점은 핵무기와 예산문제와 관련해 군을 상대할 때 이 문제를 상당히 극복했다는 점이다. 그러나 베트남에서는 그런 성과가 나타나지 않았다. 일단 미군을 투입하자 워싱턴은 장악력을 상실했고, 군부에 상당한 재량권을 넘겼다. 국가안보 정책을 실행할 때 군의 권한을 축소했다는 데 자부심을 느껴온 행정부로서는 놀라울 정도로 군에 자율권을 주었다.37)

민간인이 가하는 제약에 대해 툭 하면 군인들이 불만을 토로하는 전쟁상황에까지 이러한 경향을 일반화해서 적용하는 게 적절치 못하다고 생각할지 모르지만, 이 점에 관한 한 군부의 불만은 회의적인 시각으로 바라봐야 한다. 미국이 개입한 초기에는 실제로 미군 활동의 속성과 범위가 엄격히 제한되어 있었다. 그러나 시간이 흐르면서, 적이 기대했던 반응을 보이지 않자, 이러한 제약들은 차례로 풀렸다. 예컨대, 1967년 8월 무렵 백악관은 합동참모본부가 요청한 북베트남 타격 목표물의 95퍼센트에 대한 폭격을 승인했다. 게다가 공군 조직으로

서의 이익이 공중전을 실행하는 데 중요한 영향을 미치도록 내버려 두
었다. 게릴라전에는 분명히 적용 불가능한데도 (그리고 그런 견해가 보
편적이었는데도) 불구하고 공군은 북베트남에서 전략적 폭격이 성공가
능하다고 고집했고, 심지어 B-52까지 쓰자고 주장했다. 본래 소련 목
표물에 대해 핵무기를 운반하는 용도로 설계된 폭격기를 남베트남에
서 베트콩의 은신처로 의심되는 지역을 폭격하는 데 쓰자고 했다. 다
른 폭격 임무를 수행할 때도 이와 마찬가지로 고성능 제트기에 크게
의존했다. 속도가 더 느린 프로펠러 추동 모델이 5분의 1에서 13분의
1밖에 안 되는 비용으로 세 배는 더 정확하게 목표물을 명중시키고 인
명손실 비율은 비슷하다는 내용의 연구 결과가 나와 있는데도 말이
다.38) 돌이켜 보면 목적에 부합하는 수단을 선택해야 하는데 정 반대
로 선택한 수단에 목적을 억지로 끼워 맞춘 셈이었다.

　　이러한 경향은 지상전에서 훨씬 더 분명하게 드러났다. 웨스트
몰런드 장군은 대부분의 육군 동료들과 마찬가지로 케네디 행정부 초
기에 호응을 얻은 비정규전 개념에 대한 이해도 공감도 하지 않았다.
보병의 기능은 적군을 색출하고 추적하고 파괴하는 일이라고 그는 주
장했다. 따라서 그는 대부분의 반란 대응 전략가들이 권고한 영역보안
유지 전략을 진지하게 고려한 적이 없다. 1965년과 1966년 다낭 주변
지역에서 해병대가 실행해 상당히 성공을 거둔 전략인데도 말이다.39)
대신에 그는 대규모 "수색 파괴" 작전을 강조했다. 적을 소모시켜 지
치게 만드는 작전이었다. 이러한 작전은 적을 진정시키려는 노력을 방
해했고 적에게 미리 경고해 탈출할 충분한 시간을 벌어 주었다. 또한
베트콩들이 일부러 마을 안에 은닉해 놓은 무기고와 베트콩 군대에게
미군이 접근하기 위해 미군이 마을들을 파괴해야 하는 일이 빈번했다.
적으로 "의심"은 되지만 눈으로 확인되지는 않은 적진 목표물에 대해

무차별적으로 "교란 및 차단" 폭격을 가하니, 이 때문에 피해를 입는 지역 주민들로 하여금 자신들이 사이공을 지지하면 안전이 확보되리라고 생각하도록 만드는 데 아무 도움이 되지 않았다. 웨스트몰런드의 전략에는 경우에 따라서는 농촌지역을 확보하기 위해 일부러 난민을 발생시키는 방법도 포함되어 있었다. 미국이 남베트남에 개입함으로써 달성하려 했던 본래 목적과는 정 반대의 결과를 낳는 방법이었다.40)

그러나 모기 잡자고 대포 쏜 격인 가장 경악할 사례는 해군에서 나왔다. 세계에서 마지막 하나 남은 케케묵은 전함 뉴저지(New Jersey)호의 먼지를 털어냈다. 밀림에 폭격을 가할 목적으로. 이 전함이 폭격을 하는 광경은 조지프 콘래드(Joseph Conrad)의 소설 『어둠의 심장부(Heart of Darkness)』에 나오는 다음과 같은 장면을 방불케 했다.

기억난다. 해안에서 멀리 떨어져 닻을 내린 군함을 목격한 적이 있다. 헛간 하나 없는 곳에, 수풀에 대고, 그 배는 총질을 하고 있었다. 프랑스인들이 그 근처 어디에서 전쟁을 하고 있다는 듯이 말이다. 땅, 하늘, 물밖에 없는 텅 빈 무한공간 속에서 그 배는 뭍을 향해 무작정 총을 갈기고 있었다. 탕. 6인치 함포가 한 발을 쏜다. 초라한 섬광이 번뜩 하더니 사라지고, 알량한 흰 연기가 흩어지더니, 왜소한 함포는 빈약한 비명을 지른다―그런데 아무 일도 없었다. 아무 일이 있을 리가 없었다. 이 일이 진행되는 과정에는 광기가 살짝 엿보였다. 처량하고 익살스러워 보이기도 했다. 그 배를 타고 있던 누군가가 시야에서 벗어난 어딘가에 원주민들이 모여 사는 천막―그는 그들을 적이라 일컬었다―이 틀림없이 있다고 내게 장담을 했지만, 그가 제정신이 아니라는 느낌은 가시지 않았다.41)

더도 말고 덜도 말고 딱 필요한 만큼만 하라는 명령, 미국이 베트남 전쟁에 뛰어들 때 내렸던 명령과는 완전히 동떨어진 행동이었다.

로스토우는 1966년 다음과 같이 기록했다. "미국 군사정책의 핵심 목표는 핵 시대에 안정적인 환경을 조성하는 일이다. 그러려면 그 어느 때보다도 지금 군사정책이 정치적 목적에 부합해야 하고 민간 정책과 긴밀히 연계되어야 한다." 물론 이 점이 처음부터 "조율" 전략의 일관된 목표였다. "유연한 대응"의 특징인, 위기를 "관리"하고 관료조직을 장악할 역량이 있다는 행정부의 자신감, 무력은 합리적으로 사용해야 한다는 생각, 핵전쟁의 광기와 유화책의 굴욕 사이에서 바람직한 중간지대를 모색하려는 노력 등을 반영한 전략이었다. 그러나 묘하게도 자기 중심적인 전략이기도 했다. 억제해야 할 대상은 모호했고, 적이 그 전략의 속성과 실행 속도를 결정하는 정도에 대해 무관심했으며, 적들의 관심사와 우선순위도 똑같다는 편협한 가정을 했고, 무차별적인 무력 사용이 본래의 전략이 내세운 절제되고 정밀한 무력사용을 대체한 정도에 무감각했다. 로스토우는 다음과 같이 주장했다. 진심이었고 좋은 의도에서 한 말이라는 데는 의심의 여지가 없다. "폭력적이고 난관도 많았지만, 베트남에서 우리의 전략을 관철시키면 본질적으로 세계를 안정화시키는 역할을 한다."42) 그러나 진정성과 선한 의도가 근시안적인 자기 도취에서 비롯되면 치러야 할 대가는 높아진다.


Ⅲ


"조율" 전략의 와해와 관련해 묘한 점은 워싱턴 정관계가 전략이 와해됐다는 사실을 감지하지 못했다는 사실이다. 추구하는 목적과 나타난 결과 사이의 간극은 점점 벌어졌다. 무슨 일이 벌어지고 있는지 이따금 주의를 환기시키려는 시도가 있었지만 그러한 경고는 가시적인 반응을 이끌어 내지 못했다. 이러한 경향은 베트남에 적용된 "유연한 대응" 이론의 또 다른 결함을 보여준다. 과업을 제대로 수행하는지 지속적으로 감시 평가하지 못했고, 효과적인 전략의 필수요건인, 행동의 의도와 결과가 실제로 상응하도록 만들 장치가 없었다는 점이다.

그러한 착오가 발생할 수밖에 없었다는 사실 자체가 의아하다. 케네디와 존슨 공히 수단이 목적에 정확히 부합하도록 설계된 관리기법을 그토록 강조했는데 말이다. "시스템 분석"을 창안한 이들은 이 방식이 베트남에 적용됐을 때는 개입하기에는 이미 때가 너무 늦은 시기였고, 일단 적용하자 이 방법은 기존의 전략이 무용지물이라는 사실이 금방 드러났다고 해명했다.[43] 이 주장은 옳지만 너무 협소하다. 국방부 내의 시스템 분석국은 1966년에 가서야 베트남전에 대해 독자적으로 평가하기 시작했다. 그러나 폭넓은 의미에서 케네디-존슨 관리기법은 두 행정부 임기 내내 존재했다. 이 기법은 관료조직을 장악하고, 무력을 선별적으로 사용하고, 비용과 편익을 비교분석할 수 있다는 자신감의 형태로 나타났다. 이러한 기준들을 충족시키지 못한 이유는 기준이 없어서가 아니라 새로운 기법을 적용하기가 어려웠기 때문이다.

"시스템 분석"이 베트남에서 작동하지 않은 한 가지 이유는 전쟁에서 "진전"을 측정하는 도구로서 쉽게 조작 가능한 통계지수들에 지나치게 의존했기 때문이다. 여기서 가장 큰 책임은 맥나마라에게 있다. 그는 대기업이나 국방부처럼 자신이 익숙한 조직에서 응용해 성과를 올린 계량화 방법을 훨씬 복잡한 상황에 응용해야 한다고 고집했다.[44]* 물론 문제는 맥나마라가 고집한 방대한 통계자료는 애초에 그러한 계산을 하는 데 사용된 통계방식보다 정밀도에서 하나도 나을 게 없었다는 데 있었다. 통계자료가 왜곡될 경우에 대비한 안전장치가 없었다. 로저 힐즈먼은 한 남베트남 장군이 "아, 그놈의 통계(Ah, les statistiques)!"라고 탄식했다고 보고한다. 이 장군은 다음과 같이 말했다고 한다. "당신네 국방장관은 통계학을 좋아한다. 우리 베트남인들은 그가 원하는 대로 통계자료를 만들어 줄 수 있다. 수치가 올라가기 바라면 올리고 내려가기 바라면 내리면 된다."[45] 아니면 먼 훗날 등장한 컴퓨터 전문가 세대들이 내뱉은 촌철살인처럼, "쓰레기를 입력하면 쓰레기가 출력된다(garbage in, garbage out)."

　　문제는 1961년 남베트남에 자문하는 미국인들이 이 기법을 도입한 뒤 남베트남의 과업 수행을 평가할 때 최초로 드러났다. 미국인이 있다는 자체만으로도 상황을 보다 정확히 파악할 수 있다고 생각되었지만,[46] 정 반대 현상이 일어났다. 미국 자문역들은 디엠의 장교들이 제공하는 정보에 의존했는데, 이들은 대부분 전투에서 자기 목을 내놓기는 싫어하고 막강한 동맹인 미국에 아부나 하려고 했다. 그 결과 통계지수들을 의도적으로 부풀렸고, 그러한 사실은 1963년 11월 디엠이 무너지고 난 후에야 비로소 분명해졌다. 디엠이 건설했다고 주장한 8,600여 개의 "전략적 부락(strategic hamlets)" 가운데 완성된 형태로 존재한 비율은 겨우 20퍼센트였다. 사이공이 주도한 군사작전의 상당비율 – 높게는 3분의 1에 달한다 – 이 베트콩이 없다고 알려진 지역에서 실시되었다. 한 구역의 담당자는 자기 구역에 있는 24개 부락이 모두 안전하다고 했다. 겨우 세 부락만 자기가 장악하고 있으면서 말이다.

---

* 번디는 1964년 6월 존슨에게 다음과 같은 글을 보냈다. "맥나마라는 너무 오랫동안 이 문제(베트남)를 해결할 방법들을 고민해서 이제 약간 진부해졌다. 또, 묘하게도 그는 문제를 계량화하는 바람에 정치적인 요소를 소홀히 했다." (Bundy to Johnson, June 6, 1964, *FRUS: 1964-68*, I, document 204.)

맥나마라는 다음과 같이 인정하면서 통탄했다. "상황이 악화되고 있었
다. … 우리가 생각했던 것보다 훨씬 더. 베트남인들의 왜곡된 보고에
우리가 너무 의존했기 때문이다."47)*

　　그러나 이러한 왜곡된 정보는 남베트남인들에게서만 나온 게 아
니었다. 성공을 바라는 워싱턴의 기대를 충족시키려고 안달이 난, 베
트남 주둔 미국 자문역 총사령관 폴 D. 하킨스(Paul D. Harkins) 장군은
사이공이 전쟁에 대해 낙관적 평가를 내린 정세보고에 의문을 제기하
는 자기 직속 부하들의 직언을 묵살하거나 막았다. 그 결과 테일러와
맥나마라는 1963년 10월까지도 확신에 차 다음과 같이 보고했다. "미
국의 감시 하에 베트남인들이 이용하는 전술과 기법들은 정상적으로
작동하고 있고 궁극적으로 승리할 전망을 높여준다."48) 상황이 사실
은 그리 장밋빛이 아니라는 증거가 이따금 드러나기는 했다. 하킨즈가
가공한 브리핑 내용과 철저히 짜인 안내시찰 동선에서 벗어나 상황을
둘러본 공식방문 인사를 통해 가뭄에 콩 나듯, 혹은 실제 상황은 다르
다는 의구심을 품은 사이공 주재 미국 특파원들, 특히 닐 시한(Neil
Sheehan)과 데이비드 핼버스탬(David Halberstam)이 쓴 기사를 통해 드
물지 않게 사실이 알려졌다. 그러나 케네디는 이러한 서로 모순되는
정보에 대해 우려했지만, 그 어느 시점에도 전쟁의 진전 상황을 보고
받는 수단으로서 공식적인 경로에 우선적으로 의존하는 태도를 버린
적이 없다. 이 점에 있어서 존슨은 케네디보다 훨씬 더했다.49) 비밀의

---

* 시련은 1963년에 끝나지 않았다. 사이공의 명분에 동조할 의향이 있는 "이탈자"를
　신고하면 금전적인 보상을 주는 제 3자 유인 프로그램(The Third Party Inducement
　Program)을 통해 인계된 "베트콩"의 수는 1968년 17,836명에서 1969년 47,088명으
　로 늘어났는데, 이 시점에 "이탈자"로 알려진 이들 대다수가 베트콩이 아니라 남베
　트남 인들이었다. 이들은 친구와 짜고 신고한 다음 보상금을 타내 나누어 가졌다.
　(Guenter Lewy, *American in Vietnam* [New York: 1978], pp.91-92.)

단계가 높을수록 정보의 정확도는 떨어지는 경향이 있다는 주장이 제기되어 왔다. 다른 건 몰라도 독자적으로 확인할 기회가 그만큼 줄어들기 때문이다.[50] 이 주장이 보편적으로 적용되지 않을지는 몰라도, 백악관은 하킨스의 보고서보다 핼버스탬이 쓴 기사를 읽는 게 나을 뻔했다는 데는 다툼의 여지가 없다.

이러한 문제들은 미국의 적극적인 군사적 개입이 본격화 되면서도 사라지지 않았다. 가장 악명 높은 사례는 지상전에서 적의 "시신수"를 "진전"을 가늠하는 가장 중요한 지표로 삼았다는 사실이다. 관행적으로 사용하는 지표 - 탈환한 지역, 진군한 거리, 접수한 도시 - 들이 무의미한 그러한 전쟁에서는 섬뜩하지만 이러한 통계지표들을 이용하지 않을 방법이 없다는 게 이유였다.[51] 그렇다고 해도 그런 지표들에 중요성을 부여하다니 참으로 이상했다. 그러한 지표들은 부정확하다고 널리 알려져 있기 때문이다. 당시에도 이러한 지표들의 오차범위는 이 통계치에서도 30에서 100퍼센트에 달했다. 이중 삼중으로 집계를 하기 때문이기도 하고, 전투병과 비전투병을 구분하기 어렵기도 하고, 현장의 사령관들이 점점 더 높은 "성과"를 보이라고 압박했기 때문이기도 하다.[52] 전쟁에서 성공을 가늠할 보다 신뢰할 만한 지표 - 북베트남과 베트콩으로부터 탈취한 무기의 수 - 가 확보 가능했지만 시신의 수만큼 큰 의미가 부여되지 않았다. 아마도 수치가 별 볼일 없었기 때문일 것이다. 1966년 맥나마라는 다음과 같이 털어놓았다. "소모 산정 자료도 실제 베트콩/북베트남의 손실을 상당히 과대평가할 가능성이 있다. 예컨대, 베트콩/북베트남의 무기 손실은 기껏해야 인명 손실의 6분의 1이다. 사망자 대부분이 무장하지 않은 짐꾼이거나 그냥 지나가던 행인일 가능성이 있다는 뜻이다."[53]

이와 유사한 통계수치 부풀리기는 공중전에서도 일어났다. 고성능 제트기 시대에는 조종사의 보고는 신뢰하기 어려운 지표라고 정평이 나 있었는데도 불구하고, 사진 정찰 대신 조종사에게 북베트남 폭격의 효과를 측정하도록 하는 바람에 실제보다 피해가 크다고 보고되었다. 사진으로 확인하라는 요청이 있었지만 조종사의 보고를 확인하려는 게 아니라 "출격 비율"을 높이기 위해서였다. 연료와 군수품 할당이 이 비율에 따라 결정되었기 때문이다. 따라서 북베트남 폭격 임무를 함께 수행한 공군과 해군은 출격 횟수를 앞다퉈 늘렸다. 결과는 예상대로였다. 포탄 적재 용량이 적은 전투기를 출격시켜 출격 빈도수를 늘렸다. 중요하지도 않거나 이미 파괴된 목표물에 폭탄을 투하했다. 탄약이 모자랄 때는 폭탄을 탑재하지 않은 채 출격했다. 한 공군 대령의 말마따나, "폭탄이 있든 없든 목표물 상공에는 해군전투기보다 공군전투기가 더 많이 떠 있어야" 했다.54)

성과를 제대로 감시 측정하는 데 실패한 두 번째 이유는 성과를 깎아내리는 정보는 무시하는 경향이 끈질기게 지속되었기 때문이다. 미국이 어쩌다 보니 베트남 전쟁에 말려들게 되었다는 주장은 낭설이다. 전쟁이 확대되는 긴 과정의 단계 단계마다 결과를 정확하게 (그리고 비관적으로) 예측한 정보 판단을 입수할 수 있었다.* 예컨대, 일찍이 1961년 11월, 중앙정보국은 북베트남이 남베트남에 점점 많이 침투해 남베트남에 투입된 미군에 맞먹는 규모가 되고, 북부를 폭격해도 이러한 침투 과정을 크게 방해하지는 못한다고 예측했다. 그로부터 2년 반 후, 존슨 행정부의 핵심관료 몇 명이 참가한 일련의 전쟁 시뮬레이션도 정확히 똑같은 결론을 내렸다.55) 맥스웰 테일러는 1961년과

---

* "내가 (베트남에 대해) 받은 정보는 공식적인 보고체계의 바깥에 있는 그 어떤 사람이 생각하는 것보다 훨씬 완성도 있고 균형잡힌 정보였다." (Lyndon B. Johnson, *The Vantage Point: Perspectives of the Presidency*, 1963-1969 [New York: 1971], p.64.)

1964년 지상 전투군 투입을 열렬히 지지했지만, 1965년 무렵 전투군 투입을 강력히 반대하는 입장으로 돌아섰다. "무장하고 군장을 갖추고 훈련받은 백인 병사는 아시아의 숲과 밀림에서 게릴라 투사로 싸우는 데 적합하지 않다."라는 이유였다. 존슨의 오랜 개인적 친구이자 미래의 국방장관 클라크 클리포드(Clark Clifford)는 1965년 5월 베트남이 "구렁텅이가 될지도 모른다. 우리는 끝도 한도 없이 지상군을 계속 투입해야 할지도 모른다. 궁극적으로 이기리라는 현실적인 희망도 없이."라고 경고했다. 공식적인 정책에 대해 연속해서 설득력 있게 반대 의사를 밝힌 조지 볼(George Ball) 국무차관<sup>◎</sup>은 "남베트남에서 지상전에 미군을 깊숙이 개입시키면 참사를 낳는 실수를 저지르게 된다. 전술적 철수를 해야 할 경우가 있다면 바로 지금이 그런 경우다."라고 강조했다. "조율" 전략을 만든 창시자들 가운데 한 사람인 윌리엄 P. 번디(William P. Bundy)조차도 1965년 6월 무렵이 되자 7만에서 10만 명 이상 지상군을 투입하면 "급속한 수확체감과 부정적인 결과가 나타나는 지점"을 넘게 된다는 결론을 내렸다.[56]

다섯 달 동안 폭격을 하고 나서 맥나마라는 다음과 같이 인정했다. "베트콩에게 들어가는 공급선을 우리가 차단했다는 징후가 보이지 않는다. 북베트남에 대해 공습한 덕분에 하노이가 협상 테이블에 이성적인 태도로 임할 의향을 보이게 되었다는 가시적인 증거도 없다." 지상에서 군사작전의 성공이 가능하다고 해도 그저 "베트콩들을 숲으로 다시 몰아넣어서" 이들이 다시 공격할 훗날을 도모하지 말란 보장이 없었다. 국방장관은 다음과 같이 인정했다. "우리 군이 베트남에서 벗어날 방법이 뭔지 분명치가 않다." 그런데도, 정세 평가가 이처럼 암

---

◎ 일관되게 미국의 대대적 베트남 군사개입에 반대했던 전략가였다 ─ 옮긴이.

울했지만, 맥나마라는 폭격을 계속해야 한다고 권고했고 군 규모를 7만 5천에서 17만 5천으로, 결국 20만까지 증원해야 한다고 주장했다. 1966년 초, 지상이나 공중작전에서 진전이 있다는 고무적인 징후가 더 이상 보이지 않는다는 근거를 내세워 그는 신규 군 투입 상한선을 40만 명으로 책정하는 안을 승인했고, 이와 동시에 북베트남과 베트콩이 그와 같은 증원에 맞먹을 역량이 있다고 인정했다. 그는 결국 적을 봉쇄하려면 60만 명이 필요할지 모른다고 생각했지만 그렇게 되면 중국 공산주의자들을 불러들일 위험이 있었다. "따라서 권고안대로 증파한다고 해도 1967년 초에는 훨씬 높은 수준에서 군사적 교착상태에 직면하게 될 확률도 비슷하다. 평화 절차는 시작되지도 않고 여전히 미군을 증파하라는 요구는 계속되는 상태에서 말이다."[57]

　　비관론에 직면해서도 끈질기게 버틴 사람은 맥나마라 뿐만이 아니었다 - 실제로 국방장관은 대부분의 관료들보다 솔선수범해 낙관주의가 비관주의를 압도하게 내버려 두었다. 예컨대, 웨스트몰런드는 1965년 12월 다음과 같이 인정했다. "지난 9개월 동안 그들의 운송체계에 큰 압박을 가했지만 그들(북베트남인)은 우리가 미군을 배치하는 속도보다 훨씬 빠른 속도로 남베트남에 군사력을 배치할 역량이 있음을 증명했다." 그럼에도 불구하고 "베트남 민주주의공화국이 전쟁을 지원할 역량을 크게 훼손하려면 중국 국경에서부터 남베트남까지 계속 공습을 하는 길이 우리의 유일한 희망이다." 확전의 결과에 대해 특히 암울한 예측을 내놓은 중앙정보국은 1966년 3월에 그때까지 폭격은 효과가 없었다고 인정하면서도 폭격은 늘리고 제약은 더 풀어야 한다고 권고했다. 그해 말, 존슨 행정부 관료들 특유의 낙관적 확신에 찬 어조로, 로버트 코머는 다음과 같이 주장했다. "우리가 베트남에서 시행하는 프로그램 가운데는 그 어떤 것도 개별적으로는 성공적인 결과를 낳는다고 크게 확신할 수 없다. 그러나 여러 프로그램이 낳은 효과가 축적돼 남베트남인들 사이에 편승심리가 만연하게 되면 1967년 말이나 1968년 어느 시점에 가면 그러한 결과로 이어질 수 있다. 어쨌든 더 나은 대안이 있는가?"[58]

코머가 주장한 바와 같이, 문제는 지속적 확전에 대한 전망이 아무리 암울하다고 해도 그 대안들이 낳을 결과는 더욱 암울해 보였다. 철수하면 굴욕을 당하게 되고 세계질서 유지를 위해 해 온 일도 모두 허사가 된다. "힘의 입지"를 확립하기 전에 협상을 하면 오직 유화책으로 이어질 뿐이었다. 현상유지도 힘들었다. 현재 상태가 너무나도 위태로웠기 때문이다. 여론은 1968년까지만 해도 확전을 굳건히 지지했었다. 존슨은 자신이 가속기가 아니라 제동기를 밟고 있다고 생각했다.[59] 그 결과 암울한 전망과 낙관주의가 뒤섞인 묘한 분위기가 조성되었다. 상황이 나쁘고 앞으로도 더 나빠질 가능성이 높지만, 기존 전략의 대안은 더욱 더 끔찍하기 때문에 "계속 밀고 나가는" 도리밖에 없었다.

그러나 존슨 행정부가 선택지를 왜 그리 협소하게 규정하게 되었는지 만족스럽게 해명되지 않았다. 돌이켜 보면 실제로 채택한 전략보다 나은 대안들이 상당히 많았다. 하노이가 원하는 조건하에서 협상을 하거나, 전쟁 수행의 책임을 서서히 남베트남인들에게 넘기거나, 북베트남—베트콩이 결국은 승리하리라고 예상하고 단계적으로 철수하는 방법도 있었다. 실제로 택한 전략은 이러한 대안들과 똑같은 결과를 낳았지만, 1960년대에 이러한 대안들을 택했었더라면 치르지 않아도 되었을 엄청난 비용을 추가로 지불한 셈이다. 1966년 조지 케넌이 상원 외교위원회에 상기시켜 준 바와 같이 "달성할 전망이 암울한 터무니없는 목표를 고집스럽게 추구하는 행위보다 바람직하지 않은 입지를 단호하고 용감하게 청산하는 행위가 더 존경을 받고 세계적으로 높은 평판을 받는 분위기가 조성되어야 한다."[60] 그러나 존슨과 그의 참모들은 그들의 전략이 통하지 않는다는 증거가 넘쳤음에도 불구하고 차마 "이설(異說)적인" 선택을 할 엄두를 내지 못했다. 그들의 우유부단은 베트남에서 성과를 감시 평가하는 데 실패한 또 다른 이유였다. 달갑지 않지만 필요한 대안을 고려하게끔 강제하는 장치가 없었다.

이러한 패착이 야기된 이유로 여러 가지 해석이 제시되었다. 케네디-존슨 임기 동안 "단호함"에 큰 점수를 주었다는 주장이 있다. 확전을 지지한 측보다 타협하고 타결해야 한다는 측이 자기들의 주장이 신빙성 있음을 증명해야 할 부담을 훨씬 더 무겁게 졌다.[61] 그러나 이러한 주장은 존슨이 하노이 측과 협상으로 문제를 타결할 기회를 끈질기게 모색했다는 사실을 설명하지 못한다. 단순히 국내에서 전쟁에 반대하는 여론을 완화시키기 위해서뿐만 아니라 미국의 신뢰성을 해치지 않고도 빠져나올 방법을 찾기를 진심으로 희망했기 때문이다.[62] 전쟁에 대한 비판이 확산되자 존슨에게 조언을 하는 사람들의 범위가 좁아졌고, 이 때문에 행정부 수반이 반대의견을 접할 기회가 제한되었다는 점도 지적되어 왔다.[63] 그러나 존슨 대통령은 실제로 조지 볼 같은 "집안의 이단자(정권 내의 반대론자를 뜻함 – 옮긴이)"들의 의견을 계속 경청했고, 1966년과 1967년 전쟁에 대해 점점 의구심이 커지던 맥나마라의 주장에도 깊은 관심을 보였지만, 여전히 전략을 바꾸려 하지 않았다.[64] 국가안보 의사결정체계 자체가 문제라는 주장도 제기되었다. 이 체계는 1945년 이후로 봉쇄전략과 힘의 균형에 관해 만연했던 전제들을 바탕으로 하면 산출되도록 "프로그래밍" 되어 있는 결과를 산출했다는 점에서 "제대로 작동"했다. 오류는 "프로그래밍"에 있었다.[65] 그러나 이 주장은 시간이 흐르면서 이익과 위협에 대한 인식이 변했다는 사실을 지나치게 단순화하고 있다. 전후에 취임한 행정부는 하나같이 봉쇄전략의 일반적인 목표에 전념했지만, 봉쇄 대상과 봉쇄하는 데 사용가능한 수단에 대해서는 행정부마다 생각이 상당히 달랐다.

존슨 행정부가 베트남에서 대안을 마련하는 데 무능한 이유를 가장 잘 설명해 주는 것이 바로 이 수단에 대한 인식 문제다. 전후 시대에 달갑지 않은 선택지들을 고려하게 만든 장치는 주로 예산문제였다. 가용재원이 한정되어 있으면 필수적 이익과 주변적 이익, 타당한 것과 타당하지 않은 것을 구분하기가, 덜 고통스럽지는 않더라도, 더 쉽기는 하다. 아이젠하워 행정부는 1954년에 이 사실을 깨달았다. 당시 행정부는 공산주의 북베트남이라는 "수용 불가능한" 미래가 사실 미국의 직접적 군사개입이라는 훨씬 값비싼 대안보다는 낫다고 판단했다. 그러나 케네디와 존슨 행정부 임기 동안 예산에 대한 고려는 거의 하지 않았다. "유연한 대응" 논리는 수단이 무한하다고 전제하므로 달갑지 않은 대안들 가운데 어려운 선택을 해야 할 동기를 부여해 주지 않았다.

케네디는 이따금 워싱턴이 다른 나라를 도울 때 넘지 말아야 할 한계가 존재한다고 강조하기는 했다. 그는 다음과 같이 지적했다. "미국은 전능하지도 전지하지도 않다. 우리는 세계 총인구에서 겨우 6퍼센트 밖에 차지하지 않는다. … 우리는 세상의 모든 잘못을 바로잡을 수도, 적을 일일이 전향시킬 수도 없다." 남베트남에서 미군 자문역들을 단계적으로 철수시키는 1963년의 계획은 무산되기는 했으나 그 나라에서 개입할 수 있는 정도의 한계에 다다르고 있음을 케네디가 감지했다는 뜻이다.[66] 그러나 케네디가 재정적 문제 때문에 그곳에서 미국의 역할을 축소하려 했다는 결정적인 증거는 없다. 분명히 존슨은 그러지 않았다. 신임 대통령은 취임 후 첫 몇 달 동안 경제성을 강조했지만, 재계에서 자기 평판을 향상시키려는 목적에서 한 말이지 세계에서 미국의 힘이 지니는 한계에 대해 크게 우려해서가 아니었다.[67] 베트남 위기가 고조되면서 미국은 그곳에서 승리하기 위해 무엇이든 감당할 수 있다는 존슨과 그의 참모들의 확신도 강해졌다.

　　존슨은 1964년 8월 다음과 같이 천명했다. "단 한 순간도, 그 누구도, 의심하게 내버려두지 말자. 아무리 오래 걸려도 끝까지 이 길을 갈 재원과 의지가 우리에게 있다는 사실을." 그 다음 달 백악관 회의에서 러스크는 1940년대 말 그리스에서 반란을 진압하는 데 게릴라 한 명 당 5만 달러가 들었다고 지적하고, "이기기 위해서는 그 어떤 비용도 치를 만하다."라고 말했다. 존슨도 동의하면서, 당시에 "비용을 아낄 필요가 없었다는 점"을 모두가 이해할 필요가 있다고 강조했다. 로스토우는 1964년 11월 다음과 같이 기록했다. "내가 보기에 우리가 성공하겠다는 결의를 제대로 갖추고 일에 뛰어든다면 끝까지 마무리하기에 충분한 자산을 보유하고 있다. 역사상 현 시점에 우리는 세계에서 가장 막강한 나라다 – 우리가 그런 나라답게 행동한다면 말이다." 다섯 달 후 베트남에 대한 미국의 직접적인 군사개입이 시작되면서 맥나마라는 합동참모본부와 각 군의 장관들에게 다음과 같이 통지했다. "베트남에게 원조를 제공하는 데 필요한 재원은 얼마든지 있다. 그 어떤 경우에도 돈이 모자라서 그 나라에 대한 원조에 차질을 빚을 일은 없다." 그해 8월 러스크는 "약속"을 지키려면 늘 대가를 치러 왔다면서 "지난 30년에서 40년의 역사를 볼 때, 우리가 의무를 다하지 않아서 치른 비용이 의무를 다하느라 치른 비용보다 훨씬 크다고 본다."[68]

　　1965년 초 존슨은 의회에서 "세계에서 가장 풍요로운 사회는 자유와 안보를 지키기 위해서라면 얼마든지 비용을 치를 여유가 있다."
라고 말했다. 사실상 재원은 무한하다는 인식은 비용만 많이 들고 효
과도 없는 전략인 줄 알면서도 그 전략을 고집한 이유가 뭔지 설명해
준다. 미국이 그저 선택한 길을 그대로 가면 비용이 얼마가 들든 상관
없이 이기게 된다는 생각이었다. 그해 말 대통령은 다음과 같이 덧붙
였다. "가던 길을 계속 가는 수밖에 달리 선택의 여지가 없다. 비록
위험천만하고 불확실하며 비용도 많이 들고 인명도 손실되겠지만."
"몇 달, 몇 년, 아니 몇 십 년"이 걸릴지 모르지만, 군을 이끄는 웨스트
몰런드 장군이 무엇을 요청하든 "요청한 대로" 다 보내겠다. 로버트
코머는 1966년 말 다음과 같은 결론을 내렸다. "엄청난 비용이 들고
낭비도 많지만 그럼에도 불구하고 분명히 우리가 남베트남에서 전쟁
에 이기고 있다. 우리 프로그램들 가운데 ― 민간이든 군이든 ― 아주 효
율적인 프로그램은 거의 없다. 그러나 우리는 물량공세로 적을 가루로
만들고 있다." 웨스트몰런드도 동의했다. "우리는 그들이 계속 피를
흘리게 해서 앞으로 수 세대 동안 국가적인 재앙의 수준으로 나라가
피를 흘려야 하는 지경에 이르렀다는 사실을 하노이가 깨닫게 만들 작
정이다. 그러면 그들은 자기 처지를 재평가해야 한다."69)

　　그러나 맥나마라의 "시스템 분석" 전문가들은 1966년 무렵 북베
트남을 그 지경에 이르게 하려면 몇 세대가 걸린다는 결론에 도달했
다. 예컨대, 적을 공격하면 적진에서 사상자가 상당히 발생하는 경향
이 있는데, 미국과 남베트남군이 실시한 작전에서는 적진에서 사상자
가 거의 발생하지 않는다는 결과가 나왔다. 남베트남에 대규모 미군이
있어도 북베트남과 베트콩은 여전히 주도권을 유지하고 따라서 손실
이 발생해도 이를 관리할 수 있다는 뜻이었다. 다른 연구결과들을 보
면, 북베트남에 대한 공습폭격 회수가 1965년부터 1968년 사이의 기

간 동안 네 배가 되었지만, 하노이가 남쪽에 군을 공급하는 역량은 그리 훼손되지 않았다. 같은 기간 동안 적에 대한 공격은 다섯 배, 지역에 따라서 여덟 배 증가했다. 폭격으로 북쪽에 6억 달러에 달하는 피해를 입힌 것으로 추산되었지만, 전투기 손실만도 60억 달러에 달했다. 베트남에서 소모한 폭탄과 총탄의 65퍼센트는 목격되지도 않은 목표물을 향해 발사되었고, 한 해에 20억 달러 정도의 비용이 발생했다. 분석가들은 그러한 타격으로 사망한 북베트남인이나 베트콩은 1966년에 100명이나 될까 말까 하는데, 그 과정에서 불발탄과 탄피가 27,000톤이 나왔고, 적은 이를 이용해 은폐 폭발물을 제조했으며, 이로 인해 같은 해 미국인이 1,000명이 사망했다. 그러나 가장 참담한 사실은 시스템 분석가들이 1968년에 내놓은 다음과 같은 결과였다. 미군이 50만 명이나 투입됐음에도 불구하고, 미국이 제 2차 세계대전에서 투하한 폭탄 톤수보다 더 많은 톤수의 폭탄을 소모했음에도 불구하고, 1967년에 적의 사상자가 14만 명에 이른다고 추산되었음에도 불구하고, 북베트남은 남베트남에 한 해에 최소한 20만 명을 무기한 계속 침투시킬 수 있었다. 한 분석가는 다음과 같이 기록했다. "베트콩/북베트남을 베트남에서 몰아내거나 그들이 감당하지 못할 정도의 사상자를 발생시켜 이 전쟁을 '이길' 수 있다는 생각은 틀렸다."[70]

이러한 연구내용 가운데 오직 마지막 연구만이 국방장관 집무실 외부에서 어느 정도 영향력을 발휘했다. 전쟁을 무기한 계속할 수 있다고 자신하는 행정부가 연구내용이 아무리 설득력이 있어도 그런 연구에 관심을 기울일 이유는 거의 없었다.[71] 더 이상 확전하면 얻는 이익보다 지출하는 비용이 더 높다는 사실을 존슨이 직접 깨달아야 비로소 비용을 엄격히 절제해야 한다는 주장이 힘을 얻을 수 있었다. 그리고 그런 일은 1968년 2월 구정(테트) 대공세가 발생하고 나서야 비로소 일어났다. 당시 대통령은 추가로 20만 6천 명의 군을 보내 달라는 웨스트몰런드 장군의 요청을 접수했다. 예비군을 소집하지 않고, 국내적 국제적으로 경제적인 혼란을 야기하지 않고는 충족시키기 불가능한 수치였다.* 존슨은 늘 절대로 이 선은 넘어서는 안 되는 한계로 설정해 놓고 있었다. 엄밀한 통계적 분석을 근거로 했다기보다 정치적 생존본능에 근거한 판단이었다. 이 지점을 넘으면 전쟁에 대한 국민의 지지가 급속히 악화되리라고 생각했기 때문이다.72) 그렇다면 결국 존슨 행정부가 비용편익을 계산하는 근거가 된 기준은 1961년 이전에 아이젠하워, 또는 1950년 이전에 트루먼이 사용한 기준보다 조금도 더 정교할 게 없었다. 시스템 분석 기법은 그러한 자의적인 판단의 필요성을 배제하도록 설계되었지만 사실 그런 판단을 지연시켰을 뿐이다.

　　베트남에서의 성과를 객관적으로 판단하는 데 방해가 된 상황이 몇 가지 있었다. 군이 비교적 자율성을 누리면서 전쟁에서 "진전"을 측정하는 데 사용되는 통계지표들을 상당히 장악했다. 여기다가 성공을 입증하려는 조직적 차원의 충동과 전쟁 중에는 민간인이 군의 권위에 맞서기를 꺼려하는 전통까지 복합적으로 작용하는 바람에 효과가 없다는 주장을 확인하기가 힘들었다.73) 정확한 정보가 상부까지 전달된다고 해도 무시되기 일쑤였다. 대안으로 제시된 행동지침은 "계속 밀고 나가는" 선택지보다 더 골치아팠기 때문이다. 그리고 수단이 무한하다고 인식했기 때문에 부정적인 결과를 낳을 조짐이 보이는데도 계속 버티게 되었다. 그러나 대안의 범위가 넓어지고 수단이 많아지기는커녕, 어려운 결정을 내려야 할 동기 부여가 되어 있지 않으므로,

---

* 묘하게도 웨스트몰런드는 합참의장 얼 G. 휠러(Earle G. Wheeler)가 부추겨서 이러한 요청을 한 게 분명하다. 주저하던 존슨에게 압력을 넣어 예비군을 소집하게 만들려는 방편으로 말이다. (Herbert Y. Schandler, *The Unmaking of a President: Lyndon Johnson and Vietnam* [Princeton: 1977], pp.116, 138.)

실제로는 대안의 범위와 수단은 축소되었다. 그 결과, 2차 대전 후 들어선 정권 가운데 성과를 감시하고 평가할 필요에 가장 민감했던 행정부는 헤어나오기 힘든 전쟁에 얽매이게 되었다. 이 행정부는 이 전쟁을 이해하지도 못했고, 이길 수도 없었을 뿐만 아니라, 벗어나지 않으려고까지 했다.

## IV

전략이 효과적이려면 이익과 위협을 규명하고 실행을 감시 평가하는 역량만 필요한 게 아니다. 균형감각도 필요하고 한 영역에 집중하면 다른 영역에 필요한 재원과 관심이 그 영역으로 쏠리게 된다는 점을 인식해야 한다. 존슨과 그의 참모들은 다음과 같은 거창한 생각을 품었다. 베트남은 그 자체로서 중요할 뿐만 아니라 전 세계에 미국의 결의를 보여주는 상징으로서 중요하다고 그들은 끊임없이 주장했다.* 상징과 집착을 구분하는 선은 매우 가늘다. 그러나 일단 그 선을 넘으면, 보통 자기도 모르는 사이에, 시야가 좁아지고, 그 결과 사용된 수단이 달성하려는 목표에 적합하지 않게 되고 심지어 목표를 파괴하는 지경에 이르게 된다. 이와 같이 시야가 좁아지고, 균형 감각을 잃

---

* 헨리 캐벗 랏지 대사는 1966년 사이공에서 다음과 같은 전문을 보냈다. "우리가 베트남에 있는 까닭이 단지 그들이 원해서라는 단순한 생각, 우리가 여기 있음으로써 얻는 국익은 없다는 생각, 그리고 우리가 그곳에 있기를 바라지 않는 이들이 그들 중에 있다면 우리는 떠나야 한다는 생각은 내가 보기에는 잘못이다. 솔직히 우리가 이곳에 전념하는 이유가 오직 베트남인들에 대한 동정심에서 비롯된 도덕적 의무감 때문이지 미국의 중요한 이익이 걸려 있어서가 아니라는 주장에는 공감하지 않는다. … 언젠가 우리는 하노이와 북경이 베트남을 접수하지 못하도록 하는 게 우리에게 어느 정도나 가치있는 일인지 판단해야 한다 — 베트남인들이 어떻게 생각하든 상관없이."(Lodge to State Department, May 23, 1966, *Pentagon Papers,* IV, 99-100.)

고, 단기적인 수단이 장기적인 목표를 어느 정도나 훼손하는지 감지하지 못했다는 점이 베트남에 적용된 "유연한 대응"의 네 번째 결함이자 가장 큰 후유증을 남긴 결함이다.

이러한 경향은 남베트남에서 분명히 나타났다. 행정부는 수십만 명의 미군이 남베트남의 사회적 경제적 구조에 얼마나 무리를 가할지 전혀 예상하지 못했다. 미국이 물가인상을 막으려고 애를 썼지만, 웨스트몰런드의 "색출과 파괴" 작전으로 난민이 폭증하면서 도시 생활비가 1965년부터 1967년 사이의 기간 동안 최소한 170퍼센트 인상되었다. 물론 베트남에는 오래전부터 부패가 만연했지만, 미국인들과 함께 들어온 TV 수상기, 모터사이클, 시계, 냉장고, 두둑한 현금이 물가상승을 더욱 부추겼다. "대거 유입된 미국 달러는 농촌지역에 폭격 못지 않은 영향을 미쳤다."라고 한 목격자가 회상한다.

사이공을 완전히 뒤집어놓았다. … 새로운 경제적 여건 하에서 베트남정부 장관보다 매춘부가 돈을 더 많이 벌었다. 미국 국제개발청(USAID)에 근무하는 비서가 어엿한 대령보다, 영어 단어 몇 마디 할 줄 하는 택시 운전사가 대학 교수보다 많이 벌었다. 사이공의 오랜 부자들은 사회 내에서 자신들의 지위를 위협하는 공산주의자들에 반대했다. 그런데 미국인들은 훨씬 짧은 기간에 훨씬 확실하게 자신들의 지위를 앗아갔다는 사실을 깨닫게 되었다 – 그리고 지위와 더불어 베트남 사회를 결속시키는, 그나마 남아 있던 가치관까지도 앗아갔다.

이와 비슷한 현상은 농촌지역으로도 확산되었다. "안커에서 나트랑, 쿠치, 출라이에 이르기까지 미군기지 주변에는 포장용 상자와 버린 양철깡통으로 만든 마을들이 들어서 마을 전체가 슐리츠, 코카콜라, 펩시콜라 광고판처럼 보였다. 정확히 세 종류의 산업에 종사하는 마을이었다 – 미군의 빨래를 하고, 미국산 청량음료를 미군에게 팔고, 미군에게 매춘을 하는 세 종류의 마을이었다."[74)

감당하기 힘든 미군의 존재는 남베트남의 자립 역량을 잠식했다. 애초에 미국이 강화하려던 바로 그 역량을 잠식한 셈이다. 물론 워싱턴은 모든 면에서 베트남인들을 통제하는 데 성공하지는 못했다. 남베트남에 미국이 엄청나게 투자를 했다는 사실 자체가 그러한 지원을 끊겠다는 간헐적인 위협의 신빙성을 훼손했다. 1968년 초 한 보도기사는 다음과 같이 지적했다. "베트남 정부와 미국이 정책을 두고 서로 맞서는 상황에 처하거나 서로 용인할 수 없을 정도로 의견이 벌어지게 되면, 미국의 자문역들이 지게 되는 게 엄연한 진실이다." 그러나 반항은 독립과 같지 않다. 위의 똑같은 기사는 다음과 같이 지적했다. "거리에서 만난 베트남인들은 미국이 베트남정부를 완전히 지배하고 있고 어떤 경로를 택할지 지시를 내리고 있다고 굳게 믿고 있다."[75) 군부나 정부 차원의 베트남인들은, 비록 꼭두각시는 분명히 아니었고, 비록 미군이 자기들 문화를 지배하는 정도에 대해 분명히 앙심을 품기는 했지만, 이와 동시에 미군이 어느 날 떠날지 모른다며 두려워했다.[76) 그 결과 베트남인들은 미군에 대해 복합적인 감정을 느끼면서 깊이 의존하게 되었고, 이들이 미국에 얼마나 의존했는지는 미국이 마침내 1973년 전쟁에서 철수하고 나서야 분명해졌다.

돌이켜보면, 남베트남을 적으로부터 보호하고 유지하는 데 필요한 외부 원조의 수준과 자립을 훼손할 정도의 수준을 구분하는 지점이 무엇이었는지 확인하기는 힘들다. 어쩌면 그런 지점은 없었는지도 모른다. 남베트남은 자립할 역량이 전혀 없었는지도 모른다. 그러나 워싱턴이 그런 점을 파악하려는 노력을 거의 기울이지 않았다는 점만은 분명하다. 미군의 증강은 미군이 방어해야 할 사회에 끼칠 파괴적인 영향을 전혀 고려하지 않고 이루어졌다. "마을을 구하기 위해서 그 마을을 파괴해야 하는 지경에 이르렀다." 1968년 구정 대공세 직후 베트콩이 점령한 메콩 삼각주 마을을 폭격하고 나서 한 공군소령이 한 말이다.[77] 그의 이러한 발언은 베트남 전역에서 미국이 한 경험에도 적용된다. 그리고 공격의 수위에 적합한 대응을 한다는 본래 취지에도 불구하고 "유연한 대응" 전략이 절대로 해결하지 못한, 공격 수위를 훌쩍 뛰어넘는 과도한 대응수단을 쓰는 진퇴유곡에 빠졌다는 사실에도 적용된다.

미군이 남베트남에 주둔했던 이유는 오로지 그 나라의 독립을 확보하기 위해서만은 아니었다. 다른 지역의 잠재적인 도발자들에게 도발해도 얻는 게 없다는 점을 보여 주겠다는 결의도 있었다. 존슨은 다음과 같이 주장했다. "한 전장에서 퇴각하면 다음 전장에서도 퇴각하게 된다. 우리는 동남아시아에서 ─ 우리가 유럽에서 그랬듯이 ─ 이렇게 말해야 한다. '너희가 여기까지는 왔을지 모르지만 더 이상은 안 된다.'"[78] 흥미롭게도 행정부 관료들은 그러한 메시지를 전달하기 위해서 남베트남에서의 성공이 반드시 필요하다고 생각하지도 않았다. 남베트남에서 어떤 결과가 나오든 상관없이 "미국은 '선량한 의사'처럼 보여야 했다. 우리는 약속을 지키고, 강인하고, 위험을 감수하며, 피투성이가 되더라도 적을 처절하게 손상시켜야 했다."라고 존 맥너튼이 1964년 말했다. 맥조지 번디는 1965년 초 ─ 그는 성공할 가능성이 25퍼센트에서 75퍼센트 사이라고 생각했다 ─ 다음과 같이 털어놓았다. "비록 실패하더라도 그 정책은 실행할 가치가 있다. 적어도 우리가 최선을 다하지 않았다는 비난을 가라앉히기는 한다. 그 외에도 보복을 통해 앞으로 게릴라전을 감행하면 치러야 할 대가를 훨씬 높여 놓게 된다."[79] 굳은 결의를 과시하려면 약속을 하는 게 중요했다. 실패할 가능성도 있고 실패하는 것은 바람직하지도 않지만, 애초에 아무런 행동도 하지 않았을 때 야기될 결과만큼 나쁘지는 않을 것이다.

그런데 실제로 전달된 메시지는 아주 달랐다. 북베트남의 침투나 베트콩의 공격을 저지하기 위해서 미국이 점점 군사력을 증강하지 못하자 – 1968년 구정 대공세 무렵 이 경향은 너무나도 뚜렷해졌다 – 미국이 이러한 상황에서 동원할 수 있다고 과시하려고 했던 그런 종류의 힘이 없다는 사실만 증명하게 되었을 뿐이다. 이런 점에서 기술은 베트남에서 도움보다는 오히려 방해가 되었을지 모른다.[80] 베트남전쟁은 또한 모택동의 이론이 옳았음을 확인해 주었다. 끈기와 의지만 있다면 비교적 원시적인 군사력만으로도 훨씬 고성능의 적을 무찌를 수 있다는 이론 말이다. 미국이 베트남에서 보인 태도에서는 이러한 끈기와 의지가 보이지 않는다는 사실을 존슨보다 호치민이 훨씬 정확하게 간파했다.[81] 마지막으로, 워싱턴이 베트남에서 너무 깊숙이 개입하는 바람에 1968년 무렵 미국은 베트남에 상응하는 위기가 다른 지역에서 발생했다면 대응할 여력이 없었을 것이다.[82] 그렇다면 베트남에서 도발을 감행하면 어떤 대가를 치르게 되는지 보여 주겠다고 한 본래 취지와는 사뭇 다른 메시지를 미국은 전하고 만 셈이다.

베트남에 지나치게 몰두하면서 미군의 전반적인 역량도 잠식되었다. 쿠바 미사일 위기에서 굴욕을 당한 소련은 전략무기를 증강하는 지속적이고 장기적인 프로그램에 착수했다. 존슨 행정부는 이에 상응하는 미국의 군비증강으로 맞대응하지 않기로 했다. 러시아인들의 의도를 과소평가했기 때문이기도 하고,[83] 맥나마라가 미국 전략 프로그램이 수확체감의 지점에 도달했다고 확신하게 되었기 때문이기도 하지만, 또한 베트남 전쟁 비용이 눈덩이처럼 불어나면서 행정부는 소련 군비증강에 맞대응하기 위해 비싼 새로운 무기체계가 필요하다고 의

회에 요청하기를 꺼렸기 때문이다.[84] "유연한 대응" 전략은 러시아인
들에 대한 전략적 우월성을 지속적으로 유지한다는 전제를 토대로 한
다. "나는 이 이점을 포기하려고 대통령이 된 게 아니다."라고 존슨은
케네디가 사망하고 2주 후에 선언했다.[85] 그러나 존슨이 1969년 퇴임
할 무렵, 모스크바는 지상발사 ICBM에서 미국에 맞먹는 수준에 거의
도달했고, 이 부문과 몇 가지 다른 부류의 전략무기에서 1970년대 중
반 무렵엔 수적인 우위를 확보하게 될 프로그램들을 시행하고 있었다.

소련의 군비증강에 맞대응하지 않기로 한 결정이 현명했는지에
대해 여러 가지 주장이 나올 수 있다. 소련과 수준이 대등해졌다는 사
실을 받아들임으로써 전략무기를 제한하는 협상이 가능해지기는 했
다. 러시아가 1968년 협상에 응하기로 했기 때문이다. 그러나 이와 동
시에 협상이 성공하리라는 보장은 없었고, 모스크바가 협상 대상이 아
닌 부문에서 일방적으로 자제력을 발휘하리라는 보장도 없었다. 그러
나 존슨 행정부에서 그러한 고려사항은 별 역할을 하지 못했다. 1960
년대 말에 미국의 전략적 역량을 크게 증강시키자는 얘기조차 꺼내기
힘들 게 된 이유는 베트남 사태가 야기한 예산 압박과 반(反)군대 정서
때문이었다(다만, 주저하는 행정부를 의회가 압박해서 비교적 비싸지 않은
ICBM 탄두 몇 기와 초보적 형태의 대 탄도 미사일 체계를 만들기는 했다).
훗날 이러한 결정이 야기한 결과를 떠안게 된 헨리 키신저는 다음과
같이 회고했다. "새로운 상황이 지니는 의미를 파악하는 데 국론이 집
중되어야 할 바로 그 순간에 우리의 방위 프로그램들이 모조리 점점
강한 비판을 받게 되었다."[86] 베트남에 집착한 워싱턴의 근시안적인
사고가 어떤 결과를 초래하는지 여실히 보여주었다.

베트남에서 미국이 확전했다고 해도 장기적으로 볼 때는 소련과
의 데탕트 전망을 훼손시키지는 않았을 것이다. 데탕트 과정은 레오니

드 브레즈네프(Leonid Brezhnev)와 알렉세이 코시긴(Alexei Kosygin)이 정권을 잡은 시기와 맞물렸다. 그들은 흐루쇼프와는 달리 소련의 전략적 역량이 미국과 동등한 수준에 달할 때까지 미국과의 관계개선 노력을 미루겠다는 입장이 아니었다. 신임 크렘린 지도자들은 베트남에서 미국의 군비증강을 반기지는 않았지만, 하노이가 이에 맞대응해 덩달아 군비를 증강하지 못하도록 막지도, 협상을 중재하려는 노력을 기울이지도 않았다. 1966년 어느 시점에 가서는 소련의 관료 한 명이 존슨 행정부에게 남베트남에서 미군을 증강하라고 조언까지 했다.[87] 미국이 베트남에 관여하면서 중소 분쟁이 어느 정도 치유됐을지 모른다고 걱정한 사람들도 있지만, 이도 분명치 않다. 오히려 미국이 점점 베트남에 깊숙이 개입하면서 모스크바와 베이징이 서로 앞 다퉈 하노이에 원조하려고 치열한 경쟁을 벌이게 되었고, 그 결과 거대한 두 공산주의 국가 간의 관계는 개선되기는커녕 악화되었다.[88] 그러나 베트남은 공산주의 진영에 대한 미국의 또 다른 구상을 방해하기는 했다. 1964년에 시작된 존슨의 "가교 구축(build bridges)" 구상이다. 동유럽과의 경제적 관계를 증진시켜 이 지역과의 관계를 개선한다는 취지였다. 모스크바가 위성국가들에게 행사하는 장악력을 약화시키겠다는 의도를 그리 숨기려 애쓰지 않은 이 시도는 의회가 무산시켰다. 소련과 동유럽이 북베트남에 지원을 한 사실에 격분한 의회가 공산주의 국가들과의 무역에 차별적으로 부과하는 관세장벽을 완화하지 않겠다고 거부했기 때문이다.[89]

　이러한 상황전개 과정에서 놀라운 점은 존슨 행정부가 베트남이 미국 행정부에 미치는 영향을 가늠하려는 노력을 거의 기울이지 않았다는 사실이다.* 베트남에서의 군비증강이 마치 지정학적 공백상태에서 일어나는 듯했다 — 반대로 군비를 증강하지 않을 경우 발생할 결과는 세계적으로 중요성을 띠는 듯 여겨졌다. 돌이켜보면 이 모든 구상들 – 러시아인들과 데탕트를 향해 진전을 이루고, 중소 분쟁을 이용하고, 동유럽과의 관계를 개선하는 구상 – 은 베트남에 걸려 있는 미국의 이익보다 훨씬 중요한 이익들을 반영했다. 그러나 워싱턴은 당시에는 그렇게 생각하지 않았다. 베트남전쟁이 마지막 구상만 훼손시키는 데 그친 이유는 존슨 행정부가 거시적인 안목에서 치밀한 기획을 했기 때문이 아니라 그저 운이 좋아서였을 뿐이다.

베트남에 정신을 빼앗긴 미국은 다른 문제들을 등한시했다. 프랑스 최고지도자 샤를 드골(Charles De Gaulle) 장군의 비타협적인 태도와 핵전략과 관련해 계속된 논쟁으로, NATO는 1960년대 중반 동안 심각한 갈등에 놓였다. 그러나 존슨 행정부는, 다자간 핵전력 구상이 무산되면서, 그러한 갈등을 완화할 방법을 제시하지 못했다. 케네디가 강조했었던 라틴아메리카와의 관계는 존슨 행정부에서는 거의 방치되었다. 예외적인 사건이 1965년 도미니카 공화국 위기다. 당시 대통령은 즉시 해병대를 파병함으로써 이 지역에 공식적으로 개입하지 않는다는 오랜 미국의 정책을 위배했다. 중동이 관심의 초점이 된 시기는 1967년 6월 아랍 – 이스라엘 전쟁이 발발하고 나서였다. 존슨 행정부는 이 전쟁을 종식시키려는 노력도, 이스라엘이 아랍 영토를 점령함으로써, 그리고 이 지역에 모스크바의 영향력이 증가함으로써, 야기될 난관을 해결하려는 노력도 하지 않았다. 1968년에 소련이 체코슬로바

---

* 행정부 관료들은 1964년 베트남에 투입하는 군비 증강을 지연시킬 이유로 중소관계가 악화되리라는 점을 고려하기는 했다. 중소 분쟁이 심해질수록 어느 쪽도 베트남에서 대응하기 훨씬 힘들어지리라는 논리였다. (Johnson to Lodge, March 20, 1964, *Pentagon Papers*, III. 511; Bundy Memprandum, Johnson meeting with advisers, September 9, 1964, *FRUS: 1964-68*, I, document 343; also Johnson, *The Vantage Point*, p.67.) 그러나 베트남에 투입하는 군비 증강이 중소관계에 미치는 영향을 진지하게 고려했다는 증거를 보여주는 기록은 없다.

키아를 침공◎하면서 존슨 행정부는 뒤통수를 얻어맞았지만, 전략무기
제한 협상을 (아주 잠시 동안) 미루는 일 말고는 속수무책이었다. 이 모
든 사건들의 공통점은 베트남에 정신이 팔려 있던 워싱턴 관료들이 이
지역에 관심을 갖도록 의식을 억지로 일깨웠다는 사실이다. 그 결과
워싱턴은 위기관리 차원에서 임시방편으로 대응하기 일쑤였고, 이러
한 사건이 발생한 맥락을 전혀 이해하지 못했으며, 이러한 사건이 초
래할 장기적인 영향에 대해서는 그저 최소한의 관심만 보였다.[90]

　　그러나 가장 큰 혼란은 국내 문제에서 비롯되었다. 존슨 본인이
최우선 순위로 간주한 문제였다. 그는 1965년 3월 의회에 다음과 같이
말했다. "나는 제국을 건설하거나 위엄을 추구하거나 영토를 확장한
대통령이 될 생각은 없다."

> 　　나는 어린이들에게 세상의 경이로움을 깨닫게 해준 대통령이 되고
> 싶다. 굶주린 이들을 먹이고, 그들이 세금소비자가 아니라 납세자가
> 되도록 도와준 대통령이고 싶다. 나는 빈곤층이 스스로 길을 개척하도
> 록 하고, 모든 국민이 모든 선거에서 투표할 권리를 보호한 대통령이
> 되고 싶다. 나는 같은 국민들 사이에서 증오를 종식시키고 인종과 종
> 교와 정당은 달라도 모두가 사랑하도록 한 대통령이 되고 싶다. 나는
> 지구상의 형제들 간에 전쟁을 끝내는 데 기여한 대통령이 되고 싶
> 다.[91]

　　그리고 그 무렵 존슨이 국내에서 통과시킨 법안은 프랭클린 D.
루즈벨트 이후 그 어떤 대통령이 내놓은 정책도 능가했다. 존슨은 당
시를 돌이켜 보면서 전쟁이 그러한 국내 프로그램을 얼마나 잠식할지

---

◎ '이른바 "프라하의 봄"과 그 종말 – 옮긴이.

예상했다고 회고했다. "나는 처음부터 내가 어느 쪽으로 움직이든 고난을 겪게 되리라고 알고 있었다. 내가 지구 반대편에 있는 전쟁이라는 여시같은 존재와 관계를 맺기 위해 진정으로 사랑하는 여성 – 위대한 사회(the Great Society) 정책◎ – 을 버린다면 나는 국내에서 전부를 잃게 된다. 그러나 내가 전쟁에서 빠져나와 공산주의자들이 남베트남을 접수하게 내버려두면 나는 겁쟁이로 보이고, 우리나라는 나약해 보이며, 그렇게 되면 나와 우리나라는 둘 다 전 세계 어느 곳에서도 어느 누구를 위해 어떤 것도 달성하지 못하게 된다."92)

당시에 존슨은 그러한 선택을 하지 않아도 되리라고 생각했다. 그는 다음과 같이 회고했다. "나는 전쟁을 이끄는 동시에 평화를 추구하는 지도자가 될 작정이었다. 나는 나를 비판하는 이들 때문에 억지로 양자택일 하지 않으려고 했다. 나는 둘 다 원했다. 나는 둘 다 할 수 있다고 믿었다. 그리고 나는 미국이 둘 다 해낼 역량이 있다고 믿었다."93) 그러나 둘 다 해내려면 전쟁의 속성과 비용을 가능한 한 오랫동안 감춰야 했다. 따라서 존슨은 1964년 선거를 앞두고 베트남에 미국이 직접 관여할 가능성을 공식적으로 일축했다. 그의 참모들은 미국이 베트남에 관여하게 되리라고 예상했고 심지어 어떻게 하면 직접 관여할 빌미를 만들지에 대해 서로 의견을 교환하고 있었는데도 말이다. *

---

◎ 존슨 행정부가 실시한 대대적인 복지정책 – 옮긴이.

* "위에 설명된 행동지침의 개념은 요컨대 다음과 같다. 합법적인 조치로써 베트남 민주주의공화국(DRV)을 자극해 반응하도록 하고, 그 반응을 빌미로 삼을 유리한 입지를 확보하거나, 자체적으로 DRV가 어떤 행동을 주도하면 DRV에 대해 베트남 정부(GVN)와 미국이 군사행동에 착수하고 그 강도를 높여가는 방식이다." (John McNaughton draft, "Plan of Action for South Vietnam," September 3, 1964, *Pentagon Papers*, III, 558-59.) "추가로 해결해야 할 주요 문제는 의도적으로 DRV의 반응을 자극하고 결과적으로 우리가 보복할 계기가 될, 위에 언급한 행동에 어느 정도나 군을 추가할지다." (McGeorge Bundy draft, consensus reached in discussions with Taylor, Rusk, McNamara and Wheeler, for review by the President,

선거가 끝난 후에도, 북베트남에 대한 보복 계획이 원칙적으로 재가가 났는데도, 존슨은 "내가 직접 지시하지 않는 한 이 입장의 주요 사항이 공개되어서는 안 된다는 점이 가장 중요한 문제"라고 고집했다. 그리고 1965년 4월, 베트남에 미국 지상 전투군 투입을 승인한 후 그는 "정책이 갑자기 바뀐 듯한 느낌을 최소화하는 방식으로 군사행동을 취하라."라고 지시했고, "이러한 움직임과 변화는 기존의 정책과 전적으로 일맥상통하며 점진적으로 이루어지는 것으로 이해되어야 한다."라고 주장했다. 미국 국민은 6월에 가서야 베트남에서 미군이 부여받은 임무가 무엇인지 알게 되었는데, 그것도 국무성이 부주의해서 언론 브리핑에서 무심코 사실을 발설했기 때문이다.[94]

　　일단 미국이 전쟁에 개입하려는 취지와 속성이 분명해지자 대통령은 비용을 숨길 방법을 모색했다. 위대한 사회 프로그램을 추진하는 데 필요한 비용을 삭감할 빌미를 주지 않기 위해서였다. 그는 1965년 맥나마라에게 3억 3천만에서 4억 달러를 당장 추가로 확보하고 그 정도만으로 보다 적극적인 전투 역할을 실행할 계획을 새로 세우라고 지시했다. 번디는 "밥(맥나마라)은 그 정도로 거창한 계획을 실행하는데 몇 억 달러 정도 푼돈만 더 들이면 된다는 주장이 먹혀들지 않으리라고 걱정한다."라며 연말까지 20억 달러로 잡는 게 훨씬 현실적인 수치라고 주장했다. 1966년 10월 맥나마라는 평시 국방예산을 훌쩍 뛰어넘는 실제 전쟁비용을 거론했다. 1966 회계연도에는 94억 달러로 책정했고, 1967 회계연도에는 197억 달러로 추산했으며, 그 시기의 끝 무렵에는 연간 224억 달러가 되리라고 내다보았다. 윌리엄 P. 번디는 1966년 봄에 다음과 같이 경고했다. "한두 해 미리 내다보면, 추가로 예산

September 8, 1964, *ibid.*, p.562.) 존슨이 공개적으로 부인한 내용은 다음 자료를 참조하라. JPP: 1963-64, pp. 1126-27, 1164.

이 상당히 요구되는 군사 프로그램과 – 그러한 지출이 세금과 국내 정책에 미칠 영향과 – 아마도 점점 늘어날 사상자까지 더해져, 이 전쟁은 최소한 1952년에 트루먼의 골칫거리가 된 한국전쟁에 맞먹는, 이 행정부의 골칫거리가 될지 모른다."95)

존슨은 이 위험을 충분히 인식하고 있었고, 이러한 사실을 염두에 두고 1966년 내내 이러한 군비확장이 야기하는 물가상승 압력을 상쇄하기에 충분할 만큼의 증세를 거부했다. 1967년 초에 가서야 그는 전쟁비용을 마련하기 위해 소득세 인상을 요청했다. 의회는 이를 미루다가 1968년 6월에 가서야 이 요청을 승인했지만, 그 대신 존슨의 국내 프로그램에 대한 예산을 삭감하는 조건을 달았다.96) "유연한 대응"의 토대가 되어온 "신 경제" 구상은 침체된 경제를 활성화시키기 위해 때맞춰 세금 인하를 해야 할 뿐만 아니라, 과열된 경기를 진정시키기 위해서 때맞춰 세금을 인상해야 한다고도 전제한다. 그러나 존슨이 훗날 인정한 바와 같이, 후자를 달성하기가 전자를 달성하기보다 훨씬 어려웠다. 의회가 증세안을 통과시키지 않으려고 한 점만이 문제가 아니었다. 대통령의 위신이 1967년 초보다 훨씬 높아졌고, 자기 소속 당이 의회에서 훨씬 영향력을 발휘하게 된 때에도 대통령은 증세를 밀어붙일 의지를 보이지 않았다.97)*

존슨은 수단은 사실상 무한하다고 인식 – 미국이 "국방비"와 "복지예산"을 동시에 감당할 수 있다는 믿음 – 했기 때문에 값비싼 전쟁을 수행하는 동시에 값비싼 국내개혁 프로그램을 실행하겠다는 전례 없는 시도를 하게 되었다. 결국 이 노력은 허사로 돌아갔다. 결국 위대한 사회 예산을 삭감해서 전쟁비용을 충당해야 했다. 그러나 오랫동안

---

* 민주당은 1966년 하원선거에서 47석을 잃었다.

그러한 선택을 하지 않으려고 발버둥치는 과정에서 야기된 후유증은 그보다 훨씬 오랫동안 지속되었다. 전쟁에 드는 비용과 전쟁의 속성을 감추려는 대통령의 완강한 태도 때문에 공적인 신뢰가 훼손되었고 이 후유증은 몇 년 동안 지속되었다. 장기적으로 볼 때 존슨이 지출한 전쟁비용은 물가상승의 소용돌이를 작동시켰고 그 효과는 시간이 흐르면서 나타났다. 그 후유증은 그가 백악관을 떠나고 십 년 넘게 지속되었다. [†]

"우리는 우리가 지키려는 대상을 파괴해서는 안 된다." 국가안보정책에 관한 아이젠하워의 생각에서 가장 일관성 있는 한 가지 요소를 일목요연하게 표현한 발언이다. 국방 절차가 국방의 목적을 압도하게 내버려 둬서는 절대로 안 된다고 그는 누누이 강조했다. 목적과 수단의 균형을 유지할 필요성에 대해 그가 보여준 예민한 감각이 바로 케네디와 존슨 행정부에는 없는 요소였다. 대신에 목적을 희생하더라도 절차에 집착했고, 일을 처리하는 방식에 너무 골몰한 나머지 처리하는 일 자체는 묻혀버렸다. 수단과 목적을 가장 적절한 방식으로 합치시키는 역량에 자부심을 느낀 행정부에서 이런 일이 발생했다는 사실은 참으로 공교롭다. 이 두 행정부 임기 동안 수단이 매우 풍부해 보였다는 바로 그 점이 문제를 야기하는 데 기여했다는 결론을 내릴 수밖에 없다. 가장 정교한 관리기법보다도 근검절약하고 엄격히 절제하는 태도가 효율성을 높이려는 동기를 유발하는 강력한 요인이다.

---

[†] 로스토우는 베트남전쟁 비용이 이와 같은 결정적인 효과를 낳았다고 보지 않았다. "전쟁비용과는 상관없는 이유들로 인해 생산성은 저하되었고 기초생필품 가격하락이(1951년부터 하락하면서 물가상승을 진정시켰다) 바닥을 쳤다 … 생산성이 하락하다가 하락세가 진정되더니 다시 서서히 증가해 1972-1973년에 기초생필품가격이 폭등한 현상은 선진산업국가에서는 흔한 일이다." (Letter to the author, September 22, 1980.)

전략은 치밀하게 계산된 목적과 수단의 관계인데, 이 정의에 담긴 네 가지 구성요소들에 골고루 신경을 써야 한다. 계산과 관계, 목적과 수단이 바로 그 네 가지다. 그러한 요소들이 존재하지 않으면 계산하는 행위가 계산의 대상인 관계보다 더 중요해지고, 수단이 목적보다 더 큰 관심을 끌면 나쁜 전략이 되는 게 아니라 아예 전략이 존재하지 않는 셈이 된다. 바로 이 점이 "유연한 대응"이 남긴 뜻밖의 결과다. "미세 조정"이 아니라 서투른 과잉반응을, 조율이 아니라 과도한 지출을, 그리고 종국에는 전략적 정밀성이 아니라 전략적 공백을 초래하고 말았다.

# 09

# 닉슨, 키신저, 그리고 데탕트(Détente)

1968년의 대통령 선거운동은 색달랐다. 1952년과 1960년과는 달리 새 행정부가 취임하면 어떤 방향으로 나아갈지 제시하지 않았다. 리처드 닉슨(Richard Nixon)은 베트남 전쟁을 마무리하지 못한 존슨의 무능함을 문제 삼으며 자신은 그 전쟁을 끝내겠다고 공약했지만 언제 어떻게 끝낼지는 밝히지 않았다. 그는 또한 대결의 시대는 가고 협상의 시대가 온다면서 전임 행정부가 소련과의 긴장관계를 완화하려고 했던 노력을 계속하겠다는 뜻을 내비쳤다. 그는 그 전 해에 〈포린 어페어즈〉에 실린 글을 통해, 또 이따금 유세장에서 한 연설에서, 중화인민공화국과 새로운 관계를 맺을 의지가 있음을 내비쳐 왔다.[1] 그러나 1968년 선거 당일에 투표소로 향한 유권자들은 20년 전 봉쇄 개념이 처음 등장한 이후로 미국 외교정책에서 가장 대대적인 변화를 자기들 손으로 이끌어내게 될 줄은 전혀 몰랐다.

1969년 1월 신임 행정부가 직면한 세계는 새로운 접근방식을 시도할 여건이 무르익어 있었다. 존슨은 이미 동남아시아에 투입할 미군의 상한선을 설정했고, 결국 미군 철수를 가능케 하리라고 그가 희망한 "베트남화" 절차를 시작한 상태였다. 스스로에게 부과한 문화대혁명이라는 고립주의 상태의 와중에서 중국은 만주 국경을 따라 러시아 인들과 군사대결을 하기 직전에 놓여 있었다. 소련은 전략 미사일에서 수적으로 미국과 동등한 수준에 도달하기 직전이었지만, 국내적으로 는 경제적 난관이 점점 늘어나 서구 진영에 대한 의존이 줄기는커녕 오히려 높아질 가능성이 더 높아보였다. 이러한 "객관적인" 정세는 1969년 1월 20일 누가 백악관에 입성했든 상관없이 미국의 외교정책 에 상당한 변화를 불러왔을 게 뻔하다.

백악관의 새 입주자가 리처드 닉슨이고 그가 헨리 키신저 박사 를 국가안보보좌관으로 선택했다는 사실은 미국의 외교정책이라는 등 식에 두 가지 새로운 요소가 도입됐다는 뜻이었다. 하나는 닉슨이 이 념적 경직성과 정치적 실용성을 겸비한 독특한 인물이라는 점이었다. 그런데 묘하게도 이념적 경직성이 정치적 실용성에 기여했다. 닉슨은 수년 전부터 철저한 반공주의자였기 때문에 그가 유연한 태도를 보이 면 나약하다는 인상보다 정치가로서 자질이 있다는 인상을 풍겼다. 따 라서 닉슨은 그보다 훨씬 리버럴한 경쟁자들보다 운신의 폭이 훨씬 넓 었다. 또 다른 새 요소는 키신저가 국가안보정책을 수립할 때 개념적 으로 접근하는 방식이었다. 정치 "과학"보다는 역사학도로서 그는 케 네디와 존슨 행정부가 절차에 사로잡혔다는 사실을 경멸했다. 그는 훗 날 다음과 같이 기록했다. "60년대에 학계를 풍미한 위기관리는 더 이 상 충분치 않았다. 위기는 그보다 훨씬 심각한 문제의 징후다. 계속 창궐하도록 내버려두면 점점 관리하기가 힘들어진다. … 우리의 근본 적인 국익 개념은 절제를 안정적인 토대로 삼아 지속성이 보장되어야 한다." 닉슨은 다음과 같이 회고했다. "히틀러의 독일에서 탈출한 난 민(키신저. 그는 나치 독일에서 탈출한 유대인이었고 하버드 대학의 유명한 교수였다 – 옮긴이)과 휘티어(Whittier) 시의 식료품 가게 아들(닉슨. 그는 캘리포니아 주 휘티어 시의 노동자 집안 출신의 정치가였다 — 옮긴이), 학자와 정치가, 이런 조합은 나오기가 어렵다. 그러나 바로 우리의 이러한 차이점이 협력을 가능케 했다."[2]

어색한 동맹관계를 맺은 닉슨과 키신저는 케네디-존슨 체제의 전술적 유연성과 아이젠하워의 구조와 일관성을 겸비하면서도 동시에 베트남 전쟁으로 이어진 근시안적 집착이나 존 포스터 덜레스의 이념적 경직성을 피할 전략을 모색했다.[3] 그들은 놀라울 정도로 성공했다. 그러나 그 과정에서 프랭클린 D. 루즈벨트의 전시(戰時) 행정부 이후로 전례 없을 정도로 백악관에 권력이 집중되었다. 그 때문에 치르게 된 대가는 상당했다. 관료조직은 정보에 둔감하고 음침하고 때로는 일을 방해하려 했고, 의회는 잠식된 헌법적 권한을 되찾으려고 안간힘을 썼다. 의회의 권한이 얼마나 확대될 수 있는지 전혀 감도 잡지 못한 채 말이다. 그리고 궁극적으로 대통령의 사임으로 이어졌다. 사임하지 않았다면 아마 자신이 만든 체제가 자신에게 부여한 막강한 권한을 남용한 죄로 탄핵당하고 기소됐을 게 틀림없다. 이러한 격변에서 살아남은 닉슨-키신저 전략의 근본적인 요소들이 1973년 이후 키신저가 국무장관으로 여전히 외교정책을 책임지면서 포드 행정부 4년 내내 지속되었다는 사실은 닉슨-키신저 전략의 논리에 바치는 찬사다.

또한 닉슨-키신저 전략은, 그 토대를 이루는 전제조건으로서, 조지 케넌이 20여 년 전 만든 본래의 봉쇄전략의 토대가 된 많은 개념들로 복귀했다는 사실도 중요한 의미가 있다. 봉쇄는 냉전 초창기에 봉쇄전략에 생명을 불어넣은 관심사와 개념으로 되돌아가고 있었다 — 그리고 그러한 개념들은, 케넌이 바랐던 대로, 냉전을 종식시키는 데 사용되기 시작했다.

## I

전후에 취임한 전임 행정부들은 하나같이 미국의 이익을 어떤 식으로든 다양성이 있는 세계와 연관시켰다. 보편주의 - 세계를 미국과 비슷하게 바꾸려는 시도 - 가 국가 역량이나 국가의 이상과 일맥상통한다고 여긴 적은 단 한 번도 없었다. 따라서 겉으로 인정한 적은 거의 없지만 다양성을 꽃피우기 위해 세계 평형을 보존해야 한다는 인식이 암암리에 인정되어 왔다. 그러나 1950년 후로 오직 미국만이 그러한 다양성을 보장할 수 있다는 시각 또한 팽배해 왔다. 다양성을 위협하는 요소들은 막강하고, 힘의 균형은 깨지기 쉬우므로, 워싱턴은 직접적인 국익이 위험에 처했을 때에만 행동해야 했다. 전후 긴급한 상황이 지속되면서 모든 이익은 필수적이고, 모든 위협은 치명적이며, 모든 약속은 지켜져야 했다. 그 결과 미국은 알게 모르게 보편주의로 떠밀려 들어갔다. 미국은 위험한 세계에서 다양성을 지키는 일에 거의 대부분의 비용을 댔고, 혹사했으며, 무차별적인 글로벌리즘이라는 자멸적인 결과를 낳았다.

이런 일이 생긴 까닭은 전후 행정부들이 연속해서 애초에 추구해야 했던 종류의 국제질서를 망각했기 때문이라고 키신저는 믿었다. 개념적 일관성이 붕괴되었다. 보다 거시적인 목표를 염두에 두지 않고 임시방편으로 결정을 내리는 경우가 허다했고, 지나치게 실용주의적인 지도자들이 지나치게 자기중심적인 관료집단에 지나치게 의존했다.

문제들은 해당 문제를 구성하는 요소들별로 나뉘었는데, 각 요소는 그 요소의 전문가들이 다루었다. 요소들 간의 상호관계를 강조하지도 않고 관심도 없었다. 기술적 문제가 정치적 문제보다 훨씬 신중하고 정교하게 다루어졌다. … 일이 성사된 까닭은 누군가 그 일을 해야 해서가 아니라 할 줄 알기 때문이었다.

이와 같이 절차에 집착하게 되면서 의도와 결과의 관계가 모호해졌다. 수단에 집착하면서 목적을 방치하거나 심지어 목적이 훼손되기도 했다. 1968년 키신저는 미국의 외교정책에서 필요한 요소는 "철학적 깊이"라며, "일단 안정적이고 창의적인 세계질서의 개념부터 정립하지 않으면 우리는 절대로 그런 세계를 구축하는 데 기여하지 못한다."라고 주장했다.[4]

그러한 "깊이"를 갖추려면 첫 번째로 세계에서 힘은 다면적인 속성을 지녔다는 사실을 인정해야 했다. 국가의 역량을 측정하는 단 하나의 지표는 없었다. 핵무기는, 상호 동등한 수준에 접근하는 시대에 접어들면서, 사용하려면 제약이 많다는 점으로 미루어 볼 때, 실제적인 효용성은 하락하고 있었다. 키신저는 1962년 이후 그 어떤 위기에서도 전략적 균형이 결과를 결정한 적이 없다는 점을 지적하곤 했다. 베트남은 여론의 제약을 받으면서 재래식 군사력을 동원하면 어떤 한계에 부딪히게 되고 얼마나 확전의 위험이 있는지 여실이 보여주었다. 이념이 지닌 힘은 민족주의의 충동에 맞서기에는 나약했다. 영토는 정치적 영향력과 관련이 없었다. 경제력은 때로는 이 가운데 어떤 힘과도 관련이 없어 보였다. 그리고 이 모든 복잡한 요소들 밑바탕에 깔린 인간의 심리라는 요소가 점점 중요해지고 있었다. 힘에 대한 인식은 힘 자체 못지않게 중요해졌다.[5]

따라서 힘의 균형을 "제로 섬 게임"으로 여기는 사고는 너무 단순했다. 한 쪽의 "이득"은 반드시 다른 쪽의 "손실"을 뜻했기 때문이다.[6] 한 부문에서 손실로 보이는 것 – 예컨대, 베트남에서의 교착상태

나 소련이 전략적 등가성을 달성한 상태 – 은 다른 부문에서의 이득 –
중국에게 문호개방 혹은 무기통제 협상 타결 – 으로 상쇄할 수 있었다.
중요한 점은 전체적인 힘의 상관관계이지 개별적인 전역에서의 승패
가 아니었다. 케네디와 존슨 행정부는 베트남을 미국의 힘을 과시하고
미국은 약속을 지키는 믿을 만한 나라라는 점을 세계에 알리는 상징으
로 만드는 오류를 범했다. 닉슨 행정부는, 보다 보편적으로 힘을 정의
하고, 베트남을 그 나라에 걸맞은 적절한 지위 – 키신저 말마따나 "주
요 대륙에 위치한 작은 반도"[7] – 로 강등시키고 세계관계에 집중할 방
법을 모색한다.

　　그러면 미국은 세계 속에서 이익에 대해 고정된 인식이 아니라
유연한 인식을 바탕으로 운신하게 된다. 그렇다고 해서 기존의 의무를
포기한다는 뜻은 아니었다. 이미 한 약속은 지킨다는 결의가 있었고
그 약속을 못 지키면 미국의 신뢰성이 어떻게 될지 두려워했다는 점에
서 닉슨과 키신저는 그들의 전임자들과 거의 다르지 않았다. 그러나
그들의 접근방식은 이제부터는 세계 평형을 유지하는 책임을 혼자서
만 지지는 않겠다는 뜻을 내포했다. 힘의 속성이 변하면서 세계의 균
형은 과거보다 훨씬 안정적이었다. 경제적 조치가 군사력을 상쇄할 수
있는 시대에, 민족주의가 이념을 중립화시킬 수 있는 시대에는 세계질
서를 유지하게 위해서 미국이 홀로 행동해야 할 필요가 과거보다 훨씬
줄어들었다.[8]

　　이익의 개념을 보다 정교하게 정립하기 위해 필요한 두 번째 요
건은 외교정책에서 세계질서의 속성에 대한 어떤 환상을 씻어내는 일
이었다. 다양성은 세상사에서 필연적인 조건이라 받아들이면서도, 다
양성은 미국 안보 요건과 모순되지 않는다고 인정하면서도, 갈등과 불
화는 세계에서 살아가면서 피할 수 없는 과거의 특징들이었고 앞으로

도 그러하리라는 사실을 받아들이지 않으려는 정서가 미국에 남아있다고 키신저는 믿었다. 미국이 단순히 세계질서 속에서 살아가려 하지 않고 어떤 식으로든 세계질서를 초월할 방법이 있을지 모른다는 믿음이 여전히 있었다. 미국이 이러한 비현실적인 희망을 버리지 않고, 현실이 이러한 희망을 좀먹으면서, 미국이 세계에 접근하는 방식은 고립주의와 과도한 개입 사이를 오락가락했다. 외교정책은 "의심의 극단과 희열감의 극단"을 오가는 진폭이 지나치게 컸다. 세계를 있는 그대로 받아들이는 현실주의와 그 상황에서 최선의 결과를 도출해내는 창의성을 겸비할 필요가 절실하다고 키신저는 생각했다.[9]

　　이는 필수적인 국익의 문제 차원에서 다른 나라들의 내부 속성을 바꾸려는 노력을 포기한다는 뜻이다. 다른 행정부에서는 개혁과 지정학을 혼동하는 경향이 농후했다. 신임 행정부는 전임 행정부들이 너무나도 확고하게 고수한 그런 시각을 수용하지 않았다. 경제개발이나 민주주의적 절차의 변화 자체가 전 세계에서 미국의 안보를 신장시키리라는 시각 말이다. 모든 것은 지정학적 맥락에 달려 있었다. 경제적 변화와 정치 개혁은 불안정을 방지하는 만큼이나 불안정을 야기하기도 했다. 키신저는 알렉시 드 토크빌(Alexis de Tocqueville)이 지적한 바를 깊이 인식하고 있었다. 여건이 개선될 때 기존 질서가 가장 위협받는 법이지 그 반대가 아니라는 사실을 말이다. 경제적으로 선진화되었거나 민주적 정부가 통치하는 나라라고 해서 늘 미국의 이익을 지지하라는 보장도 없었다. 다른 모든 조건들이 동일하다고 할 때, 물론 미국은 자국의 제도와 공존 가능한 제도가 해외에서도 채택되기를 바라겠지만 말이다. 그러나 힘의 균형을 깨뜨리는 대가를 치르면서까지 그렇게 되기를 바라지는 않았다. 세계 평형을 유지하는 데 필요한 요건들보다 내부 개혁을 우선시 하면 과도한 개입과 성급한 철수 사이에서 오락가락하면서 과거처럼 미국의 이익이 어디에 놓여 있는지 명확하게 보지 못하게 된다고 키신저는 믿었다.[10]

　자국과 이념이 다른 나라와도 지정학적 이익이 어떤 분야에서는 일치할 수 있다는 점을 인정하는 게 성숙한 자세이기도 했다. 외교에서 감상적이고 감정적인 요소들을 청산하고 나면 과거에 타협이 불가능했던 적대적인 국가들이 지닌 공통적인 이익을 규명하고 이를 바탕으로 관계를 수립해야 한다. 생존, 안보, 우호적인 국제환경 등이 공통적인 이익의 규명이 가능한 분야다. 그러한 이익을 달성하려면 서로 자제하는 게 비결이라고 키신저는 믿었다. 차이가 하루아침에 사라지리라고 기대할 수는 없었다. 세계의 어떤 지역에서는 서로 모순되는 내부체제뿐만 아니라 서로 충돌하는 국제이익도 용인할 의향이 있어야 했다. 이러한 여건이 마련되면 그 다음에는 "철학과 역사를 초월하는 공통된 지정학적 이익"의 차원이 나타나게 되고, 이러한 차원을 바탕으로 하면 "과거에 빨갱이를 색출했던 자와 세계혁명을 꿈꾸는 투사들조차도 서로에게 손을 내밀게 된다."라고 훗날 키신저는 닉슨과 중국 공산주의자의 관계에 대해서 기록하게 된다.[11]

　외교정책에서 개념적인 일관성을 보장하기 위해 필요한 세 번째 요건은 한계를 인정하는 태도였다. 키신저는 1960년대에 국방 관련 지식인들 사이에서 팽배했던 시각에 동의한 적이 없다. 힘의 균형을 유지하려면 수단이 무한히 확장 가능해야 한다는 시각 말이다. 그러한 수단의 증식은 결국은 세계질서를 안정시키기보다 오히려 불안정하게 만들 가능성이 크다고 그는 생각했다. 그는 1968년에 "매순간 세계 모든 지역에서 동시에 현명하게 행동할 수 있는 나라는 없다."라고 기록했다. 문제는 수단이 확장됨에 따라 목적도 확장되는 경향이 있고, 이에 따라 결국은 수단이 고갈되거나 절대적인 안보를 추구하다가 절대

적인 불안을 느끼게 된 다른 나라들의 저항이 점점 강해지게 된다. 세
상사뿐만 아니라 인간사에서도 현명함은 멈출 때를 아는 것에서 시작
된다. 키신저가 역사학자로서 논문을 쓰기 위해 선택한 세 정치가 –
메테르니히(Metternich), 캐슬레이(Castlereagh), 그리고 특히 비스마르
크(Bismarck) – 는 모두 최근 미국 외교에서 두드러지게 결여되었던 이
러한 자질을 갖춘 인물들이라는 점은 의미심장하다.12)

그렇다면 키신저가 최우선 순위로 삼은 조치가 국방정책에 대한
공식적인 입장의 주안점을 "우월성"에서 "충분함"으로 바꿨다는 사실
이 놀랍지 않다.13) 이 용어 자체는 전략무기의 균형을 일컬었지만, 그
바탕에 깔린 전제는 훨씬 폭넓은 의미가 있었다. 과거에는 미국이 러
시아인들을 능가하려고 노력함으로써 상대방 쪽에서도 이에 상응하는
노력을 기울이게 만들었다. 그러나 지금은 서로 자제함으로써 양측의
이익을 훨씬 더 증진시킬 가능성도 있었다. 경제적 필요 때문에 이미
존슨 행정부가 어느 정도는 이러한 입장을 – 특히 전략무기 부문에서
– 취할 수밖에 없었지만, 이러한 정책의 위상을 독트린으로 격상한 주
인공은 닉슨과 키신저였다. "충분함"은 절대로 일방적으로 자제한다
는 뜻이 아니라는 점을 주지하는 게 중요하다. 일방적으로 자제하면
모스크바는 이를 나약한 징후로 여기고 오로지 이를 이용할 방법을 모
색한다.14) 그러나 "우월함"을 추구하면 큰 대가를 치르게 되어 자멸할
가능성이 있고, 압박과 유인책을 복합적으로 사용해 러시아인들로 하
여금 "충분함"이 그들의 이익에 가장 부합하는 동시에 미국의 이익에
도 가장 부합한다는 점을 납득하도록 만들 필요가 있음을 인식해야 한
다는 뜻이었다.

그런데 힘에는 새로운 차원들이 있다는 점을 인정하고 이를 있
는 그대로의 국제 체제에 통합하면서도 미국의 재원을 고갈시키지 않

는 전략이 갖추어야 할 구체적인 요소들은 무엇일까? 키신저는 이 질
문에 직접적으로 답을 한 적이 없지만, 닉슨은 그 답이 엿보이는 암시
를 한 적이 있다. 1971년 7월 캔자스시티에서 뉴스매체 간부들을 대상
으로 브리핑하는 자리에서였다. 보통 공식적인 선언을 할 때만 이따금
써먹는, 묘하게 퉁명스러운 어투로 닉슨은 청중에게 세계에는 경제력
이 있는 지역이 다섯 개 있다고 했다. 미국, 소련, 서유럽, 일본, 중국
이었다. "이 다섯 지역이 경제적 미래를 결정하게 되고, 경제력은 다
른 종류의 힘을 얻기 위한 핵심적인 요소이자 20세기의 마지막 3분의
1에 해당하는 기간 동안 경제 외의 다른 면에서도 세계의 미래를 결정
하게 된다." 닉슨 대통령은 후에 이 발언에 깊은 관심을 보인 중국의
주은래(周恩來)에게 즉흥연설이었다고 말했지만, "깊이 생각한 끝에 나
온 신념"이 반영된 발언이었다.[15]* 1972년 초 〈타임지〉와의 인터뷰
에서 닉슨은 자기 발언의 의미를 보다 분명히 밝혔다. 그는 "세계 역사
에서 상당히 긴 기간 동안 평화를 누렸던 시기는 오직 힘의 균형이 유
지되었을 때뿐이다."라며 키신저의 저서 『회복된 세계(A World
Restored)』의 주제를 되풀이하는 듯한 발언을 했다. "한 나라가 잠재적
인 경쟁자보다 훨씬 막강해질 때 전쟁의 위험이 발생한다 … 더 강하
고 건강한 미국, 유럽, 소련, 중국, 일본이 서로 이간질하지 않고 서로
견제하면서 균형을 이루면 보다 안전하고 나은 세계가 되리라고 생각
한다."[16]

　　여기서 닉슨은 부지불식간에 1948년의 산업 - 군사력 5개 중심
지 개념을 제시하고 이 가운데 어느 하나가 다른 중심지들을 지배하지

---

* 이 발언은 키신저를 먼저 거치지 않고 한 발언이라는 점에서 이례적이었다. 당시 키
　신저는 비밀리에 중국을 방문 중이었고 주은래로부터 닉슨의 발언을 전해 들었다.
　(Henry Kissinger, *White House Years* [Boston: 1979], pp.748-49.)

못하도록 할 필요성이 있다고 한 케넌의 논리로 회귀한 셈이다. † 키신
저는 이러한 지정학적 구도를 공개적으로 자신과 연관시킨 적이 없다.
그 이유는 아마도 자신의 역사 관련 저서에서 인용한(그래서는 안 된다
고 자신이 항상 주의를 주는) 단순한 비유였기 때문이기도 하고,[17] 특정
한 지역을 다른 지역보다 더 "필수적"이라고 공개적으로 지정하면 오
해를 불러일으킬 소지가 있어서이기도 하고(딘 애치슨이 1950년 "방어
선" 연설을 한 후에 그랬듯이 말이다), 닉슨이 이러한 발언을 한 직후 학
계와 전략연구 분야 종사자들로부터 비판을 받았기 때문이기도 했다
(일본, 서유럽이 주요 경제국가임에는 논란의 여지가 없으나, 미국의 도움
없이 이 나라들이 스스로를 방어할 역량은 그로부터 수 년 후에나 갖추게
된다. 그리고 중국은 군사적 초강대국도 경제적 초강대국도 아니었다.).[18]
그러나 폭넓은 맥락에서 분석해 보면 닉슨이 제시한 미래상은 키신저
가 도달하고자 하는 미래상과 – 그리고 4반세기 전에 케넌이 제시한
미래상과도 어느 정도 – 일맥상통해 보였다.

　　키신저는 양극화된 세계에서 다극화 세계로 바뀌는 게 미국의
이익에 가장 부합한다고 오래전부터 주장해왔다. 그는 1968년 양극화
는 경직성을 조장한다고 기록했다.

　　양극화된 세계에서는 미묘한 차이를 식별하는 관점이 사라지게 된
다. 한 쪽에게 이득이면 다른 한 쪽에는 여지없이 손해처럼 보인다.
무슨 이슈든 생존의 문제가 된다. 규모가 비교적 작은 나라들은 보호
받으려는 욕구와 큰 힘의 지배에서 벗어나려는 욕구 사이에서 갈등한
다. 초강대국들은 하나같이 동맹국들 사이에서 우월한 지위를 유지하
고, 어느 편도 들지 않는 나라들 사이에서 영향력을 증대시키고, 적과

---

† 한 가지 다른 점은, 케넌은 영국과 라인강 계곡을 개별적인 힘의 중심지로 여겼고
중국을 포함시키지 않았다는 점이다.

비교해서 자국의 안전을 증진시키려는 욕망에 사로잡히게 된다.

　　다극화된 세계라고 해서 저절로 안정이 보장되지는 않는다고 키신저는 조심스럽게 지적했다. 공통적인 위험에 대한 인식이 없으면 서로 행동을 조율하기가 훨씬 힘들어진다. "경직성은 줄어들지만 관리가능성도 줄어든다." 그러나 다극 체제에서는 서로 공유하는 세계질서 개념을 도출해낼 기회가 훨씬 크다. 게다가 양극 체제에는 없는 "자연적" 혹은 "유기적" 균형이 이미 내재되어 있고, 따라서 균형을 구성하는 개별적인 요소들이 균형을 유지하는 일차적인 부담을 질 필요가 훨씬 적다. "보다 다변화된 세계가 우리의 장기적인 이익에 크게 부합한다."라고 키신저는 결론을 내렸다.[19]

　　구체적으로 말하면, 키신저는 통합되었으되 독립적인 서유럽을 원했다. 케네디와 존슨 행정부 내의 대부분의 "대서양주의자"와는 달리, 그는 드골의 주장에 공감했다. 드골은 워싱턴의 통합주의자가 만든 "거창한 설계"에 서유럽국가들을 종속시키기보다 유럽 주권국가들의 이익을 서로 조정함으로써 통합을 달성해야 한다고 주장했다.[20] 키신저는 처음 한동안 이를 의도적으로 방치하고 나서 1973년 재빨리 "삼극주의(trilateralism)"로 알려지게 된 핵심적 원칙을 수용했다. 일본은 세계에서 그 자체로 힘의 중심이고, 미래에는 미국이 서유럽에 부여하는 관심에 준하는 관심을 받아야 했다.[21] 닉슨과 키신저는 1969년 무렵 부분적으로는 미국 정책이 야기하기도 했고 부분적으로는 스스로 자초하기도 한 고립주의에서 중국을 끌어내야 한다는 결론을 각각 따로 내렸다. 대통령의 첫 외교정책 보고서는 "안정적이고 항구적인 국제질서는 7억 명 이상의 인구를 보유한 이 나라가 참여하지 않고서는 불가능하다."라는 결론을 내렸다.[22] 소련과 관련해 키신저의 전

략은 소련이 정당한 안보이익을 추구하는 것까지 저지하려 하지는 않
되, 크렘린 지도부에게 그러한 이익을 다극적인 세계 질서의 틀 안에
서 추구하도록 설득하는 일이었다.[23]

비판하는 이들도 있었지만 이 5극 개념은 그 구조에 속한 모든
요소가 똑같은 종류의 힘을 지니고 있다고 전제하지 않았다. 키신저는
1973년 다음과 같이 지적했다. "오직 한 가지 힘의 균형만 거론하는
것은 잘못이다. 서로 연관되어 있는 여러 가지 힘이 있기 때문이다.

군사영역에는 두 초강대국이 있다. 경제적으로 보면 최소한 다섯 개
의 주요 집단이 있다. 정치적으로 영향력 있는 중심지는 그보다 더 많
이 등장했다. 다섯, 여섯, 일곱 개의 주요 힘의 중심지를 일컬을 때
분명히 짚어야 할 점은 여기서 제외된 곳들이 있다는 게 아니라 몇 년
전 만 해도 힘의 중심지가 오직 두 군데 뿐이라는 데 모두들 동의했다
는 사실이다.[24]

경제력을 강조함으로써, 일본과 서유럽은 경제력에 상응하는 군
사력을 갖추지 않고도 세계에서 역할을 할 수 있게 되었다. 중국의 중
요성은 당분간은 주로 이념적 영역에 머물렀다 – 국제 공산주의운동에
대한 소련의 장악력을 위협하는 역할 말이다. 미국과 소련만이 어느
모로 보나 초강대국이 될 자격을 갖추었지만, 많은 분야에서 힘이 점
점 분산되는 상황에 두 나라는 직면하고 있었고, 나머지 세계로부터
경쟁자가 부상하면서 다극체제의 여건이 조성되고 있었다.

따라서 다극체제를 구성하는 나라들이 지닌 여러 가지 힘이 서
로 크게 차이가 난다고 해도 다극적인 평형 유지가 가능해졌다. 필요
할 때 선별적으로 힘을 행사하여 이 균형을 유지하는 게 미국의 이익
에 부합했고, 그 균형은 양극 냉전체제 시대보다 훨씬 안정적이라는

점을 깨달았다. 동시에 힘의 균형을 넘어 새로운 세계질서를 향해 나아갈 필요가 있었다. 서로 경쟁하는 이익들의 충돌이 아니라 "서로 자제하는 데 익숙해지고, 공존, 그리고 궁극적으로 협력"으로 진화함으로써 안정이 유지되는 새로운 세계질서 말이다. 바로 이게 "데탕트(긴장완화)"가 뜻하는 바라고 키신저는 강조했다.[25]

　　그렇다면 키신저가 말한 "철학적 깊이"는 세계 속에서 미국의 이익이 무엇인지 공식적으로 인식하는 데 큰 변화가 일어나야 한다는 뜻이었지만, 이는 전례 없는 혁신은 아니었다. 이따금 언급된 5극 구조의 세계의 개념뿐만이 아니라 전체적인 개념이 1947년부터 1949년 사이에 케넌이 제시한 개념과 놀라울 정도로 유사했다. 키신저와 마찬가지로 케넌도 이익을 규정할 때 힘의 다면적인 속성을 근거로 삼았다. 군사력은 세상사에서 절대적으로 유일한 결정적 요소가 아니었다. 키신저와 마찬가지로 케넌도 개혁보다 안정을 선호했다. 세계를 미국과 비슷하게 바꾸는 일은 비용이 많이 들 뿐만 아니라 자멸하는 길이라고 그는 주장했다. 키신저와 마찬가지로 케넌도 미국의 힘에 한계가 있다는 점을 분명히 인지했고, 이를 기존의 추세에 맞서는 데 쓰기보다 기존의 추세와 가능한 한 부합되게 만들 필요가 있다고 생각했다. 키신저와 마찬가지로 케넌도 미국의 이익을 다극적인 세계에서 힘의 균형을 유지하는 일과 동일시했다. 키신저와 마찬가지로 케넌도 위협과 약속 둘 다로부터 독립적인, 독자적으로 존재 가능한 이익이란 개념을 발전시켰다. 케넌 이후, 그리고 키신저 이전에 제시된 전략들은 하지 않았던 시도였다. 키신저가 국무장관에 임명되고 1년 후에 케넌이 "헨리(키신저―옮긴이)는 국무성의 그 어떤 사람보다도 내 생각을 잘 이해한다."라고 말한 데는 그만한 이유가 있었다.[26]

## Ⅱ

닉슨 행정부 동안에는 이익은 훨씬 유연하게 인식된 만큼 위협은 훨씬 협소하게 인식하게 되었다. 한국전쟁 이후로 적의 행동을 예측하는 수단으로서 주로 이념에 의존하는 경향이 지배적이었다. 역사, 경제, 민족, 지리적 여건을 바탕으로 한 차이들 때문에 이따금 공산주의 국가들 사이에서 분쟁이 일어나지만 결국 그들은 공통 이념을 우선시하게 된다고 여겼다. 공산주의의 승리는, 그들이 서로 합심해서 한 승리거나 아니거나, 세계에서 힘의 균형을 위협하든가 위협하는 듯이 비춰지므로 막아야 했다. 공산주의가 제2차 세계대전이 끝날 무렵 확보한 입지를 예전으로 "되돌리려는" 노력은 그동안 전혀 없었다. 사실 미국은 일부 공산주의자들과 협력해 – 티토의 유고슬라비아가 한 예이고, 존슨이 뜻하는 대로 되었다면 동유럽의 다른 국가들도 그러한 사례가 되었을지 모른다 – 다른 공산주의자들의 패권 야망에 맞설 의향까지도 있었다. 그러나 현재 상태에서 변화가 일어나 공산주의에 이로워지는 상황은 용납될 수 없었다. 1945년 이후로 발생한 변화들 – 중국, 쿠바, 북베트남 – 은 공개적으로 용인될 수가 없었다. 일반적으로는 힘의 균형에 대한 위협, 구체적으로는 미국 안보에 대한 위협은 1969년까지도 여전히 적대적인 이념의 존재를 바탕으로 규정되었다.

닉슨과 키신저는 위협을 규명하는 가장 중요한 기준으로서의 이념을 의도적으로 제거하는 일에 착수했다. 키신저는 1969년 12월 다음과 같이 선언했다. "우리에게 영원한 적은 없다. 우리는 공산주의 국가들을 포함해 다른 나라들을 평가할 때 그들 내부의 이념이 아니라 그들의 행동을 바탕으로 평가한다." 이념적 차이는 뿌리가 깊고 하룻밤 사이에 사라지지 않는다. 그러나 핵이라는 공통의 위협에 직면한 시대에는 이념적으로 가장 적대적인 나라라고 해도 공동의 이익을 모색할 수 있었다. 1972년 2월 베이징에서 닉슨은 주은래에게 "우리는 기존의 틀을 깼다."라며 다음과 같이 말했다.

우리는 그런 나라들을 모두 싸잡아서 이런 종류의 철학을 지녔으므로 하나같이 아무것도 모른다고 일축하기보다, 그 나라가 하는 행동을 바탕으로 개별적으로 판단한다. 솔직히 말해서 나도 아이젠하워 행정부에 몸 담았었기 때문에 당시에 덜레스 씨의 견해와 비슷한 견해를 지니고 있었다. 그러나 그 이후로 세계가 변했다. (주은래) 총리가 키신저 박사와 만난 자리에서 말한 바와 같이, 조타수는 파도에 순응해 배를 조종하지 않으면 물속에 가라앉게 된다.

닉슨 대통령은 자신이 공감하는 다음과 같은 모택동의 발언을 상기시켰다. "우리가 협력하게 된 까닭은 세계 상황이 바뀌었고, 우리 입장에서 중요한 것은 한 나라의 내부적 정치철학이 아니라 나머지 세계와 우리에 대한 그 나라의 정책이라는 점을 인식했기 때문이다."27)

그날 이후 많은 변화가 일어났다. 겨우 4년 반 전만 해도 딘 러스크가 베트남에서 미군의 증원을 계속해야 하는 중요한 이유로 "베이징이 세계혁명이라는 군사독트린으로 선동한 십억 중국인이 핵무기로 무장하고 위협"하기 때문이라고 했었다.28) 물론 닉슨이 이념을 탈피할 수 있었던 까닭은 중소 간에 반감이 팽배하다는 부인하기 힘든 증거가 있었기 때문이다. 그의 첫 연례 외교보고서는 "국제공산주의가 산산조각 났다."라고 노골적으로 적시했다.29) 이념 탈피에 기여한 또 다른 요인은 닉슨이 이념적 유연함을 보였기 때문이다. 예전에는 경직된 철저한 반공주의를 표방했던 닉슨이므로 그를 비판하는 이들은 그

를 "나약"하다거나 "순진"하다고 비난하기가 어려웠다. 닉슨은 1972
년 모택동에게 "좌익은 말만 하지만 우익은 행동에 옮길 수 있다."라
고 말했다. 고령의 혁명가는 기꺼이 인정하면서 "나는 우익이 맘에 든
다."[30] 라고 응수했다.

　　그러나 위협에 대한 인식의 변화가 가능했던 가장 큰 요인은 닉
슨-키신저가 이익을 새롭게 규정했기 때문이었다. 1950년 이후로 미
국 행정부들은 이익을 규정할 때 세계 속에서 미국이 안전하려면 무엇
이 필요한지를 바탕으로 독자적으로 유추한 기준이 아니라, 그냥 존재
하는 듯이 보이는 위협을 토대로 규정하는 습관이 있었다. "공산주의
봉쇄" 자체가 이익이 되었다. 단결된 힘으로서의 공산주의가 정확히
어떤 식으로 미국의 안보를 위협하는지는 고려하지 않았다. 위협이 이
익을 규정하도록 내버려 두었다. 그 반대가 아니라. 닉슨과 키신저는
다극적인 세계질서 개념을 제시하면서 위협으로부터 독립된 이익의
개념을 정립하고 이익을 바탕으로 위협을 규정했다. 이러한 이익을 수
호하려면 이념적 일관성이 아니라 힘의 평형 상태가 필요했고, 미국이
혼자의 힘으로 평형을 달성할 수 있는 수단은 제한되어 있으므로, 미
국은 서로 다른, 심지어 적대적인 사회 체제를 지닌 국가들이 세계 안
정을 유지하는 데 있어서 미국의 이익을 공유하는 한, 그들과도 협력
이 가능하다는 결론이 나왔다. "중국 지도자들은 우리를 상대할 때 이
념을 초월했다. 그들은 위협을 규정할 때 지정학이 절대적으로 중요하
다는 사실을 인식하고 있었다."[31]

　　그런데 공산주의 자체가 더 이상 위협이 아니라면 뭐가 위협일
까? 여기서 닉슨 행정부는 본래 케넌이 봉쇄에 접근하는 방식의 토대
가 된 인식으로 되돌아갔다. 바로 소련의 외교정책에 존재하는 적대감
과 그 적대감을 표출할 역량의 조합이다. 소련은 역사적 이념적 여러

가지 복합적인 이유로 인해 세계에서 끊임없이 힘을 확장할 방법을 모색했다고 키신저는 생각했다. 러시아가 안전하려면 러시아의 이웃나라들은 불안정해야 했다. 레닌주의가 이룩한 것이라고는 "팽창주의 본능에 세계 도처에서 보편적으로 적용되는 이론적인 배경을 마련해 준 점밖에 없다. 러시아의 양심은 달래주었을지 모르지만 다른 모든 국민들의 입장에서는 문제가 악화되었다." 그러나 그러한 팽창주의는 정해진 시간표 없이 진행되었다. 크렘린은 기회가 오면 닥치는 대로 그 기회를 이용했지만, 저항에 부딪치면 후퇴하기도 했다. "소련에게 애초부터 기회를 주지 않는 게 서구 진영이 져야 할 책임의 본질이다. 소련이 추구하는 목표의 한계를 규정하는 일은 우리 몫이다."라고 키신저는 결론을 내렸다.[32]

그러나 케넌 때와는 상황이 달라졌다. 1960년대 동안 러시아인들은 미국과 그 동맹국들과 비교해 볼 때 산업, 기술, 군사력에서 크게 진전을 보았다. 제2차 세계대전 종전 후 첫 20년 동안 소련 지도자들은 자신들이 서구 진영에 비해 취약한 입장에 있다는 사실을 의심했을 리가 없었다(물론 종종 그들은 이러한 사실을 서구 진영으로부터 감추는 데 성공하긴 했지만). 그러나 닉슨 행정부가 들어설 무렵 소련은 장거리 미사일 역량에서 미국과 대등한 수준에 접근하고 있었고,* 자국 국경을 넘어 멀리까지 재래식 무기가 도달하게 만들 수단을 최초로 개발하고 있었다. 소련의 야망은 "이제 타당하지도 않고 호소력도 없는 보편주의 독트린을 수사적으로 표현하는 데 그치지 않고 진정한 힘을 근거

---

* 1965년 중반 러시아인들은 ICBM 224기와 SLBM 107기를 보유하고 있었다. 이에 비해 미국은 각각 934기와 464기를 보유하고 있었다. 1970년 말 무렵 러시아인들은 ICBM 1,290기와 SLBM 300기를 보유할 것으로 예상되었다. 반면 미국은 각각 1,054기와 656이기 불과했다. (Annual foreign policy report, February 18, 1970, *NPP: 1970*, p.173)

로 하고 있었다."라고 키신저는 인정해야 했다.[33]

　물론 소련 체제는 여전히 약점이 있었다. 질서 있게 지도자를 교체하는 장치가 없었다. 굼뜬 관료집단의 우선순위가 공산당의 우선순위와 항상 일치하지는 않게 되었다. 국내 경제, 특히 농업과 컴퓨터 기술과 같은 핵심 분야는 대단히 비효율적이었다. 외교정책은 서투르고 어설펐다. 소련 관료들은 속내를 드러내지 않는 세련된 중국 관료들과 비교해 볼 때 놀라울 정도로 자신감도 없고 침착하지도 않았다.[34] 그럼에도 불구하고 닉슨과 키신저가 미국의 필수적 이익의 토대가 된다고 본 힘의 균형에 도전장을 내밀 역량과 동기를 모두 갖춘 나라는 오직 소련뿐이었다. 그 결과 모스크바와의 관계는, 케넌 때와 마찬가지로, 닉슨과 키신저의 외교에서 초미의 관심사가 되었다.

　케넌의 전략에서는 실제로 명백하게 힘의 균형이 변했는지를 분간할 방법이 늘 문제가 되었다. 현실 못지않게 인식도 세상사를 형성하는 데 영향을 미치므로, 기존의 질서에 변화가 일어나는 것처럼 보이기만 해도 진짜 변화가 일어나는 상황에 맞먹는 효과를 낳는다. 케넌은 이 문제를 결코 해결하지 못했고, 따라서 그리스, 터키, 남한의 방어를 지지하게 되었다. 하나같이 케넌 자신이 규정한 다섯 개의 필수적인 산업 – 군사력 중심지와는 거리가 먼 나라였는데도 말이다.[35] 이 문제는 그 후로 들어선 행정부들에서는 덜 두드러졌다. 그들은 모든 이익이 똑같이 필수적이라고 여기는 경향이 있었고, 따라서 모든 위협은 똑같이 중요했다. 그러나 닉슨과 키신저는 이익을 차별화하는 인식으로 되돌아갔고, 따라서 위협도 여러 가지로 구분했다. 닉슨 행정부는 원칙적으로 그들이 표방한 탈이념과 일맥상통하는 방식으로 이를 실행하는 데는 애를 먹었다.

　논리적으로 보면, 소련 팽창주의의 위협을 가장 우려하고 세상사에서 이념의 중요성을 깎아내리겠다고 결심한 행정부라면 중국뿐만 아니라 그 어디에서든 독자적인 마르크스주의에 대해서는 상대적으로 관용적인 태도를 보였어야 한다. 그렇게 한 분야도 어느 정도 있었다. 닉슨과 키신저는 티토의 유고슬라비아와의 관계를 오랫동안 지속했고, 이 나라에 대한 닉슨 대통령의 방문을 계기로 루마니아와 폴란드는 존슨이 제시한 동유럽과 연결되는 "가교 구축"을 보다 은밀한 방식으로 되살릴 방법을 모색했다.[36] 그러나 닉슨 행정부 내에는 다른 지역의 마르크스주의에 대해 강력한 반감이 있었다. 베트남에서 닉슨은 하노이에 승리를 안겨주지 않기 위해 4년 동안 큰 비용을 들여 계속 개입했다. 칠레에서는 자유선거로 선출된 살바도르 아옌데(Salvadore Allende) 정부를 "불안정하게" 만들 작전을 은밀히 전개했다. 서유럽에서 "유로코뮤니즘(Eurocommunism)"◎이 성장하자 키신저는 이를 당연히 경각심을 갖고 바라보았다. 앙골라에서는 포드 행정부의 적대감 때문에 마르크스주의 독립운동이 모스크바와 연대할 도리밖에 없었다. 돌이켜보면, 이러한 운동들 가운데 어느 하나도 크렘린이 사주했다는 증거도 없고, 그런 운동들이 성공했다면 소련 지도자들이 그들을 조종했기 때문이라고 볼 증거도 없다.[37] 그런데도 여전히 닉슨과 포드 행정부는 그런 운동에 맹렬히 맞섰다. 마치 그들 중 어느 하나라도 성공하면 힘의 균형을 깨는 결정적인 요인이 되기라도 할듯이 말이다.

중국처럼 명백히 공산주의인 국가를 상대할 때에는 이념적 차이를 기꺼이 용인했으면서도 다른 지역에서 생성된 자생적인 마르크스주의는 용인하지 않은 이유가 뭘까? "인식의 지체" 현상이 작동했다는 주장이 제기되어 왔다. 닉슨과 키신저는, 자기들이 만든 정책이 세계

---

◎ 유럽식 공산주의. 서유럽 공산당의 독자적 공산주의 노선 – 옮긴이.

에 대한 냉전시대적 인식을 얼마나 진부하게 만들었는지 깨닫지 못한 채, 이러한 상황에 냉전시대의 낡은 인식으로써 반응했다는 뜻이다. 칠레 사태에 대한 키신저 본인의 발언이 이를 확인해 주는 듯하다. 그는 "서유럽과 라틴아메리카에서 가장 '독자적인' 공산당도 큰 예외 없이 외교정책에서 소련의 지시를 따른다."라고 주장하면서, 다음과 같이 덧붙였다. "단순히 공산당의 문제도 아니다. 오늘날 세계에서 급진적인 정치는 세계를 대상으로 활동하면서, 테러를 감행하거나 테러행위에 자금을 지원하거나 무기를 전달하거나 매체에 침투하거나 정치적 절차에 영향력을 행사하는 등, 서로 동조하는 조직이나 집단을 아우른다." 그러나 키신저 본인의 전략은 거대한 통일체로서의 공산주의의 해체를 전제로 한다. 심지어 해체를 천명하기까지 했다. 그 자신도 인정했듯이, 공산당과 세계 도처에서 점점 그 존재감을 과시하는, 훨씬 수적으로 많은 – 적극적으로 활동하는 – 급진적인 조직들 사이에 관계를 설정하는 일은 쉽지 않았다.[38]

　　보다 신빙성 있는 해석은, 이러한 운동들에 맞서지 않고 그냥 내버려두면 현재 상태에서 변화가 일어나고 그 변화는 힘의 균형을 깨는 것처럼 비춰질지 모른다는 점이다.* 중국과 동유럽의 공산주의 정권을 상대할 의향을 보임으로써 행정부는 기존의 현상유지를 인정했지만 새로 공산주의 정권이 창출되는 사태는 용인하지 않겠다는 입장을 밝힌 셈이다. 따라서 결과는 훨씬 예측 가능해졌다. 케네디, 존슨, 그리고 그들의 참모들과 마찬가지로 닉슨과 키신저도 그러한 사태들을

---

* 1974년 전략무기 경쟁을 논하면서 키신저는 다음과 같이 지적했다. "결정적인 이점이 뭔지는 파악하기 힘들지만, 열등해 보이면 – 실제로 어떻든 상관없이 – 심각한 정치적 결과를 낳을 수 있다." (1974년 9월 19일 상원외교위원회에서 한 발언으로 다음 저서에서 인용했다. Henry A. Kissinger, *American Foreign Policy*, third edition [New York: 1977], p.160.)

설계한 중심세력이 있다거나 서로 조율된 행동이 아니라고 해도 미국을 당혹스럽게 만들거나 굴욕을 안겨줄 사태들을 두려워했다. 1970년 4월 캄보디아 침공 때 닉슨이 설명했듯이 "일단 유사시에 세계에서 가장 막강한 나라인 미국이 어쩔 줄 모르고 처량한 거인처럼 행동하면 전체주의와 무정부주의 세력이 세계 전역에서 자유국가들과 자유체제들을 위협하게 된다." 위대한 나라는 손실을 처리할 때조차 존엄성을 유지해야 한다. 키신저는 훗날 다음과 같이 기록했다. "우리는 텔레비전 채널 돌리듯이 베트남에서 그냥 철수할 수가 없다. 미국이 굴욕당하지 않고 망연자실하지 않는 게 중요한 게 아니라, 베트남을 떠나더라도 훗날 그곳의 시위자들조차 미국이 존엄과 자존감을 잃지 않는 선택을 했다고 반추할 수 있게 해두어야 한다."39)

그렇다면 닉슨과 키신저는 위협을 산정할 때 이념을 완전히 제거하지는 못한 셈이었다. 행정부는 힘의 균형을 유지하는 데 필요하다면 기존의 공산주의 정권들과의 이념적 차이가 그들과의 협력을 방해하도록 하지는 않았지만, 공산주의가 추가로 승리를 올리는 상황은, 설사 그것이 자생적이고 독자적인 형태를 취한다고 해도, 용인할 생각이 없었다. 굴욕을 당할 위험, 진짜 적들에게 나약해보일 위험이 너무나도 컸기 때문에 가상의 적에게라도 승리를 허용할 수는 없었다.


Ⅲ


이익과 위협에 대한 이와 같은 인식에서 비롯된 전략은 너무나도 막연하게 "데탕트(détente)"라고 알려지게 되었다. 이 용어는 닉슨이나 키신저에서 비롯된 게 아니다 ─ 일찍이 1963년 케네디가 소련과의

긴장완화 절차를 설명할 때 사용한 표현이다.[40] 이 용어가 어디서든
똑같은 의미로 해석되지도 않았다. 이 용어를 비판한 이들은 이 용어
가 프랑스어이고 영어에도 러시아어에도 그 의미가 정확히 상응하는
단어가 없다는 점을 지적했다.* 그러나 닉슨과 키신저는 그들이 뜻하
는 "데탕트"가 뭔지 분명히 밝혔다. 그들이 말하는 데탕트는 소련의
힘과 영향력을 "봉쇄"하는 또 다른 일련의 시도로서, 크렘린 지도자들
이 자기 힘이 "봉쇄되는"게 자국의 이익에 부합한다고 생각하도록 압
력과 유인책을 복합적으로 사용하는 전략을 뜻했다. 20년 앞서 케넌의
경우에도 그러했듯이, 이 전략을 통해 추구하는 목표는 국제관계에 대
한 소련의 인식을 바꿔서 이를 기존의 세계질서에 안정적인 요소로 통
합시키고, 여기서 나오는 평형상태를 바탕으로 "냉전"이라는 비정상
적인 상태를 완전히 종식시킬 "평화의 구조"를 구축하는 일이었다.

　　데탕트 전략을 실행하는 데 필요한 첫 번째 요건은 소련을 중요
한 사안들에 관한 협상에 진지하게 임하도록 만드는 일이었다. 그동안
협상은 늘 봉쇄의 궁극적인 목적으로 제시되어 왔다. 1950년 이후로
서구 진영이 러시아인들과 비교해 "힘의 우위인 상황"에 도달하면 그
들은 기꺼이 대화를 하게 되고 냉전을 야기한 위기는 마침내 종식된다
는 사고가 지배했다. 그러나 키신저는 이러한 논리가 다음과 같은 여러
가지 이유로 실속이 없다고 생각했다. 첫째, 그는 자국을 영원히 열등
한 입장에 놓이게 할 국제질서를 기꺼이 받아들일 나라는 없다고 오래
전부터 주장해 왔다. 러시아인들은 다른 모든 나라들을 절대적으로 불
안하게 만드는 대가로 자국의 절대적인 안보를 요구할 자격이 없었다.

---

* 프랑스어로 "데탕트"는 "조용하고 편안하고 긴장이 풀린" 상태를 뜻하지만 총의 방
　아쇠를 뜻하기도 한다. 러시아어에서 이와 가장 뜻이 가까운 단어는 "라즈랴드카
　(razriadka)"인데 "완화"나 "줄임" 또는 "경감"을 뜻하지만 "방출" "발사"를 뜻하기도
　한다.

그러나 서구 진영도 마찬가지로 그럴 권리는 없었다. "안정은 다양한 나라들의 상대적인 만족과 상대적인 불만족에 좌우된다."41)* 둘째, 서구 진영은 사실 소련과 비교해볼 때 냉전 초기보다 더 막강했던 적이 없다. "힘"의 우위라는 추상적인 입장에 도달할 때까지 협상을 미루다가 모스크바에게 실제로 힘을 키울 기회만 준 꼴이 되었다 – 당시 상황이 보여주듯이 말이다. 마지막으로, 협상 자체가 나약하다는 징표는 아니었다. 공동의 이익을 규명하고 서로 해소하지 못할 반감이 있다고 솔직하게 인정한다는 전제 하에 협상을 적절히 관리하면, 협상은 단순히 일단 안정이 이루어진 연후에 누리게 되는 사치품이 아니라, 안정적인 세계질서를 구축하는 중요한 수단이 될 가능성도 있었다.42)

이러한 협상을 진행할 때에는 환상은 금물이라고 키신저는 주장했다. "우리는 공산주의 국가들이 이 세계에서 어떤 존재인지, 그리고 그들과 우리 자신에 대해 합리적으로 무엇을 기대할 수 있는지에 대한 정확한 이해를 토대로 공산주의 국가들을 상대할 것이다." 피상적으로 합의에 도달하려고 이념적 차이를 얼버무려서는 안 되지만, 과거에 "성공"해야 한다는 압박이 협상을 좌우하는 바람에 서구 진영에서 "정상회담"에 관련해 기대가 높아졌다가 좌절된 사태를 되풀이해서도 안

---

* 키신저는 1957년 다음과 같이 기록했다. "권력이 원하는 바를 모두 이룰 수 있다면 절대적 안보를 확보해 외부의 위협에 대한 의식으로부터 자유로워지고 모든 문제들이 하나같이 국내 사안들로서 관리가 가능한 세계질서를 추구하게 된다. 그러나 한 나라에게 절대적 안보는 다른 모든 나라들에게 절대적 불안을 뜻하기 때문에 '합법적인' 협상의 일환으로 달성하기가 불가능하고 오직 정복을 통해서만 달성할 수 있다. 이러한 이유로 강제한 게 아니라 스스로 받아들인 국제적 해결책은 그 협상에 관여한 나라들에게는 항상 어느 정도 부당하게 느껴진다. 공교롭게도, 모두가 이러한 불만을 느껴야 안정이 유지된다. 어느 한 나라만 완전히 만족하면 다른 모든 나라들은 완전히 불만족해야 하고 그러면 혁명이 일어날 상황이 조성된다. 안정적인 질서의 토대는 그 질서의 구성원들의 상대적인 안보-그리고 따라서 상대적인 불안-이다." (Henry A. Kissinger, *A World Restored* [New York: 1957], pp.144-45.)

되었다. 신중하고 치밀한 준비가 필수적이었다. "우리는 급속한 진전이나 놀랄만한 진전에 심리적으로 의존하지 않을 작정이다." 무엇보다도 협상과 협상이 타결될 때 나올 결과가 지속적인 효과를 낳으려면 서로에게 분명히 이득이 되어야 한다. "우리는 양측 모두에게 이득이 있어야 안정이 유지되고, 대부분의 건설적인 국제관계는 쌍방이 그 관계 속에서 얻을 게 있다고 인식하는 관계라는 점을 인정할 만큼 성숙한 자세를 보여야 한다. 날마다 사사건건 균형을 달성하기는 불가능하다. 오직 일정한 기간에 걸쳐, 광범위한 관계에 걸쳐, 균형을 달성하는 방법밖에 없다."43)

　　이를 바탕으로 소련이 기꺼이 협상에 임할 가능성은 얼마나 있을까? 키신저는 그 나라가 내부적으로 중요한 전환점에 도달했다고 주장했다. 모스크바가 서구 진영과 협력을 하거나 대결을 악화시키거나 둘 중 어느 쪽으로 진행될지 모르는 다음과 같이 "어정쩡한 경향"이 나타나고 있었다. (1) 국제 공산주의운동 내의 주도권 싸움은 아시아에서 "투쟁의 토대"를 차지하려는 경쟁을 강화했지만, 동시에 미국을 상대하기 꺼리던 태도를 완화시켰고 소련으로 하여금 자국의 안보 관심사를 재평가하게 만들었다. (2) 소련이 전략적으로 동등한 수준에 달하게 되면 크렘린 지도자들이 우월한 지위에 도달할 때까지 계속 밀어붙이고 싶은 유혹을 분명히 느끼겠지만, 동시에 열등하다는 두려움으로부터 해방되고 따라서 처음으로 무기통제에 대한 진지한 협상이 가능해졌다. (3) 소련이 군사적 경제적 힘을 "제 3세계"에까지 미치도록 팽창하면 모스크바의 영향력은 강해지겠지만, 동시에 관할지역에서 발생하는 위기를 관리해야 하므로 지켜야 할 이익이 새로 생기게 된다. (4) 소련 내에서 성숙한 산업경제국이 등장하면 군사력을 증강할 기지 역할을 할 수도 있지만, 동시에 소비자 지향적인 사회로 변해 산업화된 서구 진영과 통합되고 어느 정도는 서구 진영에 의존하게 될 수도 있다. 이러한 상황에서 미국이 추구해야 할 목표는 간단하다며 키신저는 화해하는 쪽으로 기우는 "경향"을 강화하고 그렇지 않은 경향은 단념시키려 노력해야 한다고 주장했다.[44]

여기서 키신저의 접근방식은, 그의 전략이 지닌 수많은 다른 측면들과 마찬가지로, 1940년대 말 케넌이 시도했던 것과 비슷했다. 케넌은 소련의 힘을 성장하는 나무에 비유했다는 사실을 기억하라. 에너지를 특정한 방향으로 쓰도록 유도하려면 외부에서 압박과 유인책을 복합적으로 이용해서 꾸준히, 그러나 선택적으로 적용해야만 가능했다. 갑작스럽거나 극단적인 제약은 통하지 않는다. 러시아인들이 자제력을 발휘하는 게 그들의 이익에 가장 부합한다는 점을 깨닫도록 한다는 취지였다. "바깥 세계와의 관계에서 갈등요소를 강조하는 게 그들의 권력에 도움이 되지 않는다는 사실이 분명해지는 상황이 조성된다면, 그들의 행동, 심지어 그들이 자국민에게 선전 선동할 때의 어투까지도 수정 가능하다."[45] 소련 체제 내에서 "어정쩡한 경향"을 규명하고 긍정적인 경향은 강화하고 그렇지 않은 경향은 저지한다는 키신저의 기법은 기존의 방법과 유사했다. 케넌과 마찬가지로 적절한 보상과 처벌을 적용함으로써 행동을 교정하는 동시에 "혁명" 국가를 어르고 달래서 기존의 세계질서의 "정당성"을 받아들이게 만드는 기법이었다.*

---

* "여기서 사용한 '정당성'이라는 표현은 정의와 혼동해서는 안 된다. 외교에서 실행 가능한 조치들의 속상과 허용 가능한 목표와 수단에 관한 국제적인 합의 이상도 이하도 아니다. 모든 주요 국가들이 세계질서의 틀을 받아들여서, 베르사유 조약 이후에 독일의 경우처럼 어느 한 나라가 너무나도 불만스러워서 그 불만을 혁명적인 외교정책으로 표출하는 지경까지 이르지는 않도록 하자는 뜻이다. … 혁명적 국가의 특징은 위협받는다고 느끼는 게 ─ 그런 느낌은 주권국가들을 토대로 한 국제관계의 속성에 내재되어 있다 ─ 아니라 그 무엇도 안심시켜 주지 않는다는 느낌이다. 오직 절대적인 안보 ─ 적의 무력화 ─ 만이 충분한 보장이고 따라서 한 나라의 절대적 안보 욕구는 다른 모든 나라들에게 절대적인 불안을 뜻하게 된다." (Kissinger, *A World*

케넌과 마찬가지로 키신저도 이러한 노력은 소련 정권의 내부 속성을 바꾸지 않아도 성과를 낳을 수 있다고 생각했다. 속성을 바꾸기에는 역사와 이념의 두께가 너무 깊었다. "우리는 소련에게 갑자기 50년에 걸친 소련의 역사, 수세기에 걸친 러시아 역사를 사실상 뒤집으라고 요구할 수 없다."라고 키신저는 주장했다. 그보다는 외부세계에 대한 모스크바의 접근방식을 바꾸고 소련 지도자들에게 서구를 상대할 때 대결보다 협력을 강조하는 게 그들의 이익에 부합한다고 설득하는 쪽으로 노력을 기울여야 한다. 그러나 이와 동시에 소련이 내부적으로 발생하는 변화의 압박으로부터 자유롭지 않다는 점도 유념해야 한다. "소련 사회에서 변화는 이미 일어났고 더 많은 변화가 일어나게 된다." 그러한 추세는 데탕트 분위기에서 전개될 가능성이 훨씬 높다고 키신저는 지적했다. "냉전이 재발하면 소련이 자신과 생각이 다른 이들에 대해 더 유화적인 태도를 보이도록 하는 데 도움이 되지 않는다."[46] 그렇다면 내부적 변화는 협상의 조건으로 제시하기보다 그 자체가 협상을 통해 조성될 여건으로 간주해야 했다.

이와 관련된 데탕트 전략의 두 번째 요소는 "연계(linkage)" 개념이었다. 소련의 행동을 교정하려는 시도가 성공하려면 협상을 분야마다 따로 진행해서는 안 된다. 한 분야에서의 진전이 다른 분야에서의 난항에 영향을 받지 않기 때문이다. 키신저는 1969년 2월 닉슨에게 재가를 받아야 하는 서신을 작성하면서 "중요한 사안들은 근본적으로 상호 연계되어 있다고 나는 확신한다."라며 다음과 같이 기록했다.

전임 정권은 어떤 사안과 관련해 소련과 미국의 상호이익이 존재한다고 인식하면 그 사안을 가능한 한 다른 부문에서 나타나는 갈등의

*Restored*, pp.1-2).

부침으로부터 고립시켜 합의에 도달하도록 노력해야 한다는 입장이었다. 이런 방식은 문화나 과학적 교류 같은 양자간 실용적 사안들에는 적합할지 모른다. 그러나 현재 우리가 직면한 중요한 사안들에 있어서는 전선을 넓게 구축해서 정치적 사안과 군사적 사안들 간에 어느 정도 관계가 있다고 본다는 점을 분명히 해야 한다. 소련 지도자들에게 한 분야에서는 협력해서 이득을 취하는 한편 다른 분야에서는 긴장이나 대결을 조장하겠다는 기대는 접어야 한다는 점을 분명히 이해시켜야 한다고 나는 생각한다.

러시아인들도 미국의 정책에서 "어정쩡한 경향"을 포착했다고 키신저는 닉슨에게 상기시켰다. 러시아인들은 미국의 신임 행정부 내에서 "합리적인" 세력이 주도권을 잡을지 "무모한" 세력이 주도권을 잡을지 확신하지 못했고, 따라서 협상의 가능성을 내비치며 합리적인 세력을 돕고 무모한 세력의 기를 꺾을 방법을 모색했다. 미국이 해야할 일은 "내가 생각하기에는 불안감에서 비롯된 이러한 소련의 이익을 이용해서 진짜 긴장의 원인들이 무엇인지, 특히 중동에서 그리고 베트남에서도 긴장의 본질을 파악하도록 유도하는 일이다." 본질적인 문제는 "우리가 그들을 이용하느냐 아니면 그들이 우리를 이용하느냐"였다고 키신저는 훗날 회고했다.[47]

주도권을 잡는 게 관건이었고, 따라서 닉슨과 키신저는 신속히 이에 착수했다. 그들은 모스크바의 우선순위를 파악하는 일부터 시작했다. 모스크바의 우선순위는 다음과 같았다. 서구 진영의 무기체계는 동결시키되 소련의 무기체계는 동결시키지 않을 수준으로 전략무기 협상을 타결하는 일. 절실하게 필요한 서구 진영의 식량과 기술을 수입하기 위해 무역장벽을 완화시키고 이와 더불어 수입 비용을 지불할

차관을 받는 일. 서구 진영이 2차 대전 후 동유럽의 경계선을 인정하
도록 만듦으로써 안보를 확보하고 심지어 위신까지 세우는 일. 전쟁을
감수하지 않고 "제3세계"에서 소련의 이익을 증진시킬 기회를 모색하
는 일. 그들은 이러한 소련의 우선순위에 미국의 우선순위를 대비시켜
보았다. 굴욕적인 결과를 낳지 않는 방향으로 협상을 통해 베트남 전
쟁을 마무리하는 일. 러시아인들이 베를린에서의 서구 진영의 영구적
인 권리를 인정하는 일. 지속적인 소련의 군비증강을 제한할 전략무기
협상 타결. "제3세계"의 위기가 통제 불가능하게 되지도 않고 모스크
바의 계략에 이용당하지도 않도록 관리할 수단을 마련하는 일. 이와
같이 우선순위를 나열하고 나서 닉슨과 키신저는 협상들이 서로 맞물
려 있다는 점을 분명히 했다. 소련의 우선순위를 만족시키는 쪽으로
진전을 보려면 미국이 제시한 우선순위를 만족시킬 만큼 모든 분야에
서 이에 상응하는 진전이 있어야만 했다.[48]

러시아인들은 이 절차를 쉽게 받아들이지 않았다. 그들은 분야
마다 개별적으로 협상을 하는 쪽을 선호했다. 협상 사안들은 별개로
취급해야 하고, 한 분야에서의 협력은 다른 분야에서의 경쟁과 상관없
이 독립적으로 이루어져야 했다.[49] 그들이 연계 개념을 수용하도록 만
들기 위해 닉슨과 키신저는 합의에 도달하는 데 별로 관심이 없는 척
해야 했다. 닉슨과 키신저는 크렘린 지도자들에게 미국보다 그들이 훨
씬 더 협상이 절실히 필요하다는 점을 끊임없이 납득시켰다. 따라서
닉슨은 존슨이 이미 원칙적으로 합의한 전략무기 협상 시작을 몇 달
동안 미루었다. 존슨 행정부와는 달리 정상회담을 서두르지도 않았다.
대신 닉슨과 키신저는 사실상 미리 성공이 보장될 만큼 구체적이고 치
밀하게 협상 준비를 했다. 그들은 다른 우선순위들을 만족시키기 위해
정상회담을 "볼모"로 삼는 방법도 배제하지 않았다. 예컨대, 1971년

12월 키신저는 러시아인들이 그들의 동맹인 인도가 서(西)파키스탄을 침공하지 못하게 막지 않으면 정상회담을 취소하겠다고 공개적으로 협박했다. 1972년 5월 브레즈네프와 처음으로 만나기로 되어 있는 날짜를 2주 앞두고, 닉슨은 북베트남의 도발에 대한 대응으로 하이퐁 항구에 기뢰를 부설하라고 명령했다. 그러나 키신저를 비롯해 그의 참모들의 예상과는 달리 이 조치는 정상회담을 무산시키지 못했다.[50]

　　연계는 여러 가지로 이용 가능했다. 인도-파키스탄 전쟁에서처럼, 또는 소련이 쿠바에 잠수함 기지를 건설하려는 시도와 시리아의 요르단 침공과 관련해 모스크바의 그러한 행동은 데탕트를 무산시킬 수 있다고 경고함으로써 두 가지 위기를 한꺼번에 막아낸 황망했던 1970년 9월처럼, 위기를 관리하는 도구로 이용할 수 있었다. 연계는 러시아인들과의 직접적인 협상에서 교섭수단으로도 유용했다. 키신저는 베를린 사안에서 영구적인 타결이 이루어지지 않으면 전략무기 협상에서 합의도 힘들고 동유럽 경계선을 인정하지도 않으리라는 점을 분명히 했다. 제3자들을 협상 테이블로 이끌어내는 유인책으로도 유용했다. 모스크바가 하노이를 압박해 휴전에 필요한 조건들을 완화할 때까지 전략무기 제한협정 타결과 무역장벽 완화 조치를 보류하겠다고 함으로써 베트남 전쟁을 끝내는 데 소련의 협력을 확보하는 게 연계의 주요 기능이었다. 소련이 경제적으로 서구 진영에 의존하고 있다는 사실을 넌지시 깨닫게 하는 데도 유용했다. "시간이 지나면서 무역과 투자는 소련 체제의 자급자족적 경향을 잠식하고 소련 경제가 세계경제와 점점 엮이도록 유도하고 정치적 상황에 안정이라는 요소를 더해주는 정도로 상호의존성을 조성하게 된다."라고 키신저는 주장했다.[51]

　　이 모두가 키신저의 "행동 수정(behavior modification)" 전략과 일맥상통했다. 연계는 긍정적 강화나 부정적 강화를 야기할 수단이 되었다. 그러나 키신저에게 연계는 단순히 협상도구가 아니었다. 연계는 당시의 현실을 반영하기도 했다. 1970년대의 보다 긴장이 완화된 국제 환경 속에서 아무리 힘이 다면적이고 분산되었다고 해도 그 구성요소들은 여전히 서로에게 영향을 미친다는 현실 말이다. 이익과 위협을 아무리 차별화하고 구체화한다고 해도 여전히 이들은 서로 별개의 진공상태에 존재하지 않았다.

> 세계의 한 지역에서 미국이 무능해 보이면 다른 지역에서 우리의 신뢰성이 반드시 잠식된다. … 무기통제 협상에서 우리의 입장은 그로 인해 야기될 군사적 균형과 별개로 간주할 수 없다. 동맹으로 이루어진 세계의 주요 군사력으로서 우리가 져야 하는 책임과도 분리할 수 없다. 마찬가지로 무기제한은 세계의 긴장이 높아지는 시대에서는 거의 성사가 불가능하다. 한마디로 우리는 연계를 전체적인 전략적 지정학적 시각과 동일시했다.

부서들이 서로 독립적으로 존재하면서 세계를 잘게 나누어 바라보는 경향이 있는 관료사회 내에서는 이를 거의 인정하지 않았다. 그렇다면 연계는 소련의 정책을 바람직한 방향으로 이끄는 장치일 뿐만 아니라 개념적인 질서를 미국 정책에 강요하는 수단이기도 했다. "우리의 외교정책을 과도한 확장과 고립 사이에서 갈피를 못 잡고 오락가락하는 경향에서 벗어나게 하고 국익이라는 확고한 개념을 토대로 외교정책을 수립하려는 신임 행정부의 또 다른 시도"였다고 키신저는 회고했다.52)

또 다른 형태의 연계 – 닉슨 – 키신저 전략에서 세 번째 요소로 구분해야 할 만큼 중요한 연계 – 는 모스크바에 압박을 더욱 강화하는 수단으로서, 미국과 공산주의 진영에서 소련의 으뜸가는 경쟁자인 중화인민공화국과의 관계를 설정하려는 노력이었다. 새로운 아이디어는 아니었다. 케넌도 일찍이 1948년 공산주의 진영 내의 마찰을 이용해야 한다고 주장했고, 유고슬라비아에 대한 워싱턴의 정책은 바로 그 목적을 염두에 두고 추진해왔다. 그러나 공산주의 진영에서 가장 중요한 갈등, 소련과 중국 간의 갈등은 십년 이상 노골적으로 지속되어 왔지만 미국은 이를 이용하려는 어떤 진지한 시도도 하지 않았다. 베이징과의 관계가 모스크바와의 관계보다도 나빴던 데 문제가 있었다. 미국은 한국 전쟁에서 중국이 한 역할에 대해 여전히 분개했고, 북베트남에 대한 베이징의 동조와 원조도 중국과의 관계를 개선하는 데 도움이 되지 않았다. 국내 정치상황을 고려해 볼 때, 국민당 중국에 대한 지지를 철회하는 조치도 신중해 보이지 않았다. 아니, 생각할 수조차 없었을지도 모른다. 게다가 1960년대 중반 동안 공산주의 중국은 모택동이 추진한 해괴한 혁명(문화대혁명 – 옮긴이)의 부작용으로 세계로부터 자국을 단절시키려고 작정한 듯했다. 따라서 닉슨 행정부가 취임하기 전까지는 중소 갈등을 이용하려는 조치는 거의 이뤄지지 않았다.

1960년대 말 동안 닉슨과 키신저 둘 다 본토 중국을 고립시키려고 계속 애쓰는 게 현명하지 않다는 결론을 내렸다. 닉슨은 1967년 다음과 같이 기록했다. "장기적인 안목에서 우리는 국가들로 이뤄진 가족으로부터 중국을 따돌려 혼자서 온갖 망상을 품고 증오심을 기르고 이웃국가들을 위협하도록 마냥 내버려 둘 여유가 없다." 그러나 미국이 중국에 대한 태도를 바꾸기 전에 중국이 세계에 대한 태도를 바꿔야 했다. 중국이 국제공동체의 일원으로 받아들여지려면 "세계 혁명의 진원지가 아니라 앞으로 나아가는 대국으로서만 가능했다." 1년 앞서 키신저는 그러한 변화가 가능하다고 주장했다. 중국은 이념적 호전성을 과시하지만 그 지도자들은 아직 자국의 관료집단에 의존하지 않고 있으며 따라서 정책을 바꾸는 데 있어서 소련의 지도자들보다 훨씬 유연한 태도를 취할 가능성이 있었다.[53] 1968년 선거운동 당시 넬슨 록펠러(Nelson Rockefeller)◎를 위해 쓴 연설문에서 키신저는 "공산주의 진영 내에서 서로 경쟁하는 힘의 중심지들을 창의적으로 이용할 방법"을 터득해야 한다고 주장하면서, "워싱턴, 북경, 모스크바 간의 미묘한 삼각관계 속에서 우리는 양국을 상대로 우리가 쓸 선택지를 늘려가는 동시에 각국과의 합의 가능성을 높여야 한다."라고 주장했다. 닉슨 행정부 취임 직후에도 여전히 중국과 화해할 구체적인 계획도 없었고 그러한 구상을 중국에 제시하면 중국이 화답하리라는 기미도 보이지 않았다.[54]*

그 문제에 관심을 집중시킨 계기는 1969년 3월 우수리강을 따라서 소련군과 중국군 사이에 전투가 벌어지고 난 뒤 크렘린 측이 중국 핵시설에 대해 선제공격을 승인하면 미국이 어떤 반응을 보일지 은밀히 문의하면서이다.[55] 불과 5년 전, 중국이 최초로 핵실험을 하기 전날 존슨 행정부는 중국에 대한 미소 합동 군사행동의 가능성을 고려했었는데,[56] 이제 닉슨 행정부는 완전히 다른 길을 택했다. 삼각관계에서는 상대적으로 강한 적 대신 약한 적을 편드는 것이 낫다는 키신저의 논리를 따라, 닉슨은 8월 14일 중소 전쟁에서 미국은 중국이 패배하도록 내버려 둘 수 없다고 말했고, 이 말을 들은 각료들은 귀를 의심했다. 그는 며칠 후 다음과 같이 해명했다. "우리에게 일어날 가능성

---

◎ 공화당의 대통령 경선 후보. 키신저는 당시 그의 외교담당 참모였다 – 옮긴이.

* 닉슨은 1969년 2월 1일 미국이 중국과의 화해를 "모색하고" 있다는 생각을 동유럽 정보원들에게 "심어주라고" 키신저에게 명령을 내렸다. 이 계략은 "소련을 동요하게 만들고 그들이 우리를 도와 베트남 전쟁을 끝낼 동기를 부여하는 게 – 닉슨이 이 문제에 골몰한 점으로 미루어 볼 때 거의 확실했다 – 목적이었다."라고 키신저는 회고한다. (*White House Years*, p.169.)

이 있는 최악의 사태는 소련이 붉은 중국을 집어삼키는 일이다. 그런 사태가 벌어지도록 내버려두면 안 된다 … 중국인을 좋아해서 이러는 게 아니다. 미국은 양쪽 다 이용할 수 있도록 만전을 기해야 한다."57)

중국과 외교적 접촉을 시작하기 훨씬 전에, 베이징이 어떤 반응을 보일지 알기 훨씬 전에, 워싱턴이 이런 입장을 취하다니 놀라운 일이었다. 이는 이익과 위협을 재평가한 닉슨 행정부의 입장과 일맥상통하는 전제, 즉 미국의 안보는 세계 힘의 균형을 유지해야 보장되며, 중국은 그 균형에서 중요한 요소이고, 따라서 미국은 중국에 어떤 정권이 들어서든 상관없이 중국의 생존에 미국의 이익이 걸려 있다는 전제를 반영하는 입장이었다. 미중 간에 실제로 화해하는 일 못지않게 모스크바로 하여금 미중 화해가 진행 중이라고 생각하게 만드는 게 취지였다. 키신저는 이 상황에 대해 우려한 소련 대사 아나톨리 도브리닌(Anatoly Dobrynin)과 대화를 나눈 뒤 닉슨에게 "소련을 지나치게 안심시켜서 얻는 이득은 없다."라는 글을 써 보냈다.58)

그러나 사실 중국인들 — 그들도 3각 정치에 도가 텄다 — 은 손을 내미는 미국에 화답했고, 그로부터 2년 반이 지나 닉슨은 베이징에 있는 인민대회당에서 모택동의 시를 읊고 있었다. 키신저는 새로운 미중 관계는 절대로 모스크바에 맞서기 위해서가 아니라고 끊임없이 주장했다. 이에 대해 훗날 키신저는 다음과 같이 고백했다. "외교 관행상 상대방을 진정시키기 위해 한 말인데 이렇게 공식적으로 안심시킴으로써 작전 대상을 진정시키는 만큼이나 동요시키려는 의도도 담고 있으며, 실제로 상대방이 이 말을 믿고 안심하면 목적을 달성하지 못하는 셈이다." 그러나 이와 동시에 미국과 소련의 관계에 중국이 간섭하지 못하게 할 필요도 있다고 그는 미중관계를 거론할 때와 맞먹을 정도로 열정적으로 강조했다. "우리는 앞으로 모스크바와 진정으로 긴장

을 완화하게 될 경우에 대비해 그 선택지도 열어 두어야 한다." 줄타기
를 잘 해야 했다. 미국이 둘 사이에서 이간질한다는 인상을 주어 어느
한 쪽이 보복하거나 협박하고픈 유혹을 느끼지 않도록 해야 했다. "중
소 간의 관계보다 미중, 미소관계가 더 가까운 상태를 유지해야 중소
간의 적대감이 우리가 추구하는 목적에 부합하게 된다. 그 외에 나머
지는 사건들의 역동성에 맡겨두면 된다."59)

닉슨 행정부가 적은 비용을 들이고도 미국에게 더 이익이 되는
방향으로 세계 힘의 관계에서 이보다 더 극적인 변화를 야기했을 만한
일은 떠오르지 않는다. 한국전쟁 이후로는 처음으로 미국인이 아니라
러시아인들이 자신들과 경쟁관계인 나라들끼리 서로 봉쇄하려 애쓰기
보다 그들이 힘을 합해 자신들을 봉쇄하려고 작심한 상황에 직면하게
되었다. 그 결과 닉슨과 키신저는, 새로운 미중관계를 공식적으로 맺
기도 전에, 케네디 행정부 때부터 재래식 전력 요건을 계산하는 데 사
용해 온 "2와 1/2 전쟁(two-and-a-half war)"◎이라는 낡은 기준을 버릴
수 있었다.* 키신저는 일찍이 1969년 10월 닉슨에게 다음과 같은 글을
써 보냈다. "바르샤바 조약기구가 유럽을 공격하고 중국이 재래식 전
력으로 아시아를 공격하는 일이 동시에 일어날 가능성은 희박하다고
생각한다. 어쨌든 동시에 그러한 공격이 발생하면 지상군으로 맞설 수
도 없고 맞서서도 안 된다고 나는 생각한다." 따라서 그는 앞으로 "1과
1/2 전쟁(one-and-a-half war)" 기준을 적용해야 한다고 권고했고, 닉슨
은 이를 수락했다. 이는 유럽이나 아시아에서 주요 도발에 맞설 역량

---

◎ 두 개 큰 전쟁과 한 개 작은 전쟁을 동시에 치를 수 있는 역량을 뜻한다 - 옮긴이.
* 닉슨 행정부는 공개적으로 "1과 1/2 전쟁" 기준을 발표함으로써 미국이 진정으로
  중국과의 관계를 개선하고 싶어 한다는 점을 베이징에 납득시켰다. (Kissinger,
  *White House Years*, pp.221-22.)

을 갖추되 양쪽에서 동시에 맞설 역량에는 못 미치는 재래식 전력을 말한다.[60] 삼각정치를 이용해 최소한의 비용으로 최대한의 억제력을 확보한다는 존 포스터 덜레스의 오랜 목표를 향해 나아가기가 가능해졌다. 확전 가능성이 있다고 위협하는 방법이 아니라 이념을 꺾고 지정학이 승리함으로써, 즉 억제해야 할 적의 수를 줄임으로써 가능해진 아주 간단한 접근방식을 통해서 말이다.

이렇게 적의 수가 줄면서 닉슨-키신저 전략에서 네 번째 핵심적 요소가 가능해졌다. 미국이 세계에 관여하는 수위를 단계적으로 낮추게 되었는데, 이는 공식적으로 닉슨 독트린으로 알려지게 되었다.* 1969년 7월 괌에서 열린 비공식 기자회견에서 닉슨이 처음 발표한 후에 백악관이 다시 다듬어 발표한 이 선언은 세 가지 제안으로 구성되어 있었다.

첫째, 미국은 모든 조약에 명시된 의무를 다 한다.

둘째, 우리는 핵보유국이 우리 동맹국의 자유를 위협하거나 그 생존이 우리나라의 안보에 필수적이라고 판단되는 특정 국가의 자유를 위협하면 방어할 것이다.

셋째, 다른 종류의 도발이 발생할 경우, 우리는 우리가 체결한 조약의 의무조항에 따라 요청받을 시 군사적 경제적 지원을 제공하겠다. 그러나 우리는 직접 위협을 받는 당사국이 자국을 지키는 데 필요한 인력을 제공할 일차적인 의무를 지기를 바란다.

키신저는 후에 이 독트린을 한층 일반화해서 "미국은 동맹과 우

* 언론이 처음에 닉슨의 선언을 "괌 독트린(Guam doctrine)"이라고 일컫는 바람에 당사자인 닉슨의 심기를 불편하게 했는데, 그는 "선언을 한 장소가 아니라 선언을 한 사람을 기리는 구절"이어야 한다고 생각했다고 훗날 키신저가 기록했다. (Kissinger, *White House Years*, p.224.)

방의 방어와 발전에 참여할 예정이지만 미국이 모든 계획을 세우고, 모든 프로그램을 설계하고, 모든 결정을 실행하고, 세계의 모든 자유 국가들을 방어할 수는 없다 – 그리고 그리하지도 않을 것이다."라고 강조했다. 미국은 자국의 이익을 최우선시 한다. "우리의 국익이 우리의 의무를 결정하지, 우리의 의무에 따라 국익이 결정되지 않는다."[61]

본래 닉슨이 닉슨 독트린을 적용하려고 했던 지역은 아시아였지만, 기존의 의무를 다 하겠다고 했으므로 아시아에서 갑자기 달라지는 것은 거의 없었다. 그러나 장기적인 세계전략의 변화라는 관점에서 볼 때 이 독트린은 의미심장했다. 이 독트린은 1968년 초 웨스트몰런드 장군이 206,000명을 베트남에 추가로 파병해 달라는 요청을 존슨이 거절했을 때 존슨이 암묵적으로 인정했던 점을 최초로 공식적으로 인정했다 – 미국은 해외에서 부담해야 하는 의무를 무한히 늘리고 적이 정하는 시기와 방법에 따라 그러한 의무를 다할 여유가 없다는 점을 인정한 셈이다.[62] 미국의 – 경제적 인적 – 재원은 무한하지 않았다. 한국 전쟁 후 아이젠하워와 덜레스가 그랬듯이, 이제 닉슨과 키신저는 베트남 전쟁을 겪은 끝에 그들 나름의 "뉴 룩"을 선언했다. 그들은 적과 겨루는 장소를 미국에게 훨씬 유리한 지형으로 바꿈으로써 주도권을 되찾겠다는 결의를 천명했다.

닉슨 독트린이 가장 분명하게 드러난 사건은 물론 남베트남에서 미군의 점진적인 철수였다. 독트린을 비판한 이들이 놀랄 정도로(그러나 만족스럽지는 않을 정도로) 단호히 닉슨 행정부는 1969년 중반부터 1973년 1월 파리평화협정이 체결될 때까지 미군을 철수시켰는데, 그 속도는 1965년부터 1968년 사이에 미군을 투입할 때의 속도에 맞먹었다. 이러한 철군은 대체로 국내 반전운동 시위, 북베트남의 공격, "베트남화"의 진전 상황, 또는 평화의 전망 등의 압박으로부터 영향을 받

지 않고 진행되었다. 그러나 의회가 자체적으로 베트남 전쟁을 종식시
키는 행동을 취하지 않은 채 미군의 남베트남 주둔을 얼마나 더 용인
해 줄지에 대한 계산은 철군 조치에 반영되었다.[63]

　　오히려 이러한 점진적인 철군 절차 덕분에 베트남과 관련해 닉
슨의 운신의 폭은 확장되었다. 적어도 전술적 측면에서는. 베트남전쟁
에서 손을 떼겠다는 의도가 담긴 선언을 해 시간을 벌었으므로 당장
철군하라는 압박은 받지 않게 되었다. 이러한 선언으로 사이공을 자극
해 스스로 방어할 책임을 더 많이 지게 하는 효과도 있었다. 이러한
효과는 미국이 계속 주도하는 한 일어날 가능성이 거의 없었다. 그러
나 무엇보다도 철군으로 닉슨 행정부는 전보다 훨씬 유리한 조건에서
전쟁을 수행하게 되었다는 점이 중요하다. 존슨과 그의 참모들은 캄보
디아를 침공하고, 라오스에서 호치민 루트◎를 타격하고, 하이퐁 항구
에 기뢰를 부설하고, 하노이를 폭격하는 방안을 여러 차례 고려했지만
중국을 자극해 개입하게 만들까봐 두려워서 항상 주저했다.[64] 이제 미
국과 예전보다 훨씬 우호적인 새로운 관계를 맺을 단계에 도달한 중국
의 주은래는 전략적 철군을 뒷받침하기 위한 그러한 전술적 확전을 마
음 놓고 진행해도 좋다는 의사를 미국에 은밀히 전달했다.[65] 따라서
닉슨은 존슨이 50만 명은 있어야 가능하다고 생각한 일보다 훨씬 많은
일을 5만 명으로 해낼 수 있었다. 투입하는 군의 규모와 운신의 폭 사
이에 항상 분명한 관계가 존재하지는 않는다는 사실을 여실히 보여주
는 사례였다.

　　그러나 미국이 나약해 보이는 인상을 주지 않고 닉슨과 키신저
가 전임자들 못지않게 그토록 두려워한 굴욕을 당하지 않고도 세계에

---

◎ 북베트남이 남베트남으로 보내는 게릴라와 물자 보급로 ― 옮긴이.

서 개입하는 수위를 줄여나갈 방법이 뭘까? 그들이 찾은 해답은 – 그리고 이 해답이 그들의 전략을 구성하는 다섯 번째 주요 요소였다 – 전략적 철군을 전술적 확전으로 은폐하는 기법에서 발견된다. 미국은 한다면 하는 나라임을 보여줌으로써 적으로 하여금 미국이 어떻게 행동할지 예측불가능하게 만드는 게 취지였다. 불확실성 자체가 억지력이 되었다. 15년 전 덜레스의 "보복" 전략과 마찬가지다. 닉슨 행정부는 미국이 지닌 힘의 신빙성을 유지하기 위해 예측불가능하고, 지지도 받지 못하고, 심지어 명백히 비이성적인 행동까지도 할 수 있다는 점을 의도적으로 보여주기로 했다.

닉슨은 예측불가능성을 조장하면 어떤 이득이 있는지 굳이 다른 사람이 상기시켜 줄 필요가 없는 인물이었다. 그는 일찍이 1953년 (누구를 상대하든 예측불가능하게 행동한) 남한 대통령 이승만이 이 점에 관해 자신에게 해준 조언에 공감하며 다음과 같이 기록했다. "세상을 경험할수록, 더 많이 깨달을수록, 나는 그 노인이 얼마나 현명했는지 새삼 인정하게 되었다." 그는 오래전부터 샤를 드골을 존경해 왔고, 1969년 후에는 그를 닮으려고 노력했다. 드골은 지도자가 힘을 유지하려면 자기 주변 사람들에게 신비로운 느낌, 심지어 신화 같은 느낌을 주어야 한다고 생각했다. 닉슨은 존슨이 엄두도 내지 못한 방식으로 베트남에서 행동할 의지를 보였다는 점에서 대단한 자부심을 느꼈다. 그는 키신저에게 보낸 글에서 "나는 의지가 대단하다는 점에서 존슨과 다르다."라고 기록했다. 그리고 1973년 3월 그는 석 달 전 하노이를 폭격한 후 석방된 전쟁포로들에 대해 다음과 같이 신바람이 나 일기에 기록했다. "북베트남인들은 정말로 대통령(닉슨 – 옮긴이)이 제정신이 아니라고 생각했다. 절대로, 반드시, 그들이 그렇게 생각하게 할 필요가 있었다."66)

키신저도 불확실성을 내비치면 유리한 점이 있다고 생각했지만 그는 보다 이론적인 관점에서 그리 생각했다. 1957년에 출간된 그의 명저 『핵무기와 외교정책(Nuclear Weapons and Foreign Policy)』은 애매모호한 위협을 토대로 한 전략을 설득력 있게 주장했다. 10년이 지나 그는 억지력이라는 목적을 달성하기 위해 다음과 같이 애매모호한 위협을 주목했다. "상대방이 심각하게 받아들이는 으름장이 상대방이 으름장으로 받아들이는 진지한 위협보다 훨씬 쓸모 있다." 1969년 초 그는 닉슨에게 미국의 의도가 뭔지 불확실하면 러시아인들이 훨씬 협상에 적극적으로 나설지 모른다고 주장했다. 몇 년이 지나 그는 모스크바를 상대하는 방법에 대해 다음과 같이 말했다. "역효과를 내는 안심시키기와 상대방을 자극할 가능성이 있는 비타협적 태도 사이에 놓인 최선의 중간지대는 침묵이다." 훗날 그는 1971년 인도-파키스탄 전쟁 동안 벵갈 만에 항모 기동부대를 파견한 일을 미국이 비이성적인 행동을 감수할 의지가 있음을 보여주기 위한 결정이었다며 변호했다. "최종적으로 행동해야 할 의무는 지지 않으면서도 뉴델리와 모스크바가 서파키스탄의 침공을 단념하도록 만들 만큼만 불확실성의 여지를 만들어냈다." 그리고 북베트남에 대해서도 다음과 같이 말했다. "목적을 달성하기 위해 감수해야 하는 위험이 감수할 만한 가치가 없다고 적이 판단하면 대결은 끝난다. 그리고 그 위험은 헤아릴 수 없을 만큼 높게 설정되고 유지되어야 한다."67)

물론 닉슨 행정부가 신빙성을 높이기 위해 예측불가능성을 가장 자주 사용한 대상은 베트남이었다. 닉슨과 키신저 둘 다 존슨이 베트남에서 너무 무리를 했다고 확신했지만, 일단 그곳에 간 이상 밀려나가는 모양새가 되어서는 안 된다고 생각했다. 키신저는 1972년 대학총장들이 모인 자리에서 "미국사회의 건강과 국제체제의 안정을 위해서 위신을 잃지 않고 빠져나오는 게 중요했다."라고 말했다. 그는 훗날 자신의 회고록에서 "미국이 치른 희생에 의미를 부여하는 방식으로 전쟁을 끝내고 싶었다. 끝 모를 전쟁에 지쳐서가 아니라 우리 나름의 의지를 행사해서 내린 결정으로 말이다."[68] 그러기 위해서 행정부는 북베트남의 요구를 받아들이지 않았다. 협상이 최종적으로 타결되기 전에 남베트남 대통령 응우옌 반 티우의 파면을 중재하라는 요구였다. 그러나 하노이에 압박을 가할 수단은 점점 줄어들고 있었고, 전쟁을 의회가 원하는 조건으로 끝내겠다는 의회의 굳은 결의가 철군 속도를 곧 앞지를 형국이었다. 결국 닉슨과 키신저는 하이퐁에 기뢰를 부설하고 나서 B-52로 하노이를 폭격했다. 이러한 방법으로 북베트남 지도자들이 미국의 의도가 무엇인지 확신하지 못하게 만듦으로써 워싱턴의 입장을 수용하도록 했다.

　　존슨과 케네디 행정부 때도 그랬듯이, 미국이 결의를 과시한 대상은 북베트남뿐만이 아니었다. 미국이 동남아시아에서 굴욕을 자초하면, 미국이 한 약속의 신빙성뿐만 아니라 미국의 자신감까지도 치유 불가능할 정도로 손상된다고 닉슨과 키신저는 생각했다. 위신은 실체가 있지만 순식간에 사라지기 쉬운 자산이었다. 키신저는 훗날 다음과 같이 주장했다. "우리는 수십 개 국가와 수천만 명의 사람들이 동맹을 지키려는 우리의 의지와 우리의 자신감에 자신의 안보를 맡기고 있다는 사실을 명심해야 했다. … 백악관에서 내가 맡은 직책에는 미국의 자긍심에 부합하고 선한 의도를 지닌 모든 사람들이 미국의 힘과 목적에 대해 걸고 있는 기대에 부응하는 방식으로 전쟁을 끝낼 책임이 뒤따랐다."[69] 그렇다면 의무를 과도하게 지는 바람에 벌어진 참사인 베트남전쟁에서 "체면"과 "지조"를 지킬 방법은 예측불가능성이었다.

　　닉슨과 키신저의 전략처럼 복잡하고 미묘하고 치밀하게 짜인 전략을 실행하려면 정밀한 조율과 장악력이 필요했다. "미세 조정"은 케네디와 존슨 행정부 못지않게 닉슨 행정부에서도 중요했다. 그러나 전임자들과는 달리 닉슨과 키신저는 기존의 정부 조직을 통해서 이를 달성할 가능성에 대해서는 회의적이었다. 대신 그들은 − 바로 이 점이 데탕트에 대한 그들의 접근방식을 구성하는 마지막으로 두드러지는 요소인데 − 관료조직을 정책결정 과정에서 완전히 배제하고 결정권을 전례 없을 정도로 자신들 손에 집중시켰다.

관료조직에 대한 경계는 두 사람에게는 새삼스러운 일이 아니었다. 닉슨은 외부자로서 품을 만한 의심은 모두 품은 채 백악관에 입성했다. 그는 국무성은 신뢰할 수 없고, 중앙정보국은 "아이비리그 출신 리버럴"의 온상이라고 확신했다. 그는 또 정부에는 대체로 동부 해안지역 기득권층 민주당 지지자들로 가득하다고 생각했는데, 이들에 대해 그는 각료들이 모인 자리에서 "내부로부터 미국을 파괴하거나, 과거의 상사들을 도로 모셔오려는 이들"이라고 했다. 정부에 대한 키신저의 태도는 그 정도로 노골적이지는 않았지만 닉슨 못지않게 회의적인 태도를 품고 있었다. 수 년 동안 그가 쓴 글에는 관료들을 비꼬는 내용이 가미되었다. 그는 1957년에 다음과 같이 기록했다. "관료집단의 동기를 유발하는 것은 안전 추구다. 그들은 달성한 목표가 아니라 모면한 오류로써 성공을 측정한다. 그들은 객관적이라고 자부하지만 객관성이란 제대로 이해해야 할 필요를 거부하는 행태다." 1966년에는 다음과 같은 글을 썼다.

관료조직은 기대한 바와 실제로 일어난 바를 일치시키는 데 고위관료들의 에너지를 몽땅 흡수한다. 현재의 위치에 대한 분석이 앞으로 가야 할 방향에 대한 생각을 압도한다. 조직이 추구하는 목적을 규정하기보다 조직에 봉사하는 데 더 몰두하게 된다. … 선택 행위 − 정치가의 궁극적인 시험대 — 에서 사실 축적으로 관심이 전환된다. ··· 창의성을 희생하는 대가로 확실성을 얻는다.

키신저는 회고록에 다음과 같이 기록했다. "위대한 정치가는 대부분, 정치가가 자신의 생각을 관철하기 위해 위험을 최소화하려는 전문가들의 성향을 어느 정도나 극복할 수 있는지 그 범위를 두고 외교담당 부서의 전문가들과 끊임없이 갈등했다는 사실은 우연이 아닌 듯하다."[70]

닉슨-키신저의 경험도 예외는 아니었다. "연계"는 신임 행정부의 전략에서 핵심적인 요소였지만, 이를 실행하려면 개별적인 사안들을 서로간의 관계 속에서 평가하는 역량, 시기와 우선순위에 대한 감각, 결정 사항을 확고하게 실행하는 엄격한 규율 등이 필요했다. 관료 조직은 이런 자질을 하나도 갖추지 못했다. 지역에 따라 기능에 따라 세분화된 부서들로 주도면밀하게 나누어진 조직은 어쩔 수 없이 구획별로 나뉘는 경향이 있고, 문제들을 서로 개별적인 대상으로 간주하며 문제가 등장하는 맥락이나 전체적인 정책에 어떤 의미를 지니는지 살펴보지도 않는다. 따라서 국무성은 행정부가 무기통제, 무역, 중동에 관해 러시아인들과 협상을 하도록 밀어붙였다. 닉슨과 키신저가 그러한 협상들이 성공하기 위해서 필요하다고 생각한 압박을 가할 기회를 얻기도 전에 말이다. 국무성의 소련 전문가들은 모스크바와의 관계가 악화될까봐 두려워서 처음에는 중국에 문호를 "개방"하는 데 반대했다. 미중 관계를 이용해 러시아인들이 미국과의 관계를 개선하는 방향으로 나아갈 동기를 부여하는 게 목적이었는데 말이다. 나중에 가서는 국무성은 "중국 카드" 사용을 지연시키려 했다. 동맹국들과 중립주의자들과 러시아인들과 언론에 해명하기가 어렵다는 이유에서였다. 국방부는 베트남 철군을 무자비하게 밀어붙였다. 의회의 예산 지원이 줄어들면서 비용을 줄이려는 취지였지만, 전장에서 미군의 힘이 줄어들면 평화협상 진행에 어떤 영향을 미칠지 아랑곳하지 않았다. 그리고 늘 그렇듯이 정보 유출의 위험이 있었다. 어떤 결정이 내려졌는지 아는 부서와 관료가 많을수록 결정이 내려진 다음날 아침 〈뉴욕타임스〉나 〈워싱턴포스트〉 1면에 그 내용이 대서특필 될 위험이 높았다.[71]

리처드 M. 닉슨이라는 사람의 독특한 개성과 통치 스타일도 이러한 경향들을 강화했다. 그는 묘하게도 아주 극소수 참모에게만 의존하고 홀로 시간을 보내는 독특한 성향을 보였는데, 그 이유는 생각하고 자신을 다잡을 시간이 필요하기도 하고, 부하직원들과 의견이 출동하는 달갑지 않은 상황을 피하고 싶기도 하고(프랭클린 루즈벨트 이후 그 어떤 대통령보다도 닉슨은 이를 두려워한 듯하다), 충동적으로 말을 내뱉었다가 이를 상대방이 곧이곧대로 받아들이면 당혹스러운 결과를 낳을 상황을 만들지 않기 위해서이기도 했다.* 닉슨의 참모들이 그를 고립시킨 게 아니라 "닉슨 스스로 고립을 자초했다."라고 키신저는 훗날 회고했다. 그 결과 닉슨은 "결코 자기 부하직원이라고 생각해본 적도 없는 부하직원들을 피하기 위해 그들과 끊임없이 게릴라 전쟁을 하고픈" 유혹을 느꼈다.[72]

닉슨과 키신저가 정책결정을 관료집단으로부터 분리시키겠다는 결의를 실현하기 위해 선택한 수단은 그 유명한(아니면 악명 높은) "비공식 경로(back channel)"였다. 부하직원들과 그들의 외국 상대편들이 비교적 공개적으로 특정 사안에 대해 협상을 하면, 그와 병행해 또 다

---

* 닉슨이 1971년 토머스 E. 듀이를 베이징에 밀사로 파견하면 어떻겠냐고 제안한 사례가 바로 그런 경우인데, 듀이는 닉슨이 그런 제안을 하기 몇 달 전에 이미 사망했다. (Kissinger, *White House Years*, p.715.)

른 절차를 주로 키신저 본인이나 그의 직속 보좌관들과 상대편 정상의 최측근들 사이에 독자적으로 극비리에 진행했다. 베트남 평화협상, 전략무기 제한협정, 베를린, 중동, 그리고 당연히 중국 관련 외교도 하나같이 이런 식으로 진행되었고, 공개적인 논의에 참여한 이들은 자기들 모르게 밀실 협상이 진행되고 있다는 사실을 알지 못하는 경우가 많았다. 이러한 체제는 때로 묘한 결과를 낳았다. 닉슨 대통령과 소련 외무장관 안드레이 그로미코(Andrei Gromyko)는 닉슨의(이제는 누군지 기억마저 가물가물한) 초대 국무장관 윌리엄 P. 로저스(William P. Rogers)에게 민감한 정보를 주지 않을 궁리를 했다. 통상적인 경로를 통해 정보를 전달할 경우 감수해야 하는 위험을 피하기 위해서 개인 서신, 심지어 손으로 작성한 문서들에 의존하기도 했다. 키신저의 보좌관들 가운데 "첩자"가 색출되기도 했는데 이 사람은 다름 아니라 권위 있는 합동참모본부가 채용한 사람이었다. 이는 제도화된 방식을 버텨낼 수 없는 체제였다고 키신저는 인정했다. 그러나 사안의 중대성과 지도자의 개성과 다루어야 할 문제들을 모두 고려해 볼 때 당시에는 "비공식경로"에 의존하는 게 타당해보였다. 닉슨의 "행정 처리 방식은 해괴하고 눈살이 찌푸려질 정도로 인력낭비도 있었지만, 관행적인 절차로는 도달 불가능한 목표들을 달성하는 성공을 거두었다는 사실도 역사는 기록해야 한다."[73]

　　닉슨-키신저 전략은 여러 가지 면에서 비대칭 대응 개념으로의 회귀였다. 베트남은 적이 선택한 지형에서 도발에 맞서는 일이 얼마나 헛수고이고 비용이 많이 드는지 보여주었다. 닉슨 행정부가 전쟁을 끝내기 위해 하노이가 대적하기 어려운 방식으로 전쟁을 확대했다는 사실은 매우 의미가 있다. 그러나 닉슨-키신저의 비대칭 전략은 베트남 외에도 널리 적용되었다. 닉슨 독트린은 적의 약점에 미국의 장점을 적용하는 한편, 미국이 직접 하기에는 마뜩찮은 형태의 군사활동들은 동맹국들에게 맡기겠다는 결의를 반영했다. 연계는 외교무대로까지 확장된 비대칭 전략이었다. 한 분야에 적용한 유인책과 제약이 전혀 다른 분야에서 사태의 진행 방향에 영향을 미칠 수 있다는 전제를 바탕으로 한 전략이었다. 소련 군사력이 위협하는 힘의 균형을 바로잡는 수단으로서 협상을 강조한 점도 비대칭의 한 유형이었다. 소련의 군사력에 상응하는 미국의 군사력 증강은 일어나지 않았기 때문이다.

그렇다면 닉슨 행정부의 전략들과 1950년 이전의 트루먼 행정부의 전략들, 그리고 아이젠하워 행정부의 임기 내내 실행된 전략들 간에는 전술적 상황적 연속성은 아니더라도 개념상으로는 연속성이 있었다. 세 행정부 모두 수단은 제한되어 있다는 인식을 공유했고, 그 결과 미국이 대응하는 장소와 속성을 상대방이 도발한 지역에서 다른 곳으로 바꿀 필요가 있다고 생각했다. 상대방이 주도권을 획득함으로써 제한된 미국의 재원을 고갈시키는 일이 없도록 하기 위해서였다. 수단이 확장 가능하다고 인식할 때에만 – NSC–68 이후의 트루먼 행정부나 케네디와 존슨 행정부가 그와 같이 인식했다 – 대칭 대응이 타당해졌다. 두 경우 모두 이론적으로는 타당해 보인 전략을 실행함으로써 치른 실제적인 비용은 결국 전략을 훼손했고, 그 결과 시간이 지나면서 다시 비대칭 전략으로 돌아갔다.

## IV

대칭이든 비대칭이든 전략이 성공하려면 국민과 의회의 지지를 얻어야 한다. 닉슨과 키신저는 이 점에 관해서는 이상하게도 어정쩡하게 일을 처리했다. 그들은 한편으로는 전후 다른 어느 행정부도 따라 오지 못할 정도로 솔직하고 분명하게 전략의 커다란 윤곽을 잡았다. 그러나 이와 마찬가지로 전례를 찾아보기 힘든 특징은 전술적인 차원 에서도 나타났다. 바로 비밀 – 심지어 명백히 기만하기까지 했다 – 에 크게 의존했다는 점이다. 국민과 국민을 대표하는 의회는 나라가 어느 방향으로 가고 있는지 알 권리가 있지만, 목표 지점에 도달하기 위해 적절한 수단이 무엇인지에 대한 판단은 정부 수뇌부에 맡기는 게 최선 이고 그 아랫사람들의 개입은 최소화하는 게 바람직하다고 전제한 듯 하다.74) 목표에 어떻게 도달할지에 대해 까맣게 모르는 사람들로부터 열렬한 지지를 얻기보다 혁신을 촉진하기 위해 계산된 접근방식이었 다.

　키신저는 닉슨행정부 초기에 대통령 이름으로 외교정책 연례보 고서를 발행하자고 제안했다. 1960년대 초 맥나마라가 처음으로 고안 한 국방부의 "입장 발표문"에 준하는 문서였다. 이 보고서는 "상황 보 고서, 또 행동 의제, 대통령의 외교정책의 개념적인 윤곽을 제시하는 역할을 했다. 이와 동시에 관료들에게는 지침이 되고 외국 정부들에게 는 우리의 생각을 알리는 역할을 했다."라고 키신저는 회고했다.75) 키 신저와 그의 참모들이 거의 작성한 이 문서는 1970년부터 1973년 사 이에 네 차례 발행되었는데, 각각 약 200쪽에 달하는 이 문서에는 행 정부가 세계에 접근하는 방식의 바탕이 되는 기본적인 지정학적 전제 를 설명하려는 진지하고 솔직한 노력이 담겨 있었다. 첫 보고서는 "우 선 우리가 추구하는 목표는 바람직한 외교정책으로써 장기적으로 우 리의 이익을 뒷받침하는 일이다."라고 진솔하게 말함으로써 분위기를 조성하고 있다. 이에 구체적인 논의가 뒤따르고, 종종 철학적인 차원 의 논의도 담겨 있으며, 닉슨 전략의 근간이 되는 요소들 – 소련을 기존의 세계질서에 통합하기 위해 협상을 이용하는 방법, "연계"의 개념, 중국과 새로운 관계를 수립할 가능성, 닉슨 독트린 - 을 그러한 요소들의 실행을 가능케 한 사건들이 발생한 시점보다 앞서서 대부분 놀라울 정도로 분명히 제시하고 있다.76)

훗날 키신저는 연례외교정책 보고서는 행정부 전략의 개념적인 근거에 대해 국민에게 알리는 데 아마도 실패했으리라고 인정했다. 문제는 매체였다. 매체는 오로지 보고서에 담긴 베트남 부분만 다루었고, 선정적인 뉴스거리나 언행이 일치하지 않는 부분만 파고들었으며, 나머지는 뉴스가치가 없다며 무시했다.77) 1973년 국무장관에 취임한 후 그는 보고서 발행을 포기하고 대신 전체적으로 신중하게 작성했으되 보고서 못지않게 솔직한 내용의 일련의 대중연설에 의존했다 - 그러나 언론의 관심을 끄는 데는 보고서보다 나은 결과를 얻지 못했다.78) 그래도 그는 자신이 속한 행정부가 하려는 일의 전체적인 윤곽을 솔직하게 설명하려고 그 어떤 전임자보다도 훨씬 지속적이고 진지하게 노력했다는 점은 인정해야 한다.

그러나 이러한 진솔함은 전술의 차원까지는 확장되지 않았다는 점이 두드러진다. 닉슨 행정부는 1969년 3월부터 북베트남의 은신처들을 비밀리에 폭격했다. 공개적으로는 북베트남의 중립을 존중한다고 안심시켰으면서 말이다. 칠레의 아옌데 정권과 관련해서도 비슷한 속임수를 썼다. 키신저는 두 번째 연례 외교정책 보고서에 다음과 같이 기록했다. "아옌데 정부의 합법성은 의문시되지 않는다. 우리는 전통적인 양국 관계를 훼손시키지 않겠다."79) 또 인도-파키스탄 전쟁에서 닉슨 행정부는 은밀히 친 파키스탄 정책을 추진했다. 당시에 여론은 거의 만장일치로 훗날 방글라데시가 된 지역에서 파키스탄 정부가 저지른 만행을 규탄하고 있었는데 말이다. 이 사례에서 닉슨과 키신저는 비밀이 들통나 모욕을 당했다. 칼럼니스트 잭 앤더슨(Jack Anderson)이 그들의 내부 논의가 담긴 유출된 문건을 공개했기 때문이다.80) "비공식 경로"를 통한 협상은 전술적 차원에서 행정부의 비밀주의를 보여주는 또 하나의 사례다. 베를린, 베트남, 중국과 같은 사안에 대해 잠재적인 적들이 미국 동맹이나 미국 국민들보다도 사정이 어떻게 돌아가는지 더 잘 알고 있는 경우가 많았다.

키신저와 닉슨은 이러한 비밀주의가 필요한 근거를 여러 가지 제시하며 그러한 행위를 정당화했다. 그들은 자신들이 상당한 성과를 올린 정책들은 여론에 낱낱이 노출되었더라면 절대로 실행하지 못했을 것이라고 주장했다. 한 가지 이유는 외교 자체의 속성에 내재되어 있었다. 키신저는 다음과 같이 지적했다. "그 어떤 협상이라도 성공하려면 서로 비슷하게 양보를 해야 한다. 양보를 하는 순서가 매우 중요하다. 호혜적인 움직임이 분명해지기 전에 각 제안을 모자이크의 일부로서가 아니라 개별적인 사안으로 엄호하면 협상은 무산되기 쉽다." 결정적인 순간에 속도 조절도 중요하다. 관료조직이 검토하는 절차가 협상 속도를 결정하도록 내버려두면 협상을 망칠 수 있다. 또 다른 문제는 동맹이었다. 더할 나위 없이 선한 의도를 지닌 동맹이라도 자기와 사전에 논의를 하라는 ─ 그리고 다짐을 하라는 ─ 요구를 하면 민감한 논의를 무산시킬 수 있다. 닉슨은 훗날 다음과 같이 인정했다. "비밀주의는 정부 내에서 창의적인 아이디어의 자유로운 교환을 제약하므로 큰 대가를 치르게 된다는 사실을 부인할 수 없다. 그러나 비밀주의가 아니었다면 중국에 대한 문호개방도, 소련과의 전략무기 제한협정도, 베트남 전쟁을 종식시킨 평화협정도 불가능했으리라고 분명히 장담할 수 있다." 키신저는 보다 직설적으로 다음과 같이 말했다. "사건이 어떻게 비치는지를 통제하는 행위는 우리 정책과 그 결과를 통제하는 행위에 상응한다."[81]

그러나 외교정책을 감시하라고 헌법이 의회에 부여한 권한은 어떻게 되는가? 외교정책 수행에서 대통령의 권한은 무한하다는 닉슨의 믿음은 워터게이트 위기 동안 분명해졌다. 훗날 키신저는 당시를 되돌아보면서 보다 미묘한 입장을 취했다. "의회가 외교정책을 수행하는 데 있어서 중요한 역할을 해야 한다는 점에는 논란의 여지가 없다."라고 그는 기록했다. 그러나 "행정부가 그때그때 내려야 하는 전술적 판단에까지 우리 의회가 사사건건 참견하려고 하면 우리 체제는 제 기능을 못한다."

의회는 외교의 결과를 감시할 수 있고 감시해야 한다. 그러나 외교를 실행하지는 못한다. 의회의 일차적 기능은 항구성이 있는 법을 통과시키는 일이다. 의회는 예측 가능한 사안을 다룬다. 외교는 변하는 상황에 따라 끊임없는 조정이 필요하다. 뜻밖의 사태에 대비해 운신의 여지를 남겨두어야 한다. 외교문제에서는 항상 뜻밖의 일이 벌어진다. 미묘한 차이를 구분하고, 유연하게 대처하며, 때로는 애매모호한 태도를 보이는 게 외교의 수법이다. 법에서는 악행을 규정한다. 확실하고 분명해야 한다. 법안은 서로 충돌하는 이익을 조정해서 타협한 결과일 경우가 많다. 이익에 따라 합종연횡이 형성되고 사라진다.…외교정책은 국익이라는 일관된 시각이 필요하다. 입법기관은 단일한 사안을 놓고 압력을 행사하는 여러 집단의 이익을 조정하는 일을 한다. 외교정책을 만드는 이들은 동일한 협상 대상을 끊임없이 반복해 상대해야 하고 사안에 대한 논의가 마무리되거나 관계가 종료되는 경우가 거의 없다.[82]*

---

* 케넌도 이와 비슷한 주장을 했다. 다음 자료를 참조하라. Kennan, *Memoirs: 1925-1950*, pp.323-24.

    그러나 행정적인 유연성과 의회의 책임 사이에 적절한 균형점을 찾기는 쉽지 않다. 무엇보다도 이 문제가 키신저가 외교 수장으로 재직한 마지막 4년 동안 그와 닉슨이 만든 전략을 실행하는 데 가장 큰 골칫거리가 되었다.


                                    V


    이익에 대한 정의, 위협에 대한 인식, 대응 방식이나 이를 정당화는 방식 등 어느 모로 보나 1940년대 말 조지 케넌이 주장한 봉쇄 접근방식과 1970년 초 헨리 키신저가 제시한 봉쇄 접근방식은 놀라울 정도로 비슷하다. 둘 다 세계에서 힘은 다면적인 개념이라는 입장을 고수했다. 둘 다 수단은 제한되어 있고 따라서 필수적 이익과 주변적 이익을 구분해야 한다고 주장했다. 둘 다 국제공산주의가 아니라 소련이 그러한 이익을 위협하는 주요 세력이라고 보았다. 둘 다 그 위협을 비대칭적인 대응으로써 봉쇄하려고 했다. 힘의 균형을 유지하기 위해 다양성에 의존함으로써, 국제 공산주의운동 내의 마찰을 이용함으로써, 소련이 국제관계에 대해 지닌 개념을 장기간에 걸쳐 바꾸기 위해 압박과 유인책을 복합적으로 사용함으로써, 봉쇄하려고 했다. 둘 다 외교정책 실행을 엘리트 전문가의 손에 맡겨야 하고, 의회와 국민에게는 사전에 대략적인 정책의 윤곽만 알려주면 된다고 믿었다. 물론 다른 점도 있었다. 트루먼 행정부에서 케넌이 누린 권한은 닉슨 행정부에서 키신저가 누린 권한에 필적할 수준이 결코 아니었다. 키신저는 정책 입안과 정책 실행 과정을 케넌보다 훨씬 중앙집중화 했다. 분명히 케넌은 키신저가 지닌 놀라울 정도로 뛰어난 관료적 생존본능은 없었다. 그러나 이러한 차이점들은 주로 개인적이고, 절차적이고, 상황적인 차이였다. 정책의 본질에서, 미국이 세계에 접근하는 방식의 토대가 되는 전제에서, 두 사람이 지닌 시각은 놀라울 정도로 일치한다.

케넌과 키신저는 서로에 대해 알고 있었고 서로 상대방이 쓴 글을 틀림없이 읽었지만, 닉슨 행정부에서 정책을 기획할 때 키신저가 의식적으로 케넌의 아이디어를 참고했다는 증거는 없다. 그들의 서로 일치하는 접근방식은 미국 외교정책에서 "현실주의"적 전통을 충실히 따르고, 유럽 외교 역사에 대한 연구를 바탕으로 한 지적인 지향성을 지니고 있으며, 1950년대와 1960년대의 학자들과 정책을 입안한 엘리트들과 어느 정도 거리를 둔 점이 비슷하고, 무엇보다도 – 목표와 수단 간에 일관된 관계를 정립하는 게 중요하다는 – 전략적 감각을 공유한 데서 비롯된 듯하다.[83] 무엇보다도 이 마지막 공통점이 케넌과 키신저를 연결해 주는 중요한 특징이다. 두 사람 모두 시간과 상황을 초월하는 전략적 "논리"가 존재한다고 생각했다. 한 맥락에서 형성된 아이디어를 다른 맥락에서도 타당하게 만드는 사고방식 말이다. 4반세기를 사이에 두고 서로 다른 시기에 공적인 책임을 맡은 신중한 두 사람이 서로 천양지차인 상황에서 비슷한 전략을 실행해 어느 정도 성공을 거두는 일을 가능케 한 사고방식 말이다.

# 10

# 데탕트의 실행

포드 행정부◎가 퇴임할 무렵 키신저의 전략이 어느 정도나 성공했는지를 두고 치열한 논쟁이 이어졌다. 지식인-학계에서 그를 비판한 이들은 키신저가 혐오스러운 닉슨과 관련된 인물이라는 점을 절대로 용서할 의향이 없었고, 그가 개념적으로 일관성이 없으며, 본질보다는 보여주기에 치중하고, "소련 중심적" 관점에서 세계를 바라보는 경향이 있다고 비판했다.[1] 백악관을 탈환할 빌미를 찾는 데 혈안이 된 민주당의 거물급 의원들은 한편으로는 미국의 군사력이 쇠퇴하도록 내버려 두었다면서 키신저를 비난했고, 또 한편으로는 인권에 무신경하다고 비난했다.[2] 우익 공화당 의원들도 똑같은 불만을 토로하면서 심지어 가까스로 대선 후보에 지명된 제럴드 포드(Gerald Ford)에 대해 반대한다며 그러한 불만을 1976년 정강에 포함시키기까지 했다.[3] 1977년 초 키신저가 미국 외교정책의 조타수 역할을 그만두자 데탕트는 집중포화를 받았다. 과거에도 툭하면 그랬듯이, 선거운동 기간 동안 제기된 비판은 대체로 지미 카터(Jimmy Carter) 신임 행정부가 취임 후 몇 년간 세계에 접근하는 방식을 규정하는 토대가 된다.

---

◎ 워터게이트 사건에 따른 닉슨의 사임으로 부통령 제럴드 포드가 대통령으로 잔여 임기를 채웠다. 이후 대통령 선거에서 민주당의 지미 카터가 승리를 거두면서 민주당 정권이 들어섰다 – 옮긴이.

이러한 비난은 다음 네 가지로 요약되었다. 비판하는 이들이 이 네 가지에 똑같은 비중을 두지는 않았지만 말이다. (1) 연계 전략은 행정부가 약속한 결과를 낳지 못했다. (2) 세계 군사력 균형이 소련에게 유리한 쪽으로 기울도록 내버려두었다. (3) 소련과 중국과의 관계에 너무 치중한 나머지 다른 급박한 사안들을 방치하거나 왜곡하는 결과로 이어졌다. (4) 미국의 외교정책이 나라 안팎에서 지지를 확보하기 위해서는 그 정책의 토대가 되는 도덕적 원칙이 있는데 이 토대를 유지하려는 시도를 하지 않았다. 이러한 비판을 하나하나 차례로 살펴봐야 타당한 비판인지를 평가할 수 있지만, 그러려면 유념해야 할 지침들이 있다. 닉슨과 키신저가 전임자들로부터 떠안게 된 상황과 그들이 임기 동안 조성한 상황을 구분해야 한다. 그들의 능력으로 통제 가능한 범위 내에 있는 사건과 그렇지 않은 사건을 구분해야 한다. 실제로 따른 행동지침들에 대한 대안도 고려해야 한다. 특히 사후약방문 식의 평가는 피해야 한다. 보다 공정한 평가 절차는 전략을 세운 이들이 달성하고자 한 목표에 따라서 전략을 평가하는 방법이지, 그들이 부과하지도 않은 어떤 외적인 틀에 따라 평가하는 방법이 아니다. 마지막으로, 개인의 성향이 지닌 복합적인 면들도 살펴보아야 한다. 도덕과 무도덕, 이상주의와 냉소주의, 진솔함과 기만, 닉슨의 경우에는 지정학적 지혜와 범죄적인 부패 등이 동일한 인물 속에 공존할 수 있고 심지어 동일한 전략의 상호 연관된 요소들을 형성하기까지 한다는 사실에 주의를 기울여야 한다.

# I

봉쇄에 대한 닉슨-키신저의 접근방식을 현재의 시점에서 돌이켜 평가해 보려면 그 핵심요소부터 살펴봐야 한다. 바로 소련을 장기간에 걸쳐 연계라고 알려진 압박과 유인책을 정교하고 복합적으로 사용해 안정적인 세계질서라는 제약을 받아들이도록 유도할 수 있다는 전제다. 훗날 다소 건방진 한 인사는 이 전략을 다음과 같이 비판했다. "그 곰(소련-옮긴이)을 B. F. 스키너(B. F. Skinner, 신행동주의 심리학자-옮긴이)의 실험대상인 비둘기처럼 다룬다. 바람직한 행동에 대한 유인책으로서 그런 행동을 하면 보상을 주고 그렇지 않으면 처벌을 한다."[4] 닉슨과 키신저도 처음에 데탕트 전략을 세울 때 이와 같은 방식을 염두에 두었다는 데는 의심의 여지가 없다. "세계 안보와 현재 상태가 유지돼야 소련의 이익에도 부합되도록"한다는 게 취지라고 닉슨은 기록했다. 상업적, 기술적, 과학적인 관계 자체가 대결이나 전쟁을 막는다는 생각은 하지 않았지만, 최소한 그러한 관계는 소련이 국제적으로 무모한 행동을 하려는 유혹을 받을 때마다 득실 여부를 따지는 대차대조표에 기록되어야 했다. 키신저는 1974년 상원 외교관계위원회에서 "우리는 소련의 의도와 상관없이 압박에는 체계적으로 맞서고 온건한 행동에 대해서는 유화적으로 대응함으로써 평화를 증진시키려 한다."[5]라고 말했다.

그러나 그로부터 3년 후 포드와 키신저가 퇴임할 무렵, 소련의 행동이 실제로 얼마나 변했는지 의문을 제기할 이유가 생겼다. 러시아인들은 (1) 1973년 워싱턴에 사전 경고도 하지 않고 이집트가 이스라엘을 기습공격 하도록 내버려두었고, (2) 1974년 포르투갈의 혁명에

뒤이어 그 나라 공산주의자들에게 원조와 격려를 해주었고, (3) 1975
년 북베트남이 남베트남을 깔아뭉개는데도 수수방관했으며, (4) 같은
해에 쿠바군을 이용해 앙골라에 마르크스주의자 정부를 수립했고, (5)
소련 내부의 유대인과 반체제인사들에 대한 통제를 강화했다. 그 다음
3년 동안은 추가로 (1) 남아 있는 소련 반체제인사들을 체포나 강제추
방으로 사실상 말끔히 제거했고, (2) 우선 소말리아에서, 그 다음은 에
티오피아에서, 마르크스주의자 정권을 적극적으로 지원했고, (3) 남예
멘과 아프가니스탄에서 마르크스주의자 쿠데타를 이용했고, (4) 아프
가니스탄 내의 친소 세력이 1979년 말 장악력을 잃을 기미를 보이자
그냥 침공해 버렸다. 이 모든 일을 저지르는 동안 내내 모스크바는 꾸
준히 군비를 증강하는 한편 이와 동시에 (그리고 고고한 척하며) "평화
공존"의 원칙을 서로 존중하자고 요구했다. 닉슨-키신저의 행동수정
전략이 계획대로 제대로 작동했다면 보였을 만한 그런 자제력을 보이
지 않았다.

　　이 전략의 설계자들을 공정하게 평가하려면 지적해야 할 점이
있다. 그들은 이 전략이 하룻밤 사이에 미소 경쟁의 모든 측면들을 일
거에 제거하리라고 기대하지는 않았다는 점이다. 키신저가 1974년 조
심스럽게 지적했듯이, "데탕트는 경쟁자들이 차이를 조율하고 자제할
수 있는 환경을 조성하고 궁극적으로 경쟁에서 협력으로 전환"하도록
하는 게 목적이었다.[6] 그러나 닉슨과 키신저는 행동수정 전략을 통해
최소한 두 가지 목적을 달성하기를 분명히 기대했다. "제3세계"에서
위기를 "관리"할 때 소련의 원조를 확보하고, 소련을 경제적 관계망에
얽히게 해서 러시아인들이 앞으로 서구 진영의 이익에 피해를 주는 행
동을 못하게 만들 수 없다면 최소한 어렵게는 만드는 목적이었다. 이
두 가지 분야 모두에서 닉슨 행정부는 목적 달성에 실패했다. 그 이유

들은 연계전략이 어떤 한계가 있는지 잘 보여준다.

　　연계전략의 첫 번째 문제점은 미국이 "제3세계"에서 안정을 유지하게끔 소련이 도울 수 있거나 도울 것이라고 전제한다는 점이다. 미국 외교 정책 역사에서 이와 비교할 만한 수많은 전략들과 마찬가지로, 이 전략은 협소한 경험과 희망사항을 토대로 했다. 경험은 1972년부터 1972년 사이에 발생한, 소련이 자제하도록 유인하는 데 연계가 어떻게 사용되는지 보여주는 듯한 일련의 사건들을 말한다. 1970년 9월 모스크바는 워싱턴이 반대하자 쿠바에 잠수함 기지를 건설하지 않기로 합의했다. 같은 달 키신저가 러시아인들에게 압력을 가한 후 시리아는 요르단에서 철수했다. 1971년 12월 키신저가 그 다음해 모스크바 정상회담 계획을 취소하겠다고 협박하자 인도는 서파키스탄을 침공하지 않기로 했다. 닉슨이 정상회담에서 브레즈네프에게 앞으로 데탕트를 향한 진전은 베트남 평화협상에 달려 있다는 점을 분명히 한 후 지체되던 베트남 평화협상에 중요한 돌파구가 마련되었다는 사실이 연계 전략이 제대로 작동한다는 가장 설득력 있는 사례였다.[7] 이러한 사건들이 각각 별개의 사건들이 아니라는 점에서 연계는 희망사항을 토대로 한 전략이다. 이러한 사건들은 모스크바 측이 "제3세계"에서 미국이 손해를 봄으로써 자신이 얻는 이득을 포기하고, 그 대신 데탕트와 더불어 찾아올 경제적 접촉과 무기통제와 전체적인 긴장완화에서 파생될 이득을 선택할 의지가 있다는 사실을 보여주었을 뿐이다.

　　그러나 사실 이러한 강력하나 비대칭적인 압박이 제대로 작동한다고 증명할 방법은 없었다. 20년 앞서 아이젠하워가 채택한 억지전략과 마찬가지로 인과관계를 규명하기가 어려웠다. 소련은 애초에 쿠바에 전략무기 도입을 금지하기로 한 1962년 케네디-흐루쇼프의 "양해"를 반박할 생각이 전혀 없었는지도 모른다. 당시 모스크바가 시리아나

인도의 행동을 통제하고 있었는지도 전혀 분명치 않다. 시간이 흐르면서 키신저는 러시아인들이 하노이에 자신들이 미칠 영향력에는 한계가 있다고 주장했을 때 그들이 사실대로 말한다고 믿게 되었다.[8] 국제 공산주의운동 내부의 분열을 보여주는 증거에 그토록 심취한 행정부인데도 모스크바가 세계 다른 지역에서 모스크바의 보호를 받는 세력의 행동을 통제하는 역량에 그 정도로 의존했다는 사실이 참 묘하다. "제3세계" 위기를 "관리"하기 위해 미소가 협력해야 한다는 논리는 초강대국이 계속 그 지위를 유지한다는 전제를 깔고 있다. 사실 그들의 권위 – 양측 모두 – 는 급속히 줄어들고 있었는데도 말이다.

다음과 같은 의문도 제기된다. 크렘린 지도자들이 그런 위기를 "관리"하기 위해 협력했어야 할 이유가 뭘까? 그들은 데탕트가 "제3세계"에서 미소 경쟁이 끝난다는 뜻이 아니라, 단지 경쟁이 위험한 수준으로 확산되도록 하지는 말자는 합의에 불과하다는 생각을 감춘 적이 없다. 1972년 브레즈네프는 이에 대해 다음과 같이 말했다.

소련의 공산당은 늘 그래 왔고 지금도 여전히 경제적 사회적 이념적 분야에서 두 체제 – 자본주의와 사회주의 – 간의 계급갈등은 계속된다고 생각한다. 사회주의와 자본주의의 세계관과 계급 목적은 서로 정 반대이고 양립 불가능하므로 이는 당연하다. 그러나 우리는 역사적으로 필연적인 이 갈등을 전쟁과 위험한 갈등과 무절제한 무기경쟁의 위험으로부터 자유로운 방향으로 전환시키기 위해 노력하려 한다.[9]

게다가 그 어떤 이념적 동기도 별개의 문제로 하고, 미국이 근시 안적인 정책으로 자초한 상황에서 빠져나오는 과정에서 소련이 성실하게 도와 주리라는 기대는 무리였다. 닉슨은 1972년 주은래에게 다음과 같이 고백했다. "베트남 전쟁을 계속하면 이득을 보는 측은 소련뿐이다. 그들은 우리를 전쟁에 묶어놓고 싶어 한다."10) 그래도 닉슨 행정부는 확전뿐만 아니라 심지어 소모전과 굴욕을 방지하기 위해서도 모스크바의 도움을 끈질기게 모색했다. 닉슨이 날카롭게 예측한 대로, 브레즈네프는 그렇게까지 할 생각이 없었다.

미국의 이익을 해칠 "제3세계"의 위기를 무시하든가, 아니면 러시아인들이 자제력을 행사하게 될 수준까지 위기를 확전시키든가 양자택일할 선택지만 남아 있었다. 닉슨 행정부는 후자 쪽을 택했는데,* 이는 쿠바, 요르단, 인도-파키스탄 전쟁에서 행동으로 나타났다 — 이보다 훨씬 명백한 사례들은 1972년 모스크바 정상회담 직전에 하이퐁 항구에 기뢰를 부설하고, 1973년 아랍-이스라엘 전쟁 동안 브레즈네프가 일방적으로 휴전을 강제하지 못하게 하려고 세계적으로 군사적 경계 태세를 발령하도록 키신저가 승인한 사례가 있다.11) 이러한 전술들은 단기적으로는 성공했을지 모르지만, 20년 앞서 아이젠하워가 비대칭 대응을 할 때 직면했던 것과 똑같은 딜레마를 야기했다. 확전을 막기 위해 확전을 택했다가 상대방이 물러서지 않으면 애초에 모면하려 했던 바로 그 상황을 야기할 위험이 있다.

행동을 수정하는 수단으로서 연계 전략이 지닌 두 번째 문제는 상대방에게 가하는 압박과 유인책들을 엄격히 통제할 수 있다고 전제한다는 점이다. 닉슨과 키신저는 전례 없이 중앙 집중적인 의사결정

---

* "위기가 지속되는 기간 동안에는 정책의 토대를 구성하는 요소들이 갑자기 유동적으로 변한다. 이로 인해 야기되는 격변 속에서 정치가는 끊임없는 압박 하에서 행동해야 한다. 공교롭게도 이러한 상황이 창의적으로 행동할 비범한 역량을 발휘하게 해 준다. 갑자기 모든 것이 혼란스럽고 일견 마구잡이로 발생하는 듯이 보이는 사건들을 장악해 일관성을 부여하는 역량에 의존하게 된다. 이러한 상황은 무력을 사용하지 않고 일어나는 게 이상적이지만, 때로는 무력을 사용하지 않기 위해서는 무력을 사용하겠다고 협박하는 방법밖에 없는 경우도 있다." (Kissinger, *White House Years*, p.597.)

구조를 행정부에 부과하긴 했지만, 그러한 장악력은 쉽게 얻어지지 않았다. 관료집단은 여전히 백악관 정책과 일관되지 않은 방향으로 일을 추진할 그들 나름의 동력을 만들어냈다. 이보다 훨씬 심각한 난관은 의회에서 발생했다. 의원들은 닉슨과 키신저가 연계 전략을 실행하기에 적절하다고 생각한 정도 이상으로 경제적 양보의 수준을 설정하기를 고집하는 한편, 이와 동시에 적이 자제력을 행사하게 만들 군사적인 수단을 사용할 대통령의 권한을 축소하려고 했다. 1974년 무렵 워터게이트 위기 – 공교롭게도 오로지 대통령의 권한을 수호하겠다는 일념이 야기한 사건[12] – 가 터지면서 백악관의 입지는 더욱 좁아졌고, 연계 정책을 가능케 한 전제인 "제왕적 대통령직"은 더 이상 존재하지 않게 되었으므로 연계정책 실행은 물 건너갔다.

애초에 러시아인들이 데탕트 쪽으로 움직인 한 가지 이유는 비효율로 악명 높은 자국 경제를 서구 진영에서 수입하는 식량과 기술로 강화해 보겠다는 욕구였다. 모스크바가 이 목표를 얼마나 중요하게 여기는지 익히 알고 있던 닉슨과 키신저는 여기서 두 가지 이득을 얻어내려고 했다. 소련 경제를 서구 진영과 통합해 러시아인들이 국제적인 현상(現狀)을 깨고 싶은 동기가 유발되지 않게 만들고, 바람직한 행동에 대한 보상으로서만 경제적 양보를 함으로써 소련의 정치적 협력을 유도하는 일이었다. 따라서 그들은 곡물을 판매하고, 무역에서 최혜국(most-favored nation, MFN) 대우를 부여하고, 수출입은행 융자를 제공하되, 단 1972년 5월 정상회담에서 좋은 결과가 나와야 한다는 조건을 내걸었다. 훗날 키신저가 말했듯이, 백악관은 "무역은 정치적 진전이 이루어지고 나서야 가능하며 무역이 정치적 진전보다 먼저 이루어지지는 않는다."라는 단호한 입장이었다.[13]

이 전략은 즉시 난관에 부딪혔다. 상무부는, 오로지 소련에 대한 수출에만 관심이 있는 재계의 정서를 반영하여, 무역에 어떤 단서조항도 달아서는 안 된다고 했다. 무역 자체를 목적으로 여기는 경향이 있기 때문이었다. 농무부는 1972년 여름 어마어마한 양의 미국 밀을 몰래 헐값에 러시아인들이 사도록 해줌으로써 미국 농부들을 기쁘게 했지만, 곡물 판매를 정치적 양보와 연계시킬 가능성을 무산시켜 버렸다. 따라서 연계 전략은 고도로 중앙 집중화된 닉슨 행정부가 달성한 수준 이상으로 관료조직 내에서 긴밀한 조율이 필요하다. 그러나 가장 심각한 문제들은 의회에서 발생했다. 그해 10월 헨리 잭슨(Henry Jackson) 상원의원은 완곡하게 소련을 겨냥해 무역개혁 법안에 대한 수정안을 제출했다. 자국 국민의 이주를 제한하거나 세금을 부과하는 "비 시장경제"국가에 최혜국 대우와 수출입은행 융자를 허락하지 않는 내용이었다.[14]

잭슨 수정안은 서투른 시도였다. 어떤 형태로든 소련에 원조를 제공하면 안 된다고 우려한 보수주의자들과 모스크바의 유대인과 반체제인사들에 대한 대우를 문제 삼겠다고 별러온 리버럴들이 의기투합해 자기들 나름대로 연계 전략을 만들었지만, 그 제안이 보다 폭넓은 차원에서 미소관계에 어떤 영향을 미칠지는 전혀 고려하지 않았다. 러시아인들과의 회담이 끝난 후 모스크바에서는 미국을 신뢰할 수 있는지에 대한 문제가 제기될 게 분명하다고 키신저는 불만을 토로했다. 국내체제의 차이를 용인하는 국제적인 질서의 틀을 구축하는 게 목표였는데 "국내체제의 적합성"을 데탕트로 진전하는 조건으로 내세우는 셈이었다. "요점은 소련이 내부적으로 하는 일을 우리가 용인할지 여부가 아니다."라면서 1974년 키신저는 다음과 같이 말했다.

내부적인 변화를 위해 다른 목적들 − 특히 평화의 틀을 구축하는 목적 − 이 무산되는 위험을 감수해야 하는지 여부와 감수한다면 어느 정도나 감수해야 하는지가 문제다. 그렇게 되면 우리가 추구하는 가장 중요한 목적 - 핵전쟁 방지 - 이 무색해질 우려가 있으며, 장기적으로 볼 때 우리는 절대로 그 목적을 포기할 수가 없다.15)

백악관의 강력한 항의에도 불구하고 의회는 결국 잭슨 수정안을 약간 다듬어 통과시켰고, 1975년 초 러시아인들은 3년 전에 타결한 경제적 합의안을 일괄적으로 거부했다. 수정된 무역법안이 내정간섭에 해당한다며 받아들일 수 없다는 이유였다.

이와 같이 의회가 연계를 시도하려다 무산되면서 닉슨-키신저의 전략은 여러 모로 훼손되었다. 상대방의 관점에서 볼 때 양보하는 대가로 받는 보상의 가치보다 더 많은 양보를 하게 됨으로써 연계 장치에 과부하가 걸렸다. 경제적으로 상호의존하게 되면 러시아인들에게 정치적인 자제력을 행사할 동기를 부여하게 된다는 키신저의 이론을 실험하기가 불가능해졌다. 모스크바는 다른 합의를 엄격하게 준수하지 않을 핑계가 생겼다. 워싱턴도 합의를 지키지 않는다고 주장할 수 있게 되었으니 말이다. 소련을 떠나 이주하는 유대인은 1973년 이후 실제로 줄어들었다. 1975년에 이 숫자는 절반으로 줄었다.* 간단히 말해서 잭슨 수정안은 결국 데탕트 명분에도 부합되지 않았고, 무역에도, 인권 신장에도 실패했다.

닉슨과 키신저는 경제적 "당근"에 대한 의회의 간섭을 막는 데 어려움을 겪었듯이, 군사적 "채찍"에 대한 간섭을 막는 데도 어려움을 겪었다. 그들은 베트남 철군을 장기간에 걸쳐 점진적으로 하려다가 뜻

---

* 소련 국민에게 발급된 이스라엘행 출국비자는 1973년에 대략 33,500건으로 절정에 달했지만 1974년에는 20,000건, 1975년에는 13,000건으로 줄다가 1976년에 14,000건으로 약간 반등했다. (State Department press release, July 1977.)

하지 않게 대통령의 전쟁수행 권한을 제한하겠다는 의회의 결의만 더 굳게 다져주었다. 행정부는 확전 방지 절차의 각 단계마다 철군을 입법화 하려는 노력보다 한발 앞서서 절차를 이끌어나가기는 했지만, 1973년 여름, 베트남 휴전협정이 체결된 지 여섯 달이 지났는데도 미국이 여전히 캄보디아를 폭격하고 있던 때, 의회는 결국 닉슨의 거부권을 부결시키고 인도차이나에서 미국의 전투 개입을 모두 종식시키기로 했다. 그해 말 의회는 또 다시 대통령의 거부권을 묵살하고 이러한 제약을 전쟁권한법(War Powers Act)의 형태로 일반화했다. 의회의 동의 없이 해외에 군사를 주둔시킬 수 있는 기간을 60일로 제한하는 법안이었다.16) 소련이 "제3세계"에서 자제력을 발휘하도록 유도하는 수단으로서 무력을 사용하겠다는 신빙성 있는 위협에 의존하는 전략에 이 법안은 상당한 영향을 미쳤다.

그 영향은 우선 베트남에서 나타났다. 닉슨은 사이공 정부에게 휴전을 보장했고, 필요하다면 군사행동을 동원해서라도 휴전을 성사시키겠다고 단독으로 약속을 했다. 그런데 이제 의회가 제약을 가하면서 그 약속을 지키기가 불가능해졌는데, 북베트남은 발 빠르게 이 상황을 이용하기 시작했다. 미국은 "우리를 이런 곤란한 입장에 놓이게 한 자를" 절대로 잊지 않겠다고 키신저는 주미 소련 대사 도브리닌에게 경고했지만, 이 러시아 외교관은 평소와 달리 날카롭게 다음과 같이 되받아쳤다. "그렇다면 당신은 풀브라이트 상원의원을 손봐야겠군."17) 1975년 봄, 의회가 부과한 제약이 여전히 유효한 당시, 포드 행정부는 마침내 북베트남이 남베트남을 함락시키는 모습을 무력하게 지켜볼 수밖에 없었다. 같은 해 앙골라와 관련해서도 의회가 부과한 제약이 문제로 떠올랐다. 소련의 지원을 받는 쿠바군이 앙골라에 나타난 후에 의회는 반(反)마르크스주의 세력들에게 은밀히 원조를 보내려는 노력을 봉쇄했다. 깊은 우려에 빠진 키신저는 다음과 같이 예언했다. "우리 의회가 저항하는 아프리카인들에게 재정적 지원을 하지 못하도록 하는 패착을 두었다. 이는 소련과 쿠바로 하여금 미국이 모험주의에 맞설 의지나 심지어 그에 맞서는 다른 이들을 도우려는 의지까지도 잃었다는 오판을 하도록 더욱 더 부추기게 된다."[18]

아프리카와 중동에서 소련의 "모험주의"는 실제로 계속되었는데 미국 대통령의 권한이 잠식되면서 이러한 행동을 부추겼다고 생각할 만한 이유가 있다.[19] 그러나 러시아인들은 애초부터 그러한 "모험주의"를 배제한 적이 결코 없었으며, 단지 미소 간에 직접적인 대결을 초래할 수준까지는 확대하지 않겠다는 생각을 했을 뿐이었다. 키신저도 미소 간 직접적인 대결을 야기하지 않기 위해 넘지 말아야 할 한계를 설정해 놓고 있었다. 그는 동남아시아나 아프리카에 다시 미군을 투입할 의향이 전혀 없었다. 그가 생각한 제한적인 군사적 경제적 원조 정도가 그 지역에서 결과를 뒤집기에 충분했으리라고 증명해 주는 신빙성 있는 증거도 없다. 1976년 초 무렵 그는 무기통제 협상에서 진전을 보는 일이 너무나도 중요하기 때문에 이를 그 지역에서 소련이 자제력을 보여야 한다는 조건에 결부시키기 어렵다는 판단을 내렸다.[20]* 경제적 제재를 가할 수도 있었겠지만 그러면 이제 데탕트를 열렬히 지지하게 된 농부와 기업인들이 등을 돌리게 될 우려가 있었다. 이러한 상황에서는 의회가 설사 백악관에게 자유롭게 협상할 재량권을 준다고 해도 협상에서 거래용으로 내세울 조건이 거의 없었다.

대통령의 권한이 축소되면서 소련의 행동을 수정시키는 데 사용될 압박과 유인책을 잘 조율해 적용하기가 어려워졌다. 연계 전략은

---

* 그러나 키신저는 앙골라 같은 사건들은 장기적으로 볼 때 향후 무기통제 협상에서 불리한 여건을 조성하게 되리라고 경고는 했다.

중심에서 방향을 제시해야 효과가 있었다. "채찍"과 "당근"을 적절히
사용해서 원하는 결과를 얻는 게 목표였는데, 동일한 권한 주체가 양
쪽 다 장악하지 않는 한 원하는 결과를 얻기는 불가능했다. 훗날 키신
저는 다음과 같이 지적했다.

> 워터게이트로 행정부의 권위가 실추되었고, 의회에서 지도부 구조
> 가 잠식되고, 베트남에서 겪은 좌절이 고립주의를 낳고, 지정학적인
> 이익을 포기하는 경향이 나타나면서 유인책과 처벌을 균형 있게 이용
> 해 몇 가지 위기를 사전에 막고 장기적으로는 진정으로 소련이 자제력
> 을 발휘하는 시기를 맞을 기회를 놓쳐버렸다. 끊임없이 소련 곰을 자
> 극하면서 (예컨대, 최혜국 지위를 부여하기를 거부함으로써) 우리 쪽에
> 서는 위험을 감수할 태세가 되어 있지 않았다는 사실 만으로도 소련이
> 경계심을 품기에 충분했다 (예컨대, 앙골라 사태).[21]

이러한 의미에서 연계 전략은 제대로 실행될 기회를 얻지 못했
다 — 베트남과 워터게이트 사건이 터지면서 의회로서는 용납할 수 없
는 수준까지 정치적 권한을 중앙집중화할 필요가 있는 조치였기 때문
인 게 가장 큰 이유다. 그러나 키신저가 주장했듯이, 그 결과도 마찬가
지로 참담했다. 미국은 주적을 억제하기는커녕 오히려 자극하는 어설
픈 입장에 놓이고 말았다.

연계전략의 세 번째 난관은 백악관이 의회와 국민으로 하여금
너무 큰 기대를 하게 만들었다는 점이다. 키신저는 훗날 닉슨 행정부
가 데탕트를 "과대포장"했다는 주장을 부인했다. 그러면서 그는 연계
전략을 설명하는 공식적인 발표문에서 "미소 관계에는 제약과 불분명
한 점, 경쟁도 내재되어 있고, 늘 감시를 게을리 하지 말아야 한다는
점을 강조했으며, 실제로 어느 정도 진전"도 있었다는 점을 지적했다.

엄밀히 말해서 맞는 말이었다. 1972년 외교정책 연례보고서에서 닉슨은 다음과 같이 강조했다. "물론 우리는 소련이 자기 이익 추구를 포기하리라고 기대하지 않는다. 오랜 세월 동안 경쟁은 소련과 우리의 관계를 규정하는 특징이 될 가능성이 높다."[22] 그러나 발표문 내용에 골고루 비중이 주어지지는 않았다. 보다 두드러지게 눈에 띄는 내용은 신중함이 요구되는 수준 이상으로 기대를 높여버렸다.

가장 두드러진 사례가 그 유명한 "기본 원칙"이었다. 1972년 5월 모스크바 정상회담에서 닉슨과 브레즈네프가 여봐란 듯이 서명한 미소 관계를 관장하는 원칙이었다. 본래 러시아인들이 제안하고 미국인들이 그 내용을 작성한 이 합의는 양측이 "군사적 대결을 막기 위해 최선을 다하고," 상호 관계에서 "자제력을 행사하고," "상대방에게 직접적 혹은 간접적으로 손해를 입히면서 일방적으로 이득을 얻으려는 노력은 이러한 목적들과 부합되지 않는다는 점을 인정"하도록 하고 있다. 훗날 닉슨은 다음과 같이 주장하면서 이 합의를 칭송했다. "이는 매우 중요한 의무다. 소련의 지도자들은 진지한 사람들이다. 미래를 위해 일정한 원칙을 지키겠다는 그들의 의지는 의무를 다하겠다는 엄숙한 태도로 받아들여져야 한다."[23]

닉슨 행정부가 유독 이 합의에 대해서는 왜 이처럼 극구 변명을 했는지 알기는 어렵다. 미소관계에서 이에 상응하는 모호한 합동 발표문이 과거에도 수없이 나왔다는 사실을 잘 아는 사람이라면 누구라도 이 합의가 얼마나 깨지기 쉬운지 한눈에 알 수 있었을 텐데 말이다. 더더군다나 지속적인 경쟁을 전제로 한 전략을 추진한 행정부에게는 뻔히 보였어야 할 텐데 말이다. 키신저는 훗날 약간 변명하듯이 이 발표문은 모스크바가 "의례적인 엄숙한 선언"을 하는 경향이 있으므로 그들의 비위를 맞춰주기 위한 조치였고, 외교적인 관례상 피치 못하게 동의했을 뿐이라고 해명했다. "물론 이러한 원칙들은 법적인 계약은 아니었다. 진정한 진전이 있는지 판단할 행동기준을 설정하고 이를 바탕으로 원칙을 위반하지 않도록 하려는 의도에서 비롯되었다. … 우리가 소련의 잠식을 막는 의무를 다하면 공존이 가능해지고 데탕트 원칙들이 보다 희망적인 미래로 가는 길을 제시했다고 여길 수 있었다."[24)]

그러나 "기본 원칙" 발표문은 예상하지 못한 두 가지 효과를 낳았다. 데탕트는 어디서든 미소 경쟁을 중단한다는 의미로 잘못 해석되는 바람에 여전히 경쟁이 계속되는 지역에서 모스크바가 주도권을 잡지 못하게 할 조치들을 취하면 상대방을 불필요하게 자극하는 조치로 비춰졌다. 이와 동시에 미소가 경쟁하는 분야들을 각각 별개로 보는 식으로 데탕트를 해석하는 러시아인들이 도저히 충족시킬 수 없는 행동기준을 만들었다. 그렇다면 미국이 크렘린을 억제하기는커녕 짜증나게 만들 뿐인 어색한 입장에 놓이게 만든 장본인은 의회뿐만이 아니었다. 적어도 이 경우에는 백악관의 화법도 똑같은 결과를 낳았다.

1975년 8월 헬싱키 합의에서도 비슷한 결과가 나왔다. 유럽에서 전후에 확정된 경계선을 서구 진영이 인정하고 "불가침(non-violability)"에 합의하는 대신 소련은 자국 영토와 위성국가들의 영토 내에서 인권을 신장시키도록 설계된 의무사항들을 일괄적으로 준수하기로 했다.[25)] 키신저는 본래 데탕트와 소련 내부구조의 변화를 연계하지 않으려고 했었다. 모스크바가 나라 밖에서 보이는 행동을 수정하는 게 목적이었다. 그러나 가장 명백한 압박의 사례인 잭슨 수정안을 비롯해 미국 내부에서 비롯된 압박 때문에 이러한 입장을 유지하기가 어려워졌고, 1973년 국무장관에 취임한 이후 키신저는 데탕트로 세계 긴장이 완화되면 소련 진영 내에서도 모스크바의 장악력이 완화되는 결과를 초래하게 된다는 주장을 펼쳤다.[26)] 러시아인들이 제2차 세계대전 후 확정된 영토를 공식적으로 인정하라고 집요하게 밀어붙이자, 키신저는 이를 계기로 모스크바 측이 자국 국민들에게 여행, 이주의 기회를 넓혀주고 서구 진영과 의견을 교환하겠다는 약속을 받아냄으로써 국내에서 비판하는 목소리를 잠재웠다.[27]

그러나 "기본 원칙"이 해외에서 러시아인들이 행동을 자제하도록 강제할 힘이 없었듯이 러시아인들이 국내에서 인권을 존중할 의무를 문서화했다고 해서 그들이 이를 지킬 리 만무했다. 헬싱키 합의에도 불구하고 뒤이은 수 년 동안 반체제인사들에 대한 통제는 더욱 강화되었다. 닉슨행정부의 희망사항이 무엇이든 상관없이, 크렘린 지도자들은 데탕트가 억압과 양립할 수 없다고 생각하지 않았다. 키신저는 아마 소련 측이 헬싱키 합의나 "기본 원칙"들을 곧이곧대로 준수하리라고 기대한 적이 없었을지 모른다. 그는 권력과 이익이 얼마나 중요한지 잘 알기 때문에 잉크로 서명한 문서로써 권력이나 이익을 제약할 수 있다고 생각하지 않았다. 그러나 상대방이 합의를 준수하게 만들 수단도 없이 그러한 합의에 서명함으로써 키신저는 합의 내용을 속속들이 알지 못하는 사람들 사이에 쓸데없이 기대감만 높여 놓았을 뿐만 아니라, 뜻하지 않게 소련이 미국과 맺은 합의는 상호 이익을 바탕으로 한 합의든 아니든 상관없이 그 어떤 합의도 존중하리라고 믿기 어렵다는 시각만 강화해 준 셈이 되었다. 이러한 정서는 그와 닉슨이 누누이 얘기한 "평화 구조"에 대해 국내 지지를 얻는 데 도움이 되지 않았다.

사실 소련을 "훈련"시킬 수 있다는 생각은 오만한 구석이 있었다. 긍정적인 자극과 부정적인 자극을 연달아 주면 어떤 반응을 보일지 예측할 수 있는 실험실 동물처럼 말이다. 돌이켜 보면, 대통령이 미국의 외교정책을 쥐락펴락 할 역량뿐만 아니라 모스크바가 자기 진영에 속한 나라들을 통제할 역량(그리고 욕구)을 과대평가한 셈이었다. 사람이든 상황이든 억누르면 저항하는 속성 – 그리고 저항하면 이를 "관리"할 필요 – 이 있다는 여지를 남겨놓지 않았다. 이 때문에 헛된 희망을 품게 되었고 결과적으로 환멸도 깊어졌다. 마지막으로 "역 연계(reverse linkage)"라고 일컬을 상황에 대한 안전장치가 마련되어 있지 않았다. 러시아인들이 데탕트를 서구 진영에 안이한 태도를 조장할 도구로 이용하는 한편 미국에 압박을 가할 궁극적인 수단들을 확보하는 작업을 끝냈을 가능성, 즉 미국의 명실상부한 군사적 경쟁자로 부상하는 목표를 달성했을 가능성에 대한 안전장치 말이다.

Ⅱ

닉슨 행정부의 공교로운 점들 가운데 하나는 재임하는 동안 권력을 구성하는 여러 요소들 가운데 군사력에 지나치게 의존한다는 비판을 상당히 받았다는 점이다. 닉슨과 키신저는 놀라울 정도로 폭넓은 계층으로부터 – 과격한 반전주의자, 학계의 국방전문가, 의회, 존슨 행정부의 전임 관료들 – 베트남 전쟁이 야기한 높은 수준의 군사비 지출 수위를 영원히 유지할 방법을 모색하고 있고, 따라서 군사작전을 단계적으로 줄임으로써 가능해질 "평화 배당금(peace dividend)"◎을 누릴 기회를 박탈하고 있다고 비난했다. 1971년 상원에서 존경받는 다수당 지도자 마이크 맨스필드(Mike Mansfield)가 제안한 수정안이 거의 통과될

---

◎ 냉전이 끝난 후인 1990년대 초 미국 대통령 조지 H. W. 부시(George H.W. Bus)와 영국 총리 마거릿 대처(Margaret Thatcher)가 국방비 감축에 따른 경제적 이득을 설명하면서 대중화시킨 정치 슬로건 – 옮긴이.

뻔했다는 사실은 당시의 분위기를 잘 보여준다. 이 수정안이 통과되었다면 미국이 NATO에 대해 지는 의무는 절반으로 줄었을 것이다 — 이러한 과격한 조치가 통과되지 않은 단 한 가지 이유는 브레즈네프가 유럽 내에서 미소가 서로 군사력을 축소하는 방안에 대한 논의를 시작하자고 막판에 제안했기 때문이다. 브루킹스 연구소는, 닉슨 행정부를 비판하는 이들의 시각을 반영해, 1970년대 초에 국방비를 연평균 15퍼센트 줄이는 효과를 낳을 "대안"적인 예산안을 정기적으로 제시했다. 1972년 선거운동 당시 닉슨의 적수인 조지 맥거번(George McGovern) 상원의원은 1975 회계연도까지 군사비를 35퍼센트 삭감하겠다는 공약을 내걸기도 했다.[28]

그러나 사실 소련의 군사역량과 비교해 미국의 군사역량은 전후 시대를 통틀어 닉슨-포드 임기 동안 가장 크게 줄었다. 워싱턴은 이 기간 동안 겨우 두 가지 전략무기 체계 — 미닛맨 III 다탄두 각개목표 유도 대륙간탄도미사일(MIRVed ICBM)과 포세이돈 잠수함발사 탄도미사일(SLBM) — 를 새로 배치했지만, 러시아인들은 새로운 ICBM이나 기능이 향상된 ICBM 무기체계를 8개 작동시켰고, 두 개의 새로운 SLBM 체계, 그리고 미국 목표물에 도달할 수 있다고 일부에서 추산한 초음속 폭격기 백파이어(Backfire)도 작전에 투입했다. 1970년부터 1977년 사이에 파병 가능한 미군은 207,000명 삭감되었다. 이미 미국의 거의 두 배에 달했던 소련의 병력은 같은 기간 동안 262,000명이 추가되었다. 항공모함에서는 소련이 미국보다 한참 뒤지기는 했지만, 수상(水上) 전투함정 등 다른 부문에서는 소련의 해군력이 1977년 무렵 미국과 맞먹는 수준에 접근하고 있었고, 공격용 잠수함에서는 오래전부터 유지해온 우위를 빼앗기지 않고 있었다. 국내총생산에서 차지하는 비율로 볼 때 미국의 국방비는 1970 회계연도의 8.1퍼센트에서

1977 회계연도의 4.9퍼센트로 줄었다. 이에 상응하는 소련의 수치는 같은 기간 동안 11퍼센트에서 13퍼센트 사이를 오간 것으로 추정된다. 물가상승을 감안하면, 미국의 국방비는 실제로 1970년부터 1975년 사이에 연간 4.5퍼센트 하락했다. 이에 상응하는 소련의 수치는 연간 3퍼센트 정도 인상된 것으로 나타난다.[29]

그렇다면 미국의 군국주의는 전혀 문제가 아니었다. 미래의 역사학자들은 1970년대 중반과 말에 흔히 제기된 비판들을 보고 놀랄 가능성이 더 높다. 닉슨, 포드, 키신저는 미국의 군사력을 확장하기보다 오히려 축소했다는 비판, 제2차 세계대전 이후 처음으로 군비경쟁의 거의 모든 부문에서 미국이 무서운 경쟁자의 부상을 허락했다는 비판 말이다. 1976년 선거기간 동안 로널드 레이건(Ronald Reagan)은 다음과 같이 주장했다. "이 나라는 2등이 되면 위험한 – 심지어 치명적인 – 세계에서 2등이 되고 말았다. 내 눈에도 세계 다른 나라들의 눈에 뻔히 보이는 것밖에 보이지 않는다. 미국의 의지력이 붕괴되고 미국의 힘이 쇠퇴했다는 것밖에 보이지 않는다."[30]

소련의 군사력 증강에 대한 키신저의 발언에서는 자포자기의 심정으로 이를 어쩔 수 없이 받아들이는 듯한 느낌이 묻어난다. 그는 닉슨의 첫 번째 외교정책 연례보고서에 다음과 같이 기록했다. "1970년대의 피할 수 없는 현실은 소련이 막강하고 정교한 전략적 군사력을 지니게 되었으며, 그 수나 역량에 있어서 우리 수준에 접근하거나 부문에 따라서는 우리 수준을 능가하는 경우도 있다는 사실이다." 이 상황은 닉슨 행정부가 과거로부터 물려받은 상황이라고 그는 강조했다. 1960년대에 러시아인들이 쿠바 미사일 위기를 겪고 나서 다시는 말로만 으름장을 놓는 처지에 놓이지 않겠다고 다짐을 한 결과이고, 존슨 행정부가 베트남전쟁에 얽매여 소련의 군사력 증강에 맞먹거나 능가하려는 노력은 바람직하지도 않고 타당하지도 않다고 결론 내렸기 때문이었다. 키신저는 1976년 다음과 같이 강조했다. "우리 쪽에서 실행하거나 내린 그 어떤 정책이나 결정도 이 상황을 초래하지 않았다. 우리가 무슨 짓을 했어도 이 사태를 막지는 못했을 것이다. 지금 우리가 무슨 짓을 해도 이 현실이 사라지지는 않는다."[31]

이러한 어려움은 의회가 군사부문에 대해 강한 반감을 보이면서 더욱 증폭되었는데, 이러한 반감은 존슨이 베트남에 개입하는 바람에 생겼지만, 그럼에도 불구하고 닉슨 재임 기간 동안 그러한 반감은 절정에 달했다. 1950년부터 1969년 사이의 기간 동안 정부가 요청한 국방예산을 의회가 삭감한 액수는 연평균 겨우 17억 달러에 불과했다. 국방과 무관한 부문에서 연평균 92억 달러가 삭감된 것과 비교해 상당히 낮은 삭감액이었다. 그 후 6년 동안 이 추세는 역전되었다. 정부의 국방비 예산 요청안은 연평균 60억 달러가 삭감된 반면, 국방 외의 예산은 연평균 47억 달러 증가했다. 그 결과 정부 총지출에서 차지하는 비율로서의 국방비 지출은 급격히 줄어들었다 – 1970 회계연도의 41.8퍼센트에서 1977회계연도의 23.8퍼센트로 줄어 제 2차 세계대전이 발발하기 전 이후로 최저치를 기록했다. 대칭적 수단 – 소련이 보유한 무기 체계마다 이에 상응하는 무기체계로 맞서는 시도 – 으로 군사적 평형을 달성하려 했다고 해도 이런 정치적 분위기에서는 분명히 추진하기 불가능했을 게 뻔하다. 키신저는 다음과 같이 회고했다. "베트남이 폭발시킨 반군 정서의 광란 속에서 국내 정책을 우선하겠다는 정서가 팽배해 있는 의회에 맞서 봤자 헛수고였을 게 뻔하다."[32]

대신 닉슨 행정부는 의회와의 정면대결을 피하기로 하고 2단계 "피해 제한" 작전에 착수했다. 향후 군사부문의 허리띠를 졸라 매야 할 시기 동안 미국 군사력의 기초적인 요소들을 보존하도록 설계된 작전이었다. 이와 동시에 러시아인들의 힘을 상쇄시키는 데 필요한 군사 역량을 장기간에 걸쳐 팽창시킬 방안을 강구했다. 이 프로그램은 (1) 의회에서 점증하는 반군 정서를 가능한 한 완화시키기 위해 의회를 달래는 방안, (2) 소련의 군비증강을 가능한 한 억제시키기 위한 목적으로 소련과의 협상을 추진하되, 일단 베트남 광풍이 가라앉은 다음 미국이 선택할, 이에 상응하는 조치는 어떤 식으로도 제약하지 않도록 할 방안으로 구성되어 있었다.

의회를 상대로 한 유화전략 구상을 책임진 인물은 국방장관 멜빈 레어드(Melvin Laird)였다. 본인도 하원의원을 지냈고 닉슨 내각에서 국가안보 책임을 맡은 각료로서 백악관의 통제를 벗어나는 수완을 보인 인물이었다. 그가 관료로서 구사한 뛰어난 술수는 훗날 키신저의 감탄을 자아냈는데,* 그는 자신이 해야 할 가장 중요한 임무는 미국 군부의 사기나 역량을 심각하게 훼손시키지 않고도 베트남 전쟁 후의 훨씬 혹독해진 환경에 군부가 적응하게 만드는 일이라고 보았다. 그는 의회의 예산 삭감은 필연적이라고 생각했다. 의회와 싸워서 얻을 게 없었다. 삭감을 기정사실로 여기고 예산안이 의회에 제출되기 전에 삭감이 가능한 부분에 대해 선제적으로 삭감 요청을 하고, 필요하다면 의회 지도자들과 협력해서 가장 해를 덜 입힐 부분에서 추가로 삭감을 하는 게 비결이라고 그는 생각했다. 레어드는 이 고통스러운 과정에서 놀라울 정도로 군부의 지지를 받았고 의회의 적대감을 최소화하는 성과를 거두었다. 키신저는 훗날 다음과 같이 인정했다. "그는 우리 힘

---

\* "레어드의 계략은 닉슨의 계략 뺨치게 복잡하고 완곡했지만, 완강한 태도를 지닌 닉슨이 내심 분노를 품고 일을 진행했다면, 그는 활달하고 놀라울 정도로 호의적인 태도로 원하는 바를 달성했다. … 그는 낙천적이고 명랑한 인상을 풍겼기 때문에 그와 일하면, 이따금 사람을 미치게 만드는 구석도 있는 만큼이나 아주 만족스럽기도 했다." (Kissinger, *White House Years*, p.32.)

을 지탱할 근력을 보존했고 후에 여론의 정서가 바뀌었을 때 군비를 팽창시킬 토대를 마련했다. 이는 대단한 성과였다."[33]

레어드가 머리를 잘 쓴 덕분에 몇 가지 신형 전략무기 체계 - B-1 폭격기, 트라이던트(Trident) 잠수함, 크루즈미사일 - 를 마련할 계획을 세우게 되었지만 그 대신 재래식 군사력이 상당히 감축되었는데, 감축분의 대부분은 "제어 가능한" 국방비가 차지했다. 1968 회계연도에 169개였던 공군 비행편대가 1974 회계연도에는 110개로 줄었다. 육군과 해병대 사단은 같은 기간 동안 23개에서 16개로 줄었다. 해군 함정(잠수함 포함)은 976척에서 495척으로 줄었다.[34] 단순히 수치만 보면 오해할 소지도 있는데, 이러한 급격한 양적인 삭감이 질적 향상으로 상쇄되었다는 데는 의심의 여지가 없다. 그리고 베트남전쟁이 끝났으므로 어차피 삭감될 부분도 분명히 있는 게 사실이었다. "2와 1/2 전쟁"에서 "1과 1/2 전쟁" 기준으로 전환되었기 때문이다.* 그렇다고 해도 삭감의 범위와 정도는 엄청났다. 국방예산이 삭감되면서, 소련의 역량은 증강될 때 미국이 세계 다른 지역에 재래식 군사력을 투입할 역량은 심각하게 제한되었다는 데는 의문의 여지가 없다.

키신저는 당시를 돌이켜보면서 의회를 회유하려 한 정책이 현명했는지 의문을 던졌다. "조정안은 비판하는 이들을 회유하는 데 실패했고, 강력한 국방정책을 지지한 사람들의 사기를 떨어뜨렸을지 모른다.… 행정부는 비판하는 이들의 주장에 동의하지도 않으면서 그러한 주장을 인정한 셈이 되었고, 동의한 전제를 실행하는 문제로 논점이 옮겨졌다." 게다가 이 정책 실행을 촉진하는 조치들 - 국방예산 삭감, 베트남 철군과 징집의 단계적 철폐 - 은 일단 실행되면 번복하기 불가

---

* 이 책 457쪽(원서 295쪽)을 참조하라.

능했고, 따라서 키신저가 동맹들을 안심시키거나 적과의 협상에서 수용 가능한 타결안을 도출하려는 시도와 조율하기가 어려웠다. 그런데도 "국방의 중요성에 대한 대통령의 연설은 언론매체와 의회의 조소와 분노를 샀다. … 강력한 국방정책을 지지하는 이들은 그런 공격을 막으려 나서지도 않았다."[35] 베트남 전쟁 이후 반군 정서에 대처할 방법은 행정부 스스로 일정 부분 반군 정서를 수용하는 길밖에 없었는지도 모른다.

베트남 전쟁 후 행정부가 추진한 "피해 제한" 전략의 두 번째 요소는 소련과의 무기통제 합의를 통해 그들의 군비증강을 제한하되 미국이 앞으로 자국의 역량을 상향조정하기 위해 취할지도 모르는 조치들을 심각하게 제약하지는 않을 방법을 모색하는 일이었다. 무관심한 척하기도 하고, 조건을 내걸기도 하고, 주고받기도 하고, 순전히 허세를 부리기도 하는 등 여러 가지 수단을 복합적으로 이용해서 닉슨과 키신저는 1972년 전략무기 협정을 타결함으로써 바로 그 일을 해냈다. 전략무기 제한협정(Strategic Arms Limitation Treaty, 이하 SALT)의 잠정적 합의안은 ICBM과 SLBM "발사장치"의 수를 제한했다. 이는 소련이 최근 몇 년 동안 확대해 왔지만 미국의 역량은 1960년대 중반 이후로 안정적으로 유지되어온 무기다. SALT I은 미국이 압도적인 우위를 보이는 장거리 폭격기는 제한하지 않았지만 유럽에 배치된, 핵무기로 소련 목표물을 타격할 역량을 갖춘, 전투폭격기를 제한하거나 미국이 탁월한 역량을 보일 것으로 기대되는 기술로서 보다 명중률이 높은 신형 전략미사일 개발을 제한하기로 했다. 워싱턴의 관점에서 한 가지 불리한 점은 잠정 합의안 결과 소련이 보유하게 된 미사일 역량 수준이 미국의 역량 수준보다 상당히 높았다는 점이다(ICBM은 1330기 대 1054기, SLBM은 950기 대 656기였다). 그러나 이러한 비대칭은 미국 미사일이 훨씬 명중률이 높고 대부분이 다탄두 각개유도 미사일이라는 점으로 정당화되었다.[36) 이전 10년에 걸쳐 나타난 전략무기 개발 추세를 볼 때 SALT I 은 분명히 미국에게 유리했다.

　　그러나 SALT로 할 수 없는 일이 한 가지 있었는데 바로 미국이 이를 계기로 소련과의 전략적 등가성을 확보하는 일이었다. SALT가 양적인 제약을 가하면서 러시아인들은 자체적으로 다탄두 각개유도 미사일을 배치하는 등 재빨리 질적 개선으로 눈을 돌렸다. 그들은 또한 잠정 협정에서 애매모호한 내용을 이용해 차세대 "중형" ICBM을 구축했는데, 이 무기의 파괴력은 이제 탄도탄 요격미사일(ABM) 금지로 취약해진 미국의 육상기지 발진 미사일을 타격하는 목적에만 유용해 보였다.[37) SALT I 은 미국의 전략무기 체계의 추가적인 질적 개선 추진을 금지하지는 않았는데, 키신저만 해도 이 방향으로 가겠다고 작정하고 있었다. 1972년 모스크바 정상회담 직후 그는 레어드에게 다음과 같이 말했다. "동결조항을 이용해 따라잡아야 한다. 이걸 해내지 못하면 우리는 공직에 있을 자격이 없다." 레어드도 동의했고, 국방부가 SALT I을 승인하려면 의회가 먼저 B-1 폭격기와 트라이던트(Trident) 잠수함 개발을 승인해야 한다고 그 특유의 배짱을 부렸다. 다음 해가 가기 전에 행정부는 이동식 육상기지 발진 ICBM과 아음속(亞音速) 저공비행 순항미사일 개발 계획을 추가했다. 훗날 키신저는 "우리는 소련만 전략적 프로그램을 개발하는 상황에는 절대로 놓이지 않겠다고 다짐했다."라고 회고했다.[38)

　　그러나 SALT I 잠정 합의안이 만료되는 1977년 10월 무렵이 되었지만 이 무기체계들 가운데 어느 것도 배치되거나 배치되는 상황에 근접하지도 못했다. 신형 무기체계를 개발할 때에는 지체되기 마련이기 때문이었다. 그러나 의회와 행정부에도 어느 정도 책임이 있었다.

닉슨과 키신저는 러시아인들이 SALT의 한계를 어디까지 밀어붙일지 내다보지 못했다. 그들은 이 협정을 두 나라가 서로를 상대할 때 자제력을 보여주는 보다 포괄적인 절차의 일환으로 여겼다.[39] 따라서 SALT I 을 러시아인들을 따라잡을 기회로 삼아야 한다는 개념을 의회가 이해하도록 만들기가 어려웠다. 앞으로 서로 자제력을 발휘하게 된다면 국방비 지출을 늘려서 그 가능성을 위험에 빠뜨릴 이유가 뭐냐는 반론이 제기될 가능성이 있었기 때문이다. 그러나 행정부뿐만 아니라 의회도 오판했다. 베트남 전쟁을 끝내려고 수 년 동안 노력해온 끝에, 그리고 보다 근래에 들어서 겪은 워터게이트 충격 때문에, 의회에는 "제왕적" 대통령제와 외교정책에 대한 우려가 팽배했고, 이 때문에 위협은 내부에만 존재하는 게 아니라 여전히 외부에서도 비롯된다는 주장을 할 여지를 남겨놓지 않았다. 따라서 소련의 군사비 지출이 더 이상 모른 척하기 어려울 만큼 증가 추세를 보이게 되고도 한참 후인 1975년 까지도 의회는 국방예산을 70억 달러 삭감했다.[40]*

행정부는 러시아인들이 데탕트를 어떻게 해석 – 지속적인 경쟁 관계 – 하는지 그대로 보여주는 데 실패했기 때문에, 그리고 의회는 과거의 권력남용에 집착하느라 앞으로 닥칠 위험에 대한 대비를 소홀이 했기 때문에, 미국은 SALT I 을 십분 활용해 군사역량을 증강하는 데 실패했다. 좁게 보면 SALT는 키신저가 의도한 바를 달성했다. 근래에 소련이 무기를 개발하기 시작한 부문에는 제한을 두되 가까운 미래에 미국이 합리적으로 나아갈 방향을 쓸데없이 제약하지는 않았다.[41] 그

---

* 1974년에 연속해서 발표한 기고문에서 앨버트 울스테터(Albert Wohlstetter)는 과거 10년 동안 전략무기 군사비 지출에서 소련이 미국을 초월했을 뿐만 아니라 미국의 예측치는 소련의 군비증강 범위를 지속적으로 과소평가해 왔다는 사실을 증명했다. (Albert Wohlstetter, "Is There a Strategic Arms Race?" *Foreign Policy*, #15[Summer 1974], 3-20; "Rivals but No Race," *ibid.*, #16 [Fall 1974], 48-81.)

러나 그것만으로는 지속적인 전략적 평형상태를 보장할 수 없었다. 그러한 목적을 달성하려면 미국은 소련과 마찬가지로 SALT가 허용한 무기체계를 구축해야 했다. 포드 행정부 말기 무렵 러시아인들이 전략적 우위를 점하게 된 원인은 SALT 자체의 규정 때문이 아니라 바로 이러한 무기체계를 구축하지 않고 꾸물거렸기 때문이다.

SALT I 은 기술적 추세와 정치적인 추세가 맞물린 매우 드문 상황에서 비롯된 협정이었으나, 이런 추세가 미래에도 계속되리라는 보장은 없었다. 기술적으로 보면 이 협정에 따라 두 강대국은 가장 제한하고 싶어 한 무기체계 – ICBM과 ABM – 가 배치되었는지 여부를 인공위성과 그 밖에 다른 형태의 정찰로 쉽게 감시할 수 있었다. SALT I 이후에 양측이 착수한 질적인 개선 – 미국이 개발한, 크기는 작지만 명중률은 높은 크루즈미사일과 소련이 "중형" ICBM에 추가한 다탄두 각개유도 기능과 백파이어 폭격기 배치 – 는 SALT에서 규정한 원거리 감지기로 쉽게 확인하기가 힘들었다. 이러한 사실 때문에 이 합의를 무기체계의 다른 부문에까지 확대적용하기가 골치 아팠다.[42]

마찬가지로, 1972년 미국 의회가 SALT I 을 압도적인 표차로 승인했지만 SALT의 토대가 된 정치적 기반은 취약했다.* SALT는 비대칭을 용인하는 내용도 포함되어 있었다 – 소련이 양적으로 앞서는 대신 미국은 ICBM과 SLBM에서 질적 우위를 점했다. 그러나 비대칭은, 아무리 이를 정당화할 타당한 근거가 있다고 해도, 불안감을 촉발하기 마련이고 SALT I 비대칭도 예외는 아니었다. 의회는 SALT I 을 승인한 직후 헨리 잭슨 상원의원이 제출한 결의안을 통과시켰다. 향후 러

---

* SALT I 은 양측이 ABM을 각각 2기로 제한하는 안과 ICBM과 SLBM 발사장치 건설에 상한선을 두는 5개년 잠정 합의안의 형태를 취했는데, 전자는 1972년 8월 상원에서 통과되었고 후자는 1972년 9월 상하 양원 합동결의안을 통해 승인되었다.

시아인들과 SALT 협상을 할 때 수적 등가성 원칙을 유지해야 한다고 명시한 내용이었다. 잭슨은 미국의 질적인 우위가 일시적으로만 유지될 경우에 대비해 양적 등가성이라는 대비책이 필요하다고 생각했다. 미국의 기술적인 우위는 빼앗기기 쉬웠지만 ─ 잭슨의 동료의원들이 국방비 지출에 인색했기 때문인 이유도 있다 ─ 수적인 등가성을 추구하는 방법은 이 문제를 해결하는 데 어설픈 방법이었다. 러시아인들은 모든 부문에서 등가성을 부여할 태세가 되어 있지 않았다. 그 이유로 그들은 소련과 미국의 국방 목적 자체가 비대칭이기 때문이라는 주장을 했다. 어느 정도 일리 있는 주장이었다. 국방부도 모든 부문에서 동등하기를 바라지 않았다 ─ 소련은 액체연료를 사용하는 대형 "중량" 미사일을 배치했는데 국방부는 이에 상응하는 조치를 일부러 취하지 않았다. 보다 가볍고 명중률이 높은 고체연료추진 미사일의 성능도 그에 못지않다고 주장했다.[43] 합의를 이행하는지 확인하기 어렵다는 단점과 더불어 이러한 정치적으로 복잡한 문제 때문에 SALT 절차를 다른 부문에까지 확대 적용하기가 어려웠다.

SALT I ABM 협정은 본래 양측에 각각 2기를 허용했는데 1974년 상호 합의하에 이를 수정해 1기로 줄이기로 했다. 그해 말 블라디보스토크에서 열린 포드 ─ 브레즈네프 정상회담에서 양측은 ICBM, SLBM, 중량폭격기를 포함해 전략적 무기 운반체계를 2,400기로 제한하고 이 가운데 다탄두 각개요격 기능을 갖춘 ICBM과 SLBM은 따로 상한선을 1,320기로 하기로 추가 합의했다. 이는 수적인 등가성을 향해 한 걸음 내디딘 셈이었지만, 무기체계의 개별적인 부문의 등가성이 아니라 전체를 아우른 등가성을 뜻했다. 그 후 2년 동안 협상은 미국의 크루즈 미사일과 소련의 백파이어 폭격기를 SALT II에 포함시킬지 여부, 포함시킨다면 제한하기로 한 합의를 준수하는지 어떻게 확인할

지를 중심으로 전개되었다. 1977년 초 포드 행정부가 퇴임할 무렵까지
는 아무런 합의도 이루어지지 않았다.[44]

그때까지도 SALT는 분명히 이를 지지한 이들의 기대에 부응하
지 못했다. 그러나 협정이 없었다면 미국이 더 나은 상황에 처하게 됐
을지는 의문을 가져 볼만하다. SALT가 아니었다면 러시아인들이 그
나마 그만큼이라도 ICBM, SLBM, ABM을 삭감하도록 유인할 방법도
없었을 테고, 의회도 이에 상응하는 미국의 무기체계를 마련하기 위해
재정적 지원을 늘렸을 리도 없다. SALT는 미국을 무방비상태로 만들
지 않았다. 전략적 불균형은 러시아가 미국의 미사일 체제를 선제타격
하고도 미국으로부터 처절한 보복을 당하지 않을 수준에 근접한 적이
결코 없었다. SALT가 없었다면 소련의 전략적 역량을 감시하기가 훨
씬 힘들었을 게 뻔하다. 극도로 민감한 사안에 대해 미소 간에 전례
없이 포괄적인 대화를 함으로써 미국은 다른 그 어떤 방법으로도 얻기
힘들었을, 소련의 전략체계에 대한 소중한 정보를 입수했다. 마지막으
로 이에 못지않게 중요한 성과는 핵전쟁의 위험을 줄인다는 총체적인
목표를 향해 진전을 이루기 위해 합리적인 수준의 위험을 감수해야 한
다는 주장을 정당화하게 되었다는 점이다.

SALT가 비판을 받은 이유는 소련이 미국에 대한 명실상부한 전
략적 경쟁자로 부상한 시기와 협상 시기가 겹쳤기 때문이다. SALT는
미국의 지배력을 유지하거나 되찾기 위해서 추진한 게 아니었다. 1976
년 키신저가 말한 바와 같이, "제정신인 지도자라면 전후 초창기에 미
국이 누렸던 전략적 우월성을 다시 회복할 수 있다는 망상을 부추겨서
는 안 된다."[45] SALT는 레어드의 예산 삭감과 마찬가지로 "피해 제
한" 작전으로서 미국이 우월성에서 등가성으로 전환하는 과정에서 겪
을 고통을 최소화하고 그 과정이 안전하게 진행되도록 하려는 게 목적

이었다. SALT는 미국이 그다지 우호적이지 않은 상황에 처한 불리한 입장에서 현실을 감안해 기술적으로 진행한 협상이었다.

그 어떤 행정부라도 1969년 닉슨과 키신저가 직면했던 상황에서 군사적 힘의 균형을 유지하기는 매우 어려웠을 것이다. 소련이 전례 없이 군사적으로 팽창한 시기와 반군 정서가 전례 없이 팽배한 시기와 겹친 상황을 극복하기란 쉽지 않았다. 그들은 처음부터 이러한 추세가 교차하면 어떤 사태가 발생할지를 엄중히 파악하고 있었고 현실적이고도 창의적인 수단을 동원해서 이러한 추세를 헤쳐 나가려고 노력했다는 점을 인정해야 한다. 그들이 완벽한 성공을 거두지 못한 이유는 앞을 내다보는 안목이 부족해서가 아니라, 툭 하면 "제왕적"이라는 수식어가 붙은 행정부가 정작 행사할 힘은 제한되어 있는 묘한 상황에 처해 있었기 때문이다. 사실 닉슨 행정부가 국방 사안과 관련해 의회를 압도한 적은 결코 없었다. 오히려 그 반대였다. 그리고 워터게이트 사건이 발생한 후 대통령의 권한은 더욱 더 잠식되었다.

1970년대에 미국의 군사력을 상대적으로 쇠퇴시킨 일차적인 책임은 의회에 있다. 의회는 국가안보에 대한 실제적인 위협과 가상의 위협을 구분할 능력이(또는 의지가) 없었다. 닉슨이 취임할 무렵 의회는 이미 동남아시아에서의 전쟁 수행과 관련해 여러 번 속았기 때문에 행정부가 원하는 수준의 국방예산을 의회가 승인하지 않을 경우 어떤 일이 벌어질지에 대해 행정부가 내놓을 경고에 대해 의구심을 가질 만도 했다. 민주당 다수가 의회를 장악한 상황에서 닉슨도 의회를 크게 신뢰하지 않았고, 시간이 흐르면서 의회에 대한 닉슨의 신뢰는 점점 낮아졌으며 그럴 만도 했다. 그러나 소련의 군비증강 분석에서 행정부는 위험을 과대평가하기는커녕 오히려 과소평가했다. 그런데도 의회는 여전히 이러한 경고를 또 한 번의 양치기 소년의 울부짖음으로 묵

살했다. 1975년 이후에 가서야 의원 대다수는 비로소 소련 군비증강의
의미를 심각하게 여기기 시작했지만, 그리고 나서도 그들은 국방예산
이 지속적으로 삭감되는 추세를 역전시키려는 반응을 보였을 뿐 상당
히 인상하려는 노력은 하지 않았다.[46]

장기적으로 볼 때 별로 달라질 것은 없었다. 키신저는 현대 세계
에서 권력은 수많은 요소들로 구성되어 있고 군사력은 그 가운데 하나
일 뿐이라는 사실을 누구보다도 잘 알고 있었다. 그가 세운 전략의 토
대는 한 부문에서의 결함이 다른 부문에서의 우위로 상쇄된다는 전제
하에 비대칭을 용인한다는 점이었다. 그러나 이 전략은 한 부문에서의
비대칭이 일정한 선을 너무 벗어나지 않도록 한다는 전제도 깔고 있었
는데, 의회가 베트남전쟁 후 군에 대한 적대감 때문에 바로 이 전제를
깨버렸다고 그는 생각했다. 1945년 이후로 미국이 누려온 전반적인 군
사적 우월적 지위는 — 미국은 1961년부터 그러한 지위를 지녔음을 인
식하고 있었다 — 포드 행정부가 퇴임할 무렵 사라져버렸다. 이를 되찾
는 일은 로널드 레이건이 맡게 된다.


Ⅲ


닉슨-포드 시기 동안 미국의 외교정책이 당면한 문제는 소련과
의 문제뿐만이 아니었다. 나머지 세계에서 벌어지는 일들은 대체로 워
싱턴이나 모스크바에서 일어나는 일들과는 상관없이 진행되고 있었지
만 미국의 이익과 세계 안정에는 중요한 의미를 지니고 있었다. 키신
저의 외교에 대해 제기되는 세 번째 비판은 그가 이러한 문제들을 방
치했다는 점이다. 강대국 정치에 매료된 나머지 강대국은 더 이상 세

계질서의 전체적인 모습을 만들어낼 역량을 지니고 있지 않다는 사실을 간과했다. 한 관찰자는 "결국 키신저의 업적에 대한 가장 통렬한 비판은 그가 한 일이 대체로 상황과 어긋났다는 사실이다."라고 지적했다.[47] 이러한 비판은 공교롭기도 하다. 키신저는 국제정치 학도로서 초강대국의 권한을 분산시켜야 한다고 주장했고 이를 환영하기까지 했기 때문이다.[48] 그러나 일정 부분 정확한 지적이기도 하다. 1977년 무렵 러시아와 중국을 뺀 나머지 세계를 상대할 때에는 대실책이라고 부를 수밖에 없는 조치가 연달아 나왔다는 점을 지적해야 하기 때문이다. 장기적인 안목을 지녔다는 자부심을 느끼고 어느 정도 그러한 자부심을 느낄 만도 한 행정부로서는 놀라울 정도로 근시안적인 시각을 보였다.

예컨대, 닉슨 행정부는 1970년 초 남아프리카에서 은밀하게 그러나 의도적으로 백인 소수 정권에 대한 압박을 완화하는 정책에 착수했다. 그 이유를 국가안보회의 제안서는 다음과 같이 설명했다.

백인은 여전히 이곳에 거주할 것이며 건설적인 변화를 일으킬 유일한 방법은 백인을 통하는 길 뿐이다. 흑인이 폭력적인 방법으로 그들이 추구하는 정치적 권리를 얻을 가망은 없으며, 그런 사태가 일어나면 오직 혼돈과 공산주의자들이 권력을 잡을 가능성만 높여 주게 된다. 백인 정권에 대한 우리의 입장을 선택적으로 완화시킴으로써 우리는 현재 그들이 취하고 있는 인종차별적 식민주의적 정책을 어느 정도 수정하도록 권장하고 흑인국가들에 대한 경제적 지원을 더 확대함으로써 이 두 집단이 가까워지도록 돕고, 평화로운 변화를 추구하도록 양측에 영향력을 행사할 수 있다.[49]

이는 1789년 프랑스혁명 당시 마리 앙투아네트가 보여준 선견지명(역설적 표현 - 옮긴이)과 비슷한 정책이었다. 5년이 지나지 않아 앙골라와 모잠비크에서 포르투갈 정권이 몰락했고, 로디지아와 남아프리카의 백인 정부는 점점 심한 압박을 받고 있었으며, 흑인이 사실상 정권을 장악하고 있다는 징후가 뚜렷이 나타나고 있었기 때문이다 - 미국의 도움이 전혀 없었고 미국에 고마워할 이유도 없는 상황에서 말이다.

1971년 파키스탄에서 일어난 유혈 내전과 뒤이은 인도와의 전쟁 기간 동안 미국이 보인 공식적인 태도에도 비슷한 근시안적인 사고가 묻어났다. 서파키스탄이 인도 영토에서 1,000마일 떨어진 동파키스탄 시민들에게 자율 통치권을 인정하지 않겠다고 하면서 발생한 위기였다. 그해 3월 무렵 뒤이은 폭동을 공권력이 진압하면서 사태는 국무성 보고서가 "선택적 대량학살"이라고 부르는 단계까지 악화되었다. 후에 추산된 바에 따르면 족히 100만 명 이상의 벵갈 인들이 살해되었다. 그러나 닉슨 행정부는 파키스탄을 미국이 베이징에 문호를 개방하는 매개체로 이용하기 위해 이슬라마바드 정권에 대한 비판을 자제했고 무기 제공을 중단하는 조치를 가능한 한 미루었다. 인도가 개입해 동파키스탄이었던 지역에 방글라데시 독립 국가를 수립하자 중국의 심기를 건드릴까 염려한 닉슨은 키신저에게 미국 정책이 파키스탄에게 유리한 쪽으로 기울게 하라고 은밀히 지시를 내렸다. 그러나 그 결과 그 지역에서 분명한 지배 세력인 인도가 미국에 등을 돌리게 만들었고 파키스탄의 만행에 대해 워싱턴이 분명히 무관심한 태도를 보임으로써 세계 여론도 대체로 미국에 등을 돌리게 되었다.50)

닉슨 행정부는 또 다른 실익 없는 명분에 관여했다. 1972년 이란의 왕에게 사실상 무한정 재래식 무기를 공급하는 비밀 프로그램을 재가했다. 정세가 불안한 그 지역에서 이란이 신뢰할 만한 장기적인 동맹이 되리라고 생각했기 때문이다. 이렇게 미국이 후한 인심을 베풀었지만, 이란 왕이 그 다음 해 유가를 대폭 인상하는 조치를 막지는 못했다. 미국은 이란 왕이 자체적으로 추진한 근대화 프로그램 ─ 키신저가 훗날 통렬히 인정했듯이, 경제발전이 정치적 안정을 낳는다는 미국의 논리를 그대로 따라 실행된 프로그램 ─ 이 7년이 채 못돼 그의 몰락을 불러오고 미국이 이란에 공급한 엄청난 무기들이 미국에 적대적인 세력의 손에 들어가리라고 예측하지도 못했다.[51]

닉슨 행정부는 1973년 중동에서 아랍 ─ 이스라엘 전쟁이 발발하리라고 예상하지 못했을 뿐만 아니라, ─ 이스라엘 첩보당국과 미국 첩보당국이 서로에게 지나치게 의존했기 때문이기도 하다는 주장이 제기돼 왔다 ─ 아랍 산유국들이 먼저 석유 금수조치를 내리고 나서 그들의 주요 수출품목인 석유의 가격을 전례 없는 수준으로 인상할 역량이 있다는 사실을 예상치 못했다는 점이 더욱 중요한 실책이었다. 석유 매장량은 줄고 수입량은 늘면서 상당히 오래전부터 서구 진영이 이 점에서 취약해졌는데도 불구하고 이런 일이 일어났다. 그 결과 닉슨과 키신저는 근래 들어 세계 힘의 관계에서 가장 근본적이면서도 가장 예측 가능한 변화를 기습적으로 맞게 된 셈이었다.[52]

1974년 키프로스에서 사전 경고 징후가 있었음에도 불구하고 미국은 그리스의 우익정부가 마카리오스(Makarios) 대주교 정권을 축출하지 못하도록 막는 데 실패했다. 대주교 정권은 그때까지 그리스인이나 터키인 어느 쪽도 이 섬을 지배하지 못하게 막고 그럭저럭 독립을 유지하는 수완을 보여 왔고, 미국은 이 정권으로부터 군사기지를 세우는 특권을 얻어내는 대신 무기를 판매해 지원해 왔다. 이 사건으로 그리스 정부가 붕괴되고 터키가 그리스를 침략하는 결과를 낳았다. 그리고 터키의 침략은 미국 의회에서 반발을 불러일으켰다. 열성적인 그리스 계 미국인들이 의회에 로비를 해 의회가 키신저의 반대를 묵살하고 터키에 대한 무기 금수조치를 취했기 때문이다. 그 결과 미국은 양쪽 모두와의 관계가 소원해졌는데 이는 지중해 동부 지역에서 NATO와 미국의 전체적인 입지에 바람직하지 않은 영향을 미쳤다.[53]

1975년 앙골라에서도 포드 행정부는 지는 쪽을 지원했다. 정권을 장악하려는 3자 갈등에서 반(反)마르크스주의 진영에 은밀히 지원을 해주기로 결정했기 때문이다. 이 집단들 가운데 하나는 자이레와, 또 다른 집단은 남아프리카와 밀접히 연관되어 있고 이 둘 중 어느 집단도 특별히 앙골라에서 지지를 얻지 못하고 있었는데도, 그리고 여전히 위기를 외교적으로 해결할 수 있다는 징후가 있었는데도, 은밀한 원조를 비밀로 유지하기 불가능하며 사실상 소련이 똑같은 조치를 취하도록 자극하게 될지도 모른다는 경고를 국무성이 했는데도 불구하고 말이다. 모스크바와 워싱턴 어느 쪽이 상대방을 자극해 앙골라에 개입하게 됐는지에 대한 논쟁은 복잡하고 해답을 찾기가 불가능할지 모른다. 피델 카스트로가 독자적으로 앙골라의 마르크스주의자들에게 군사지원을 하기로 했다는 사실도 문제를 더욱 복잡하게 만든다. 분명한 사실은 1975년 말 무렵 소련은 앙골라에서 자기 추종세력을(그리고 그들을 위해 싸우는 쿠바군까지도) 대놓고 지원하고 있었는데도, 미국 의회는 미국 정부가 은밀하게 개입하고 있었다는 사실을 알고 지원을 중단하기로 결정했다는 점이다. 이러한 상황에 답답해진 국무성 관리는 "미국은 명백히 실수를 저질렀다."라고 말했다.[54]

한편 미국 정부는 NATO 회원국들과 일본과의 관계가 훼손되도록 방치했다. 의도적으로 그리 되도록 한 게 아니라 신경을 쓰지 않았기 때문이다. 1971년 닉슨 행정부는 본의 아니게 일본에 두 차례나 타격을 주었다. 우선 7월에 키신저가 베이징을 방문하기로 되어 있다고 사전에 일본에 언질을 주지 않았고, 그 다음 달에는 수입 과징금을 부과하고 달러의 금 태환을 잠정 중단하기로 한 사실을 미리 알려주지 않았다. 미국이 이러한 결례를 범한 까닭은 비밀을 유지할 필요가 있었기 때문이기도 하지만 워싱턴 측이 자기 행동이 동맹국들에 미칠 영향은 아랑곳하지 않은 채 자기 중심적으로 정책을 입안했기 때문이기도 하다. 2년이 지나 키신저는 소련, 중국, 베트남에 몰두하느라 NATO를 얼마나 소홀히 해왔는지 깨닫고 1973년을 "유럽의 해"로 선포하고 NATO 회원국들과 일본을 미국과 보다 긴밀하게 연결시키기 위한 일련의 경제적 군사적 조치들을 제안했다. 그러나 동맹국들의 반응은 눈에 띄게 뜨뜻미지근했다. 동맹국들은 자기들을 위해 특별히 "해"를 지정받아야 한다는 게 모욕적이라고 느꼈을지 모른다고 혹자는 주장했다. 워터게이트와 중동 문제로 엄청난 압박을 받는 통에 동맹국들 문제에 시간을 할애할 여유가 없었던 키신저가 그런 소리를 하니 더군다나 어처구니가 없다는 반응이었다.[55]

　　NATO는 1974년과 1975년 다시 한번 키신저의 관심의 대상이 되었지만, 그 이유는 단지 프랑스, 이탈리아, 포르투갈에서 공산주의자들이 헌법적인 수단을 동원해 연립정부에 합류할지 모른다는 두려움 때문이었다. 포르투갈의 위기는 1974년 4월 혁명의 결과로 발생했고, 남아프리카에서 포르투갈 제국이 와해되는 상황에서 설상가상으로, 포르투갈 내에 공산주의자가 참여하는 사회주의 정부를 탄생시켰다. 키신저는 10월 마리오 수아레스(Mario Soares) 포르투갈 외무장관을 만난 자리에서 퉁명스럽게 "당신은 케렌스키(Kerensky)요."◎라고 말했다.* 그 후 몇 달 동안 키신저는 포르투갈을 경제적으로 고립시키

---

◎ 1917년 러시아 2월혁명 이후 임시정부의 수반이었던 사회혁명당 소속 온건좌익 정치가. 강경파 레닌이 이끄는 10월 볼셰비키혁명이 일어난 후 축출되었다 ─ 옮긴이.

고 NATO에서 배제하는 문제를 거론했다. 마치 그 나라를 이미 공산주의에 "잃은" 듯이 말이다. 1975년 프랑스와 이탈리아의 공산당이 민주주의 절차를 지키고 모스크바로부터의 독립을 유지하겠다고 공개적으로 선언했을 때 키신저는 이에 대해 회의적인 시각을 감추지 않았다. 공산주의자들이 약속을 지키리라고 기대하지 않는다고 그는 경고했다. 그들은 일단 정권을 잡으면 절대로 자발적으로 정권을 내려놓지 않는다고 했다. 적을 분열시키고, 이념의 영향을 과소평가하고, 공산주의 국가들과의 합의를 바탕으로 새로운 세계질서를 구축하는 전략을 세운 사람이 내놓은 입장 치고는 참으로 묘한 입장이었다. 결과적으로 키신저는 "유로공산주의"의 위험과 미래 전망을 과장한 셈이었다. 공산당은 서유럽에서 정권을 잡지 못했다. NATO를 내부의 전복으로부터 보호할 필요는 없었다. 그러나 키신저가 경고했기 때문이 아니라 키신저의 경고와는 상관없이 이렇게 되었다. 그가 경고함으로써 (최소한 공개적인 방법으로는) 막을 수 없었을 사태에 미국이 맞서게 만드는 효과를 낳았을 뿐이다.[56]

이 모든 사건들이 지닌 공통점은 닉슨과 포드 행정부가 이 사건들을 지역적 차원이 아닌 세계적 차원에서 다루었다는 점이다.[57] 키신저가 미국은 세상사에 접근하는 방식에서 "철학적 깊이"가 필요하다고 말했을 때 염두에 둔 점은 이전 행정부가 세계전략을 훼손시키면서까지 ─ 베트남과 같은 ─ 지역적 사안에 몰두하게 만든 "위기관리"에 대한 환상을 깨는 일이었다. 키신저는 이 절차를 뒤집겠다고 결심했다. 초

---

* 수아레스는 키신저에게 이렇게 답했다. "나는 절대로 케렌스키처럼 되고 싶지 않소. 케렌스키도 그리 되고 싶지 않았을 거요." (Tad Szulc, "Lisbon & Washington: Behind the Portuguese Revolution," *Foreign Policy*, #21 [Winter, 1975-76], 3.) 훗날 키신저는 "그리 적절하지 않은 발언"이었다고 인정했다. (Henry Kissinger, Years of Renewal [New York: 1999], p.630).

강대국들 간에 안정적인 세계질서를 구축하는 데 집중하고 지역에서
위기가 발생하면 그 위기가 세계전략이라는 거시적 설계도를 완성하
는 과업을 촉진하는지 방해하는지 여부에 따라 그때그때 알맞게 대처
한다는 생각이었다. 최근 미국 외교정책에서 실종되었던 방향감각과
균형감각을 회복할 길은 이 방법뿐이라고 그는 생각했다.

　　그러나 거시적인 안목을 얻으려면 세부사항을 희생시켜야 한다.
거시적 관점을 지니려면 과도한 단순화라는 대가를 치러야 한다. 닉슨
─키신저 전략은 세계적 초강대국 간의 경쟁에서 파생된 사고를 지역
적 사건에 적용함으로써 그러한 사건이 전개되는 독특한 맥락을 세심
하게 고려하지 않는 결과를 낳았다.* 예컨대, 닉슨도 키신저도 어떤
지역에서는 마르크스주의가 자생해 대중의 지지를 얻고 상당히 독자
적인 세력으로 부상할 가능성이 있다는 사실을 받아들이지 못했다. 대
신 그들은 어디서든 그러한 정부가 집권을 하면 모든 지역에서 미국의
신뢰가 훼손된다는 생각을 고집했다. 마찬가지로 모스크바나 베이징
에서 예상된 반응이 나오면 그러한 반응이 다른 지역에서 일어나는 사

---

* 이러한 경향을 보여준 극단적인 사례가 1975년 5월에 일어났다. 캄보디아 포함(砲艦)
이 태국 만에서 미국 화물선 마야게스(Mayaguez) 호와 선원들을 억류했다. 또 다시
푸에블로(Pueblo) 사건(북한이 1968년 미국의 정찰함을 억류한 사건)이 일어나는 사
태는 용납하지 않겠다고 결심하고, 2주 앞서 사이공이 함락되었는데도 불구하고, 여
전히 강경하게 대처할 수 있다는 점을 보여주고 싶었던 키신저는 외교적인 조치로
선원들의 석방을 확보할 여지가 있는지 기다려 보지도 않고 포드를 설득해 콤퐁솜에
대한 공중폭격을 하고 코탕 섬에 대한 수륙양동 공격을 감행했다 (그 결과 미군 18
명이 전투에서 목숨을 잃었고 23명이 헬리콥터 추락으로 사망했다). 사실 공중폭격
과 수륙양동 작전을 이행하는 미군의 상륙이 진행 중일 때 선원들은 석방되고 있었
다. 한 자리에 모여 있던 국가안보회의 구성원들에게 캄보디아인들은 미국을 조롱하
려는 거대한 음모의 일환으로서가 아니라 자체적인 판단에 따라 그러한 행동을 했을
지도 모른다고 알려주는 일은 백악관 사진사 데이비드 케널리(David Kennerly)의 몫
이 되었다. (Gerald Ford, *A time to Heal* [New York: 1979], pp.275-84; *Kissinger,
Years of Renewal*, pp.547-75; Christopher Jon Lamb, *Belief Systems and Decision
Making in the Mayaguez Crisis* [Gainesville:1989])

건들에 대해 워싱턴이 보이는 반응을 결정하는 경향이 나타났다. 키신저는 1971년 말 닉슨에게 파키스탄에 대한 미국의 지원과 관련해 다음과 같이 말했다. "크게 달가운 입장은 아니지만, 이제 와서 우리가 물러선다고 해도 소련은 우리를 존중하지 않는다. 중국은 우리를 얕보게 되고 다른 나라들도 나름대로 판단을 내리게 된다."[58] 다른 나라들이 어떻게 생각할지 의식하는 바람에 지역적 불안정을 완화시킨다는 명분이 무색해졌다. 게다가 베트남 전쟁 동안 미국을 좀먹게 만든 과도한 개입과 주도권 상실의 위험을 감수해야 했다. 이러한 점에서 키신저의 "철학적 깊이"가 어느 정도나 사태를 진정시켰는지는 가늠하기 어렵다.

　　이와 연관된 어려움은 닉슨-키신저의 전략이 개념적 일관성을 유지하기 위해서 중앙집권적인 장악력에 의존했다는 점이다. ─ 그 장악력은 관료조직을 의사결정 과정에서 거의 전적으로 배제함으로써 얻은 것이었다. 이 때문에 지역적인 문제를 세계적인 시각으로 바라보면 발생하는 왜곡현상을 피하는 데 필요한 지역 전문성을 무시하게 되는 경우가 많았다. 인도-파키스탄 위기, 포르투갈 위기, 앙골라 위기 때 지역전문가들은 이러한 접근방식에 내재된 위험에 대해 경고했지만 그들의 충고는 받아들여지지 않았다. 이란의 경우 그러한 충고를 구하지도 않았다. 마찬가지로 아랍-이스라엘 전쟁, 석유수출국기구의 원유금수조치, 키프로스 위기에서도 그러한 사안에 대한 전문가의 의견을 경청했다면 워싱턴은 뜻밖의 결과에 놀라게 되는 사태를 어느 정도 막는 데 도움이 되었을지도 모른다.[59] 키신저는 관료조직이 혁신을 저해한다고 불만을 터뜨리기 일쑤였고, 그게 상당 부분 맞는 말이기도 하다. 그러나 관료조직을 제대로 활용하면 과도하게 단순화하지 않고도 복잡한 사건들을 개별적으로 감시할 수 있고, 어떤 위험이 닥칠지 미리 경고할 수도 있으며, 따라서 예상치 못한 사태에 뒤통수를 맞을 가능성을 줄일 수 있다. 닉슨-키신저의 통치 방식에서 가장 큰 문제는 그런 식으로 관료조직을 이용할 가능성을 사실상 배제했다는 점이다.

마지막으로, 그와 같이 의사결정 과정이 고도로 중앙에 집중된 전략에서는 사안들이 국가 이익이 아니라 개인의 특성의 측면에서 해석될 위험이 상존한다. 닉슨과 키신저는 주은래, 이란의 팔라비 (Pahlavi) 국왕, 파키스탄의 야햐 칸(Yahya Khan) 대통령과 사이가 좋았지만, 일본과의 관계는 그보다 덜 좋았고, 인도의 인디라 간디(Indira Gandhi) 수상과는 큰 불화를 겪었던 사실은 중요한 의미를 지닌다.[60] 권한이 최고위층에 집중된 체제에서는 개인적인 관계가 결과를 좌우한다. 자기에게 우호적인 이들의 결점과 취약점을 보지 못하게 되고 무슨 이유에서든 자기를 이용하려는 이들에 대해 깊은 불신을 품게 된다. 그런 상황에서는 정책과 불쾌감을 구분하기가 어려워진다.*

그러나 키신저는 때로 실수에서 교훈을 얻고 이를 신속히 교정하는 역량이 있었다는 점은 인정해야 한다. 따라서 1973년 아랍-이스라엘 전쟁이 발발하자 충격을 받기는 했지만 그는 이 위기에 창의적이고 노련하게 대응해 이전의 친이스라엘 미국 정책을 비교적 중립적인 정책으로 바꾸었다. 그렇게 함으로써 그는 아랍 세계에서 새롭게 지지를 얻으면서도 (그리고 상대적으로 이 지역에서 소련의 영향력은 줄어들었다) 이스라엘이나 미국 내에서 이스라엘인들의 막강한 지지세력이

---

* 완전히 외부적인 요인들이 의사결정에 영향을 미칠 위험도 있다. 예컨대, 상원에서 닉슨이 지명한 대법관 후보 두 명을 거부하자 그가 겪은 좌절감과 영화 "패튼 (Patton)"을 수차례 보면서 느낀 희열감이 복합적으로 작용해 1970년 캄보디아 침공 결정을 내리는 데 영향을 미쳤다는 주장이 제기되었다. (William Shawcross, *Sideshow, Kissinger, Nixon and the Destruction of Cambodia* [New York: 1979], pp.134-35; H.R. Haldeman, *The Haldeman Diaries: Inside the Nixon White House* [New York: 1994], p.147.)

완전히 등을 돌리게 만들지는 않았다.[61] 마찬가지로, 앙골라 대참사 이후로 키신저는 포드 대통령을 설득해 미국이 남아프리카에서 흑인 해방운동에 맞서기보다 그 운동과 연대하게 했다. 포드는 차기 대선에서 다시 후보로 지명받기 위해 어려운 싸움을 해야 하는 상황에서 정치적으로 용기 있는 행동을 보여주었다. 그는 1976년 4월 키신저가 로디지아의 백인 소수 정권에 대해 "가차 없는 반대"를 표명하도록 했고, 남아프리카에서 "제도화된 불평등"을 종식시키라고 요구했다.[62] 이러한 주도권을 행사한다고 문제가 신속하게 또는 완전히 해결된다는 보장은 없었지만, 그는 그래도 경험에서 교훈을 얻을 역량이 있음을 보여주었다. 근래 미국 외교정책에서 늘 나타나지는 않는 현상이었다.

그럼에도 불구하고, 키신저가 워싱턴-모스크바-베이징 축을 벗어난 사건들을 다루는 방식에는 임시변통적인 경향이 있었다. 미국은 충분히 예측 가능했던 위기가 발생하면 허둥지둥 임시방편으로 대응했고, 장기적인 문제에는 단기적인 미봉책으로 대처했으며, 역전시키기 불가능한 추세는 마지못해 건성으로 저항했다. 키신저가 외교정책 수행에서 개념적인 일관성을 그토록 고집했다는 점에 비추어 볼 때 이래야 했다는 사실이 참으로 묘하다. 그러나 어떤 면에서는 바로 개념적 일관성을 추구했기 때문에 이러한 문제가 생겼다. 키신저의 원대한 지정학적 미래상을 구현하려면 문제를 과도하게 단순화시키고 의사결정 과정을 중앙집중화하고 심지어 개인의 성격이 의사결정에 개입할 수밖에 없었다. 관료조직에 내재된 분열과 타성에 맞서려면 그 수밖에 없었다. 그 대신 강대국 영역을 벗어난 문제들에 신경을 쓰지 못하는 대가를 치러야 했고, 문제가 심각해져서 더 이상 무시하지 못하게 되면 강대국의 해법으로 문제를 해결하려는 경향을 보였다. 키신저가 봉

쇄라는 개념에 생명을 불어넣고 합리화하는 데 얼마나 기여했든 상관
없이, 그가 보기에는 여전히 봉쇄는 소련의 팽창하는 영향력을 제한하
는 전략이었다. 따라서 그 영역을 벗어난 사안들이 점점 늘어나면서
그의 시각은 이에 대처할 적절한 지적인 중심축이 되지 못했다.


## IV


　　의사결정의 중앙집중화는 키신저를 비판하는 이들이 보기에 또
하나의 달갑지 않은 효과를 낳았다. 미국이 추구하는 가장 근본적인
염원을 반영하기 위해서 외교정책의 근간이 되어야 할 도덕적 원칙이
훼손되었다. 대통령 후보 지미 카터가 1976년 선거운동 당시 다음과
같이 말했듯이 말이다.

　　우리의 외교정책은 비밀리에 추진되고 있고 그 자세한 내용과 미묘
한 의미의 차이는 아마도 오직 한 사람만이 아는 듯싶다. … 우리는 우
리 외교정책을 우리 대신 누군가가 만들도록 내버려 두었기 때문에 우
리가 세계 도처의 국민들을 대상으로 말하고 행동하는 방식에서 뭔가
중요한 것을 상실했다. … 외교정책을 수행하는 데 있어서 이 나라의
도덕적 권위를 회복하는 게 대통령의 책무여야 한다.

　　너무 오랫동안 외교정책은 "거의 전적으로 계략과 조작으로 점
철되어 왔다. 세계는 서로 반감을 지닌 국가들이 경쟁하는 밀림으로
서, 군사적 우월성과 경제적인 근력만이 영향력을 발휘하고 평화를 유
지하려면 경쟁관계인 국가들을 서로 겨루게 만들어야 한다는 전제를
바탕으로 추진되어 왔다."라고 카터는 비판했다. 이 접근방식은 1815

년이나 심지어 1945년에는 통했을지 모르지만 1970년대에는 부적절했다. 키신저의 "나 홀로 순찰대원"식 외교정책은 "본질적으로 극도로 폐쇄적이고 은밀하고 무도덕하므로, 우리는 개방성과 논의와 근본적인 원칙과 높은 도덕적 기준을 끊임없이 준수하려는 노력을 포기해야 했다."[63]

　　민주적으로 의사결정을 해야 도덕적인 외교가 가능하다는 카터의 주장에 대해 어떻게 생각하든 간에, 포드 행정부가 끝날 무렵, 권력을 행사하면서도 정당성을 유지하기 위해서 어떤 나라든 지녀야 하는, 정책과 원칙 간의 적절한 조화를 키신저와 그가 모신 대통령들(닉슨과 포드 — 옮긴이)이 등한시해 왔다는 정서가 팽배해 있었다. 이들이 대량학살 못지않은 만행을 저질렀다는 극단적인 주장까지 나왔다. 이러한 논리에 따라 닉슨과 키신저가 1969~1970년에 나이지리아가 비아프라 저항세력을 굶겨 죽이는 동안 몸을 사리고 못 본 척했다는 주장이 제기되었다. 1971년 닉슨과 카터는 파키스탄 정부가 정부에 저항하는 동부 지역 자국민들을 학살하는데도 그 정부를 지지하기를 고집했다. 그들은 부룬디에 대한 원조를 잠정적으로만 중단했다. 1972년부터 1974년 사이에 수적으로는 압도적이지만 정치적으로는 힘이 없는 후투(Hutu) 족에 대한 대량학살을 공식적으로 허용했다는 증거가 있었는데도 말이다. 그리고 베트남 전쟁을 캄보디아로 확전시키는 결정을 쉽게 내리면서 연쇄적으로 일어난 사건들은 결국 1975년 이후 폴 포트(Pol Pot)와 크메르 루즈(Khmer Rouge)의 만행◎으로 이어졌고, 국민 전체를 거의 멸절시킬 뻔했다. "캄보디아는 실수가 아니었다. 범죄였다."라고 한 평론가는 주장했다.[64]

---

◎ 킬링필드(Killing Field)라 불리는 캄보디아 크메르 루즈 공산정권의 자국민 대학살. 전 국민의 4분의 1정도가 학살됐다 — 옮긴이.

정치가는 그가 어떤 의도에서 행동을 했든 상관없이 행동이 낳은 결과로 평가받아야 한다는 전제가 깔려 있는 주장이다.[65] 취한 행동과 그 행동이 낳은 효과 사이에 직접적인 관계가 있음을 증명할 수 있다면 그 기준은 합당하지만, 위에 언급한 네 가지 사례에서 이를 증명하기는 어렵다. 나이지리아와 파키스탄에서 일어난 만행이 어느 정도나 심각한지 워싱턴은 처음에는 분명히 알지 못했고, 설사 그런 일이 일어났다고 해도 행정부가 이를 막을 힘이 있었다는 증거도 없다. 부룬디도 마찬가지였다. 부룬디는 백악관의 우선순위에서 너무나도 낮은 위치를 차지했기 때문에 키신저는 부룬디와 관련된 핵심적인 결정들을 부하 직원들에게 맡기는, 관례를 벗어난 조치를 취했다.[66] 캄보디아의 경우 그곳에서 먼저 중립을 위반한 쪽은 미국이 아니라 북베트남군이었다. 폴 포트가 등장한 이유는 1970년 미국이 군사적으로 개입해서라기보다 1975년 하노이가 남베트남에 대해 최종적인 승리를 거두었기 때문이었다. 이러한 지역들에서 발생한 끔찍한 만행들에 대해 워싱턴에 책임이 있다고 주장하면 복잡하게 얽혀 있는 인과관계에서 단 한 가지 요소에만 지나친 비중을 두게 될 뿐만 아니라, 그러한 폭력과 공포를 자아내는 어설픈 호전성은 이 세상에 독자적으로 존재하지 않으며 오로지 미국의 행동(또는 수수방관)의 결과로서만 존재한다고 전제하는 셈이다.

"무도덕함"을 내세운 보다 설득력 있는 비판은 닉슨과 키신저는 목적이 수단을 정당화하도록 내버려둔 경우가 너무 많았다는 주장이다. 구체적인 목적을 달성하려고 서두르다가 이따금 부적절한 방법을 동원했고, 더 큰 목적을 달성하려고 심지어 파괴적인 방법까지도 썼다는 주장이다. 권력을 행사했던 사람 가운데 어떤 식으로든 똑같은 지적을 받지 않을 사람을 찾기는 어려울 것이다. 신학자 라인홀드 니버

(Reinhold Niebuhr)가 지적한 바와 같이, "개인이 보편적인 이상을 훼손하는 사례는 그 어떤 도덕적인 교리가 인정하고 싶어 하는 정도보다도 훨씬 더 인간의 행동에서 사라지지 않는 특징이다."[67] 그러나 닉슨과 키신저에게서 두드러진 점은 그들이 아직 권좌에 있을 동안 수단이 목적을 훼손한 정도에 있다. 취한 행동과 그 행동이 낳은 효과 사이에 부인할 수 없는 관계가 존재하는 두 가지 상황에서 이는 특히 분명히 나타났다. 칠레에서 민주적인 절차를 통해 선출된 살바도르 아옌데 마르크스주의 정부를 제거하려 한 시도와, 베트남전쟁을 끝내는 동시에 미국에 대한 신뢰를 잃지 않게 하려 한 시도가 바로 그러한 사례들이다.

냉전시대 내내 미국은 공산주의에 반대한다고 주장해 왔다. 공산주의가 혁명을 주장해서가 아니라 선택의 자유를 인정하지 않기 때문이었다. 국민이 공산주의를 내세우는 정부를 자유의지로 선출한다면 워싱턴은 그 판단을 존중해야 했다. 따라서 닉슨은 1971년 초 다음과 같이 인정했다. 아옌데의 당선이 "우리가 환영할 일은 아니지만, 그것이 칠레 국민들의 결정이므로. … 우리는 그 결정을 받아들였다. 미국이 개입하면, 자유선거에 개입해 선거 결과를 바꿔놓으면, 라틴아메리카 전역에 파장을 불러일으키고 칠레에서 일어난 일보다 훨씬 심각한 상황이 벌어졌을 게 뻔하다." 그해 말, 행정부의 외교정책 연례 보고서에서 "다양성의 공동체"라는 제목이 붙은 대목에서 키신저는 다음과 같이 지적했다. "우리는 정부들이 헌법적인 절차를 존중하는 쪽으로 발전하기를 바란다. 그러나 다른 주권국가들에게 그러한 질문에 대한 해답을 제공하는 게 우리의 임무는 아니다. 단지 우리는 본보기를 보여줄 뿐이다. … 우리는 칠레 정부가 우리와 맺을 의향이 있는 그런 종류의 관계를 맺을 의향이 있다."[68]

그러나 1970년 선거가 실시되기 오래 전에 백악관은 선거 결과가 아옌데의 반대편에 유리하게 나오도록 하기 위한 비밀작전을 승인했었다. 백악관은 ─ 군사 쿠데타까지 포함된 다양한 방법으로 ─ 그가 정권을 잡지 못하게 하려고 했다. 그가 취임하고 나서는 그의 정권을 "불안정"하게 만들 목적으로 경제적 정치적 압력을 가했다. 이 모든 시도는 아옌데의 통치 하에서 칠레가 카스트로의 쿠바 계열의 공산주의 독재체제가 되리라는 막연한 두려움 때문에 했다. "단지 국민이 무책임하다는 이유만으로 나라가 마르크스주의로 가도록 내버려 두어야 할 이유는 없다."라고 키신저가 말했다고 전해진다. 민주주의를 보존하기 위해서 기꺼이 민주주의를 전복하겠다는 듯한 오웰풍의 (Orwellian) 발언이다. 아옌데가 실제로 카스트로가 간 길로 갔을지 알 수는 없다. 그는 축출되어 1973년 9월 사망했고 ─ 암살인지 자살인지 분명히 밝혀진 적이 없다 ─ 닉슨 행정부는 (분명히 직접 그의 죽음에 관련되지는 않았지만) 기쁨을 감추지 못했다. 첫째, 곧 닉슨과 키신저가 칠레에서 수행한 비밀작전에 대해 거짓말을 한 사실이 분명해졌다. 둘째, 그들의 행동은 마르크스주의가 라틴아메리카에서 성공하려면 오직 폭력적인 수단을 통해서, 오직 미국의 반대를 꺾어야 가능하다는 보다 호전적인 마르크스주의 옹호자들의 시각이 옳았음을 증명해 주었다. 셋째, 행정부는 달갑지 않으나 민주적으로 선출된 정권을 용인하는 데 실패했다.[69]

칠레에 대한 키신저의 입장은, 서유럽의 유로공산주의에 대한 입장과 마찬가지로, 민주적인 방법으로 창출된 정권이라고 해도 미국은 오직 특정한 범주 내에 속하는 정치적 결과만 받아들일 수 있다는 생각이었다. 미국이 다양성을 수호한다고 해서 힘의 균형을 어떤 식으로든 깨뜨릴지 모르는 정부까지도 받아들이겠다는 뜻은 아니었다. 키신저는 자신의 참모들에게 "다양성의 한계는 우리가 정한다."[70]라고 인정한 적이 있다. 그러나 다양성을 제한하려면 큰 대가를 치러야 한다는 사실을 키신저는 깨달았다. 1974년 말 칠레에서 한 일과 관련된 정보가 공개되면서 칠레를 비롯해 다른 비밀활동에 대한 의회의 조사가 길게 이어졌다(그리고 낱낱이 공개되었다).[71] 게다가 원칙에서 벗어난 이런 행동을 정당화할 만한 위험이 존재했었는지는 절대로 증명할 수 없다. 비밀작전은 가상의 위협이 현실화되지 못하게 막는 게 목적이기 때문이다. 1971년 닉슨은, 마치 앞날을 내다본 듯이, 칠레에 개입하면 발생할 파장은 애초에 개입을 야기한 도발보다 훨씬 나쁠지도 모른다고 공개적으로 발언을 했었다.

목적에 부합하지 않는 수단을 사용하는 행태는 닉슨 행정부가 베트남에서 전쟁의 확산을 차단할 때도 나타났다. 수용가능한 평화협정이 체결될 때까지는 베트남에 남아 있어야 한다고 주장한 가장 큰 이유는 국내에서는 자신감을, 해외에서는 미국에 대한 존중심을 잃지 않기 위해서였다. 닉슨은 1969년 말 베트남에 관해 처음으로 중요한 대국민 연설을 하면서 다음과 같이 말했다. "동맹을 배반하고 우방을 실망시키면서 여전히 위대한 나라일 수는 없다. 우리가 남베트남에서 패배하고 굴욕을 당하면 아직 세계를 정복하겠다는 목표를 포기하지 않은 강대국들이 무모한 행동을 하도록 조장하게 될 게 분명하다." 키신저도 수십 년 후 자신의 회고록에서 다음과 같이 감상적인 어투로 똑같은 주장을 했다.

나를 국민으로 받아들여 준 나라의 도덕적 중요성을 믿는다. 자유진영에서 오직 미국만이 폭정을 일삼는 세력에 맞서 세계 안보를 보장할 만큼 강하다. 오직 미국만이 정체성을 지키기 위해 투쟁하는 국민들, 앞으로 나아가고 존엄성을 지키기 위해 투쟁하는 국민들을 고무(鼓舞)

할 힘과 품위를 겸비했다. 우리가 세계에 대한 책임을 저버리거나 자기 혐오에 굴복한다면 아무도 미국에게 구조를 요청하지 않는다.

수용 가능한 협상 타결안의 전제조건들은 간단했다. 미국의 전쟁포로 석방과 독립국가로서 남베트남의 생존 보장이었다. 이러한 내용으로 좁혀 보면 닉슨 행정부는 성공했다. 4년 후 하노이는 전쟁포로에 관한 워싱턴의 입장을 수용했고, 사이공의 티우 정권의 지속을 인정하기로 했다. 따라서 백악관 나름의 기준으로 볼 때 백악관은 1973년 1월 파리 평화협정이 타결되면서 "길고 큰 대가를 치른 전쟁을 영예롭게 끝내는" 성과를 올렸다고 주장할 만했다.[72]

그러나 선택한 수단이 추구한 목적 – 국내에서는 자신감을, 국외에서는 미국에 대한 존중을 보존한다는 목적 – 에 부합했는가? 이처럼 눈에 보이지 않는 대상은 정확하게 측정하기가 불가능하다. 그래도 베트남에서 패배와 굴욕을 당하지 않기 위해 닉슨과 키신저가 이용한 수단들이 그들이 일어나지 않게 막으려고 한 바로 그러한 결과를 낳지 않았는지 여부에 대해 의문을 제기할만한 이유가 있다. 존슨 임기 동안 기만 수법이 공적인 신뢰도를 훼손시키는 효과를 낳았다는 명백한 증거가 있는데도 불구하고, 닉슨 행정부는 운신의 폭을 넓히기 위해 기만 수법을 계속 썼고 심지어 확장하기까지 했다. 따라서 닉슨은 1970년 3월 "우리는 캄보디아의 중립을 존중한다."라고 공개적으로 말할 수 있었다. 그보다 한 해 앞서 캄보디아를 비밀리에 폭격하라는 명령을 내리고 이를 은폐하기 위해 군사기록을 위조했으면서 말이다.[73] 그해 말 그는 미국 지상군을 캄보디아에 파병해 미국은 그의 말마따나 "처량하고 무기력한 거인"이 아님을 과시했지만, 그 과정에서 전례 없는 국내 혼란을 야기했을 뿐만 아니라 의회로 하여금 처음으로 심각하게 대통령의 전쟁수행 권한을 제한하려는 시도를 하게 만들었다. 대통령의 권한이 도전을 받는 상황에 대해 우려한 닉슨은 도청과 무단침입을 재가했고 이는 워터게이트(Watergate)로 이어졌다.* 그 사건은 다시 대통령의 권한을 훼손하는 결과를 낳았고, 이 때문에 소련의 군비 증강에 맞서 연계나 재무장 정책을 실행하기 어려워졌을 뿐만 아니라, 포드 행정부는 북베트남이 휴전협정을 위반하면 남베트남을 구하겠다고 한 닉슨의 약속을 이행하기 불가능해졌고 실제로 1975년 그런 일이 벌어졌다.

수년 동안 지원을 해주었는데도 스스로 일어설 능력을 갖추지 못한 사이공 정부를 살리기 위해 필요하다고 생각된 미국의 "명예"라는 개념을 지키려고 이 모든 대가 – 1969년부터 1973년 사이의 기간 동안 추가로 미국인 20,553명과 무수한 베트남인들이 목숨을 잃었다는 사실을 포함해서74) – 를 치를 가치가 있었는지 의문을 품을지 모르겠다. 1975년 사이공 정부가 붕괴되었지만 놀랍게도 미국 내에서는 잘잘못을 따지는 일이 거의 벌어지지 않았다. 사반세기 전에 있었던 "누구 때문에 중국을 잃었나." 논쟁은 되풀이되지 않았다. 미국 동맹국들 간에 경각심이 조성되지도 않았다. 이 사실은 지금 당시를 돌이켜보며

---

* "이제 돌이켜보니 알겠다. 나는 베트남전쟁이 신속히, 또는 쉽게 끝나지 않으리라는 사실과 반전운동의 태도와 가치관이 매체를 도배하게 되고 나는 이에 맞서게 되리라는 사실을 깨닫고 나서 내가 그토록 경멸하던, 반전운동 지도자들의 사고의 틀에 이따금 말려들어갔다. 그들은 자기들이 부당하고 비도덕적이라고 규정한 전쟁을 당장 끝내도록 만들겠다는 일념으로 어떤 행동도 정당화하게 되었다. 마찬가지로 나도 외교정책을 수행하는 정부의 역량을 보호하고 내가 생각하기에 평화를 불러올 수 있는 최선의 방식으로 외교정책을 수행하는 데 몰두했다. 나는 국가안보가 걸린 문제라고 믿었다. 지금도 여전히 그렇게 믿는다. 그리고 지금 똑같은 상황에 놓인다면 그때 했던 대로 할 것이다. 양측이 한 행동, 상대방의 행동에 대해 보인 반응, 지나친 행동 등에 대해서는 역사가 최종적인 심판을 내리게 된다. 그리고 나는 그 심판이 두렵지 않다." (*RN: The Memoirs of Richard Nixon* [New York: 1978], pp.514-15.)

장기간에 걸친 철군 전략을 정당화하는 증거로 이용된다.[75] 그래도 여전히 닉슨과 키신저가 베트남에 잔류함으로써 깊은 인상을 주려고 한 대상들 – 미국 국민, 해외 동맹국들, 중국인은 분명히 그 대상이었고 아마도 러시아인들조차도 그 대상이었을지 모른다 – 은, 비용을 줄이고 더 일찍 철군하는 게 미국의 공식 입장이었다면, 유감스러워하기보다 안도했으리라는 생각이 든다. 나랏일을 할 때 "영예"를 지키는 일도 상식에 부합해야 한다. 어마어마한 비용을 치르면서 도달 불가능한 목표를 열정적으로 추구한다고 질이 제고되지는 않는다. 목적에 공감하는 관찰자가 보기에도 그렇지 않다.

　"무도덕"했다는 주장의 또 다른 측면은 닉슨과 키신저가 "인권"보다도 국제관계의 안정과 질서를 더 중요시했다는 질책이다. 묘하게도 미국 정치 지형에서 좌우를 막론하고 이 입장을 지지한다.[76] 리버럴들은 닉슨 행정부가 남한, 필리핀, 파키스탄, 이란, 그리스, 포르투갈, 그리고 1973년 이후 칠레의 독재정권과 친밀한 관계를 유지했다고 비판한다. 미국이 공산주의에 맞서 세계 힘의 균형을 유지하기 위해서 그들의 도움이 필요했기 때문에 이러한 나라들에서 민주적인 절차가 억압되는 상황을 용인했다는 주장이다. 반대로 보수주의자들은 닉슨 행정부가 소련, 동유럽, 중국에서 자행되는 인권유린에 맞서기 꺼렸다고 불만을 토로한다. 이 나라들에서 일어난 반체제운동이 데탕트의 제단에 제물로 바쳐졌다고 주장한다.

　이 두 주장 모두 어느 정도 진실이다. 닉슨 행정부 – 2차 대전 후 들어선 그의 전임 행정부들도 모두 그러했듯이 – 는 좌익 독재보다 우익 독재에 대해 훨씬 너그러운 태도를 보인 게 분명하다. 우익 독재정권은 소련 위성국가가 될 위험이 없었다. 게다가 우익 독재가 좌익 독재보다 뒤집힐 가능성이 훨씬 높다는 인식이 워싱턴에 팽배했다.[77] 따라서 백악관은 냉전에서 독재라는 사실 외에는 "옳은" 편에 속한 나라들에서 인권이 억압되어도 크게 문제 삼지 않는 경향이 있었다. 데탕트를 볼모삼아 모스크바로 하여금 자국민이나 위성국가 국민들에 대한 처우를 개선하게 만들려 하지도 않았다. 이는 다음과 같은 사례들에서 명백히 드러난다. 키신저가 잭슨 수정안에 대해 보인 반감, 1975년 헬싱키 회의 전날 백악관에서 알렉산드르 솔제니친(Alexandr Solzhenitsyn)을 영접하지 않기로 한 포드의 결정을 키신저가 지지했다는 점, 그리고 키신저가 — 본의 아니게 공개된 "소넨펠트 독트린(Sonnenfeldt doctrine)"*을 통해서 — 동유럽과 소련 간의 보다 "유기적인" 관계를 지지한 점 등이다.[78] 이는 외교에서 이념보다 이익을 강조하겠다는 닉슨 행정부의 결의와 일맥상통하는 입장들이었다. 키신저는 훗날 "우리의 목표는 우리의 외교정책에서 일체의 감상주의를 청산하는 일이었다."라고 회고했다.[79]

　　그러나 외교에서 감상을 배제했다고 해서 반드시 무도덕한 외교가 되지는 않는다고 키신저는 생각했다. 그의 사고에는 세계정치의 도덕적 측면에 대한 놀라울 정도로 강한 염려가 내재되어 있다. 국무장관으로서 이 주제에 대해 그가 한 연설을 보면, 우드로 윌슨 이후로 서로 갈등관계인 권력과 이상을 조화시키려고 가장 부단히 애쓴 흔적이 엿보인다.[80] 키신저는 이 딜레마를 (과거에 케넌이 그랬듯이) 전형적

---

* 국무성 참사관이자 키신저의 측근인 헬무트 소넨펠트(Helmut Sonnenfeldt)의 이름을 따서 이렇게 불렸다. 그는 1975년 12월 런던에서 미국 대사들이 모인 자리에서 비공개라고 생각하고 다음과 같은 발언을 했다. "동유럽과 소련의 관계가 유기적인 관계로 진화하도록 돕는 정책을 펴야 한다.… 소련의 강력한 지정학적 영향력이라는 맥락 안에서 보다 자율적인 동유럽의 존재에 대한 분명히 가시적인 열망에 부응하는 정책이어야 한다." (Summary of remarks, *New York Times*, April 6, 1976.)

인 니버(Niebuhr) 식의 관점에서 해소했다. 정치에서 힘의 균형은 도덕적 원칙과 모순되지 않는다고 그는 주장했다. 왜냐하면, 이상은 전쟁이나 무정부상태가 지속되는 여건에서는 꽃피지 못하기 때문이다. 힘을 이용해서 최소한의 질서를 확보해야 비로소 정의가 실현될 수 있다. 그는 1975년에 다음과 같이 주장했다. "정치가의 진정한 사명은 힘의 균형으로부터 인간이 처한 여건을 개선할 긍정적인 역량을 도출해 내는 일이다 – 안정을 창의성으로, 긴장완화를 자유의 신장으로, 자기방어에 대한 인간의 집착을 인류의 진보로 전환하는 일이다." 그의 회고록에도 다음과 같은 구절이 있다. "역사가 우리에게 주는 가르침이 있다면, 힘의 평형 없이는 평화도 없고, 억제수단 없이는 정의도 없다는 사실이다. 그러나 모호한 현실을 헤치고 나아가는 과정에서 치러야 할 희생에 의미를 부여해 줄 길을 제시할 도덕적인 나침반이 없다면 어떤 나라도 앞에 놓인 선택지들에 맞서지 못하고 심지어 선택지들을 제한하지도 못하게 된다."81)

외교정책이 어느 정도나 도덕적 원칙을 반영해야 하는지에 대한 논쟁은 오래전부터 진행되어 온 해결되지 않은 숙제다. 나라는 자고로 뭔가를 "표방"하는 게 중요하다는 주장이 있다. 공통된 열망을 바탕으로 한 이념은 자신감, 원동력을 창출하고 "역사"가 자기편이라는 확신을 갖게 해준다. 그러나 키신저가 경고했듯이 이념은 위험하기도 하다. 자신에게 지나치게 집착하면 자기가 지닌 힘이나 적이 지닌 힘에 대해 오판을 내리게 된다. 그리고 양측 모두에게 이익이 될 수 있는 합의를 배제하게 된다. 닉슨–키신저가 외교정책에서 "감성"을 "청산"하려고 노력한 이유는 오직 그런 토대를 바탕으로 해야만 냉전의 긴장을 완화시킬 합의에 도달하게 된다고 진정으로 믿었기 때문이라는 데 의심의 여지가 없다. 그런데 문제는 - 키신저의 외교에 대해 "무도덕" 하다는 비판이 제기되는 이유 - 이렇다. 키신저가 그 절차를 지나치게 밀어붙인 나머지 자신감을 잃지 않고 국민이 지지하는 외교정책을 수행하는 데 필요한 이념적 토대를 훼손시키게 되었는지 여부다.

1976년 무렵 "무도덕"에 대한 우려가 널리 확산되었다는 사실 자체가 그 질문에 대한 답은 그렇다는 뜻이다. 그 우려가 논리적인 분석을 토대로 했든, 정치적인 편의주의에서 나왔든, 감정적인 충동에서 나왔든 상관없이 말이다. 키신저는 정말 성실히 노력했지만, "질서"로써 "정의"에 접근하고, 인권을 지정학적 안정에 필요한 요구조건들과 통합시키는 자신의 전략을 지탱해 줄 대중의 합의를 구축하는 데 성공한 적이 없다. 키신저 본인도 1968년에 "평형은 우리가 세상사에 대처할 때 내세우는 목적이 아니다."라며 이러한 난관을 예견했었다.[82] 전후에 질서가 확립되지 않은 세계환경에 대처해야 했던 전임 행정부들의 우선순위에서 "정의"는 크게 눈에 띄는 자리를 차지하지 못했다. 어찌 보면, 키신저와 그가 보좌했던 대통령들이 잠시나마 세상사에 "질서"를 부여하는 데 성공한 덕분에 미국인들이 "정의"라는 기준을 자신들에게 적용하는 사치를 누릴 수 있었다는 점에서, 그들이 추진한 외교정책이 "무도덕"했다는 비판은 오히려 그들에 대한 찬사일지 모른다.


## V


헨리 키신저는 미국이 외교정책을 수행할 때 지적인 일관성을 부여한다는 목적을 달성하는 데는 대체로 성공했다. 그 결과 미국은 닉슨 행정부 첫 몇 년 동안 끝 모를 전쟁에 얽매이는 자기 파괴적인 상황에서 벗어나 3자 힘의 균형을 유지하는 축으로 부상했고, 이러한 구도는 당시에 세계가 나아갈 방향을 결정했다. 한 나라가 패배한 처지에서 지배하는 위치로 이처럼 신속하게 변신한 사례는 찾아보기 어렵다. 그러나 이러한 성취는 지속되기가 불가능했다. 법에 따라, 전통에 따라, 운영상 필요에 따라 정책 입안에 영향을 미치게 된 이들을 정책입안 과정에서 배제해야 했기 때문이다. 이 문제를 인식한 키신저는 의회, 관료조직, 국민에게 자기가 추진하는 정책의 정당성을 납득시키려고 부단히 노력했지만, 크게 성공하지 못했다. 결국 그가 만든 체제는, 그가 글에서 논한 메테르니히, 캐슬레이, 비스마르크와 마찬가지로, 전략적 혜안과 확고한 권위가 동시에 존재하는, 일어날 가능성이 매우 희박한 상황에 의존하게 되었다. 역사는 그러한 우연의 일치를 그리 오랫동안 용인하지 않는다는 사실을 누구보다도 키신저가 먼저 인정했을지도 모른다.

# 11

# 레이건, 고르바초프, 그리고 봉쇄의 완결

1977년 포드 행정부가 퇴임하면서 키신저도 국무장관 자리에서 물러날 무렵 대칭적 봉쇄와 비대칭적 봉쇄 공히 그 한계가 분명히 드러났다.

대칭은 점증하는 위협, 주변부에서 힘의 균형을 깨려는 시도가 중심부로 확산될 위험으로부터 보호하는 장치는 되었다. 실제로 그런 위험이 없어도 심리적으로 위협을 받으면 실제로 그런 위험이 있는 셈이었다. 대칭 전략은 다양한 차원에서 대응할 수 있게 해 주었으므로 정책을 입안하는 이들은 확전 아니면 굴욕이라는 양자택일이 아니라 보다 폭넓은 선택지들을 사용할 여지가 있었다. 그러나 적으로 하여금 경쟁의 속성과 장소를 선택하도록 해 주었으므로 방어하는 입장인 나라는 거의 무한한 재원이 필요했다. 팽창주의적 경제이론에도 불구하고 미국은 상당히 오랜 기간에 걸쳐 대칭적인 봉쇄전략을 유지할 의지도 역량도 갖춘 적이 없다. 한국과 베트남에서처럼 그런 시도를 했을 때는 오직 좌절하고 환멸감을 느끼게 되었고 기진맥진했다. 그런 상황에서는 전투는 이길지 몰라도 – 그마저도 장담하지는 못하지만 – 전투에서 이기려다가 전쟁에서 패할 가능성이 있다.

비대칭은 재원이 한정되어 있다는 현실을 인정하고, 전투에서는 이기고 전쟁에서는 지는 사태가 발생하지 않도록 하기 위해 대응 방법을 취사선택할 필요성을 강조했다. 이 전략은 여러 가지 선택지보다는 다양한 수단에 집중했고, 때로는 상황에 따라 자신의 장점을 적의 약점에 적용할 필요성을 강조했다. 그렇게 함으로써 주도권을 유지했지만 때로는 쉽게 변호할 수 없는 입장을 취해야 하거나 대결 국면을 확장해 새로 취할 입장을 만들어내고 이를 이용해야 하는 대가를 치르는 경우가 있었다. 따라서 강한 정신력이 요구되었다. 주변적 이익과 필수적 이익, 용인 가능한 위협과 용납할 수 없는 위협, 타당한 대응과 그렇지 않은 대응을 이성적으로, 냉철하게 구분해야 했다. 심리적 불안감이 조성되거나 도덕적 원칙이 발동하는 상황에 대한 방어책이 없었는데, 이 두 가지는 민주주의에서는 절대로 무시할 수 없는 사안이다. 캐넌이 주장한 바와 같이, 외줄타기를 하면서 균형을 유지하기도 벅차다.1) 그런데 정책을 비판하는 사람들이, 비판하는 이유가 무엇이든, 양쪽에서 외줄을 흔들어대면 더더욱 전략을 추진하기가 어렵다.

이에 대한 해결책은 뻔했다. 각 접근방식마다 장점은 취하고 약점을 버리면서, 속성상 대칭도 비대칭도 아닌 새로운 봉쇄전략을 만들어 내야 했다. 포드 후임으로 대통령이 된 지미 카터는 바로 이러한 방식을 추구했지만 실패했다. 그런데 카터의 후임인 로널드 레이건도 카터처럼 색다른 전략을 수립했지만 카터와는 달리 예상을 뛰어넘는 성공을 거두었다. 그 결과 레이건의 후임으로 대통령에 취임한 조지 H. W. 부시(George H. W. Bush)는 전략으로 봉쇄해야 할 위협이 더 이상 존재하지 않는 세계를 물려받았다. 부시가 퇴임할 무렵에는 냉전 40년 동안 봉쇄해야 할 위협이었던 국가도 더 이상 존재하지 않았다.

## I

지미 카터는 오랜 세월 동안 미국의 외교정책을 지배해온 봉쇄전략에 대한 집착을 깨겠다는 굳은 결심을 하고 1977년 백악관에 입성했다. "소련의 팽창은 거의 필연적이지만 이를 봉쇄해야 한다"는 믿음에서 벗어날 때가 되었다고 그는 주장했다. "공산주의에 대한 막연한 공포 때문에 그러한 공포심을 공유하기만 하면 독재자도 포용했던 시대," "때로는 우리의 가치를 포기하고 대신 적이 지닌, 결함이 있고 잘못된 원칙과 전술을 채택하는" 경향을 보인 시대, 베트남이 야기하고 "일부 우리 지도자들이 내심 품었던 비관주의 때문에 더욱 훼손된 신념의 위기" 시대를 극복해야 한다고 주장했다. 카터는 다음과 같이 주장했다. "지금은 새로운 세계이고 새로운 세계를 만들어 나가는 데 우리가 도움이 되어야 한다. 새로운 미국의 외교정책이 요구되는 새로운 세계. 품격 있는 가치관과 낙관적인 역사관을 토대로 한 정책이 필요하다."2)

그러나 채 3년이 못 되어 카터는 미소관계를 "세계가 평화를 누릴지, 세계적인 갈등에 휩싸일지 여부를 결정하는 가장 중요한 요인"으로 규정하고, 과거의 봉쇄정책을 칭송하고 군 징집제도를 되살리고, 정보수집 역량을 "부당하게 제약"하는 조치들을 철폐하고, 국방비 지출을 연 5퍼센트 늘리고, 러시아인들이 "도발하면 그에 합당한 실질적인 대가를 치르도록" 만들겠다는 결의를 표명하고, 심지어 자기 나름의 "카터 독트린"을 선언하기까지 했다. "페르시아만 지역을 장악하려는 시도를 하는 그 어떤 외부세력도 미국의 필수적인 이익을 침해하려는 시도로 간주하고 군사력을 비롯해 필요한 수단을 총동원해 이를 막

아 내겠다."라는 내용이었다.3) 봉쇄의 시대는 갔다는 선언은 시기상조
였던 듯싶다.

3년은 많은 일이 생기기에 충분한 시간이다. 그렇게 단기간 안에
정권의 가장 근본적인 지정학적 가정을 완전히 바꿔야 한 정권은 카터
가 처음은 아니다. 그러나 1950년 트루먼 행정부가 이같은 행동을 할
때는 (케넌이 주장한) 비대칭 봉쇄에서 (NSC-68이 주장한) 대칭 봉쇄로
접근방식을 바꾸기 위해서였다. 이와는 대조적으로 카터 행정부는 이
둘 가운데 어느 쪽과도 연대하지 못했고, 세계에서 미국의 이익이 무
엇인지에 대한 일관성 있는 개념 정립이나 그 이익에 대한 잠재적인
위협은 무엇이고 그에 대한 타당한 대응방법은 무엇인지에 대한 논리
가 없었다. 그렇게 된 데는 국내정치와 참모들의 개성, 외부적인 상황
이 서로 부딪치고 이를 해결하지 못하는 대통령의 무능까지 겹쳐 카터
의 참모들 간에 의견이 일치하지 않았기 때문인 이유도 있다. 그러나
또한 대칭도 비대칭도 더 이상 만족스러운 봉쇄 방법이 되지 못하며,
봉쇄전략이 생명을 유지하려면 뭔가 새로운 모습으로 변모해야 할 때
가 왔다는 증거가 점점 늘어나고 있었기 때문이기도 하다.

새로 취임하는 행정부의 수반은 하나같이 전임자로부터 자신을
차별화 하려고 애쓰지만, 카터의 경우 특히 그런 결의가 강했다. 인권
과 도덕, 개방과 권력 분산, 동맹과 중립국들과의 관계 강화를 강조하
고, 소련의 행동을 수정시키는 수단으로서의 연계 전략 포기, 오래전
부터 미국 외교정책의 핵심적인 관심사로서의 지위를 누려온 소련에
게서 그러한 특권을 박탈하겠다는 선언 등에서 자기만의 독특한 정체
성을 구축하고 헨리 키신저가 드리운 길고 위협적인 그림자에서 벗어
나려는 절박함마저 느껴졌다.4)

카터가 이렇게까지 한 한 가지 이유는 키신저의 정책과 본질적

으로 다른 점이 거의 없었기 때문이라는 흥미로운 해석도 있다. 카터 행정부는 지난 민주당 정권의 대칭적 대응을 되살리려는 어떤 노력도 하지 않았다. 모든 이익은 필수적이고, 모든 위협은 위험하며, 이러한 위협에 맞서기 위해서는 모든 수단을 동원해야 한다는 시각으로 돌아가려는 노력 말이다. 오히려 카터는 공화당 행정부의 비대칭적 접근방식을 답습했다. 필수적 이익과 주변적 이익을 구분하고, 위협을 여러 차원으로 구분하고, 가용 수단에 상응하는 대응 방식을 유지한다는 시각 말이다. 카터는 특정 공산주의자들을 봉쇄하기 위해 또 다른 공산주의자들과 협력하는 키신저의 관행도 이어갔다. 신임 카터 행정부는 러시아인들과의 협상의 중요성에 대해서도, 특히 전략무기 통제와 관련해, 의문을 제기하지 않았다. 여봐란 듯이 연계정책을 포기했지만5) 이조차도 초기에 얼핏 그런 인상을 주기는 했지만 과거의 관행과 단절하기 위해서가 아니었던 듯 싶다. 1976년 초 키신저도 이미 SALT는 거래용 조건으로 사용하기에는 너무 중요하다고 결론을 내렸었다.6) 그렇다면 방법에서 볼 때 공화당 행정부와의 지속성은 상당했다.

그러나 겉보기는 전혀 달랐다. 카터와 그의 참모들은 새 전략을 개발하지 않았지만, 기존의 전략에서 매우 눈에 띄는 구상들의 바탕이 되는 기본적인 전제들을 취하여 마치 세계에 대한 미국의 접근방식이 바뀐 듯이 보이게 만들었다. 이 가운데는 한 발 앞서가는 전술도 있고, 키신저가 결코 해내지 못한, 데탕트에 대한 국내 지지를 구축하려는 노력도 있었다. 그러나 내용적으로는 과거 전략과의 연속성을 유지하면서 겉으로는 혁신적인 전략으로 포장하려니 혼란이 생겼고, 카터 행정부가 소련을 대할 때에는 아무런 전략도 없다는 인상을 주었다.

이를 가장 잘 보여주는 사례가 바로 인권문제다. 카터는 선거운동 기간 동안 자신의 정책을 닉슨, 포드, 키신저의 정책과 차별화하기 위해 인권에 초점을 맞췄다. 카터 대통령이 진심으로 인권이라는 명분에 천착(穿鑿)했다는 사실은 의심의 여지가 없다.[7] 그러나 인권을 중요한 우선순위로 여긴 데는 정치적인 이유도 있었다. 소련에 대한 키신저의 "유화책"에 반대한 우익 진영의 비판론자들의 지지도 얻고, 키신저의 정책이 "무도덕"했다고 비판하는 좌익 쪽의 지지도 얻으려는 방편이었다. 그러나 그는 하필이면 미국 협상가들이 러시아인들을 설득해 SALT II가 제한하는 전략무기를 대폭 줄이게 하려고 – 미국에게 훨씬 더 이득이 되는 무기감축이었다 – 애쓰고 있을 때 마침 인권문제를 거론했다.[8] 크렘린 지도자들은 워싱턴의 신임 행정부를 신뢰할 수 있다고 생각하지 않는 한 이러한 협상안을 받아들일 리가 없었다. 미국 주재 소련 대사로 오래 근무한 아나톨리 도브리닌은 훗날 다음과 같이 회고했다. "카터가 의도했는지 아닌지 모르지만, 그의 정책은 데탕트를 소련 국내 사정과 연계하는 전략이 토대였다. 이는 전임 행정부들이 추진한 정책으로부터 갑작스러운 이탈을 뜻했고, 필연적으로 모스크바와 그의 관계를 경직시켰다."[9]

카터가 이러한 양립 불가능한 정책들을 동시에 추진한 이유는 그의 정체성과 어느 정도 관련이 있다. 그는 도덕주의자이자 엔지니어라는 데 자부심을 느꼈다. 이 두 가지를 겸비하면 자신감을 느끼는 데는 도움이 되지만, 기술적 문제와 궁극적인 문제에 사로잡혀 그 사이에 놓인 전략이라는 영역이 끼어들 여지를 남겨놓지 않는다는 약점이 있다.[10] 그 결과 신임 대통령은 인권에 대한 자신의 도덕적 국내 정치적 신념과, 무기통제라는 목표를 달성하겠다는 지정학적 인도주의적 결의를, 일치시키지 못했다. 그는 소련의 반체제 인사들을 포용하고 이러한 행동이 내정간섭이라는 측면에서 지니는 의미까지도 받아들이는 동시에 다른 사안들에 대해서는 "평소와 다름없이" 협상을 진행할 수 있다고 생각했다. 이 접근방식의 정당성을 합리화하려고 연계정책을 포기한다고 공개적으로 밝힌 점도 도움이 되지 않았다. 왜냐하면, 워싱턴이 연계정책을 포기한다고 해도 모스크바는 분명히 무기통제와 인권문제를 연계시킬 게 틀림없었기 때문이다.

우선순위를 명확히 하는 데는 카터의 참모들도 도움이 되지 않았다. 그의 국가안보보좌관인 즈비그뉴 브레진스키(Zbigniew Brzezinski)는 키신저와 마찬가지로 학자 출신이었다. 그러나 두 사람은 이론적으로는 더할 나위 없이 달랐다. 키신저는 세상사를 일관성 있는 관점으로 바라봐야 한다고 강조했다. (1957년에 출간된) 『회복된 세계(A World Restored)』를 보면 그로부터 15년 후에 그가 실행하려 한 정책들을 대체로 가늠할 수 있다. 브레진스키의 글에는 그러한 깊이가 나타나지 않았다. 대신, 그의 글을 비판한 한 인사의 말마따나, "상황이 바뀔 때마다 그때 그때 유행하는 사안이나 개념을 취사선택하는 경향이 지속적으로 나타나고 상투적인 지적 유행에 지나치게 의존하는 경향이 있었다."[11] 브레진스키는 국가안보보좌관으로 취임하자 서로 모순되는 목표들을 추진했다고 본인 입으로도 밝혔다. 소련을 인권문제와 관련해 "이념적으로 수세"에 몰리게 하고, "보다 포괄적이고 보다 호혜적인 데탕트"를 추진하고, "내 생각으로는 지나치게 집착한다 싶은 미소관계에서 벗어나는" 목표를 추진했다.[12] 소련을 개혁의 대상과 협상 대상으로 삼는 동시에 무시하는 세 가지 일을 동시에 할 수 있다고 전제한 듯하다.

카터의 국무장관 사이러스 밴스(Cyrus Vance)는 훨씬 직설적인 접근 방식을 추구했다. 케네디와 존슨 행정부 동안 워싱턴에서 오랜 경험을 쌓은 뉴욕 주 변호사인 밴스는 자신이 해야 할 가장 중요한 임무는 러시아인들과의 협상을 통해 핵전쟁의 위험과 "제3세계"에서 갈등이 일어날 위험을 줄여 미국의 주의가 산만해지지 않도록 하고, 장기적으로 안정적인 초강대국 관계를 구축하는 일이라고 생각했다. 그는 모든 이익과 위협이 서로 연결되어 있다고 보는 "글로벌리스트" 시각을 불신했다. 그는 한 부문의 협상에서 이룬 진전을 다른 부문에서 발생하는 일과 연계하는 방식을 싫어했다. 그리고 인권이라는 명분에 공감하면서도 이를 워싱턴과 모스크바 간의 관계를 설정하는 가장 중요한 기준으로 삼기를 꺼려했다.[13]

머지않아 밴스와 브레진스키 사이에는 갈등이 생겼는데, 이 갈등은 미소 관계에 대한 행정부의 공개적인 발표문에도 고스란히 반영되었다. 이러한 갈등이 가장 분명한 드러난 사례는 1978년 6월 7일 카터가 미국 해군사관학교에서 한 연설문인데, 이 연설문은 대체로 카터 본인이 작성했다. 한 역사학자에 따르면, 이 연설문은 "데탕트의 중요성을 재확인하는 동시에 대결을 조장하는 전략을 천명하는 모순된 내용 때문에 대체로 당혹스럽다는 반응이 나왔다."[14] 브레진스키가 만든 초안과 밴스가 만든 초안을 대통령이 그냥 한 데 묶었다는 우스갯소리가 속출했다. 도브리닌은 카터의 정책에는 "견고하고 일관성 있는 방향"이 없다면서 러시아 문학에 등장하는 이미지를 연상시킨다고 했다. 이반 크릴로프(Ivan Krylov)의 우화에서 "백조, 물고기, 새우"가 손수레를 끄느라고 헛수고를 하는 장면 말이다.[15]

키신저의 전략을 그대로 유지하면서 그 전략을 비판하는 이들을 회유하려니 문제가 생겼다. 키신저 전 국무장관과 그를 비판한 이들은 소련을 바라보는 시각이 서로 모순되었다. 키신저는 미국 쪽이 확고한 입장을 견지하고 인내심을 발휘하면 더불어 합리적인 타협안을 도출해낼 수 있는 상대로 소련을 여긴 반면, 그를 비판하는 이들은 소련을 맞서는 방법 외에는 미국이 그 어떤 식으로도 더불어 상대해서는 안 되는 공격적이고 비도덕적인 세력으로 여겼다. 한 입장을 수용하면 다른 입장은 거부해야 한다. 그런데 카터는 바로 이런 양자택일을 하지 않으려고 했다. 그 결과 카터는 우선순위 ─ 무엇을 먼저 하고 무엇을 나중으로 미루고 무엇을 절대 하지 말아야 하는지에 대한 분명한 생각 ─ 를 정한 적이 없다. 카터는 훗날 "최소한 나는 여러 전선에서 동시에 움직이는 게 당연하다고 생각했다."라고 인정했다.16) 정책을 만드는 사람들은 거의 항상, 추구할 가치가 있으나 서로 양립 불가능한 목표들 사이에서 무엇을 추구할지 선택해야 한다. 카터 행정부는 전혀 그럴만한 자질을 갖추지 못했었다.

　　그러나 카터 행정부가 직면한 난관은 내부 혼란뿐만이 아니었다. 카터 행정부가 취임한 시기는 운 나쁘게도 하필 소련이 세계 힘의 균형을 깨뜨리려는 일련의 시도들을 하고 있을 때였을 뿐만 아니라, 미국이 이에 맞서는데 여느 때와는 달리 상당한 제약에 직면한 시기와도 겹쳤다. 이러한 문제들은 조직화 역량이 탁월하고 가장 정책적인 일관성이 있는 행정부라 해도 해결하기가 힘들었을 것이다. 카터는 이러한 난관을 그리 잘 헤쳐 나가지 못했다. 그렇다고 해도 복잡하고 골치 아픈 상황이었다는 사실로 미루어 볼 때, 다른 이들이라고 잘 해결했을지는 의문이다.

　　소련이 미국의 명실상부한 군사적 경쟁자로 부상했기 때문에 이 나라를 상대하기가 더 어려웠는지 아니면 오히려 쉬웠는지에 대한 추측이 오래전부터 제기되어 왔다.17) 한 부류는 미소 간의 군사력이 비슷해지면 크렘린 지도자들이 자신감이 붙고 그러면 자제력도 생겨서 협상하려는 의지도 강해진다고 주장한다. 또 한 부류는, 군사적으로 동등해지면 오만하고 공격적이고 서구 진영의 약점을 얕보게 되므로 전쟁의 위험을 감수하지 않는 한도 내에서 가능하다면 이 여건을 이용하겠다는 의지가 강해진다고 주장했다. 카터는 임기 동안 이 두 이론이 모두 일정 부분 옳은 것으로 증명됐다고 생각했다. 그가 인권을 부르짖었지만 러시아인들은 전략무기를 제한하는 협상에 계속 진지하게 임했고, 그 과정에서 미국에 놀라울 정도로 많은 양보를 했다.[18] 그러나 이 시기 동안 그들은 또한 신형 SS-20 중거리 미사일을 유럽에 배치하고 앙골라와 에티오피아의 마르크스주의 정권에게 군사적 지원을 했으며, 1979년 12월 아프가니스탄을 침공하는 가장 불순한 만행을 저질렀다.

이제는 이러한 조치들이 쇠락하는 제국이 보인 단말마(斷末魔)였다는 게 분명해졌지만, 당시에는 그렇게 보이지 않았다. 브레즈네프 정권은 베트남에서 미국이 패배하자 이를 "제3세계"의 또 다른 지역에서 기회를 포착하라는 신호로 해석했다 - 이는 상당히 정확한 정세 판단이었다고 소련 문서들이 증명해 준다.[19] 이와는 상관없이 1979년 1월 미국의 오랜 추종자였던 이란 왕 정권이 축출되고, 7월에는 니카라과에 산디니스타 정부가 들어서고, 11월에 테헤란에서 미국인들이 인질로 잡히는 등 독자적인 사건들이 연달아 발생하면서 미국은 큰 좌절을 겪었다. 따라서 소련의 아프가니스탄 침공은 미국에게 연속적으로 발생한 굴욕적인 사건들 가운데 가장 극적인 사건이었을 뿐이고, 이러한 사건들은 역사의 물결이 분명히 미국에게 불리한 방향으로 흐르고 있었음을 보여주며, 어떤 형태의 봉쇄전략이든 - 대칭이든 비대칭이든 - 이러한 물결을 전환할 수 있을지에 대한 의문이 제기되었다.

이러한 난관을 더욱 복잡하게 만드는 요소는 전후 시대에 미국이 세상사에 대처하는 역량에 전례 없이 제약이 가해졌다는 사실이다. 여기에는 베트남 전쟁 후 "기존의" 외교정책 전문가들 내에서도 미국이 합법적으로 무력을 쓸 수 있는 경우는 거의 없다는 확신을 하게 되었다는 사실도 포함된다.[20] 또 다른 문제는 베트남 전쟁의 후유증으로 여전히 물가상승이 계속되면서 체력이 허약해졌고, 설상가상으로 중동 석유에 대한 의존도가 높아지면서 미국이 행동할 역량을 더욱 제한했다는 사실이다.

따라서 카터 행정부 내에 서로 상반된 의견이 존재했다는 사실이 전혀 놀랍지가 않다. 브레진스키와 국가안보회의 구성원들은 SALT II 협상이 지연되더라도 러시아인들에 대해 강경노선을 취하려고 한 반면, 밴스와 국무성과 무기통제를 지지하는 세력들은 러시아인들이 결국 "제3세계"에 지나치게 개입하는 무리수를 두고 자멸하게 되리라는 논리를 펴면서 지속적인 협상을 강조했다. 아프가니스탄 사태가 이 논쟁을 잠재웠다. 제2차 세계대전 이후 최초로 소련과 동유럽 바깥 지역에서 소련이 붉은 군대를 이용한 이 사례 때문에 카터 행정부는 상원에 제출한 SALT II 협정을 철회하고 데탕트 방향을 향한 추가적인 조치는 잠정적으로 중단하는 방법 외에는 선택의 여지가 없었다.

1980년 1월 23일 대통령의 강력한 "카터 독트린" 연설에 귀를 기울인 사람들은 아마 아프가니스탄 사태로 충격을 받은 카터 행정부가 대칭적 대응의 관점에서 이익과 위협을 바라보는 시각과 거의 다름없는 입장을 수용하게 되었다는 결론을 내렸을 게 뻔하다. 그러나 카터는 에너지 의존도가 높아지고 두 자릿수 물가상승을 기록하는 시대에 그런 전략을 뒷받침하는 데 필요한 수단들을 어떻게 마련할지에 대해서는 전혀 언질을 주지 않았다. 백악관이 새롭게 채택한 강경노선에 대한 지지를 모으려면 넘어야 할 난관이 여러 가지이고, 징집자 등록에 대한 반대도 확산되고 있었으며, 곡물과 기술금수 조치에다가, 모스크바 올림픽 불참까지 선언하면서 최상층부의 지도력이 위기에 처했을 뿐만 아니라 밑에서도 말을 듣지 않고 저항하는 분위기가 팽배해졌다. 이런 상황에서는 카터 행정부보다 규율이 엄격하게 지켜지는 행

정부에서조차도 효과적인 대전략은 고사하고 일관성 있는 전략조차
추진하기가 어려웠을지 모른다.


Ⅱ


　　카터의 전략은 – 보시다시피 – 냉전 시대의 대칭적 혹은 비대칭
적 봉쇄 어느 쪽에도 맞아떨어지지 않았기 때문에, 1980년 대통령 선
거 결과가 어느 접근 방식을 지지했는지 혹은 거부했는지 판단하기가
어렵다. 그러나 선거 결과가 증명한 점이 있기는 하다. 바로 경각심이
높아졌다는 점이다. 소련은 승승장구하고 있는 듯이 보였다. 미국은
실제로 쇠퇴했는지는 모르지만 쇠퇴하고 있는 듯이 비춰졌다. 기존의
정책에 대한 불만은 최소한 1952년, 1960년, 1968년, 1976년 못지않
게 강했고, 로널드 레이건의 압승은 미국이 나아가던 방향을 바꾸고
미국의 힘을 되찾으라는 국민의 명령을 뜻했다. 그러나 그게 봉쇄전략
에 부여하는 의미가 무엇인지는 전혀 분명하지 않았다.

　　가장 큰 불확실성은 1981년 1월 취임한 인물과 관련 있었다. 레
이건은 영화와 TV배우로 경력을 쌓은 최초의 – 마지막은 아니다 – 중
요한 미국 정치인이었다. 그는 배리 골드워터(Barry Goldwater)◎ 보수
주의자로서 정치적 두각을 드러냈고, 1967년부터 1975년까지 캘리포
니아 주지사를 지내고 1968년과 1976년 대선에 대통령 후보로 나섰었
다. 그는 봉쇄에 대한 민주당의 접근방식 못지않게 공화당의 접근방식

---

◎ 미국 정치인, 사업가, 저자. 애리조나 주에서 다섯 차례 상원의원에 당선되고 1964년
　대통령선거에선 공화당 후보, 대선에서는 압도적인 표차로 참패했다. 1960년대에 미
　국의 보수주의 정치운동의 부활에 불을 지핀 인물이란 평가를 받는다. – 옮긴이

도 비판했고 키신저가 실행한 정책의 이른바 무도덕성을 비난하면서 1976년 당시 현직 대통령인 포드가 공화당 대통령 후보지명을 받지 못하게 만들 뻔했을 뿐만 아니라, 1980년에는 카터에 대해서는 도덕적 우려 때문에 미국이 힘을 제대로 쓰지 못했다고 비난했다. 레이건이 취임할 무렵 분명했던 사실이 딱 한 가지 있었다. 데탕트는 사망하여 매장되었고, 신임 행정부는 그 죽음을 최소한 애도하지는 않았다는 사실이다. 신임 대통령 본인이 3년 앞서 라디오 청취자들을 상대로 인정했듯이 "나는 데탕트를 잃어버릴지 모른다는 생각에 딱히 머리카락을 쥐어뜯으며 덜컥 겁을 먹지는 않았다."[21]

수 년 동안 지식인, 언론인, 정적들은 레이건이 화면발이나 잘 받는 경량급 정치인으로 사고가 너무 단순해서 봉쇄전략을 성공시키기 위한 건설적인 생각은커녕 봉쇄가 뭔지도 모른다고 얕보았다. 레이건은 자기 입장을 정할 때 체계적인 연구보다는 직관에 훨씬 의존했던 것은 사실이다. 이런 점에서 그는 카터와 두드러지게 달랐다. 그는 중서부 출신에 할리우드에서 경험을 쌓아서 이따금 현실을 영화와 뒤섞는 경향이 있었지만, 그가 지닌 직관은 민주주의와 자본주의에 대한 흔들리지 않는 믿음과 공산주의에 대한 혐오, 자신이 생각하기에 선악의 대결에서 절대로 타협은 불가능하다는 입장, 그리고 냉전이 핵 학살로 끝날지도 모르며, 그리하여 결국 성경에서 예언한 아마겟돈이 실현될지도 모른다는 깊은 공포심을 아울렀다.[22] 이는 대통령직에 임하는 사람으로서는 정설을 매우 벗어난 태도였다. 게다가 레이건이 최고령 행정부 수반으로서 취임했다는 사실 ─ 그는 취임식 직후 70세를 맞았다 ─ 까지 고려해 볼 때, 사람들에게 호감을 주는 이 노인이 대체로 자기 참모들이 이끄는 대로 따라가리라고 생각하는 게 무난한 예측인 듯했다.

이 예측은 여러 모로 틀린 것으로 드러났다. 첫째, 이 예측은 레이건이 대통령이 되기 전에 자기 경력을 얼마나 잘 관리해 왔는지를 간과했다. 중도적인 공화당 대통령들 – 닉슨과 포드 – 이 백악관을 차지하는 동안 공화당을 오른쪽으로 이동시키기는 쉬운 일이 아니었다.[23] 둘째, 이 예측은 레이건이 의식적으로 연출한 자연스러움을 감안하는 데 실패했다. 그는 자신을 비판하는 이들보다 자신이 아는 게 적은 척하는 버릇이 있었다. 자신이 선택한 목적지를 향해 묵묵히 나아가면서도 떠밀려가는 듯이 보였다.[24] 셋째, 1975년부터 1980년까지의 기간 동안 그가 수백 차례 라디오 원고와 연설문에서 한 말을 무시한 예측이었다. 연설문 작성자의 도움 없이 자기가 직접 노트에 손으로 써서 거의 매일 한 이러한 발언들은 국내와 국제적 현안들에 대한 자신의 입장과 관련해 현대의 그 어떤 대통령직 희망자보다도 훨씬 방대한 양의 기록들을 제공해 준다.[25] 이러한 기록들은 냉전을 종식시킬 포괄적인 전략을 제시하지는 않았다. 이는 레이건이 백악관에 입성한 후에 일어난 일에 대응하는 과정에서 점진적으로 등장하게 된다. 그러나 이러한 라디오 방송에서 그가 한 발언과 연설에는 그 전략의 토대가 된 대부분의 개념들이 담겨 있었다 – 그리고 그러한 개념들은 대체로 레이건 본인에게서 비롯되었다는 사실을 말해 준다.

그 당시 가장 분명했던 것은 낙관주의였다. 미국이 세계체제 안에서 겨뤄 성공할 역량이 있다는 믿음이었다. 암울한 미래에 직면한 상황에서도 레이건이 지닌 자신감에 상응하는 정도의 자신감을 품고 백악관에 입성한 대통령을 찾으려면 1933년 루즈벨트 시절로 되돌아가야 한다. 루즈벨트와 마찬가지로 레이건도 미국은 스스로에 대한 평가 이상으로 강인하다고 믿었고, 시간은 미국의 편이며, 이러한 사실들은 수사(修辭)와 표정과 행동으로 미국 국민에게 전달될 수 있다고 믿었다. 그는 1979년 라디오 청중을 대상으로 다음과 같이 말했다. "가끔씩 우리가 성취한 일들을 스스로 상기할 필요가 있다. 다른 사람의 말에 넘어가 빈대잡자고 초가삼간 태우는 일이 일어나지 않도록 하려면 말이다. 우리 체제는 우리를 실망시킨 적이 없다 – 우리가 체제를 이따금 실망시킨 적은 있지만 그야 우리가 인간이니 어쩔 수 없는 일이다."26)

이 논리를 따라가면 소련은 보기보다 약하며 시간은 소련 편이 아니라는 결론에 도달하게 된다. 레이건은 일찍이 1975년에 공산주의는 "어느 날 사라질 일시적인 탈선인데, 그 이유는 인간의 본성에 반하기 때문"이라고 주장했다.27) 이 또한 곧 취임할 대통령으로서는 이례적인 입장이었다. 봉쇄는 공세를 취하는 적에 대해 항상 미국이 방어적으로 행동한다는 근본적인 전제를 깔고 있었고, 가까운 미래에는 이 길을 계속 갈 가능성이 높았다. 이제 소련이 세계적 차원에서 영향력뿐만 아니라 전략적 무기체계에서도 우월한 지위를 차지하려고 밀어붙이는 듯이 보이는 바로 그 순간에 레이건은 그러한 전제를 거부하고 미국이 탁월한 지위를 되찾고 그 지위를 영원히 유지할 전망을 제시했다.

그는 미국 쪽에는 확장 가능한 재원이 있다는 전제 하에 이런 전망을 제시했는데, 이 시각은 NSC-68과 일맥상통하는데, 레이건은 1975년 이 문서의 기밀이 해제된 직후 방송에서 이 문서를 읽고 논의했었다. 훗날 그는 다음과 같이 회고했다. "자본주의가 우리에게 공산주의와의 투쟁에서 쓸 막강한 무기를 쥐어 주었다 – 돈이다. 러시아인들은 무기경쟁에서 절대로 이기지 못한다. 그들이 얼마를 쓰든 우리는 그들보다 더 많이 쓸 수 있기 때문이다. 영원히."28) 한편 소련은 군사적인 우위를 추구하느라 "온갖 종류의 소비재"를 자국 국민들에게 제

공하지 않고 있었다. "이반(Ivan)이라는 시민이 불만을 참지 못하고 말
대답을 하게 되면 우리는 뜻밖의 동맹을 얻게 된다."라고 그는 1977년
기록했다.29) 레이건은 대통령에 취임한 후 정보보고서를 받아 보고 소
련 경제가 "구제불능"의 지경에 이르렀다고 확신하게 되었고, 그렇게
된 데는 "무기에 어마어마한 지출을 했기 때문인 이유도 있다. 우리가
국가로서 소련체제의 이러한 균열을 이용해 붕괴 과정을 가속화할 방
법이 뭘까."라고 생각했다.30)

소련은 이념의 영역에서도 취약하다고 레이건은 주장했다. 레이
건은 1976년 소련의 군비증강에 대해 경고하기 위해 폴 니츠가 설립한
"현존하는 위험 위원회(Committee on the Present Danger)"를 지지했음
에도 불구하고,* 군비만으로도 소련이 미국과 효과적으로 경쟁할 수
있다는 전제를 절대로 받아들인 적이 없다. 모스크바가 인권을 존중하
는 데 실패한 점은 군사 강대국이라고 해도 심각한 약점이라고 그는
주장했다. 레이건은 소련이 동유럽을 장악해도 좋다고 인정한 – 근시
안적인 – 발상이라는 이유로 헬싱키 회의에 반대했지만, 1979년 무렵
"철의 장막 뒤편에서 뭔가 심상치 않은 일이 일어나고 있는데 우리는
이를 간과해 왔고, 이 심상치 않은 일이 인류에게 희망을 준다. … 데
탕트는 좀 자제하고 반체제인사들의 용기를 좀 더 북돋아주면 무장한
사단 여러 개의 가치가 있다."31)

그러나 상호 확증 파괴는 버려야 했다. 케네디까지 거슬러 올라
가는 모든 전임 대통령들과는 달리, 레이건은 핵공포의 균형이 안정적

---

* 현존하는 위험 위원회의 명칭은 1950년에 NSC-68의 실행을 위해 로비하기 위한 목
적으로 설립된 예전의 기구에서 따왔다. Paul Nitze, with Ann N. Smith and Steven
L. Rearden, *From Hiroshima to Glasnost: At the Center of Decision: A Memoir* (New
York: 1989), pp.353-54; Jerry W. Sanders, *Peddlers of Crisis: The Committee on the
Present Danger and the Politics of Containment* (Boston: 1983).

인 국제체제로 이어진다는 주장을 받아들이지 않았다. "그런 정신 나 간 소리는 들어본 적이 없다."라고 했다.[32] SALT 절차는 상호 확증 파괴를 강화하는 방향으로 가게 되어 있고 따라서 결함이 있었다. 핵 무기에 대한 의존성을 줄이거나 그러한 무기가 대량으로 계속 존재함 으로써 야기되는 위험을 줄이지 못하기 때문이었다. 레이건은 1980년 연설문 초안에 다음과 같이 기록했다. "나는 솔직한 협상을 통해 양측 이 서로 상대방에게 더 이상 위협이 되지 않는 수준까지 핵무기를 감 축하고 이를 확인 가능하도록 할 의향이 있다고 끊임없이 말해 왔다. 그러나 나는 협정에는 합의할 수 없다 - 구체적으로 SALT II 협정 말 이다. 이 협정은 사실상 핵무기 증강을 합법화한다."[33]

데탕트는 소련과의 협상을 부추기기 때문에 문제가 되는 게 아 니라 미국의 힘을 적극적으로 이용하지 않는다는 게 문제였다. "합의 를 위한 합의"를 모색하는 게 취지였다. 레이건은 "우리는 양측이 다 양한 종류의 무기들을 제한하는 합의에 이르기 전까지는 국방 역량을 증강시킬 계획"임을 러시아인들은 명심해야 한다고 했다. 그러나 "우 리가 억제력을 구축할 의지와 결의가 있다면 진정한 평화도 가능하다. … 크렘린 사람들은 그러한 결의에 직면해 진정한 무기제한이 타당한 지 판단을 내릴 수 있다."[34] 그렇다면 레이건이 보기에 데탕트를 거부 하는 게 핵전쟁의 위험을 줄이고 냉전시대의 이견을 협상을 통해 타결 하는 방향으로 진전하는 셈이었다.

그러나 그러한 타결이 성사되려면 소련 자체의 속성이 근본적으 로 바뀌어야 한다. 이는 케넌이 처음으로 봉쇄전략을 주장한 이유로서 봉쇄전략이 추구하는 장기적인 목표였다. 그러나 핵 위험이 점점 높아 지면서 소련의 내부 개혁에 대한 미국의 관심은 점점 줄어들었다 - 카 터 행정부가 인권을 최우선순위로 손꼽을 때까지.[35] 그러나 카터는 데

탕트는 유지하면서 인권 개선을 모색했다. 이는 헛수고였다. 한 나라
에 대해 국제무대에서 협력을 하도록 유인하는 동시에 그 나라의 내부
구조에 대해 이의를 제기할 수는 없는 일이었다. 레이건은 소련을 개
혁하려면 데탕트는 포기해야 한다고 생각했다. 그는 1980년 8월 다음
과 같이 기록했다. "우리의 외교정책은 우리 체제의 위대함과 미국이
추구하는 이상의 힘을 본보기로서 보여주어야 한다. 우리는 러시아 국
민들이 지금처럼 흘러간 과거에 갇혀서 사는 대신 자유와 존엄을 누리
며 살게 되기를 그 무엇보다 소망한다."[36]

　　그렇다면 레이건은 경량급이 아니었다. 그는 대체로 스스로 생
각해낸 분명한 개념들을 탑재한 채 대통령에 취임했다. 1947년 케넌이
세운 목표로 다시 돌아가 봉쇄전략을 제대로 실행할 방법에 대한 개념
말이다. "소련의 정책이 제대로 작동하기 어렵게 엄청난 부담을 가중
시키고, 크렘린이 최근에 시행했던 것보다 훨씬 더 온건하고 신중한
정책을 펴도록 강제하고, 결국 이런 식의 경향을 촉진시켜서 소련이
붕괴되든가 소련의 위력이 점차적으로 온건해지든가, 어떤 식으로든
그러한 경향이 해소될 배출구를 찾도록 만들어야 한다."[37] 레이건은
이를 실행하기 위해 현 소련 정권의 정당성을 인정하지 않고 맞서고,
무기 경쟁에서 등가성을 추구하지 않고 우월성을 되찾고, 인권 사안에
대해 타협하지 않고, 양측 무기체계에 존재하는 그 어떤 것보다도 막
강한 무기로 인권을 이용했다. 소련 대사 도브리닌은 훗날 이렇게 말
했다. "내가 관찰한 바로는 레이건은 세부사항을 꼼꼼히 따지지는 않
았을지 모르지만 자기가 원하는 게 뭔지는 분명히 알고 있었다."[38]

## Ⅲ

이전의 여러 봉쇄전략들과 마찬가지로 레이건의 봉쇄전략도 그가 백악관에 입성할 무렵 아직 확고히 수립되어 있지 않았다. 전임자들이 그랬듯이, 그도 자신이 보기에 선거에서 패한 전임자가 실행해 치욕스러운 결과를 낳은 정책으로부터 거리를 두겠다고 마음먹었다. 그러나 그는 같은 공화당 소속인 닉슨과 포드가 남긴 업적을 포함해 전임 행정부들이 남긴 업적을 모두 거부했다는 점에서 이례적이었다. 신임 레이건 대통령은 또한 전임자와는 달리 자기 전략을 구축하고 내용을 설명하기 위해 보좌관에게 의존하지 않았다. 국무성에는 알렉산더 헤이그(Alexander Haig)와 조지 슐츠(George Shultz), 국방부에는 캐스퍼 와인버거(Casper Weinberger), 중앙정보국에는 윌리엄 케이시(William Casey) 같은 중량급 전문가들이 포진하고 있었지만, 레이건 행정부에는 케넌, 니츠, 덜레스, 로스토우, 키신저, 브레진스키처럼 자신이 몸담은 행정부에서 영향력을 행사한 사람은 아무도 없었다. 슐츠가 가장 그러한 역할에 근접했지만 그것도 레이건의 두 번째 임기 때에 가서다. 레이건이 국가안보보좌관을 여섯 명 ─ 리처드 앨런, 윌리엄 클라크, 로버트 맥팔렌, 존 포인덱스터, 프랭크 칼루치, 콜린 파월 ─ 이나 갈아치웠다는 사실은 결국 상당한 정도로 본인이 수석전략가 역할을 했다는 뜻이다. 도브리닌은 대통령과 처음으로 긴 대화를 나누고 나서 "레이건은 진짜 우두머리"임이 분명하다는 결론을 내렸다.[39]

레이건이 추구하는 목적은 분명했다. 달성하기 벅찬 목적이긴 하지만. 소련 구체제가 붕괴될 정도로 밀어붙여서 새로운 부류의 소련 지도자가 등장할 길을 마련하는 일이었다. 케넌, 니츠, 그리고 초기 봉쇄전략가들은 모스크바가 언젠가는 마르크스주의 – 레닌주의가 실패했고, 러시아 제국주의 추구는 헛수고임 – 소련 국가를 건설한 두 가지 토대 – 을 인정하게 될 가능성을 포기하지 않았다.[40] 그러나 대칭 봉쇄도 비대칭 봉쇄도 그 비슷한 결과도 낳지 못했고, 1981년 초 레이건이 취임할 무렵 소련의 명백한 힘과 실제로 보인 행동으로 미루어볼 때 그렇게 될 가능성은 매우 희박해 보였다. 당시에는 소련 경제가 파산 지경에 이를지, 아프가니스탄이 모스크바의 베트남이 될지, 솔리다르노시치(Solidarność, Solidarity '연대'라는 뜻)라고 불리는 폴란드 노조(레흐 바웬사가 이끈 자유노조 – 옮긴이)가 동유럽 공산주의의 종말을 예고할지, 또는 소련 자체가 10년 만에 사라지게 될지는 전혀 분명하지 않았다.

　　그 후 몇 년에 걸쳐 레이건이 구축한 전략이 이러한 일들이 벌어지게 만들지는 않았다. 오랜 세월 동안 소련과 위성국가들 내부에 축적되어 온 구조적 긴장에서 비롯된 사건들이다. 1980년에 카터가 재선되었다고 해도 어느 시점에 가서는 이러한 사건들이 위기를 야기했을 게 뻔하다. 그러나 그렇게 빨리, 그 정도로 명백한 결과를 낳았을지는 별개의 문제다. 카터의 정책이 모스크바의 관점에서 어떻게 보였을지 모르지만, 레이건 이전의 그 어떤 행정부도 이러한 긴장상태를 십분 활용해 의도적으로 크렘린 지도부를 불안정하게 만들고 정권의 몰락을 가속화하려 하지는 않았다.

　　과거에 대칭에서 비대칭으로 오락가락 하며 봉쇄정책이 바뀐 이유는 미국이 얼마만큼 견뎌낼 수 있을지에 대한 시각이 각 행정부의 대통령과 그 참모들마다 달랐기 때문이다. 따라서 트루먼은 한국전쟁 이전부터 미국의 경제는 물가상승을 촉발하지 않고도 국방예산의 대폭 증가를 감당할 수 있다는 주장을 바탕으로 전략의 방향을 재설정하는 쪽으로 나아가고 있었다. 아이젠하워는 이러한 주장을 일축했고, 제한적인 전쟁이 야기할 정치적 비용을 우려하기도 했기 때문에, 그의 행정부는 '뉴 룩'의 형태로 비대칭 전략으로 되돌아갔다. 케네디와 존슨은 팽창주의적 경제철학을 포용했는데, 이러한 경제시각이 아니었으면 대칭적 대응으로 되돌아가기가 불가능했을 게 뻔하다. 닉슨, 포드, 키신저는 베트남에서의 무절제에 위축되어 다시 비대칭으로 돌아갔다. 카터가 키신저의 전략 내용은 계승하되 겉모습을 바꾼 이유 가운데는 과거에 대칭적 대응전략을 실행하면서 촉발된 물가상승 기조가 여전히 유지되고 있었기 때문에 대칭적 접근방식을 더 이상 실행하기가 어려웠기 때문인 까닭도 있다.

그러나 이러한 전략의 전환은 소련체제가 감당할 수 있는 정도와 아무 상관이 없었다. 인권을 문제 삼아 모스크바를 공격한 카터 행정부조차도 소련 내부의 약점을 이용하려는 그 어떤 체계적인 노력도 기울이지 않았다. 1977년에 작성된 첫 대통령 국가전략 지침은 미국의 기술적 경제적 정치적 장점에 대한 관심을 환기시키는 한편, "소련은 내부적으로 중요한 경제적 국가적 난관에 계속 직면하고 있다."라고 지적했다. 그러나 이러한 평가를 바탕으로 전략을 제시하지 않았고, 대신 "소련을 경제사회 개발과 평화적인 비전략적 무역과 같은 국제적인 활동에 건설적으로 참여시키려는" 노력뿐만 아니라 지역갈등을 관리하고 무기통제 합의를 이끌어내기 위해 모스크바의 협력을 확보하려는 노력을 기울이라고 권고했다. 1981년 무렵 일어난 그 모든 일들에도 불구하고 브레즈네프 정권과의 동반자 관계를 모색하는 전략은 카터가 퇴임할 때까지도 여전히 작동하고 있었다.[41]

1982년 5월에 나온, 국가전략에 관한 레이건의 첫 지침은 이와는 대조적으로 "소련의 경제적 약점이 야기할 부작용을 온전히 감당하게 만들고, 소련과 그 동맹국들 내에서 장기적으로 자유화와 민족주의 추세가 힘을 얻도록 부추기는" 노력을 해야 한다고 분명히 밝혔다.[42] 그로부터 3주 후, 영국 의회의원들을 대상으로 한 연설에서 레이건은 자신의 생각을 구체적으로 설명했다. 그는 카를 마르크스가 "위대한 혁명적 위기"가 발생하면 "경제질서에 대한 요구가 정치질서에 대한 요구와 직접 충돌하게 된다."라고 예측했는데, 이는 맞는 말이라고 지적했다. 그러나 이러한 위기가 발생할 지역은 자본주의 진영이 아니라 "자국 국민들로부터 인간의 자유와 인간의 존엄성을 박탈함으로써 역사의 물결을 거스르고 있는 나라" 바로 소련이었다. 핵보유 초강대국이라는 지위를 누리는 나라도 이러한 거대한 추세에서 자유롭지 못했다. "지도자들의 권력을 합법화할 평화로운 수단이 없는 체제는 내재적으로 불안정하기 때문"이었다. 따라서 서구 진영은 "자유는 운 좋은 소수만이 누리는 특권이 아니라 모든 인간이 누려야 하는 양도할 수 없는 보편적인 권리"라고 주장해야 했다. 따라서 "장기적인 계획을 세우고 희망을 간직해야 할 필요가 있었다. 자유와 민주주의의 전진으로 마르크스주의-레닌주의를 역사의 잿더미에 던져버려야 했다."[43]*

지금까지 이런 식으로 발언한 미국 대통령은 없었기 때문에 모스크바는 크게 동요했다. 훗날 도브리닌은 "카터보다 끔찍한 사람은 없다고 생각했는데, 이념과 선전에서 레이건은 카터와 비교도 안 될 정도로 위협적이었다."라고 회고했다.[44] 1983년 1월에 완성된 국가안보 결의지침(National Security Decision Directive) 75에 따르면, 신임 행정부는 "모든 국제적인 영역에서 소련과 지속적으로 효과적으로 경쟁

---

\* 당시 국가안보회의 참모로 일하던 역사학자 리처드 파이프스(Richard Pipes)는 이러한 문서 초안의 틀을 잡는 데 중요한 역할을 했다. (Richard Pipes, Vixi: *Memoirs of a Non-Belonger* [New Haven 2003], pp.197-200.)

함으로써 소련의 팽창주의를 봉쇄하고 장기적으로는 전복할" 방법을 모색했다.45) 대결해야 할 부문은 다양했다. 전쟁수행 전략에 대한 공개적인 논의를 통해 핵무기와 재래식 무기를 증강하고, 경제제재 조치를 취하고, 인권을 공격적으로 문제 삼고, 앙골라, 에티오피아, 니카라과에서 마르크스주의 정권에 반대하는 세력들뿐만 아니라 동유럽과 아프가니스탄에서 소련에 맞서 저항운동을 하는 세력들을 공개적으로 그리고 은밀하게 지원했다. 레이건이 영국 의회에서 한 연설에서 분명히 밝혔듯이, 심리전의 도구로서 수사(修辭)를 적극적으로 활용하는 방법도 전략에 포함되었는데, 이 추세는 1983년 3월 대통령이 소련을 "현대 세계의 악의 중심"이라고 주장하면서 절정에 달했다.46)

이 모든 정책은 마침 소련 내부에 오래전부터 피로가 누적되어 온 결과 경제가 정체되고 환경이 파괴되고 사회불안이 시작되고 – 선진 산업사회로서는 놀랍게도 – 기대수명이 하락하고 있을 때 나왔다. 한편 소련의 군사비 지출이 국내총생산에서 차지하는 비율은 15퍼센트에서 30퍼센트 사이를 오가고 있었다. 이에 상응하는 미국의 수치는 1970년대 후반 내내 5퍼센트를 밑돌았다.47) 이념적으로도 신체적으로도 기력이 쇠한 크렘린의 늙은 지도자는 이러한 상황이 전개되는데도 자폐적인 반응만 보였고, 이러한 추세는 1982년 11월 브레즈네프가 사망한 후에도 지속되었다. 정치국이 그의 후임으로 지명한 유리 안드로포프(Yuri Andropov)와 콘스탄틴 체르넨코(Konstantin Chernenko) 또한 죽을 날이 가까워오는 고령이었다.48) 이런 점에서 레이건은 전략을 밀어붙일 시기를 잘 선택했다.

그러나 밀어붙이는 데는 여전히 위험이 따랐다. 레이건은 데탕트를 파기하고 소련의 취약점을 이용하려면 핵전쟁의 공포를 되살려야 했다. 레이건 행정부 첫 2년 동안 바로 이러한 일이 일어났다. 그 당시는 쿠바 미사일 위기 이후로 미소관계가 가장 위태로웠던 시기처럼 보였는데, – 지금도 그렇게 보인다. 핵전쟁에 대한 공포가 되살아난 이유는 여러 가지다. 레이건이 SALT II 협정에 명시된 핵무기 수 제한을 준수할 의사를 밝혔음에도 불구하고 무기통제 협상이 결렬된 데서 비롯되기도 했다. 레이건의 참모들 쪽에서 과장된 표현을 구사했기 때문이기도 하다. 특히 "삽으로 충분히" 뒷마당에 방공호를 만들 수 있고 그러면 핵공격에서 살아남을 수 있다고 장담해 불멸의 명성을 얻은 관료도 있다. 1970년대 말 소련이 SS–20을 배치한 데 대한 NATO의 대응으로, 유럽에 퍼싱 II(Pershing II)와 크루즈미사일 배치가 가까워오면서 이에 반대한 시위가 벌어진 데서 비롯된 공포감도 있었다. 이 모든 공포는 미국 내에서도 선거 운동에 반영되었다. 소련과 미국의 핵무기 생산, 실험, 배치를 "동결"하고 1982년에 출간된 조너선 셸(Jonathan Schell)의 베스트셀러 『지구의 운명(The Fate of the Earth)』에도 핵무기가 신체적으로 생물학적으로 어떤 결과를 낳는지 생생하게 묘사되었고, 이와 마찬가지로 노골적인 장면을 담은 ABC 텔레비전 프로그램 〈다음날(The Day After)〉은 1983년 가을에 방송되었는데 핵공격을 받은 미국의 모습을 생생하게 묘사해 전국의 시청자를 사로잡았다.[49]

당시에 거의 아무도 깨닫지 못했던 사실이 있는데, 바로 레이건 또한 핵전쟁이 야기할 종말을 두려워했다는 사실이다 – 어쩌면 그를 비판한 이들보다 훨씬 더 두려워했는지도 모른다. 그는 일찍이 1976년 "몇 분 만에 우리가 사는 문명세계를 사실상 파괴할 수 있는 끔찍한 파괴력을 지닌 미사일"에 대해 경고했다.[50] 그가 상호 확증 파괴와 SALT 절차를 거부한 이유는 핵무기에 의존해 평화를 유지하면 머지않아 분명히 핵전쟁이 일어나게 된다는 오랜 신념에서 비롯되었다. 데탕트 자체도 핵의 위험을 동결했을 뿐 위험을 경감하는 효과는 전혀 없다고 그는 믿었다. 백악관에 입성한 직후 그는 핵전쟁의 위협을 줄이는 구상을 추진하기 시작했다. SALT를 START(Strategic Arms Reduction Talks)로 ─ "전략무기 제한협상"을 "전략무기 감축협상"으로 ─ 전환한 것도 그러한 구상의 일환이었다. 이는 당시로서는 파격적인 아이디어로, 유럽에서 모든 중거리 핵미사일을 단계적으로 철수시키기로 모스크바와 합의한 것도 그러한 구상의 일환이었다. 그러나 무기 통제라는 개념 자체가 과거 20년 동안 변해 오면서 무기 감축은 불가능하다고 기정사실화 하게 되었기 때문에 레이건의 제안은 핵 위험을 제거하는 방향으로의 진전이 아니라 진전을 무산시키는 노력으로 널리 인식되었다.51) 당시에 레이건은 무기통제 전문가들, 반핵 시위자들, 러시아인들, 그리고 본인의 참모들 대부분까지도 동요시켰다.

1983년 3월 23일 대통령이 발표한 전략방위구상(Strategic Defense Initiative, 이하 SDI)<sup>◎</sup>은 좌우의 정설을 모두 깨뜨렸다. 레이건은 장거리 핵미사일 공격에 대해 미국을 방어하는 프로그램을 승인함으로써, SALT I 합의를 떠받치는 기둥인 1972년 미소 간 전략무기 금지협정을 의문시하게 만들었다. 이렇게 함으로써 그는 취약성이 안전을 도모한다는 상호 확증 파괴의 기본 전제를 부인했다. 이로써 그는 케네디 행정부로 거슬러 올라가는 무기통제에 대한 미국의 입장을 뒤집었다. 그는 그때까지만 해도 논외로 했던 우주 공간으로 무기경쟁을 확장할 가능성을 제기했다. 그는 미국이 압도적 우위를 점하는 컴퓨터 기술을 이용했다. 소련이 미국을 따라잡는 데 가장 애를 먹은 분야였다. 그는 SDI를 핵 위험을 낮추는 목표와 연계했다. 미사일 방어는 결국 핵무기

---

◎ 대륙간 탄도미사일을 우주에서 요격하는 방어체계로서 "별들의 전쟁 계획(Star Wars Plan)"이라고도 불렸다 ─ 옮긴이.

를 "무력하고 쓸모없게" 만들게 된다고 주장했다.[52]

　　레이건은 전략미사일 방어개념을 창안하지 않았다. 미국과 소련은 SALT I 합의 이전에 그러한 체제를 개발하려는 노력을 기울여 왔고, 대 탄도미사일 협정은 이 체제의 제한적인 배치를 허용하기까지 했다.[53] 그러나 기술적인 문제들 때문에 국방부는 이를 포기했고, 따라서 1970년대 말까지 그 개념만 살아 있었는데, 특히 로렌스 리버모어 핵 연구소(Lawrence Livermore Nuclear Laboratory) 소속으로 수소폭탄의 아버지인 에드워드 텔러(Edward Teller)◎는 전략미사일 방어체계를 열렬히 지지했다. 그러나 이 체계는 정책 주류의 근처에도 가지 못하다가 레이건이 주요 정책으로 채택했다 – 그리고 그의 보좌관들과 동맹국들을 경악시켰다. 백악관 무기통제 협상 수석인 폴 니츠는 훗날 "나는 완전히 뒤통수를 맞았다."라고 고백했다. 슐츠 국무장관은 "나는 전략 방어와 관련된 그 어떤 것도 대통령의 의제에 포함되었다는 사실을 까맣게 몰랐다."라고 회고했다. 와인버거 국방장관은 "대통령의 발표에 대해 사전에 알지 못한 NATO 동맹국들이 경악하지 않도록 무마하려고" 허둥댔다.[54]

　　실제로 운용 가능한지의 관점에서 볼 때 1983년 당시의 SDI는 1950년대에 흐루쇼프가 주장한 전략미사일 우위 못지않게 현실에서 동떨어져 있었다. 이 개념에 레이건이 관심을 보이게 된 이유는 기술적 타당성에 대한 진지한 평가에서 비롯되었다기보다 미국이 소련 공격에 대해 자국을 보호할 수단이 없다는 데 경악했기 때문이었다 – 그리고 영화와 공상과학에 심취해 있었기 때문이기도 하다.[55] 그러나 대전략으로서 SDI는 돌 한 개로 여러 마리의 새를 잡는 놀라운 효과를

---

◎ 헝가리계 유대인 천재물리학자. 평생토록 전체주의에 강경하게 반대했다 – 옮긴이.

발휘했다. 한 연설에서 레이건은 핵을 동결하자고 먼저 치고 나가는 동시에 핵무기의 필요성을 줄이는 데 그치지 않고 필요성을 제거할 가능성을 제시했으며, 미국의 전략적 탁월함을 재확인했고, 소련이 미국과 경쟁할 가망이 없는 부문에서 소련에서 도전장을 내밂으로써 소련 지도자들로 하여금 애초에 미국과 경쟁할 명분이 있는지 심각하게 재고할 강력한 동기를 부여해 주었다. 이 주장을 한층 강화하기 위해 그는 후에 SDI 기술을 SDI로 방어하는 대상인 무기를 보유한 나라와 공유하겠다고 제안했다 – 너무나도 정설을 벗어난 제안이어서 레이건 본인을 제외하고는 거의 아무도 이 제안을 진지하게 받아들이지 않았다.56)

레이건은 모스크바가 냉전을 영속시키지 않고 종식시키는 방향으로 나아가는 한 모스크바와의 협상 가능성을 배제한 적이 없다. 그는 일찍이 1981년 4월 – 암살 시도◎에서 거의 목숨을 잃을 뻔한 후 회복 중일 때 – 브레즈네프에게 보낸 서신에서 "영속적인 평화를 달성하는 우리의 공동의 의무를 다하기 위해 의미 있고 건설적인 대화"를 희망한다고 밝혔다.57) 그가 1982년 5월에 내놓은 국가전략 지침은 비록 향후 몇 년은 "제2차 세계대전 이후 우리의 생존과 복리에 가장 큰 시련을 맞게 될 가능성이 있지만, 80년대 말 무렵이면 우리의 대응이 동서관계를 근본적으로 바꾸어 놓게 된다."라고 예측했다.58) 그는 1983년 2월 – "악의 제국"과 SDI 관련 연설을 하기 전 – 슐츠 국무장관과 은밀히 만난 자리에서 참모들이 유보적인 입장을 보이지만 자신은 러시아인들과 대화를 시작하고 싶다는 의사를 분명히 했다.59)* 그 직후

---

◎ 존 힝클리라는 젊은이가 영화배우 조디 포스터의 관심을 끌기 위해 레이건을 저격한 사건 – 옮긴이.

* 1983년 1월 레이건이 재가한 NSDD-75는 미국 전략의 주요 목표로서 "소련을 협상

그는 도브리닌 대사를 만난 자리에서 다음과 같이 말했다. "아마 소련 사람들은 나를 정신 나간 전쟁광으로 여길지도 모르겠다. 하지만 나는 우리 사이에 전쟁이 일어나길 바라지 않는다. 엄청난 재앙을 초래하리라는 사실을 잘 알기 때문이다. 우리는 새 출발을 해야 한다."[60] 가능성을 타진하기 위해서 레이건은 5년 앞서 모스크바 주재 미국 대사관에 망명 신청을 했지만 출국 허락을 받지 못한 오순절 교회 소속 집단의 출국을 비공개로 허용하라고 소련 정부에게 제안했다. 실제로 7월에 그들은 풀려났지만 이 사실은 거의 알려지지 않았다.[61]

　　그러나 그 어떤 것도 – 이미 죽을 날을 받아놓은 – 신임 소련 지도자 유리 안드로포프를 안심시키지는 못했다. 그는 미국이 "핵전쟁에서 이겨 보겠다고 핵전쟁을 일으킬 가장 좋은 방법을 찾느라 이런저런 궁리를 하고 있다."라면서 SDI를 맹렬히 비난했다.[62] 9월 1일 소련 공군이 사할린 상공에서 남한 민항기 KAL 007를 미국 정찰기로 오인하고 격추시키는 사건이 발생하자, 안드로포프는 이 사건이 "미국 특수부대가 치밀하게 준비해 실행한 도발"이라고 주장했다.[63] 그리고 서독 연방의회가 퍼싱 II와 크루즈미사일 배치를 예정대로 진행하기로 표결을 한 후, 안드로포프는 자국의 협상 담당자들에게 무기통제 협상을 전면 중단하라고 명령해 미소 관계는 수년 만에 최악의 상황에 빠졌다.

　　이러한 공식적인 입장은 안드로포프의 머리에 똬리를 튼 생각만큼 불길하지는 않았다. 그는 레이건 행정부가 소련을 상대로 핵 선제 타격을 계획하고 있다고 확신했다. 안드로포프는 1981년 자신이 아직

---

에 끌어들여 미국의 이익을 보호하고 신장시키며 엄격한 호혜성과 상호이익의 원칙에 부합하는 합의를 도출해 내도록 노력한다. 이는 매우 중요하다. 소련에서 정치적 승계절차가 진행되고 있기 때문이다."라고 밝히고 있다. (NSDD-75, "U.S. Relations with the U.S.S.R.," January 17, 1983, p.1.)

KGB 수장으로 재직할 때 소련 정보부서들에게 미국이 그러한 계획을 꾸미고 있다는 증거를 확보할 활동을 전 세계적으로 하라고 지시했다. 아무런 증거도 발견되지 않자, 그들은 애초에 그러한 지시를 야기한 가정이 옳았는지에 대해 의문을 제기하기는커녕 증거를 조작하는 쪽을 택했다.64) 이 작전은 1983년 11월에 여전히 진행되고 있었다. 당시 미국과 NATO 동맹국들이 "에이블 아처 83(Able-Archer 83)"◎라고 알려진 중요한 군사훈련을 시작했다. 이러한 계략은 과거에도 일어난 적이 있지만, 이번에는 최고위 관료들이 참여하고 새로운 통신 절차를 도입한 높은 수준의 훈련이었는데 모스크바는 이를 주도면밀하게 감시하고 있었다. 최악의 경우에 대비하라는 안드로포프의 지령을 받은 소련 정보당국은 "에이블 아처" 훈련은 실제 공격을 준비하고 있다는 사실을 감추려는 책략이라는 결론을 내렸다 – 그렇다면 소련의 전쟁 계획에 따라 미국에 대한 선제 핵타격을 실시해야 했다.65)

　　다행히 에이블 아처 위기는 평화롭게 마무리되었지만, 레이건은 심하게 동요했고, 1983년 가을 핵 위험은 그의 뇌리를 떠나지 않았다. 그는 〈다음날〉을 관람한 직후 – 몇 차례나 미룬 끝에 – 미국의 핵전쟁 계획에 관해 국방부의 총체적인 브리핑을 처음으로 받았다. 그는 후에 다음과 같이 기록했다. "국방부에는 아직도 핵전쟁을 '이길 수 있다'고 주장하는 이들이 있다. 나는 그들이 미쳤다고 생각했다. 설상가상으로 핵전쟁에서 이긴다는 식으로 생각하는 소련 장군들도 있는 듯하다."66) 모스크바에서 활동하던 영국의 첩보원 올레그 고르디에프스키(Oleg Gordievsky)가 에이블 아처 위기 당시에 얼마나 전쟁에 가까이 갔었는지 확인한 후, 레이건은 새로운 접근방식을 취하기로 했다. 1984년 1

---

◎ 유능한 사수(射手)라는 뜻 – 옮긴이.

월 16일 그는 연설을 하기로 했다. 이번에는 크렘린 지도부를 동요시키려는 목적이 아니라 안심시키기 위해서였다. 연설문에서 가장 중요한 문구는 레이건 본인이 쓴 흔적이 역력했다.

> 잠시 나와 함께 가정을 해 보자. (러시아의 평범한 남녀인) 이반이라는 사람과 아냐라는 사람이, 예를 들어, 대기실에서, 또는 비나 폭풍을 피해 대피소에 갔다가 (미국의 평범한 남녀인) 짐이라는 사람과 샐리라는 사람을 만나게 되었다. 그리고 언어 장벽도 그들이 서로 통성명을 하는 데 방해가 되지는 못했다. 그렇다면 그들이 자기 나라 정부들 간의 차이가 뭔지 따지고 있을까? 아니면 자녀 얘기를 하고 무슨 일을 하는지 서로 물어볼까? 그들은 헤어지기 전에 아마도 이루고 싶은 목표와 취미를 얘기하고 자기 자녀가 장래에 어떤 사람이 되었으면 좋겠다는 얘기를 하고, 생활을 꾸려나가면서 겪는 어려움에 대해 예기했을 것이다. 그리고 각자 갈 길을 가면서 아냐는 이반에게 이렇게 말했을지도 모른다. "샐리는 좋은 사람 같지 않아? 게다가 음악을 가르친다니 말이야." 짐은 어쩌면 샐리에게 이반에게서 들은, 그의 상사에 대한 장단점을 논할지도 모른다. 심지어 그들은 조만간 하루 날 잡아서 저녁식사를 같이 하기로 했을지도 모른다. 무엇보다도 사람들은 전쟁을 일으키지 않는다는 사실을 그들이 보여주었을 것이다.[67]

이 연설을 한지 3주가 채 안 되어 안드로포프는 사망했다. 그의 쇠약한 후임자 체르넨코는 처음에는 강경노선을 유지했지만, 레이건은 이를 다음과 같이 나약함으로 해석했다. "아마 그들은 우리가 무서운가 보다. 그리고 우리가 위협이라고 생각하나 보다."[68]

이러한 불안감을 덜어주기 위해서 레이건 대통령은 1984년 9월 치밀하게 준비한 백악관 회담에 소련 외무장관 안드레이 그로미코를 초청했다. "이 서릿발 같은 노쇠한 스탈린주의자"와 세 시간 논쟁을 한 끝에 레이건은 성과가 없다는 결론을 내렸다. "내가 점수를 땄는지 모르겠지만, 땄다고 해도 그로미코는 내게 내색하지 않았다. 그는 대리석처럼 딱딱했다."[69] 그래도 대통령은 자기 전략을 고수했다. 그의 국가안보보좌관 로버트 맥팔레인은 12월 도브리닌에게, 레이건은 "대통령직을 수행하는 동안 해야 할 기본적인 과업을 달성했다고 믿는데, 그 과업은 미군의 잠재력을 회복하는 일이다."라고 말해 그를 안심시켰다. 이제 "소련과의 관계를 점진적으로 개선하고 핵무기를 감축하는 합의에 도달할" 시기가 무르익었다고도 했다.[70] 캐스퍼 와인버거와 윌리엄 케이시가 조지 슐츠 국무장관이 러시아인들과 대화를 재개하려고 했다는 이유로 그를 경질시키려 하자, 레이건이 확고하게 국무장관 편을 들어주면서 이는 분명해졌다. 레이건은 일기에 이렇게 기록했다. "조지(George)는 내 정책을 실행하는 중이었다. 나는 캡(Cap)과 빌(Bill)◎을 만나 그들에게 이 점을 설명해 주려고 한다. 내키지 않지만 해야 할 일이다."[71]

　　슐츠의 정책에는 – 물론 레이건이 주도했다 – 한 가지 측면이 추가되었다. 바로 죽음의 신(Grim Reaper)◎이 모스크바에서 할 일을 마무리하기를 기다리는 일이었다. 1984년 여름 그는 대통령에게 다음과 같이 말했다. "조만간 정치국 고참들이 은퇴하거나 사망하고 그들과는 상당히 다른 시각을 지닌 젊은 인물들로 교체되면 소련인들은 세대교체라는 장애물에 직면하게 된다." 이들은 "제2차 세계대전 후에 태어난 세대다. 그들은 이념을 앞의 세대만큼 생사가 걸린 문제로 여기지 않고, 기술을 훨씬 신뢰하며, 진정으로 효과적인 정책을 모색하리라

---

◎ 캡과 빌은 각각 캐스퍼 와인버거와 윌리엄 케이시의 애칭 – 옮긴이.
◎ 낫을 들고 검은 망토를 두른 모습이다 – 옮긴이.

본다. … 우리 사이에 어떤 이견이 있든 상관없이 그들을 정중히 대하고 그들 나라의 중요성을 인정하면 성과가 있을 것이다."[72] 레이건은 옆에서 도와주지 않아도 크렘린에 새로운 지도부가 들어서면 어떤 이득이 있는지 간파했다. 1985년 3월 10일 체르넨코가 사망했다는 소식을 접하고 나서 그는 부인 낸시에게 이렇게 말했다. "날 남겨두고 저렇게 연달아 저 제상으로 가버리면 나더러 러시아인들과의 관계를 어떻게 개선하란 말이지?"[73]◎

## IV

그러나 레이건을 남겨두고 저세상으로 가지 않는 인물도 있었다. 3월 11일 미하일 고르바초프(Mikhail Gorbachev)가 소련 공산당 서기장에 임명된 배경은 지금까지도 분명하지 않다. 그러나 당시에도 분명했던 사실이 있다. 바로 중요한 전환점에 도달했다는 사실이었다. 고르바초프 본인도 서기장에 지명되기 전날 자신의 아내 라이자(Raisa)에게 "계속 이렇게 살 수는 없어."라고 말했다고 회고한다. 그는 훗날 마치 레이건과 슐츠가 한 말을 그대로 따라 하듯이 다음과 같이 인정했다. "체제 자체가 허물어지고 있었다. 굼뜨고 노쇠한 혈액에는 더 이상 활력소가 남아 있지 않았다."[74] 체르넨코의 장례식에 참석한 미국 국무장관은 새로운 지도자의 잠재력을 단박에 알아챘다. 그는 언론에 "고르바초프는 내가 만난 그 어떤 소련 지도자와도 전혀 다르다."

---

◎ 레이건이 집권하는 동안 소련에서는 최고지도자 세 명, 브레즈네프, 안드로포프, 체르넨코가 연달아 사망하면서 고령자가 통치하는 원로정치(元老政治, gerontocracy)의 문제가 불거졌다 – 옮긴이.

라고 말했다.[75] 그 이후로 많은 일이 발생했지만 슐츠의 판단은 여전히 타당하다. 고르바초프는 진정으로 레이건이 ─ 그리고 케넌까지 거슬러 올라가는 봉쇄전략가들이 ─ 기다려온 크렘린 지도자였다.

돌이켜보면 데탕트 시대에는 세 개의 소련이 있었다. 바깥에서 본 소련은 야심만만하고 자신만만한 초강대국으로서 세계에 미치는 영향력이 날로 증가하는 나라였다. 더군다나 미국은 전혀 그렇지 못할 때 말이다. 1968년 체코슬로바키아를 침공한 이후로 소련은 "사회주의 국가에서 사회주의에 적대적인 나라 안팎의 세력이 자본주의 체제를 회복시키는 방향으로 사회주의 국가의 진행 경로를 바꾸려는 시도가 일어날 때마다 개입할 권리가 있다고 선언"했는데, 이는 브레즈네프 독트린으로 알려지게 되었다.[76] 그러나 소련은 안에서 보면 완전히 딴 세상이었다. 사회주의는 경직된 지도부 때문에 짓눌렸고, 관료조직은 부패하고 방만해졌으며, 경제발전에 대한 기대는 점점 낮아지고 있었고, 환경은 위험할 정도로 파괴되었으며, 정치체제는 이의를 제기하거나 새로운 사고를 촉진하거나 변화를 위한 제안을 할 여지를 허락하지 않는 듯이 보였다. 그런데 그럴 여지가 있었다. 당시에 소련에게는 거의 보이지 않는 세 번째 모습이 있었다. 그리고 봉쇄전략의 역사에서 이 모습이 가장 중요한 모습인 것으로 드러났다.

그 모습은 신세대 과학자, 엔지니어, 기술자, 행정가, 외교관, 정보 분석가, 변호사, 교사들의 마음속에 존재했다. 이들은 1950년대와 1960년대에 크렘린이 고등교육에 집중 투자한 정책에서 혜택을 입은 이들이다. 자본주의와의 경쟁에서 소련 체제를 강화하려는 목적으로 시행한 정책이었다. 흐루쇼프는 군사 역량뿐만 아니라 일상적인 삶의 질에서도 1980년 무렵 쯤 서구 진영을 앞서겠다고 약속했다.[77] 그러나 교육을 시키면 호기심을 자극하기 마련이다. 그러한 자질은 의문을 품게 만들고, 이는 비판으로 이어지며, 해답을 찾지 못하면 현재 상황에 대한 불만이 생기게 된다. 미국과 서유럽에서는 전후 시대에 대학교육이 확대되면서 온갖 종류의 기득권층에 대한 젊은이들의 공개적인 반항이 속출했다. 소련에서는 이러한 저항이 은밀하게 진행될 수밖에 없었다. 세미나실에서, 공원 산책길에서, 밤을 훌쩍 넘겨서 계속된 식탁에서의 대화에서 조용히 벌어졌다. ─ 그리고 무엇보다도 체제가 그들에게 그러한 교육의 기회를 제공해 준 덕분에 그 체제가 기존의 형태로는 살아남지 못한다는 사실을 깨닫게 된 소련의 신흥 엘리트 계층의 머릿속에서 반항이 일어났다는 점이 중요하다.[78]

고르바초프는 그 세대 가운데 최초로 크렘린 위계질서의 정상에 오른 인물이었다. 그가 그 자리에 있다고 해서 미소 관계가 금방 개선되지는 않았다. 레이건은 1985년 4월 다음과 같이 예견했다. "고르바초프는 다른 여느 지도자 못지않게 강하게 나올 것이다. 그가 확고한 이념을 지닌 인물이 아니었다면 정치국은 절대로 그를 지명했을 리가 없다."[79] 소련의 소식통도 고르바초프가 당시에도 그랬고 몇 달 후에도 여전히 레이건을 의심하고 있었다고 확인해 준다.[80] 그러나 신임 크렘린 지도자는 ─ 근래 그의 전임자들과는 달리 ─ 이념에 매몰되어 눈을 가리고 귀를 닫고 마음을 닫을 정도는 아니었다. 레이건은 브레즈네프, 안드로포프, 체르넨코와 의견을 교환할 때는 마치 로봇과 대화를 하는 느낌이 들었다. 자신의 소통 능력에 대해 자부심을 느끼는 레이건 같은 대통령에게는 답답한 경험이었다. 반대로 고르바초프는 더할 나위 없이 로봇답지 않아서 레이건은 미소관계를 개선할 기회가 오리라고 즉각 감지했다. 그는 항상 대결 전략을 구사함으로써 설득 전략의 토대를 마련했다.* 이제 그 순간이 왔다. 레이건이 자신을 의심하지만 경청할 자세가 되어 있는 고르바초프를 설득해서 납득하게 만들려고 한 논점은 세 가지로 요약된다.

첫째, 미국은 진정으로 핵전쟁의 위험을 낮출 방법을 모색하고 있다. 레이건은 오래전부터 다음과 같이 믿어왔다. "내가 소련 최고 지도자 한 명과 단 둘만 있게 된다면, 우리 둘이 어느 정도 진전을 이룰 가능성이 있다. … 나는 항상 문제를 해결할 때 인간적인 접촉이 아주 큰 힘을 발휘한다고 믿어 왔다."[81] 순진한 소리처럼 들리겠지만, 결국은 그대로 되었고 – 1985년 11월 19일 제네바에서 열린 첫 미소 정상회담에서 레이건은 양쪽 통역만 배석시킨 가운데 고르바초프와 단 둘이 마주앉았다 – 여러 가지 흥미로운 일이 일어났다. 만남이 예정된 시간을 훌쩍 넘겨서까지 진행되었다는 게 그 하나다. 또 하나는 이 만남에 뒤이어 당일 예정에 없던 만남이 또 있었다는 사실이다. 이 만남에서 두 지도자는 워싱턴과 모스크바에서 정상회담을 개최하기로 합의했다. 그러나 정말로 큰 사건은 "두 사람이 인간적으로 마음이 통했다."라는 점이라고 슐츠는 회고했다.[82] 냉전의 책임, 인권, 지역 분쟁, 특히 SDI와 관련해 의견이 달라 열띤 논쟁을 했지만, 레이건은 "고르바초프에 대해 호감이 가는 구석을 발견했다. 그의 표정과 말투는 온화했다. 그때까지 만나본 대부분의 고위 소련 지도자들에게서 느낀 거의 증오에 가까운 냉정한 태도와 전혀 달랐다."[83] 고르바초프도 그런 분위기를 감지했는지 다음과 같이 말했다. "그날 우리 둘에게 뭔가 중요한 일이 일어났다. … 우리 둘 다 계속 접촉해야 하고 절대로 접촉을 중단해서는 안 되겠다는 느낌이 들었다."[84]

이러한 대화가 진행되는 동안 레이건이 고르바초프에게 핵미사

---

\* NSDD-75는 다음과 같은 결론을 내렸다. "미국은 자국의 정책이 개방형 청사진이나 모스크바와의 진부한 대결이 아니라 미소 관계의 안정적이고 건설적인 장기적인 토대를 진지하게 모색하는 일이라는 점을 신뢰감 있게 보여 주어야 한다." (NSDD-75, January 17, 1983, p.9.)

일이 없다면 핵미사일 방어체계도 필요 없다는 얘기를 한 적도 있다.[85] 세계에서 – 미사일뿐만 아니라 – 핵무기를 모두 없애겠다는 대통령의 소망은 새로운 게 아니었다. 그가 수 년 동안 해온 얘기이고 이 얘기를 들은 그의 보좌관들은 의아해했지만 그의 말을 곧이곧대로 받아들인 이는 거의 없었다. 그러나 고르바초프는 곧이곧대로 받아들였다. 1986년 1월, 고르바초프는 분명히 레이건이 제네바에서 한 발언을 염두에 두고 2000년까지 핵무기와 탄도미사일을 단계적으로 제거하자고 공개적으로 제안했다. 대부분의 레이건 참모들은 이를 깜짝 홍보 쇼라고 일축했고, 실제로 그랬는지도 모른다. 그러나 당시 고르바초프의 고위 참모 한 사람이 지적한 바와 같이, 소련 지도자가 "이 '위험'을 감수하는 이유는 자기가 아는 바로는 전혀 위험이 아니기 때문이었다 – 왜냐하면 우리가 완전히 무장해제한다고 해도 아무도 우리를 공격하지 않을 것이기 때문이었다."[86] 이는 공포심에 사로잡혔던 안드로포프와 체르넨코와는 크게 다른 점이었다. 레이건이 상대방을 안심시키는 전략이 마침내 먹혀 들어가고 있었다. 대통령 본인도 고르바초프의 제안이 마음에 들었고 여기서 한 발 더 나아가기를 바랐다. "핵무기 없는 세계가 되기를 세기 말까지 기다릴 필요가 없잖소?"라고 그는 슐츠에게 물었다. 국무장관은 그럴듯한 질문이라면서 다음과 같은 결론을 내렸다. "그의 꿈은 비현실적이었지만 레이건과 고르바초프가 핵무기 제거가 바람직하다는 인식을 공유했기 때문에 앞서 1981년과 1982년에 레이건이 제안했던 중거리 탄도미사일과 전략적 탄도미사일을 대폭 감축하는 방향으로 나아갈 수 있었다."[87]

뒤이은 몇 달 동안에는 불과 몇 년 전만 해도 불가능해 보였고 심지어 어처구니없어 보이기까지 했던 제안을 최고위급 수준에서 미국과 소련이 함께 지지하게 되었다. 그래서 진정으로 전략무기 제한에서 감축으로 전환하는 데 그치지 않고 더 나아가 대폭적인 감축, 어쩌면 제거하는 방향으로 움직이기는 것이 가능해졌다. 데탕트, SALT 절차, 그리고 그 바탕이 되는 상호 확증 파괴 개념에 대한 기존의 상식에 의문을 제기함으로써 미국이 이러한 입장을 받아들이게 한 주인공은 레이건이었다. 고르바초프를 설득해서 – 제네바에서 벽난로 앞에 마주 앉아 – 자기가 한 말이 진심임을 받아들이게 한 사람도 레이건이었다. 그리고 고르바초프가 그 제안에 공감한다고 하자 소련 지도자 쪽에서도 진심을 표했다고 전제하고, 이를 반박하는 증거가 있음에도 불구하고, 이에 화답한 이도 레이건이었다. 그러더니 이러한 이심전심에 운까지 따라 주었다. 1986년 4월 26일 체르노빌 핵 참사로 우크라이나와 벨로루시의 방대한 지역이 오염된 사건은 미소 양국이 공동으로 처한 핵 위험을 극적으로 보여주는 데 더할 나위 없이 효과적이었다. 이번에는 레이건을 설득할 필요도 없었다. 그러나 고르바초프는 이 참사로 대단히 동요했다. 그의 입장에서는 기회주의적으로 반핵 입장을 표명해 왔는지 모르겠지만 이제는 훨씬 진지해졌다.[88]

　　1986년 10월 아이슬란드 레이캬비크에서 열린 그 다음 정상회담은 전후 시대에 가장 놀라운 사건이었다.[89] 유럽에서 중거리 미사일 협상이 교착상태에 빠지자 이를 해결하기 위해 서둘러 연 회담이었다. 레이건과 그의 참모들에게는 놀랍게도 고르바초프는 훨씬 파격적인 제안을 들고 나왔다. 고르바초프는 중거리 미사일들을 단계적으로 완전히 제거하자고 레이건이 오래전부터 주장해 온 제안을 받아들였을 뿐만 아니라, 소련과 미국의 전략무기를 일괄적으로 50퍼센트 감축하는 데 합의했고, 여기에는 영국과 프랑스의 무기를 포함시키라는 요구는 하지 않겠다고 했다. 이는 깜짝 홍보 쇼 이상의 대단한 효과를 낳았고, 미국은 크루즈미사일과 폭격기에 대한 방어체계를 배치할 권리에 대한 대가로 10년 안에 모든 탄도미사일을 단계적으로 제거하겠다고 신속히 화답했다. 고르바초프는 이에 대해 1996년까지 모든 핵무기를 제거하겠다는 제안으로 맞받아쳤다. 레이건은 즉각 이 제안을 받아들 였는데, 한동안 미국과 소련의 지도자들은 모두의 상상을 초월한 안 (案)에 합의하는 듯이 보였다.*

그러나 합의는 성사되지 않았다. 고르바초프가 SDI 추가 개발을 금지하라는 조건을 내걸었기 때문이다. SDI는 핵이 없는 세계로 안전 하게 전환하는 데 필요하다고 생각한 레이건은 이를 포기하지 않으려 했다. 정상회담은 서로 얼굴을 붉히고 거친 말을 주고받으며 결렬됐다 ― 그러나 고르바초프는 피할 수 없는 기자회견에 앞서 감정을 수습하 고 "마음을 가라앉힌 다음 다시 철저히 심사숙고하겠다고 다짐했다. … 무자비하고 툭하면 냉소적이고 건방진 태도를 보이는 기자들이 내 앞에 서서 인류의 운명이 결정되기를 기다리는 듯했다. 이 순간 나는 레이캬비크의 진정한 의미가 무엇인지 깨달았고 우리가 앞으로 어떤 길을 택해야 할지 알게 되었다." 정상회담은 "우여곡절에도 불구하고 실패는 아니었다 ― 돌파구가 마련되었고 이를 통해 우리는 처음으로 지평선 너머까지 바라보게 되었다."[90]라고 고르바초프는 선언했다. 도브리닌은 다음과 같이 회고했다. "고르바초프가 감정을 배제하고 레 이건과 협력할 수 있고 협력하리라고 결심한 것은 레이캬비크 정상회

---

* 레이캬비크 회의의 미국 측 기록은 레이건이 다음과 같이 한 말을 인용한다. "대통령 은 지금부터 10년 후 자신은 파파노인이 되어있으리라고 말했다. 그와 고르바초프는 각각 자기 나라에 남아 있는 마지막 핵미사일을 갖고 아이슬란드로 와서 전 세계를 위해 대대적으로 축제를 연다.… 대통령은 그때쯤이면 아주 나이가 많을 테고 고르 바초프는 그가 누군지 알아보지 못할지도 모른다. 대통령은 '안녕하쇼, 미하일.' 하고 인사를 건네면 고르바초프는 '론, 당신이오?'라고 대답한다. 그리고 나서 그들은 마 지막 미사일을 파기한다." (Tom Simons notes, Reagan-Gorbachev meeting, October 12, 1986, Executive Secretariat, NSC: Records, File 869075, Ronald Reagan Library. 이 문서를 확보하는 데 매튜 페라로의 도움을 받았다.)

담에서였다. 그는 대단한 결단을 내릴 역량을 갖춘 인물이었다."[91] 레이건은 훗날 "나는 화가 났고 화가 났다는 표가 났다."라고 인정하면서, 그 또한 생각을 고쳐 먹었다며 다음과 같이 말했다. "레이캬비크 정상회담이 실패였다고 인식하는 사람들이 일부 있지만, 나는 보다 안전한 세계를 만들기 위한 노력을 하는 과정에서 중요한 전환점이었다고 역사가 증명해 주리라고 생각한다."[92]

레이캬비크에서 모든 핵무기를 단계적으로 파기하는 데 합의했다고 해도 이는 아마 지켜지지 않았을지 모른다. 이 합의가 NATO 전략에 어떤 의미를 지니는지 제대로 생각해 보지 않았기 때문이다. NATO의 전략은 유럽에서 소련의 재래식 전력 우월성에 맞서기 위해 핵무기를 "선제적으로 사용"하는 조치에 의존하고 있다. 영국 총리 마거릿 대처는 "나는 내 발 밑에서 지진이 일어난 듯한 느낌을 받았다."라고 회상했다.[93] 그러한 합의가 프랑스, 중국, 인도, 또는 이스라엘의 핵 역량에 어떤 영향을 미칠지도 분명치 않았다. 이 나라들의 지도자들도 대처만큼이나 핵 폐기라는 개념을 희망사항으로조차 수용할 가능성이 없는 이들이었다. 그렇다고 해도 미국과 소련의 지도자들이 잠시나마 그런 합의를 했었다는 사실은 중요하다. 이를 통해 중거리 핵전력 협정의 토대가 마련되었는데, 이 협정은 1987년 12월 워싱턴에서 레이건-고르바초프 정상회담에서 조인되었다. 이 협정을 통해 양측의 증인들이 지켜보는 가운데 이 범주에 속하는 무기가 일괄적으로 해체되고 파기되었다. 이 협정은 ICBM, SLBM, 폭격기를 대폭 감축하는 토대를 마련했고, 이를 통해 20세기 말 무렵까지 러시아인과 미국인이 서로에게 겨누고 있던 핵무기 수를 상당히 감축하게 된다.* 그

---

* 1985년, 소련은 40,000기 이상의 핵무기를 보유하고 있다고 추정되었고 미국은 대략 24,000기였다. 2002년 무렵, 이 수치는 대략 러시아와 미국이 각각 11,000기로 줄어

리고 고르바초프는 모스크바로 돌아가는 길에 레이건이 설득력이 있다고 인정하는 어투로 정치국에 다음과 같이 보고했다.

워싱턴에서, 아마 처음으로 우리는 국제정치에서 인간적 요인이 얼마나 중요한지 분명히 깨닫게 되었다. 이전에 우리는 그런 개인적인 접촉을 그저 서로 상반되는 양립 불가능한 체제의 대표들 간의 회의로만 여겼다. 우리에게 레이건은 그저 미국 자본주의와 군산복합체의 가장 보수적인 부류의 대변인이었다. 그러나 알고 보니 정부 지도자들을 포함해 정치인들은, 그들이 진정으로 책임 있는 사람들이라면, 순수한 인간적인 우려와 관심사와 보통사람들 ― 선거에서 그들에게 투표하고 그들의 지도자들의 이름과 개인적인 역량을 자기 나라의 이미지와 애국심과 연관시키는 사람들 ― 이 지닌 희망을 대변했다. … 우리 시대에 이는 정치적 결단에 가장 큰 영향을 미친다. … 그리고 우리가 처음으로 이를 분명히 보게 된 계기는 워싱턴에서 열린 정상회담에서였다.[94]

고르바초프는 이번에 미국을 방문하는 동안 케넌을 만난 자리에서 다음과 같이 비슷한 주장을 했다. "우리나라에서는 한 사람이 다른 나라의 친구인 동시에 여전히 자기 나라에 충성스럽고 헌신적인 국민일 수 있다고 믿는다. 우리는 당신을 그렇게 생각한다."라고 소련 지도자는 봉쇄전략을 창안한 전략가에게 말했다.[95]

레이건이 고르바초프에게 납득시키고 싶어 한 두 번째 논지는 계획경제가 독재정치와 결부되면 현대세계에서는 쇠락하는 길밖에 없다는 점이었다. 레이건은 과거에도 이러한 주장을 자주 했는데, 1981

---

들었다. (National Resources Defense Council, "US-소련/Russian Nuclear Stockpile, 1945-2002," at http://www.nrdc.org/nuclear/nudb/dafig11.asp.)

년 5월 가장 생생한 표현을 구사하며 다음과 같이 예측했다. "서구 진영은 공산주의를 봉쇄하지 않는다. 공산주의를 초월하게 된다. 굳이 공산주의를 비난하지도 않을 것이다. 우리는 공산주의를 인류 역사에서 해괴한 한 장(章)으로 일축하게 되는데, 심지어 그 장의 마지막 몇 쪽은 지금 이 순간에 쓰여지고 있다."[96] 그러나 레이건은 이를 크렘린 지도자에게 자세히 설명하고 설득하는 일은 - 스탠포드 대학교에서 경제학을 가르친 - 슐츠에게 맡겼다. 슐츠 국무장관은 기꺼이 임무를 맡았다. 그는 모스크바에서 세대교체가 일어나면서 새로운 사고를 할 길이 열렸다고 확신했다. 고르바초프에게는 "금융, 제조업, 정치, 과학적 연구, 외교, 사실상 모든 분야를 변모시키고 있는" 추세들에 대해서 자세히 가르쳐 줄 사람이 필요하다고 그는 생각했다. 그 가르침은 "소련이 경제와 정치체제를 바꾸지 않으면 이 새로운 시대에 영원히 나머지 세계보다 뒤쳐져서 가망이 없게 된다."라는 결론으로 마무리되었다.[97]

　　슐츠는 첫 제네바 정상회담 직전인 1985년 11월 모스크바에서 세미나를 개최했다. 그는 고르바초프에게 다음과 같이 말했다. "사회가 근본적으로 다시 조직화되고 있다. 폐쇄적이고 단절된 사회는 정보시대를 이용할 수 없다. 사람들은 원한다면 자유롭게 자기 의사를 표현할 수 있어야 하고, 이동하고 이주하고 여행할 수 있어야 하고, 두려움 없이 관행에 대해 이의를 제기할 수 있어야 한다. … 소련 경제는 새로운 시대에 적응하려면 파격적으로 변해야 한다." 고르바초프는 슐츠의 말을 놀라울 정도로 잘 받아들였고, 슐츠가 소련 경제기획 부서 "관료들보다 훨씬 참신한 생각이 많다."라며 그가 그 부서를 맡아야 한다고 농담까지 했다. 경제에 대한 슐츠의 관점은 자신의 관심을 끌었다고 고르바초프는 나중에 도브리닌에게 말했다. "그 주제에 관해

그는 앞으로 슐츠와 기꺼이 대화를 하겠다고 했다."[98]라고 도브리닌
은 말했다.

슐츠의 주장은, 사실상, 세상은 점점 다차원적으로 변하고 있는
데 소련의 힘은 점점 단일차원이 되어가고 있다는 내용이었다. "소련
이 초강대국인 이유는 오로지 핵과 탄도미사일 초강대국이기 때문이
다."라고 그는 1986년 초 자신의 참모들에게 말했다.[99] 그렇다면 그
특정한 부문에서 – 레이건과 고르바초프가 공히 원하는 대로 – 소련과
미국의 역량을 줄이는 게 타당했다. 미국과 그 동맹국들은 다른 모든
부문에서 소련을 훨씬 앞서고 있었기 때문이다. 그러나 고르바초프가
다른 부문들에서 소련 체제가 완전히 실패했다는 사실과 이를 바로잡
을 필요가 있다는 점을 인식하도록 하는 일도 중요했다. 그러려면 고
르바초프가 "소련 체제를 바꾸는 길"밖에 없으며, 따라서 "우리는 그
방향으로 가도록 고르바초프에게 계속 영향을 줄 필요가 있다."라고
슐츠는 생각했다.[100]

슐츠의 세미나는 1987년 4월 그 다음 번 모스크바 방문에서 재
개되었다. 이번에 그는 2000년까지 국내총생산과 세계무역이 세계적
으로 어떻게 분포되는지를 일목요연하게 보여주는 파이 형 그래프도
준비했는데, 예상 수치가 소련에 전혀 유리하지 않았다. 그는 교수가
학생에게 질문하듯이 "이 성장의 원동력이 뭘까?"라고 고르바초프에
게 물었고, 고르바초프는 "과학과 기술"이라고 대답했다. 슐츠는 "그
렇다."라고 하고 다음과 같이 말을 이었다. "그러나 유인책을 기반으
로 한 시장 지향적인 경제체제에 올라탔기 때문에 가능했다. 정부가
과학계를 통제하고도 기본적으로 성공할 수 있는 시절이 있었다. 이제
는 더 이상 그렇지 않다." 슐츠는 계속해서 마르크스주의는 늘 자본과
노동을 구분해 왔다는 점을 지적하면서 다음과 같이 말했다. "그러나

그러한 이분법은 시대착오적인 생각이 되어가고 있는데, 그 이유는 진정으로 중요한 자본은 인적자본이고, 사람들이 알고 있는 지식이 중요하며, 얼마나 자유롭게 정보와 지식을 교환할 수 있는지 여부가 중요하고, 지적으로 창의적인 상품이 등장하는 그러한 세계에 접어들었기 때문이다." "우리 이런 종류의 대화를 좀 더 해야 한다."라고 고르바초프는 인정했다.[101]

슐츠의 가르침이 고르바초프의 생각에 페레스트로이카(Perestroika. 러시아어로 '개혁'이라는 뜻 – 옮긴이)라는 개념을 심어주었다고 주장하면 너무 무리일지 모른다. 소련 경제는 1980년대 중반 무렵 심각한 문제에 직면했는데, 근본적인 구조조정 외에는 현실적인 대안이 없었다. 슐츠가 한 일은 왜 그렇게 됐는지 그 이유를 설명해 주고 가능한 해결책으로 갈 방향을 안내해 주는 일이었다. 소련 지도자 본인도 곧 "습관적인 사고를 버려야" 한다고 인정했고, "세계에는 근본적인 사회적 변화가 일어나고 있고, 모든 것을 아우르는 과학기술 혁명이 일어나고 있으며, 정보기술에서 급격한 변화가 진행되고 있다는 사실"을 인식했다.[102] 그는 1988년 4월 슐츠에게 "몇 년 후 세계가 어떤 모습일지 보여주기 위해 당신이 가져온 표"에 대해 많은 생각을 했고 "전문가들의 자문을 구했다."라고 털어놓았다. 그 표에서 제시한 추세들이 계속된다면 "우리 두 나라는 협력해야 할 이유가 아주 많다."라고도 말했다.[103] 한 달 후 레이건은 고르바초프의 양해를 얻어, 모스크바 국립대학교 내에 있는 거대한 레닌의 흉상 밑에 서서 학생들에게 다음과 같이 훈계를 하고 있었다. "바로 지금 아주 색다른 혁명이 일어나고 있고, 이 혁명은 유혈사태나 군사적 갈등 없이 전 세계를 조용히 휩쓸고 있다. … 이는 기술혁명 또는 정보혁명이라고 불려왔는데, 이를 상징한다고 볼만한 물건은 손가락 지문 크기에도 못 미치는 아주 작은 실리콘 칩이다."104)

　　이와 같이 레이건이 핵무기의 위협이라는 부문에서 고르바초프
와 생각의 공통분모를 확립할 때, 슐츠는 경제와 기술 부문에서 이와
비슷한 작업을 했다. 두 경우 모두 취지는 소련의 신임 지도자가 미국
적인 사고방식을 하게 만들고 - 그렇게 함으로써 그가 이끄는 정권의
속성을 바꾸는 것이었다.

　　레이건 행정부의 세 번째 목표는 고르바초프를 설득해 "소련 자
체가 세월이 흐르면서 본래 자국이 축출하려 했던 대상 - 억압적인 제
국 - 이 되어 버렸다는 사실을 인식하게 만드는 일이었다. 이러한 설득
에 사용한 중요한 도구가 바로 레이건 독트린이었다. 최근 몇 년 동안
소련이 세를 확장한 "제3세계"에서 민족주의 세력이 소련에 등을 돌리
게 만들고, 결국 소련의 영향권인 동유럽도 등을 돌리게 만드는 계획
이었다. 이 계획은 일찍이 1947년 케넌이 했던 예언을 그대로 반영했
다. 스탈린이 소련 경계선 너머에 있는 공산당까지 장악하려 하면, 해
당 지역에서는 이를 새로운 형태의 제국주의로 여겨 결국 그 지역에서
저항 세력이 등장하게 된다는 예언 말이다.105) 1948년 유고슬라비아
가 소련 진영에서 이탈하고 1950년대에 중소 관계가 불화를 겪으면서
그가 옳았음이 증명되었다. 1970년대 초 닉슨과 키신저는 중소 간의
불화를 이용해 세계에서 가장 인구가 많은 공산주의 국가와 가장 막강
한 공산주의 국가 사이를 이간질했다. 그러나 그들은 라틴아메리카,
아프리카, 동남아시아에서 민족주의가 공산주의를 축출할 가능성에
대해서는 여전히 비관적이었다. 그들은 서유럽의 공산당 내부에서 이
미 일어나고 있었던 "유로공산주의"의 부상을 눈치채는 데 굼떴다. 그
리고 그들은 언제라도 곧 동유럽에서 소련 권위에 대한 도전이 나타나
리라는 징후를 거의 읽지 못했다. 키신저 본인도 마지못해 헬싱키 회

의에 동의했고 그 지역에서의 현재 상태를 뒤엎으려 하기보다 안정화시키는 쪽을 택했다. 정치적 문제와 경제 침체로 결국 소련 제국은 붕괴되겠지만 그 과정을 가속화하는 길은 서구 진영과의 대결을 부추기기보다 지연시키는 방법이라고 그는 믿었다.[106)

카터 행정부의 임기가 끝나갈 무렵 상황은 변했다. 남아프리카와 동아프리카에서 소련의 세가 확장되고, 니카라과에서 마르크스주의 정권이 등장하고, 폴란드에 자유노조가 출현하고 특히 소련이 아프가니스탄을 침공하면서 이제 러시아인들을 겨냥해 그들이야말로 새로운 제국주의자라고 역공을 할 기회가 생겼다. 카터는 그러한 노력의 토대를 마련하기 위해 이러한 지역들 전체에서 소련에 맞서는 저항운동에 대한 공개적 원조와 비밀원조를 재가했다. 그러나 그는 데탕트를 되살린다는 희망을 포기한 적이 없었기 때문에 자신이 하는 일이 알려지지 않도록 신중을 기했다.[107) 레이건 행정부는 그러한 제약을 거의 받지 않았으므로 이러한 지원을 확대했고, 1983년 초 무렵 전략의 윤곽이 드러나기 시작했다. NSDD-75는 다음과 같이 지적했다. "소련 제국 내에는 미국이 이용해야 할 중요한 약점들과 취약한 점이 많이 있다. 기회가 있을 때마다 소련 동맹들에게 외교정책에서 모스크바를 멀리하고 국내적으로 민주화로 나아가라고 권해야 한다."[108)

1983년 3월 레이건이 사용한 "악의 제국(evil empire)"이라는 용어는 바로 이 전략에 대해 처음으로 공개적인 언질을 준 셈이다. 그는 "악의를 품고 고의적으로" 이 표현을 선택했다며 다음과 같이 고백했다. "나는 소련인들에게 그들이 무슨 꿍꿍이속인지 우리가 알고 있다는 사실을 상기시켜 주고 싶었다."[109) 그해 10월 그는 그레나다(Grenada) 점령을 재가했다. 카리브 해에 있는 작은 공화국인 이 나라에서 쿠바인들과 러시아인들이 자신들에게 동조하는 정부를 수립하려 애쓰고 있었다.[110] 1985년 1월 무렵 레이건은 "아프가니스탄에서 니카라과에 이르기까지 모든 대륙에서 – 소련이 지원하는 도발에 맞서 천부적인 권리를 지키려고 목숨을 걸고 싸우는 이들에게" 지원을 하겠다고 공개적으로 약속했다.[111] 한 달 후 슐츠 국무장관은 공개적인 자리에서 레이건 독트린의 의미에 대해 다음과 같이 자세히 설명했다. "우리는 오랫동안 우리의 적이 무절제하게 행동하는 모습을 지켜보았다. 그들은 공산주의 독재를 확산시키기 위해 세계 도처에서 반란을 지원했다." "악명 높은" 브레즈네프 독트린 노선을 따라 "공산주의의 승리는 절대로 번복되지 않는다고 여겼다." 그러나 최근 몇 년 동안 "소련 활동과 가식적인 태도가 민주주의 혁명과 정면으로 충돌했다. 사람들은 독립할 권리를 요구하고 있고, 외부의 통제로부터 자유로운 그들의 정부를 선택할 권리를 주장하고 있다." 미국은 "공산주의의 장악에 맞서는 국민적인 반란"이라는 현상을 조장하지 않았다. 폴란드, 아프가니스탄, 캄보디아, 니카라과, 에티오피아, 앙골라, 그리고 심지어 소련 내에서 일어나는 일은 남아프리카, 남한, 필리핀, 칠레에서 일어나는 일과 조금도 다르지 않았다. 그런 나라들의 국민들은 그저 자신의 미래를 스스로 결정하려 한다. "우리가 하는 지원의 속성과 범위 – 정신적 지원이든 그 이상의 무엇이든 – 는 필연적으로 사례마다 다 다르다. 그러나 우리가 심정적으로 누구와 공감하는지에 대해서는 의심의 여지가 없어야 한다."[112]

따라서 레이건 독트린은 고르바초프가 집권하기 전에 이미 확고하게 자리를 잡았다. 전략을 확립하고 나자 레이건과 슐츠는 그 논리를 수긍하도록 고르바초프를 설득하는 일에 착수했다. 역사의 물결이 계획경제와 반대로 흐르고 있으며 따라서 최후의 제국과도 반대로 흐르고 있다는 논리였다. 레이건 대통령은 1986년 2월 고르바초프에게 보낸 서신에서 이 사안은 전적으로 실용적인 문제라고 했다. 아프가니 스탄 전쟁은 "소련에 백해무익한데 왜 계속하나?" 그곳의 저항세력은 미국이 부추겨서 등장한 게 아니었다. "우리가 아무리 원한다고 해도 가장 최신무기로 무장한 잘 훈련받은 외국군에 맞서 수천 명에게 무기를 들도록 만들 힘은 없다." 그러나 이와 동시에 "다른 나라 사람들에게 조국을 위해 싸우지 말라고, 그들의 독립과 국가의 존엄을 지키기 위해 싸우지 말라고 어떻게 말하겠는가?"[113)]

아프가니스탄에 관한 한 고르바초프는 설득이 필요하지도 않았다. 그는 제네바에서 레이건에게 자신은 1979년 침공에 대해 전혀 아는 바 없었고, 라디오를 듣고 나서야 알게 되었다고 털어놓았다. 레이건 대통령은 이를 "그 전쟁에서 내 책임은 없고 - 나도 그 전쟁이 달갑지 않다."라는 의미로 해석했다.[114)] 그럼에도 불구하고 미국은 계속해서 아프간 무자헤딘(mujahadeen)반군(아프간 이슬람 반군 - 옮긴이)에게 군사적 지원을 해주었다. 이 가운데는 스팅어(Stinger) 대공 미사일도 있었는데 이는 소련 공군 작전에 치명적인 타격을 입히는 효과적인 무기로 드러났다. 1987년 9월 무렵, 고르바초프의 신임 외무장관 에두아르드 셰바르드나제(Eduard Shevardnadze)는 비공개로 슐츠에게 소련은 곧 아프가니스탄에서 철수할 예정이며, 이 절차를 촉진하기 위해 미국이 도와준다면 환영한다고 안심을 시켰다.[115)] 슐츠는 이 말을 듣고 "브레즈네프 독트린은 사망했다. 레이건 독트린이 브레즈네프 독트린의 관 뚜껑에 못질을 하고 있다. 소련인들은 아프가니스탄에서 철수하고 싶어 했다. 나는 그들이 다른 분쟁지역에서도 힘이 빠지고 있다고 느꼈다. 바르샤바 조약기구 회원국들 가운데 최소한 일부에서도 변화의 가능성이 있다는 얘기가 점점 많이 들렸다. 나는 심오한 역사적 변화가 일어나고 있다고 느꼈다."[116)]

그리고 정말 그런 변화가 일어나고 있었다. 단, 그 변화는 레이건 행정부의 슐츠나 그 어떤 인물이 감지하기 훨씬 전에 이미 시작되었다. 최근 소련의 문서들을 연구한 자료들은 브레즈네프 독트린은 처음부터 허세에 불과했다고 주장한다. 브레즈네프와 그의 참모들은 1968년 체코슬로바키아 침공 후 소련은 개혁을 모색하거나 사회주의를 거부하는 동유럽 위성국가에 대해 무력으로써 소련의 권위를 재확인하는 일을 다시는 못한다는 결론을 자기들끼리 조용히 내렸다. 모스크바는 보이치에흐 야루젤스키(Wojciech Jaruzelski) 장군◎을 설득해 1981년 12월 폴란드에 계엄령을 선포하게 함으로써 – 적어도 잠시나마 – 자유노조를 억압하는 데 성공했다. 그러나 야루젤스키가 거부했다고 해도 소련은 개입하지 않았을 게 거의 확실하고, 동유럽에서의 영향권은 실제보다 거의 10년 먼저 붕괴되기 시작했을지 모른다.[117] 고르바초프 본인도 1985년 9월 바르샤바조약 회원국 지도자들과의 첫 만남에서 브레즈네프 독트린의 종말을 알리려고 했지만, 못 믿겠다는 반응만 얻었다. "그들이 내 말을 진지하게 받아들이지 않는다는 느낌이 들었다. … 그들은 아마 두고 봐야 한다고 생각했던 듯싶다."[118] 1987년 6월 서베를린에서 한 극적인 연설 – "고르바초프 씨, 이 장벽을 허무시오!" – 에서 레이건이 공개적으로 모스크바가 동독을 장악하고 있는 상황을 비판하자 크렘린은 놀랍게도 대응을 자제했다. 레이건은 "3년이 채 못 돼 장벽이 무너지고 6,000파운드 무게의 장벽 덩어리가 내게 전달되어 내 대통령 도서관에 전시되리라고는 꿈에도 생각하지 못했다."라고 놀란 심경을 토로했다.[119]

　　브레즈네프 독트린의 사망을 마지막으로 확인한 사건 – 그리고

---

◎ 폴란드의 장군. 소련의 지시를 받고 자유노조를 진압하고 폴란드의 최고지도자로 부상했다 – 옮긴이.

레이건 독트린이 그 관에 못질을 했음을 인정한 사건 – 은 레이건이 퇴임한 직후에 일어났다. 1989년에 동유럽 국가들은 소련이 사주해 수립한 정부를 차례로 축출했지만 모스크바로부터 분명한 반대나 저항에 부딪치지 않았다. 고르바초프의 대변인 게나디 게라시모프(Genadi Gerasimov)가 – 소련 관료로서는 이례적으로 장난기를 가미해 – 브레즈네프 독트린은 시나트라 독트린으로 대체되었다고 선언했을 때 사람들은 격세지감을 느꼈다. 프랭크 시나트라(Frank Sinatra)의 노래 "마이 웨이(My Way)"에서 "나는 내 방식대로 했다(I did it my way.)"라는 구절처럼 동유럽 국가들도 "자기 나름의 방식대로" 나라를 이끌어간다는 뜻이었다.[120] 도미노가 차례로 쓰러지듯이 동유럽 국가들이 차례로 소련에서 탈퇴하는 몇 달 동안 고르바초프는 "새로운 정치적 사고의 근본적인 원칙 – 선택의 자유와 다른 나라의 내정에 간섭하지 않겠다는 원칙 – 을 버리고 과거로 되돌아 갈 가능성에 대해 단 한 번도 생각한 적이 없었다.[121]"라고 회고했다. 공교롭지만, 브레즈네프가 여전히 집권하고 있었다고 해도 고르바초프와 같은 선택을 하는 수밖에 없었을지 모른다.

V

조지 F. 케넌은 냉전이 시작되자, 미국 지도자들이 소련 지도자들을 상대로 "그들을 말로 설득해서, 그들과 논쟁을 함으로써, 그들에게 '이보시오, 이게 이치요.'라고 말하면" 알아들으리라는 환상을 버리라고 경고했다. 그들이 입장을 바꾸고 "'세상에. 그런 생각은 꿈에도 해본 적이 없다. 당장 돌아가서 정책을 바꾸겠다.'고 하리라는 기대는 접어라. … 그들은 그런 사람들이 아니다."라고 그는 주장했다.[122] 이 주장은 스탈린, 흐루쇼프, 브레즈네프, 안드로포프, 그리고 체르넨코의 경우에는 일리가 있었다. 이 가운데 마지막 세 인물을 설득하려고 레이건이 무던히도 애썼지만, 그들은 신속하게 연달아 저 세상으로 가면서 자발적으로 자기 임기를 제한했을 뿐, 레이건의 노력은 거의 결실을 맺지 못했다. 그러나 고르바초프는 달랐다. 소련도 그 전의 러시아 제국도 바깥 세계에 대해 열린 자세와 무력을 사용하지 않겠다는 의지를 겸비한 지도자를 배출한 적이 결코 없었다.* 따라서 고르바초프는 진심으로 "이보시오, 이게 이치요."라고 한 미국 행정부의 말을 경청할 자세가 되어 있었다. 그리고 그는 정말로 상상을 초월할 정도로 근본적으로 소련의 정책을 바꾸었다.

고르바초프가 이 길을 택한 이유에 대해 가장 그럴듯하다고 손꼽히는 해석은 레이건 본인이 제시했다. 레이건 대통령은 자신의 회고록에 다음과 같이 기록했다. "1985년 내가 그를 처음 만났을 당시, 그는 진심으로 공산주의 정부 체제를 믿었다고 분명히 밝혔다. 그 말을 듣고 나는 그가 공산주의가 엉망으로 운영되어 왔고 그 운영방식을 바꾸려 한다고 확신했다." 그러나 어느 시점에 가서 "그는 결국 이오시프 스탈린이 제2차 세계대전 후 동유럽에 세운 제국과 더불어 공산주의의 근본적인 교리들을 대부분 버리기로 결심했다."

한 가지 이유는 "그가 아직 젊었을 때 변신이 시작되는데, 비효율적이고 부패한 공산주의 관료조직에서 상층부로 진급하면서 스탈린 정권의 만행을 목격했다."라고 레이건은 추측했다. 그러나 "소련 전체

---

* 이전에 등장한 표트르 대제, 예카테리나 2세, 알렉산드르 1세, 알렉산드르 2세 그리고 니키타 흐루쇼프 같은 "개혁주의" 통치자들과 고르바초프를 구분해주는 사실이다.

농지의 3퍼센트에 불과한 민간인 경작지에서 소련 육류의 40퍼센트가 생산된다는 사실을 깨달은 데서" 비롯되었을지도 모른다. 아니면 "80년대 초 경기침체에 뒤이어 미국과 서유럽 경제가 건실한 회복세를 보이자 — 그러나 공산주의 경제는 제자리걸음이었다 — 그는 중앙계획과 관료의 통제는 생산성을 높이려고 애쓰고 남보다 앞서려는 사람들의 동기를 훼손한다는 사실"을 깨달았을지도 모른다. 이유가 무엇이든 고르바초프는 소련이 다음과 같다는 사실을 깨달은 게 틀림없다고 레이건은 말했다.

소련은 더 이상 스탈린의 전체주의적 제국을 지탱하거나 통제할 수 없었다. 소련의 생존이 그에게는 더욱 중요했다. 그는 자기 나라가 직면한 경제적 재앙을 보고 — 제네바에서 내가 그에게 말한 바와 같이 — 우리가 절대로 소련이 이기게 내버려 두지 않을 무기경쟁에 국부를 계속 쏟아 부을 수는 없다는 결론을 내린 게 틀림없다. 체르노빌 비극도 그에게 영향을 미쳤고, 소련과 서구 진영의 차이를 해소하려고 더욱 더 노력하게 만들었다고 나는 확신한다. 그리고 우리 만남에서 우리가 소련과 소련의 팽창주의 정책이 우리를 위협한다고 여기는 이유를 납득시키는 데 내가 일조했으리라고 생각한다. 소련은 생각보다 서구 진영을 두려워할 필요가 없고, 동유럽에서 소련 제국은 소련의 안보에 필요 없다는 점을 그가 깨닫는 데 내가 도움을 주었을지도 모른다.

결국 레이건은 다음과 같은 결론을 내렸다. "고르바초프는 공산주의가 제대로 작동하지 않는다는 사실을 인정할 만한 지력을 갖추었고, 변화를 위해 싸울 용기도 있었으며, 궁극적으로 민주주의와 개인의 자유와 자유로운 기업활동을 도입할 지혜도 지니고 있었다."[123]

이 발언에는 레이건의 참모와 열렬한 추종자 대부분이 보이는

승리감보다 훨씬 감정이 배제된 흔적이 보인다.[124] 사실 그의 발언에
는 고르바초프가 이의를 제기했을 만한 대목도 없다. 레이건은 소련
지도자를 논지의 중심에 놓음으로써, 케넌을 비롯해 냉전 초기에 봉쇄
전략을 구축했던 설계사들의 확신이 옳았음을 보여주고 있다. 소련 체
제는 변화를 일으킬 의지를 지닌 지도자를 배출해야만 변하게 된다고
한 확신 말이다. 그리고 소련 체제를 위기로 몰고 간 체제 내의 구조적
결함들을 강조하고 있다. 그 결과 자본주의와 공산주의가 각각 얼마나
대조적인 성과를 낳았는지 강조하고 있다. 우연도 작용했다고 인정하
고 있다. 결국 레이건은 고르바초프에게 몇 가지 설명한 부분에서만
자신이 세운 공을 내세웠다. 소련은 무기경쟁에서 미국을 이기지 못한
다는 점, 소련의 팽창주의는 — 과거에도 그랬고 현재도 여전히 — 장점
보다는 약점을 더 많이 만들어냈고, 두 나라가 추구해야 할 공동의 이
익은 오랜 세월 동안 보인 의견차이보다 훨씬 중요하다는 점 등이다.
고르바초프는 자신의 두툼한 회고록에서 자신의 정치적 이념적 궤적
에 대해 레이건의 발언에 상응할 만큼 일목요연하게 설명하지 않았다.
그러나 그는 "제40대 미국 대통령은 남다른 인식 능력을 지닌 인물로
역사에 기억되리라."라고 주장하기를 잊지 않았다.[125]

　　그러니 고르바초프 하에서 소련에서 일어난 일들을 설명해 줄
한 가지 해석을 찾느라 애쓸 필요 없이 레이건이 설명하는 대로 받아
들여도 무방할 듯하다. 내적인 변화는 분명히 외부의 압력과 유인책보
다 훨씬 중요하다. 그러나 어느 쪽이 더 비중이 컸는지는 앞으로 수십
년 동안 분명히 밝혀지지 않을지도 모른다. 하지만 지금 이렇게 말할
수는 있다. 레이건이 당대의 대부분 사람들보다 먼저 다음과 같은 소
련의 약점들을 간파했다는 사실이다. 그는 데탕트가 냉전의 종식을 앞
당기기보다 영속시키는 경향이 강하다는 사실을 이해했다. 그가 취한

강경노선은 소련 체제가 가장 취약할 때 그 체제에 무리를 가했다. 그가 유화책으로 전환한 때는 고르바초프가 등장하기 전이었다. 그는 신임 소련 지도자를 상대할 때 안심도 시키고 설득도 하고 압박도 가하는 등 다양한 방법을 복합적으로 구사했다. 그는 미국 국민과 미국의 동맹국들의 지지를 유지했다. 이 전략이 낳은 결과가 무엇이든, 결과와는 별개로, 그런 전략을 수립하고 유지했다는 사실만으로도 대단한 성과였다. 그리고 여기서 레이건의 역할은 결정적이었다.

이런 말도 할 수 있다. 1985년에 레이건 - 그리고 슐츠 - 은 소련이 살아 남으려면 어떤 변화를 일으켜야 하는지에 대해 고르바초프보다 훨씬 분명한 혜안을 지니고 있었다는 사실이다. 고르바초프는 단지 소련이 그의 전임자들이 밟아온 길을 그대로 계속 좇을 수는 없다는 사실을 깨달았을 뿐이다. 그 후 6년 반 동안 고르바초프는 초강대국 지위를 유지하면서 마르크스주의 - 레닌주의를 되살리려 애썼지만, 절박해진 나머지 연속해서 임시방편으로 내놓은 정책들이 성과를 내지 못했고, 결국 먼저 소련 바깥에서 그리고 나서는 소련 내부에서 소련의 권위가 완전히 붕괴되고 말았다.126) 레이건은 물론 소련이 몰락했다고 눈물을 흘리지는 않았다. 그러나 소련의 붕괴를 초래한 원인은 고르바초프의 행동이지 레이건의 행동이 아니었다. 그렇다면 전략이 있었던 사람은 누구고 없었던 사람은 누굴까? 적어도 그 질문은 대답하기 쉽다.

대답하기 훨씬 어려운 질문은 레이건의 전략이 대칭 봉쇄전략과 비대칭 봉쇄전략 중 어느 쪽에 해당하는지이다. 그는 재원이 무한하다고 가정했다는 점에서 - "우리는 무한히 그들보다 많이 지출할 수 있다."라는 믿음127) - 그는 확실히 대칭 봉쇄 진영에 속했다. 그러나 NSC-68 작성자들과 케네디와 존슨 행정부의 전략가들과는 대조적으로, 레이건은 미국의 경제가 아니라 소련의 경제가 견딜 수 있는 정도를 토대로 이러한 판단을 내렸다. 따라서 그는 소련의 힘이 점점 단일한 차원으로 변해 갈 때 미국의 힘이 지닌 다차원적인 속성을 십분 활용했다. 그 덕분에 주도권은 유지하면서 동시에 미국에게 유리한 지형으로 경쟁을 이동시켰고, 이는 비대칭 봉쇄전략과 일맥상통하는 접근방식이었다.128) 그렇게 함으로써 레이건은 비용도 치르지 않고 위험도 감수하지 않고 상대방이 정한 조건 하에서 경쟁해야 하는 좌절감도 맛보지 않았다 – 한국 전쟁과 베트남 전쟁에서 국내 지지를 훼손한 대칭적 대응의 진퇴유곡에 빠지지 않았다. 그러나 그는 또한 소련에 조금도 양보하지 않았다. 소련의 영향권을 인정하지도 않았고 그 통치 하에서 산 사람들에 대한 만행을 못 본 척하지도 않았다. 따라서 그는 비대칭 봉쇄전략을 실행한 이들을 사로잡았던 도미노 현상에 대한 두려움과 도덕적 가책으로부터 자신이 이끄는 행정부를 보호했다.

　　따라서 냉전시대의 그 어떤 전임자보다도 훨씬 더 레이건은 대칭과 비대칭의 장점들을 이용하는 동시에 단점들을 피하는 전략을 구사했다. 그가 그렇게 했던 이유는 이러한 조건들을 파악했기 때문이 아니라 그러한 조건들이 보여주는 모순을 간파했기 때문이다. 적이 선택한 시기와 장소에서 경쟁하면 위험은 최소화되지만 비용은 증가하는 반면, 자기가 선택한 시기와 장소에서 경쟁하면 비용은 최소화되지만 위험은 높아진다는 모순 말이다. 그리고 딱히 이런 식은 아니었지만 레이건은 해법을 만들어 냈다. 적을 봉쇄하기보다 적을 변하게 함으로써 위험도 낮고 비용도 훨씬 덜 드는 세상을 만들기 위해 고위험 고비용 전략을 택했다.129) 이렇게 함으로써 그는 냉전 초기에 봉쇄전략가들을 괴롭혔던 모순을 해결했다.

　　헨리 키신저는 다음과 같이 기록했다. "레이건이 낳은 성과는 놀

라웠다. 학계의 관찰자로서 보면 거의 불가해하다. … 뭐니 뭐니 해도,
학문적 배경이 가장 일천(日淺)한 대통령이 놀라울 정도로 일관성 있고
타당한 외교정책을 만들어 냈다는 사실이 놀랍다."130) 레이건은 몇 가
지 아주 단순한 습관을 통해 이를 해냈다. 세부사항보다 결과에 집중
했다. 여러 가지 일에 정신을 분산시키기보다 우선순위를 설정하고 그
가운데 해야 할 일을 선택했다. 정책이 그 목적을 달성하면 우선순위
가 바뀔 수 있다는 점을 알고 있었다. 주류가 주장하는 정설에 주눅
들지 않았다. 힘은 물질적인 역량 못지않게 생각에도 내재되어 있다는
점을 깨달았다. 신념과 그 신념을 표현하는 역량을 조합하는 능력이
있었다. 미국이 방어하고자 하는 사회의 토대를 이루는 원칙들을 증진
시키는 데 실패하면 어떤 전략도 지속시킬 수 없다고 믿었다. 레이건
이 지닌 결점들 – 그는 결함이 많은 인물이었다 – 도 어찌 보면 힘의
원천이었다. 그러한 결점들 때문에 다른 사람들이 너무나도 쉽게 그를
얕보았기 때문이다. 그리고 항상 그는 자신이 보인 기행(奇行)을 상쇄
하기에 충분한 유머감각과 상식을 보여주었다.* 바로 이러한 자질들
이, 고르바초프가 소련 내에서 실행한 개혁과 더불어, 케넌이 40년 앞
서 처음으로 봉쇄전략을 제안했을 때 바랐던 결과를 두 지도자가 만들
어냈다.131)

　　케넌은 레이건의 임기 동안 그를 높이 평가한 적이 없었다. 그러

---

* 대부분의 경우 상식적이었다. 레이건이 가장 상식에서 벗어난 행동을 보여준 사례는
이란-콘트라(Iran-Contra) 사건이었다. 이란인들에게 무기를 판매함으로써 중동에
인질로 잡혀있는 미국인들을 석방시키고 무기판매 수익으로 니카라과에서 반(反) 산
디니스타(anti-Sandinista) 저항세력을 지원하는 복잡한 작전을 그는 재가했다. 그 결
과 시작된 조사는 1986년 레이캬비크 정상회담 이후 수개월 동안 행정부의 정신을
빼앗았고, 정상회담에서 이룬 진전을 바탕으로 핵무기 의존도를 단계적으로 낮추는
방향으로 사후조치를 취하는 데 실패하는 한 원인이 되었다. (Peter Kornbluh and
Malcolm Byrne, eds., *The Iran-Contra Scandal: The Declassified History* [New York:
1983]에 사건과 관련된 기본적인 자료가 수록되어있다.)

나 내가 1996년 그에게 누가, 혹은 무엇이, 냉전을 끝냈냐고 물었더니 레이건에 대한 평가를 상당히 수정한 듯한 대답을 내놓았다. "냉전을 극복하는 데는 어느 개인의 행동보다도 역사적인 흐름이 훨씬 큰 요인 이었다고 나는 생각한다. 그러나 냉전 종식에 크게 기여한 두 인물을 꼽는다면 우선 고르바초프를 들겠지만, 로널드 레이건도 거론하고 싶 다. 그는 아무도 따라 하지 못할 자기 나름의 방식으로, 어쩌면 본인도 자기가 무슨 일을 하고 있는지 잘 인식하지 못한 상태에서, 거의 아무 도 엄두도 못 냈을 행동을 함으로써 교착상태를 깨버렸다."132) 그러 나, 물론 레이건이 처음부터 내내 다 알고 한 일일 가능성도 있다.

## VI

1989년 1월 레이건이 퇴임할 무렵, 봉쇄전략은 소기의 목적을 대체로 달성했다. 소련의 지도자는 마르크스주의-레닌주의는 실패했 고 러시아의 제국주의 추구는 헛수고임을 인정했다. 조지 H. W. 부시 차기 행정부는 벌어진 일이 믿기지가 않았다. 부시의 신임 국가안보보 좌관 브렌트 스코우크로프트(Brent Scowcroft)는 다음과 같이 회상했다. "나는 고르바초프의 동기를 의심했고 그가 예측하는 미래 전망에 대해 의구심을 품었다. 그는 호의를 가장하고 우리를 죽이려 한다고 생각했 다. 나는 고르바초프가 우리를 감언이설로 속여 무장해제 시킬까봐 두 려웠다. 그리고 10여 년이 지나면 우리는 예전보다 더 심각한 위협에 직면하게 될까봐 두려웠다."133) 1985년 체르넨코의 장례식에서 고르 바초프를 처음 만난 이후로 그를 죽 알고 지낸 부시(당시 레이건 행정부 의 부통령이었다-옮긴이) 본인은 불신감이 좀 덜했다. "나는 어리석은

행동이나 근시안적인 행동을 하고 싶지 않았다."[134] 그 결과 수개월에
걸쳐 미소 관계를 전반적으로 재검토했지만 레이건과 슐츠에게는 너
무 뻔히 보인 결론이 나왔을 뿐이다. 고르바초프 하에서 소련은 냉전
시대 대부분의 기간 동안 그 나라가 보인 속성과는 매우 다른 성격을
띤 나라가 되었다는 결론이었다.

　　고르바초프는 워싱턴과 갈등을 일으킬 소지를 모두 제거함으로
써 스코우크로프트의 기선을 제압했다. 마치 크렘린 측의 오랜 미국
전문가인 게오르기 아르바토프(Georgii Arbatov)가 농담조로 권고했던
전략을 곧이곧대로 받아들인 듯했다. 미국에게서 적을 없애버림으로
써 미국을 "봉쇄"하는 전략 말이다.[135] 고르바초프는 1988년 12월 유
엔에서 동유럽과 중부유럽으로부터 소련 군 50만 명을 일방적으로 철
수시킨다고 선언했다. 그는 1989년 여름 폴란드와 헝가리에서 모스크
바의 권위가 붕괴될 때 이를 막기 위해 아무런 조치도 취하지 않았다.
그는 10월 동독 수립 40주년 기념식에서 동독인들에게 스스로 개혁을
추진해야 한다고 말했다. 그들이 개혁을 하지 않은 채 그 다음 달 베를
린 장벽이 무너지자 고르바초프는 이 상황을 승인한다고 알렸다. 그는
체코슬로바키아, 불가리아, 루마니아 등에 남은 소련의 위성정부들을
보존하려는 노력을 기울이지 않았고, 그해 말 무렵 이 세 나라의 위성
정부는 모두 사라졌다. 그리고 12월 몰타에서 열린 고르바초프와 부시
대통령의 첫 정상회담에서 고르바초프는 유럽에서 미국이 할 역할이
있다며 그 정당성을 인정했지만, 그 지역에서 소련의 역할이 무엇인지
는 구체적으로 밝히지 못했다.[136]

　　그러나 그 무렵 분명해지고 있었던 사실이 있다. 고르바초프에
게 봉쇄전략이 있다면 이는 미국을 겨냥한 전략이 아니라 이제 모스크
바나 워싱턴의 그 누구도 통제할 수 없게 된 일련의 사건들이 소련에

게 미칠 파장을 봉쇄하는 게 목적이라는 사실 말이다. 일단 고르바초
프가 소련의 영향권 하에 있는 나라가 자결권을 요구할 경우 이에 강
압적으로 대응하지 않겠다는 언질을 주자 그 추세를 더 이상 막을 길
이 없었다. 그는 오래 전에 스탈린이 동유럽에 구축한 영향권이 거의
하룻밤 사이에 해체되는 상황을 받아들이는 수밖에 없었다. 그는 독일
통일의 압력 – 독일 내에서도 나왔고 부시 행정부로부터도 나왔다 – 에
저항할 방법이 없었다. 그는 막 통일된 독일이 NATO에 합류하지 못
하게 막을 방법도 없었다. 이는 소련이 절대로 수용하지 않을 지정학
적 결과라는 게 그동안 상식으로 받아들여져 왔는데도 말이다. 그리고
물론 그는 러시아를 제외한 소련의 공화국들의 자결권을 거부할 방법
도 없었고, 이제 자유선거에 의해 선출된 그의 정적인 보리스 옐친
(Boris Yeltsin)이 이끄는 러시아공화국의 자결권도 거부할 방법이 없었
다.

　　고르바초프와 연관된 공교로운 점들 가운데 간과해서는 안 되는
사실은, 그가 소련과 동유럽 전역에서 자결권을 가능케 했음에도 불구
하고 본인은 민주주의 선거에 결코 나서지 않았다는 사실이다.[137] 그
결과 그의 세계적인 명성은 높아지는 가운데도 그의 국내 지지기반은
줄어들었다. 이 때문에 그의 권력은 취약해져서 실제로 1991년 8월에
일어난 쿠데타로 거의 권좌에서 축출될 뻔했고, 입지가 약해진 끝에
그해 크리스마스 날 마침내 그의 통치는 막을 내렸고 소련 자체도 더
이상 존재하지 않게 되었다.

　　부시 대통령◎은 그날 저녁 대국민 담화에서 다음과 같이 말했
다. "지난 몇 달 동안 여러분과 나는 20세기의 가장 위대한 드라마를

---

◎ 레이건의 후임 대통령. 아버지 부시 – 옮긴이.

목격했다. 전체주의 독재국가인 소련이 역사적이고 혁명적인 변신을 하고 그 국민들이 해방되는 광경을 말이다." 미국은 40여 년에 걸쳐서 "공산주의와 공산주의가 우리의 가장 소중한 가치들에 가하는 위협에 맞서는 투쟁을 이끌어 왔다. 그 대결은 이제 끝났다." 서둘러 작성한 이 연설은 그 내용이 지니는 의미에 비하면 보잘 것 없었다. 부시는 레이건이 지닌 언어와 역사를 연계시키는 역량이 없었다. 그러나 역사에 대한 해석 자체는 옳았다. 미국은 케넌이 45년 앞서 – 마찬가지로 서둘러 – "긴 전문"을 작성했을 때 서구진영에게 주어진 유일한 선택지인 듯이 보였던 전쟁과 유화책이라는 대안들을 모면했다. 부시는 간결하게 다음과 같이 결론을 내렸다. "우리의 적은 이제 우리의 동반자가 되었다."138)

# 12

# 맺음말: 냉전 이후의 봉쇄

위대한 대전략은 시간과 공간의 제약을 받지만 시간과 공간을 초월하기도 한다. 봉쇄전략과 마찬가지로 그러한 전략들은 특정한 시대와 장소와 일련의 상황 하에서 부상한다. 위대한 대전략들은 이런 의미에서 그 전략이 탄생하는 역사적 맥락으로부터 유리될 수 없다. 그렇다고 해도 "위대한"이라는 수식어는 맥락을 초월하는 타당성을 의미한다. 거론 대상인 전략이 미래 어느 시기, 장소, 여건에서 지침이 되어줄 수 있다는 뜻이다.

모스크바 주재 미국 대사관에서 보낸 역사상 가장 긴 전문(電文)으로 미국 정부의 관심을 사로잡은 후 1946년 봄 워싱턴으로 돌아온 조지 F. 케넌이 처음 맡은 일은 국방대학원에서 전략과 정책에 관한 강의를 계획하는 일이었다. 그는 당시를 다음과 같이 회고했다. "우리는 우리와 다른 시대로 되돌아가서 다른 세대를 산 유럽의 사상가들을 만났다. 마키아벨리, 클라우제비츠, 갈리에니(Gallieni) – 심지어 아라비아의 로렌스(Lawrence of Arabia)까지도 만났다." 핵 시대에 전면전은 "자살 행위"이거나 최소한 "인류의 모든 원칙에 어긋나는" 행위였지만, 미국의 전통에는 제한된 전쟁이라는 것은 없었다. 그렇다면 다른 전통들을 살펴볼 필요가 있었다. 예컨대, 탈레랑(Talleyrand)◎의 "국가는 평화 시에는 서로에게 가장 선하게 대해야 하고 전쟁 시에는 가능한 한 서로에 대한 악행을 최소화해야 한다."라는 주장이라든가, 에드워드 기번(Edward Gibbon)의 18세기의 "온건하고 우유부단한 갈등"은 그 시대의 약점이라기보다 강점이었다는 주장이 그런 전통이다.[1] 케넌은 여기서 전이(轉移)가능성(transferability) 원칙에 의거한다. 과거의 대전략은 미래에 대전략을 수립할 때 무엇을 답습하고 무엇을 피해야 할지를 제시해 준다.

그렇다면 케넌이 1947년 초 국무성으로 자리를 옮긴 후에 만든 전략에 이러한 기준을 적용해도 크게 무리는 없을 듯싶다. 봉쇄전략이 다른 시대, 다른 장소, 그리고 다른 여건에서 어느 정도나 효과가 있을까? 베트남 전쟁 중에는 전혀 효과가 없었으리라고 그는 주장하는 듯하다. "나는 오늘날 전혀 타당하지 않은 상황에 그 독트린을 적용하려는 시도를 한다면 그 독트린의 시초가 나라는 사실을 결사적으로 부정하련다."[2]라고 말했으니 말이다. 봉쇄에는 여러 가지 전략이 존재할 가능성 – 자신이 만든 전략이 자신이 인정하지 않는 변형된 전략들을 탄생시킬 가능성이 있다는 점 – 때문에 케넌은 좌절감을 느꼈고, 변명을 했고, 때로는 분노했다. "마치 벼랑 꼭대기에서 뜻밖에 떨어져 나온 커다란 암석이 벼랑 아래쪽에 있는 계곡으로 굴러 내려오면서 뭐든 닥치는 대로 부수는 광경을 속절없이 지켜보는 느낌, 매번 재앙이 일어날 때마다 흘끔거리면서 몸을 소스라치고 움찔하는 느낌"이 든다고 그는 회고했다.[3]

재앙은 실제로 여러 차례 일어났고, 베트남은 그 가운데 최악이었다. 그러나 냉전이 끝날 무렵 봉쇄전략의 성공은 분명히 실패를 능

---

◎ 프랑스혁명 시기와 나폴레옹 통치시대의 대(大) 정치가이자 외교관 – 옮긴이.

가했다. 소련과의 전쟁은 일어나지 않았다. 1914년부터 1945년 사이에는 독일과 두 차례, 일본과 한 차례 전쟁이 일어났다. 냉전 때는 유화책도 없었다. 두 차례 세계대전 사이의 기간 동안에는 유화책이 있었다. 대칭과 비대칭 사이에서 오락가락하고 오판도 있었고 비용도 들었지만, 미국과 그 동맹국들은 그들의 적들이 가까스로 해낸 그 무엇보다도 훨씬 일관성 있고 효과적이고 도덕적으로 정당화할 수 있는 전략을 지속시켰다. 그 어떤 평시의 대전략도 최종적인 결과가 처음에 구체적으로 명시한 목적과 이토록 밀접하게 부합했던 적은 없었다.

따라서 전략을 연구하는 이들은 앞으로 수십 년 동안, 아니 수세기 동안 봉쇄전략을 연구하게 될 것이다. 지도자들은 이 전략에서 얻은 교훈을 이제 아무도 예견하지 못하는 시대와 장소와 상황에 적용하게 될 것이다. 전이가능성은, 케넌이 아무리 그 개념을 거부하려 해도, 불가피하다. 그러나 앞으로 이 전략이 적용되는 맥락은 냉전의 맥락과 절대로 똑같지 않을 테니, 이 전략의 모든 측면들이 골고루 제대로 전이될 가능성은 희박하다.

# I

케넌은 일찍이 1947년에 전이되기 어려운 측면을 하나 제시했었다. 자기가 생각하는 위험 의식을 봉쇄 대상인 적이 공유해야 한다는 조건이었다. 봉쇄전략은 나폴레옹이나 히틀러를 상대로 했다면 성공하지 못했으리라고 그는 지적했다. 둘 다 목적을 달성할 시한을 정해 놓았기 때문이다. ─ 아마도 그들 자신의 죽음을 고려한 결정이었을 것이다. 시간표를 준수하는 일이 전쟁을 피하는 일보다 그들에게 훨씬 중요했다. 그들에게는 마르크스주의-레닌주의가 소련 지도자들에게 심어준 신중함이 없었다. 케넌은 "X"라는 이름으로 발표한 기고문에서 다음과 같이 지적했다. "크렘린에겐 서둘러 목적을 달성하려는 이념적 강박관념이 없다. 교회와 마찬가지로 크렘린은 장기적으로 타당한 이념적 개념들을 바탕으로 행동한다. … 크렘린은 미래의 사소한 허영을 충족시키기 위해서 혁명이 이미 이루어낸 성과를 위험에 처하게 할 권리가 없다."4) 스탈린과 그의 후임자들은 역사가 자기들 편이라고 확신하고 인내심을 발휘할 자세가 되어 있었다. 그 덕분에 봉쇄전략은 그들이 틀렸다는 사실을 증명할 시간을 벌었다.

마이클 하워드 경(Sir Michael Howard)의 말마따나 "인류의 발전에서 무장 갈등은 필연적이고 사회적으로 필요"하다고5) 믿는 지도자들이 통치하는 나라들에 대해서도 봉쇄전략이 통했을지 분명치 않다. 그러한 시각은 19세기 말과 20세기 초에 흔했다. 1914년 어떻게 그토록 많은 대국들이 그토록 쉽게 세계대전에 휘말리는 실책을 저질렀는지를 설명해 준다. 그러나 그 세계대전과 뒤이어 1939년에 일어난 세계대전은 "호전성"은 불가피하다는 전제들을 근본적으로 뒤흔들어놓았다. 1945년에 사용된 원자폭탄은 그러한 전제들을 산산조각 냈다. 조심스러운 적의 존재와는 별도로, 전후 시대에는 그 이전보다 훨씬 더 봉쇄전략처럼 "전쟁에는 못 미치는 조치들"을 개발하기에 심리적으로 바람직한 분위기가 조성되었다.6)

공동의 위기의식은 냉전 내내 지속되었는데, 바로 이 때문에 냉전이 끝날 때까지 전쟁이라는 명사 앞에 '냉(冷, cold)'이라는 수식어가 붙어있었다. 백악관 주인이 민주당이든 공화당이든 상관없었고, 크렘린을 차지한 이가 개혁가든 반동주의자든 상관없었다. 모두가 제3차 세계대전이 발발할까봐 두려워했다. 모두가 수호해야 할 사회가 있었고 따라서 보존해야 할 나라가 있었다. 제한적인 전쟁은 여전히 가능했을지 모르지만 전면전은 더 이상 사회와 나라를 지키는 수단이 되지 못했다.[7] 그러니 케넌과 그가 가르친 국방대학원 학생들이 클라우제비츠의 글을 읽었다는 사실이 전혀 놀랍지 않다. 무력 사용 자체가 목적이 되어서는 절대로 안 된다는 게 그가 주장한 대원칙이었기 때문이다. "정치적 목표가 달성하려는 목적이고, 전쟁은 그 목표를 달성하는 수단이며, 수단은 절대로 달성하려는 목적과 분리시켜 생각해서는 안 된다."[8] 냉전시대의 주요 지도자 가운데 이 말에 동의하지 않는 이는 단 한 사람도 없을 것이다.[9]

바로 이 사실은 봉쇄전략이 냉전이라는 맥락을 벗어난 상황에 적용될 가능성을 제약하는 두 번째 이유다. 바로 국가를 토대로 한 전략이라는 점이다. 봉쇄전략은 전면전에 대한 공포뿐만 아니라 전쟁에 못 미치는 위험을 감수하고 관리할, 실체가 있는 정권들의 존재에 의존한다. 이 점도 클라우제비츠와 일맥상통한다. 근대가 동틀 때 형성된, 폭력 수단을 독점하는 국가가 아니라면 무력을 제압하는 역량이 어디서 오겠는가?[10] 국가를 뺀 클라우제비츠 이론은 물 없는 선박이나 마찬가지다. 봉쇄전략에 대해서도 같은 주장이 가능할까? 국가가 더 이상 봉쇄되어야 할 가장 큰 위협이 아닌 상황에서도 봉쇄전략이 제 기능을 할까?

2001년 9월 11일 테러 공격은 더할 나위 없이 가장 극명하게 이 질문을 미국에게 던졌다. 그날 열아홉 명의 테러리스트 일당이 미국 영토에서 죽인 미국인의 수는 60년 전 진주만에서 제국주의 일본 해군이 죽인 미국인의 수보다 많았다. 조지 W. 부시 행정부(아들 부시 — 옮긴이)는 냉전시대 전략 — 봉쇄전략과 이에 따른 억지력 — 은 알카에다(al-Qaeda)*를 대상으로는 먹혀들지 않으리라고 서둘러 결론을 내렸다. 타격하기 직전까지는 눈에 보이지도 않는 대상을 어떻게 봉쇄할까? 타격을 감행하면서 자기 목숨까지도 버릴 태세가 되어 있는 대상을 어떻게 억제할까? 이러한 문제들로 인해 부시는 2002년 가을 선제(pre-emption)조치라는 새로운 대전략을 발표했다.<sup>◎</sup> 이제부터 미국은 테러리스트들이 목표물을 타격하기 전에 테러리스트들을 처치하기 위해 가능하다면 다자간 방식으로 행동하고 필요하다면 단독으로 행동하겠다는 뜻이었다.[11] 이 전략은 국적이 없는 적으로부터 나라를 방어하는 게 목적이었다.

부시의 전략은 처음에 풍긴 인상만큼 그리 혁신적인 전략은 아니었다. 선제조치는 냉전시대에도 배제된 적이 없었다. 핵 시대에 또 다른 진주만 사태가 일어날 위험이 있을 때 이를 알고도 감수할 미국 대통령은 아무도 없었을 것이다. 이 독트린은 부시가 알리려고 한 만큼 널리 알려지지는 않았다.[12] 알카에다도 철저하게 국적이 없는 적이 아니었다. 오사마 빈 라덴(Osama bin Laden)은 탈레반<sup>◎</sup>이 장악한 아프가니스탄에서 테러 공격을 지휘했고, 이에 대해 부시 행정부는 2001년 가을 신속하고 성공적으로 보복을 했다. 명백히 선제적이라 할 행동은 2003년 3월 국가인 이라크를 상대로 최초로 실행되었다. 사담 후세인(Saddam Hussein)이 대량살상무기를 축적하고 있고 한편으로는 알카에

---

◎ 오사마 빈 라덴이 이끈 이슬람 국제 테러조직 – 옮긴이.

* 부시는 냉전시대의 "선제 조치"의 정의 – 막 공격하려는 국가에 대해 취하는 행동 – 를 넓혀 냉전시대의 "예방(prevention)" – 미래의 어느 시점에 타격할 역량을 보유하게 될지 모르는 국가에 대해 취하는 행동 – 까지 포함시켰다. 그가 이렇게 한 까닭은 눈에 보이지 않고 잠재적으로 자기 목숨을 스스로 끊을 가능성이 있는 테러리스트 무리들을 상대할 때는 그러한 구분이 무의미했기 때문이다. (더 자세한 내용은 다음 저서를 참조하라. John Lewis Gaddis, "Grand Strategy in the Second Term," *Foreign Affairs*, LXXIV [January/February 2005], 3.)

◎ 아프가니스탄의 극단주의 수니(Sunni)파 이슬람 집단 – 옮긴이.

다를 지원했다는 주장을 포함해서 선제조치를 정당화하는 여러 가지 이유가 제시되었지만, 나중에 조사해 보니 이 두 가지 주장을 증명해 줄 증거는 없었다. 선제조치를 정당화하기 위해 제시되지는 않은—그러나 분명히 존재한—이유는 이라크의 폭군을 제거해서 테러리스트들을 숨겨 주거나 그럴 생각을 하는 다른 나라 지도자들에게 겁을 주기 위해서였다. 그러나 이는 앞으로 닥칠지 모르는 위험을 제거한 억제 행위였다. 부시 행정부의 논리에 따르면, 선제조치는 봉쇄전략으로의 회귀이지 봉쇄전략을 대체한 전략이 아니었다.[13]

그러나 9/11에 대한 또 다른 해석이 있는데, 이 해석이 맞는다고 증명되면 봉쇄전략은 정말로 무용지물이 될지도 모른다. 국가체제가 예전보다 약해졌기 때문에 이러한 테러 공격이 일어났다는 해석이다. 경제적 통합과 정치적 분열이 동시에 진행되면서 모든 나라들이 자기 영토 내에서 그리고 국경을 넘나들며 발생하는 일들을 통제하는 역량이 약화되었다.[14] 9/11이 새로운 불안의 시대를 열었다. 겨우 개인 몇 명의 행동이 사회 전체를 위험에 빠뜨릴 수 있다면 본래 설계할 때의 취지 그대로의 봉쇄전략은 쓸모가 없게 되는 그런 시대가 개막됐다는 말이다. 봉쇄전략은 생존을 꾀하는 국가들로부터 위협이 발생한다고 가정했다. 순교하겠다는 이들의 행동을 막기 위해 만든 전략이 아니다. 이런 상황에서는 선제조치가 유일하게 타당한 선택지라는 주장이다.

냉전시대라는 맥락을 초월해 봉쇄전략을 적용하는 데 제약이 생기는 세 번째 이유는 냉전시대 내내 미국의 패권은 차악(次惡)이고 최악(最惡)인 대상이 존재했다는 사실과 관련이 있다.* 돌이켜보면 분명

---

* "최악" 원칙은 케넌에게서 빌려왔는데, 케넌은 힐레어 벨록(Hilaire Belloc)의 〈훈계 (Cautionary Tales)〉에 수록된 시에서 인용했다. 이 시는 사자에게 잡혀 먹힌 짐(Jim)이라는 운 나쁜 아이의 얘기인데 다음과 같은 구절이 있다. "그리고 늘 유모를 곁에 두어라/최악의 사태에 대비해서."

히 미국은 20세기 후반 내내 – 힘을 구성하는 모든 부문들에서 – 힘의 우월성을 유지했었다.15) 그러나 노르웨이 역사학자 가이르 룬데스타드(Geir Lundestad)가 지적한 바와 같이, 미국이 패권을 행사할 때는 미국이 먼저 강제했다기보다 행사해 달라는 요청을 받은 적이 훨씬 많았다.16) 소련이 미국의 대안으로 남아 있는 한 나머지 세계 대부분 지역이 보기에 미국이 지배하는 세상에 비하면 최악인 상황이 상존했다. 바로 이러한 상황은 최악이라는 존재가 없었다면 미국의 패권이 야기했을 – 클라우제비츠의 표현을 빌리자면 – "마찰(friction)"을 최소화했다.

냉전이 끝나면서 그동안 소련이 뜻하지 않게 미국에게 부여했던 유리한 지위가 사라졌다 – 동맹을 구축하고 나서 방치해 두면 상대편으로 넘어가거나 최소한 상대편으로 넘어가겠다고 협박할 중립국들을 다독거려야 한다는 절박함도 사라졌다. 다자간 협의는 조지 H. W. 부시(아버지 부시)와 빌 클린턴 행정부 임기 내내 서서히 줄어들었다. 그 원칙에 문제가 있어서가 아니라 냉전시대보다 현실적인 필요성이 줄어들었기 때문이다. 조지 W. 부시(아들 부시) 행정부는 미국의 독자주의를 물려받았을 뿐이다. 만들어내지 않았다.17)

그러나 부시 행정부가 독자주의를 여러모로 강화하기는 했다. 세계 기후변화에 관한 교토의정서, 국제형사재판소, 대 탄도미사일 협정 등에서 서투른 외교실력을 보였고, 아프가니스탄을 침공할 때 NATO 동맹국들이 지원하겠다고 하자 이를 별일 아니라는 듯이 무시해 버렸다. 국제사회에서 반대하는 정서가 팽배했는데도 아랑곳하지 않고 사담 후세인을 축출하는 데 몰두했다. 이라크를 점령한 후에 어떤 후속 조치를 취할지 아무런 계획도 사전에 세우지 않았다는 사실을 인정하지 않으려 했다. 이 모든 사태들 때문에 미국과 미국의 외교정책이 추구하는 목표에 대해 나머지 세계로부터 전례 없이 지지를 잃었다. 미국이 패권을 이런 식으로 행사한다면 더할 나위 없이 형편없는 패권이라는 시각이 확산되는 듯했다.[18]

이러한 추세가 계속된다면 미국의 힘의 토대는 정말로 요청에서 강제로 바뀔지도 모른다. 냉전시대에 봉쇄전략이 등장했던 맥락과는 아주 다른 맥락이 조성되는 셈이다. 1947년 케넌이 "미국은 자국이 지닌 최고의 전통을 잘 따르기만 하면 된다."라고 기록한[19] 까닭은 그 전통이 소련과 국제 공산주의운동보다 훨씬 더 국경을 초월해 호소력을 발휘한다고 생각했기 때문이다. 그 점에 관한 한 케넌이 옳았다. 그와 같은 경쟁관계가 존재했기 때문에 미국인들은 자신들이 간직한 이상을 존중해야 할 현실적인 이유가 있었고, 이러한 이상을 행동으로 실천하는 데 대체로 성공했다. 그러나 쓸모 있는 적이 존재하지 않는 상황에서 미국이 그런 전통에 더 이상 부응하지 않는다면 ― 힘을 써달라는 요청을 받기보다 그 힘을 강제해야 하는 새로운 전통이 탄생한다면 ― 탁월한 미국을 탄생시킨 봉쇄전략으로부터 이 시대에 적용할 요소들을 찾지 못한다고 해도 전혀 놀랍지 않다.

Ⅱ

따라서 봉쇄전략을 탄생시키고 지탱하고 결국 성공하게 된 상황과 상당히 다른 상황에서도 봉쇄전략이 성공하기를 기대하기는 어렵다. 이러한 의미에서 "봉쇄전략을 적용하기에 전혀 타당하지 않은 상황에" 이를 적용하는 데 대해 케넌이 반대한 까닭이 이해가 간다. 그는 자신이 국방대학교에서 봉쇄전략 이전에 등장한 전략들을 연구하면서, 이러한 전략들이 등장한 역사적인 맥락을 완전히 무시하고 무비판적으로 이러한 전략들을 냉전 초기에 적용해야 한다고 우긴 적이 없다. 그렇지만 분명히 그는 선별적으로 과거의 전략을 적용할 수 있다고는 생각했다. 그렇지 않다면 과거의 대전략들을 국방대학교 학생들에게 가르칠 이유가 없었다. 그렇다면 이러한 관점에서 볼 때 봉쇄전략의 어떤 측면들이 탈냉전시대, 9/11 이후의 세계에 여전히 타당한지 생각해 볼 가치가 있다.

일종의 지적(知的)인 지도라고 보아야 한다. 케넌의 봉쇄전략은 위험한 ─ 심지어 치명적인 ─ 선택지들 사이에 놓인 길을 표시했다. 세계적으로 다극체제가 지속되어 왔음에도 불구하고 제2차 세계대전 종전까지 내내 전략적 사고의 지배적인 추세는 극단적인 양자택일이었다. 전쟁 아니면 평화, 승리 아니면 패배, 유화책 아니면 섬멸이었다. 양 극단 사이 어디쯤 길이 존재할지도 모른다는 주장을 제시한 이는 아무도 없었다. 과거의 전략에서는 그저 암묵적으로 존재했을 뿐이라고 케넌은 지적했다. 그러나 대대적인 동원, 치명적 기술, 그러한 기술이 가능케 한 전면전이 등장하면서 그러한 길이 존재한다는 암묵적인 인식마저 사라졌다. 상상력을 동원하는 데도 실패하면서 20세기 전반은 강대국들 사이에 전례 없이 폭력이 난무한 시대로 자리매김했다. 중간지대는 존재하지 않는 듯했다.

20세기 후반은 아주 달랐다. 세계적으로 양극체제가 등장했지만, 전략적 사고는 극단을 피하자는 추세가 지배적이었다. 물론 핵무기가 이와 관련이 있지만 ─ 미소 핵 교착상태보다 거의 10년 앞서 등장한 ─ 봉쇄전략 개념도 한몫 했다. 따라서 이러한 맥락에서 보면 봉쇄전략은 뛰어난 상상력이 낳은 위업(偉業)이었고, 이 전략이 탄생된 암울한 상황을 고려해 볼 때 더욱 더 감탄을 자아낸다. 맥락을 초월해 적용

가능한 교훈은 심리적인 교훈이다. 치명적이거나, 위험하거나, 바람직하지 않은 선택지만 제시하는 전략은 재고(再考)해야 한다는 사실이다. 바로 닉슨과 키신저가 전략을 재고할 능력이 없었던 전임 정권으로부터 베트남 전쟁을 물려받았을 때 대응한 방법이다. 그렇게 함으로써 그들은 케넌의 전례를 따랐다.

두 번째로 전이 가능한 원칙은 다음과 같다. 전략에서 바람직한 대안은 적이 패배를 자초하게 만드는 일이다. 이 원칙은 적어도 손자병법까지 거슬러 올라가고 클라우제비츠의 이론에도 전반적으로 스며들어있다. 마르크스와 레닌은 자본주의가 패배를 자초하리라고 예상했다. 그들은 자본주의는 내부적 모순 때문에 스스로 붕괴한다고 생각했다.[20] 1940년대 말에는 케넌이, 1980년대 초에는 레이건이 이 논리를 뒤집었고, 파멸의 씨를 내부에 간직한 체제는 자본주의가 아니라 마르크스주의-레닌주의라고 두 사람은 주장했다. 미국은 행동을 통해서 소련과 그 동맹국들이 운신하기 어렵게 압박을 가할 수 있었다. 비록 결국은 계획경제가 비효율적이고, 정치적인 책임 소재를 밝히기 불가능한 체제이고, 국제주의 이념이 언제까지고 민족주의 본능을 억압하기란 불가능했기 때문에 공산주의가 몰락했지만 말이다. 미국과 그 동맹국들은 그저 이런 사태가 발생하는 동안 굳건히 버티기만 하면 됐다.

9/11 이후의 시대에도 봉쇄전략은 타당한 면이 있다. 테러리스트들이 추구하는 이익과 이들을 지원하는 - 아니면 적어도 용인하는 - 나라들이 추구하는 이익이 항상 일치하지는 않기 때문이다. 테러리스트들에게는 경제정책이 없다. 점점 상호의존성이 높아지는 세계에서 살아 남아야 하는 국가는 경제정책이 있다. 테러리스트는 국민을 대표하지 않는다. 협박할 뿐이다. 이는 민주화 시대에 지속불가능한 수법

이다. 마지막으로 국가는 살아 남을 방법을 모색하지만 테러리스트는 그렇지 않다. 심지어 불량국가조차도 세계적인 주권국가 체제를 수호하는 데 이해가 걸려 있다. 그들도 이를 대체할 대안이 뭔지 알지 못하기 때문이다. 이러한 모순들은 냉전시대에 봉쇄전략을 실행한 이들이 성공적으로 이용한 공산주의 진영의 내부 모순 못지않게 놀랍다.

그런데 그런 기회가 존재한다는 사실을 어떻게 알 수 있을까? 이 질문에 답하려면 봉쇄전략의 세 번째 전이 가능한 원칙을 거론해야 한다. 전략을 만들어내는 데에는 이론보다 역사적 지식과 통찰력이 훨씬 나은 지침이라는 원칙이다. 케넌이 냉전 초기에 보여준 통찰력은 그 시대의 상식을 초월했다. 그는 다음과 같이 생각했다. 스탈린은 또 다른 히틀러가 아니었다. 독재국가라고 해서 외부의 영향이 침투하지 못하라는 법은 없다. 과거의 결정론적인 시각을 토대로 한 이념은 미래에 대해 오판을 내릴 수 있다. 국제공산주의는 거대한 통일체로 지속되지 못할 운명이었다. 미국과 동맹국들이 그들이 직면한 위험에 대처하는 방법은 전쟁과 유화책 말고도 있었다.

어떤 이론들로부터 그러한 결론이 나왔는지 전혀 분명치 않다. 이러한 결론은 케넌이 읽은 로마제국에 대한 기번의 글, 러시아 역사와 문화에 대한 그의 지식, 국방대학원에서 위대한 전략가들에 대해 가르친 속성 강의에서 비롯되었다 — 상상력에서 비롯된 결론이기도 하다. 케넌은 토마스 만(Thomas Mann)의 소설 『부덴브로크 가의 사람들(Buddenbrooks)』을 인용해 소련을 다음과 같이 묘사한다. "인간이 만든 제도는 내부가 더할 나위 없이 쇠락한 바로 그 순간에도 겉보기에는 더할 나위 없이 화려하다."21) 형식적인 이론은 보편적 타당성을 추구하다 보면 시간의 흐름으로부터 단절되는 경우가 많다. 어쩌다가 그런 상황이 되었는지에 제대로 주의를 기울이지 않게 된다. 어디서 비

롯되었는지가 앞으로 어떻게 될지를 가늠하는 최고의 길잡이인 법인
데 말이다. 이와는 대조적으로 역사 – 문학 또한 그렇다 – 는 과거의
경험에서 정수(精髓)를 추출해 미래의 불확실성에 대비하게 해준다. 마
치 운동선수가 훈련을 통해 체력을 기르고 경험을 축적하지만 그 자체
가 미래에 출전할 경기의 결과를 결정하지는 않듯이 말이다.[22]

이 과정은 직관적이다. 인상주의적이기까지 하다. 현 상황이 과
거에 존재했던 하나 혹은 여러 상황과 "닮았고", 그러한 상황들이 어떻
게 처리되었는지 알아 볼 가치가 있다는 점을 간파할 역량이 있어야
한다. 선별할 줄 아는 자신감과 명확하게 분별하는 자제력과 자신의
주장을 제대로 이해시키는 데 필요한 자기 과장도 어느 정도 필요하
다. 그렇지 않고서야 8,000단어 길이의 전문이 어찌 그토록 중요한 문
서가 되었겠는가? 인간의 본성에 대한 혜안의 덕도 크게 봤다. 이론에
서는 결코 얻을 수 없는 통찰력이다. 공교롭게도 케넌은 자신을 결코
이론가라고 여긴 적이 없는데도 오늘날 국제관계 분야에서 "현실주의
(realism)"의 창시자 가운데 한 사람으로 기억된다.[23] 그러나 그는 기질
적으로도, 전공으로도, 역사학자이고 인생 말년에는 스스로 역사학자
의 길을 선택했다. 그리고 그는 어쩌면 소설가가 되었어도 만족했을지
모른다.

냉전이 아닌 다른 맥락에 적용 가능한, 봉쇄전략의 네 번째 측면
은 실행 과정에서 일관성과 책임소재를 겸비한 정도다. 여기서 케넌의
예측은 약간 빗나갔다. 그는 국내정치의 가변성 때문에 민주주의 국가
는 일관성 있는 대전략을 유지하기가 어려우리라고 우려했다.* 어찌

---

* "나는 이따금 민주주의가 선사시대에 살았던 괴물과 너무나도 비슷하다는 생각이
든다. 이 방 길이만한 몸뚱이에 뇌는 핀(pin) 크기 만한 괴물 말이다. 이 괴물은 진흙
탕에서 편안하게 뒹굴면서 자기 주변에는 관심도 보이지 않는다. 화내는 데도 굼뜨
다. 꼬리를 제대로 한 대 갈겨야 비로소 자기가 위협받는다는 사실을 깨닫게 된다.

보면 그가 옳았다. 대칭 봉쇄와 비대칭 봉쇄 사이에서 오락가락하면서 신임 행정부가 들어설 때마다 두 전략의 장단점을 터득하려고 애쓰는 듯이 보이긴 했으니까 말이다. 그러나 냉전시대를 통틀어 미국의 문서를 살펴보면 봉쇄전략이 추구한 포괄적인 목표 — 소련이 스스로 변하기를 기다리는 한편 전쟁과 유화책이라는 두 극단적인 선택을 모면한다는 목표 — 는 어느 당이 백악관을 장악했든, 각 행정부가 봉쇄전략의 어느 접근방식을 채택했든 상관없이 일관성 있게 유지되었다.

이러한 관점에서 볼 때 접근방식이 오락가락 바뀐 이유는 민주주의 절차에 내재된 책임소재 규명 때문에 불가피했던 경로 수정이라고 볼 수도 있다. 4년마다 선거를 치루어야 하므로 일관성을 유지하기 어려웠을지도 모르지만, 나태해지지 않게 다잡는 안전장치도 되어주었다. 전략이 역효과를 내고 있다는 증거가 있는데도 계속 그 전략을 밀어붙이는 경향에 대한 안전장치도 되었다. 그러한 책임소재 규명이 얼마나 중요한지 파악하려면 소련, 중국, 동유럽의 위성국가 정권들이 보인 성과를 살펴보면 된다. 비효율적인 전략을 바꿀 유일한 방법은 그 전략을 수립한 당사자들이 죽거나 축출당하는 길뿐인 그런 나라들 말이다. 물론 그런 일이 생기기는 했지만, 자폐적인 독재정권 — 책임소재를 규명할 방법이 없으므로 오류를 계속 범하는 환경이 조성된다 — 이 가하는 위협으로부터 보호막이 되어줄 만큼 자주 발생하지는 않았다.

대칭과 비대칭을 번갈아 오갔다고 해서 또 다른 책임소재 규명을 저해하지도 않았다. 바로 지도력과 합의를 존중하는 태도를 겸비할

---

그러나 일단 위협을 당하고 있다는 사실을 파악하고 나면 물불 안 가리고 덤벼들어 자기 적을 파괴하는 데 그치지 않고 자기가 태어난 서식지까지도 거의 초토화시킨다." (*American Diplomacy: 1900-1950* [Chicago: 1951], p.66.)

필요성이다. 45년에 걸친 냉전이 종식된 후에도 미국이 처음 이 결전을 시작할 때 함께 한 동맹들은 대체로 그대로 유지되었지만, 소련 곁에 남은 동맹들은 거의 없었다. 미국 패권의 대안이 최악이었다는 점이 왜 이러한 결과가 나왔는지 부분적으로 설명해 준다. 그러나 봉쇄전략가들이, 대칭 방식을 썼든 비대칭 방식을 썼든 상관없이, 동맹의 중요성을 결코 과소평가한 적이 없기 때문이기도 하다. 그들은 냉전을 수행하면서 미국의 지도력에 대한 다자적 합의를 유지하는 동시에 그러한 다자간 논의의 필요성이 동맹의 기능을 마비시키지 않게 하려고 부단히 애썼다. 그러한 점에서 봉쇄전략은 미래에 대전략을 수립할 전략가들 – 어쩌면 현재의 전략가들에게도 타당할지 모르겠다 – 이 부응해야 할 기준도 설정했다.

마지막으로 미래에도 적용 가능한 과거의 교훈은 주로 아이젠하워에게서 비롯된다. 케넌도 이에 동의했다. 봉쇄전략으로 수호하려는 대상을 파괴해서는 안 된다는 교훈이다. 아이젠하워는 독재자인 적을 봉쇄하려다가 미국까지도, 계획경제 정책을 강제하든가 민주주의 절차를 훼손하든가 하는 방식으로, 독재국가가 될까봐 우려했다. 그런 일은 결코 일어나지 않았다. 군산복합체가 존재했음에도 불구하고 미국은 시장경제를 유지했다. 매카시즘에도 불구하고 미국은 인권을 존중했고 결국 강화했다. 베트남과 워터게이트 같은 무리수를 두었음에도 불구하고 봉쇄전략은 근본적인 미국의 가치를 훼손할 정도까지는 가지 않았다. 냉전이 시작될 때 미국이 지녔던 가치는 냉전이 끝날 무렵에도 그대로 보존되어 있었다. 그러나 마르크스주의–레닌주의의 근본적인 가치는 그렇다고 할 수 없다. 따라서 이런 의미에서도 봉쇄전략은 클라우제비츠의 원칙과 일맥상통했다. 수단을 달리할 뿐 전쟁, 외교, 그리고 가치는 하나의 연장선상에 있다는 원칙 말이다.

## Ⅲ

조지 F. 케넌은 2004년 2월 16일 100세 생일인 상수(上壽)를 맞았다. 소련보다 13년 앞서 태어난 그는 소련이 몰락한 후 13년을 더 살았다. 육신은 쇠약해졌으나 여전히 정신은 명징(明澄)한 이 노쇠한 정치가는 프린스턴에 있는 자택 2층 침실에서 그를 찾는 방문객들을 끊임없이 맞았다. 가족, 친구, 그의 전기 작가, 심지어 미국 국무장관을 지낸 콜린 파월도 찾아왔다.

58년 전 날짜까지도 거의 비슷한 때에 모스크바의 혹독한 겨울 날씨로 몸이 아팠던 그는 여느 때와 마찬가지로 국무성의 일처리 방식에 짜증이 난 상태에서 침대 신세를 지고 자기 비서 도로시 헤스먼(Dorothy Hessman)이 받아 적도록 이례적으로 긴 전문 내용을 구술하고 있었다. 20세기 전반 동안 자멸의 길을 걷고 있던 국제체제에서 벗어나 20세기 후반이 끝날 무렵 강대국의 전쟁 위험을 제거하고, 민주주의와 자본주의를 되살리고, 과거 그 어느 시기보다도 인간의 자유를 신장시킬 희망을 품게 해줄 길을 제시하는 데 그 무엇보다도 크게 기여한 게 바로 이 전문이다.*

지나치게 부풀린 주장이라고? 그럴지도 모른다 – 하지만 1946년 2월 22일 누군들 세계가 강대국 전쟁의 참사로부터 안전하다고 생각했겠는가. 제1차 세계대전 후와는 대조적으로, 제2차 세계대전 후에는 포괄적인 평화회의를 열기조차 불가능했는데 말이다. 독재의 위험으로부터 안전하다고 누군들 생각했겠는가. 서구 민주주의가 한 독재국

---

* 이 "긴 전문(long telegram)"은 작성된 지 100주년을 맞아 전문의 길이만큼이나 긴 진열관에 담겨 프린스턴 대학교 파이어스톤(Firestone) 도서관에 전시되었다.

가를 패배시키기 위해 또 다른 독재국가에 의존해야 했는데 말이다. 경제가 다시 붕괴되지 않는다고 누군들 생각했겠는가. 또 다른 세계 대공황이 발생하지 않는다는 보장이 없었는데 말이다. 미래에 전쟁이 발발하면 아무도 안전하지 않다는 두려움으로부터 누군들 자유로웠겠는가. 유럽에서 가장 선진국으로 손꼽히는 나라가 전례 없는 규모로 대량학살 범죄를 저질렀는데 말이다. 이제 원자무기가 개발되었고 그런 무기들이 오로지 미국의 통제 하에 놓일 가능성이 희박한데 누군들 세계가 안전하다고 여겼겠는가.

1946년 모스크바에서 그 모질게 추운 날 케넌이 열어젖힌 것은 탈출구였다. 한편으로는 제2차 세계대전으로 이어진 회유책과 고립주의를 거부하고, 또 한편으로는 핵 시대에 일어난다면 상상을 초월하는 참사를 낳을 제3차 세계대전이라는 대안도 거부한 대전략이었다. 그로부터 58년이 지난 지금 우리가 축하해야 할 이유는 한 노인의 100세 생신 말고도 더 있다.*

---

* 조지 F. 케넌은 2005년 3월 17일 저녁 프린스턴에 있는 자택에서 가족들에게 둘러싸여 평화롭게 숨을 거두었다. 향년 101세였다.

부록: 정부 총지출과 국내총생산(GDP)에서 국방비 지출이 차지하는 비율(1945~1992) [†]

| 회계 연도 | 정부 총지출 (10억 달러) | 국방비 지출 (10억 달러) | 정부 총지출에서 국방비가 차지한 비율 (%) | 국내총생산에서 국방비가 차지한 비율 (%) |
|---|---|---|---|---|
| 1945 | 92.7 | 83.0 | 89.5 | 37.5 |
| 1946 | 55.3 | 42.7 | 77.3 | 19.2 |
| 1947 | 34.5 | 12.8 | 37.1 | 5.5 |
| 1948 | 29.8 | 9.1 | 30.6 | 3.5 |
| 1949 | 38.8 | 13.1 | 33.9 | 4.8 |
| 1950 | 42.6 | 13.7 | 32.2 | 5.0 |
| 1951 | 45.5 | 23.6 | 51.8 | 7.4 |
| 1952 | 67.7 | 46.1 | 68.1 | 13.2 |
| 1953 | 76.1 | 52.8 | 69.4 | 14.2 |
| 1954 | 70.9 | 49.3 | 69.5 | 13.1 |
| 1955 | 68.4 | 42.7 | 62.4 | 10.8 |
| 1956 | 70.6 | 42.5 | 60.2 | 10.0 |
| 1957 | 76.6 | 45.4 | 59.3 | 10.1 |
| 1958 | 82.4 | 46.8 | 56.8 | 10.2 |
| 1959 | 92.1 | 49.0 | 53.2 | 10.0 |
| 1960 | 92.2 | 48.1 | 52.2 | 9.3 |
| 1961 | 97.7 | 49.6 | 50.8 | 9.4 |
| 1962 | 106.8 | 52.3 | 49.0 | 9.2 |
| 1963 | 111.3 | 53.4 | 48.0 | 8.9 |
| 1964 | 118.5 | 54.8 | 46.2 | 8.5 |
| 1965 | 118.2 | 50.6 | 42.8 | 7.4 |
| 1966 | 134.5 | 58.1 | 43.2 | 7.7 |
| 1967 | 157.5 | 71.4 | 45.4 | 8.8 |
| 1968 | 178.2 | 81.9 | 46.0 | 9.4 |
| 1969 | 183.6 | 82.5 | 44.9 | 8.7 |

---

[†] 출처: U.S. Office of Management and Budget, *The Budget for Fiscal Year 2005, Historical Series* (Washington: 2004), pp.45-50.

| 회계<br>연도 | 정부 총지출<br>(10억 달러) | 국방비 지출<br>(10억 달러) | 정부 총지출에서<br>국방비가 차지한<br>비율 (%) | 국내총생산에서<br>국방비가 차지한<br>비율 (%) |
|---|---|---|---|---|
| 1970 | 195.6 | 81.7 | 41.8 | 8.1 |
| 1971 | 210.2 | 78.8 | 37.5 | 7.3 |
| 1972 | 230.7 | 79.1 | 34.3 | 6.7 |
| 1973 | 245.7 | 76.7 | 31.2 | 5.8 |
| 1974 | 269.4 | 79.3 | 29.5 | 5.5 |
| 1975 | 332.3 | 86.5 | 26.0 | 5.5 |
| 1976 | 371.8 | 89.6 | 24.1 | 5.2 |
| TQ* | 96.0 | 22.3 | 23.2 | 4.8 |
| 1977 | 409.2 | 97.2 | 23.8 | 4.9 |
| 1978 | 458.7 | 104.5 | 22.8 | 4.7 |
| 1979 | 504.0 | 116.3 | 23.1 | 4.6 |
| 1980 | 590.9 | 134.0 | 22.7 | 4.9 |
| 1981 | 678.2 | 157.5 | 23.2 | 5.1 |
| 1982 | 745.7 | 185.3 | 24.8 | 5.7 |
| 1983 | 808.4 | 209.9 | 26.0 | 6.1 |
| 1984 | 851.9 | 227.4 | 26.7 | 5.9 |
| 1985 | 946.4 | 252.7 | 26.7 | 6.1 |
| 1986 | 990.4 | 273.4 | 27.6 | 6.2 |
| 1987 | 1,004.1 | 282.0 | 28.1 | 6.1 |
| 1988 | 1,064.5 | 290.4 | 27.3 | 5.8 |
| 1989 | 1,143.6 | 303.6 | 26.5 | 5.6 |
| 1990 | 1,256.2 | 299.3 | 23.9 | 5.2 |
| 1991 | 1,324.4 | 273.3 | 20.6 | 4.6 |
| 1992 | 1,381.6 | 298.4 | 21.6 | 4.8 |

---

* 과도기적 4분기(Transitional Quarter), 회계연도가 시작하는 날짜를 7월 1일에서 10
월 1일로 변경하기 위해서 마련되었다.

# Notes

## Preface-Revised and Expanded

1) John Lewis Gaddis. *Strategies of Containment: A Critical Appraisal of Postwar American National Security Policy*(New York: Oxford University Press, 1982). p.353.

## Preface

1) J.H. Hexter. *On Historians* (Cambridge, Mass.: 1979), pp.241-43.
2) Alexander L. George. "The 'Operational Code': A Neglected Approach to the Study of Political Decision-Making." *International Studies Quarterly*, XII(June 1969), 190-222.
3) Henry A. Kissinger, *White House Years*(Boston: 1979), p.54.
4) Alexander L. George. "Case Studies and Theory Development: The Method of Structured, Focused Comparison," in Paul Gordon Lauren, ed., *Diplomacy: New Approaches, in History, Theory, and Policy* (New York; 1979). pp.43-68.

## ONE. *Prologue*

1) Roosevelt to Churchill, November 19, 1942. in Francis L. Loewenheim, Harold D. Langley, and Manfred Jonas. eds., Roosevelt and Churchill: Their Secret Wartime Correspondence (New York: 1975), p.282. George C. Herring credits Representative Clifford Woodrum of Virginia with the proverb. See his *Aid to Russia: Strategy, Diplomacy, the Origins of the Cold War* (New York: 1973). p.22.
2) Quoted in Keith David Eagles, "Ambassador Joseph E. Davies and American-Soviet Relations, 1937-1941" (Ph.D. Dissertation, University of Washington. 1966). p.328.
3) "X," "The Sources of Soviet Conduct," *Foreign Affair*, XXV (July 1947), 575.
4) New York Times, June 24, 1941.
5) *Life*. XXV (August 30 and September 6, 1948), 83-97, 86-103.
6) Bullitt to Roosevelt, January. 29 and August 10, 1943, Franklin D. Roosevelt Papers, PSF "Bullitt," Franklin D, Roosevelt Library, Hyde Park, New York. See also Bullitt to Roosevelt. May 12, 1943. *ibid*. Slightly abridged versions of these memoranda are published in Orville H. Bullitt, ed., *For the President: Personal and Secret: Correspondence Between Franklin D. Roosevelt and William C. Bullitt* (Boston: 1972), pp.575-79.
7) See, on this point, Robert Dallek, *Franklin D. Roosevelt and American Foreign Policy:*

1932-1945 (New York: 1979). pp.410-11, 414-15, 430, 432, 469.
8) Minutes of the Combined Chiefs of Staff meeting with Roosevelt and Churchill, Quebec, August 23, 1943, U. S. Department of State, *Foreign Relations of the United States* [hereafter *FRUS:*] *The Conferences at Washington and Quebec, 1943* (Washington: 1970). p.942: and Joint Chiefs of Staff minutes, meeting with Roosevelt, en route to Teheran, November 19, 1943, *FRUS: The Conferences at Cairo and Tehran, 1943* (Washington: 1961). p.255. See also Warren F. Kimball, *Swords or Ploughshare? The Morgenthau Plan for Defeated Nazi Germany, 1943-1946* (Philadelphia; 1976), pp.13-15; and Mark A. Stoler, *Allies and Adversaries: The Joint Chiefs of Staff, the Grand Alliance, and U.S. Strategy in World War II* (Chapel Hill: University of North Carolina Press, 2000). pp.133, 136.
9) Roosevelt to Churchill, April 6, 1945, in Loewenheim *et al., eds., Roosevelt and Churchill,* p.705.
10) Maxim Litvinov to the Soviet foreign ministry, November 8 and 17, 1933, Ministerstvo innostrannykh del SSSR, *Dokumenty vneshnei polittiki,* SSSR (Moscow: 1967-), XVI, 609, 658-59. See also Thomas R. Maddux, *Years of Estrangement: American Relations with the Soviet Union, 1933-1941* (Tallahassee: 1980), pp.14-15; and, for an overdrawn Soviet account of Roosevelt's preoccupation with "balance of power" politics, Nikolai V. Sivachev and Nikolai N. Yakovlev, *Russia and the United States,* translated by Olga Adler Titelbaum(Chicago: 1979), pp.124, 137, 150.
11) See John Lewis Gaddis, *Russia, the Soviet Union, and the United States: An Interpretive History,* second edition (New York: 1990), pp.136-43.
12) The standard account has long been Raymond H. Dawson, *The Decision to Aid Russia, 1941: Foreign Policy and Domestic Politics* (Chapel Hill: 1959); but see also Maddux, *Years* of *Estrangement.* pp.147-56.
13) For evidence on the likelihood of a Soviet "separate peace" during World War II, see Vojtech Mastny, *Russia's Road to the Cold War: Diplomacy, Warfare, and the Politics of Communism, 1941-1945* (New York: 1979), pp.73-85, On Japan, see Ernest R. May, "The United States. the Soviet Union, and the Far Eastern War, 1941-1945." *Pacific Historical Quarterly,* XXIV (May, 1955), 153-74; and Louis Morton. "Soviet Intervention in the War with Japan," Foreign *Affairs.* XL (July, 1962), 653-62.
14) Richard M. Leighton, "The American Arsenal Policy in World War II: A Retrospective View," in Daniel R. Beaver, ed., *Some Pathways in Twentieth Century History: Essays in Honor of Charles Reginald McCrane* (Detroit: 1969), pp.221-52. See also Kent Roberts Greenfield, *American Strategy in World War II: A Reconsideration* (Baltimore: 1963), p.74.
15) Maurice Matloff, "The 90-Division Gamble," in Kent Roberts Greenfield. ed., *Command Decisions* (Washington: 1960), pp.365-81. See also Forrest C. Pogue, *George C. Marshall: Organizer of Victory* (New York: 1973), pp.357-58, 361, 492-94.
16) W. Averell Harriman and Elie Abel. *Special Envoy to Churchill and Stalin, 1941-1946*(New York: 1975). p.74. See also Stoler, *Allies and Adversaries,* p.56.
17) *Ibid.,* pp.111-12; Greenfield, American Strategy in World War II, pp.71-73.
18) See. on this point, James MacGregor Burns, *Roosevelt: The Soldier of Freedom* (New York:

1970), p.546

19) Sivachev and Yakovlev. *Russia and the United States*, p.163. For Stalin's suspicions of Roosevelt, see John Lewis Gaddis, *We Now Know: Rethinking Cold War History* (New York: 1997), pp.21-23.

20) Roosevelt informal remarks to the Advertising War Council Conference, March 8, 1944, Samuel I. Rosenman, ed, *The Public Papers and Addresses of Franklin D. Roosevelt, 13 vols.* (New York: 1938-1950), XIII, 99.

21) See on this point, Martin Weil, *A Pretty Good Club: The Founding Fathers of the U.S. Foreign Service* (New York: 1978), pp.67-69

22) Roosevelt to Pope Pius XII, September 3, 1941, Elliott Roosevelt, ed., *F. D. R., His Personal Letters: 1928-1945*, 2 vols. (New York: 1950), II, 1204-5.

23) Daniel Yergin, *Shattered Peace: The Origins of the Cold War and the National Security State* (Boston: 1977), pp.10, 44.

24) Dallek, *Roosevelt and American Foreign Policy*, pp.102-3; Maddux, *Years of Estrangement*, pp.92-99.

25) Memorandum, Roosevelt-Molotov conversation, May 29, 1942, *FRUS: 1942*, II, 568-69. See also the Wallace diary, November 30, 1942, in John Morton Blum, ed, *The Price of Vision: The Diary of Henry A. Wallace, 1942-1946* (Boston: 1973), p.138; Roosevelt to George Norris, September 21, 1943, Roosevelt Papers, PPF 880; and Charles Bohlen's notes, Roosevelt-Stalin conversation, November 29, 1943, *FRUS: Cairo and Tehran*, pp.530-32

26) Wallace diary, December 16, 1942, Blum, ed. *The Price of Vision*, p.146. See also Bohlen notes, Roosevelt-Stalin meeting, Teheran, November 28, 1943, *FRUS:* Cairo and Tehran pp.485-86; and Christopher Thorne, *Allies of a Kind: The United States, Great Britain, and the War Against Japan, 1941-1945* (New York: 1979), pp.419-20.

27) Michael Schaller, *The U.S. Crusade in China, 1938-1945* (New York: 1979), pp.98-99; also Dallek, *Roosevelt and American Foreign Policy*, pp.390-91; and Thorne, *Allies of a Kind*, pp.307-8.

28) See George F. Kennan, *The Decline of Bismarck's European Order: Franco-Russian Relations, 1875-1890* (Princeton: 1979), especially pp.421-22.

29) Wm. Roger Louis, *Imperialism at Bay: The United States and the Decolonization of the British Empire, 1941-1945* (New York: 1978). See also the appropriate chapters in Thorne, *Allies of a Kind*.

30) Herring, *Aid to Russia*, pp.38, 47-48, 86.

31) *Ibid.*, pp.144-78; John Lewis Gaddis, *The United States and the Origins of the Cold War, 1941-1947* (New York: 1972), pp.128-29, 197.

32) Martin J. Sherwin, *A World Destroyed: The Atomic Bomb and the Grand Alliance* (New York: 1975), pp.67-140. See also Stoler, *Allies and Adversaries*, p.133; and two articles by Barton J. Bernstein, "The Quest for Security: American Foreign Policy and International Control of Atomic Energy, 1942-1946," *Journal of American History*, LX (March, 1974), 1003-44; and "Roosevelt, Truman, and the Atomic Bomb, 1941-1945: A Reinterpretation," *Political Science Quarterly*, XC (Spring, 1975), 23-69.

33) See, for example, Gaddis Smith, *American Diplomacy During the Second World War*

1941-1945 (New York: 1965), pp.11, 14-16.
34) This point is well made in Arthur Schlesinger, Jr., "Origins of the Cold War," *Foreign Affairs*, XLVI (October, 1967), 48-49.
35) Vladimir O. Pechatnov and C. Carl Edmondson, "The Russian Perspective," in Ralph B. Levering, Vladimir O. Pechatnov, Verena Botzenhart-Viehe, and C. Carl Edmondson, *Debating the Origins of the Cold War: American and Russian Perspectives* (New York: 2002), p.93
36) Mastny, *Russia's Road to the Cold War*, pp.270-71. See also Bradley F. Smith and Elena Agarossi, *Operation Sunrise: The Secret Surrender*(New York: 1979).
37) Wallace diary, November 30, 1942, Blum, ed., *The Price of Vision*, p.138.
38) Gaddis, *The United States and the Origins of the Cold War*, pp.23-31, 149-71.
39) Herring, *Aid to Russia*, pp.80-142; Stoler, *Alles and Adversaries*, pp.132-33.
40) Lynn Etheridge Davis, The Cold War Begins: *Soviet-American Conflict over Eastern Europe* (Princeton: 1974), pp.62-171, See also Weil, *A Pretty Good Club*, pp.105-8; Hugh DeSantis, *The Diplomacy of Silence: The American Foreign Service, the Soviet Union, and the Cold War: 1933-1947* (Chicago: 1980), pp.106-30; and Charles E. Bohlen, *Witness to History*, 1929-1969 (New York: 1973), pp.121-26
41) Harriman to Harry Hopkins, September 10, 1944, *FRUS: 1944* IV, 989; Deane to George C. Marshall, December 2, 1944, *FRUS: 1944*, IV, 992-98; Harriman and Abel, *Special Envoy*, pp.335-49: and John R. Deane, *The Strange Alliance: The Story of Our Efforts at Wartime Cooperation with Russia* (New York: 1947).
42) George F. Kennan, *Memoirs: 1925-1950* (Boston: 1967), pp.204, 220-23, 250, 253, 256.
43) Harriman to Hopkins, September 10, 1944, *FRUS: 1944*, IV, 989-90; see also Harriman and Abel, *Special Envoy*, pp.414-15; and Bohlen, *Witness to History*, pp.164, 175-176.
44) Gaddis, The United States and the Origins of the Cold War, pp.200-6, 217-20, 230-33. See also Yergin, *Shattered Peace*, pp.69-86; and Alonzo L. Hamby, *Man of the people: A Life of Harry S. Truman* (New York: 1995), pp.315-18.
45) John Lewis Gaddis, "Harry S. Truman and the Origins of Containment," in Frank J. Merli and Theodore A. Wilson, eds., *Makers of American Diplomacy* (New York: 1974), pp.503-6.
46) Quoted in Patricia Dawson Ward, *The Threat of Peace: James F. Byrnes and the Council of Foreign Ministers, 1945-1946* (Kent, Ohio: 1979), p.22.
47) Gaddis, *The United States and the Origins of the Cold War*, pp.215-24, 240-41; Herring, *Aid to Russia*, pp.180-236; Thomas G. Paterson, *Soviet-American Confrontation: Post-war Reconstruction and the Origins of the Cold War* (Baltimore: 1973), pp.33-46.
48) Ward, *The Threat of Peace*, pp.31, 34; Davis, *The Cold War Begins*, pp.288-334, Geir Lundestad, *The American Non-Policy Towards Eastern Europe*, 1943-1947 (Oslo: 1978), pp.235-48, 271-78.
49) Minutes, meeting of the secretaries of State, War, and Navy, October 10, 1945, *FRUS: 1945*, II, 56. See also the Stettinius diary, September 28, 1945, in Thomas M. Campbell and George C. Herring, Jr, eds., *The Diaries of Edward R. Stettinius, Jr*, 1943-1946(New York: 1946), pp.427-28.
50) Gaddis, *The United States and the Origins of the Cold War*, p.260. See also OSS R&A

2060, "Russian Reconstruction and Postwar Foreign Trade Developments," September 9, 1944, Office of Intelligence Research Files, Department of State Records, Record Group 59, National Archives.

51) Memorandum, Byrnes-Stalin meeting, December 23, 1945, *FRUS:* 1945, II, 752-53. For the Ethridge report, see Davis, *The Cold War Begins,* pp.322-26.

52) Ward, *The Threat of Peace,* pp.48-49: Gaddis, *The United States and the Origins of the Cold War,* pp.268-73

53) Yergin, *Shattered Peace,* pp.147-62; Ward, *The Threat of Peace,* pp.50-77; Gaddis, *The United States and the Origins of the Cold War,* pp.273-96.

54) Kennan to the State Department, February 22 and March 20, 1946, *FRUS:* 1946, VI, 699-700, 721-22. The full "long telegram" is in *ibid.,* pp.699-709.

55) Kennan to the State Department, March 20, 1946, *ibid.,* p.723.

56) *Kennan, Memoirs:* 1925-1950, pp.294-95. For the reception of Kennan's analyses in Washington, see Bruce R. Kuniholm, *The Origins of Cold War in the Near East: Great Power Conflict and Diplomacy in Iran, Turkey, and Greece* (Princeton: 1980), pp.310-13; David Mayers, *George F. Kennan and the Dilemmas of US Foreign Policy* (New York: 1998), pp.99-102, and Wilson D. Miscamble, C.S.C., *George F. Kennan and the Making of American Foreign Policy,* 1947-1950 (Princeton: 1992), pp.25-28. For contemporary reactions, see Walter Millis, ed., *The Forrestal Diaries* (New York: 1951), pp.135-40; *The Journals of David E. Lilienthal: The Atomic Energy Years, 1945-1950* (New York: 1964), p.26; and an H. Freeman Matthew memorandum, "Political Estimate of Soviet Policy for Use in Connection with Military Studies," April 1, 1946, *FRUS:* 1946, I, 1167.

57) Kennan to the State Department, February 22, 1946, *ibid.,* VI, 708-9.

58) Byrnes radio address, May 20, 1946, *Department of State Bulletin* [hereafter *DSB*), XIV(June 2, 1946), 950.

59) These postulates are drawn from the following sources: Byrnes speech to the Overseas Press Club, New York, February 28, 1946, DSB, XIV (March 10, 1946), 355-58; Byrnes speech to the Society of the Friendly Sons of St. Patrick, New York, March 16, 1946, *ibid.,* XIV (March 24. 1946), 481-86; Memorandum, prepared by Admiral Forrest P.Sherman, March 17, 1946 [misdated 1945], James V. Forrestal Papers, Box 71, "Miscellaneous Folder, 1946," Princeton University Library; SWNCC 202/2, "Policy Concerning Provision of United States Government Military Supplies for Post-War Armed Forces of Foreign Nations," March 21, 1946, *FRUS:* 1946, I, 1145-60; SWN-4096, "Foreign Policy of the United States," March 29, 1946, *ibid.,* pp.1165-66; Matthews memorandum, April 1, 1946, *ibid.,* pp.1167-71; Truman Army Day speech, April 6, 1946, DSB, XIV (April 21, 1946), 622-24; James C. Dunn to Byrnes, April 18, 1946, *FRUS:* 1946, II, 72; Clark M. Clifford to Truman, "American Relations with the Soviet Union," September 24, 1946, published in Arthur Krock, *Memoirs: Sixty Years on the Firing Line* (New York: 1968), pp.419-82.

60) *Ibid.,* p.482.

61) SWN-4096, March 29, 1946, *FRUS:* 1946, I, 1165.

62) Kuniholm, *The Origins of the Cold War in the Near East,* pp.303-410.

63) Herbert Feis, *Contest over Japan* (New York: 1967), pp.127-51; John Lewis Gaddis, "Korea in American Politics, Strategy, and Diplomacy, 1945-50," in Yonosuke Nagai and Akira Iriye, eds., *The Origins of the Cold War in Asia* (New York: 1977), pp.280-81.
64) Bruce Kuklick, *American Policy and the Division of Germany: The Clash with Russia over Reparations* (Ithaca: 1972), pp.205-25; John H. Backer, *The Decision to Divide Germany: American Foreign Policy in Transition* (Durham: 1978), pp.141-44.
65) Ward, *The Threat of Peace*, pp.78-171.
66) See, on this point, Kuniholm, *The Origins of the Cold War in the Near East*, pp.381-82.
67) For an elaboration of this argument, see John Lewis Gaddis, "Was the Truman Doctrine a Real Turning Point?" *Foreign Affairs*, LII (January, 1974), 386-402.
68) James F. Schnabel, *The Joint Chiefs of Staff and National Policy*, 1945-1947 (Wilmington, Del.: 1979), p.238. See also the general account of demobilization, *ibid.*, pp.195-238.
69) See Appendix.
70) Gaddis, *The United States and the Origins of the Cold War*, pp.341-46.

## TWO. *Kennan and Containment*

1) Kennan, *Memoirs: 1925-1950*, p.294.
2) *Ibid*, pp.307-9, 327. See also Miscamble, *Kennan and the Making of American Foreign Policy*. pp.3-40.
3) "The Sources of Soviet Conduct," *Foreign Affairs*, XXV(July, 1947), 566-82. For the circumstances surrounding publication of this article, see Kennan, *Memoirs: 1925-1950*, pp.354-57.
4) Walter Lippmann, *The Cold War: A Study in U.S. Foreign Policy* (New York: 1947).
5) Kennan, *Memoirs: 1925-1950*, pp.357-63. See also John Lewis Gaddis. "Containment: A Reassessment," *Foreign Affairs*, LV (July, 1977), 873-87.
6) See, for example, Charles Gati, "What Containment Meant," *Foreign Policy*, #7(Summer, 1972), 22-40; Eduard M. Mark, "What Kind of Containment?" in Thomas G. Paterson, ed., *Containment and the Cold War* (Reading. Mass: 1973), pp.96-109; C. Ben Wright, "Mr. 'X' and Containment," *Slavic Review*, XXXV (March, 1976), 1-31; Gaddis, "Containment: A Reassessment," pp.873-87: Eduard Mark, "The Question of Containment: A Reply to John Lewis Gaddis," *Foreign Affairs*, LVI (January, 1978), 430-40; John W. Coogan and Michael H. Hunt, "Kennan and Containment: A Comment," Society for Historians of American Foreign Relations *Newsletter*, IX (March, 1978), 23-25; Frank Costigliola, " 'Unceasing Pressure for Penetration,': Gender, Pathology, and Emotion in George Kennan's Formation of the Cold War," *Journal of American History*, LXXXIII (March, 1997), 1309-39; as well as the more general accounts of Kennan's thinking contained in Mayers, *George Kennan*, Miscamble, *Kennan and the Making of American Foreign Policy*, Walter L. Hixson, *George F. Kennan: Cold War Iconoclast*(New York: 1989), and Anders Stephanson, *Kennan and the Art of Foreign Policy* (Cambridge, Mass.: 1989).
7) Kissinger, *White House Years*, p.135.
8) Draft paper, "Comments on the General Trend of U.S. Foreign Policy," August 20, 1948,

George F. Kennan Papers, Princeton University.

9) PPS/23, "Review of Current Trends: U.S. Foreign Policy." February 24, 1948, *FRUS:* 1948, I, 526-27. See also George F. Kennan, *Realities of American Foreign Policy* (Princeton: 1954), pp.3-30, and Jonathan Knight, "George Frost Kennan and the Study of American Foreign Policy: Some Critical Comments," *Western Political Quarterly*, XX (March, 1967), 150-51.

10) National War College lecture [hereafter NWC), "What Is Policy?" December 18, 1947, in Giles D. Harlow and George C. Maerz, *Measures Short of War: The George E. Kennan Lectures at the National War College*, 1946-47 (Washington: 1991), p.298; NWC lecture, "Where Are We Today?" December 21, 1948, Kennan Papers, Box 17.

11) *Ibid.*; NWC lecture, Planning of Foreign Policy," June 18, 1947, in Harlow and Maerz, eds., *Measures Short of War*, pp.213-14.

12) PPS/23, February 24, 1948, *FRUS:* 1948, I, 527; Kennan to Dean Acheson, November 14, 1949, *FRUS:* 1949, II, 19.

13) NWC lecture, December 21, 1948, Kennan Papers, Box 17.

14) "Comments on the General Trend of U.S. Foreign Policy," August 20, 1948, *ibid.*, Box 23.

15) NWC lecture, "Contemporary Problems of Foreign Policy," September 17, 1948, *ibid.*, Box 17. See also Kennan's lecture at the Naval War College, "U.S. Foreign Policy, October 11, 1948, *ibid.*; Kennan's briefing at the State Department China Round Table discussion, October 6, 1949, copy in Harry S. Truman Papers, PSF, Box 174, Subject File: "Foreign Affairs: China: Record of Round Table Discussion," Harry S. Truman Library; Kennan, *Realities of American Foreign Policy*, pp.63-65; Kennan, *Memoirs*: 1925-1950, p.359.

16) Address to the Academy of Political Science, New York, November 10, 1949, Kennan Papers, Box 1.

17) PPS 39/1, "U.S. Policy Toward China," November 23, 1948, *FRUS:* 1948, VIII, 208.

18) NWC lecture, September 17, 1948, Kennan Papers, Box 17, Report on "International Control of Atomic Energy," January 20, 1950, *FRUS: 1950*, I, 44. See also Kennan's NWC lecture, "Where Do We Stand?" December 21, 1949, Kennan Papers, Box 17.

19) Naval Academy address, May 9, 1947, *ibid.* See also "Comments on the General Trend of U.S. Foreign Policy," August 20, 1948, *ibid.*, Box 23.

20) NWC lecture, September 17, 1948, Kennan Papers, Box 17. See also PPS/13, "Resume of World Situation," November 6, 1947, *FRUS: 1947*, I, 772; and Kennan, *Memoirs: 1925-1950*, pp.365-66.

21) Unpulished paper, "The Soviet Way of Thought and Its Effect on Foreign Policy," January 24, 1947, Kennan Papers, Box 16. See also "The Sources of Soviet Conduct," pp.566-71; and NWC lecture, "The World Position and Problems of the United States," August 30, 1949, Kennan Papers, Box 17.

22) Kennan to the State Department, February 22, 1946, *FRUS: 1946*, VI, 700-1 "The Sources of Soviet Conduct," pp.571-73; NSC 20/1, "U.S. Objectives with Respect to Russia" August 18, 1948, in Thomas H. Etzold and John Lewis Gaddis, eds., *Containment: Documents on American Policy and Strategy*, 1945-1950 (New York: 1978), pp.185-86; Kennan to Robert

G. Hooker, October 17, 1949, *FRUS: 1949*, I, 403-4.

23) "The Soviet Way of Thought and Its Effect on Foreign Policy," January 24, 1947, Kennan Papers, Box 16, "The Sources of Soviet Conduct." p.573.

24) NSC 20/2(PPS 33), "Factors Affecting the Nature of U.S. Defense Arrangements in the Light of Soviet Policies," August 25, 1948, *FRUS: 1948*, I, 619; NWC lecture, September 17, 1948, Kennan Papers, Box 17. Kennan repeatedly emphasized the unlikelihood of the Soviet Union starting a war. See his lecture to Foreign Service and State Department personnel, September 17, 1946, *ibid.*, Box 16; comments at the Air War College, April 10, 1947, *FRUS: 1947*, I, 770-71; talk to the Secretary of the Navy's Council, December 3, 1947, Kennan Papers, Box 17; statement to a meeting of the Armed Services Committee, January 8, 1948, *ibid*, unsent letter to Walter Lippmann, April 1, 1948, quoted in *Memoirs: 1925-1950*, p.361; NWC lecture, August 30, 1948, Kennan Papers, Box 17; and briefing to the State Department China Round Table discussion, October 6, 1948, Truman Papers, PSF Box 174: "China: Record of Round Table Discussion."

25) NWC lecture, June 18, 1947, quoted in Kennan, *Memoirs: 1925-1950*, p.351. See also the NWC lecture of March 28, 1947, quoted in *ibid.*, p.318; and a lecture to the Foreign Service Institute, "Basic Objectives of United States Foreign Policy," January 19, 1949, Kennan Paper, Box 17.

26) NWC lecture, March 28, 1947, quoted in Kennan, *Memoirs: 1925-1950*, p.319; Foreign Service Institute lecture, January 19, 1949, Kennan Papers, Box 17; Academy of Political Science address, November 10, 1949, *ibid.*, Box 1.

27) "The Sources of Soviet Conduct," p.582; NWC lecture, December 21, 1949, Kennan Papers, Box 17. See also Kennan to Hooker, October 17, 1949, *FRUS: 1949*, I, 404-5.

28) This is a distillation of Kennan's thinking based on his writings and lectures between 1947 and 1949, and on an interview with him at Princeton, New Jersey, on February 2, 1977. See, in particular, NSC 20/1, August 18, 1948, in Etzold and Gaddis, eds., *Containment*, pp.176-89, NWC lecture, September 17, 1948, Kennan Papers, Box 17; Naval War College lecture, October 11, 1949, *ibid.*; notes prepared for a seminar at Princeton, January 23-26, 1949, and for a presentation to the House Armed Services Committee, January 25, 1949, *ibid.*; and NWC lecture, August 30, 1949, *ibid.*

29) PPS/13, November 6, 1947, *FRUS: 1947*, I, 771; talk on "Russian-American Relations" to the Board of Governors of the Federal Reserve System, December 1, 1947, and to the Secretary of the Navy's Council, December 3, 1947, Kennan Papers, Box 17; PPS/1, "Policy with Respect to American Aid to Western Europe," May 23, 1947, *FRUS: 1947*, III, 225.

30) See, on this point, Hadley Arkes, *Bureaucracy, the Marshall Plan, and the National Interest* (Princeton: 1972), p.51.

31) PPS/1, May 23, 1947, *FRUS: 1947*, III, 227. See also Kennan's notes for a conversation with Marshall, July 21, 1947, *ibid.*, p.335; and PPS/4, "Certain Aspects of the European Recovery Program from the United States Standpoint (Preliminary Report), July 23, 1947, in Etzold and Gaddis, eds., *Containment*, p.110.

32) PPS/23, February 24, 1948, *FRUS: 1948*, I, 515-18. See also PPS/13, November 6, 1947,

*FRUS: 1947*, I, 774-75.

33) NWC lecture, December 21, 1948, Kennan Papers, Box 17. See also PPS/10, "Results of Planning Staff Study of Questions Involved in the Japanese Peace Settlement," October 14, 1947, *FRUS: 1947*, VI, 537-43; Kennan comments at a meeting of the Secretary of the Navy's Council, January 14, 1948, Kennan Papers, Box 17: PPS/28, "Recommendations with Respect to U.S. Policy Toward Japan," March 25, 1948, *FRUS: 1948*, VI, 694; Kennan briefing at State Department China Round Table discussion, October 6, 1949, Truman Papers, PSF Box 174, "China: Record of Round Table Discussion"; Kennan talk to CIA conference, October 14, 1949, Kennan Papers, Box 17. See also Takeshi Igarashi. "George F. Kennan and the Redirection of American Occupation Policy for Japan: The Formulation of National Security Council Paper 13/2," unpublished paper prepared for the Amherst College Conference on the Occupation of Japan, Amherst, Massachusetts, August 20-23, 1980.

34) Kennan post-lecture comment, NWC lecture, "Measures Short of War (Diplomatic)," September 16, 1946, Kennan Papers, Box 16; "Comments on the General Trend of U. S. Foreign Policy," August 20, 1948, *ibid.*, Box 23; NSC 20/2 (PPS/33), "Factors Affecting the Nature of the U.S. Defense Arrangements in the Light of Soviet Policies," August 25, 1948, *FRUS:* 1948, I, 621-22.

35) "Comments on the General Trend of U.S. Foreign Policy," August 20, 1948, Kennan Papers, Box 23; NWC lecture, "Soviet Diplomacy," October 6, 1947, in Harlow and Maerz, eds., *Measures Short of War*, p.260.

36) See, on this point, Kennan to Marshall, January 20, 1948, *FRUS: 1948*, III, 7-8.

37) Leighton, "The American Arsenal Policy in World War II," pp.221-52.

38) Talk given to the Board of Governors of the Federal Reserve System, December 1, 1947, and to the Secretary of the Navy's Council, December 3, 1947, Kennan Papers, Box 17.

39) Kennan notes for a State Department seminar, October 6, 1949, Kennan Papers, Box 23; NWC lecture, December 18, 1947, in Harlow and Maerz, eds., *Measures Short of War*, p.304; NWC lecture, May 6, 1947 (question and answer period), *ibid.*, p.198. For Kennan's views on Greece and Turkey, see the preceding note. His ideas on the "defensive perimeter can be found in the minutes of the Secretary of the Navy's Council meeting of January 14, 1948, Kennan Papers, Box 17; PPS/23, February 23, 1948, *FRUS: 1948*, I, 525: Kennan to Marshall, March 14, 1948, *ibid.*, pp.533-34; and Naval War College lecture, October 11, 1948, Kennan Papers, Box 17.

40) NWC lecture, December 18, 1947, in Harlow and Maerz, eds., *Measures Short of War*, p.302; Kennan to MacArthur, March 5, 1948, enclosed in PPS/28, March 25, 1948, *FRUS: 1948*, VI, 699. See also Kennan's comments during the fifth Washington Explanatory Talks on Security, July 9, 1948, *ibid.*, III, 177; PPS/37, "Policy Questions Concerning a Possible German Settlement," August 12, 1948, *ibid.*, II, 1290, 1295-96; and PPS/43, "Considerations Affecting the Conclusion of a North American Security Pact," November 23, 1948, *ibid.*, III, 287.

41) NSC 20/1, August 18, 1948, in Etzold and Gaddis, eds., *Containment*, pp.176-178. See also

the minutes of the Policy Planning Staff meeting of March 1, 1949, *FRUS: 1949*, V, 9-10; and Kennan's NWC lecture, August 30, 1949, Kennan Papers, Box 17.

42) NSC 20/1, August 18, 1948, in Etzold and Gaddis, eds., *Containment*, pp.186-87.

43) *Ibid.*, p.192; NSC 58/2 (PPS/59), December 8, 1949, "United States Policy Toward the Soviet Satellite States in Eastern Europe," *FRUS: 1949*, V, 48-49.

44) PPS/13, November 6, 1947, *FRUS: 1947*, I, 773-74. See also NWC lecture, "The Background of Current Russian Diplomatic Moves," December 10, 1946, Kennan Papers, Box 16: University of Virginia lecture, "Russian-American Relations," February 20, 1947, *ibid.*; extemporaneous talk to selected industrial leaders, January 14, 1948, *ibid.*, Box 17; and PPS/35, "The Attitude of This Government Toward Events in Yugoslavia," June 30, 1948, *FRUS: 1948*, IV, 1079-81.

45) Naval War College lecture, October 11, 1948, Kennan Papers, Box 17; University of Virginia lecture, February 20, 1947, *ibid.*, Box 16. Kennan's remark about a Chinese Communist victory threatening the Soviet Union occurs in the minutes of a meeting of the Secretary of the Navy's Council, January 4, 1948, *ibid.*, Box 17. See also the transcript of a question and answer session with Kennan at the NWC, May 6, 1947, in Harlow and Maerz, eds., *Measures Short of War*, p.199; PPS/13, November 6, 1947, *FRUS: 1947*, I, 775-76; Kennan handwritten notes on China, February, 1948, Kennan Papers, Box 23; NWC lecture, September 17, 1948, *ibid.*, Box 17; PPS/39, "United States Policy Toward China," September 7, 1948, *FRUS: 1948*, VIII, 17; PPS 39/1, November 23, 1948, *ibid.*, pp.208-9; Kennan briefing to State Department China Round Table discussion, October 6, 1949, Truman Papers, PSF Box 174, "China: Record of Round Table Discussion"; and Kennan, *Memoirs: 1925-1950*, pp.373-74.

46) NWC lecture, May 6, 1947, in Harlow and Maerz, eds., *Measures Short of War*, p.191; University of Virginia lecture, February 20, 1947, ibid., Box 16.

47) *Ibid.* See also PPS/1, May 23, 1947, *FRUS: 1947*, III, 224-25, 229-30; talk to Board of Governors, Federal Reserve System, December 1, 1947, and to the Secretary of the Navy's Council, December 3, 1947, Kennan Papers, Box 17: NWC lecture, December 18, 1947, in Harlow and Maerz, eds., *Measures Short of War*, p.306.

48) Lecture at Joint Orientation Conference, Pentagon, November 8, 1948, Kennan Papers, Box 17. See also Kennan's Air War College lecture, April 10, 1947, *ibid.*; and NSC 20/2, August 25, 1948, *FRUS: 1948*, I, 619.

49) PPS/23, February 24, 1948, *FRUS: 1948*, I, 519. See also Kennan talk to selected industrial leaders, January 14, 1948, Kennan Papers, Box 17.

50) NWC lecture, September 17, 1948, *ibid.*; NSC 58/2, December 8, 1949, *FRUS: 1949*, V, 54. See also notes taken by Robert Joyce at a Policy Planning Staff meeting on April 1, 1949, *ibid.*, p.12; and Kennan's comments at a meeting of the American members of the Combined Policy Committee, September 13, 1949, *ibid.*, I, 521.

51) Kennan memorandum, January 10, 1949, *FRUS: 1949*, VIII, 26-27; minutes, Policy Planning Staff meeting of October 11, 1949, *ibid.*,. I, 400; draft memorandum to Acheson, February 17, 1950, *FRUS: 1950*, I, 161. See also Kennan's lecture at the Joint Orientation Conference,

Pentagon, September 19, 1949, Kennan Papers, Box 17.

52) Joint Orientation Conference lecture, November 8, 1948, *ibid.*

53) Kennan, *Memoirs: 1925-1950,* pp.129-30; Joint Orientation Conference lecture, September 19, 1949, Kennan Papers, Box 17; NSC 58/2. December 8, 1949, *FRUS: 1949,* V, 51. See also Kennan's lecture to Foreign Service and State Department personnel, September 17, 1946, Kennan Papers, Box 16.

54) See NSC 20/1, August 18, 1948, in Etzold and Gaddis, eds., *Containment,* pp.178-81; and Kennan, *Memoirs: 1925-1950,* p.365.

55) "International Control of Atomic Energy," January 20, 1950, *FRUS: 1950,* I, 37; NWC lecture, December 21, 1949, Kennan Papers, Box 17. See also Kennan's lecture to Foreign Service and State Department personnel, September 17, 1946, *ibid.,* Box 16; and NSC 20/1, August 18, 1948, in Etzold and Gaddis, eds., *Containment,* pp.174-75, 191-93.

56) Lecture to Foreign Service and State Department personnel, September 17, 1946, quoted in Kennan, *Memoirs: 1925-1950,* p.302; PPS/23, February 24, 1948, *FRUS: 1948,* I, 522-23; Kennan unsent letter to Lippmann, April 6, 1948, Kennan Papers, Box 17. See also George Urban, "A Conversation with George F. Kennan," *Encounter,* XLVII (September, 1976), 31.

57) University of Virginia lecture, February 20, 1947, Kennan Papers, Box 16; NWC lecture, October 6, 1947, in Harlow and Maerz, eds., *Measures Short of War,* p.258; NSC 20/1, August 18, 1948, in Etzold and Gaddis, eds, *Containment,* p.187. See also Kennan, *Memoirs: 1925-1950,* p.303; and Kennan's unpublished paper, "The Soviet Way of Thought and Its Effect on Foreign Policy," January 24, 1947, Kennan Papers, Box 16.

58) *Ibid.*; University of Virginia lecture, February 20, 1947, *ibid.*; Naval Academy address, May 9, 1947, *ibid.,* Box 17. For Kennan's interest in early American diplomacy, see his address to the Academy of Political Science, November 10, 1949, *ibid.,* Box 1; and Kennan, *Realities of American Foreign Policy,* pp.6-14.

59) NWC lecture, August 30, 1949, Kennan Papers, Box 17. See also Kennan, *Memoirs: 1925-1950,* p.405n.

60) PPS/23, February 24, 1948, *FRUS: 1948,* I, 513; draft memorandum for Acheson, February 17, 1950, *FRUS: 1950,* I, 166-67.

61) Kennan to Dean Rusk, September 7, 1949, *FRUS: 1949,* I, 381; Kennan diary entry, November 19, 1949, quoted in *Memoirs: 1925-1950,* p.467; talk to CIA conference, October 14, 1949, Kennan Papers, Box 17. See also Kennan to Robert A. Lovett, August 5, 1948, *FRUS: 1948,* I, 599; Kennan to Acheson and James E. Webb, April 14, 1949, *FRUS: 1949,* I, 282; and Paul Hammond, "NSC-68: Prologue to Rearmament," in Warner R. Schilling, Paul Y. Hammond, and Glenn H. Snyder, *Strategy, Policy, and Defense Budgets* (New York: 1962), pp.315-18.

62) Kennan post-lecture comment, NWC lecture, September 16, 1946, Kennan Papers, Box 16; Kennan personal memorandum, January 23, 1948, quoted in *Memoirs: 1925-1950,* p.405n. For Kennan's views on the Truman Doctrine, see *ibid.,* pp.54, 322-23; and PPS/1, May 23, 1947, *FRUS: 1947,* III, 229-30.

63) Kennan to Acheson, November 14, 1949, *FRUS: 1949,* II, 18; NWC lecture, December 21,

1949, Kennan Papers, Box 17.

## THREE. *Implementing Containment*

1) Kennan, *Memoirs: 1925-1950*, p.403.
2) See, for example, Wright, "Mr. X and Containment," pp.1-36, Mark, "What Kind of Containment?," pp.96-109, also Louis Halle, *The Cold War as History* (New York: 1967), pp.106-8.
3) Coogan and Hunt, "Kennan and Containment," p.25.
4) Kennan, *Memoirs: 1925-1950*, pp.343, 393.
5) See, especially, the succinct summary of Kennan's three stages of containment included in NSC 52/3, "Governmental Programs in National Security and International Affairs for the Fiscal Year 1951," approved by the National Security Council on September 29, 1949, *FRUS: 1949*, I, 386-87.
6) Gaddis, *The United States and the Origins of the Cold War*, pp.1-31. See also Dean Acheson, *Present at the Creation: My Years in the State Department* (New York: 1969), pp.726-27.
7) JCS 1769/1, "United States Assistance to Other Countries from the Standpoint of National Security," April 29, 1947, *FRUS: 1947*, I, 748: Bohlen memorandum, August 30, 1947, *ibid.*, p.763; Forrestal Diary, November 7, 1947, Millis, ed., *The Forrestal Diaries*, p.341. (Marshall's statement is in Forrestal's paraphrase.) The Kennan memorandum read by Marshall was a summary of PPS 13, "Resume of World Situation," November 6, 1947, *FRUS: 1947*, I, 770n-71n. See also a memorandum by the Executive Committee on the Regulation of Armaments, "Applying the Truman Doctrine to the United Nations," July 30, 1947, *ibid.*, pp.579-80; and Millis, ed. *The Forrestal Diaries*. pp.307, 349-51, 366-67.
8) See, on this point, Alan K. Henrikson, "America's Changing Place in the World: From 'Periphery' to 'Centre?'" in Jean Gottmann, ed., *Centre and Periphery: Spatial Variation in Politics* (Beverly Hills, Cal., 1980), especially pp.83-86. For an early example of Mackinder's influence on American geopolitical thinking, see Nicholas John Spykman, *America's Strategy in World Politics: The United States and the Balance of Power* (New York: 1942), especially pp.194-99; also Charles Kruszewski. "The Pivot of History," *Foreign Affairs*, XXXII (April, 1954), 388-401; and G. Etzel Pearcy, "Geopolities and Foreign Relations," *DSB*, L (March 2, 1964), 318-30. On Mackinder himself, see Brian W. Blouet, *Halford Mackinder: A Biography* (College Station, Tx.: 1987).
9) NSC 7, "The Position of the United States with Respect to Soviet-Directed World Communism," March 30, 1948, *FRUS: 1948*, I, 546; NSC 20/4, "U.S. Objectives with Respect to the U.S.S.R. to Counter Soviet Threats to National Security," November 28, 1948, *ibid.*, p.667. See also JCS 1769/1, April 29, 1947, *FRUS: 1947*, I, 739, and CIA 1, "Review of the World Situation as It Relates to the Security of the United States," September 28, 1947, Truman Papers, PSF Box 255, "Central Intelligence Report ORE 1948."
10) "The Sources of Soviet Conduct," p.581. My distinction between "perimeter" and "strongpoint" defense owes much to Edward N. Luttwak, *The Grand Strategy of the Roman*

*Empire* (Baltimore: 1976), pp.19, 130-31, 137.

11) Marshall to Lovett, April 23, 1948, *FRUS: 1948*, III, 103. See also Warner R. Schilling, "The Politics of National Defense: Fiscal 1950," in Schilling, *et al.*, *Strategy, Politics, and Defense Budgets*, especially pp.98-114. For a broader perspective on concerns about national solvency, as well as the possibility of a garrison state, see Michael J. Hogan, *A Cross of Iron: Harry S. Truman and the Origins of the National Security State*, 1945-1954 (New York: 1998); and Aaron L. Friedberg, *In the Shadow of the Garrison State: America's Anti-Statism and Its Cold War Strategy* (Princeton: 2000).

12) See, on this point, U. S. Congress, House of Representatives, Committee on Foreign Affairs [hereafter HFAC], *Assistance to Greece and Turkey* (Washington: 1947), pp.14-15; U. S. Congress, Senate, Committee on Foreign Relations [hereafter SFRC], *Assistance to Greece and Turkey* (Washington: 1947), p.13; and executive session testimony in SFRC, *Legislative Origins of the Truman Doctrine* (Washington: 1973), pp.17, 22. See also *DSB*, XVI (May 4, 1947), 849, 870, 879-90, 882; and an interim State-War-Navy Coordinating Committee report, "Policies and Principles for Extension of U.S. Aid to Foreign Nations," April 21, 1947, *FRUS: 1947*, III, 208-9.

13) Truman speech to Inter-American Conference, Rio de Janeiro, September 2, 1947, Public Papers of the Presidents: Harry S. Truman, 1947 [hereafter TPP], p.430; Lovett memorandum of conversation with the Turkish Ambassador, July 21, 1948, *FRUS: 1948*, III, 197. See also Robert P. Patterson to Dean Acheson, April 4, 1947, *FRUS: 1947*, VI, 626-27; JCS 1769/1, April 29, 1947, *ibid.*, I, 739; and Lovett's comments at the first meeting of the Washington Exploratory Talks on Security, July 6, 1948, *FRUS: 1948*, III, 150.

14) See, for example, JCS 1769/1, April 29, 1947, *FRUS: 1947*, I, 738-46; JCS 1725/1, "Strategic Guidance for Industrial Mobilization Planning," May 1, 1947, in Etzold and Gaddis, eds., *Containment*, pp.302-11; CIA 1, September 26, 1947, Truman Papers, PSF Box 255; JCS 1844/13, "Brief of Short Range Emergency War Plan (HALFMOON), July 21, 1948, in Etzold and Gaddis, eds., *Containment*, pp.315-23; JCS 1844/46, "Joint Outline Emergency War Plan 'OFFTACKLE.'" December 8, 1949, Joint Chiefs of Staff Records, 381 U.S.S.R. (3-2-46), Sec. 40, Record Group 218, National Archives. See also the summary of war plans in Forrestal to Truman, January 6, 1948, Truman Papers, PSF Box 156, "Subject File: Cabinet: Defense, Secy. of-reports."

15) JWPC 476/2, "The Soviet Threat in the Far East and the Means Required to Oppose It: Short Title: MOONRISE," Joint Chiefs of Staff Records, 381 U.S.S.R. (3-2-46). sec. 6, Record Group 218, National Archives; CIA ORE 17-49, "The Strategic Importance of the Far East to the U.S. and the U.S.S.R.," May 4, 1949, Truman Papers, PSF Box 256, "Central Intelligence Reports: ORE 1949"; Acheson executive session testimony before the Senate Foreign Relations Committee, October 12, 1949, and May 1, 1950, SFRC hearings, *Reviews of the World Situation*: 1949-1950 (Washington: 1974), pp.87, 291-92; and Charlton Ogburn, Jr., memorandum, "Decisions Reached by Consensus at the Meetings with the Secretary and the Consultants on the Far East," November 2, 1949, *FRUS: 1949*, IX, 160-61 For more

on the "defensive perimeter concept, see John Lewis Gaddis, *The Long Peace: Inquiries into the History of the Cold War* (New York: 1987), pp.72-103.

16) PPS 23, February 24, 1948, *FRUS:* 1918, I, 525; Kennan to Marshall, March 14, 1948, *ibid.*, p.531-38. See also General MacArthur's interview in the *New York Times*, March 2, 1949; and Acheson's speech to the National Press Club, January 12, 1950, DSB, XXII (January 23, 1950), 111-18.

17) William Appleman Williams, *The Tragedy of American Diplomacy* (New York: 1962), p.49; N. Gordon Levin, *Woodrow Wilson and World Politics: America's Response to War and Revolution* (New York: 1968), pp.16-28; Leighton, "The American Arsenal Policy in World War II," pp.221-52.

18) Forrestal to Chan Gurney, December 8, 1947, Millis, ed, *The Forrestal Diaries*, p.350; Truman state of the union address, January 7, 1948, TPP: 1948, p.8. See also Truman's address to the American Society of Newspaper Editors, April 17, 1948, *ibid.*, p.222; Marshall to Lovett and Forrestal, November 8, 1948, *FRUS:* 1948, I, 654-55; and Schilling, "Fiscal 1950," pp.31-32, 183-98.

19) Forrestal to Gurney, December 8, 1947, Millis, ed., *The Forrestal Diaries*, pp.350-51. See also Melvyn P. Leffler, *A Preponderance of Power: National Security, the Truman Administration, and the Cold War* (Stanford: 1992), pp.148-51. Some representative intelligence estimates on the Soviet willingness to risk war are J.I.C. 308/2, "Estimate of the Intentions and Capabilities of the U.S.S.R. Against the Continental United States and the Approaches Thereto, 1948-1957," February 16, 1948, Army Staff Records, ABC 381 U.S.S.R. 2 Mar 46, Sec. 5-B, National Archives; reports on "Soviet Intentions" prepared by the Joint Intelligence Committee, U.S. Embassy, Moscow, April 1, 1948, and April 5, 1948, *FRUS: 1948*, I, 551-52 and *FRUS: 1949*, V, 604-9; CIA ORE 22-48, "Possibility of Direct Soviet Military Action During 1948," April 2, 1948, Truman Papers, PSF Box 255, "Central Intelligence Reports: ORE 1948", CIA ORE 46-49, "The Possibility of Direct Soviet Military Action During 1949," May 3, 1949, *ibid.*, Box 256, "Central Intelligence Reports, ORE 1949"; JCS 1924/6, "Current Estimate of the International Situation," September 3, 1949, Army Staff Records, G-3 144-150 092 TS Sec. III-A, Case 44.

20) Undated Truman memorandum, probably early 1949, Truman Papers, PSF Box 150, Subject File: "Bureau of Budget: Budget-misc. 1945-53."

21) Forrestal to the National Security Council, April 19, 1948, *FRUS: 1948*, I, 565. For documentation regarding the Italian and Greek situations, see *ibid.*, III, 724-93, and IV, 1-101.

22) Acheson executive session testimony, April 21, 1949, SFRC Hearings, *The Vandenberg Resolution and NATO* (Washington: 1973), p.232. See also FACC D-3, "Basic Policies of the Military Assistance Program," February 8, 1949, *FRUS: 1949*, I, 254-55.

23) David Alan Rosenberg, "American Atomic Strategy and the Hydrogen Bomb Decision," *Journal of American History*, LXVI (June, 1979), 62-87. See also Gaddis, *The Long Peace*, pp.106-15.

24) See, on this point, the Forrestal Diary, May 7, 1948, Mills, ed., *The Forrestal Diaries*, pp.431-31

25) NSC 10/2, "Directive on Office of Special Projects," June 18, 1948, in Etzold and Gaddis, eds., *Containment*, pp.125-28. See also George F. Kennan, *Memoirs: 1950-1963* (Boston: 1972), pp.202-3; Anne Karalekas, "History of the Central Intelligence Agency," in U.S. Congress, Senate, Select Committee to Study Government Operations with Respect to Intelligence Activities, *Final Report: Supplementary Detailed Staff Reports on Foreign and Military Intelligence*: Book IV (Washington: 1976), p.31; and Michael Warner, ed. *CIA Cold War Records: The CIA under Harry Truman* (Washington: 1994). Vojtech Mastny, *The Cold War and Soviet Insecurity*: The Stalin Years (New York: 1996), pp.80-85, 116-21, 128-33, provides one of the few specific accounts of CIA operations in Eastern Europe and their possible consequences.

26) John D. Hickerson memorandum of conversation with Lord Inverchapel, January 21, 1948, *FRUS: 1948*, III, 11. See also Lovett to William L. Clayton and Jefferson Caffery, August 26, 1947, *FRUS: 1947*, III, 383; Marshall's speech to the Chicago Chamber of Commerce, November 18, 1947, DSB, XVII (November 23, 1947), 1026; and his testimony before the Senate Foreign Relations Committee, January 8, 1948, SFRC Hearings, *European Recovery Program* (Washington: 1948), p.13.

27) See, on this point, NSC 1/2, "The Position of the United States with Respect to Italy," February 10, 1948, *FRUS: 1948*, III, 765-69; NSC 1/3, "Position of the United States with Respect to Italy in the Light of the Possibility of Communist Participation in the Government by Legal Means," March 8, 1948, *ibid.* pp.775-79; and Marshall's speech at the University of California, Berkeley, March 19, 1948, DSB, XVIII (March 28, 1948), 424.

28) Thorp to Marshall, April 7, 1948, *FRUS: 1948*, I, 558; "State Department Comments on NSC 49," September 30, 1949, enclosed in NSC 49/1, October 4, 1949, *FRUS: 1949*, VII, 872-73. See also Geir Lundestad, *America, Scandinavia, and the Cold War*, 1945-1949 (New York: 1980), pp.109-66.

29) SWNCC-FPI 30, "Informational Objectives and Main Themes," March 3, 1947, *FRUS: 1947*, V, 77-78. The last sentence was taken verbatim from a speech Secretary of State James F. Byrnes had made to the Overseas Press Club in New York on February 28, 1946 (DSB, XIV [March 10, 1946], 357); in slightly altered form it was included in Truman's March 12, 1947, speech to Congress [*TPP: 1947*, p.179]. See also Byrnes's speech to the Cleveland Council on World Affairs, January 11, 1947, *DSB*, XVI (January 19, 1947), 88-89.

30) *TPP: 1947*, p.178

31) *Ibid.*, pp.177-78; Truman extemporaneous comments to the Association of Radio News Analysts, May 13, 1947, *ibid.*, p.238; Truman speech at Charlottesville, Virginia, July 4, 1947, *ibid.*, p.324. See also Marshall's address to the United Nations General Assembly, Paris, September 23, 1948, *DSB*, XIX (October 3, 1948), 432.

32) Acheson testimony, March 24, 1947, SFRC Hearings, *Aid to Greece and Turkey*, p.30; Ayres Diary, May 22-23, 1947, Eban A. Ayres Papers, Box 26, Harry S. Truman Library; Joseph

M. Jones to Acheson, May 20, 1947, *FRUS:* 1947, III, 233n. See also the colloquy between Acheson and Senator Claude Pepper in the SFRC hearings cited above, p.42; Acheson's testimony before the House Foreign Affairs Committee, March 21, 1947, HFAC Hearings, *Aid to Greece and Turkey*, pp.32-33; and Margaret Truman, *Harry S. Truman* (New York: 1973), p.344.

33) Memorandum of comments by Under Secretary of State Clayton at a meeting of State Department heads of offices, May 28, 1947, *FRUS: 1947*, III, 235. See also Bohlen, *Witness to History*, pp.264-65, Kennan, *Memoirs: 1925-1950*, pp.341-42; and Arkes, *Bureaucracy, the Marshall Plan, and the National Interest*, pp.52-55.

34) NSC 1/1, "The Position of the United States with Respect to Italy." November 14, 1947, *FRUS: 1948*, III, 724-26; NSC 5, "The Position of the United States with Respect to Greece," January 6, 1948, *ibid.*, IV, 2-7: NSC 1/2, February 10, 1948, *ibid.*, III, 765-69; NSC 5/2, "The Position of the United States with Respect to Greece "February 12, 1948, *ibid.*, IV, 46-51; NSC 1/3, March 8, 1948, *ibid.*, III, 775-79.

35) Truman off-the-record press conference with editors of business and trade papers, April 23, 1948, *TPP: 1948*, p.232; PPS 35, June 30, 1948, *FRUS: 1948*, IV, 1079-81. The National Security Council approved PPS 35 as NSC 18 on September 2, 1948 (*ibid.*, p.1079n).

36) Acheson to U.S. Embassy, Belgrade, February 25, 1949, *FRUS: 1949*, V. 873; Truman press conference, December 22, 1949, *TPP: 1949*, pp.585-86. For the blooming mill controversy, see *FRUS: 1949*, V, 896-921; also Lorraine M. Lees, *Keeping Tito Afloat: The United States, Yugoslavia, and the Cold War* (University Park, Pa.: 1997), pp.43-79.

37) Moscow Embassy Joint Intelligence Committee report, "Soviet Intentions," April 5, 1949, *FRUS: 1949*, V, 605; NSC 58/2, "United States Policy Toward the Soviet Satellite States in Eastern Europe," *ibid*, pp.50-51; Foy Kohler to Acheson, April 12, 1949, *ibid.*, 13-16; State Department policy statement, "Yugoslavia," September 1, 1949, *ibid.*, pp.941-44; "Conclusions and Recommendations," London Conference of Eastern European Chiefs of Mission, October 26, 1949, *ibid.*, pp.28-35; George W. Perkins to Acheson, November 7, 1949, *ibid.*, pp.36-38. The Policy Planning Staff paper that provided the basis for NSC 58/2 was PPS 59, August 25, 1949, *ibid.*, pp.21-26.

38) Kirk to Acheson, October 7, 1949, *FRUS:* 1949, IX, 107-8. See also a State Department circular instruction, "Basic Factors in Soviet Far Eastern Policy," October 13, 1948 *FRUS: 1948*, I, 642-43; NSC 34/2, "U.S. Policy Toward China," February 28, 1949, *FRUS: 1949*, IX, 491-95; Kohler to Acheson, May 20, 1949, *ibid.*, V, 892; and Kirk to Acheson, August 13, 1949, *ibid.*, p.923.

39) See, for example, John Carter Vincent to Marshall, June 20, 1947, *FRUS: 1947*, VII, 849; O. Edmund Clubb to Marshall, August 28, 1947, *ibid.*, pp.264-65: W. Walton Butterworth executive session testimony, March 20, 1948, SFRC Hearings, *Foreign Relief Assistance Act of 1948* (Washington: 1973), p.438; State Department circular instruction, "Pattern of Soviet Policy in Far East and Southeast Asia," October 13, 1948, *FRUS: 1948*, I, 639; Acheson and Butterworth executive session testimony, March 18, 1949, SFRC Hearings, *Economic*

*Assistance to China and Korea* (Washington: 1974), pp.30-36; Philip C. Jessup executive session testimony, October 12, 1949, SFRC Hearings, *Reviews of the World Situation*, p.99.

40) NSC 41, draft report on "United States Policy Regarding Trade with China," February 28, 1949, *FRUS: 1949*, IX, 826-34; Acheson statement at National Security Council meeting, March 1, 1949, *ibid.*, pp.295-96; Acheson executive session testimony, October 12, 1949, SFRC Hearings, *Reviews of the World Situation*, pp.97-98; Acheson memorandum of conversation with the Joint Chiefs of Staff, December 29, 1949, *FRUS: 1949*, IX, 465-67.

41) Acheson memorandum of conversation with Truman, November 17, 1949, Dean Acheson Papers, Box 64, "Memoranda of Conversations, October-November, 1949," Harry S. Truman Library; NSC 48/2, "The Position of the United States with Respect to Asia," December 30, 1949, *FRUS: 1949*, VII, 1219. For the conclusions of the State Department's "consultants" see a memorandum by Charlton Ogburn, Jr., "Decisions Reached by Consensus at the Meetings with the Secretary and the Consultants on the Far East, "November 2, 1949, *FRUS: 1949*, IX, 160-62; and "Outline of Far Eastern and Asian Policy for Review with the President, enclosed in Jessup to Acheson, November 16, 1949, *ibid.*, VII, 1213. For more on the recognition debate, see Nancy Bernkopf Tucker, *Pattern in the Dust: Chinese-American Relations and the Recognition Controversy, 1949-1950* (New York: 1983).

42) See, for example, Acheson to the Consulate General, Hanoi, May 20, 1949, *FRUS: 1949*, VII, 29; and Acheson's press conference statement, February 1, 1950, DSB. XXII (February 13, 1950), 244.

43) PPS 53, July 6, 1949, *FRUS: 1949*, IX, 356-59, See also Kennan, *Memoirs*: 1950-1963, p.54.

44) An example of this trend is the article "Stalin on Revolution," published in *Foreign Affairs*, XAVII (January 1949), 175-214, under the pseudonym "Historicus" but written by George Allen Morgan, First Secretary of the U.S. Embassy in Moscow. For examples of administration anti-communist rhetoric, see Truman's inaugural address, January 20, 1949, *TPP: 1949*, pp.112-13; Jessup's speech at Miami, Florida, August 24, 1949, DSB, XXI (September 5, 1949), 346; and John E. Peurifoy's speech at Walterboro, South Carolina, October 24, 1949, *ibid.*, XXI (October 31, 1949), 673.

45) Smith comment at Policy Planning Staff meeting, March 1, 1949, *FRUS: 1949*, V, 10; Cavendish W. Cannon to Acheson, April 25, 1949, *ibid.*, p.889 (this dispatch, sent to U.S. missions in London, Paris, Rome, Athens, Moscow, Warsaw, Prague, Sofia, Budapest, Bucharest, and to U.S. posts in China, was actually written by William K. K. Leonhart, second secretary of the embassy in Belgrade); "Conclusions and Recommendations," London conference of East European chiefs of mission, October 26, 1949, *ibid.* p.31.

46) Cannon to Acheson, April 25, 1949, *FRUS: 1949*, V, 889. For more on this strategy of seeking to divide the international communist movement, see Gaddis, *The Long Peace*, pp.147-94.

47) NSC 20/4, November 23, 1948, *FRUS: 1948*, I, 668. This statement came from an earlier Policy Planning Staff study, PPS 38, August 18, 1918, the conclusions of which can be found

in *ibid.*, pp.609-11.

48) See, for example, Truman's speech at Miami, Florida, October 18, 1948, TPP: 1948, pp.816-17; Acheson statement to the press, May 19, 1949, *DSB*, XX (May 19, 1949), 675-76; Acheson speech at Berkeley, California, March 16, 1950, *ibid.*,, XXII (March 27, 1950), 473-78.

49) JCS 1725/1, May 1, 1947, in Etzold and Gaddis, eds., *Containment*, p.303: CIA 1, September 26, 1947, Truman Papers, PSF Box 255; Joint Intelligence Committee report, April 1, 1948, *FRUS: 1948*, I, 552. Estimates of Soviet and Western military strength in Europe are from Thomas W. Wolfe, *Soviet Power and Europe*, 1945-1970 (Baltimore: 1970).

50) Washington Exploratory Conversations on Security," September 9, 1948, *FRUS: 1948*, III, 237-48. See also Daryl J. Hudson, "Vandenberg Reconsidered: Senate Resolution 239 and American Foreign Policy," *Diplomatic History*, I (Winter, 1977), 46-63.

51) PPS 43, "Considerations Affecting the Conclusion of a North Atlantic Security Pact," November 23, 1948, *FRUS:* 1948, III, 285-87. See also Kennan to Lippmann, April 6, 1948, Kennan Papers, Box 17; Kennan to Lovett, April 29, 1948, *FRUS: 1948*, III, 108-9; Kennan comments at the fifth meeting of the Washington Exploratory Conversations on Security, July 9, 1948, *ibid.*, p.177; and Kennan's lectures at the National War College, September 17, 1948, the Naval War College, October 11, 1948, and the Joint Orientation Conference at the Pentagon, November 8, 1948, all in the Kennan Papers, Box 17. Miscamble, *Kennan and the Making of American Foreign Policy*, pp. 113-40, provides a thorough account of Kennan's reservations about NATO.

52) See Willard Thorp to Marshall, April 7, 1948, *FRUS: 1948*, I, 560; Lovett to Harriman, December 3, 1948, *ibid.*, III, 305; FACC D-3, "Basic Policies of the Military Assistance Program," February 7, 1949, *FRUS: 1949*, I, 255; and Acheson's executive session testimony, February 18 and April 21, 1949, SFRC Hearings, *Vandenberg Resolution and NATO*, pp.99, 215, 232.

53) George H. Butler memorandum, March 19, 1948, *FRUS: 1948*, III, 58; Hickerson comments, second meeting, US-UK-Canada Security Conversations, March 23, 1948, *ibid.*, p.65; Marshall to Lovett, April 23, 1948, *ibid.*, p.103; Joseph C. Satterthwaite to Lovett, October 26, 1948, *ibid.*, IV, 173-75. For documentation on proposals for a "Pacific Pact," see *FRUS:* 1949, VII, 901-2, 1115-92.

54) Bohlen to Marshall S. Carter, November 7, 1948, *FRUS: 1948*, I, 654n; Marshall to Forrestal, November 1948, *ibid.*. p.655; executive session testimony of Acheson, Harriman and Louis Johnson, April 21, 1949, SFRC Hearings, *Vandenberg Resolution and NATO*, pp.216-16, 221, 235; Foreign Assistance Correlation Committee paper, "Military Rights Question," May 20, 1949, *FRUS: 1949*, I, 312, Acheson executive session testimony, August 2, 1949. SFRC Hearings. *Military Assistance Program*, 1949 p.30.

55) Kennan Naval War College lecture, October 11, 1948, Kennan Papers, Box 17; Kennan lecture to the Joint Orientation Conference, Pentagon, November 8, 1948, *ibid.;* Kennan NWC lecture, September 17, 1948, *ibid.*

56) London Conference communiqué, June 7, 1948, *FRUS: 1948*, II, 316; Marshall to the U.S. Embassy in London, February 20, 1948, *ibid.*, p.72; Department of State policy statement, "Germany," August 26, 1948, *ibid.*, 1319.

57) See Kennan to James F. Byrnes, March 6, 1946, *FRUS: 1946*, V, 516-20, and Carmel Offie, May 10, 1946, *ibid.*, pp.555-56; also Kennan, *Memoirs: 1925-1950*, pp.257-58.

58) PPS 37, "Policy Questions Concerning a Possible German Settlement," August 12, 1948, *FRUS: 1948*, II, 1287-97. See also PPS/23, February 24, 1948, *ibid.*, I, 515-18.

59) PPS 37/1, "Position To Be Taken by the U.S. at a CFM Meeting" November 15, 1948, *FRUS: 1948*, II, 1320-38. "Program A," entitled "A Program for Germany," was dated November 12, 1948, and included as a subannex to PPS 37/1.

60) Murphy to Jacob D. Beam, December 7, 1948, *FRUS: 1948*, II, 1320n; Murphy memorandum, "U.S. Policy Respecting Germany," *FRUS: 1949*, III, 125; Kohler to Acheson, May 6, 1949, *ibid.*, pp.866-67; Johnson to Acheson, May 14, 1949, *ibid.*, p.876. See also Kennan, *Memoirs: 1925-1950*, pp.444-45; and Miscamble, *Kennan and the Making of American Foreign Policy*, pp.141-77.

61) Murphy memorandum, conversation with Acheson, March 9, 1949, *FRUS: 1949*, III, 103; Jessup to Acheson, April 19, 1949, *ibid.*, pp.859-62; Acheson memorandum, "An Approach to the CFM," enclosed in Acheson to Lewis Douglas, May 11, 1949, *ibid.*, p.873; Kennan to Acheson, May 29, 1949, *ibid.*, p.889.

62) NSC 13/2, "Recommendations with Respect to United States Policy Toward Japan," approved by Truman on October 9, 1948, *FRUS: 1948*, VI, 858-62. For Kennan's views, see PPS 28, March 25, 1948, *ibid*, pp.691-719; *and his Memoirs: 1925-1950*, pp.391-93.

63) For documentation on these decisions, see *FRUS: 1949*, VII, 850-939; and *FRUS: 1950*, VI, 1109-61.

64) Acheson to Sir Oliver Franks, December 24, 1949, *FRUS: 1949*, VII, 927.

65) Kennan to Acheson, August 21, 1950, *FRUS: 1950*, VII, 627, See also Kennan, *Memoirs: 1950-1963*, pp.40-41; and Acheson, *Present at the Creation*, pp.445-46.

66) William J. Sebald to Acheson, August 15, 1949, *FRUS: 1949*, VII, 831. For other examples of MacArthur's support for neutralization, see *ibid.*, pp.657, 685, 806, 862, and 891; also Kennan, *Memoirs: 1950-1963*, pp, 50-51.

67) Acheson memorandum of conversation with Ernest Bevin and Robert Schuman September 17, 1949, *FRUS: 1949*, VII, 861; Acheson to Franks, December 24, 1949, *ibid.*, p.928.

68) Kennan, *Memoirs: 1925-1950*, pp.427-28, 447-48; *Memoirs: 1950-1963*, p.53.

69) Kennan, *Memoirs: 1925-1950*, p.472

70) Kennan memorandum, "The International Control of Atomic Energy," January 20, 1950, *FRUS: 1950*, I, 39.

71) *Ibid.*, pp.29-30; Kennan draft memorandum to Acheson (not sent but discus with Acheson), *ibid.*, pp.161-62, 165.

72) General Advisory Committee Statement, enclosed in J. Robert Oppenheimer to David E. Lilienthal, October 30, 1949, *FRUS: 1949*, I, 571: Lilienthal to Truman, November 9, 1949, *ibid*, p.580; minutes, Policy Planning Staff meeting of November 3, 1949, *ibid.*, p.576; and Acheson memorandum of December 20, 1949, *ibid.*, p.613.

73) McMahon to Truman. November 21, 1949, *FRUS: 1949*, I, 593; Bradley to Johnson, November 23, 1949, *ibid.*, pp.595-96; Strauss to Truman, November 25, 1949, *ibid.*, p.597; report by the Special Committee of the National Security Council to the President, "Development of Thermonuclear Weapons," January 31, 1950, *FRUS: 1950*, I, 515. See also Bradley to Johnson, January 13, 1950, *ibid.*, pp.503-11.

74) Truman to Acheson and Johnson, January 31, 1950, *ibid.*, pp.141-42.

75) Ayres Diary, February 4, 1950, Ayres Papers, Box 27.

76) See, on this point, the report by the Special Committee of the National Security Council to the President, January 31, 1950, *FRUS: 1950*, I, 522.

77) Kennan, *Memoirs: 1925-1950*, pp.474-75.

78) NSC 68, "United States Objectives and Programs for National Security," April 14, 1950, *FRUS: 1950*, I, 264. This document is fully discussed in Chapter Four. See also Paul Y. Hammond, "NSC-68: Prologue to Rearmament," in Schilling, Hammond, and Snyder, *Strategy, Politics, and Defense Budgets*, p.312.

79) See, for example, Acheson's remarks to a meeting of the Advertising Council at the White House, February 16, 1950, *DSB*, XXII (March 20, 1950), 427-29. See also Coral Bell, *Negotiation from Strength: A Study in the Politics of Power* (New York: 1963), pp.3-30.

80) Kennan, *Memoirs: 1925-1950*, p.305.

81) See, on this point, Arkes, *Bureaucracy, the Marshall Plan, and the National Interest*, p.182.

82) Kennan diary, November 22, 1949, quoted in Kennan, *Memoirs: 1925-1950*, p.468.

83) Nitze comment at meeting of the State-Defense Departments Policy Review Group, March 2, 1950, *FRUS: 1950*, I, 177.

84) Kennan diary, July 12, 1950, quoted in Kennan, *Memoirs: 1925-1950*, p.499.

85) Hammond, "NSC-68," p.309.

86) Kennan, *Memoirs: 1925-1950*, pp.407-8.

87) See *FRUS: 1949*, III, 694-751; also Philip C. Jessup, "The Berlin Blockade and the Use of the United Nations," *Foreign Affairs*, L (October 1971), 163-73.

88) For a contemporary appraisal along these lines, see a memorandum by Charles Yost, director of the State Department's Office of European Affairs, "Basic Negotiations with the Soviet Union," February 15, 1950, *FRUS: 1950*, I, 153-59.

89) Kennan, *Memoirs: 1925-1950*, pp.465-66. See also Kennan to Marshall and Lovett, August 5, 1948, *FRUS: 1948*, I, 599; and Kennan to Dean Rusk, September 7, 1949, *FRUS: 1949*, I, 381.

90) Hammond, "NSC-68," pp.317-18.

91) Acheson, *Present at the Creation*, pp.347-48.

92) Extemporaneous remarks to the National Council of Negro Women, November 17, 1950, *DSB*, 23 (November 27, 1950), 839.

## FOUR. NSC-68 and the Korean War

1) Kennan, *Memoirs: 1925-1950*, p.408.

2) On the origins of NSC-68, see Paul Y. Hammond's classic account, in Schilling, Hammond, and Snyder, *Strategy, Politics, and Defense Budgets*, pp.267-330; also Samuel F. Wells, Jr,

"Sounding the Tocsin: NSC 68 and the Soviet Threat," *International Security*, IV (Fall, 1979), 116-38, and Fred M. Kaplan, "Our Cold-War Policy, Circa '50," New York Times Magazine, May 18, 1980, pp.34ff. Ernest R. May, ed., *American Cold War Strategy: Interpreting NSC 68* (Boston: 1993), provides a useful set of commentaries on NSC-68 by historians as well as those involved in its drafting.

3) NSC-68, April 4, 1950, *FRUS:* 1950, I, 237-39.

4) *Ibid.*, pp.238, 240.

5) Nitze memorandum, "Recent Soviet Moves," February 8, 1950, *ibid*, p.145; NSC-68, April 14, 1950, *ibid.*, pp.263-64.

6) Bradley statement before House Armed Services Committee, [hereafter HASC], October 19, 1949, HASC Hearings: *Unification and Strategy* (Washington: 1949), p.518. See also Truman to Sidney Souers, July 1, 1949, enclosed in NSC 52, "Governmental Programs in National Security and International Affairs for the Fiscal Year 1951," July 5, 1949, *FRUS:* 1949, I, 349-51.

7) NSC-68, April 14, 1950; *FRUS:* 1950, I, 256-58, 286. See also pp.246, 249. The Presidents economic report is in *TPP: 1950*, pp.18-31.

8) Alonzo L. Hamby, *Beyond the New Deal: Harry S. Truman and American Liberalism* (New York: 1973), pp.297-303; Edward S. Flash, Jr, *Economic Advice and Presidential Leadership: The Council of Economic Advisers* (New York: 1965), pp.21-39. See also Friedberg, *In the Shadow of the Garrison State*, pp.106-7.

9) Hamilton Q. Dearborn memorandum, approved by Keyserling, May 8, 1950, *FRUS: 1950*, I, 311.

10) Records, meeting of the Policy Review Group, March 16, 1950, *ibid.*, p.199.

11) NSC-68, April 14, 1950, *FRUS: 1950*, I, 243-44.

12) *Ibid.*, pp.238, 240, 245.

13) *Ibid.*, p.280. See also pp.247-48.

14) *Ibid.*, 251, 267. See also a memorandum by the National Security Resources Board, "Comments on NSC/68 Programs," May 29, 1950, *ibid.*, pp.316-21.

15) Kennan to Acheson, January 6, 1950, *FRUS: 1950*, I, 132. See also Kennan to Bohlen, March 15, 1949; *FRUS: 1949*, V, 593-94.

16) NSC-68, April 14, 1950, *FRUS: 1950*, I, 264, 290. See also Nitze, "Recent Soviet Moves," February 8, 1950, *ibid.*, pp.145-46.

17) NSC-68, April 14, 1950, *FRUS: 1950*, I, 249, 261, 264.

18) See Kennan, *Memoirs: 1925-1950*, pp.311-12.

19) NSC-68, April 14, 1950, FRUS; 1950, I, 252-53.

20) *Ibid.*, pp.253, 283.

21) Acheson, *Present at the Creation*, p.374. See also Friedberg, *In the Shadow of the Garrison State*, pp.109-11.

22) Acheson, *Present at the Creation*, p.377; Hammond, "NSC-68," pp.818-19, 344.

23) NSC-68, April 14, 1950, *FRUS:* 1950, I, 281-82, See also memoranda of discussions in the 4th meeting of the NSC-68 ad hoc committee, May 12, 1950, *ibid.*, pp.312-13, and in the Under-Secretary of State's Advisory Committee, June 6, 1950, *ibid.*, p.324.

24) NSC-68, April 14, 1950, *FRUS: 1950*, I, 244. See also p.267.

25) *Ibid.*, pp.264, 267-69.
26) *Ibid.*, pp.247, 255. See also p.285.
27) *Ibid.*, p.260
28) Joint Chiefs of Staff to the Secretary of Defense, "Military Objectives in Military Aid Programs," January 26, 1950, U.S. Department of Defense, *United States-Vietnam Relations, 1945-1967* (Washington: 1971), VIII, 274; Acheson executive session testimony, March 29, 1950, SFRC Hearings: *Reviews of the World Situation*, p.273; Raymond A. Hare to James E, Webb, April 5, 1950, *FRUS: 1950*, I, 220. For more on the Truman administration strategy of promoting divisions within the communist world, see Gaddis, *The Long Peace*, pp.147-73.
29) NSC-68, April 14, 1950, *FRUS: 1950*, I, 263-64.
30) Dulles memorandum, May 18, 1950, *ibid.*, p.314.
31) See, on this point, the documents in *ibid.*, VI, 346-51; also Gaddis, The Long Peace, pp.84-86.
32) NSC-68, April 14, 1950, *FRUS: 1950*, I, 241-42.
33) *Ibid.*, pp.273, 276.
34) *Ibid.*, pp.273-74. See also Bell, *Negotiation From Strength*, pp.3-30.
35) William F. Schaub to James S. Lay, May 8, 1950, *FRUS: 1950*, I, 301.
36) NSC-68, April 14, 1950, *ibid.*, p.248. See also Willard Thorp to Acheson, April 5, 1950, *ibid.*, pp.218-20.
37) *Ibid.*, p.273.
38) NSC-68, April 1950, *FRUS: 1950*, I, 239-40. See also Bohlen to Nitze, April 5, 1950, *ibid.* pp.223-24.
39) Hammond, "NSC-68," pp.298-326.
40) Record of meeting, Policy Review Group, March 16, 1950, *FRUS: 1950*, I, 197-98; Barrett to Acheson, April 6, 1950, *ibid.*, p.226.
41) Acheson, *Present at the Creation*, p.375. See also Bohlen to Nitze, April 5, 1950, *FRUS: 1950*, I, 222.
42) Speech to the American Society of Newspaper Editors, April 22, 1950, DSB, XXII (May 1, 1950), 675. See also Acheson's speeches at Dallas, Texas, June 13, 1950, and Harvard University, June 22, 1950, *ibid.*, XXII (June 26, 1950) 1037-41, 1056, and XXIII (July 3, 1950), 14-17, 38, and his executive session testimony before the Senate Foreign Relations Committee, SFRC Hearings: *Reviews of the World Situation*, especially pp.287, 310.
43) NSC-68, April 14, 1950, *FRUS: 1950*, I, 240.
44) Record of meeting, Policy Review Group, March 2, 1950, *ibid.*, pp.177-79. See also Schaub to Lay, May 8, 1950, *ibid.*, p.301.
45) See, on this point, Gaddis, *We Now Know*, pp.70-75; William Stueck, *The Korean War: An International History* (Princeton: 1995), pp.31-41, and *Rethinking the Korean War: A New Diplomatic and Strategic History* (Princeton: 2002), pp.69-77.
46) I.F. Stone, *The Hidden History of the Korean War* (New York: 1952), pp.1-66, D.F. Fleming, *The Cold War and Its Origins*, 1917-1960 (Garden City, N.Y.: 1961), pp.592-608; Stephen E. Ambrose, *Rise to Globalism: American Foreign Policy*, 1938-1970 (Baltimore: 1971), pp.192-97; Joyce and Gabriel Kolko, *The Limits of Power: The World and United States*

*Foreign Policy, 1945-1954* (New York: 1972), pp.565-85; and Bruce Cumings, *The Origins of the Korean War: The Roaring of the Cataract, 1947-1950* (Princeton: 1990), especially pp.410-13.

47) Dulles and John M. Allison to Acheson and Rusk, June 25, 1950, *FRUS: 1950*, VII, 140; Kennan unsent memorandum to Acheson, June 26, 1950, Kennan Papers, Box 24; Truman radio-television address, September 1, 1950, *TPP: 1950*, p.610. See also John D. Hickerson's address in New York, September 17, 1950, *DSB*, XXIII (October 2, 1950), 544; and Ernest R. May, *"Lessons" of the Past: The Use and Misuse of History in American Foreign Policy* (New York: 1973), pp.52-86.

48) Acheson report to Cabinet meeting, July 14, 1950, *FRUS: 1950*, I, 345 (this report was based on a memorandum by Charles E. Bohlen). See also "Korea (Preliminary Version)," an intelligence estimate prepared by the State Department's Office of Intelligence Research, June 25, 1950, *ibid.*, VII, 148-54; Kirk to Acheson, June 27, 1950, *ibid.*, p.199; Caspar D. Green memorandum, Acheson conversation with Wilhelm Munthe de Morgenstierne, June 30, 1950, Acheson Papers, Box 65, "Memoranda of Conversations, May-June, 1950"; Kennan draft memorandum, "Estimate: Possible Further Danger Points in Light of Korean Situation," June 30, 1950, Kennan Papers, Box 24: NSC 73, "The Position and Actions of the United States with Respect to Possible Further Soviet Moves in the Light of the Korean Situation," July 1, 1950, *FRUS: 1950*, I, 331-38.

49) Acheson report to Cabinet meeting, July 14, 1950, *ibid.*, I, 345; Acheson executive session testimony before the Senate Foreign Relations Committee, July 24, 1950, SFRC Hearings, *Reviews of the World Situation*, p.323: Acheson handwritten memorandum to "Jim" [Webb?], August, 1950, Acheson Papers, Box 65, "Memoranda of conversations, August, 1950." On Korea as favorable terrain on which to fight, see also NSC 73, July 1, 1950, *FRUS: 1950*, I, 332, and Pace, Matthews, and Finletter to Johnson, August 1, 1950, *ibid.*, pp.354-55

50) See Carlton Savage to Nitze, August 3, 1950, *ibid.*, 359; Jessup to Matthews, August 17, 1950, *ibid*, pp.370-71; and *ibid.*, VII, 187n.

51) Joint Chiefs of Staff to Johnson, July 10, 1950, *ibid.*, p.346.

52) Allison to Nitze, July 24, 1950, *ibid.*, VII, 460-61. See also Allison to Rusk, July 1 and 15, 1950, *ibid.*, pp.272, 393-95.

53) Kennan diary notes, July 21 and 31, 1950, quoted in Kennan, *Memoirs: 1925-1950*, pp.488-89; Kennan to Acheson, August 8, 1950, *FRUS: 1950*, I, 363; transcript, Kennan background press conference, August 22, 1950, Kennan Papers, Box 18.

54) NSC 81/1, "United States Courses of Action with Respect to Korea," approved by Truman September 11, 1950, *FRUS: 1950*, VII, 712-21. For the possibility of exacerbating Sino-Soviet tensions, see preliminary drafts of this document from the Defense Department, July 31 and August 7, 1950, and from Allison, August 12, 1950, *ibid.*, pp.506-7, 532, 569-70. See also Stueck, *The Korean War*, pp.88-91; and James I. Matray. "Truman's Plan for Victory: National Self-Determination and the Thirty-Eight Parallel Decision in Korea," *Journal of American History*, LXVI (September 1979), 314-33.

55) Allison memorandum, Acheson conversation with Kenneth Younger, October 4, 1950, *FRUS: 1950*, VII, 868.

56) See, on this point, Acheson, *Present at the Creation*, pp.513-15; and James F. Schnabel, *Policy and Direction: The First Year* (Washington: 1972), pp.306-26.

57) Jessup notes, Acheson meeting with Marshall and the Joint Chiefs of Staff, December 3, 1950, *FRUS: 1950*, VII, 1324; Joint Chiefs of Staff to MacArthur, December 29, 1950, *ibid.*, p.1625.

58) This decision is documented in detail in *ibid.*, pp.1237-1634.

59) Acheson, *Present at the Creation*, p.513.

60) *Ibid.*, pp.529-33; Kennan, *Memoirs:* 1950-1963, pp.35-37.

61) Press conference of May 4, 1950, *TPP: 1950*, p.286.

62) Barbara Evans notes, Acheson report on Cabinet meeting, July 14, 1950, *FRUS:* 1950. I, 345. See also Stuart Symington (chairman, National Security Resources Board) to the National Security Council, July 6, 1950, *ibid.*, pp.340-41.

63) Hammond, "NSC-68," pp.351-59; *FRUS: 1950*, I, 352-53, 420-21.

64) Keyserling memorandum, "The Economic Implications of the Proposed Programs: Required Fiscal, Budgetary and Other Economic Policies," enclosed in NSC 68/3, "United States Objectives and Programs for National Security," December 8, 1950, *ibid.*, pp.428-30.

65) Pace, Matthews, and Finletter to Johnson, August 1, 1950, *FRUS: 1950*, I, 355; Acheson executive session testimony, July 24, 1950, SFRC Hearings: *Reviews of the World Situation*, p.327; NSC 73/4, "The Position and Actions of the United States with Respect to Possible Further Soviet Moves in the Light of the Korean Situation," August 25, 1950, *FRUS: 1950*, I, 385.

66) Acheson executive session testimony, May 1, 1950, SFRC Hearings: *Reviews of the World Situation*, p.292.

67) NSC 82, "United States Position Regarding Strengthening the Defense of Europe and the Nature of Germany's Contribution Thereto," approved by Truman on September 11, 1950, published in the form of a communication from Johnson and Acheson to Truman, September 8, 1950, *FRUS: 1950*, III, 273-78.

68) Acheson remarks to Bevin and Schuman, New York, September 15, 1950, enclosed in Acheson to Webb, September 17, 1950, *ibid.* p.316

69) See Pace, Matthews, and Finletter to Johnson, August 1, 1950, *ibid.*, I, 353.

70) Acheson, *Present at the Creation*, 437-45.

71) Acheson memorandum, conversation with Senator Bourke Hickenlooper, December 27, 1950, *FRUS: 1950*, I, 488-89. See also Acheson's CBS television interview, September 10, 1950. *DSB*, XXIII (September 18, 1950), 464.

72) Acheson extemporaneous remarks at a State Department National Conference on Foreign Policy, November 15, 1950, *DSB*, XXIII (November 27, 1950), 855. See also Acheson to Loy Henderson, September 1, 1950, *FRUS: 1950*, VI, 479-80; Acheson circular telegram, November 5, 1950, *ibid.*, VII, 1049; Clubb to Rusk, November 10, 1959, *ibid.*, pp.1123-24; Rusk memorandum of conversation with the Swedish ambassador, November 13, 1950, *ibid.*, pp.1141-42.

73) Livingston Merchant to Rusk, November 27, 1950, *ibid.*, VI, 581. See also Truman radio-television address, September 1, 1950, *TPP: 1950*, p.613; Acheson television interview, September 10, 1950, DSB, XXIII (September 18, 1950), 463; and Philip C. Jessup's speech to the Philadelphia World Affairs Council, November 24, 1950, *ibid.*, XXIII (December 4, 1950), 886.

74) Truman public statement on Taiwan policy, August 27, 1950, *TPP: 1950*, pp.599-600; Truman radio-television address, September 1, 1950, *ibid.*, p.613; Acheson CBS television interview, September 10, 1950, *DSB*, XXIII (September 18, 1950), 463, Acheson executive session testimony, Senate Foreign Relations Committee, September 11, 1950, SFRC Hearings, *Reviews of the World Situation*, p.354. For Chinese Communist resentment over the Taiwan decision, see Loy Henderson to Acheson, August 24, 1950, *FRUS: 1950*. VI. 447, transmitting a report from K. M. Pannikar, the Indian ambassador in Beijing.

75) Kirk to Acheson, July 21, 1950, *ibid.*, VII, 443-44: Jessup to Matthews, August 17, 1950, *ibid.*, I, 370-71.

76) On this point, see Gaddis, *The Long Peace*, p.86.

77) Kennan to Acheson, August 21, 1950, *FRUS: 1950*, VII, 624.

78) Jessup notes, National Security Council meeting, November 28, 1950, *FRUS: 1950*, VII, 1246.

79) Minutes, Truman-Attlee meetings of December 4 and 5, 1950, *ibid.*, pp.1368-69, 1397-1403. See also Acheson's memorandum of a conversation with Winston Churchill and Anthony Eden, January 6, 1952, Acheson Papers, Box 66, "Memoranda of conversations, January, 1952."

80) MacArthur to Carlos p.Romulo, December 26, 1950, Douglas MacArthur Papers, Record Group 5, Box 1A, File 5, MacArthur Memorial, Norfolk, Virginia; and to Robert C. Richardson, March 20, 1951, *ibid.*, Box 49. See also MacArthur to the Joint Chiefs of Staff, November 7, 29, December 3 and 30, 1950, *FRUS: 1950*, VII, 1077n, 1253n, 1320-22, 1630-33, and J. Lawton Collins to the Joint Chiefs of Staff, December 7, 1950, summarized in *ibid.*, p.1469n

81) U.S. Congress, Senate, Committees on Armed Services and Foreign Relations, *Military Situation in the Far East* (Washington: 1951), pp.144-45, 732, 1764.

82) Hoover nationwide radio broadcast, December 20, 1950, in Herbert Hoover, *Addresses upon the American Road: 1950-1955* (Stanford: 1955), pp.3-10. See also Hoover's radio address of February 9, 1951, and his statement before the Senate Armed Services and Foreign Relations Committees, February 27, 1951, in *ibid.*, pp.11-31.

83) Robert A. Taft, *A Foreign Policy for Americans* (Garden City, N.Y.: 1951), pp.68-70, 78, 101. See also James T. Patterson, *Mr: Republican: A Biography of Robert A. Taft* (Boston: 1972), pp.474-96.

84) John Foster Dulles, "A Policy of Boldness," *Life*, XXXII (May 19, 1952), 146-60.

85) Truman radio-television address, March 6, 1952, *TPP: 1952*, pp.194-95; Truman speech at AMVETS headquarters, Washington, April 18, 1952, *ibid.*, pp.279-80. For other similar statements by the President, see *ibid.*, pp.42-43, 56-57, 222, and 407.

86) Acheson to Nitze, July 12, 1950, Acheson Papers, Box 65, "Memoranda of conversation, July 1950"; Nitze to Acheson, November 22, 1950, *FRUS: 1950*, I, 420; Harry S. Truman, *Memoirs: Years of Trial and Hope, 1946-1952* (Garden City, N.Y.: 1956), p.388; Philip C. Jessup memorandum, Acheson meeting with Marshall and the Joint Chiefs of Staff, December 3, 1950, *FRUS: 1950*, VII, 1326. See also Ambassador Alan Kirk's memorandum of a conversation with Truman on December 19, 1950, *ibid.*, I, 482.

87) NSC 48/5, "United States Objectives, Policies, and Courses of Action in Asia," May 17, 1951, *FRUS: 1951*, VI, 37; Acheson memorandum, conversation with Churchill and Anthony Eden, Washington, January 6, 1952, Acheson Papers, Box 66, "Memoranda of conversations, January, 1952."

88) Acheson memorandum, meeting with Truman, Churchill and Eden, January 5, 1952, Acheson Papers, Box 66, "Memoranda of conversations, January, 1952." See also McLellan, *Dean Acheson*, pp.349-56.

89) NSC 135/3, "Reappraisal of United States Objectives and Strategy for National Security," September 25, 1952, Modern Military Records Division, National Archives.

90) NSC 141, "Reexamination of United States Programs for National Security," January 19, 1953, Modern Military Records Division, National Archives.

91) McLellan, *Dean Acheson*, p.398. The quotation from Acheson is on p.282.

92) John Paton Davies memorandum, September 22, 1950, *FRUS: 1950*, VII, 754; Acheson National War College address, August 27, 1951, Acheson Papers, Box 69, "Classified Off the Record Speeches, 1947-52."

93) *Ibid.*; Acheson speech to Army War College group, Washington, October 2, 1952, Acheson Papers, Box 69, "Classified Off the Record Speeches, 1947-52."

## FIVE. *The New Look*

1) Eisenhower's motives in running for president can best be sampled in C.L. Sulzberger's diary entries, published in Sulzberger, *A Long Row of Candles* (New York: 1969), especially pp.617, 646, 672, 683-86, 699-705, but see also Herbert S. Parmet, *Eisenhower and the American Crusades* (New York: 1972), pp.45-47; Peter Lyon, *Eisenhower: Portrait of the Hero* (Boston: 1974), pp.425-33; Stephen E. Ambrose, *Eisenhower: Soldier, General of the Army, President-Elect, 1890-1952* (New York: 1983), pp.500-1, 527-28; and Dwight D. Eisenhower, *The White House Years: Mandate for Change, 1953-1956* (Garden City, N.Y: 1963), pp.13-22.

2) Eisenhower to Dulles, June 20, 1952, John Poster Dulles Papers, Box 60, "Eisenhower" folder. Princeton University, Eisenhower to T. J. Davis. April 17, 1952. Dwight D. Eisenhower Papers, 1916-52, Box 31, Dwight D. Eisenhower Library. For Eisenhower's concern over the economy, see Eisenhower to Louis Johnson, August 26, 194, *ibid.*, Box 56; and his statement before the House Armed Services Committee, October 20, 1949, HASC Hearings, *Unification and Strategy* (Washington: 1949), p.565.

3) Eisenhower to Dulles, April 15, 1952, Eisenhower Papers, 1916-52, Box 33; Dulles to

Eisenhower, April 25, 1952, *ibid.*; Eisenhower to Dulles, June 20, 1952, Dulles Papers, Box 60, "Eisenhower" folder; Sulzberger diary, July 6-10, 1952, in Sulzberger, *A Long Row of Candles*, pp.767-71.

4) Robert A. Divine, *Foreign Policy and U.S. Presidential Elections: 1952-1960* (New York: 1974), pp.34-36, 53-56; Robert R. Bowie and Richard H. Immerman, *Waging Peace: How Eisenhower Shaped an Enduring Cold War Strategy* (New York: 1998), pp.73-75. The foreign policy plank of the 1952 Republican platform is in *Documents on American Foreign Relations: 1952* (New York: 1953), pp.80-85.

5) See, on this point, Richard H. Immerman, "Eisenhower and Dulles: Who Made the Decisions?" *Political Psychology*, I (Autumn, 1979), 3-20.

6) Eisenhower inaugural address, January 20, 1953, *Public Papers of the Presidents: Dwight D. Eisenhower* [hereafter *EPP*], *1953*, p.6; Eisenhower speech at Minneapolis, June 10, 1953, *ibid.*, p.389.

7) Dulles speech to Rotary International, Seattle, June 10, 1954, *DSB*, XXX (June 21, 1954), 939; Eisenhower handwritten note, week of February 7, 1954, Eisenhower Papers, Whitman File: DDE Diary, Box 3, "Jan-Nov. 54"; Eisenhower press conference, August 4, 1954, *EPP: 1954*, p.684; Eisenhower conversation with C. D. Jackson, August 11, 1954, Eisenhower Papers, Whitman File: Diary Series, Box 3, "Aug 54 (3)."

8) Dulles speech to French National Political Science Institute, Paris, May 4, 1952, *Vital Speeches*, XVIII (June 1, 1952), 495; James Hagerty diary, April 26, 1954, Hagerty Papers, Box 1, Eisenhower Library; Eisenhower to Churchill, March 29, 1955, Eisenhower Papers, Whitman File: DDE Diary, Box 6, "Mar. 55 (1)." Eisenhower's domino theory" statement is in *EPP: 1954*, p.383.

9) Dulles speech to the American Association for the United Nations, New York, December 29, 1950, DSB, XV (January 15, 1951), 88; Dulles to Kennan, October 29, 1952, Dulles Papers, Box 61, "Kennan" folder; Dulles National War College address, June 16, 1953, *DSB*, XXVIII (June 29, 1953), 895. See also Dulles speeches of April 11 and October 10, 1955, *ibid.*, XXXII (April 25, 1955), 675, and XXXIII (October 24, 1955), 640-41.

10) Eisenhower press conference, June 17, 1953, *EPP: 1953*, p.440; Eisenhower to Dulles, June 20, 1952, Dulles Papers, Box 60, "Eisenhower" folder. See also Eisenhower to T. J. Davis, April 17, 1952, Eisenhower Papers, 1916-52, Box 31; Eisenhower speech to the National Junior Chamber of Commerce, Minneapolis, June 6, 1953, *EPP: 1953*, pp.389-90; Eisenhower press conference statement, April 7, 1954, *EPP: 1954*, p.383; Eisenhower address at Transylvania College, April 23, 1954, *ibid.*, pp.419-20.

11) Eisenhower to Mrs. Robert Patterson, June 15, 1953 (unsent), Eisenhower Papers, Whitman File: DDE Diary, Box 2, "Dec. 52-July 53 (2)"; Eisenhower speech to National Education Association dinner, Washington, June 22, 1954, *EPP: 1954*, p.586. See also Eisenhower to Dulles, March 26, 1958, Eisenhower Papers, Whitman File: DDE Diary, Box 19, "DDE Dictation Mar. 58."

12) Dulles speech to National Alumni Luncheon, Princeton University, February 22, 1952, *Vital*

*Speeches,* XVIII (March 15, 1952), 333; Eisenhower speech to American Society of Newspaper Editors, April 16, 1953, *EPP: 1953,* p.182; Eisenhower to Joseph Dodge, November 5, 1953, Eisenhower Papers, Whitman File: DDE Diary, Box 2, "Nov. 53 (2)"; Eisenhower remarks to Association of Land-Grant Colleges and Universities, November 16, 1954, *EPP: 1954,* p.1055.

13) Eisenhower press conferences, April 23 and 30, 1953, EPR 1953, pp.209, 239; Dulles statement to Senate Foreign Relations and House Foreign Affairs Committees, May 5, 1953, *DSB,* XXVIII (May 25, 1953), 737. See also Eisenhower to Alfred M. Gruenther, May 4, 1953, and Benjanin F. Caffey, July 27, 1953, Eisenhower Papers, Whitman File: DDE Diary, Box 2, "Dee. 52-July 53."

14) NSC 162/2, "Basic National Security Policy," October 30, 1953, *FRUS: 1952-54,* II, 589; Eisenhower press conference, March 2, 1955, *EPP: 1955,* p.310.

15) Emmet John Hughes, *The Ordeal of Power: A Political Memoir of the Eisenhower Years* (New York: 1963), p.72. Short's comment is in the notes of the legislative leadership meeting of April 30, 1953, Eisenhower Papers, Whitman File: DDE Diary, Box 2, "Staff Notes, Jan.-Dec. 53." For Eisenhower's ties to the business community, see Lyon, *Eisenhower,* pp.373-76, 395-97, 405-10.

16) *Ibid.,* pp.56-58. See also Bowie and Immerman, *Waging Peace,* pp.48, 63; and Christopher Bassford, *Clausewitz in English: The Reception of Clausewitz, in Britain and America, 1815-1945* (New York: 1994), pp.157-62.

17) Eisenhower remarks to USIA staff, November 10, 1953, *EPP: 1953,* p.754: Eisenhower press conference, January 12, 1955, *EPP: 1955,* p.57. See also Eisenhower to T. J. Davis, April 17, 1952, Eisenhower Papers: 1916-52, Box 31; and Eisenhower press conferences, March 7 and May 23, 1956, *EPP: 1956,* pp.292-93, 525. Compare with Carl von Clausewitz, *On War,* edited and translated by Michael Howard and Peter Paret (Princeton: 1976), pp.87, 101, 112, 142-43, 179, 230.

18) Eisenhower press conference, November 11, 1953, *EPP: 1953,* p.760; Eisenhower to Frank Altschul, October 25, 1957, Eisenhower Papers, Whitman File: DDE Diary, Box 16, "Oct. 57"; NSC 5707/8, "Basic National Security Policy," June 3, 1957, *FRUS: 1955-57,* XIX, 509. (Emphasis added.)

19) See, for example, James David Barber, *The Presidential Character: Predicting Performance in the White House* (Englewood Cliffs, N.J.: 1972), pp.156-72. For a contrasting viewpoint, see Fred I. Greenstein, "Eisenhower as an Activist President: A New Look at the Evidence," *Political Science Quarterly,* XCIV (Winter, 1979-80), 575-99; also more generally Greenstein, *The Hidden-Hand Presidency: Eisenhower as Leader* (New York: 1982)

20) See John Michael Guhin, *John Foster Dulles: A Statesman and His Times* (New York: 1972), pp.116-28; also Ronald W. Pruessen, *John Foster Dulles: The Road to Power* (New York: 1982), pp.254-58

21) *Ibid.,* pp.286-87, 306-7. See also Hughes, *Ordeal of Power,* pp.109-10, 204-8; and Townsend Hoopes, *The Devil and John Foster Dulles* (Boston: 1973), pp.358, 488.

22) Dulles radio-television address, January 27, 1953, DSB. XXVIII (February 9, 1953), 212-13;

Dulles statement to Senate Foreign Relations and House Foreign Affairs Committees, May 5, 1953, *ibid.*, XXVIII (May 25, 1953), 736-37.

23) Dulles speech at Colgate University, July 7, 1950, *DSB, XXIV* (July 17, 1950), 88; Dulles speech at National War College, June 16, 1953, *ibid.*, XXVIII (June 29, 1953), 895. See also John Foster Dulles, *War or Peace* (New York: 1950), pp.7-16.

24) Dulles speech to the Congress of Industrial Organizations, Cleveland, November 18, 1953, DSB, XXIX (November 30, 1953), 741; Dulles speech at Williamsburg, Virginia, May 15, 1954, *ibid.*, XXX (May 24, 1954), 779.

25) Dulles's speech at Caracas, Venezuela, March 4, 1954, *ibid.*, XXX (March 15, 1954), 379; Dulles press conference, April 3, 1956, *ibid.*, XXXIV (April 16, 1956), 642.

26) Dulles speech at Geneva Conference on Korea, April 28, 1954, DSB, XXX (May 10, 1954), 706; Dulles press conference, April 3, 1956, *ibid*, XXIV (April 16, 1956), 642; Andrew H. Berding, *Dulles on Diplomacy* (Princeton: 1965), pp.7-8, 30-31.

27) Sulzberger diary, December 13, 1951, in Sulzberger, *A Long Row of Candles*, pp.706-7. See also Lyon, Eisenhower, pp.365-66.

28) Eisenhower press conferences, June 17 and November 11, 1953, *EPP: 1953*, pp.431-32, 760; Eisenhower speech at Des Moines, Iowa, August 30, 1954, *EPP: 1954*, p.788.

29) See, on this point, Glenn H. Snyder, "The 'New Look of 1953," in Schilling, Hammond, and Snyder, *Strategy, Politics, and Defense Budgets*, pp.400-2.

30) Dulles speech to the French National Political Science Institute, Paris, May 5, 1952, *Vital Speeches*, XVIII (June 1, 1952), 493; Eisenhower radio address, May 19, 1953, *EPP: 1953*, p.307. Other estimates questioning the likelihood of war can be found in NSC 162/2, October 30, 1953, *FRUS: 1952-54*, II, 582; and NSC 5501, January 7, 1955, *FRUS: 1955-57*, XIX, 28-29. See also Hoopes, *Dulles*, pp.192-93; and Berding, *Dulles on Diplomacy*, pp.136-37.

31) Dulles speech to American Society of International Law, April 27, 1950, *DSB*, XXII (May 8, 1950), 717; Robertson speech to Louisville Chamber of Commerce, October 14, 1953, *ibid.*, XXIX (November 2, 1953), 594; Eisenhower speech to American Legion Convention, August 30, 1954, *EPP: 1954*, p.780; Eisenhower to John S. D. Eisenhower, June 16, 1953, Eisenhower Papers, Whitman File: DDE Diary, Box 2, "Dec 52-July 53 (2)" See also Dulles's speech to the French National Political Science Institute, Paris, May 5, 1952, *Vital Speeches*, XVIII (June 1, 1952), 493; and his radio-television address, January 27, 1953, *DSB*, XXVIII (February 9, 1953), 213.

32) Eisenhower press conference, December 2, 1954, *EPP: 1954*, pp.1074-75, Eisenhower to Frank Altschul, October 25, 1957, Eisenhower Papers, Whitman File: DDE Diary, Box 16, "Oct 57."

33) Dulles remarks to New York State Republican dinner, May 7, 1953, *DSB*, XXVIII (May 18, 1953), 707; Dulles speech at Caracas, Venezuela, March 4, 1954, *ibid.*, XXX (March 15, 1954), 379; Dulles speech to the Foreign Policy Association, February 16, 1955, *ibid.*, XXXII (February 28, 1955), 329; Dulles speech to American Legion convention, Miami, October 10, 1955 *ibid.*, XXXIII (October 24, 1955), 639, Allen Dulles speech to the International Association of Chiefs of Police, Philadelphia, October 3, 1955, *ibid.*, XXXIII

(October 17, 1955), 603.

34) Dulles speech at Geneva Conference on Korea, April 28, 1954, DSB, XXX (May 10, 1954), 706; Smith CBS television interview, August 1, 1954, *ibid.*, XXX (August 9, 1954), 191; Robertson speech to Greater Philadelphia Chamber of Commerce, January 13, 1955, *ibid.*, XXXII (January 24, 1955), 131; Allen Dulles speech to International Association of Chiefs of Police, October 3, 1955, *ibid.*, XXXIII (October 17, 1955), 600.

35) NSC 5501, January 7, 1955, *FRUS: 1955-57*, XIX, 28; Eisenhower to Bernard Montgomery, May 2, 1956, Eisenhower Papers, Whitman File: DDE Diary, Box 9, "May 56 Misc(5)."

36) Dulles untitled memorandum, June 16, 1949. Dulles Papers, Box 40, "Council of Foreign Ministers" folder; "Notes on Foreign Policy," enclosed in Dulles to Homer Ferguson, June 28, 1949, *ibid.*, Box 41, "Ferguson" folder; Dulles to Eisenhower, June 25, 1952, *ibid.*, Box 57, "Bebler" folder; NSC 166/1, "U.S. Policy Toward Communist China," November 6, 1953, *FRUS: 1952-54*, XIV, 296; Minutes, Eisenhower-Churchill-Bidault meeting, December 7, 1953, *FRUS: 1952-54*, III, 711; Berding, *Dulles on Diplomacy*, p.33. See also a Department of State Office of Intelligence Research Report, #7070. "Sino-Soviet Relations: A Reappraisal," November 4, 1955, Department of State Records, Research and Analysis Reports, Diplomatic Branch, National Archives.

37) Minutes, Eisenhower-Churchill-Bidault meeting, December 7, 1953; Dulls to Chester Bowles, March 25, 1952, Dulles Papers, Box 58, "Bowles" folder; NSC 148. "United States Policies in the Far East" (draft), April 6, 1953, Eisenhower Papers, White House Office Files: Office of the Special Assistant for National Security Affairs, Box 24: NSC 166/1, November 6, 1953, *FRUS: 1952-54*, XIV, 297-98, Dulles press conferences. April 26, 1955, and April 24, 1956, *DSB*, XXXII (May 9, 1955), 756, and XXXIV (May 7, 1956), 752.

38) For more on the Dulles strategy of seeking to exploit potential Sino-Soviet differences, see Gaddis, *The Long Peace*, pp.174-82, and *The United States and the End of the Cold War: Implications, Provocations, Reconsiderations* (New York: 1992), pp.73-79.

39) Murphy speech to Zionist Organization of America, New York City, June 24, 1951, *DSB*, XXXI (July 5, 1954), 3; Dulles remarks at Advertising Club of New York, March 21, 1955, *ibid*, XXXII (April 4, 1955), 551-52. See also Dulles's remarks to the Associated Church Press, Washington, April 13, 1955, *ibid*, XXXII (April 25, 1955), 676; and NSC 166/1, November 6, 1953, *FRUS: 1952-54*, XIV, 294.

40) Eisenhower to Churchill, March 29, 1955. Eisenhower Papers, Whitman File: DDE Diary, Box 6, "Mar 55 (1)"; Berding, *Dulles on Diplomacy*, p.63.

41) *Ibid*, p.24: Dulles speech to the Associated Press, New York, April 23, 1956, *DSB* XXXIV(April 30, 1954), 708.

42) Dulles, *War or Peace*, p.242.

43) Bowie and Immerman, *Waging Peace*, pp.123-38.

44) Kennan, *Memoirs: 1950-1963*, p.182. See also Snyder, "The New Look," p.409.

45) Eisenhower speech to New York State Republican Committee, May 7, 1953, *EPP: 1953*, p.265; Notes, Eisenhower meeting with bipartisan legislative leaders, January 5, 1954, Eisenhower Papers, Whitman File:DDE Diary, Box 3, "Staff Notes, Jan-Dec 54"; Notes,

Eisenhower meeting with Republican legislative leaders, April 30, 1953, *ibid.*, Box 2, "Staff Notes, Jan-Dec 53"; Dulles speech to the Council on Foreign Relations, January 12, 1954, *DSB*, XXX (January 25, 1954), 108.

46) *Ibid.* See also John Foster Dulles, "Policy for Security and Peace," *Foreign Affairs*, XXXII(April 1954), 357-59.

47) See, on this point, a report by Lieutenant General H. R. Harmon, USAF, "Evaluation of Effect on Soviet War Effort Resulting from the Strategic Air Offensive," May 11, 1949, in Etzold and Gaddis, eds., Containment, pp.360-64; also Rosenberg, "American Atomic Strategy and the Hydrogen Bomb Decision," pp.72-73; and Gaddis, *We Now Know*, p.89.

48) Eisenhower speech to the United Nations, December 8, 1953, *EPP: 1953*, p.815; Dulles Policy for Security and Peace," p.358.

49) Hagerty Diary, January 5, 1954, Hagerty Papers, Box 1; Dulles to Eisenhower, September 6, 1953, Eisenhower Papers, Whitman File: International Series, Box 33, "Dulles/ Korea/ Security Policy"; Eisenhower memorandum, November 11, 1953, *ibid.*, Whitman File: DDE Diary, Box 2, "Nov. 53 (2)." See also Eisenhower to Gruenther, October 27, 1953, *ibid.*, "Oct. 53 (2)."

50) Dulles memorandum, June 23, 1953, Dulles Papers, Box 57, "Baldwin" folder; Eisenhower United Nations speech, December 8, 1953, *EPP: 1953*, p.815; Gruenther speech to National Security Industrial Association, New York, September 29, 1954, DSB, XXXI(October 18, 1954), 564; Dulles press conference remarks, December 21, 1954, *ibid.*, XXXII (January 3, 1955), 14; Eisenhower press conference, March 16, 1955, *EPP: 1955*, p.332.

51) NSC 162/2, October 30, 1953, *FRUS: 1952-54*, II, 593; Hagerty diary, December 13, 1954, Hagerty Papers, Box 1; NSC 5501, January 7, 1955, *FRUS: 1955-57*, XIX, 32. See also the notes of an Eisenhower meeting with bipartisan legislative leaders, January 5, 1954, Eisenhower Papers, Whitman File: DDE Diary, Box 3, "Staff Notes, Jan-Dec. 54." For more on Eisenhower's thinking about the use of nuclear weapons, see Gaddis, *We Now Know*, pp.226-34; also Campbell Craig, *Destroying the Village: Eisenhower and Thermonuclear War* (New York: Columbia University Press, 1998).

52) Eisenhower press conferences of February 3 and March 17, 1954, *Epp: 1954*, pp.229. 325; notes, Eisenhower-Dulles conversation, July 20, 1954, Eisenhower Papers, Whitman File: Diary Series, Box 2, "July 54 (3), For Eisenhower's approval of the Dulles speech, see the Hagerty diary, January 12, 1954, Hagerty Papers, Box 1.

53) Dulles, "Policy for Security and Peace," pp.356, 358; Dulles speech to National 4-H Clubs Congress, Chicago, November 29, 1954, *DSB*, XXXI (December 13, 1954), 892. See also Dulles's House Foreign Affairs Committee testimony, April 5, 1954, *ibid.*, XXX (April 19, 1954), 579.

54) NSC 5501, January 7, 1955, *FRUS: 1955-57*, XIX, 32. The same statement was repeated in NSC 5602/1, March 15, 1956, *ibid.*, pp.246-47, and NSC 5707/8, June 3, 1957, *ibid.*, pp.511-12.

55) James Shepley, "How Dulles Averted War," *Life*, XL. (January 16, 1956), 78.

56) NSC 162/2, October 30, 1953, *FRUS: 1952-54*, II, 583; Dulles, "Policy for Security and

Peace," pp.355-57.

57) See, on this point, Hoopes, *Dulles*, pp.162-66.

58) Dulles memorandum of June 23, 1952, Dulles Papers, Box 57, "Baldwin" folder; see also his press conference comment of December 1, 1954, *DSB*, XXXI (December 13, 1954), 897.

59) Goodpaster memorandum, Eisenhower conference with science advisers, March 29, 1957, Eisenhower Papers, Whitman File: DDE Diary, Box 13, "Mar 57 Diary Staff Memos (1)"; Memorandum of Eisenhower telephone conversation with Carl Hayden, August 29, 1957, *ibid.*, Box 15, "Aug 57 Telephone." See also Eisenhower's press conference, January 12, 1955, *EPP: 1955*, p.57.

60) Dulles speech to the American Legion convention, Miami, October 10, 1955, *DSB*, XXXIII (October 24, 1955), 642; Dulles speech at Iowa State College, June 9, 1956, *ibid.*, XXXIV (June 18, 1956), 999-1000. See also Guhin, *John Foster Dulles*, pp.252-64 and H. W. Brands, *The Specter of Neutralism: The United States and the Emergence of the Third World, 1947-1960* (New York: 1989), pp.305-7.

61) Eisenhower to Edgar Eisenhower, February 27, 1956, Eisenhower Papers, Whitman File: DDE Diary, Box 7, "Feb 56 Misc (1)." (Emphasis in original.) See also Eisenhower's press conference, June 6, 1956, *EPP: 1956*, p.555.

62) Eisenhower to Dulles, October 24, 1953, Eisenhower Papers, Whitman File: DDE Diary, Box 2, "Oct. 53 (2)."

63) NSC 162/2, October 30, 1953, *FRUS: 1952-54*, II, 580; Dulles radio-television address, January 27, 1953, *DSB*, XXVIII (February 9, 1953), 216; Dulles press conference statement, June 30, 1953, *ibid.*, XXIX (July 13, 1953), 40; Dulles speech to Congress of Industrial Organizations, Cleveland, November 18, 1953, *ibid.*, XXIX (November 30, 1953), 741, 744.

64) Dulles executive session testimony, Senate Foreign Relations Committee, February 26, 1953, SFRC Hearings: *83rd Congress, 1st Session*, pp.172, 180.

65) Dulles speech at Williamsburg, Virginia, May 15, 1954, *DSB*, XXX (May 24, 1954), 781; Dulles press conference statement, June 27, 1956, *ibid.*, XXXV (July 9, 1956), 47; Dulles speech to Dallas Council on World Affairs, October 27, 1956, *ibid.*, XXXV (November 5, 1956), 697; Dulles press conference statement, July 16, 1957, *ibid.*, XXXVII (August 5, 1957), 228.

66) See above, p.140; Dulles comments at bipartisan legislative leadership meeting, January 1, 1957, Eisenhower Papers, Whitman File: DDE Diary, Box 12, "Jan 57 Misc (4)"; and Eisenhower press conferences, April 3 and August 21, 1957, *EPP: 1957*, pp.247, 625. For a contemporary critique of "liberation" by Kennan, see his *Realities of American Foreign Policy*, pp.76-81.

67) NSC 162/2, October 30, 1953, *FRUS: 1952-54*, II, 580; Dulles briefing for Eisenhower, Churchill, and Bidault, Bermuda, December 7, 1953, Eisenhower Papers, Whitman File: International Meetings Series, Box 1, "Bermuda-State Dept. Report"; Dulles press conference, June 28, 1955, DSB, XXXIII (July 11, 1955), 51; Dulles comments to Boys' Nation, Washington, July 27, 1953, *ibid*, XXIX (August 10, 1953), 176. See also, on the political asylum principle, Walter Robertson's speech to the Virginia Society of Baltimore January

22, 1954, *ibid.*, XXX (February 1, 1954), 151.

68) Nixon radio-television address, December 23, 1953, DSB, XXX (January 4, 1954), 11. For the MIG offer, see Hughes, *Ordeal of Power*, pp.101-2.

69) For these episodes, see William Taubman, *Khrushchev: The Man and His Era* (New York: 2003), pp.417-18, 428-35.

70) NSC 5412, "Covert Operations," March 15, 1954, Eisenhower Paper, White House Office Files: Office of the Special Assistant for National Security Affairs, Box 7: Karalekas, "History of the Central intelligence Agency," pp.31, 41.

71) NSC 5412, March 15, 1954. This summary of CIA operations is based on U.S Congress, Senate (94th Cong., 2nd Sess.) Select Committee To Study Governmental Operations with Respect to Intelligence Activities, *Alleged Assassination Plots Involving Foreign Leaders* (Washington: 1975); *ibid, Foreign and Military Intelligence, Book 1, Final Report* (Washington: 1976); and on William R. Corson, *The Armies of Ignorance: The Rise of the American Intelligence Empire* (New York: 1977), pp.331-80; Thomas Powers, *The Man Who Kept the Secrets: Richard Helms and the CIA* (New York: 1979), pp.39-44, 85-92, 106-18; John Ranelagh, *The Agency: The Rise and Decline of the CIA* (New York: 1986), pp.229-348. Several official histories of Eisenhower administration covert operations have now also been published, among them: Nicholas Cullather, *Operation* PBSUCCESS: *The United States and Guatemala, 1952-1954* (Washington: 1994); Kevin C. Ruffner, ed., *CORONA: America's First Satellite Program* (Washington: 1995); and R. Cargill Hall and Clayton D. Laurie, eds., *Early Cold War Overflights, 1950-1956*, 2 volumes (Washington: 2003).

72) *Alleged Assassination Plots*, pp.260-69; Corson, *Armies of Ignorance*, pp.23, 346-47.

73) See, for example, public statements by Dulles on Iran, September 24, 1953, *DSB*, XXIX(October 5, 1953), 443-44; Dulles and Eisenhower on Guatemala, June 30 and August 30, 1954, *ibid.*, XXXI (July 12, 1954), 43-44 and *EPP: 1954*, p.789; and Eisenhower on Indonesia, April 30, 1958, *EPP: 1958*, p.789.

74) Eisenhower to Lewis Douglas, March 29, 1955, Eisenhower Papers, Whitman File: DDE Diary, Box 6, "Mar. 55 (1)." Emphases in original.

75) Eisenhower press conferences, March 19 and April 2, 1953, *EPP: 1953*, pp.106, 147; December 2, 1954, *EPP: 1954*, p.1076; February 2, 1955, *EPP: 1955*, p.235; and January 30, 1957, *EPP: 1957*, p.98.

76) Hughes, *Ordeal of Power*, p.105; Eisenhower to Dulles, September 8, 1953, Eisenhower Papers, Whitman File: International Series, Box 33, "Dulles/Korea/Security Policy"; Eisenhower dictated note, January 24, 1958, *ibid.*, DDE Diary, Box 17, "Jan 58."

77) See Dulles's speech at Williamsburg, Virginia, May 15, 1954, *DSB*, XXX (May 24, 1954), 780, also Gaddis, *The United States and the End of the Cold War*, pp.79-84.

78) NSC 162/2, October 30, 1953, *FRUS: 1952-54*, II, 584: NSC 5501, January 7, 1955, *FRUS: 1955-57*, XIX, 36; NSC 5707/8, June 3, 1957, *ibid.*, p.518.

79) Nikita Khrushchev, *Khrushchev Remembers: The Last Testament*, translated and edited by Strobe Talbott (Boston: 1974), p.363.

80) This analysis is based on Hoopes, *Dulles*, especially pp.6, 124-25, 244, 252, 350, 358, 488.
81) Eisenhower to E. E. Hazlett, October 23, 1954, Eisenhower Papers, Whitman File: DDE Diary, Box 5, "Oct. 54 (1)"; Eisenhower Diary, January 10, 1956, in Robert H. Ferrell, ed., *The Eisenhower Diaries* (New York: 1981), p.306.
82) See, on this point, Hughes, *The Ordeal of Power*, pp.346-50.

## SIX. *Implementing the New Look*

1) See Appendix.
2) For preliminary assessments, however, see Zubok and Pleshakov, *Inside the Kremlin's Cold War*; Chen *Mao's China and the Cold War;* Gaddis, *We Now Know*; and Taubman, *Khrushchev.*
3) Early expressions of this view include Vincent P. DeSantis, "Eisenhower Revisionism," *Review of Politics.* XXXVIII (April 1976), 190-207; Gary W. Reichard, "Eisenhower as President: The Changing View," *South Atlantic Quarterly*, LXXVII (Summer 1978), 265-81; George H. Quester, "Was Eisenhower a Genius" *International Security*, IV (Fall 1979), 159-79. For later and fuller assessments, see Greenstein, *The Hidden-Hand Presidency*: Bowie and Immerman, *Waging Peace;* Stephen E. Ambrose, *Eisenhower: The President* (New York: 1984); as well as Chester J. Pach, Jr., and Elmo Richardson, *The Presidency of Dwight D. Eisenhower,* revised edition (Lawrence, Kansas: 1991). For reconsiderations of Eisenhower "revisionism," see Richard H. Immerman, "Confessions of an Eisenhower Revisionist: An Agonizing Reappraisal," *Diplomatic History* XIV (Summer, 1990), 319-42; and Stephen G. Rabe, "Eisenhower Revisionism: A Decade of Scholarship," *ibid*, XVII Winter, 1993), 97-115.
4) Henry A. Kissinger, *Nuclear Weapons and Foreign Policy* (New York: 1957), p.172; Louis J. Halle, *Civilization and Foreign Policy: An Inquiry for Americans* (New York: 1955), p.215. The most influential single critique of the massive retaliation strategy was Maxwell D. Taylor, *The Uncertain Trumpet* (New York: 1959).
5) Eisenhower state of the union address, January 6, 1955, *EPP: 1955*, p.12; Dulles speech to the Dallas Council on World Affairs, October 27, 1956, *DSB*, XXXV (November 5, 1956), 695. See also Eisenhower's press conference of January 12, 1955, *EPP: 1955*, pp.58-59; Dulles's speech to the Associated Press, New York City, April 22, 1957, *DSB*, XXVI (May 6, 1957).
6) Notes, legislative leadership meeting, December 13, 1954, Eisenhower Papers, Whitman File: DDE Diary, Box 3, "Staff Notes, Jan-Dec. 54." See also Eisenhower, *Mandate for Change*, p.452.
7) Goodpaster memorandum, Eisenhower-Radford conversation, May 14, 1956, Eisenhower Papers, Whitman File: DDE Diary, Box 8, "May 56 Goodpaster." See also the Hagerty Diary, January 3 and 4, 1955, Hagerty Papers, Box 1; and Eisenhower-Radford telephone conversation, February 1, 1955, Eisenhower Papers, Whitman File: DDE Diary, Box 5, "Phone Calls, Jan-July, 55 (2)."

8) Goodpaster memorandum, Eisenhower conversation with Maxwell Taylor, May 24, 1956, Eisenhower Papers, Whitman File: DDE Diary, Box 8, "May 56 Goodpaster"; Eisenhower to Christian A. Herter, July 31, 1957, *ibid.*, Box 14, "July 57 DDE Dictation." See also Kissinger, *Nuclear Weapons and Foreign Policy* pp.183-89.

9) NSC 162/2, October 30, 1953, *FRUS: 1952-54*, II, 585; Gruenther quotation in Richard P.Stebbins, *The United States in World Affairs: 1956* (New York: 1957), pp.370-71. See also Gruenther's speech to the National Security Industrial Association, New York, September 29, 1954, DSB, XXXI (October 18, 1954), 564; and George H. Quester, *Nuclear Diplomacy: The First Twenty-Five Years*, second edition (New York: 1973), p.111.

10) Eisenhower, *The White House Years: Waging Peace, 1956-1961* (Garden City, N.Y.: 1965), p.336n.

11) See above, pp.120-21.

12) NSC 147, "Analysis of Possible Courses of Action in Korea," April 2, 1953, *FRUS: 1952-54*, XV, 844.

13) Dulles briefing for Eisenhower, Churchill, and Bidault, Bermuda, December 7, 1953, Eisenhower Papers, Whitman File: International Meetings Series, Box 1, "Bermuda-State Dept. Report."

14) Hagerty Diary, January 5, 1954, Hagerty Papers, Box 1. See also Dulles speech to American Legion Convention, St. Louis, September 2, 1953, *DSB*, XXIX (September 14, 1953), 339; and Eisenhower, *Mandate for Change*, p.181.

15) NSC Action #1074-a, April 5, 1954. *The Pentagon Papers (Senator Gravel Edition): The Department of Defense History of United States Decision-Making on Vietnam*, 4 vols. (Boston: 1971), I, 466-70. See also Radford to Wilson, May 26, 1954, *ibid.*, pp.512-14; and SNIE 10-4-54, "Communist Reactions to Certain U.S. Courses of Action with Respect to Indochina," June 15, 1954. *Ibid*, pp.525-31.

16) On this point, see "Army Position on NSC Action No. 1074-A," undated, *Pentagon Papers*, I, 471-72.

17) Dulles to Eisenhower. September 4, 1958, *FRUS: 1958-60*, XIX, 133.

18) Eisenhower, *Mandate for Change*, pp.476-77; Dulles to Eisenhower, September 4, 1958, *FRUS: 1958-60*, XIX, 133.

19) See, on this point, Alexander L. George and Richard Smoke, *Deterrence in American Foreign Policy: Theory and Practice* (New York: 1974), p.370; also Gaddis, *We Now Know*, pp.105, 250-52.

20) Dulles press conference statement, September 30, 1958, *DSB*, XXXIX (October 20, 1958), 602. The Acheson quotation is in Richard P.Stebbins, *The United States in World Affairs: 1958* (New York: 1959), p.320. See also Hoopes, *Dulles*, pp.449-52.

21) See, on this point, George and Smoke, *Deterrence in American Foreign Policy*, pp.516-17.

22) Snyder, "The 'New Look of 1958," pp.384, 394, 396, 457; Eisenhower, *Mandate for Change*, p.452n; *Statistical History of the United States*, pp.718, 742E. See also Fried-berg. *In the Shadow of the Garrison State*, pp.127-33.

23) On this point, see George and Smoke, *Deterrence in American Foreign Policy*, p.370.

24) Kissinger, *Nuclear Weapons and Foreign Policy*, p.185.

25) Hagerty Diary, December 2, 1954, Hagerty Papers, Box 1.

26) Eisenhower press conference, March 17, 1954, *EPP: 1954*, p.325; Eisenhower remarks at the National Defense Executive Reserve Conference, Washington, November 14, 1957, *EPP: 1957*, p.818. See also Eisenhower's press conference of March 25, 1955, *EPP: 1955*, p.358.

27) Hagerty Diary, July 27, 1954, Hagerty Papers, Box 1; Eisenhower Diary, January 23, 1956, in Ferrell, ed., *The Eisenhower Diaries*, pp.311-12. See also Eisenhower's press conferences of February 9, 1955, *EPP: 1955*, pp.255-56, March 7, 1956, *EPP: 1956*, pp.297-98, and June 26, 1957, *EPP: 1957*, p.504-5, also Eisenhower to Bernard Montgomery, May 2, 1956, Eisenhower Papers, Whitman File: DDE Diary, Box 9, "May 56 Misc (5)"; and Eisenhower telephone conversation with Styles Bridges, May 21, 1957, *ibid.*, Box 13, May 57 Misc (2)."

28) "Basic National Security Policy (Suggestions of the Secretary of State)," November 15, 1954, *ibid.*, II, 772-75. See also minutes, National Security Council meetings of August 5 and 12, 1954, *FRUS: 1952-54*, XV, 706-7, 1485.

29) For more on this, see Gaddis, *The United States and the End of the Cold War*, pp.66-73; also Campbell Craig, *Destroying the Village: Eisenhower and Thermonuclear War* (New York: 1998), pp.50-52.

30) See, on this point, Friedberg, *In the Shadow of the Garrison State*, pp.137-39.

31) I have borrowed, in the paragraphs that follow, from the argument in Gaddis, *We Now Know*, pp.233-34.

32) Memorandum, NSC meeting, February 7, 1957, *FRUS:* 1955-57, XIX, 416, See also Eisenhower's comments at the NSC meetings of December 20, 1956, and April 11, 1957, *ibid.*, pp.381, 473, For a particularly insightful discussion of Eisenhower's thinking and the probable influence of Clausewitz on it, see Peter J. Roman, *Eisenhower and the Missile Gap* (Ithaca: 1995), pp.65, 83-84, 111.

33) See Marc Trachtenberg, *History and Strategy* (Princeton: 1991), pp.40-42

34) Craig, *Destroying the Village*, pp.55, 106-7, Roman, *Eisenhower and the Missile Gap*, pp.86-7.

35) Memorandum. NSC meeting, February 27, 1956, *FRUS:* 1955-57, XIX, 211, See also Eisenhower's comments on a Net Evaluation Subcommittee briefing, January 23, 1956, *ibid.*, pp.190-91.

36) Memorandum, Eisenhower conversation with Arthur Radford and Maxwell Taylor, May 24, 1956, *ibid*, p.313. See also William Burr, "Avoiding the Slippery Slope: The Eisenhower Administration and the Berlin Crisis, November 1958-January 1959," *Diplomatic History*, XVIII (Spring, 1994), 182.

37) Eisenhower phone conversation with George Humphrey, December 7, 1956, Eisenhower Papers, Whitman File: DDE Diary, Box 11, "Dec. 56 Phone Calls." See also, on this point, Douglas Kinnard, *President Eisenhower and Strategy Management: A Study in Defense Politics* (Lexington: 1977), especially pp.123-36.

38) John F. Kennedy, *The Strategy of Peace*, edited by Allan Nevins (New York: 1960), p.6; Notes, Cabinet meeting of November 6, 1959, Eisenhower Papers, Whitman File: DDE Diary, Box 29, "Staff Notes-Nov. 59 (3)."

39) Dulles CIO speech, Cleveland, November 18, 1953, DSB, XXIX (November 30, 1953), 742. See also Walter Robertson's talk at the Johns Hopkins School of Advanced International Studies, Washington, August 8, 1955, *ibid.*, XXXIII (August 22, 1955), 296.

40) Berding, *Dulles on Diplomacy*, pp.130-32; Eisenhower to Alfred Gruenther, November 30, 1954, Eisenhower Papers, Whitman File: DDE Diary, Box 5, "Nov. 54 (1)"; NSC 5602, "Basic National Security Policy" (draft), February 8, 1956, Modern Military Records Division, National Archives. See also Dulles's radio-television address, March 23, 1956, *DSB*, XXIV (April 2, 1956), 540; his press conference, October 2, 1956, *ibid.*, XXXV(October 15, 1956), 577; and Stebbins, *The United States in World Affairs: 1956*, p.5.

41) See, on this point, Herbert S. Dinerstein, *The Making of a Missile Crisis: October, 1962* (Baltimore: 1976), pp.19-20.

42) Eisenhower to George Humphrey, July 22, 1958, Eisenhower Papers, Whitman File: DDE Diary, Box 21, "DDE Dictation-July 58." See also a Goodpaster memorandum of a conversation between Eisenhower, Secretary of State Herter, and other advisers, December 29, 1959, *ibid.*, Box 30, "Staff Notes-Dec. 59."

43) Eisenhower to Winston Churchill, January 25, 1955, Eisenhower Papers, Whitman File: DDE Diary, Box 5, "Jan. 55 (1)."

44) See, on these points, Stebbins, *The United States in World Affairs:* 1956, pp.116-17; Hoopes, *Dulles*, p.313; Taylor, *The Uncertain Trumpet*, pp.9-10.

45) "RC" memorandum, "NSC 177 and Special Annex (Dec. 30-31/53)," January 6, 1954, Eisenhower Papers, White House Office Files: Office of the Special Assistant for National Security Affairs, Box 6; Hagerty Diary, April 26, 1954, Hagerty Papers, Box 1.

46) Eisenhower to Gruenther, June 8, 1954, Eisenhower Papers, Whitman File: DDE Diary, Box 4, "Diary June 54 (2); Goodpaster memorandum, Eisenhower conversation with Arthur Flemming, October 30, 1956, *ibid.*, Box 11, "Oct. 56 Diary-Staff Memos" ; Dulles radio-television address, March 23, 1956, *DSB*, XXXIV (April 2, 1956), 540.

47) Eisenhower to Gruenther, April 26, 1954, Eisenhower Papers, Whitman File: DDE Diary, Box 3, "Diary Jan-Nov 54 (2)."

48) DSB, XXXVI (January 21, 1957), 86. For more on the Eisenhower Doctrine, see Salim Yaqub, *Containing Arab Nationalism: The Eisenhower Doctrine and the Middle East* (Chapel Hill: 2004).

49) See, on this general argument, George and Smoke, *Deterrence in American Foreign Policy*, pp.6-7, 506, 547-48.

50) Eisenhower to George Humphrey, March 27, 1957, Eisenhower Papers, Whitman File: DDE Diary, Box 13, "Mar 57 Misc(1)"; Dulles speech to Associated Press, New York, April 22, 1957, *DSB*, XXVI (May 6, 1957), 719.

51) Eisenhower press conference, August 20, 1958, *EPP: 1958*, pp.630-31.

52) For more on Khrushchev's strategy, see Gaddis, We Now Know, pp.234-44, as well as a still useful older account, Arnold Horelick and Myron Rush, *Strategic Power and Soviet Foreign Policy* (Chicago: 1966).

53) Taylor, *The Uncertain Trumpet*, p.131. See also Roman, *Eisenhower and the Missile Cap,*

pp.30-62.

54) Eisenhower radio-television address, November 7, 1957, *EPP: 1957*, p.793.

55) NSC 5602, February 8, 1956 (draft), annex, p.32.

56) Eisenhower comments to Republican legislative leaders, January 8, 1958, Eisenhower Papers. Whitman File: DDE Diary, Box 18, "Staff Notes, Jan. 58."

57) NSC 5724, "Deterrence and Survival in the Nuclear Age," November 7, 1957, *FRUS: 1955-57*, XIX, 648.

58) Aliano, *American Defense Policy from Eisenhower to Kennedy*, pp.109-15, 191-94. See also Roman, *Eisenhower and the Missile Gap*, pp.118-21; and Eisenhower, Waging peace, p.221.

59) *Ibid.*, pp.221-23; NSC 5724/1, "Comments and Recommendations on Report to the President by the Security Resources Panel of the ODM Science Advisory Committee," December 16, 1957, Eisenhower Papers, White House Office Files: Office of the Special Assistant for National Security Affairs, Box 75. See also Friedberg, *In the Shadow of the Garrison State*, pp.137-39.

60) See Appendix.

61) NIE 11/8/1-61, "Strength and Deployment of Soviet Long Range Ballistic Missile Forces," September 21, 1961, in Ruffner, ed., *CORONA*, p.130. See also Horelick and Rush, *Strategic Power and Soviet Foreign Policy*, pp.35-36; John Prados, *The Soviet Estimate: U.S. Intelligence Analysis and Russian Military Strength* (New York: 1982), pp.117-18; and Fred Kaplan, *The Wizards of Armageddon* (New York: 1983), pp.286-90.

62) Notes, Cabinet meeting, October 18, 1957, Eisenhower Papers, Whitman File: DDE Diary, Box 16, "Oct. 57 Staff Notes (1)"; Goodpaster notes, Eisenhower-McElroy conversation, October 31, 1957, *ibid.*; Goodpaster notes, Eisenhower conversation with T. Keith Glennan, November 17, 1959, *ibid.*, Box 29, "Staff Notes-Nov. 59 (2). See also Eisenhower, *Waging Peace*, pp.127-38, 144-47.

63) Goodpaster memorandum of conversation between Eisenhower, Donald A. Quarles, and others, October 8, 1957, Eisenhower Papers, Whitman File: DDE Diary, Box 16, "Oct. 57 Staff Notes (2)"; Goodpaster notes, Eisenhower conference with scientific advisers, March 4, 1959, *ibid.*, Box 25, "Staff Notes, Mar. 1-15, 59 (1)"; Kistiakowsky Diary, January 7 and July 8, 1960, in George B. Kistiakowsky, *A Scientist in the White House* (Cambridge, Massachusetts: 1976), pp.219, 367. See also *ibid.*, p.312; Eisenhower, *Waging Peace*, p.547n; Powers, *The Man Who Kept the Secrets*, pp.95-98; and, for the history of the U-2 program, Michael R. Beschloss, *Mayday: Eisenhower, Khrushchev, and the U-5 Affair* (New York: 1956), pp.67-161.

64) Eisenhower press conference, March 2, 1955, *EPP: 1955*, p.303; Persons memorandum, Eisenhower conversation with Senators Duff and Saltonstall, April 4, 1956, Eisenhower Papers, Whitman File: DDE Diary, Box 8, "Apr 56 Misc (5)"; Eisenhower press conference, June 6, 1956, *EPP: 1956*, p.554; Notes, Eisenhower meeting with Republican legislative leaders, June 24, 1958, Eisenhower Papers, Whitman File: DDE Diary. Box 20, "June 58 Staff Notes (2)"; Kistiakowsky Diary, April 1, 1960, in Kistiakowsky, *A Scientist in the White House*, p.293. See also Charles C. Alexander, *Holding the Line: The Eisenhower Era*,

*1952-1961* (Bloomington: 1975), pp.226-27.

65) Goodpaster notes, Eisenhower meeting with Killian, Kistiakowsky, and York, February 4, 1958, Eisenhower Papers, Whitman File: DDE Diary, Box 18, "Staff Memos, Feb. 58"; Goodpaster memorandum, Eisenhower-Allen Dulles conversation, June 17, 1958, *ibid.*, Box 20, "June 58 Staff Notes (3)"; Kistiakowsky Diary, November 16, 1959, in Kistiakowsky, *A Scientist in the White House*, pp.160, 162.

66) Cabinet notes, June 3, 1960, Eisenhower Papers, Whitman File: DDE Diary, Box 33, Staff Notes, June 60 (2)."

67) See above, pp.157-59.

68) Hughes, *Ordeal of Power*, p.342. See also Hoopes, *Dulles*, pp.222, 295.

69) *ibid.*, p.489.

70) See Gaddis, *We Now Know*, pp.234-53.

71) Dulles to Eisenhower, September 6, 1953, *FRUS: 1952-54*, II, 457-60; Eisenhower to Dulles, September 8, 1953, *ibid.*, p.460.

72) Dulles to Eisenhower, September 6, 1953, *FRUS: 1952-54*, II, 458.

73) Notes, Cabinet meeting of July 10, 1953, quoted in Hughes, *Ordeal of Power*, p.137; Eisenhower-Dulles telephone conversation, December 2, 1953, Eisenhower Paper, Whitman File: Diary Series, Box 1, "Nov-Dec 53 (2)."

74) Speech to the American Society of Newspaper Editors, April 16, 1953, *EPP: 1953*, pp.179-88. On the background of this speech, see Hughes, *Ordeal of Power*, pp.100-15.

75) Hagerty Diary, February 8, 1955, Hagerty Papers, Box 1. See also Eisenhower, *Mandate for Change*, pp.504-6; and Hoopes, *Dulles*, pp.287-95.

76) See Bell, *Negotiation from Strength*, pp.3-136.

77) Eisenhower memorandum, December 10, 1953, Eisenhower Papers, Whitman File: DDE Diary, Box 2, "Oct-Dec 53." See also Eisenhower to Milton Eisenhower, December 11, 1953, *ibid.*, Box 2, "Dec (2)"; and Eisenhower, *Mandate for Change*, p.254.

78) Eisenhower to Richard L. Simon, April 4, 1956, Eisenhower Papers, Whitman File: DDE Diary, Box 8, "Apr. 56 Misc (5)"; Goodpaster memorandum, Eisenhower-Dulles-Joint Chiefs of Staff conversation, March 1, 1956, *ibid.*, Box 7, "Mar. 56 Goodpaster"; John S.D. Eisenhower memorandum, Eisenhower conversation with Lewis Strauss, August 9, 1957, *ibid.*, Box 15, "Aug. 57 Memo on Appointments (2)"; Eisenhower-Dulles telephone conversation, April 7, 1959, *ibid.*, Box 25, "Telephone Calls, Apr. 59"; Goodpaster memorandum, Eisenhower conversation with Douglas Dillon, June 15, 1959, *ibid.*, Box 26, "Staff Notes, June 1-15, 59 (2)"; Goodpaster memorandum, Eisenhower conversation with Llewellyn Thompson, October 16, 1959, *ibid.*, Box 29, "Staff Memos, Oct. 59 (2)."

79) For a succinct summary of these negotiations, see Alexander, *Holding the Line*, pp.94-98, 201-10. See also Eisenhower, *Waging Peace*, pp.466-84; on the issue of nuclear testing, Robert A. Divine, *Blowing on the Wind. The Nuclear Test Ban Debute, 1954-1960* (New York: 1978); and on the surprise attack conference, Jeremi Suri, "America's Search for a Technological Solution to the Arms Race: The Surprise Attack Conference of 1958 and a Challenge to Eisenhower Revisionists," *Diplomatic History*, XXI (Summer, 1997), 417-51.

80) See Chen, *Mao's China and the Cold War*, pp.170-71.

81) Dulles San Francisco speech, June 28, 1957, DSB, XXVIII (July 15, 1957), 91-95. See also John Gittings, *The World and China, 1922-1972* (New York: 1974), pp.201-5.

82) See, for example, Ulam, *The Rivals*, pp.212-13; and Gaddis, *Russia, the Soviet Union, and the United States* (1978 edition), pp.222-23.

83) Minutes, Dulles briefing for Eisenhower, Churchill, and Bidault, Bermuda, December 7, 1953, Eisenhower Papers, Whitman File: International Meetings Series, Box 1, "Bermuda-State Dept. Report." See also NSC 148, "United States Policies in the Far East," April 6, 1953, *ibid.*, White House Office Files: Office of the Special Assistant for National Security Affairs, Box 24; NSC166/1, November 6, 1953, *FRUS:* 1952-54, XIV, 278-306

84) For more on this, see Gaddis, *The Long Peace*, pp.174-87.

85) Eisenhower to Alfred Gruenther, February 1, 1955, Eisenhower Papers, Whitman File: DDE Diary, Box 6, "Feb. 55(2)": Hagerty Diary, February 3 and April 4, 1955, Hagegrty Papers, Box 1.

86) State Department press release, August 11, 1958, *DSB*, XXXIX (September 8, 1958), 389; Gordon Gray memorandum of conversation with Eisenhower, November 5, 1958, Eisenhower Papers, Whitman File: DDE Diary, Box 23, "Staff Notes-Nov. 58."

87) See, for example, Gittings, *The World and China 1922-1972*, pp.196-201, 217-20; Donald S. Zagoria, *The Sino-Soviet Conflict, 1956-1961* Princeton: 1962), pp.200-217; William E. Griffith, *The Sino-Soviet Rift* (Cambridge, Mass.: 1964), p.21.

88) Ridgway memorandum, enclosed in Twining to Wilson, August 11, 1954, Eisenhower papers, White House Office Files, Office of the Special Assistant for National Security Affairs, Box 10, "NSC 5429/5 (1)"; Eisenhower to Wallace, June 8, 1957, *ibid.*, Whitman File: DDE Diary, Box 14, "June 57 Misc (2)"; John S. D. Eisenhower memorandum, Eisenhower conversation with the Nigerian prime minister, October 8, 1960, *ibid.*, Box 34, "Staff Notes, Oct. 60 (1)."

89) See, on this point, George and Smoke, *Deterrence in American Foreign Policy*, pp.407-11; and the more detailed analysis in Jack M. Schick, *The Berlin Crisis, 1958-1962* (Philadelphia: 1971), pp.29-68; and Marc Trachtenberg, *A Constructed Peace: The Making of the European Settlement, 1945-1963* (Princeton: 1999), pp.251-83.

90) Goodpaster notes, Eisenhower conversation with Herter, Dillon, Murphy, *et al.,* September 24, 1959, Eisenhower Papers, Whitman File: DDE Diary, Box 28, "Staff Notes-Sept. 59 (1)."

91) Goodpaster memorandum, Eisenhower conversation with Herter, *et al.,* July 11, 1960, Eisenhower Papers, Whitman File: DDE Diary, Box 33, "Staff Notes-July 60"; Kistiakowsky, *A Scientist at the White House*, p.375. Beschloss, *Mayday*, provides the best account of the crisis itself.

## SEVEN. *Flexible Response*

1) See the collection of excerpts from Kennedy's 1954-1960 speeches in Kennedy, *The Strategy of Peace.*

2) Divine, *Foreign Policy and U.S. Presidential Elections, 1952-1960*, pp.221-27; Aliano, *American Defense Policy from Eisenhower to Kennedy*, pp.214-16, 237-45; Lawrence

Freedman, *Kennedy's Wars: Berlin, Cuba, Laos, and Vietnam* (New York: Oxford University Press, 2000), pp.3-35.

3) Kennedy inaugural address, January 20, 1961, *Public Papers of the President: John F. Kennedy* [hereafter *KPP*]: 1961, p.1; John McNaughton to McGeorge Bundy, September 28, 1961, John F. Kennedy Papers, NSC File, Box 273, "Department of Defense," John F. Kennedy Library. See also David Halberstam, *The Best and the Brightest* (New York: 1972), p.39.

4) McGeorge Bundy to Henry M. Jackson, September 4, 1961, Kennedy Papers, NSC File Box 283, "NSC General." See also Arthur M. Schlesinger, Jr., *A Thousand Days: John F. Kennedy in the White House* (Boston: 1965), pp.420-21; Theodore C. Sorensen, *Kennedy* (New York: 1965), pp.281-85.

5) Schlesinger, *A Thousand Days*, pp.406-37; Sorensen, Kennedy, pp.269-71, 287-90; Freedman, *Kennedy's Wars*, pp.35-41.

6) Halberstam, *The Best and the Brightest*, p.158; Schlesinger, *A Thousand Days*, p.445. My understanding of Rostow was considerably enhanced by an "operation code" analysis done by Allan Carlson, "Walt Rostow's World View," a 1974 Ohio University seminar paper.

7) Rostow draft, "Basic National Security Policy," March 26, 1962, Department of State S/P Files: Lot 69, D 121, BNSP Draft 3/26/62, Record Group 59, National Archives. The draft is summarized in *FRUS: 1961-63*, VIII, document 70, as is the immediate response of Kennedy and his advisers. See also W. W. Rostow, *The Diffusion of Power: An Essay in Recent History* (New York: 1972), pp.174-76.

8) Kennedy Salt Lake City address, September 26, 1963, *KPP: 1963*, p.736, For the background of this address, see Schlesinger, *A Thousand Days*, pp.979-80.

9) Kennedy American University address, June 10, 1963, *KPP: 1963*, p.462. See also Kennedy's state of the union address, January 11, 1962, *KPP: 1962*, p.10, and his address at the Free University of Berlin, June 26, 1963, *KPP: 1963*, p.527; also Dean Rusk's statement before the Senate Foreign Relations Committee, May 31, 1961, DSB, XLIV (June 19, 1961), 948; and Rostow's draft "Basic National Security Policy," March 26, 1962, pp.12-13, 20-21, 30-31.

10) Rusk press conference, May 4, 1961, *DSB*, XLIV (May 22, 1961), 763. The intellectual roots this idea are persuasively laid out in Frank Ninkovich, *Modernity and Power: A History of the Domino Theory in the Twentieth Century* (Chicago: 1994).

11) Rusk speech at the University of California, Berkeley, March 20, 1961, DSB, XLIV (June 19, 1961), 516; Rostow draft, "Basic National Security Policy," March 26, 1962, p.112. See also "Africa Task Force Report," December 31, 1960, Kennedy Papers, Pre-Presidential File, Box 1073; and "Report to the President-Elect of the Task Force on Immediate Latin American Problems," *ibid.*, Box 1074; also Arthur M. Schlesinger, Jr., to Kennedy, March 10, 1961, *FRUS: 1961-63*, XII, document 7; and Schlesinger, *A Thousand Days*, p.558.

12) Rostow draft, "Basic National Security Policy," March 26, 1962, pp.8-11.

13) Kennedy radio-television address, July 25, 1961, *KPP: 1961*, p.535. See also Kennedy's message to Congress, March 28, 1961, *ibid.*, p.230; Kennedy's remarks to the Military Committee of NATO, April 10, 1961, *ibid.*, p.255; Kennedy American University address,

June 10, 1963, *KPP: 1963*, p.462.

14) Samuelson report, "Prospects and Policies for the 1961 American Economy," January 6, 1961, Kennedy Papers, Pre-Presidential File, Box 1071, "Economy-Samuelson Report"; Walter W. Heller, *New Dimensions of Political Economy* (Cambridge, Mass.: 1966), p.11.

15) See, on this point, Samuel P.Huntington, *The Common Defense: Strategic Programs in National Politics* (New York: 1961), pp.264-67, and Seymour E. Harris, *The Economics of the Political Parties* (New York: 1962), especially pp.3-19, 341-49.

16) Herbert Stein, *The Fiscal Revolution in America* (Chicago: 1969), pp.379-84; Schlesinger, *A Thousand Days*, p.630.

17) *Ibid.*, pp.153, 155-57, 299-300, 381-84.

18) Kennedy message to Congress, March 28, 1961, *KPP: 1961*, pp.230-31.

19) Heller, *New Dimensions of Political Economy*, pp.32-33; Schlesinger, *A Thousand Days*, pp.630, 645-48; Friedberg, *In the Shadow of the Garrison State*, pp.145-46. See also Kennedy's speech at Yale University, June 11, 1962, KPP: 1962, pp.470-75.

20) Johnson remarks at the Pentagon, July 21, 1964, *Public Papers of the Presidents: Lyndon B. Johnson* [hereafter *JPP*]: 1964, p.875.

21) Kennedy remarks to American embassy staff, Bad Godesburg, West Germany, June 23, 1963, *KPP:* 1963, p.501.

22) Kennedy inaugural address, January 22, 1961, *KPP: 1961*, p.1. See also *ibid.*, pp.340, 359, 535, 725-26; *KPP: 1963*, pp.659-60, 735.

23) See, for example, a CIA National Intelligence Estimate 11-8/1-61 (August 1961), "Strength and Deployment of Soviet Long Range Ballistic Missile Forces," in Donald P. Steury, *Intentions and Capabilites: Estimates on Soviet Strategic Forces, 1950-1983* (Washington: 1996), pp.121-38, Ruffner, ed., *CORONA*, documents the early history of American reconnaissance satellites.

24) Bundy to Theodore C. Sorensen, March 13, 1961, *FRUS: 1961-63*, VIII, Document 21; Kennedy press release, November 2, 1961, *KPP: 1961*, p.693. See also Kennedy's press conference, November 8, 1961, *ibid.*, p.702. Gilpatric's speech is reported in the *New York Times*, October 22, 1961; for background on it, see Freedman, *Kennedy's Wars*, p.82-85; Bundy, *Danger and Survival*, pp.381-3; and Roger Hilsman, *To Move a Nation: The Politics of Foreign Policy in the Administration of John F. Kennedy* (New York: 1967), pp.163-64.

25) Alain C. Enthoven and K. Wayne Smith, *How Much Is Enough? Shaping the Defense Program, 1961-1969* (New York: 1971), pp.132-42. See also Freedman, *Kennedy's Wars*, pp.107-8; and William W. Kaufman, *The McNamara Strategy* (New York: 1964), pp.83-87.

26) Gaddis, *We Now Know*, pp.248-66.

27) Rostow draft, "Basic National Security Policy," March 26, 1962, pp.8, 40.

28) Kennedy speech to American Newspaper Publishers' Association, New York, April 27, 1961, *KPP: 1961*, p.336; Kennedy address to the United Nations General Assembly, September 25, 1961, *ibid.*, p.624. See also Kennedy's press conference, June 2, 1961, *ibid.*, p.431.

29) Rostow speech to the U.S. Army Special Warfare School, Fort Bragg, North Carolina, June 28, 1961, *DSB*, XLV (August 7, 1961), p.235; Rostow draft, "Basic National Security Policy," March 26, 1962, pp.25-26. See also Schlesinger, *A Thousand Days*, pp.587-89; and

W.W. Rostow, *The Stages of Economic Growth: A Non-Communist Manifesto* (New York: 1960).

30) Rostow draft, "Basic National Security Policy." March 26, 1962, pp.118, 174-75, 198.

31) Kennedy radio-television address, June 6, 1961, *KPP: 1961*, p.445; Schlesinger to Mc-George Bundy, May 27, 1961, Kennedy Papers, National Security Files, Box 36, "Cuba-General"; Kennedy-Adzhubei interview, November 25, 1961, *KPP: 1961*, p.743. See also *ibid.*, pp.1, 10-11, 742; *KPP*: 1962, p.12; *KPP: 1963*, pp.509, 527.

32) Schlesinger, *A Thousand Days*, p.415. For representative public statements by Kennedy, see *KPP*: 1961, pp.140, 436-37, 705; *KPP: 1962*, pp.3, 66-67, 265, 827; *KPP:* 1963, pp.17-18, 611, 725.

33) Thompson to State Department (seen by Kennedy), February 1, 1961, *FRUS: 1961-63*, V, document 20; CIA study, "The Sino-Soviet Dispute and Its Significance," April 1, 1961, Kennedy Papers, National Security Files, Box 176, "U.S.S.R.-General"; Ray S. Cline memorandum, "Sino-Soviet Relations," January 14, 1963, *ibid.*, Box 180, "U.S.S.R.-General"; Bundy memorandum, Johnson conversation with Rusk, McNamara, and McCone, September 15, 1964, *FRUS: 1964-68*, XXX, document 49.

34) Johnson remarks at Al Smith memorial dinner, New York, October 14, 1964, *JPP: 1963-64*, p.1329.

35) Kennedy remarks at Great Falls, Montana September 26, 1963, *KPP: 1963*, p.727; Johnson remarks at Associated Press luncheon, New York, April 20, 1964, *JPP: 1963-64*, p.494.

36) Kennedy press conference, Paris, June 2, 1961, *KPP: 1961*, pp. 436-37; Kennedy remarks at Billings, Montana, September 25, 1963, *KPP: 1963*, p.725; CIA Office of National Estimates, "Trends in the World Situation," June 9, 1964, Johnson Papers, National Security Files: Agency-CIA, Box 5-10.

37) CIA SNIE 13-4-63, "Possibilities of Greater Militancy by the Chinese Communists," July 31, 1963, Kennedy Papers, NSC Files, Box 314, Folder 10, "NSC Meetings, #516, 7/31/63."

38) Kennedy-Lippmann conversation, March 20, 1961, quoted in Schlesinger, *A Thousand Days*, pp.331-32; Johnson to Kennedy, May 23, 1961, *Pentagon Papers*, II, 58-59.

39) Kennedy radio-television interview, December 17, 1962, *KPP: 1962*, p.898.

40) Rostow draft, "Basic National Security Policy," March 26, 1962, pp.173-74. See also pp.67-68.

41) Kennedy message to Congress, March 28, 1961, *KPP: 1961*, p.230; Kennedy remarks to the Military Committee of NATO, April 10, 1961, *ibid.*, p.255. See also Kennedy radio-television address, July 25, 1961, *ibid.*, p.535; and his address at the University of North Carolina, October 12, 1961, *ibid.*, p.668.

42) "Foreign Policy Considerations Bearing on the US Defense Posture," enclosed in Rusk to David Bell, February 4, 1961, *FRUS: 1961-63*, document 10; Kennedy message to Congress, March 28, 1961, *KPP: 1961*, p.232; Policy Planning Council memorandum, "Security in Southeast Asia," July 27, 1961, enclosed in McGhee to Rostow, July 28, 1961, Kennedy Papers, NSC Files, Box 231, "Southeast Asia-General."

43) McNamara to Kennedy, May 10, 1961, *FRUS: 1961-63*, VIII, document 27, See also

Kaufman, *The McNamara Strategy*, pp.66-68, 79-80; and Enthoven and Smith, *How Much Is Enough*, p.214.

44) Kennedy state of the union address, January 14, 1963, *KPP: 1963*, p.18. See also Kennedy's remarks at the Economic Club of New York, December 14, 1962, KPP: 1962, pp.885-87; and McNamara to Kennedy, April 17, 1963, Kennedy Papers, NSC Files, Box 274, "Department of Defense."

45) Quoted in Kaufman, *The McNamara Strategy*, p.128. See also *ibid.*, pp.102-34.

46) "Summary Report, Military Counterinsurgency Accomplishments Since January, 1961," enclosed in Lemnitzer to Bundy, July 21, 1962, Kennedy Papers, NSC Files, Box 319, "Special Group (CI)." See also Hilsman, *To Move a Nation*, pp.424-25; and Arthur M. Schlesinger, *Jr., Robert Kennedy and His Times* (Boston: 1978), pp.459-67.

47) Rostow draft, "Basic National Security Policy," March 26, 1962, pp.41, 56-58, 65-66, 72-73. See also Schlesinger, *A Thousand Days*, p.422.

48) McNamara speech to Fellows, American Bar Foundation, Chicago, February 17, 1962, *Vital Speeches*, XXVIII (March 1, 1962), 298.

49) Undated memorandum, "Strategic Retaliatory Forces," Johnson Papers, NSF-Agency Files, Boxes 11-12, "Defense Department, Volume I." See also Jerome H. Kahan, *Security in the Nuclear Age: Developing U.S. Strategic Arms Policy* (Washington: 1975), p.85.

50) Nitze speech to the International Institute of Strategic Studies, London, December 11, 1961, copy in Kennedy Papers, NSC Files, Box 273, "Department of Defense." See also "Foreign Policy Considerations Bearing on the US Defense Posture," enclosed in Rusk to David Bell, February 4, 1961, *FRUS: 1961-63*, document 10; Kennedy message to Congress, March 28, 1961, KPP: 1961, p.234; Kennedy budget message, January 18, 1962, *KPP: 1962*, pp.43-44. See also Kahan, *Security in the Nuclear Age*, pp.88-90, and Harland on, *From Superiority to Parity: The United States and the Strategic Arms Race, 1961-1971* (Westport, Conn.: 1973), pp.79, 122-23.

51) Taylor to Bell, November 13, 1961, Kennedy Papers, NSC Files, Box 275, "Department of Defense FY 63 Budget": Bell to Kennedy, November 13, 1961, *ibid.*; Kaysen to Bundy, November 13, 1961, *ibid.*; Taylor to Bell, November 21, 1961, *ibid.*; Kaysen to Kennedy, November 22 and December 9, 1961, *ibid.*; Kennedy press conference, February 7, 1962, *KPP: 1962*, p.127.

52) Bundy to Kennedy, July 7, 1961, Kennedy Papers, NSC Piles, Box 81, "Germany-Berlin General"; McNamara address at Ann Arbor, Michigan, June 16, 1962, *Vital Speeches*, XVIII (August 1, 1962), 626-29. See also Kaufman, *The McNamara Strategy*, pp.113-17, 148-49; Moulton, *From Superiority to Party*, pp.82-93, 100-102; and Bundy, *Danger and Survival*, pp.545-48..

53) Kennedy message to Congress, March 28, 1961, *KPP: 1961*, p.230; Rostow draft, "Basic National Security Policy," March 26, 1962, pp.47-49. See also Kennedy press conference, March 29, 1962, KPP: 1962, p.276.

54) Rostow draft, "Basic National Security Policy," March 26, 1962, pp.121-23. See also Schlesinger, *A Thousand Days*, pp.855-56: Kaufman, *The McNamara Strategy*. p.124; and

Henry A. Kissinger, *The Troubled Partnership: A Re-appraisal of the Atlantic Alliance* (New York: 1965), pp.106-17.

55) Kennedy press conference, May 17, 1962, KPP: 1962, p.402. See also McNamara address at Ann Arbor, Michigan, June 16, 1962, *Vital Speeches*, XXVIII (August 1, 1962), 626-29: Kaufman, *The McNamara Strategy*, p.116-18; Kissinger, *The Troubled Partnership*, p.143; and Trachtenberg, *A Constructed Peace*, pp.284-85, 304-5.

56) Philip Nash, *The Other Missiles of October: Eisenhower, Kennedy, and the Jupiters, 1957-1963* (Chapel Hill: 1997), provides the best analysis of the decisions to deploy and to withdraw IRBMs from Europe. For the origins of the MLF see Bundy, *Danger and Survival*, pp.488-89.

57) *Ibid.*, pp.494-98, 503-5. See also Rostow, The *Diffusion of Power*, pp.391-94; and Schlesinger, A Thousand Days, pp.853-56.

58) Rostow draft, "Basic National Security Policy," March 26, 1962, p.25, 121, 141-44.

59) See, on these points, the report of Kennedy's Latin American task force, January 4, 1961, Kennedy Papers, Pre-Presidential File, Box 1074, "Latin America"; Kennedy inaugural address, January 20, 1961, *KPP: 1961*, p.1; Schlesinger to Kennedy, March 10, 1961, *FRUS: 1961-63*, XII, document 7; Kennedy message to Congress, March 22, 1961, *KPP: 1961*, p.205; Rostow to Bundy, May 13, 1961, Kennedy Papers, NSC Files, Box 2, "Africa"; Kennedy remarks at National Conference on International Economic and Social Development, June 16, 1961, *KPP: 1961*, p.463, State Department guidelines on Africa, enclosed in McGhee to Rostow, September 22, 1961, Kennedy Papers, NSC Files, Box 2, "Africa."

60) Rostow draft, "Basic National Security Policy," March 26, 1962, p.25.

61) *Ibid.*, pp.10, 95-97, 110-11.

62) Latin American task force report, January 4, 1961, Kennedy Papers, Pre-Presidential File, Box 1074, "Latin America"; Schlesinger to Kennedy, March 10, 1961, *FRUS: 1961-63*, XII, document 7.

63) Rostow speech at Fort Bragg, North Carolina, June 28, 1961, *DSB*, XLV (August 7, 1961), 235. See also Schlesinger, *A Thousand Days*, pp.593-94, 604-9.

64) Kennedy state of the union address, January 11, 1962, *KPP: 1962*, p.12.

65) Enthoven and Smith, *How Much Is Enough*, pp.8-30, 36; Kaufman, *The McNamara Strategy*, p.48.

66) Enthoven and Smith, *How Much Is Enough*, pp.33-47; Kaufman, *The McNamara Strategy*, pp.172-99.

67) Kaufman, *The McNamara Strategy*, p.179. See also Appendix.

68) Heller, *New Dimensions of Political Economy*, p.11; Rostow draft, "Basic National Security Policy," March 26, 1962, pp.209-210. See also Harris, *The Economics of the Political Parties*, pp.212-13.

69) *Ibid.*, pp.223-28. See also Paul A. Samuelson's task force report on the economy, January 6, 1961, Kennedy Papers, Pre-Presidential File, Box 1071, "Economy-Samuelson's Report." For the balance of payments problem, see Francis J. Gavin, *Gold, Dollars, and Power: The Politics of International Monetary Relations, 1958-1971* (Chapel Hill:2004), pp.33-57.

70) Heller, *New Dimensions of Political Economy*, pp.2, 29-36, 65. See also Stein, *The Fiscal*

*Revolution in America,* pp.372-453.

71) *KPP: 1961,* p.2.

72) Rostow draft, "Basic National Security Policy," March 26, 1962, pp.171-72, 176-78, 180-81.

73) See, on the Laos crisis, Freedman, *Kennedy's Wars,* pp.293-304.

74) Kennedy to Rusk, August 21, 1961, *FRUS: 1961-63,* XIV, document 122, Kennedy Adzhubei interview, November 25, 1961, *KPP: 1961,* pp.750-51. See also Schlesinger to Bundy, July 18, 1961, Kennedy Papers, NSC Files, Box 81, "Germany-Berlin: General"; Bundy to Kennedy, July 19 and August 11, 1961, *ibid.;* Kysen to Bundy, August 22, 1961, *ibid.;*: Box 82, "Germany-Berlin: General"; Harriman to Kennedy, September 1, 1961, *ibid.;* also Schlesinger, *A Thousand Days,* pp.383-400; and Freedman, *Kennedy's Wars,* pp.66-91.

75) *Ibid,* pp.458-97.

76) See, for example, Richard J. Walton, *Cold War and Counterrevolution: The Foreign Policy of John F. Kennedy* (New York: 1972), pp.103-42; Louise FitzSimons, *The Kennedy Doctrine* (New York: 1972), pp.126-72; Bruce Miroff, *Pragmatic Illusions: The Presidential Politics of John F. Kennedy* (New York: 1976), pp.82-100.

77) "G/PM" memorandum, "Significance of the Soviet Backdown for Future US Policy." October 29, 1962, Kennedy Papers, NSC Files, Box 36, "Cuba-General." See also Schlesinger to Bundy, October 26, 1962, *ibid.;* Harriman to George Ball, October 26, 1962, *ibid.;* Rostow memorandum, October 27, 1962, enclosed in William H. Brubeck to Bundy, October 28, 1962, *ibid.;* Rostow to Bundy, October 31, 1962, *ibid.,;* Box 37, "Cuba-General."

78) Kennedy to Khrushchev, January 20, 1963, *KPP: 1963,* p.53. See also Kennedy's radio-television interview, December 17, 1962, *KPP: 1962,* p.898. For more on Kennedy's willingness to seek a negotiated solution, see Gaddis, *We Now Know,* pp.269-72.

79) Kennedy American University address, June 10, 1963, *KPP: 1963,* p.462.

80) Rostow draft, "Basic National Security Policy" March 26, 1962, pp.198-200 Hilsman speech at San Francisco, December 13, 1963, DSB, L (January 6, 1974), 11-17. See also Schlesinger, *A Thousand Days,* pp.479-80; Hilsman, *To Move a Nation,* pp.346-57.

81) Kennedy speech at Miami, November 18, 1963, *KPP: 1963,* p.876. See also Schlesinger, *Robert Kennedy and His Times,* pp.538-58.

82) L.J. Legere to Bundy, with enclosure, February 18, 1963, Kennedy Papers, NSC Files, Box 37, "Cuba-General."

83) Kennedy speech to American Newspaper Publishers' Association, New York, April 27, 1961, *KPP: 1961,* p.336; speech at George Washington University, May 3, 1961, *ibid,* p.347; radio-television address, June 6, 1961, *ibid,* p.443; radio-television address, October 22, 1962, *KPP: 1962,* p.807.

84) See, on this point, Miroff, *Pragmatic Illusions,* pp.66-67, 81-82.

85) Kennedy address at Rice University, September 12, 1962, *KPP: 1962,* p.669.

86) Kennedy speech at Berkeley, March 23, 1962, *KPP: 1962,* p.264; Kaysen to Bundy, August 22, 1961, Kennedy Papers, NSC Files, Box 82, "Germany-Berlin: General"; Kennedy address at the University of North Carolina, October 12, 1961, *KPP: 1961,* p.668: Kennedy interview with Alexei Adzhubei, November 25, 1961, *ibid.,* p.752.

87) Kennedy American University address, June 10, 1963, *KPP: 1963,* pp.461-62, Kennedy

address at the University of Maine, October 10, 1963, *ibid.*, p.796.

88) Kennedy remarks, Great Falls, Montana, September 26, 1963, *KPP: 1963*, p.727; Kennedy remarks to Fort Worth Chamber of Commerce, November 22, 1963, *ibid.*, p.889.

## EIGHT. *Implementing Flexible Response*

1) Johnson remarks at Syracuse University, August 5, 1964, *JPP: 1963-4*, p.930; Johnson remarks to members of Congressional Committees, May 4, 1965, *JPP: 1965*, p.487. See also Rostow to Kennedy, August 17, 1961, Kennedy Papers, NSC File, Box 231, "Southeast Asia-General": McNamara statement, "United States Policy in Vietnam," March 26, 1964, *DSB*, XX (April 13, 1964), p.566; Johnson address at Johns Hopkins University, April 7, 1965, *JPP: 1965*, p.395; Johnson remarks to National Rural Electric Cooperative Association, July 14, 1965, *ibid.*, p.751; Johnson press conference statement, July 28, 1965, *ibid.*, pp.794-95.

2) Rostow draft, "Basic National Security Policy," March 26, 1962, p.9; Rusk memorandum, July 1, 1965, *Pentagon Papers*, IV, 23. See also Rusk and McNamara to Kennedy, November 11, 1961, *ibid.*, II, 111; Johnson remarks to members of Congressional Committees, May 4, 1965, *JPP: 1965*, p.486; and Rostow to McNamara, May 2, 1966, Johnson Papers, NSF Agency File, Boxes 11-12, "Defense Department Vol. III."

3) See, for example, the Joint Chiefs of Staff to McNamara, January 13, 1962, *Pentagon Papers*, II, 664, Roger Hilsman address, Tampa, Florida, June 14, 1963, *DSB*, XIX (July 8, 1963), 44; Johnson remarks at the National Cathedral School, Washington, June 1, 1965, *JPP: 1965*, p.600.

4) McNaughton memorandum, "Proposed Course, of Action re Vietnam," March 24, 1965, *Pentagon Papers*, III, 695. See also Michael Forrestal to William P.Bundy, November 4, 1964, *ibid.*, p.592. For further official perceptions of lack of coordination in the international communist movement, see Thomas L. Hughes to Hilsman, April 20, 1963, Kennedy Papers, NSC Files, Box 314, Folder 6; Hilsman to Rusk, July 31, 1963, *ibid.*, Folder 10: Johnson to Lodge, March 20, 1964, Pentagon Papers, III, 511; Bundy to Johnson, October 21, 1964, Johnson Papers, National Security Files-NSC Staff, Box 2, "Memos for the President, vol. 7"; Rostow to Rusk, December 16, 1964, *ibid.*, NSF Country Files-Vietnam, Box 11, "Memos, Vol. XXIII."

5) See above, p.222.

6) Komer memorandum, "A Doctrine of Deterrence for SEA-The Conceptual Framework," May 9, 1961, Kennedy Papers, NSC File, Box 231, "Southeast Asia-General"; Rostow to Kennedy, August 17, 1961, *ibid.*, McNaughton memorandum, January 18, 1966, Pentagon Papers, IV, 47. See also Rostow's draft, "Basic National Security Policy, March 26, 1962, pp.141-44, and Arthur Schlesinger's account of Kennedy's conversation with Khrushchev at Vienna in June 1961, *in A Thousand Days*, p.368.

7) Johnson, Johns Hopkins address, April 7, 1965, *JPP: 1965*, p.395; Johnson remarks to members of Congressional committees, May 4, 1965, *ibid.* p.491: Johnson press conference

statement, July 28, 1965, *ibid.*, pp.794.

8) Johnson remarks in Hartford, Connecticut, September 18, 1964, *JPP: 1964*, p.1148. See also Johnson's remarks in Detroit, Michigan, September 7, 1964, *ibid.*, p.1050; May, *"Lessons" of the Past,* especially pp.112-14; and, for a more comprehensive analysis, Yuen Foong Khong, *Analogies at War: Korea, Munich, and the Vietnam Decisions of 1965* (Princeton: 1992).

9) Rusk and McNamara to Kennedy, November 11, 1961, *Pentagon Papers*, II, 111: Rostow draft, "Basic National Security Policy," March 26, 1962, p.9. See also William P. Bundy to McNaughton, November 26, 1964, *Pentagon Papers*, III, 658.

10) Quoted in Doris Kearns, *Lyndon Johnson and the American Dream* (New York: 1976), pp.253-53. See also Lyndon B. Johnson, *The Vantage Point: Perspectives of the Presidency, 1963-1969* (New York: 1971), pp.151-52.

11) William Whitworth, *Naive Questions About War and Peace* (New York: 1970), pp.105-6, 124.

12) Joseph Califano draft presidential statement, December 2, 1964, enclosed in Califano to Bundy, December 3, 1964, Johnson Papers, NSF-Agency Files, Boxes 11-12, "Defense Department Volume I": Johnson message to Congress on Vietnam appropriations, May 4, 1965, *JPP: 1965*, p.497. See also *JPP: 1963-64*, pp.372, 1174, *JPP: 1965*, p.489.

13) Rostow to Kennedy, August 17, 1961, Kennedy Papers, NSC File, Box 231, "Southeast Asia-General". Taylor to Kennedy, October 24, 1961, *Pentagon Papers*, II, 88.

14) Joint Chiefs of Staff to Gilpatric, May 10, 1961, *Pentagon Papers*, II, 49; Lansdale to Gilpatric, May 10, 1961, Kennedy Papers, NSC File, Box 231, "Southeast Asia-General"; Komer to Rostow, August 2, 1961, *ibid.*; Komer to Bundy, October 31, 1961, *ibid.* See also Komer memorandum, "A Doctrine of Deterrence for SEA-The Conceptual Frame-work," May 9, 1961, *ibid.*

15) Taylor to Kennedy, November 3, 1961, *Pentagon Papers*, II, 654. See also, on the Taylor-Rostow report, *ibid.*, I, 78-120; Rostow, *The Diffusion of Power*, pp.270-71, 274-79, and Maxwell Taylor, *Swords and Ploughshares* (New York: 1972), pp.225-48.

16) Bundy memorandum, Kennedy meeting with advisers, July 28, 1961, *FRUS: 1961-63*, I, document 109; Policy Planning Council memorandum, "Security in Southeast Asia," July 27, 1961, enclosed in McGhee to Rostow, July 28, 1961, Kennedy Papers, NSC Files, Box 231, "Southeast Asia-General"; Rusk to State Department, November 1, 1961, *Pentagon Papers*, II, 105; Schlesinger, *A Thousand Days,* p.547. See also Freedman, *Kennedy's Wars*, pp.330-34.

17) Rusk to Nolting, November 14, 1961, *Pentagon Papers*, II, 119.

18) Hilsman to Harriman, June 18, 1962, *Pentagon Papers*, II, 678.

19) See, for example, Hilsman's elaborate "Action Plan" for South Vietnam, undated, Kennedy Papers, NSC File, Box 317, "Meetings on Vietnam"; *also the Pentagon Papers*, II, 201-76; and Freedman, *Kennedy's Wars*, pp.367-97.

20) Johnson to Taylor, December 3, 1964, *FRUS: 1964-68*, I, document 435; Bundy memorandum, "A Policy of Sustained Reprisal," February 7, 1965, *Pentagon Papers*, III, 690;

Bundy to Johnson, February 7, 1965, *ibid.*, p.311. See also Kearns, *Johnson and the American Dream*, pp.264-65, For the evolution of the "slow squeeze" option, see the *Pentagon Papers*, III, 206-51, 587-683.

21) JCS to CINCPAC, June 22, 1966, *Pentagon Papers*, IV, 105-6.

22) George C. Herring, *America's Longest War: The United States and Vietnam, 1950-1975*, second edition (New York: 1986), pp.146-47.

23) Bundy to Johnson, May 22 and August 31, 1964, *FRUS: 1964-68*, I, documents 167 and 335; Rostow to McNamara, November 16, 1964, *Pentagon Papers*, III, 632; Rusk memorandum, "Viet-Nam," February 23, 1965, *FRUS: 1964-68*, II, document 157.

24) See, on this point, Guenter Lewy, *America in Vietnam* (New York: 1978), pp.42-46; Robert L. Gallucci, *Neither Peace Nor Honor: The Politics of the American Military in Viet-Nam* (Baltimore: 1976), pp.111-12; and the analysis in the *Pentagon Papers*, III. 429-33.

25) Figures on troop strength are from Herbert Y. Schandler, The Unmaking of a President: Lyndon Johnson and Vietnam (Prince: 1977), p.352.

26) Rostow to Robert F. Kennedy, August 18, 1961, Kennedy Papers, NSC File, Box 231, "Southeast Asia-General." See also Komer, "A Doctrine of Deterrence for SEA-The Conceptual Framework," May 9, 1961, *ibid.*

27) McNamara to Kennedy, November 8, 1961, *Pentagon Papers*, II, 108.

28) Rostow to Kennedy, May 11, 1961, Kennedy Papers, NSC File, Box 231, "Southeast Asia-General."

29) Forrestal to William P. Bundy, November 23, 1964, *Pentagon Papers*, III, 644: Johnson remarks at the University of Akron, October 21, 1964, *JPP: 1964*, p.1391. See also *ibid.*, pp.1164-65.

30) McNaughton draft. Plan of Action for South Vietnam," September 3, 1964, *Pentagon Papers*, III, 559. See also Taylor to Rusk, August 18, 1964, *ibid.*, pp.545-48; Bundy memorandum, meeting with Johnson, September 9, 1964, *FRUS: 1964-68*, I, document 343; William H. Sullivan to William P. Bundy, November 6, 1964, *Pentagon Papers*, III, 594; Rostow to Rusk, November 23, 1964, *ibid.*, pp 654-46; Taylor briefing of November 27, 1964, *ibid.* pp.671-72; William P. Bundy memorandum, November 28, 1964, *ibid.*, p.676; Bundy memorandum, December 28, 1964, *FRUS: 1964-68*, I, document 474; Bundy to Johnson, January 27, 1965, *ibid*, II, document 42. See also Leslie H. Gelb and Richard Betts, *The Irony of Vietnam: The System Worked* (Washington, D.C., 1979), pp.12-13.

31) See, for example, the Joint Chiefs of Staff to McNamara, January 22, 1964, *Pentagon Papers*, III, 497-98; also Gallucci, *Neither Peace Nor Honor*, pp.38-39.

32) George and Smoke, *Deterrence in American Foreign Policy*, p.529.

33) See, on this point, Alain Enthoven to Clark Clifford, March 20, 1968, in Enthoven and Smith, *How Much Is Enough*, pp.298-99, and Schandler, *The Unmaking of a President*, pp.31-32, 46.

34) Bundy to Johnson, May 22, 1964, *FRUS: 1964-68*, I, document 167; Taylor to State Department, November 3, 1964, *Pentagon Papers*, III, 591. See also Taylor to State Department, August 18, 1964, *ibid.*, pp.546-47.

35) Rusk to Lodge, August 14, 1964, *ibid.*, II, 330. See also William P. Bundy's first draft of

this cable, *ibid.*, III, 526; and, for the administration's resistance to neutralization, Fredrik Logevall, *Choosing War: The Lost Chance for Peace and the Escalation of War in Vietnam* (Berkeley: 1999).

36) See, on this point, Graham T. Allison, *Essence of Decision: Explaining the Cuban Missile Crisis* (Boston: 1971), pp.83, 89.

37) Gelb and Betts, *The Irony of Vietnam*, pp.239-40; Lewy, *America in Vietnam*, pp.114-16.

38) Gallucci, *Neither Peace Nor Honor*, pp.73-80; Lewy, *America in Vietnam*, p.98.

39) Gallucci, *Neither Peace Nor Honor*, pp.114-15, 119-20; Lewy, *America in Vietnam*, pp.43, 51, 117.

40) *Ibid*, pp.52, 65, 99-101, 106, 108-14, 118-19; Frances FitzGerald, *Fire in the Lake: The Vietnamese and the Americans in Vietnam* (Boston: 1972), pp.344-45.

41) Joseph Conrad, *Heart of Darkness*, edited by Robert Kimbrough (New York: 1971), p.14.

42) Rostow to McNamara, May 2, 1966, Johnson Papers, NSF Agency File, Boxes 11-12, "Defense Department Vol. III." See also Rostow's 1962 draft "Basic National Security Policy," p.38.

43) Enthoven and Smith, *How Much Is Enough*, pp.270-71.

44) See David Halberstam's evocative portrait of McNamara in *The Best and the Brightest*, pp.215-50, McNamara describes his own enthusiasm for quantification in his memoir, *In Retrospect: The Tragedy and Lessons of Vietnam* (New York: 1995), p.6.

45) Hilsman, *To Move a Nation*, p.523.

46) See, on this point, *the Pentagon Papers*, II, 410-11.

47) McNamara to Johnson, December 21, 1963, *ibid.*, III, 491. See also John McCone to McNamara, December 21, 1963, *ibid.*, p.32; and Johnson, *The Vantage Point*, p.63. The examples of distorted South Vietnamese reporting are from Hilsman, *To Move a Nation*, pp.522-23.

48) Taylor and McNamara to Kennedy, October 2, 1963, *Pentagon Papers*, II, 187. See also Halberstam, *The Best and the Brightest*, pp.200-205.

49) Bundy memorandum, Kennedy meeting with Taylor and McNamara, *FRUS: 1961-63*, IV, document 143, See also Hilsman, *To Move a Nation*, pp.446-67, 502-4.

50) Gallucci, *Neither Peace Nor Honor.* pp. 132-35; Gelb and Betts, *The Irony of Vietnam*, pp.304-5. See also Roberta Wohlstetter, *Pearl Harbor: Warning and Decision* (Stanford: 1962), pp.122-24.

51) Dave Richard Palmer, *Summons of the Trumpet: U. S. -Vietnam in Perspective* (San Rafael, Cal.: 1978), pp.119-20.

52) Lewy, *America in Vietnam*, pp.78-82; Enthoven and Smith, *How Much Is Enough*, pp.295-96.

53) McNamara to Johnson, November 17, 1966, *Pentagon Papers*, IV, 371.

54) Quoted in Gallucci, *Neither Peace Nor Honor*, p.84. See also *ibid.*, pp.80-85; Gelb and Betts, *The Irony of Vietnam*, pp.309-10.

55) Special National Intelligence Estimate 10-4-61, November 5, 1961, *Pentagon Papers*, II, 107, Robert H. Johnson to William P. Bundy, March 31, 1965, Johnson Papers, NSF Country Files-Vietnam, Box 16, "Memos, Vol. XXXII." See also Gelb and Betts, *The Irony of Vietnam*, pp.25-26; Halberstam, *The Best and the Brightest*, pp.460-62; and Johnson, *The Vantage Point*, pp.147-49.

56) Taylor to State Department, February 22, 1965, *Pentagon Papers*, III, 419; Clifford to Johnson, May 17, 1965, *FRUS: 1964-68*, II, document 307; Ball memorandum, "Cutting Our Losses in South Viet-Nam," June 28, 1965, *ibid.*, III, document 26; William P. Bundy memorandum, "Holding On in South Vietnam," June 20, 1965, Johnson Papers, NSF Country Files: Vietnam, Box 74, "1965 Troop Decision." See also David L. DiLeo, *George Ball, Vietnam, and the Rethinking of Containment* (Chapel Hill: 1991).

57) McNamara to Johnson, July 20, 1965, *FRUS: 1964-68*, III, document 67; McNamara to Johnson, January 24, 1966, *Pentagon Papers*, IV, 49-51.

58) Westmoreland cable, December 27, 1965, *Pentagon Papers*, IV, 39. The CIA and Komer reports are discussed in *ibid.*, pp.71-74, 389-91. (Emphases in original.)

59) Gelb and Betts, *The Irony of Vietnam*, pp.159-60. See also Johnson, *The Vantage Point*, p.147; and Kearns, *Lyndon Johnson and the American Dream*, p.282.

60) Senate Committee on Foreign Relations, Hearings, *Supplemental Foreign Assistance Fiscal Year 1966-Vietnam* (Washington: 1966), pp.335-36.

61) Richard J. Barnet, *Roots of War* (Baltimore: 1972), pp.109-15.

62) See the list of American peace initiatives and Hanoi's responses in Appendix A to Johnson, *The Vantage Point*, pp.579-89.

63) Gallucci, *Neither Peace Nor Honor*, pp.132-34.

64) See Johnson's personally drafted memorandum on McNamara's recommendations, December 18, 1967, *FRUS: 1964-68*, V, document 441; also McNamara, *In Retrospect*, pp.305-14.

65) Gelb and Betts, *The Irony of Vietnam*, pp.2-3.

66) Kennedy address at the University of Washington, November 16, 1961, *KPP: 196*, p.726. See also *ibid.*, pp.340-41, 359, *KPP: 1963*, pp.659-60, 735; and the *Pentagon Papers*, II, 161.

67) *JPP: 1963-64*, pp.44, 89, 122, 150.

68) Johnson remarks to American Bar Association meeting, New York, August 12, 1964, *ibid.*, p.953; Bundy memorandum, Johnson conference with advisers, September 9, 1964, *FRUS: 1964-68*, I, document 343; Rostow to Rusk, November 23, 1964, *Pentagon Papers*, III, 647; MeNamara to the Joint Chiefs of Staff and service secretaries, March 1, 1965, *ibid.*, p.94; Rusk CBS-TV interview, August 9, 1965, *DSB*. LIII (August 30, 1965), 344. (Emphasis in original.)

69) Johnson report to Congress on national defense, January 18, 1965, *JPP: 1965*, p.69: Johnson remarks to members of Congressional delegations, May 4, 1965, *ibid.*, p.487; Johnson press conference, July 28, 1965, *ibid.*, pp.795, 799; Komer memorandum, date not given, *Pentagon Papers*, II, 575; Westmoreland statement to press, April 14, 1967, quoted in Lewy, *America in Vietnam*, p.73.

70) Enthoven and Smith, *How Much Is Enough*, pp.290-306.

71) *Ibid*, pp.292-93.

72) Schandler, *The Unmaking of a President*, pp.39, 56, 100-102, 228-29, 290-92. See also Johnson, *The Vantage Point*, pp.149, 317-19, 406-7.

73) See, on this point, Gallucci, *Neither Peace Nor Honor*, pp.128-30.

74) FitzGerald, *Fire in the Lake*, pp.315-16, 349, 352-53.

75) MACCORDS report on Bien Hoa province for period ending December 31, 1967, *Pentagon Papers*, II, 406.

76) FitzGerald, *Fire in the Lake*, p.357.

77) Quoted in Alexander Kendrick, *The Wound Within: America in the Vietnam Years, 1945-1974* (Boston: 1974), p.251.

78) Johnson address at Johns Hopkins University, April 7, 1965, *JPP: 1965*, p.395.

79) McNaughton draft memorandum, "Aims and Options in Southeast Asia," October 13, 1964, *Pentagon Papers*, III, 582; Bundy memorandum, "A Policy of Sustained Reprisal," February 7, 1965, *ibid.*, p.314.

80) See, on this point, Lewy, *America in Vietnam*, pp.60, 96, 175, 181-82, 207, 306, 437-38.

81) See especially "On Protracted War," *in the Selected Military Writings of Mao Tse-tung* (Peking: 1967), pp.210-19.

82) Johnson, *The Vantage Point*, p.389. See also Schandler, *The Unmaking of a President*, pp.109, 171.

83) See, on this point, Albert Wohlstetter, "Is There a Strategic Arms Race?" *Foreign Policy*, #15 (Summer, 1974), 3-20, "Rivals but No Race," *ibid.*, #16 (Fall, 1974), 48-81.

84) Moulton, *From Superiority to Parity*, pp.283-92. See also Ernest J. Yanarella, *The Missile Defense Controversy: Strategy, Technology, and Politics, 1955-1972* (Lexington, Ky.: 1977), pp.114-15, 151.

85) Johnson remarks to State Department employees, December 5, 1968, *JPP: 1963-64*, p.28.

86) Kissinger, *White House Years*, p.196.

87) Arthur Barber memorandum of conversation with Soviet official Pavlichenko, July 28, 1966, Johnson Papers, NSF Agency File: Department of Defense, Boxes 11-12, "Vol. IV." See also Johnson, *The Vantage Point*, pp.475-76; Rostow, *The Diffusion of Power*, pp.376-77; and for the overall Soviet response, Ilya V. Gaiduk, *The Soviet Union and the Vietnam War* (Chicago: 1996).

88) See, on this point, Qiang Zhai, *China and the Vietnam Wars, 1950-1975* (Chapel Hill: 2000), pp.164-68.

89) Johnson, *The Vantage Point*, pp.471-73.

90) See the critique of Johnson administration's policies in Roger Morris, *Uncertain Greatness: Henry Kissinger and American Foreign Policy* (New York: 1977), pp.11-22.

91) Johnson speech to Congress, March 15, 1965, *JPP: 1965*, pp.286-87.

92) Quoted in Kearns, *Lyndon Johnson and the American Dream*, pp.251-52.

93) *Ibid.*, p.283.

94) Johnson to Rusk, McNamara, and McCone, December 7, 1964, *FRUS: 1964-68*, I document 440; NSAM 328, April 6, 1965, *Pentagon Papers*, III, 703. See also *ibid.*, pp.447, 460.

95) McGeorge Bundy to Johnson, July 21, 1965, Johnson Papers, NSF Country Files: Vietnam, Box 74, "1965 Troop Decision; McNamara to Johnson, October 26, 1966, *FRUS: 1964-68*, IV, document 285, William P. Bundy memorandum, "Basic Choices in Vietnam," April 16, 1966, *Pentagon Papers*, IV, 88.

96) Johnson, *The Vantage Point*, pp.438-60; Rostow, *The Diffusion of Power*, pp.316-18.

97) Johnson, *The Vantage Point*, p.440. See also Kearns, *Lyndon Johnson and the American Dream*, pp.300-2.

## NINE. *Nixon, Kissinger, and Détente*

1) See, for the major themes of Nixon's campaign speeches, his acceptance address to the Republican National Convention, *New York Times*, August 9, 1968. See also Richard M. Nixon, "Asia After Vietnam," *Foreign Affairs*, XLVI (October 1967), 121-23.

2) Kissinger, *White House Years*, p.65; *RN: The Memoirs of Richard Nixon* (New York: 1978), p.562.

3) See, on this point, Kissinger, *White House Years*, pp.41-43.

4) Henry A. Kissinger, *American Foreign Policy*, third edition (New York: 1977), pp.29, 79, 97, reprinting material originally published as Kissinger, "Domestic Structures and Foreign Policy," *Daedalus*, XCV (Spring, 1966), 503-29; and Kissinger, "Central Issues in American Foreign Policy," in Kermit Gordon, ed., *Agenda for the Nation* (Washington: 1968), pp.585-614. See also Kissinger, *White House Years*, pp.11, 39, 41-43, 65.

5) Kissinger, "Central Issues," in *American Foreign Policy*, pp.59-64. See also Kissinger's address at San Francisco, February 3, 1976, *ibid.*, p.310; and Kissinger, *White House Years*, pp.66-67

6) Kissinger, "Central Issues," in *American Foreign Policy*, p.56.

7) Kissinger, *White House Years*, p.1049.

8) See, on the transition from bipolarity to multipolarity, Kissinger, "Central Issues," in *American Foreign Policy*, pp.56-57, 74; also Peter W. Dickson, *Kissinger and the Meaning of History* (New York: 1978), p.89.

9) Kissinger statement to Senate Foreign Relations Committee, September 19, 1974, speech to Cincinnati Chamber of Commerce, September 16, 1975, and speech at San Francisco, February 3, 1976, all in Kissinger, *American Foreign Policy*, pp.146-47, 281, 302.

10) Kissinger, *White House Years*, pp.69, 662-64, 914-15, 1088-89, 1260. See also Kissinger, *American Foreign Policy*, pp.40, 82, 124-26, 172-73, 209-10, 282.

11) Kissinger, *White House Years*, p.1089. See also Nixon's annual foreign policy reports, February 18, 1970, *Public Papers of the Presidents: Richard M. Nixon* [hereafter *NPP*]: *1970*, pp.178-79, and February 24, 1971, NPP: 1971, p.304; also Dickson, *Kissinger and the Meaning of History*, pp.90-92.

12) Kissinger, "Central Issues," *American Foreign Policy*, p.74. See also Dickson, *Kissinger and the Meaning of History*, pp.92-94, 100-102. Kissinger treated Metternich and Castlereagh in his doctoral dissertation, *A World Restored* (New York: 1957), and Bismarck in "The White Revolutionary: Reflections on Bismarck," *Daedalus*, XCVII (Summer, 1968), 888-924.

13) See Nixon's press conference, January 27, 1969, *NPP: 1969*, p.19; also Nixon, *RN*, p.415.

14) Kissinger, *White House Years*, p.535.

15) Kansas City speech, July 6, 1971, *NPP: 1971*, p.806; Kissinger, *White House Years*, p.1072.

16) *Time*, XCIX (January 3, 1972), 15.

17) See Kissinger's address to the *Pacem in Terris* III conference, Washington, October 8, 1973, in *American Foreign Policy*, pp.128-29.

18) Representative critiques included: Stanley Hoffmann, "Weighing the Balance of Power" *Foreign Affairs*, L (July 1972), 618-43; Alastair Buchan, "A World Restored" *ibid.*,

pp.644-59; Zbigniew Brzezinski, "The Balance of Power Delusion," *Foreign Policy*. #7 (Summer, 1972), 54-59; and James Chace, "The Five-Power World of Richard Nixon," *New York Times Magazine*, February 20, 1972, pp. 14ff.

19) Kissinger, "Central Issues," in *American Foreign Policy*, pp.56-57, 74. See also Kissinger, *White House Years*, pp.68-69.

20) See, on this point, Henry A. Kissinger, *The Troubled Partnership: A Re-Appraisal of the Atlantic Alliance* (New York: 1965), especially pp.41-64; also Kissinger, *White House Years*, pp.68-69.

21) See Kissinger's "Year of Europe" speech, delivered to the Associated Press Annual Luncheon, New York, April 23, 1973, in Kissinger, *American Foreign Policy*, p.102, also Dickson, *Kissinger and the Meaning of History*, pp.135-36.

22) Annual foreign policy report, February 18, 1970, *NPP: 1970*, p.181. See also Nixon, "Asia After Vietnam," pp.121-23 Kissinger, *White House Years*, pp.163-65; and Kissinger, *American Foreign Policy*, pp.38-39.

23) Annual foreign policy report, February 9, 1972, *NPP: 1972*, pp.204-5.

24) Kissinger address to the *Pacem in Terris* III conference, Washington, October 8, 1973, in *American Foreign Policy*, pp.128-29.

25) Kissinger address at San Francisco, February 3, 1976, *in American Foreign Policy*, p.305.

26) Interview with the author, October 31, 1974.

27) Kissinger, *White House Years*, p.192; Nixon, RN, pp.562, 565. See also Nixon's annual foreign policy report, February 18, 1970, *NPP: 1970*, pp.116-17, 178-79.

28) Rusk press conference, October 12, 1967, *DSB*, LVII (October 30, 1967), 563.

29) Annual foreign policy report, February 18, 1970, *NPP: 1970*, p.116.

30) Nixon, *RN*, p.562. See also Kissinger, *White House Years*, p.1061.

31) Kissinger, *White House Years*, p.1063.

32) *Ibid*, pp.116-19 (emphasis in original.)

33) Kissinger San Francisco speech, February 3, 1976, in *American Foreign Policy*, p.304.

34) Kissinger, *White House Years*, pp.119-20, 526-27, 542, 545, 554-57, 711, 1055-56, 1138-39, 1292-93.

35) See, on this point, Chapters Two and Three.

36) Kissinger, *White House Years*, pp.156-58, 927-30, 1265-68.

37) See, for Vietnam, Gaiduk, *The Soviet Union and the Vietnam War*, pp.194-245; for Chile, Peter Kornbluh, ed., *The Pinochet File: A Declassified Dossier on Atrocity and Account-ability* (New York: 2003); for Eurocommunism, Raymond L. Garthoff, *Détente and Confrontation: American-Soviet Relations from Nixon to Reagan*, revised edition (Washington: 1994), pp.537-55, and for Angola, Piero Gleijeses, *Conflicting Missions: Havana, Washington, and Africa, 1959-1976* (Chapel Hill: 2002), pp.230-72.

38) Kissinger, *White House Years*, p.659. See also Morris, *Uncertain Greatness*, pp.232-33.

39) Nixon radio-television address, April 30, 1970, *NPP: 1970*, p.409; *Kissinger, White House Years*, pp.227-29, See also John G. Stoessinger, *Henry Kissinger: The Anguish of Power* (New York: 1976), p.216; Coral Bell, *The Diplomacy of Détente: The Kissinger Era* (New York: 1977), p.227, and Tad Szulc, *The Illusion of Peace: Foreign Policy in the Nixon Years* (New York: 1978), pp.352-53.

40) Kennedy speech at the University of Maine, October 19, 1963, *KPP: 1963*, p.795.
41) Kissinger address to the *Pacem in Terris* III conference, Washington, October 8, 1973, in *American Foreign Policy*, p.121. See also *ibid.*, p.35; and Nixon's annual foreign policy report, February 18, 1970, NPP: 1970, p.122.
42) Kissinger, *White House Years*, pp.61-62, 1302.
43) Annual foreign policy report, February 18, 1970, *NPP: 1970*, pp.178-79; Kissinger statement to the Senate Foreign Relations Committee, September 19, 1974, in *American Foreign Policy*, p.145.
44) Annual foreign policy report, February 9, 1972, *NPP: 1972*, pp.206-7. See also Kissinger's statement to the Senate Foreign Relations Committee, September 19, 1974, *in American Foreign Policy*, pp.88, 148-49; and Kissinger, *White House Years*, p.128.
45) NSC 20/1, August 18, 1948, in Etzold and Gaddis, eds., *Containment*, p.187.
46) Kissinger statement to the Senate Foreign Relations Committee, September 19, 1974, in *American Foreign Policy*, pp.172-73. See also *ibid.*, pp.124-26, 145, and 157; also Nixon's annual foreign policy report, February 18, 1970, *NPP: 1970*, p.178.
47) Nixon to Rogers, Laird, and Helms (drafted by Kissinger), February 4, 1969, quoted in Kissinger, *White House Years*, p.136; Kissinger to Nixon, February 18, 1969, *ibid.*, pp.143-44. See also *ibid.*, p.1134.
48) Kissinger, *White House Years*, pp.127-30, 265-69; Nixon, *RN*, p.346.
49) Edmonds, *Soviet Foreign Policy*, 1962-1973, p.3; Garthoff, *Détente and Confrontation*, p.52.
50) Kissinger, *White House Years*, pp.130-38, 903-18, 1174-94.
51) Kissinger statement to the Senate Foreign Relations Committee, September 19, 1974, in *American Foreign Policy*, pp.158-59. See also Kissinger, *White House Years*, pp.127-30, 265-69, 619, 627-31, 639-52.
52) *Ibid.*, pp.129-30.
53) Nixon, "Asia After Vietnam," pp.121-23; Kissinger, "Domestic Structures," *American Foreign Policy*, pp.38-39.
54) Kissinger, *White House Years*, pp.165-70.
55) *Ibid.*, pp.183-85. See also p.548.
56) See above, pp.209-10.
57) Quoted in William Safire, *Before the Fall: An Inside View of the Pre-Watergate White House* (New York: 1975), p.370. See also Kissinger, *White House Years*, pp.178-82, 185-186.
58) Kissinger, *White House Years*, p.187. See also ibid., pp.764-65; and, for Dobrynin's perspective, Anatoly Dobrynin, *In Confidence: Moscow's Ambassador to Six Cold War Presidents* (1962-1986) (New York: 1995), p.202.
59) Kissinger, *White House Years*, pp.712, 836-37, 1076.
60) *Ibid.*, pp.220-21.
61) Nixon radio-television address, November 3, 1969, *NPP: 1969*, pp.905-6; annual foreign policy report, February 18, 1970, *NPP: 1970*, pp.118-19. For Nixon's initial informal enunciation of the Nixon Doctrine, see his press briefing on Guam, July 25, 1969, *NPP: 1969*, pp.544-55.
62) See, on this point, Kissinger, *White House Years*, p.232.
63) *Ibid*, pp.260-61, 271-77, 475-82, 984-86, 1329.

64) Johnson, The Vantage Point, pp.368-69.

65) Kissinger, *White House Years*, p.1304.

66) Nixon, *RN*, pp.129, 864: Kissinger, *White House Years*, p.1199. See also Safire, *Before the Fall*, p.691, and H.R, Haldeman, *The Ends of Power* (New York: 1978), p.122.

67) Kissinger, "Central Issues," in *American Foreign Policy*, p.61; Kissinger, *White House Years*, pp.617, 912, 1117. See also Stephen Graubard, *Kissinger: Portrait of a Mind* (New York: 1973), p.66.

68) Kissinger, *White House Years*, pp.1199, 1349.

69) *Ibid.*, pp.228-29.

70) Nixon, *RN*, p.352, Kissinger, *A World Restored*, p.210, Kissinger, "Domestic Structure," *American Foreign Policy*, p.18; Kissinger, *White House Years*, p.39, See also *ibid.*, pp.11, 14-15; and Graubard, *Kissinger*, pp.50-51, 101-2, 229-32.

71) Kissinger, *White House Years*, pp.130, 136-38, 189-90, 477-83, 688, 984-85.

72) *Ibid*, pp.48, 822. See also pp.495, 564, 606, 674.

73) *Ibid*, p.841. See also pp.722-26, 837, 917; and Stoessinger, Kissinger, pp.209-11.

74) See Jonathan Schell, *The Time of Illusion* (New York: 1976), pp.6-7.

75) Kissinger, *White House Years*, pp.158-59.

76) *NPP: 1970*, p.119. The four annual foreign policy reports, dated February 18, 1970, February 25, 1971, February 9, 1972, and May 3, 1973, can be most conveniently located in the appropriate volumes of the *Nixon Public Papers.*

77) Kissinger, *White House Years*, p.159. See also *ibid.*, p.1053.

78) The most important of these speeches are in Kissinger, *American Foreign Policy*, pp.116-429.

79) Annual foreign policy report, February 25, 1971, *NPP: 1971*, p.246. See also Nixon's press conference, March 21, 1970, *NPP: 1970*, p.292.

80) Kissinger, *White House Years*, pp.917-18.

81) *Ibid.*, pp.762, 803; Nixon, *RN*, p.390.

82) Kissinger, *White House Years*, p.940

83) See, on this point, Dickson, *Kissinger and the Meaning of History*, pp.155-57.

## TEN. *Implementing Détente*

1) See, for example, Stanley Hoffmann, "Choices," *Foreign Policy*, #12 (Fall, 1973), 3-42; Zbigniew Brzezinski, "The Deceptive Structure of Peace," *ibid.*, #14 (Spring, 1974), 35-56; Hoffmann, "Weighing the Balance of Power," pp.618-48.

2) See Carter's comments in the second televised debate with Ford, October 6, 1976, in U.S Congress, House of Representatives, Committee on House Administration, *The Presidential Campaign, 1976* (Washington: 1979), III, 93-118; also Bell. *The Diplomacy of Détente*, pp.50, 52-53, 216-17.

3) Gerald R. Ford, *A Time to Heal* (New York: 1979), p.398; Elizabeth Drew, *American Journal: The Events of 1976* (New York: 1977), pp.391-92.

4) Stanley Hoffmann, *Primacy or World Order: American Foreign Policy Since the Cold War* (New York: 1978), p.46.

5) Nixon, *RN*, p.618; Kissinger statement to Senate Foreign Relations committee, September 19, 1974, in *American Foreign Policy*, p.145.

6) *Ibid.*, p.147. (Emphasis added.)

7) See on these episodes, Nixon, *RN*, pp.483-89, 525-31, 613-14; Kissinger, *White House Years*, pp.619, 627-31, 639-52, 903-18, 1302, 1341-59; also Szulc, *The Illusion of Peace*, p.331.

8) Kissinger, *White House Years*, pp.265-69, 1022, 1135, 1151-52. For a retrospective assessment of the Cuban, Syrian, and India-Pakistan crises, see Garthoff, *Détente and Confrontation*, pp.87-95, 98-99, and 296-314.

9) Leonid Brezhnev, *On the Policy of the Soviet Union and the International Situation* (Garden City, N.Y.: 1973), p.231.

10) Nixon, *RN*, p.568.

11) See, on these episodes, Nixon, *RN*, pp.599-608, 938-41, Kissinger, *White House Years*, pp.1164-85; and Henry Kissinger, *Years of Upheaval* (Boston: 1982), pp.575-91.

12) Nixon, *RN*, p.515. See also Keith W. Olson, *Watergate: The Presidential Scandal That Shook America* (Lawrence, Kansas: 2003).

13) Kissinger, *White House Years*, p.1134. See also Peter G. Peterson, *U.S-Soviet Commercial Relations in a New Era* (Washington: 1972), pp.3-4; and Kissinger's statement to Senate Foreign Relations Committee, September 19, 1974, *in American Foreign Policy*, p.158-59.

14) Kissinger, *White House Years*, pp.1269-72. For the Jackson amendment, see the *Congressional Record*, October 4, 1972, pp.33658-59.

15) Kissinger statement to Senate Finance Committee, March 7, 1974, *DSB*, LXX (April 1, 1974), 323-25. See also Kissinger's speech to the *Pacem in Terris* III conference, Washington, October 8, 1973, and his statement to the Senate Foreign Relations Committee, September 19, 1974, in American Foreign Policy, pp.125, 172-73; also Nixon's speech at the U.S. Naval Academy, June 5, 1974, *NPP: 1974*, pp.471-72.

16) Herring, *America's Longest War*, p.261-62.

17) Nixon, *RN*, p.889. See also p.718.

18) Kissinger speech at Dallas, Texas, March 22, 1976, *American Foreign Policy*, p.360. See also Henry Kissinger, *Years of Renewal* (New York: 1999), pp.520-46, 791-833

19) See Odd Arne Westad, "The Fall of Détente and the Tuning Tides of History," in Westad, ed. *The Fall of Détente: Soviet-American Relations during the Carter Years* (Oslo: 1997), pp.1-12.

20) Kissinger press conference, January 14, 1976, *DSB*, LXXIV (February 2, 1976), 125-26.

21) Kissinger, *White House Years*, p.1143.

22) *Ibid*, p.1255; Annual foreign policy report, February 9, 1972, NPP: 1972, p.211. See also Kissinger's press conference, November 21, 1973, DSB, LXIX (December 10, 1973), 706-7.

23) Annual foreign policy report, May 3, 1973, *NPP: 1973*, p.375. The "Basic Principles" agreement is in *DSB*, LXVI (June 26, 1972), 898-99.

24) Kissinger, *White House Years*, pp.1132, 1250 (emphasis in the original).

25) The "Final Act" of the Conference on Security and Cooperation in Europe, signed at Helsinki on August 1. 1975, is in *DSB*, LXXIII (September 1, 1975), 323-50.

26) See Kissinger's speech to the *Pacem in Terris* III conference, Washington, October 8, 1973, *American Foreign Policy*, p.125; Kissinger statement to the Senate Foreign Relations Committee, September 19, 1974, *ibid.*, pp.172-73; Kissinger speech at Minneapolis, July 15, 1975, *ibid.*, pp.208-9.

27) Kissinger, *Years of Upheaval*, pp.635-48.

28) Lawrence J. Korb, *The Fall and Rise of the Pentagon: American Defense Policies in the 1970s* (Westport, Conn.: 1979), pp.69-73. See also Kissinger, *White House Years*, pp.199-202, 938-49; and Don Oberdorfer, *Senator Mansfield: The Extraordinary Life of a Great American Statesman and Diplomat* (Washington: 2003), pp.387-91.

29) John M. Collins, *American and Soviet Military Trends Since the Cuban Missile Crisis* (Washington: 1978), pp.44-45, 93, 101, 107, 184, 260, 265-67, 274. See also Korb, *The Fall and Rise of the Pentagon*, pp.155-57; and Appendix.

30) Quoted in Ford, *A Time to Heal*, p.373.

31) Annual foreign policy report, February 18, 1970, *NPP: 1970*, p.172. Kissinger speech, Dallas, Texas, March 22, 1976, *American Foreign Policy*, p.350. See also Kissinger's speech at San Francisco, February 3, 1976, *ibid.* pp.301-4, 311-12, and Kissinger, *White House Years*, pp.196-98.

32) Korb, *The Fall and Rise of the Pentagon*, pp.51-52, Kissinger: *White House Years*, p.215. See also Appendix.

33) Kissinger, *White House Years*, pp. 32-33. See also Korb, *The Fall and Rise of the Pentagon*, pp.84-96.

34) *Ibid*, p.42; Kissinger, *White House Years*, pp.214-15.

35) *Ibid.*, p.215.

36) For a well-informed account of the SALT I negotiations, see John Newhouse, *Cold Dawn: The Story of SALT* (New York: 1973).

37) Strobe Talbot, *Endgame: The Inside Story of SALT II* (New York: 1979), pp.24-27.

38) Kissinger, *White House Years*, pp.1245-46. See also Kissinger's statement to the Senate Foreign Relations Committee, September 19, 1974, *American Foreign Policy*, p.166; and Korb, *The Fall and Rise of the Pentagon*, p.94.

39) Annual foreign policy report, May 3, 1973, NPP: 1973, p.374. See also Kissinger statement to the Senate Foreign Relations Committee, September 19, 1974, *American Foreign Policy*, p.164.

40) Korb, *The Fall and Rise of the Pentagon*, p.104, 150.

41) See, on this point, Kissinger, *White House Years*, pp.1244-45; also Kissinger's statement to the Senate Foreign Relations Committee, September 19, 1974, *American Foreign Policy*, p.164; and Kissinger's speech, Dallas, Texas, March 22, 1976, *ibid.*, pp.357-58.

42) See, on this point, Jerome H. Kahan, *Security in the Nuclear Age: Developing U.S. Strategic Arms Policy* (Washington: 1975), pp.286-88.

43) Talbott, *Endgame*, p.24-26, 220.

44) *Ibid.*, pp.31-37.

45) Kissinger speech, Dallas, March 22, 1976, *American Foreign Policy*, p.354.

46) Korb, *The Fall and Rise of the Pentagon*, pp.151-60.

47) Morris, *Uncertain Greatness*, p.298.

48) Kissinger, "Central Issues" *in American Foreign Policy*, p.74.

49) Mohammed A. El-Khawas and Barry Cohen, eds., *The Kissinger Study of Southern Africa: National Security Study Memorandum 39* (Westport, Conn. 1976), pp.105-6. See also Morris, *Uncertain Greatness*, pp.107-20; Szulc, *The Illusion of Peace*, pp.219-25; Anthony Lake, *The*

*"Tar Baby" Option: American Policy Toward Southern Rhodesia* (New York: 1976), pp.123-57; and John A. Marcum, "Lessons of Angola," *Foreign Affairs*, LIV (April 1976), 407-8. For Kissinger's own brief comment on this memorandum, *see Years of Renewal*, p.903.

50) Morris, *Uncertain Greatness*, pp.212-30, Szulc, *The Illusion of Peace*, pp.405-6, 441-44; Garthoff, *Détente and Confrontation*, pp.295-322; Jussi Hanhimäki, *The Flawed Architect: Henry Kissinger and American Foreign Policy* (New York: 2003), pp.172-84. The figure for Bengali casualties comes from http://www.genocidewatch.org/genocidetable 2003.htm. Kissinger's defense of his policy is in *White House Years*, pp.842-928; see also Nixon, *RN*, pp.525-31.

51) Kissinger's acknowledgment is in *White House Years*, pp.1259-60. See also Gary Sick, *All Fall Down: America's Tragic Encounter with Iran* (New York: 1985); and James A. Bill *The Eagle and the Lion: The Tragedy of American-Iranian Relations* (New Haven: 1988).

52) Szulc, *The Illusion of Peace*, pp.437-39, 749-52. See also, for a pre-October 178 appraisal, James E. Akins, "The Oil Crisis: This Time the Wolf Is Here," *Foreign Affairs*, LI(April 1973), 462-90. For Kissinger's account, *see Years of Upheaval*, pp.450-544, 854-95; as well as Henry Kissinger, *Crisis: The Anatomy of Two Major Foreign Policy Crises* (New York: 2003).

53) Lawrence Stern, "Bitter Lessons: How We Failed in Cyprus," *Foreign Policy*, #19 (Summer, 1975), 34-78; see also Bell, *The Diplomacy of Détente*, pp.138-55; *Kissinger, Years of Renewal*, pp.192-239; and Monteagle Stearns, *Entangled Allies: U.S. Policy Toward Greece, Turkey, and Cyprus* (New York: 1992).

54) Davis, "The Angola Decision of 1975." pp.109-24; Marcum, "Lessons of Angola," pp.407-25. See also Kissinger, *Years of Renewal*, pp.791-833; and Gleijeses, *Conflicting Missions*, pp.246-372.

55) Kissinger, *White House Years*, pp.761-62, 955, and *Years of Upheaval*, pp.128-94; Szulc, *The Illusion of Peace*, pp.416-17, 457-58, 689-92; Brown, *The Crises of Power*, p.114-18. The "year of Europe" speech, delivered in New York on April 23, 1973, is in Kissinger, *American Foreign Policy*, pp.99-113.

56) Tad Szulc, "Lisbon &Washington: Behind the Portuguese Revolution," *Foreign Policy*, #21 (Winter, 1975-76), 3-62; Peter Lange, "What Is To Be Done-About Italian Communism," *ibid.*, pp.224-40. See also Stoessinger, *Kissinger*, pp.145-53; Bell, *The Diplomacy of Détente*, pp.229-30; and Kissinger, *Years of Renewal*, pp.626-34.

57) My distinction between "global" and "regional" perspectives follows Marcum, "Lessons of Angola," p.418; and Gerald J. Bender, "Angola, the Cubans, and American Anxieties," *Foreign Policy*, #31 (Summer, 1978), 3-30.

58) Kissinger, *White House Years*, p.898.

59) See, on this point, Morris, *Uncertain Greatness*, pp.216-23, 252-53, 272-73; Szulc, *The Illusion of Peace*, pp.438-39, 450-52, 585; and Davis, "The Angola Decision of 1975." p.113-17.

60) Kissinger, *White House Years*, pp.743-47, 848-49, 1258-65; Bell, *The Diplomacy of Détente*,

p.130.

61) *Ibid.*, pp.92-97; Brown, *The Crises of Power*, pp.101-5. See also Edward R.F. Sheehan, *The Arabs, Israelis, and Kissinger: A Secret History of American Diplomacy in the Middle East* (New York: 1976), *passim;* and William B. Quandt, *Decade of Decisions: American Policy Toward the Arab-Israeli Conflict, 1967-1976* (Berkeley: 1977), pp.207-87.

62) Kissinger speech at Lusaka, Zambia, April 27, 1976, *in American Foreign Policy*, pp.372, 376. See also Ford, *A Time to Heal*, pp.380-81; Bell, *The Diplomacy of Détente*, pp.177-83; Kissinger, *Years of Renewal*, pp.958-1016; and John Osborne, *White House Watch: The Ford Years* (Washington: 1977), pp.324-30.

63) Carter speech to the Chicago Council on Foreign Relations, March 15, 1976, and to the Foreign Policy Association, New York, June 23, 1976; *The Presidential Campaign, 1976,* volume 1, part 1, pp.110-13, 266.

64) William Shawcross, *Sideshow: Kissinger, Nixon, and the Destruction of Cambodia* (New York: 1979), p.396. See also Morris, *Uncertain Greatness*, pp.120-30, 213-30, 265-68; and Christopher Hitchens, *The Trial of Henry Kissinger* (New York: 2001).

65) Shawcross, *Sideshow*, p.396.

66) Morris, *Uncertain Greatness*, p.268.

67) Reinhold Niebuhr, "The Children of Light and the Children of Darkness," in Robert McAfee Brown, ed., *The Essential Reinhold Niebuhr* (New Haven: 1986), p.171.

68) Nixon radio-television interview, January 4, 1971, *NPP: 1971*, p.12; Annual foreign policy report, February 25, 1971, *NPP: 1971*, pp.246-47.

69) Morris, *Uncertain Greatness*, pp.240-41; Szule, *The Illusion of Peace*, pp.720-25. Kissinger's defense of his Chilean policy is in *White House Years*, pp.653-83; *Years of Upheaval*, pp.374-413; and *Years of Renewal*, pp.749-60. See also U.S. Congress, Senate, Select Committee To Study Government Operations with Respect to Intelligence Activities, *Covert Action in Chile, 1963-1973* (Washington: 1975); and Peter Kornbluh, ed., *The Pinochet File: A Declassified Dossier on Atrocity and Accountability* (New York: 2003)

70) Quoted in Morris, *Uncertain Greatness*, p.241.

71) Kissinger, *Years of Renewal*, pp.310-43.

72) Nixon radio-television address, November 3, 1969, *NPP: 1969*, pp.903; Kissinger, *White House Years*, p.299: Annual foreign policy report, May 3, 1973, *NPP: 1973*, p.376. See also Nixon, *RN*, p.348.

73) Nixon press conference, March 21, 1970, *NPP: 1970*, p.292. See also Hanhimäki, *The Flawed Architect*, pp.43-46.

74) Herring, *America's Longest War*, p.256.

75) Bell, *The Diplomacy of Détente*, pp.127-29, 224; Brown, *The Crises of Power*, p.52.

76) Elizabeth Drew, "A Reporter at Large: Human Rights," *New Yorker*, LIII (July 18, 1977), 36; Bell, *The Diplomacy of Détente*, pp.31-32.

77) See, on this point, Richard H. Ullman, "Washington, Wilson, and the Democrat's Dilemma, *Foreign Policy*, #21 (Winter, 1975-76), 108-9; and Stoessinger, *Kissinger*, p.218. Jeane Kirkpatrick would later popularize this argument in her influential article, "Dictatorships and Double Standards," *Commentary*, LXVIII (November, 1979), 34-45.

78) Ford, *A Time to Heal*, pp.297-98, Kissinger, *Years of Renewal*, pp.648-52, 861-67.
79) Kissinger, *White House Years*, p.191.
80) See, especially, Kissinger's speeches at Minneapolis, July 15, 1975, and Montreal, August 11, 1975, also his 1968 essay, "Central Issues in Foreign Policy," all printed in Kissinger, *American Foreign Policy*, pp.91-97, 195-236. For the background of Kissinger's "heartland" speeches, see Walter Isaacson, *Kissinger: A Biography* (New York: 1992), pp.658-59. My understanding of Kissinger's position on morality and foreign policy has been enhanced by reading Schuyler Schouten, "Kissinger's Realist Ethics: Morality and Pragmatism in American Foreign Policy," senior essay, Department of History, Yale University, April, 2003.
81) *Ibid.*, pp.218-19; Kissinger, *White House Years*, p.55.
82) Kissinger, "Central Issues," *American Foreign Policy*, p.94.

## ELEVEN. *The Completion of Containment*

1) See above, p.72.
2) Speech at the University of Notre Dame, May 22, 1977, *Public Papers of the Presidents: Jimmy Carter:* [hereafter CPP] 1977, pp.956-57.
3) Carter state of the union address, January 23, 1980, *CPP: 1980*, pp.196-98.
4) Talbott, *Endgame*, pp.48-50; Dan Caldwell, "US Domestic Politics and the Demise of Détente," in Odd Arne Westad, ed., *The Fall of Détente: Soviet-American Relations during the Carter Years* (Oslo:1997), pp.105-6.
5) Cyrus Vance interview, February 3, 1977, DSB, LXXVI (February 21, 1977), 148. See also Zbigniew Brzezinski, *Power and Principle: Memoirs of the National Security Adviser, 1977-1981* (New York: 1983), pp.185-86.
6) See above, p.314.
7) Carter discusses the origins of his commitment to human rights in *Keeping Faith: Memoirs of a President* (New York: 1982), pp.141-44. See also Tony Smith, *America's Mission: The United States and the Worldwide Struggle for Democracy in the Twentieth Century* (Princeton: 1994), pp.239-65.
8) Talbott, *Endgame*, pp.60-61.
9) Dobrynin, *In Confidence*, p.388.
10) See, on this paint, Stanley Hoffman, "The Hell of Good Intentions," *Foreign Policy*, #29 (Winter, 1977-78), pp.12-13; also Hugh Sidey, Assessing a Presidency," *Time*, CXVI (August 18, 1980), 10-15, and Brzezinski, *Power and Principle*, pp.14, 49, 71.
11) Simon Serfaty, "Brzezinski: Play It Again, Zbig," *Foreign Policy*, #32 (Fall, 1978), pp.6-7.
12) Brzezinski, *Power and Principle*, pp.148-49.
13) Gaddis Smith, *Morality, Reason, and Power: American Diplomacy in the Carter Years* (New York: 1986), pp.40-42. See also Vance's memoir, *Hard Choices: Critical Years in America's Foreign Policy* (New York: 1983).
14) Garthoff, *Détente and Confrontation*, p.666. The speech is in *CPP: 1978*, pp.1052-58.
15) Dobrynin, *In Confidence*, p.387 See also Dobrynin's report to Moscow, "Soviet-American Relations in the Contemporary Era," July 11, 1978, in Westad, ed., *The Fall of Détente*, pp.213-20. Brzezinski's account of the drafting of the June 7 Carter speech is in *Power and*

*Principle*, p.320.

16) Carter, *Keeping Faith*, p.66. See also Brzezinski, *Power and Principle*, p.145.

17) See, for example, Wolfe, *Soviet Power and Europe*, 1945-1970, pp.501-6.

18) Talbott, *Endgame*, pp.134-35, 181-83.

19) Dobrynin, *In Confidence*, pp.402-7, See also Westad. "The Fall of Détente and the Turning Tides of History," pp.11-12.

20) Smith, *Morality, Reason, and Power*, pp.242-45. See also, for a contemporary assessment, Carl Gershman, "The Rise & Fall of the New Foreign Policy Establishment," *Commentary*, LXX (July, 1980), 13-24.

21) Reagan radio script, March 23, 1977, in Kiron K. Skinner, Annelise Anderson, and Martin Anderson, eds., *Reagan In His Own Hand* (New York: 2001), p.118.

22) Lou Cannon, *President Reagan: The Role of a Lifetime* (New York: 1991), pp.280-96, summarizes Reagan's instinct-based orthodoxies, their origins, and the extent to which they departed from established information-based Cold War orthodoxies.

23) See, on this point, Lee Edwards, *The Conservative Revolution: The Movement That Remade America* (New York: 1999), especially pp.201-5.

24) For another president who operated in this way, see Greenstein, *The Hidden-Hand Presidency: Eisenhower as Leader*, especially pp.34-35, 53.

25) Skinner, ed., *Reagan In His Own Hand*, reprints several hundred hand-written commentaries on a wide range of domestic and foreign policy issues that Reagan prepared for his nationally syndicated radio program between 1975 and 1979. See also, on his speech-writing habits, Ronald Reagan, *An American Life* (New York: 1990), p.246.

26) Radio script, December 22, 1976, in *ibid*, p.12. See also scripts for May 25, 1977, October 10, 1978, November 28, 1978, and June 29, 1979, *ibid.*, pp, 85-86, 94-95, 146-47, 149-50. For the Roosevelt-Reagan analogy, see Cannon, *President Reagan*, pp.109-11.

27) Radio script, May, 1975, in Skinner, ed., *Reagan In His Own Hand*, p.12. For evidence of even earlier Reagan thinking along these lines, see Paul Lettow, *Ronald Reagan and His Quest to Abolish Nuclear Weapons* (New York: 2005), pp.16, 27.

28) Reagan, *An American Life*, p.267. For Reagan's commentaries on NSC-68, see his radio scripts of May 4, 1977, in Skinner, ed., *Reagan In His Own Hand*, pp.109-13.

29) Radio script, May 25, 1977, in Skinner, ed., *Reagan In His Own Hand*, p.147.

30) Reagan, *An American Life*, p.238.

31) Radio script, June 29, 1979, in Skinner, ed., *Reagan In His Own Hand*, pp.149-50. See also *ibid.*, pp.129-34, 150-56.

32) Reagan, *An American Life*, p.13. See also Lettow, *Ronald Reagan*, pp.22-23.

33) Reagan's handwritten draft of a speech to the Veterans of Foreign Wars, Chicago, August 18, 1980, in Skinner, ed., *Reagan In His Own Hand*, especially p.48t; also Reagan, *An American Life*, pp.257-58; Reagan's radio broadcast of December 12, 1978, in Skinner, ed., *Reagan In His Own Hand*, pp, 86-87; and Cannon, *President Reagan*, pp.292-93, 305, 320, 751. I have benefited, as well, from reading Matthew Ferraro, "Going M.A.D.: Morality, Strategy, and Mutual Assured Destruction, 1957 to 1986," a senior essay prepared in the Yale University Department of History, 2004.

34) Reagan speech draft of August 18, 1950, in Skinner, ed., *Reagan In His Own Hand*, pp.484-85.

35) For more on this point, see Gaddis, *The United States and the End of the Cold War*, pp.39-45.

36) Reagan speech draft of August 18, 1980, in Skinner, ed., *Reagan In His Own Hand*, p.485. I have edited this passage slightly for clarity.

37) Kennan, "The Sources of Soviet Conduct," p.582.

38) Dobrynin, *In Confidence*, p.477.

39) *Ibid.*, p.521. See also Fareed Zakaria, "The Reagan Strategy of Containment, *Political Science Quarterly*, CV (Autumn, 1990), 373-74.

40) Gaddis, *The United States and the End of the Cold War*, pp.27-29.

41) PD/NCS-18, "U.S. National Strategy" August 24, 1977, http://www.jimmycarter library.org/documents/pddirectives/pd18.pdf; PD/NSC-62, "Modifications in U.S. National Strategy, January 15, 1981, http:/www.jimmycarterlibrary.org'documents/pd directives/pd62.pdf.

42) NSDD 32. "U.S. National Security Strategy," May 20, 1982, http://www.fas.org/irp/off docs/nsdd/nsdd-032.htm. See also, for background on this document, Lettow, *Ronaid Reagan*, pp.65-72.

43) Reagan address to members of the British Parliarment, London, June 8, 1982, *Public Papers of the Presidents: 1982* [hereafter *RPP*] (Washington: 1983), pp.744-47. See also Reagan's speech at Notre Dame University, May 17, 1981, *RPP: 1981*, especially p.434.

44) Dobrynin, *In Confidence*, p.484

45) NSDD 75, "U.S. Relations with the Soviet Union," January 17, 1983, http://www.fas.org/irp/offdocs/nsdd/nsdd-075.htm. For more on this document, see Richard Pipes, *Vixi: Memoirs of a Non-Belonger* (New Haven: 2003), pp.188-202; and Lettow, *Ronald Reagan*, pp.77-82.

46) Speech to the National Association of Evangelicals, Orlando, Florida, March 8, 1983, *RPP: 1983*, p.364. For more on Reagan's rhetoric, see William K. Muir, Jr., "Ronald Reagan: The Primacy of Rhetoric," in Fred I. Greenstein, ed., *Leadership in the Modern Presidency* (Cambridge, Mass.: 1988), pp.260-95.

47) Stephen Kotkin, *Armageddon Averted. The Soviet Collapse, 1970-2000* (New York: 2001), especially pp.10-30, provides a good overview of the problems confronting the Soviet Union during this period; but see also Ronald Grigor Suny, *The Soviet Experiment: Russia, the U.S.S.R., and the Successor States* (New York: 1998), pp.436-42. The figures on Soviet military spending come from Aaron Friedberg, *In the Shadow of the Garrison State: America's Anti-Statism and Its Cold War Grand Strategy* (Princeton: 2000) pp.82-83. See also William E. Odom, *The Collapse of the Soviet Military* (New Haven: 1998), especially pp.49-64. For the American figures, see Appendix.

48) Soviet leadership autism is well described in Dobrynin, *In Confidence*. pp.472-76: and at considerably greater length in Georgi Arbatov, *The System: An Insider's Life in Soviet Politics* (New York: 1992), pp.190-294.

49) See Spencer R. Weart, *Nuclear Fear: A History of Images* (Cambridge, Mass.: 1988), pp.375-88; Beth A. Fischer, *The Reagan Reversal: Foreign Policy and the End of the Cold*

*War* (Columbia, Mo.: 1997), pp.115-20; and, for the administration's rhetorical excesses, Robert Scheer, *With Enough Shovels: Reagan, Bush, and Nuclear War* (New York: 1983).

50) Speech to the 1976 Republican National Convention, quoted in Cannon, *President Reagan*, p.295. Cannon provides a brief account of Reagan's anti-nuclear views in *ibid.*, pp.287-95. For a more recent and comprehensive treatment, see Lettow, *Ronald Reagan*, pp.3-82.

51) Talbott, *Deadly Gambits*, pp.80-81.

52) Radio-television address, March 23, 1983, *RPP: 1983*, pp.442-43.

53) See above, p.324n.

54) Nitze, *From Hiroshima to Glasnost*, p.401; George p.Shultz, *Turmoil and Triumph: My Years as Secretary of State* (New York: 1993), p.249; Caspar W. Weinberger, *Fighting for Peace: Seven Critical Years in the Pentagon* (New York: 1990), p.306.

55) For the origins of Reagan's interest in SDI, see Cannon, *President Reagan*, pp.292-93, 319; Lettow, *Ronald Reagan*, pp.19-42; and Martin Anderson, *Revolution: The Reagan Legacy*, expanded and updated edition (Stanford: 1990), pp.80-99.

56) Lettow, *Ronald Reagan*, pp.120-21, 214-15; Mira Duric, *The Strategic Defense Initiative: US Policy and the Soviet Union* (Aldershot, England: 2003), pp.24-25.

57) Reagan to Brezhnev, April 24, 1981, quoted in Reagan, *An American Life*, p.273. See also, for Dobrynin's impression of Reagan's letter and Brezhnev's response, *In Confidence*, pp.492-93

58) NSDD 32, May 20, 1982, p.3.

59) Shultz, *Turmoil and Triumph*, pp.163-67. See also Don Oberdorfer, *From the Cold War to a New Era: The United States and the Soviet Union, 1983-1991*, updated edition (Baltimore: 1998), pp.15-21.

60) Dobrynin, *In Confidence*, pp.517-18.

61) *Ibid.*, pp.518-21, 529-30; Shultz, *Turmoil and Triumph*, pp.165-71.

62) Quoted in Duric, *The Strategic Defense Initiative*, p.41.

63) Andropov statement, September 28, 1983, *Current Digest of the Soviet Press*, XXXV (October 26, 1983), 1.

64) Dobrynin, *In Confidence*, pp.522-24; Christopher Andrew and Oleg Gordievsky, *KGB: The Inside Story of Its Foreign Operations from Lenin to Gorbachev* (New York: 1990), pp.583-99.

65) For the Able-Archer crisis, see *ibid.*, pp.599-601; also Fischer, *The Reagan Reversal*, pp.122-31; Oberdorfer, *From the Cold War to a New Era*, pp.65-68; and Robert M. Gates, *From the Shadows: The Ultimate Insider's Story of Five Presidents and How They Won the Cold War* (New York: 1996), pp.266-73.

66) Reagan, *An American Life*, p.586. See also pp.588-89.

67) Reagan television address, January 16, 1984, *RPP: 1984*, p.45. See also, on the preparation of this speech, Jack F. Matlock, *Jr., Autopsy on an Empire: The American Ambassador's Account of the Collapse of the Soviet Union* (New York: 1995), pp.83-86.

68) Reagan, *An American Life*, p.602.

69) *Ibid.*, p.605.

70) Dobrynin, *In Confidence*, p.563. See also, on this point, Barbara Farnham, "Reagan and the Gorbachev Revolution: Perceiving the End of Threat," *Political Science Quarterly*, CXVI

(Summer, 2001), p.233.

71) Reagan, *An American Life*, pp.602-5.

72) Shultz, *Turmoil and Triumph*, p.478.

73) Reagan, *An American Life*, p.611.

74) Mikhail Gorbachev, *Memoirs* (New York: 1995), pp.165, 168. See also, on Gorbachev's appointment, Kotkin, *Armageddon Averted*, pp.54-57.

75) Shultz, *Turmoil and Triumph*, pp.532-33.

76) Brezhnev speech to the 5th Congress of the Polish United Workers Party. November 12, 1968, quoted in Matthew J. Ouimet, *The Rise and Fall of the Brezhnev Doctrine in Soviet Foreign Policy* (Chapel Hill, North Carolina: 2003), p.67.

77) William Taubman, Khrushchev: The Man and His Era (New York: 2003), pp.507-11. For the Soviet educational investment, see Suny, *The Soviet Experiment*, p.440.

78) The best book on the relationship between higher education and social protest in the 1960's is Jeremi Suri, *Power and Protest: Global Revolution and the Rise of Détente* (Cambridge, Mass.: 2003). For the rise of the new Soviet intelligentsia, see Robert D. English, *Russia and the Idea of the West: Gorbachev, Intellectuals, and the End of the Cold War* (New York: 2000).

79) Reagan, *An American Life*, p.615.

80) William D. Jackson, "Soviet Reassessment of Ronald Reagan, 1985-1988," *Political Science Quarterly*, CXIII (Winter, 1998-99), 621-22, Vladislav M. Zubok, "Gorbachev and the End of the Cold War: Perspectives on History and Personality," *Cold War History*, II (January, 2002), 63. See also Anatoly Chernyaev, *My Sit Years with Gorbachev*, translated and edited by Robert English and Elizabeth Tucker (University Park, Pennsylvania: 2000), p.32. for an early indication of the extent to which Reagan's rhetoric placed Gorbachev and his advisers on the defensive.

81) Reagan, *An American Life*, p.567.

82) Shultz, *Turmoil and Triumph*, pp.600-2.

83) Reagan, *An American Life*, p.635.

84) Gorbachev. *Memoirs*, p.408. See also Dobrynin, *In Confidence*, pp.592-93.

85) Shultz, *Turmoil and Triumph*, p.700; Reagan, *An American Life*, p.657.

86) Chernyaev diary. January 16, 1986, in Chernyaev, *My Six Years with Gorbachev*, pp.45-46.

87) Shultz, Turmoil and Triumph, pp.700-1. See also Matlock, *Autopsy on an Empire*, pp.93-94; and Lettow, *Ronald Reagan*, pp.137, 199-200.

88) Gorbachev, *Memoirs*, pp.189-93. See also Chernyaev, *My Six Years with Gorbachev*, pp.66-67, and Reagan, *An American Life*, pp.676, 710.

89) My account here follows that in the Reagan, Shultz, and Gorbachev memoirs, as well as Oberdorfer, *From the Cold War to a New Era*, pp.189-209; Jackson, "Soviet Reassessment of Reagan," pp.629-34; Lettow, *Ronald Reagan*, pp.223-31; Raymond L. Garthoff, *The Great Transition: American-Soviet Relations at the End of the Cold War* (Washington: 1994), pp.285-291; and Jack F. Matlock, Jr, *Reagan and Gorbachev: How the Cold War Ended* (New York: 2004), pp.215-37.

90) Gorbachev, *Memoirs*, p.419.

91) Dobrynin, *In Confidence*, p.610. See also the comments of Anatoly Chernyaev, in William

C. Wohlforth, ed., *Witnesses to the End of the Cold War* (Baltimore: 1996), p.109.

92) Reagan, *An American Life*, pp.679, 683.

93) Margaret Thatcher, *The Downing Street Years* (New York: 1993), p.471.

94) Gorbachev report to the Politburo, December 17, 1987, quoted in Chernyaev, *My Six Years with Gorbachev*, pp.142-43.

95) Kennan diary, December 9, 1987, quoted in George F. Kennan, *Sketches from a Life* (New York: 1989), p.351.

96) Speech at Notre Dame University, May 17, 1981, *RPP: 1981*, p.434.

97) Shultz, *Turmoil and Triumph*, p.586.

98) *Ibid.*, p.591; Dobrynin, *In Confidence*, p.583.

99) Shultz, *Turmoil and Triumph*, pp.700-1. See also *ibid.*, pp.716-17. For more on monodimensionality, see John Lewis Gaddis, *We Now Know: Rethinking Cold War History* (New York: 1997), pp.283-84.

100) Shultz, *Turmoil and Triumph*, p.711.

101) *Ibid*, pp.892-93, Oberdorfer, *From the Cold War to a New Era*, pp.923-24. See also Chernyaev, *My Six Years with Gorbacherv*, p.142: and Fred I. Greenstein, "Ronald Reagan, Mikhail Gorbachev, and the End of the Cold War: What Difference Did They Make?" in Wohlforth, ed., *Witnesses to the End of the Cold War*, p.217.

102) Mikhail Gorbachev, *Perestroika: New Thinking for Our Country and the World* (New York: 1987), p.135.

103) Shultz, *Turmoil and Triumph*, p.1098. See also, for Gorbachev's subsequent acknowledgment of the economic superiority of market capitalism, Mikhail Gorbachev and Zdeněk Mlynář, *Conversations with Gorbachev: On Perestroika, the Prague Spring, and the Crossroads of Socialism*, translated by George Shriver (New York: 2002), p.160.

104) Reagan speech at Moscow State University, May 31, 1988, *RPP: 1988*, p.684.

105) See above, pp.41-46.

106) For more on this, see pp.287-88, 341-42, above; also Henry A. Kissinger, *Diplomacy* (New York: 1994), p.714, and John Lewis Gaddis, "Rescuing Choice from Circumstance: The Statecraft of Henry Kissinger," in Gordon A. Craig and Francis L. Lowenheim, eds., *The Diplomats: 1939-1979* (Princeton: 1994), pp.585-87. Kissinger's own account of the Helsinki Conference is in his *Years of Renewal* (New York: 1999), pp.635-63.

107) Gates, *From the Shadows*, pp.142-53, 161-69.

108) NSDD 75, "U.S. Relations with the U.S.S.R.," January 17, 1983, p.4.

109) Reagan, *An American Life*, p.569.

110) Shultz, *Turmoil and Triumph*, 323-45.

111) Reagan state of the union address, February 6, 1985, *RPP: 1985*, p.136.

112) Speech to the Commonwealth Club of San Francisco, quoted in Shultz, *Turmoil and Triumph*, p.525. Chernyaev describes the "panic" this speech caused in Moscow in *My Six Years with Gorbachev*, pp.16-17. For more on the Reagan Doctrine, see Smith, *America's Mission*, pp.297-304.

113) Reagan to Gorbachev, February 6, 1986, quoted in Reagan, *An American Life*, pp.654-55.

114) Reagan, *An American Life*, p.639. For Gorbachev's. reservations about the war in Afghanistan, see also Chernyaev, *My Six Years with Gorbachev*, pp.42-43, 89-90, 106.

115) Shultz, *Turmoil and Triumph*, p.987.
116) *Ibid.*, p.1003.
117) The evidence is laid out in detail in Ouimet, *The Rise and Fall of the Brezhnev Doctrine*.
118) Gorbachev, *Memoirs*, p.465.
119) Reagan, *An American Life*, p.683. Reagan's speech, delivered at the Brandenburg Gate on June 12, 1987, is in *RPP: 1987*, p.686. For Gorbachev's response, see Garthoff, *The Great Transition*, pp.316-18.
120) Bill Keller, "Gorbachev, in Finland, Disavows any Right of Regional Intervention," *New York Times*, October 26, 1989.
121) Gorbachev, *Memoirs*, p.522.
122) See above, p.48.
123) Reagan, *An American Life*, pp.707-8.
124) See, for example, Peter Schweizer, *Victory: The Reagan Administration's Secret Strategy That Hastened the Collapse of the Soviet Union* (New York: 1994) and *Reagan's War: The Epic Story of His Forty Year Struggle and Final Triumph Over Communism* (New York: 2002),
125) Gorbachev, *Memoirs*, p.457.
126) The evidence for Gorbachev's evolving views-and, as time went on, his increasingly desperate improvisation-is now overwhelming. See Arbatov, *The System*, pp.330-35; and especially Chernyaev, *My Six Years with Gorbachev*, who documents the process throughout his book.
127) Reagan, *An American Life*, p.267.
128) See, on this point, Lettow, *Ronald Reagan*, pp.125, 130.
129) I owe this argument to Zakaria, "The Reagan Strategy of Containment," especially pp.374, 387. For more on the cost versus risk dilemma, see John Lewis Gaddis, "Containment and the Logic of Strategy, *The National Interest*, #10 (Winter, 1987/88), 27-38.
130) Kissinger, *Diplomacy*, pp.764-65.
131) Jeremi Suri, "Explaining the End of the Cold War: A New Historical Consensus?" *Journal of Cold War Studies*, IV (Fall, 2002), 92, emphasizes the joint responsibility of both leaders for bringing about the end of the Cold War.
132) Interview with George F. Kennan, June 10, 1996.
133) George Bush and Brent Scowcroft, *A World Transformed* (New York: 1998), pp.13-14.
134) *Ibid.*, p.9. For the Bush review and its follow-up, see Garthoff, *The Great Transition*, pp.375-89.
135) See, for example, Georgii Arbatov, "The Limited Power of an Ordinary State," *New Perspectives Quarterly*, V (Summer, 1988), 31; also Charles Paul Freund, "Where Did All Our Villains Go?" *Washington Post*, December 11, 1988.
136) Philip Zelikow and Condoleezza Rice, *Germany Unified and Europe Transformed: A Study in Statecraft* (Cambridge, Mass.: 1995), pp.127-31. See also, for background on these events, Michael R. Beschloss and Strobe Talbott, *At the Highest Levels: The Inside Story of the End of the Cold War* (Boston: 1993), pp.3-171.
137) James M. Goldgeier and Michael McFaul, *Power and Purpose: U.S. Policy toward Russia after the Cold War* (Washington: 2003), p.20.

138) Bush national radio and television address, December 25, 1991, *Public Papers of the Presidents: George Bush, 1991*, pp.1654-55.

## TWELVE. *Epilogue*

1) Kennan, *Memoirs: 1925-1950*, pp.308, 310. See also Giles D. Harlow and George C. Maerz, eds., *Measures Short of War: The George F. Kennan Lectures at the National War College, 1946-47* (Washington: 1990).
2) Kennan, *Memoirs: 1925-1950*, p.367.
3) *Ibid.*, p.356.
4) Kennan, "The Sources of Soviet Conduct," pp.574-75. For the extent to which Hitler believed the opposite, see Ian Kershaw, *Hitler: Nemesis, 1936-1945* (New York: 2000), pp.207, 228.
5) Michael Howard, *The Lessons of History* (New Haven: 1991), p.75. See also, on this "bellicist" mentality, Howard, *The Causes of War*, second edition, enlarged (Cambridge, Massachusetts: 1983), especially pp.7-22.
6) This was the title of Kennan's first National War College lecture, delivered on September 16, 1946, published in Harlow and Maerz, eds., *Measures Short of War*, pp.3-17. For the argument that great power war had by then become unfeasible, see John Mueller, *Retreat from Doomsday: The Obsolescence of Major War* (New York: 1989), pp.3-92.
7) For more on this point, see Gaddis, *The Long Peace*, pp.215-45.
8) Carl von Clausewitz, *On War*, edited and translated by Michael Howard and Peter Paret(Princeton: 1976), p.87.
9) For the manner in which the Clausewitzian consensus crossed Cold War boundaries, see Martin van Creveld, *The Transformation of War* (New York: 1991), pp.34-35.
10) *Ibid.*, pp.36-37
11) I have discussed this strategy at greater length in *Surprise, Security, and the American Experience* (Cambridge, Massachusetts: 2004). The Bush administration's strategy is most clearly expressed in *The National Security Strategy of the United States of America: September 2002* (Washington: 2002).
12) See, on this point, Melvyn P. Leffler, "9/11 and the Past and Future of American Foreign Policy," *International Affairs*, LXXIX (2003), 1051-54.
13) For more on this, see Gaddis, *Surprise, Security, and the American Experience*, p.99.
14) I have written more about this in *The United States and the End of the Cold War* pp.193-216; and "Living in Candlestick Park, "*The Atlantic*, CCLXXXIII (April, 1999), 65-74.
15) The term comes from Melvyn P. Leffler, *A Preponderance of Power: National Security, the Truman Administration, and the Cold War* (Stanford: 1992); but see also Gaddis, *We Note Know*, p.284; and, for post-Cold War American predominance, Niall Ferguson, *Colossus: The Price of America's Empire* (New York: 2004), pp.14-19.
16) Geir Lundestad, "Empire by Invitation? The United States and Western Europe, 1945-1952, "*Journal of Peace Research*, XXIII (September, 1986), 263-77.
17) See Robert Kagan, *Of Paradise and Power: America and Europe in the New World Order* (New York: 2003), pp.42-53; also Philip H. Gordon and Jeremy Shapiro, *Allies at War.*

*America, Europe, and the Crisis Over Iraq* (Washington: 2004), pp.37-39.

18) Gaddis, *Surprise, Security, and the American Experience*, pp.100-1. For the decline in support for American foreign policy, see the Pew Research Center for the People & the Press report, "A Year After Iraq War: Mistrust of America in Europe Even Higher, Muslim Anger Persists," March 16, 2004, available at: http://people-press.org/reports/print.php3?PageID=795.

19) Kennan, "The Sources of Soviet Conduct," p.582.

20) See, for example, Sun Tzu, *The Art of War, translated by Samuel B. Griffith* (New York: 1963), p.77; Clausewitz, *On War*, p.384; and on Marx and Lenin, Tony Smith, *Thinking Like a Communist: State and Legitimacy in the Soviet Union, China, and Cuba* (New York: 1987), pp.24, 45, 48. Kennan discusses this Marxist-Leninist idea in "The Sources of Soviet Conduct," pp.566-67.

21) *Ibid.*, p.580.

22) For more on this, see John Lewis Gaddis, *The Landscape of History: How Historians Map the Past* (New York: 2002), especially p.11.

23) The most comprehensive attempt to treat Kennan as a theorist is Richard L. Russell, *George F. Kennan's Strategic Thought: The Making of an American Political Realist* (Westport, Conn.: 1999). For Kennan's long-time aversion to theory, see his *Around the Cragged Hill: A Personal and Political Philosophy* (New York: 1993), p.11.

냉전 시대의 미국 외교안보 정책인 "봉쇄전략"의 토대를 마련한 조지 F. 케넌은 소련이 탄생하기 13년 전에 태어났고 소련이 몰락한 뒤 13년을 더 살았다. 나는 존 루이스 개디스의 『봉쇄전략』을 초판이 나온 지 13년 만에 컬럼비아대학교 국제학대학원 유학생으로서 강의 시간에 처음 만났고 개정증보판이 나온 지 13년 만에 번역가로 다시 만났으니 이 또한 인연이라면 인연이다.

이 책을 읽으면서 나는 마치 "벽에 붙은 파리(a fly on the wall)"가 된 느낌이 들었다. 미국 백악관에서 최고의 전략가들이 머리를 맞대고 중지를 모으는 광경을 그들의 눈에 띄지 않고 지켜보는 듯했다. 학술서인데도 흥미진진하고 손에 땀을 쥐게 하는 스릴러처럼 읽혔다. 재미도 재미지만 냉전의 최전선에서 두 붉은 대국을 머리에 이고 공산주의를 온몸으로 막아낸 우리나라에 아직도 이 책이 소개되지 않았다는 사실이 믿기지가 않는다. 현실정치 해바라기들이 들끓는 학계의 부박(浮薄)을 탓해야 할까 좌익이 장악한 학계의 편협을 탓해야 할까.

냉전은 오래 전에 끝났다. 그러나 냉전보다 먼저 시작돼 지금도 여전히 진행 중인 전쟁이 있다. 자유진영 내의 좌익은 일찍이 자본주의로 배가 부른 노동자들이 혁명의 주체가 될 가망은 없다고 보고 투쟁의 전선을 정신문화로 전환했고 학계, 문화계, 언론계를 장악해 "사회적 약자, 소수자, 역사적 피해자"를 혁명의 주체로 내세워 가치 전쟁을 해오고 있다. 유라시아 대륙 끝자락에 매달린 한반도에는 인간의 퇴화한 꼬리뼈처럼 냉전의 자취가 여전한데다가 가치 전쟁까지 진행 중이다. 따라서 전쟁, 외교, 가치는 수단을 달리할 뿐 하나의 연장선상에 있다는 클라우제비츠의 전쟁 원칙을 토대로 한 봉쇄전략은 탈냉전 시대에도 여전히 유효하며, 두 개의 전선에서 동시에 전쟁이 진행 중인 한반도에서는 더더욱 그러하다.

우리는 "지정학적으로 강대국에 둘러싸인 한반도의 기구한 팔자"를 탓하곤 한다. 그리고 2019년에서 구한말을 떠올리는 이들이 많다. 역사학자 피터 두스(Peter Duus)는 외세에 맞서 스스로를 지키지 못한 조선의 무능이 동북아시아의 불안을 야기했다고 한다. 그에 따르면, 한반도는 일본 열도의 심장을 겨누는 비수, 중국의 머리를 때리는 망치, 러시아의 태평양 진출을 막는 수갑이다. 그리고 미국에게는 일본의 군사력을 겨누는 방아쇠이다. 강대국들의 관심 밖에 놓인 쓸모없는 처지보다 강대국들에게 전략적 가치가 있는 처지가 훨씬 낫다. 드센 팔자는 개 팔자로 바뀔 수도 있다. 복날의 개 팔자가 될지 상팔자가 될지는 우리 하기 나름이다.

끝날 때까지는 끝난 게 아니라는 말이 있지만 번역은 끝내도 끝나지 않는다. 인간의 언어는 불완전하고 번역은 완벽하지 않은 인간이 하는 일이기에 영원히 미완(未完)의 작업이다. 이 책 저자의 제자로서 그 누구보다도 저자를 잘 알고 이 책의 내용을 잘 이해하는 강규형 교수가 꼼꼼하게 감수하고 오류를 바로잡아 번역의 완성도는 한층 높아졌다. 그러나 그럼에도 불구하고, 혹시 있을지 모르는 오류는 모두 내 책임이다.

번역가로서 이런 좋은 책을 만나는 건 큰 행운이다. 이 책을 번역할 사람으로 나를 출판사에 추천해 준 강규형 교수에게 감사드린다. 그리고 금서(金書, 돈 되는 책) 보다는 양서(良書)를 지향하는 비봉출판사 박기봉 사장에게 이 책이 양서와 금서는 양립 가능함을 증명하는 계기가 되기를 조심스럽게 기대해본다. 그보다는 실현될 가능성이 훨씬 낮긴 하지만 "언젠가 이 책의 저자 존 루이스 개디스 박사를 한번 만난다."를 내 버킷 리스트에 추가한다.

2019년 8월

홍지수(洪知秀)

# 역자 후기 2

이 책 『미국의 봉쇄전략』은 국제전략 문제와 외교사에 있어서 이미 고전의 반열에 들어간 명저이다. 이 책이 한국에 아직도 번역이 안된 것만 봐도 한국학계와 한국 지식사회가 얼마나 편향되고 저급한지를 잘 보여준다. 1982년에 이 책의 초판이 나왔을 때 이미 미국의 소련에 대한 봉쇄전략에 대한 절대적인 권위를 얻었고, 더 나아가 냉전사와 세계전략에 대한 고전의 위치를 얻었다. 냉전이 종식된 이후 개디스는 냉전의 끝과 그 이후까지를 포함하는 수정증보판을 2005년에 냈다. 소련과 동구권 해체 이후 쏟아져 나온 새로운 자료들과 연구들을 포괄하는 더 종합적이고 업그레이드된 연구서로 재탄생된 것이다.

신(新)냉전 그리고 중국의 급성장과 위협이 새로운 화두로 떠오르고 있는 지금에도 이 저서는 중국에 대한 견제라는 측면뿐만 아니라 세계전략을 이해하고 실행하는 미국의 DNA를 살펴볼 최적의 텍스트로 꼽힌다. 사실 이 책은 고(故)김일영 성균관대 교수님과 같이 번역하기로 계획됐던 책이었다. 김 교수는 이 책이 한국에 필수적으로 번역돼야 할 책으로 평가했기에, 개디스의 문하에서 수학했고 그의 책을 이미 몇 권 번역한 나에게 공역을 제안했다. 나는 물론 기꺼이 그의 제안을 받아들였는데, 아쉽게도 2009년 만 마흔아홉의 젊은 나이에 김일영 교수가 속절없이 이 세상을 하직하면서 그와의 공역의 기회는 사라졌다. 그 이후에도 이 책의 번역이 추진됐고, 내가 번역해서 제출한 이 책 한 챕터의 번역 샘플이 모 연구기관에 제출되기도 했지만, 이 책의 출간을 방해하는 모종의 사건으로 그 결실을 맺지 못했다.

그와 이미 시작한 다른 작업들은 나를 포함한 많은 사람들의 노력으로 마무리 됐는데, 아쉽게도 이 책은 여러 이유로 번역 출간이 지체돼 오다가 홍지수라는 빼어난 번역가를 만나 세상의 빛을 보게 됐다. 이 책은 홍지수 씨가 번역을 다 했고, 강규형은 전체 내용을 감수하고 전문용어/학술용어와 일부 오류를 수정보완하고 옮긴이 주를 첨가하는 등에 참여했다. 그래서 이 책이 고 김일영 교수의 10주기에 맞춰 출간되게 된 것에 대해 홍지수 작가와 비봉출판사 박기봉 사장에게 큰 감사를 느낀다. 아마도 이 책의 출간을 가장 기뻐할 사람은 천상에서 평안한 안식을 누리고 있을 김일영 교수일 것이다. 외교사와 국제관계론, 한국현대정치외교사 분야는 물론이고 사회 전반적인 면에서 김교수의 부재는 한국의 큰 손실이었다. 그가 살아 있었다면 그의 전문분야뿐 아니라 한국 지식사회의 지형은 현재와는 많이(물론 긍정적인 면으로) 달랐을 것이라 생각하니 새삼 그의 부재가 안타까울 뿐이다.

개디스 교수는 이 책의 초판이 출간됐을 때는 오하이오대학교의 석학교수였고, 수정증보판이 출간됐을 때는 예일대의 역사학과와 정치학과의 석좌교수를 맡고 있었다. 내가 그의 수업을 듣고 지도를 받고 있을 때 그는 이미 냉전에 관한 한 최고 권위자라는 대가의 반열에 올라간 40대 후반의 연부역강한 나이였는데, 이제는 그도 원로교수의 나

이가 됐다. 그는 이 책의 주인공 중 한 사람인 "조지 케넌(케난이라고도 발음된다)의 전기"로 2012년 퓰리처상(전기 부문) 수상자가 되는 등 아직도 왕성한 활동을 하고 있다.

이 책의 출간이 한국사회의 일천한 세계 인식에 큰 도움이 되길 기대해본다. 세계전략은커녕 정교하고도 포괄적인 외교전략도 변변히 갖지 못한 한국이 21세기의 거친 파고에서 생존할 수 있는 지혜를 이 책이 주기를 갈망한다. 특히 지금처럼 반(反)문명적 혼돈과 광기가 한반도를 장악하고 있는 2019년에는 ⋯.

2019년 8월

강규형(姜圭炯)